RECUEIL DES COURS

402 (2019)

L'Académie de droit international de La Haye

honorée du prix Wateler de la Paix (1936, 1950), du prix Félix Houphouët-Boigny pour la recherche de la paix (1992), de l'ordre du Rio Branco, Brésil (1999), et de la médaille de l'Institut royal d'études européennes, Espagne (2000)

The Hague Academy of International Law

awarded the Wateler Peace Prize (1936, 1950), the Félix Houphouët-Boigny Peace Prize (1992), the Order of Rio Branco, Brazil (1999), and the Medal of the Royal Institute of European Studies, Spain (2000)

ISBN 978-90-04-42392-3

Printed by/Imprimé par Triangle Bleu, 59600 Maubeuge, France

ACADÉMIE DE DROIT INTERNATIONAL

FONDÉE EN 1923 AVEC LE CONCOURS DE LA
DOTATION CARNEGIE POUR LA PAIX INTERNATIONALE

RECUEIL DES COURS

COLLECTED COURSES OF THE HAGUE ACADEMY OF INTERNATIONAL LAW

2019

Tome 402 de la collection

BRILL | NIJHOFF

Leiden/Boston

COMPOSITION DU CURATORIUM
DE L'ACADÉMIE DE DROIT INTERNATIONAL DE LA HAYE

PRÉSIDENT

Y. DAUDET, professeur émérite de l'Université Paris I (Panthéon-Sorbonne)

VICE-PRÉSIDENT

B. HESS, président du conseil d'administration, LafargeHolcim

MEMBRES

M. BENNOUNA, juge à la Cour internationale de Justice

K. BOELE-WOELKI, doyenne de la faculté de droit de Bucerius, Hambourg; présidente de l'Académie internationale de droit comparé

H. BUXBAUM, professeur à l'Université de l'Indiana

A. A. CANÇADO TRINDADE, juge à la Cour internationale de Justice; ancien juge et ancien président de la Cour interaméricaine des droits de l'homme

H. CHARLESWORTH, *Laureate Professor* à l'école de droit de l'Université de Melbourne; professeure à l'université nationale australienne

D. P. FERNANDEZ ARROYO, professeur à l'école de droit de Sciences Po, Paris

B. B. JIA, professeur à l'Université de Tsinghua, Pékin

M. KAMTO, professeur à l'Université de Yaoundé II

D. MOMTAZ, professeur à l'Université de Téhéran

Y. NISHITANI, professeure à l'Université de Kyoto

R. RANJEVA, ancien juge et ancien vice-président de la Cour internationale de Justice

N. J. SCHRIJVER, professeur à l'Université de Leiden; sénateur au parlement néerlandais et Conseiller d'Etat, Conseil d'Etat, Pays-Bas; Président de l'Institut de droit international

L.-A. SICILIANOS, juge et président à la Cour européenne des droits de l'homme; professeur à l'Université d'Athènes

P. TOMKA, juge et ancien président de la Cour internationale de Justice

T. TREVES, professeur à l'Université de Milan; ancien juge au Tribunal international du droit de la mer

SECRÉTAIRE GÉNÉRAL

J.-M. THOUVENIN, professeur à l'Université Paris-Nanterre

COMPOSITION OF THE CURATORIUM OF THE HAGUE ACADEMY OF INTERNATIONAL LAW

PRESIDENT

Y. DAUDET, Emeritus Professor at Paris I University (Panthéon-Sorbonne)

VICE-PRESIDENT

B. HESS, Chairman, Board of Directors, LafargeHolcim

MEMBERS

M. BENNOUNA, Judge at the International Court of Justice

K. BOELE-WOELKI, Dean of Bucerius Law School, Hamburg; President of the International Academy of Comparative Law

H. BUXBAUM, Professor at Indiana University

A. A. CANÇADO TRINDADE, Judge at the International Court of Justice; former President and former Judge at the Inter-American Court of Human Rights

H. CHARLESWORTH, Laureate Professor at Melbourne Law School; Professor at the Australian National University

D. P. FERNANDEZ ARROYO, Professor at the Sciences Po Law School, Paris

B. B. JIA, Professor at Tsinghua University, Beijing

M. KAMTO, Professor at the University of Yaoundé II

D. MOMTAZ, Professor at the University of Teheran

Y. NISHITANI, Professor at Kyoto University

R. RANJEVA, former Judge and former Vice-President of the International Court of Justice

N. J. SCHRIJVER, Professor at Leiden University; Senator in the Dutch Parliament and State Councillor, Council of State, the Netherlands; President of the Institut de droit international

L.-A. SICILIANOS, Judge and President at the European Court of Human Rights; Professor at the University of Athens

P. TOMKA, Judge and former President of the International Court of Justice

T. TREVES, Professor at the University of Milan; former Judge at the International Tribunal for the Law of the Sea

SECRETARY-GENERAL

J.-M. THOUVENIN, Professor at the University Paris-Nanterre

ACADÉMIE DE DROIT INTERNATIONAL DE LA HAYE

— FONDÉE EN 1923 AVEC LE CONCOURS DE LA DOTATION CARNEGIE —

HONORÉE DU PRIX WATELER DE LA PAIX (1936, 1950), DU PRIX FÉLIX HOUPHOUËT-BOIGNY POUR LA RECHERCHE DE LA PAIX (1992), DE L'ORDRE DU RIO BRANCO, BRÉSIL (1999), ET DE LA MÉDAILLE DE L'INSTITUT ROYAL D'ÉTUDES EUROPÉENNES, ESPAGNE (2000)

L'Académie constitue un centre d'études et d'enseignement du droit international public et privé, et des sciences connexes. Son but est de faciliter l'examen approfondi et impartial des problèmes se rattachant aux rapports juridiques internationaux.

L'enseignement de l'Académie est principalement donné au Palais de la Paix, à La Haye, par des personnalités de différents États. Il porte sur le droit international, sous ses aspects théoriques et pratiques, et sur la jurisprudence internationale. La durée de ses deux principales sessions est en été de six semaines s'étendant sur les mois de juillet et d'août, et partagée en deux périodes, consacrées l'une au droit international public, l'autre aux relations privées internationales, et, en hiver, de trois semaines, consacrée en janvier au droit international. L'enseignement est dispensé en français ou en anglais, avec traduction simultanée dans l'autre langue. Les sessions de l'Académie se déroulent sous l'autorité du Secrétaire général.

L'enseignement de l'Académie est conçu dans un esprit à la fois pratique et hautement scientifique. Nettement différencié des enseignements similaires des universités et écoles nationales, il s'adresse à tous ceux qui possèdent déjà des notions de droit international et ont, par intérêt professionnel ou curiosité d'esprit, le désir de se perfectionner dans cette science.

Il n'existe pas de cadre permanent de professeurs à l'Académie. Le Curatorium, qui est le corps chargé de la direction scientifique de l'institution, et qui se compose de dix-huit membres appartenant statutairement à des nationalités différentes, adresse chaque année, en toute liberté, ses invitations aux personnes qu'il estime qualifiées pour donner un cours ou une conférence à l'Académie. Les personnes ayant donné des cours à l'Académie ne sont donc aucunement fondées à s'intituler professeur de ou à l'Académie de droit international de La Haye.

L'Académie décerne un diplôme à ceux des auditeurs qui, réunissant les qualifications spéciales exigées par le règlement en vigueur, auront subi avec succès des épreuves d'examen devant le jury de la session à laquelle ils se sont inscrits. Elle délivre en outre aux auditeurs un certificat attestant l'assiduité aux cours de l'Académie à la fin de la session suivie.

Toute personne désirant suivre l'enseignement de l'Académie doit faire parvenir par voie électronique au secrétariat de l'Académie, au Palais de la Paix, à La Haye, un formulaire d'inscription dûment rempli. L'Académie perçoit des droits d'inscription fixés par le Conseil d'administration de l'Académie.

Un programme de bourses d'études permettant d'assister aux cours d'été ou d'hiver est institué auprès de l'Académie. Le mode d'attribution de ces bourses fait l'objet d'un règlement disponible sur le site Internet de l'Académie.

Tous les cours professés à l'Académie durant les sessions d'été et d'hiver font, en principe, l'objet d'une publication dans le *Recueil des cours de l'Académie de droit international de La Haye*, ainsi que sur une plateforme Internet, dans la langue dans laquelle ils ont été professés. Certains cours sont également publiés ou réédités dans des collections spéciales.

THE HAGUE ACADEMY OF INTERNATIONAL LAW

— FOUNDED IN 1923 WITH THE SUPPORT OF THE CARNEGIE ENDOWMENT —

AWARDED THE WATELER PEACE PRIZE (1936, 1950), THE FÉLIX HOUPHOUËT-BOIGNY PEACE PRIZE (1992), THE ORDER OF RIO BRANCO, BRAZIL (1999), AND THE MEDAL OF THE ROYAL INSTITUTE OF EUROPEAN STUDIES, SPAIN (2000)

The Academy is an institution devoted to the study and teaching of Public and Private International Law and related fields. Its mission is to further the thorough and impartial examination of issues arising from international legal relations.

The courses of the Academy are dispensed principally at the Peace Palace in The Hague by personalities from different States. They deal with the theoretical and practical aspects of international law, including international jurisprudence. The duration of its two main sessions is, in Summer, of six weeks in July and August, divided into two periods of three weeks each, one devoted to Public International Law and the other to Private International Law, and, in Winter, of three weeks, in January, devoted to international law. They are taught in either English or in French, with simultaneous interpretation into the other language. The Secretary-General is responsible for managing the sessions of the Academy.

The education offered by the Academy is designed to be both practical and highly academically advanced. Clearly distinct from the teachings provided in national universities and law schools, it is intended for those who already possess some notion of international law and who, out of professional interest or intellectual curiosity, desire to deepen their knowledge in this field.

There is no permanent teaching staff at the Academy. The Curatorium, which is the body entrusted with the scientific management of the institution, and which consists of eighteen members of different nationalities, invites each year, in its unfettered discretion, whomsoever it deems best qualified to dispense a course or give a lecture at the Academy. It follows that no one who has lectured at the Academy is entitled to style himself or herself Professor of or at The Hague Academy of International Law.

The Academy awards a Diploma to those attendees who possess special qualifications as set out in the regulations, after having successfully passed examinations before the Jury of the session in which they are registered. It also delivers a certificate of attendance to registered attendees at the end of the session.

Anyone wishing to attend the courses at the Academy must send a completed electronic registration form to the Secretariat of the Academy at the Peace Palace in The Hague. The registration fee for each session of courses is fixed by the Administrative Board of the Academy.

The Academy manages a programme of scholarships to allocate at its discretion to attendees at the Summer and Winter Courses. The regulations governing scholarships are published on the website of the Academy.

All courses taught at the Academy during the Summer and Winter Courses are, in principle, published in the *Collected Courses of The Hague Academy of International Law*, which also exist in electronic format, in the language in which they were delivered. Some courses are also published or reissued in special collections.

TABLE GÉNÉRALE DES MATIÈRES

GENERAL TABLE OF CONTENTS

Le rôle du politique en droit international privé. Cours général de droit international privé, par P. KINSCH, avocat, professeur à l'Université du Luxembourg. 9-384

"Soft Law" in International Commercial Arbitration, by F. DASSER, Adjunct Professor at the University of Zurich, Partner at Homburger Law Firm 385-596

LE RÔLE DU POLITIQUE EN DROIT INTERNATIONAL PRIVÉ

Cours général de droit international privé

par

PATRICK KINSCH

P. KINSCH

TABLE DES MATIÈRES

NOTICE BIOGRAPHIQUE

Patrick Kinsch, né à Esch-sur-Alzette (Grand-Duché de Luxembourg) le 6 octobre 1962.

Etudes universitaires à la Faculté de droit de l'Université de Strasbourg. Lauréat de la Faculté. Docteur en droit (1992). Habilitation à diriger des recherches (2002).

Avocat au barreau de Luxembourg depuis 1988.

Chargé de cours, puis professeur au Centre universitaire de Luxembourg depuis 1994, puis (depuis 2005) à l'Université du Luxembourg : professeur associé (2005-2008), professeur invité (2008-2014), actuellement professeur honoraire de droit international privé, en exercice (depuis 2014).

Professeur associé à l'Université de Strasbourg (en droit international privé) de 1999 à 2005. A continué d'assurer des séminaires à la même université de 2005 à 2014.

Membre de la Cour permanente d'arbitrage (depuis 2008).

Secrétaire général du Groupe européen de droit international privé. Membre du conseil d'administration de l'Institut Grand-Ducal, section des sciences morales et politiques. Membre du comité de la section luxembourgeoise de l'Association Henri Capitant. Co-dirigeant du *Think Tank* pour le développement de l'arbitrage au Luxembourg. Membre de l'*International Law Association*, du Comité français de droit international privé, du Comité français de l'arbitrage et de la *Deutsche Gesellschaft für Völkerrecht*. Membre de la Commission arbitrage et ADR de la CCI. Membre associé de l'Académie internationale de droit comparé.

PRINCIPALES PUBLICATIONS

1. Monographies

Le fait du prince étranger, Paris, LGDJ (collection «Bibliothèque de droit privé», tome 240), 1994.

La législation luxembourgeoise en matière d'arbitrage, Luxembourg, Cercle François Laurent (*Bulletin du Cercle François Laurent*), 1997.

«Droits de l'homme, droits fondamentaux et droit international privé», *Recueil des cours de l'Académie de droit international*, tome 318 (2005), p. 9-331.

2. Principaux articles dans le domaine du droit international

«L'application du droit international public par les tribunaux luxembourgeois», *Annales du droit luxembourgeois* 3 (1993), p. 183-276.

«La faillite en droit international privé luxembourgeois», *Pasicrisie luxembourgeoise*, volume 29 (1995), p. 117-151.

«L'étranger dans la vie des affaires», rapport général, *Travaux de l'Association Henri Capitant*, Journées luxembourgeoises, tome XLVIII (1997), p. 353-376 (en collaboration avec Marc Elvinger).

«La reconnaissance et l'exécution des jugements étrangers obtenus au terme d'une procédure contraire au droit à un procès équitable», *Annales du droit luxembourgeois* 12 (2002), p. 389-408.

«L'autolimitation implicite des normes de droit privé matériel», *Revue critique de droit international privé*, 2003, p. 403-435.

«Sklavenbesitz, religiöse Ehehindernisse und entschädigungslose Enteignungen: zur Vorgeschichte der Frage nach der Einwirkung der Grund- und Menschenrechte auf die Anwendung ausländischen Rechts», dans *Festschrift für Erik Jayme*, Munich, Sellier, 2004, p. 419-436.

«The Impact of Human Rights on the Application of Foreign Law and on the Recognition of Foreign Judgments – A Survey of the Cases Decided by the European Human Rights Institutions», dans *Intercontinental Cooperation Through Private International Law: Essays in Memory of Peter E. Nygh*, La Haye, TMC Asser Press, 2004, p. 197-228. Réimpression dans: Linda Silberman et Franco Ferrari (dir. publ.), *Recognition and Enforcement of Foreign Judgments*, Cheltenham and Northampton (MA), Edward Elgar Publishing, 2017 (part V).

«Principe d'égalité et conflits de lois», *Travaux du Comité français de droit international privé 2002-2004*, Paris, Pedone, 2005, p. 117-133.

«Règles de compétence judiciaire internationale et droits fondamentaux: Un modèle américain pour l'Europe?», dans *Liber Amicorum Jacques Malherbe*, Bruxelles, Bruylant, 2006, p. 633-652.

«Le droit international privé au risque de la hiérarchie des normes: l'exemple de la jurisprudence de la Cour européenne des droits de l'homme en matière de reconnaissance des jugements», dans *Annuaire de droit européen*, 2007, p. 957-973.

«On the Uncertainties Surrounding the Standard of Proof in Proceedings Before International Courts and Tribunals», dans *Liber Fausto Pocar*, volume I: *Diritti Individuali e Giustizia Internationale*, Milan, Giuffrè, 2009, p. 427-442.

«Le rôle du droit international public dans l'ordre juridique luxembourgeois», rapport national au 18e Congrès de l'Académie internationale de droit comparé, *Pasicrisie luxembourgeoise*, volume 34 (2010), p. 399-415. Publié en traduction anglaise (traduction par Federica Paddeu), dans Dinah Shelton (dir. publ.), *International Law and Domestic Legal Systems*, Oxford University Press, 2011, p. 385-406.

«Recognition in the Forum of a Status Acquired Abroad – Private International Law Rules and European Human Rights Law», dans *Convergence and Divergence*

in Private International Law, Liber Amicorum Kurt Siehr, La Haye, Eleven International Publishing, Zurich, Schulthess, 2010, p. 259-275.
«Choice of Law Rules and the Prohibition of Discrimination under the ECHR», *Nederlands Internationaal Privaatrecht*, 2011, p. 19-24.
«Droits de l'homme et reconnaissance internationale des situations juridiques personnelles et familiales», dans *La tutela dei diritti umani e il diritto internazionale*, XVI Convegno SIDI Catania, 23-24 juin 2011, Editoriale Scientifica, Naples, 2012, p. 217-234.
«L'apport de la jurisprudence de la Cour européenne des droits de l'homme», dans P. Lagarde (dir. publ.), *La reconnaissance des situations en droit international privé*, Paris, Pedone, 2013, p. 43-55.
«Private International Law in Totalitarian States», dans *Essays in Honour of Michael Bogdan*, Lund, Juristförlaget i Lund, 2013, p. 175-187.
«Sur la question de la discrimination inhérente aux règles de conflit de lois. Développements récents et interrogations permanentes», dans *Studi in onore di Laura Picchio Forlati*, Turin, G. Giappichelli Editore, 2014, p. 195-203.
«Les contours de l'ordre public européen: l'apport de la Convention européenne des droits de l'homme», dans H. Fulchiron et Ch. Bidaud-Garon (dir. publ.), *Vers un statut européen de la famille*, Paris, Dalloz, 2014, p. 147-157.
«Enforcement as a Fundamental Right», *Nederlands Internationaal Privaatrecht*, 2014, p. 540-544.
«Quel droit international privé pour une époque néolibérale?», dans *Mélanges en l'honneur du Professeur Pierre Mayer*, Paris, LGDJ, 2015, p. 377-390.
«L'article 8 de la Convention et l'obligation de reconnaître les situations familiales constituées à l'étranger: à la recherche du fondement d'une solution jurisprudentielle», dans *Mélanges en l'honneur de Dean Spielmann*, Oisterwijk, Wolf Legal Publishers, 2015, p. 273-282.
«La méthode de la reconnaissance et le précédent», dans *Le précédent en droit international* (Société française pour le droit international, colloque de Strasbourg), Paris, Pedone, 2016, p. 213-224.
«L'incidence des lois de police étrangères sur l'activité bancaire», dans *Le banquier luxembourgeois et le droit international privé*, Limal, Anthemis, 2017, p. 47-65.
«Les fondements de l'autonomie de la volonté en droit national et en droit européen», dans A. Panet, H. Fulchiron et P. Wautelet (dir. publ.), *L'autonomie de la volonté dans les relations familiales internationales*, Bruxelles, Bruylant, 2017, p. 13-29.
«Human Rights and Private International Law» (volume I, p. 880-886), «Luxembourg» (volume III, p. 2296-2304), dans Jürgen Basedow, Giesela Rühl, Franco Ferrari et Pedro de Miguel Asensio (dir. publ.), *Encyclopedia of Private International Law*, Cheltenham and Northampton (MA), Edward Elgar Publishing, 2017.
«Le droit étranger face à la hiérarchie des normes en droit international privé allemand et suisse», dans G. Cerqueira et N. Nord (dir. publ.), *Contrôle de constitutionnalité et de conventionnalité du droit étranger*, Paris, Société de législation comparée, 2017, p. 223-240.
«Un exemple d'ambivalence politique en droit international privé européen: la question de l'admissibilité de la protection unilatéraliste, par des lois de police, des parties faibles aux contrats», dans B. Hess, E. Jayme et H.-P. Mansel (dir. publ.), *Europa als Rechts- und Lebensraum. Liber amicorum für Christian Kohler*, Bielefeld, Gieseking, 2018, p. 215-227.
«Trois visions de l'avenir d'un droit international privé néolibéral», dans *Liber amicorum Angelo Davì*, Naples, Editoriale Scientifica, 2019.

Chronique annuelle intitulée «La pratique luxembourgeoise en matière de droit international public», publiée en collaboration avec Georges Friden aux *Annales du droit luxembourgeois* depuis 1996.

INTRODUCTION

LE POLITIQUE ET LE TECHNIQUE EN DROIT INTERNATIONAL PRIVÉ

1. Politique et technique

a) *« La notion de politique »*

1. Le thème de ce cours est l'étude des relations entre le politique et le droit international privé. Son titre juxtapose ainsi deux notions. Inutile de définir, à l'intention des auditeurs et des lecteurs d'un cours publié dans le *Recueil des cours*, la notion de droit international privé. Chacun d'eux aura son idée à ce propos, qui se recoupera plus ou moins avec les idées des autres ; entre ces idées, il s'agira simplement de choisir en retenant soit une conception large de cette matière, soit l'une ou l'autre conception étroite. Ce choix est le privilège de l'auteur du cours, qui délimitera la matière d'une façon qui, à défaut de prétendre à une validité universelle, lui paraîtra la plus appropriée.

En revanche, la notion de « politique » est plus équivoque ou plus polysémique. Déjà, en français le même substantif « politique » possède les deux genres, féminin (« la politique ») et masculin (« le politique »). Notre choix s'est fait en faveur *du* politique : emploi didactique du mot, nous apprend le *Grand Robert de la langue française* qui ajoute cette définition très précise : « Ce qui est politique. » [1] Il est ajouté, dans ce dictionnaire, que la définition ne vaut que pour deux sens de l'adjectif « politique » : « relatif à l'organisation et à l'exercice du pouvoir temporel dans une société organisée, au gouvernement d'un Etat et aux problèmes qui s'y rattachent » et « relatif aux rapports du gouvernement et de son opposition, à la lutte autour du pouvoir ». La définition donnée par le *Trésor de la langue française* est plus simple : « masculin singulier à valeur de neutre : Tout ce qui a trait à la conduite des affaires de l'Etat » [2]. Un élément important du politique consiste dans la définition des politiques (*fém. pl.* comme indiquent les dictionnaires,

---

1. 2e édition, dirigée par A. Rey, Paris, Dictionnaires Le Robert, 2001, tome V, p. 908.
2. Edition publiée par le CNRS et l'Institut national de la langue française de Nancy, Paris, Gallimard, tome XIII, 1988, p. 718.

et l'équivalent de l'anglais *policies*), qui relèvent des buts visés par les titulaires du pouvoir politique – un législateur peut ainsi poursuivre, en matière de droit international privé des contrats, une politique de protection des parties faibles, la poursuivre sélectivement ou ne pas la poursuivre.

La relativité de nombreuses choses humaines est illustrée par le fait qu'en 1963 Emile Giraud fit devant cette Académie un cours intitulé : « Le droit international public et la politique », en donnant à ce substantif *féminin* un sens qui n'est pas vraiment différent du sens *du* politique tel que nous l'entendons ici [3].

2. « Le politique » étant un terme polysémique, il est utile de continuer à préciser, à ce stade, le sens dans lequel nous l'emploierons. Certains emplois sont dépourvus d'utilité, si ce n'est de sens, du moins dans une société pacifiée ; il en va ainsi de la trop célèbre définition du politique par Carl Schmitt, qui prétendait la voir dans la « distinction de l'ami et de l'ennemi », privilégiant ainsi l'aspect le plus irrationnel et illibéral de la notion [4]. D'autres ont incontestablement leur utilité, mais ils ne concernent pas, ou très peu, le droit international privé ; ils tournent autour de la distinction du politique et du juridique, entendu comme le « droit commun » ou le « justiciable ».

L'opposition du « droit politique » au droit commun n'est certes pas inconnue dans l'histoire du droit international privé. Arminjon a défini, en accord avec les conceptions dominantes de son temps [5], la « loi politique » comme « une loi qui fait exception aux principes et aux règles du droit dans l'intérêt d'un Etat, d'un parti, d'une classe, voire de certaines croyances ou idées », et il a proposé de retenir le

---

3. E. Giraud, « Le droit international public et la politique », *Recueil des cours*, tome 110 (1963), p. 418 ss. La définition de « la politique », selon Giraud, est la suivante : « C'est l'action du gouvernement qui, en qualité de pouvoir souverain, dirige l'Etat » (p. 425).

4. C. Schmitt, *Der Begriff des Politischen*, Berlin, 1932 (8e édition, Duncker & Humblot, 2009, p. 25), thèse reprise par l'auteur dans de nombreux autres écrits, dont l'ambigu *Theorie des Partisanen – Zwischenbemerkung zum Begriff des Politischen*, Berlin, 1963 (7e édition, Duncker & Humblot, 2010), issu de conférences faites en Espagne franquiste (les deux ouvrages ont paru en traduction française sous le titre *La notion de politique – Théorie du partisan*, préface de J. Freund, Paris, Calmann-Lévy, 1972). En France, Julien Freund a fait de cette distinction schmittienne l'un des éléments de sa propre définition du politique : *L'essence du politique*, Paris, Sirey, 1965, p. 94. – Sur la « contribution » de Carl Schmitt au droit international privé, voir *infra*, no 171.

5. Qui étaient en partie inspirées d'évènements récents (notamment des révolutions ayant suivi la Première Guerre mondiale) et remontaient pour le surplus au dix-neuvième siècle : voir ce *locus classicus* de l'exclusion des lois politiques du règlement ordinaire des conflits de loi qu'est l'arrêt de la Cour royale de Paris du 16 janvier 1836 dans l'affaire du *Duc de Brunswick*, *S.*, 1836, 1, 70.

principe selon lequel les lois politiques sont strictement territoriales et donc absolument inapplicables par les tribunaux situés en dehors « du territoire où elles sont en vigueur », à l'intérieur duquel elles seraient en revanche applicables « en principe à toutes les personnes même étrangères » [6]. Cette conception des « lois politiques » n'est aujourd'hui plus soutenue sous cette forme (au moins verbale) ; la problématique sous-jacente se retrouve néanmoins dans les discussions du statut des règles du droit public étranger devant les autorités du for, que nous aurons à examiner [7].

Ensuite, et pour ce qui est de la distinction entre le politique et le « justiciable », elle revient à l'affirmation que par essence, les questions politiques relèvent de l'appréciation exclusive des pouvoirs politiques (pouvoir législatif et, surtout, pouvoir exécutif) et sont dès lors soustraites à l'appréciation ou au contrôle des tribunaux. Cette problématique a une importance centrale dans la théorie du contrôle juridictionnel de l'action administrative et du contrôle de la constitutionnalité ou conventionnalité des lois [8], mais son apport à l'étude des rapports entre le droit international privé et le politique est très limité ; elle a trait pour l'essentiel à certains cas, non dépourvus d'intérêt mais assez marginaux au sein de l'ensemble des problèmes du droit international privé, qui se situent aux confins du droit des relations extérieures ou du droit international public [9].

3. Le plus souvent cependant, les questions de droit international privé concernent des relations parfaitement justiciables et qui donnent

---

6. P. Arminjon, « Les lois politiques et le droit international privé », *Rev. dr. int.*, 1930, p. 385 ss, spéc. p. 389, et sa proposition de résolution présentée à l'Institut de droit international, *Annuaire*, volume 1950-II, p. 2 et volume 1954-II, p. 228. La résolution définitivement adoptée par l'Institut à sa session d'Aix-en-Provence en 1954 est beaucoup plus modeste et n'a trait qu'aux « lois fiscales en droit international privé ».

7. *Infra*, chapitre VII.

8. Ainsi que dans les applications particulières de l'idée de non-justiciabilité des questions politiques (ou de certaines d'entre elles) que sont la notion d'acte de gouvernement en jurisprudence administrative française ou encore la *political question doctrine* du droit américain (voir l'article sceptique de L. Henkin, « Is There a "Political Question" Doctrine ? », *Yale L.J.*, volume 85 (1976), p. 597 ss).

9. Voir *infra*, certains des exemples discutés au chapitre IX, consacré aux liens entre droit international privé et politique étrangère. Sur le rôle particulier du politique considéré, en politique étrangère, dans le sens d'un domaine prétendument ou réellement soustrait au contrôle juridictionnel, voir (d'un point de vue plutôt favorable au contrôle juridictionnel et à l'idée d'Etat de droit en matière de relations internationales et de droit des relations extérieures) H. Lauterpacht, *The Function of Law in the International Community*, 1933, réédition avec une substantielle préface de M. Koskenniemi, Oxford University Press, 2011 ; voir encore W. Wengler, *Der Begriff des Politischen im internationalen Recht*, Tübingen, J. C. B. Mohr (Paul Siebeck), 1956.

lieu à l'application de règles de droit qui n'ont rien d'exorbitant du droit commun. Pourtant, elles peuvent avoir des aspects politiques – non pas par opposition au juridique tout court, mais par opposition au juridique dans le sens de la technique du droit.

Cette opposition du politique et du technique est le sens le plus immédiatement utile du politique lorsqu'il est étudié dans ses relations avec le droit international privé. Et cette signification n'est pas propre à l'étude que nous mènerons. Elle se retrouve aussi dans l'œuvre de l'un des fondateurs de la science politique moderne, Max Weber.

b) *Max Weber et l'opposition du politique et du technique*

4. Immédiatement après la fin de la Première Guerre mondiale, en janvier 1919, Weber tint à Munich devant un parterre d'étudiants sa conférence *Politik als Beruf*: la politique comme vocation (ou comme profession) [10]. Sa conférence commence par une définition extrêmement générale, devenue célèbre, de l'Etat qui serait «une communauté humaine qui … revendique avec succès pour son propre compte *le monopole de la violence physique légitime*» [11], suivie d'une définition elle aussi très générale du politique:

> «nous entendrons par politique l'ensemble des efforts que l'on fait en vue de participer au pouvoir ou d'influencer la répartition du pouvoir, soit entre les Etats, soit entre les divers groupes à l'intérieur d'un même Etat».

Ensuite, Weber ajoute un commentaire qui ne peut que le rendre sympathique: la définition qui précède ne relève pas des concepts d'une science politique ésotérique, mais correspond à la langue de tous les jours. Il dit:

> «Pour l'essentiel, cette définition correspond à l'usage courant du terme. Lorsqu'on dit d'une question qu'elle est «politique», d'un ministre ou d'un fonctionnaire qu'ils sont «politiques», ou d'une décision qu'elle a été déterminée par la «politique», il

10. Réédité par W. Mommsen et W. Schlichter, Tübingen, J. C. B. Mohr (Paul Siebeck), 1992, p. 157 ss; sous le titre *Le métier et la vocation d'homme politique* dans l'édition traduite par J. Freund et préfacée par R. Aron, dans *Le savant et le politique*, Paris, 10/18, 1963, p. 123 ss.

11. P. 158-159 (p. 125 de la traduction française), mise en évidence dans l'original.

faut entendre par là, dans le premier cas que les intérêts de la répartition, de la conservation ou du transfert du pouvoir sont déterminants pour répondre à cette question, dans le second cas que ces mêmes facteurs conditionnent la sphère d'activité du fonctionnaire en question, et dans le dernier cas qu'ils déterminent cette décision.» [12]

5. L'opposition que vise Max Weber dans son texte est en fait l'opposition entre du technique et le politique : relève du politique ce qui va au-delà de l'administration technique. Weber, adoptant rétrospectivement un regard critique sur le gouvernement de l'Empire wilhelmien, déplorera dans la suite de la conférence la pratique poursuivie à l'époque de confier à des ministres purs techniciens ou technocrates le soin de gouverner la nation [13]. Il faut au contraire, selon lui, une certaine dose de démagogie pour bien gouverner la Cité, tout en ajoutant qu'il entend la «démagogie» au sens de la Grèce classique : le premier démagogue était Périclès – l'homme politique idéal, en d'autres termes [14], qui possède une vision authentiquement politique et ne se borne pas à administrer la chose publique de manière technique. Le politique, c'est par conséquent ce qui a trait à la conduite *non technique* des affaires de l'Etat.

Cette conception reste utilisable actuellement, sauf à préciser qu'avec le développement et l'approfondissement qu'a connus – du moins pendant un certain temps, et dans une vision optimiste – la démocratie, des phénomènes autres que les phénomènes de l'exercice du pouvoir et de la décision politique, en particulier «la discussion ou la communication «politique» [15] dans un espace de discussion démocratique, ont (ou devraient avoir) leur rôle.

---

12. P. 159 (traduction française, p. 125-126).

13. «Le véritable fonctionnaire – et cette remarque est décisive pour juger notre ancien régime – ne doit pas faire de politique, justement en vertu de sa vocation : il doit administrer, avant tout de façon non partisane. Cet impératif vaut également pour les soi-disant fonctionnaires «politiques», du moins officiellement, dans la mesure où la «raison d'Etat», c'est-à-dire les intérêts vitaux de l'ordre établi, n'est pas en jeu. Il doit s'acquitter de sa tâche *sine ira et studio*, «sans ressentiment et sans parti pris». Par conséquent il ne doit pas faire ce que l'homme politique, aussi bien le chef que ses partisans, est contraint de faire sans cesse et nécessairement, à savoir combattre» (p. 189-190 ; p. 156-157 de la traduction française).

14. P. 191, traduction française p. 158. Des références très positives au «côté fascinant de la démagogie de grand style pratiquée par Gladstone» se retrouvent plus loin (p. 209 ; traduction française p. 177).

15. C. Gusy, «Considérations sur le «droit politique», *Jus politicum*, n° 1 (2008), p. 2.

2. La transposition au droit international privé de l'opposition entre politique et technique

6. L'approche wébérienne servira de base au présent cours. Certes, les aspects «conquête du pouvoir» et «maintien au pouvoir» n'intéressent en général pas le droit international privé: la politique poursuivie en matière de conflits de lois n'est pas un enjeu électoral. On observe toutefois qu'il est arrivé à la *Commission européenne* de présenter ses initiatives en matière de droit international privé comme des initiatives censées contribuer à la popularité de l'Union européenne, de la Commission ou de ses commissaires. Ainsi, la proposition de recours au mécanisme de la «coopération renforcée» (art. 20 du Traité sur l'Union européenne) dans le domaine de la loi applicable au divorce et à la séparation de corps a été accompagnée d'un communiqué de presse qui prête à Mme Reding, alors vice-présidente de la Commission, la réflexion suivante:

> «Des milliers de couples se trouvent dans des situations personnelles difficiles parce que, jusqu'à présent, les systèmes juridiques nationaux ne sont pas parvenus à fournir des réponses claires. Dans nombre de cas, les enfants et le conjoint le plus vulnérable en pâtissent. Je refuse que, dans l'UE, des citoyens soient abandonnés à leur sort pour gérer, seuls, des divorces internationaux complexes. Je veux qu'ils disposent de règles claires pour qu'ils sachent toujours à quoi s'en tenir. C'est la raison pour laquelle nous avons décidé aujourd'hui d'aller de l'avant» [16],

et après l'adoption du règlement Rome III (n° 1259/2010), issu de cette proposition de la Commission, un autre communiqué de presse rapporte une déclaration de la vice-présidente selon laquelle l'adoption du règlement

> «facilitera la vie des couples confrontés à un divorce international, diminuera le stress et contribuera à protéger le conjoint le plus vulnérable. Il représente aussi un tournant important dans la coopération au sein de l'UE sur des sujets juridiques difficiles, qui montre que nous restons capables de trouver des solutions pragmatiques aux problèmes du quotidien» [17].

---

16. Communiqué de presse IP/10/347 du 24 mars 2010.
17. Communiqué de presse IP/10/1653 du 3 décembre 2010.

Ces communiqués de presse – auxquels se sont joints, depuis lors, d'autres déclarations dans le même esprit [18] – s'insèrent dans les efforts constants, sinon nécessairement couronnés de succès, de la Commission d'établir la pertinence de ses politiques pour l'amélioration de la vie quotidienne des citoyens, et notamment des citoyens « vulnérables », face à une opinion publique qui est tentée par l'euroscepticisme [19]. Ils sont un reflet de la situation particulière et parfois inconfortable dans laquelle se retrouve la Commission, en tant qu'institution mi-politique et mi-technique de l'Union européenne. En général, les gouvernements nationaux n'éprouvent pas le même besoin de communiquer à destination de l'opinion publique sur le droit international privé.

7. Cependant, et au-delà de ces contingences, l'exercice du pouvoir, et la définition des politiques, des *policies*, jouent un rôle réel en droit international privé. Ils y coexistent avec la technique juridique. La question du poids des considérations politiques en droit international privé, par rapport au poids des considérations techniques, sera l'objet de ce cours ; nous nous bornerons à dire, à titre introductif, qu'il existe trois conceptions entre lesquelles il faudra choisir.

Une conception minimaliste d'abord, pour laquelle le juridique (au sens du juridique technique) est presque tout en droit international privé, et le politique n'est presque rien. Pour cette conception, qui était longtemps absolument dominante [20] et qui reste influente, le juridique s'identifie à la recherche des véritables valeurs du droit, ou du moins des véritables valeurs du droit privé et du droit international privé qui est vu comme pleinement intégré dans celui-ci. Cette vision a été et reste celle d'auteurs importants [21], et doit à ce titre être prise au sérieux.

18. Cf. « Un nouvel élan pour l'Europe : Mon programme pour l'emploi, la croissance, l'équité et le changement démocratique. Orientations politiques pour la prochaine Commission européenne », Jean-Claude Juncker, discours devant le Parlement européen, 15 juillet 2014, p. 10 :

> « A l'heure où un nombre croissant d'Européens étudient, travaillent, commercent ou se marient et ont des enfants dans un pays autre que le leur dans l'Union, la coopération judiciaire entre les Etats membres de l'UE doit être améliorée, étape par étape : par l'établissement de passerelles entre les différents systèmes judiciaires …, et par la reconnaissance mutuelle des décisions de justice, de sorte que particuliers et entreprises puissent plus facilement exercer leurs droits à travers l'Union. »

19. Voir L. van Middelaar, *Le passage à l'Europe. Histoire d'un commencement*, Paris, Gallimard, 2012, qui envisage, parmi trois stratégies de conquête d'un public pour l'Union européenne, « La stratégie romaine ou l'art de s'attacher les clients » (p. 385 ss).

20. Voir le chapitre I.

21. Voir S. Vrellis, « Conflit ou coordination de valeurs en droit international privé. A la recherche de la justice », *Recueil des cours*, tome 328 (2007), p. 175 ss, pour qui

Mais elle n'est pas la seule. Il existe également une conception opposée, maximaliste, selon laquelle en réalité « tout est politique » (selon l'un des slogans de Mai 1968) ou, du moins, tout ce qui est important est politique. Les règles techniques ne le sont qu'en apparence, et elles ont toujours un substrat politique. Le droit n'est que « langage du pouvoir » ou « discours du pouvoir »[22]. Il s'agit là d'une forme particulière de tentation du politique qui a toujours existé, y compris en droit international privé[23].

Une version beaucoup plus modeste du maximalisme consiste à faire observer que toute règle juridique émanant d'un pouvoir public est nécessairement politique ; il en va ainsi des règles ayant pour source la loi nationale (le législateur est une institution politique), de la jurisprudence des tribunaux (qui sont eux-mêmes des pouvoirs publics), ou enfin des mécanismes internationaux ou supranationaux, qui sont définis par les mécanismes politiques qui les ont mis en place[24].

Entre ces deux conceptions, celle pour laquelle rien de ce qui est vraiment juridique n'est politique et celle selon laquelle « tout est politique », il existe une solution intermédiaire que nous suivrons dans ce cours. Elle consiste d'abord à considérer, par réalisme, le droit international privé comme faisant en principe partie du droit privé[25],

sans la recherche de la vérité et de la justice, le droit n'a pas de sens. Son cours contient une riche bibliographie.

22. Cf. J. Salmon, *Cours de droit international public*, cité ici d'après la 21e édition (revue par E. David), Presses de l'Université libre de Bruxelles, 2008-2009, p. 13.

23. Naguère, dans la doctrine de J.-P. Niboyet, il en a existé une version particulière, politiquement situable à droite, qui distinguait entre « solutions juridiques » et « solutions politiques » inspirées de l'intérêt strictement national, en donnant la préférence à ces dernières : voir, en matière de statut personnel, son *Traité de droit international privé français*, tome III, Paris, Sirey, 1944, p. 222 ; *ibid.*, tome V, 1948, p. 363 ss, à propos des mariages mixtes, l'un des époux étant de nationalité française ce qui devait suffire pour justifier l'application du droit français ; cf. le compte-rendu de l'évolution des idées de Niboyet sur le plan politique par M. Wolff, « A New Doctrine on Private International Law », *Law Quarterly Review*, volume 63 (1947), p. 323 ss – *Adde*, sous l'influence de Niboyet, G. Delaume, « L'influence de la nationalité française sur la solution des conflits de lois en matière de droit des personnes », *Rev. crit.*, 1949, p. 5 ss, spéc. p. 7 : « L'adoption du critère *politique* résulte, peut-on dire, de la nature propre du droit international privé qui demeure, essentiellement, un droit politique » (en signalant, en note en bas de page 3, le point de vue contraire de Batiffol, « qui estime que les problèmes soulevés par les conflits de lois relèvent du droit privé »).

24. P. Mankowski, *Interessenpolitik und europäisches Kollisionsrecht*, Baden-Baden, Nomos, 2011, p. 16 : « Recht ist das Ergebnis eines politischen Prozesses, und damit ist Recht das Objekt von Politik. »

25. La question de la nature de la règle de conflit de lois (règle de droit public ? de droit privé ?) a fasciné la doctrine du début du vingtième siècle (voir la présentation par J. Maury, « Règles générales des conflits de lois », *Recueil des cours*, tome 57

mais sans nier que, dans un ordre juridique qui forme un tout, les solutions du droit privé peuvent dépendre de données et spécifications de droit public. Elle consiste ensuite à reconnaître que les considérations politiques (par opposition aux considérations techniques), sans déterminer l'ensemble des solutions du droit international privé, y interviennent et que leur intervention prend une double forme : défense d'intérêts publics (ou d'intérêts politiques) proprement dits, mais aussi définition de politiques, législatives et jurisprudentielles, qui influent directement sur le droit international privé. Cependant, s'agissant de la définition de ces politiques, le problème de la polysémie de la notion de politique réapparaît. Après tout, il peut être question de la mise en œuvre d'une « politique » jurisprudentielle qui n'est en réalité rien d'autre que la création, par la jurisprudence, de principes généraux du droit, de nature technique, sur le fondement de règles techniques préexistantes. Ce n'est pas cela qui est visé dans le présent contexte ; ce qui est visé est la définition de politiques qui se nourrissent d'une vision politique au sens propre.

Le critère de distinction entre les deux types de politiques jurisprudentielles est en définitive aussi simple qu'il est évanescent dans les cas limites ; c'est celui proposé dans un autre contexte, celui de la définition de la pornographie, par l'un des juges à la Cour suprême des Etats-Unis en 1964 : les politiques jurisprudentielles vraiment politiques *se reconnaissent quand on les voit*[26].

8. Il s'agira donc d'examiner – et ce sera notre programme – dans quelle mesure le droit international privé est influencé par des considérations politiques, qui sont autre chose que la technique propre au droit.

(1937), p. 325 ss, spéc. p. 407-416). Les théories qui y voyaient des règles de droit public, au motif qu'il s'agit d'un corps de règles sur l'application d'autres normes, mettaient un accent exclusif sur l'analyse normative abstraite – et restent peut-être même exactes sur ce plan – mais négligeaient l'*objet* de ces autres normes qui est en général constitué par des relations de droit privé. La question réapparaît de temps en temps ; voir récemment A. Mills, *The Confluence of Public and Private International Law*, Cambridge, Cambridge University Press, 2009, qui, raisonnant essentiellement – et de manière un peu réductrice – à partir de l'expérience d'Etats fédéraux (*infra* chapitre VIII), privilégie les aspects de droit public.

26. Opinion du juge Stewart dans l'affaire *Jacobellis c. Ohio*, 378 US 184 (1964), spéc. p. 197 : « I know it when I see it, and the motion picture involved in this case is not that. »

3. *La question de l'habilitation à définir les politiques poursuivies par le droit international privé*

9. Qui est l'auteur légitime des politiques mises en œuvre en droit international privé ? C'est une question qui se pose dans des termes à peu près équivalents en matière de droit privé interne, même si elle prend un relief particulier ici.

Ce cours est placé dans une optique démocratique [27]. Le droit international privé des Etats non démocratiques fera l'objet d'un chapitre, élaboré à des fins essentiellement comparatives, consacré au droit international privé des Etats totalitaires et à ce titre fortement idéologisés [28]. Si par contre ils sont des Etats non idéologiques (ou post-idéologiques), les Etats non démocratiques auront tout naturellement une approche technocratique du droit international privé. Les questions de droit y seront résolues par le gouvernement (dont les décisions peuvent ensuite être entérinées par le parlement), par des experts, ou par des tribunaux agissant eux-mêmes dans une optique technocratique. Une question cependant : *n'est-ce pas là une assez bonne description de l'élaboration des règles de droit international privé, y compris dans des Etats qui sont d'authentiques démocraties* ? Dans quelle mesure le caractère technique de la matière a-t-il pour effet secondaire d'exclure une réflexion véritablement démocratique, y compris sur les aspects politiques des orientations fondamentales du droit international privé ?

La réponse selon laquelle la qualité des travaux des experts et des décisions des tribunaux nationaux et internationaux remplace avantageusement la délibération démocratique ne convaincra que ceux qui adhèrent à une conception extrêmement élitiste de la démocratie, si ce n'est à une conception post-démocratique du politique. Ceux qui se placent dans une perspective de *démocratie délibérative* [29] seront plus exigeants : cette dernière conception voudrait que les institutions, même judiciaires [30], ne décident de questions de droit qui sont susceptibles

27. Cf. J. Nafziger, « Democratic Values in the Choice of Law Process », *Liber amicorum Kurt Siehr*, La Haye, Eleven et Zurich, Schulthess, 2010, p. 71 ss.

28. Chapitre VI.

29. Voir *La démocratie délibérative,* anthologie réunie et préfacée par C. Girard et A. Le Goff, Paris, Hermann, 2010.

30. Voir, pour des réflexions sur les conditions (de transparence, de prise en compte de points de vue autres que ceux d'une élite d'experts) de la légitimité démocratique de la jurisprudence, J. Habermas, *Faktizität und Geltung : Beiträge zur Diskurstheorie des Rechts und des demokratischen Rechtsstaats*, 4e édition, Francfort, 1994, spéc. (en ce qui concerne les sources de la légitimité de la jurisprudence de droit privé) p. 472 ss, traduction française, *Droit en démocratie. Entre faits et normes*, Paris, Gallimard, 1997, p. 419 ss.

d'avoir une incidence importante sur la *polis* qu'à condition que leurs décisions tiennent compte du résultat – réel, dans le meilleur des cas, sinon au moins hypothétique – d'un débat public sur ces questions. Or il existe, incontestablement, des questions de droit international privé qui répondent à ces critères et que nous aurons à examiner dans ce cours. On pourra se demander, à l'occasion de cet examen, dans quelle mesure les solutions que nous analyserons sont réellement légitimées sur le plan démocratique.

4. Dernières nouvelles de Westphalie : droit international privé et droit transnational

10. Ce cours est un cours de droit international privé dans lequel le ou les sujets de l'étude de la « transnationalisation du droit » ou du « droit global » ne jouent pas de rôle central. Quelques mots d'explication à ce propos.

Le droit transnational, ou « global », ou le pluralisme des normativités est à la fois une réalité, un objet de théorisation, et une idéologie [31] – ou, plus exactement, un ensemble hétérogène d'idéologies qui s'opposent dans la vie politique, mais paraissent pour l'instant coexister pacifiquement à l'intérieur de la communauté épistémique des chercheurs qui se concentrent sur l'étude des phénomènes de transnationalité, du « droit global au-delà des Etats » : leurs options politiques vont du néolibéralisme le plus pur à la mouvance altermondialiste (seule l'option souverainiste n'est, par nature, pas représentée parmi eux). Cette communauté épistémique a en tout cas la particularité, et l'avantage, d'être très consciente des enjeux politiques de l'objet de sa science [32].

Le droit au-delà de l'Etat peut se comprendre dans deux sens, en général revendiqués tous les deux et souvent indistinctement par les transnationalistes, mais qu'un internationaliste classique – un citoyen de « Westphalie », comme on peut le lire dans la littérature de droit transnational [33] – aurait tendance à voir comme deux réalités

31. Cf. R. Michaels, « Globalisation and Law : Law Beyond the State », dans R. Banakar et M. Travers (dir. publ.), *Law and Social Theory*, Oxford, Hart Publishing, 2013, p. 287 ss, spéc. p. 288-293.

32. Voir M. Xifaras, « Après les théories générales de l'Etat : le droit global ? », *Jus Politicum*, n° 8 (2012), p. 19-20, sur la présence d'une tendance « apologétique et justificatrice », mais aussi d'une tendance critique dans la littérature du « droit global ».

33. Par référence, ironique, à la paix de Westphalie qui, à une époque reculée (1648), est censée avoir créé ou renforcé le système des Etats-Nations avec leur droit national et étatique. « Indeed, the term Westphalia nowadays has derogatory connotations »,

entièrement séparées. D'une part, la souveraineté des Etats se trouve (incontestablement) limitée « d'en haut », par des régimes internationaux de normativité : ONU, Organisation mondiale du commerce, Union européenne, divers traités en matière de droits de l'homme, de protection climatique ou alors de protection des investissements, avec l'intervention potentielle d'une grande diversité d'organismes administratifs internationaux ou de juridictions internationales. Cette « transnationalisation » (si on veut l'appeler ainsi, mais personne n'y est obligé) par création de régimes normatifs internationaux ou supranationaux reste dépendante de la participation volontaire des Etats et maîtrisable par des instruments intellectuels qui relèvent du positivisme juridique. Qu'il y ait actuellement une profusion de ces régimes, que les concepts juridiques migrent entre les jurisprudences internationales et constitutionnelles nationales qui s'inspirent mutuellement, et qu'il puisse parfois y avoir des revendications contradictoires de primauté ou de suprématie – par exemple entre le droit de l'Union européenne et le droit constitutionnel d'un Etat, ou entre le même droit de l'Union et le droit de la Convention européenne des droits de l'homme [34] – rend ces questions particulièrement passionnantes, mais ne les fait pas sortir du domaine du droit positif d'origine ultimement étatique. Et ces conflits de normativités n'ont rien à voir, bien entendu, avec les conflits de lois au sens spécifique du droit international privé.

11. Reste alors, d'autre part, les sources privées de la normativité. Elles sont une réalité – une réalité très diverse, certaines étant beaucoup plus normatives ou plus effectives que d'autres. Elles ne relèvent pas nécessairement du « droit global » ou mondialisé, puisque la sociologie du droit et la théorie juridique ont d'abord travaillé sur la base d'exemples qui pouvaient être nationaux ou plutôt locaux [35],

---

selon Elaine Fahey (*Introduction to Law and Global Governance*, Cheltenham, Edward Elgar, 2018, p. 4) – mais pas nécessairement pour tous : certains continuent d'apprécier les Etats et une série de traités internationaux qui ont réussi à pacifier les relations parmi les Etats (et entre les confessions) au dix-septième siècle.

34. Nous en rencontrerons un exemple à propos de la tension, en attente de résolution définitive, entre la « confiance mutuelle », prescrite par les règlements européens en matière de reconnaissance et d'exécution des décisions, et le devoir au regard de la Convention européenne des droits de l'homme de ne pas exécuter certaines décisions : voir *infra*, n°s 237 ss.

35. Un classique : E. Ehrlich, *Grundlegung der Soziologie des Rechts*, Munich, Duncker & Humblot, 1913 (avec, à la page 298, son invocation de l'effectivité des coutumes *contra legem*, en matière de droit de la famille, d'une province de l'Empire austro-hongrois, la Bucovine ou *Bukowina*, à laquelle devait réagir Hans Kelsen dans un article de compte-rendu qui ne pouvait qu'être très critique : « Eine Grundlegung der Rechtssoziologie », *Archiv für Sozialwissenschaft und Sozialpolitik*, 1915, p. 839 ss, spéc. p. 874-875). De même, les travaux d'un pionnier du pluralisme juridique comme

mais la mondialisation (ou *globalization*) en cours a pu conférer un aspect de particulière actualité à ces phénomènes [36] : la *lex mercatoria* n'est sans doute pas la plus effective d'entre elles, mais celle dont l'étude par les spécialistes du droit du commerce international est la plus ancienne; il y a encore, par exemple, l'ICANN qui coordonne l'attribution, moyennant des techniques contractuelles, des noms de domaine sur Internet en tant qu'entité de droit privé californien; ou la FIFA, association (officiellement) sans but lucratif de droit suisse qui est en charge de l'organisation du football professionnel avec ou sans prétention à la création d'une *lex sportiva internationalis*; et ainsi de suite. Pour ceux qui croient au caractère à la fois effectif et souhaitable de l'autonomie de ces normativités par rapport aux ordres juridiques étatiques, l'arbitrage en tant que mode de résolution privé des litiges est une institution d'importance fondamentale sur le plan théorique [37] et non seulement – comme pour ceux qui en sont moins convaincus – sur le plan pratique.

Tous ces phénomènes sont réels, et il ne devrait y avoir aucune objection de principe, de la part du droit international privé ou plus généralement de la part du droit étatique, à le reconnaître et à reconnaître l'utilité et l'intérêt de leur étude [38]. Du moins dans la mesure où la normativité privée dépend, partiellement, de sa reconnaissance par

---

Santi Romano ne s'intéressent guère à des phénomènes transnationaux – à moins de classer l'ordre juridique de l'Eglise catholique parmi eux (voir *L'ordinamento giuridico*, 1re édition 1918, 2e édition, Florence, Sansoni, 1946, traduction française, *L'ordre juridique*, réédition Paris, Dalloz, 2002, introduction de Ph. Francescakis, présentation par P. Mayer; extraits commentés, entre autres sous l'angle du droit transnational contemporain, par J.-S. Bergé, Paris, Dalloz, collection «Tiré à part», 2015).

36. Voir un article programmatique, originairement publié en allemand et traduit dans de nombreuses autres langues (mais non, semble-t-il, en français): G. Teubner, «Globale Bukowina: Zur Emergenz eines transnationalen Rechtspluralismus», *Rechtshistorisches Journal*, volume 15 (1996), p. 255 ss. Gunther Teubner, juriste proche de la sociologie de Niklas Luhmann (théorie des systèmes), est l'auteur d'une série de publications de première importance dans le présent contexte. De cet auteur, on peut consulter le très optimiste ouvrage *Verfassungsfragmente. Gesellschaftlicher Konstitutionalismus in der Globalisierung*, Francfort, Suhrkamp, 2012 (traduction française, *Fragments constitutionnels: Le constitutionnalisme sociétal à l'ère de la globalisation*, Paris, Garnier, 2016) sur l'(auto-)«constitutionnalisation» de l'activité normative privée par intégration volontaire de droits de l'homme et d'autres éléments d'un ordre public transnational.

37. Encore que, comme le fait observer Pietro Ortolani («The Three Challenges of Stateless Justice», *J. Int'l Dispute Settlement*, volume 7 (2016), p. 596 ss, spéc. p. 610), l'arbitrage, trop dépendant en fait de la possibilité d'un exequatur par le juge étatique, ne soit pas un exemple idéal de justice «au-delà de l'Etat».

38. Le droit international privé peut-il espérer à cet égard, de la part de la littérature de droit transnational, une certaine réciprocité? Parfois cette littérature ressemble à une littérature d'avant-garde artistique qui s'amuse à lancer des provocations au Vieux Monde, voir par exemple J. Bomhoff et A. Meuwese, «The Meta-Regulation

les Etats [39], ils doivent même s'y intéresser eux-mêmes – soit pour reconnaître, soit pour *refuser de reconnaître* tel ou tel phénomène qui relève de l'activité normative privée. Nous intégrerons cette donnée dans l'un des chapitres de ce cours [40], mais le cours n'en reste pas moins, pour le surplus, un cours sur le droit international privé compris comme droit des conflits de lois et de juridictions étatiques.

Cette manière marginale de traitement des phénomènes de normativité privée transnationale paraîtra inévitablement décevante, passéiste et « westphalienne » aux transnationalistes. C'est une conséquence que l'auteur assume. L'intérêt d'une matière – en l'occurrence l'intérêt du droit international privé comme matière académique – ne s'identifie pas à l'intérêt subjectif qu'elle éveille auprès d'une communauté de chercheurs [41], mais il tient à une donnée objective : le fait que les phénomènes étudiés se rencontrent dans la réalité. Or, s'il existe incontestablement une normativité privée, il existe aussi et surtout une normativité purement étatique, et la plupart des conflits de lois et de juridictions dans le monde réel y ont trait [42]. Et même dans les domaines fortement réglementés par des arrangements privés, le rôle du droit étatique (et avec lui, le rôle du droit international privé) a tendance à rester réel et même « indispensable » [43]. Pour ces deux raisons, le rôle

---

of Transnational Private Regulation », *Journal of Law and Society*, volume 38 (2011), p. 138 ss, spéc. p. 152-153.

39. Mais ce besoin de reconnaissance par le droit étatique n'est-il pas la négation de l'autonomie des normes d'origine privée et de leur effectivité, un peu à l'instar d'une sentence arbitrale qui n'est pas volontairement exécutée ? Selon G. Teubner (« Globale Bukowina », article cité *supra* note 36, p. 279), la reconnaissance par d'autres ordres juridiques « n'est pas constitutive pour l'existence d'un ordre juridique ».

40. Voir dans le chapitre V, consacré aux liens entre néolibéralisme et droit international privé, les n°s 151 ss.

41. Une communauté scientifique doit d'abord s'efforcer de respecter la différence entre l'objet de la science et les chercheurs qui l'observent ; c'est un postulat fondamental de la méthodologie scientifique, qui (tout en étant parfois contesté, notamment dans les sciences humaines) garde une valeur certaine pour la recherche juridique. *Contra*, semble-t-il, G. Lhuilier, *Le droit transnational*, Paris, Dalloz, 2016, p. 412, qui estime pouvoir situer avec précision dans le temps le moment de la « fin du positivisme » : ce serait « peut-être le 3 août 2007 », lorsque les participants au 23e congrès mondial de théorie du droit se déplacèrent au camp d'Auschwitz-Birkenau.

42. Remarque qui ne devrait pas prêter à controverse : une étude des conflits de lois en matière d'accidents de la circulation automobile n'est pas moins nécessaire (ni plus nécessaire) qu'une étude des aspects transnationaux du contentieux de la violation des droits de l'homme par des multinationales méconnaissant des codes de conduite d'origine privée. Les deux sont des objets légitimes d'étude scientifique – même s'ils concernent des faits d'inégale gravité.

43. Voir J. Basedow, *The Law of Open Societies*, Leyde, Brill Nijhoff, 2015, n°s 181-182 ; voir aussi, du même auteur, « The State's Private Law and the Economy – Commercial Law as an Amalgam of Public and Private Rule-Making », *Am. J. Comp. L.*, volume 56 (2008), p. 703 ss.

du droit transnational est, ou nous semble, moins central qu'il semble aux transnationalistes.

Et par ailleurs, il est douteux que le droit international privé ait quelque chose d'utile à contribuer, en termes méthodologiques, à l'étude des phénomènes de normativité privée globale pris en tant que tels, c'est-à-dire dans leur effectivité propre et indépendamment de la question précise de leur reconnaissance par les ordres juridiques étatiques ; cette étude est au contraire l'objet du droit transnational privé. Les outils du droit international privé n'y sont pas adaptés [44], ils sont adaptés à ce qui est l'objet du droit international privé : les conflits de lois et de juridictions étatiques ainsi que, accessoirement, la reconnaissance ou non-reconnaissance des effets de l'activité normative privée transnationale par l'ordre juridique de l'Etat. Faut-il regretter cette limitation ? Non.

5. *La structuration du cours*

a) *Choix des matières composant le droit international privé*

12. Le droit international privé sera pris ici non seulement dans son sens ordinaire qui ne se concentre pas sur les phénomènes étudiés par le droit transnational, mais encore dans un sens étroit par rapport à certaines traditions académiques nationales [45]. Conformément au sens qu'il a toujours eu dans la tradition anglo-américaine, on y verra à la fois les conflits de lois et les conflits de juridictions (compétence des tribunaux et reconnaissance des jugements étrangers). Seront exclues en revanche

---

44. Nous signalons l'opinion contraire qu'adopte sur ce point Horatia Muir Watt : d'une part le droit international privé « a un pedigree pré-moderne, axé sur les conflits de coutumes du Moyen Age européen, ... de sorte qu'il est assurément bien équipé pour appréhender un éventuel retour à une forme de féodalité » (« La globalisation et le droit international privé », dans *Mélanges Pierre Mayer*, Paris, LGDJ, 2015, p. 591 ss, spéc. p. 603). D'autre part, et à côté de cette réminiscence de la féodalité du passé avec prémonition de son retour futur, il y a les outils techniques actuels du droit international privé : l'auteure estime que des instruments comme les questions préalables et le renvoi sont d'utiles instruments que le droit international privé pourrait apporter au droit transnational (« with which it can offer the navigation map that legal pluralism arguably lacks » : « Jurisprudence Without Confines : Private International Law as Global Legal Pluralism », *Cambridge J. Int'l and Comp. L.*, volume 5 (2016), p. 388 ss, spéc. p. 398). – Par contraste, la proposition d'une *cosmopolitan pluralist choice-of-law approach* par Paul Schiff Berman (*Global Legal Pluralism*, New York, Cambridge University Press, 2012, p. 244 ss) repose sur des méthodes (vaguement définies) de résolution des conflits de normativités qui sont nettement différentes des méthodes du droit international privé.

45. Mais non dans le sens restrictif qu'il a dans la tradition académique allemande, dans laquelle il s'identifie au seul droit des conflits de lois.

deux matières qui sont essentiellement des matières de droit public, mais qui font partie du droit international privé dans la tradition académique française : le droit de la nationalité [46] et la condition des étrangers qui se résume pour l'essentiel, à l'heure actuelle, à sa réglementation administrative. Leur exclusion se justifie par la recherche d'un reste de cohérence du droit international privé dans un contexte nécessaire d'influence du politique, et aussi par une considération de fond : le droit de la nationalité et la condition administrative des étrangers sont des domaines d'étude très actuels, mais aussi *ouvertement* politiques [47]. Les considérations politiques y sont prédominantes par rapport à tous les aspects techniques, alors qu'en droit international privé tel que nous l'entendrons, il s'agira de dégager le rôle du politique dans une matière souvent considérée comme principalement technique. C'est une tâche très différente.

b) *Plan du cours*

13. Le cours sera divisé en trois grandes parties :

- *Méthodes* : les implications politiques des grands choix méthodologiques du droit international privé.
- *Reflets* : essai de réponse (partielle) à la question de savoir dans quelle mesure les règles du droit international privé reflètent les choix politiques majeurs à l'intérieur d'une société démocratique, ou non démocratique.
- *Externalités* : la prise en compte, par le droit international privé, des relations interétatiques ou relations extérieures de l'Etat du for.

46. Une matière de droit public selon la jurisprudence de la Cour de cassation française elle-même (chambres réunies, 2 février 1921, *D.P.*, 1921, 1, 1) même si elle comporte des questions préalables de droit privé (filiation, validité d'un mariage, etc.).

47. Les deux ont pour point commun d'être un « droit du contrôle », comme l'écrivent Fabienne Jault-Seseke, Sabine Corneloup et Ségolène Barbou des Places dans leur ouvrage *Droit de la nationalité et des étrangers*, Paris, PUF, 2015, n° 13.

PREMIÈRE PARTIE

MÉTHODES

14. Parmi les grandes orientations méthodologiques du droit international privé, la première qui doit être présentée est la méthode classique qui a été, non pas inventée, mais reformulée de manière scientifique par Savigny ; il s'agit d'une vision d'un droit international privé apolitique, fonctionnant selon sa propre logique, qui est à la fois un idéal et un programme (chapitre I). Nous verrons ensuite que même à l'intérieur de cette méthode classique, les considérations politiques ne sont pas aussi absentes que le postule une vision idéalisée (chapitre II), et que la méthode classique est concurrencée par la prise en considération d'intérêts étatiques, soit ponctuellement – méthode des lois de police – soit de manière systématique, par un raisonnement fonctionnaliste ou instrumentaliste qui correspond en large partie au droit positif américain (chapitre III).

CHAPITRE I

LA VISION D'UN DROIT INTERNATIONAL PRIVÉ APOLITIQUE

1. Le modèle classique en droit international privé

15. Le droit international privé en tant que discipline apolitique, ancrée dans la science du droit privé et évoluant suivant une logique qui lui est propre : cette vision n'est pas une vision excentrique. Au contraire, elle continue d'exister, soit à titre d'idéal à atteindre, soit – de manière plus réaliste et vraisemblable – à titre d'héritage d'un passé savant [48], qui n'est pas définitivement dépassé du moins dans la tradition européenne des conflits de lois. Cette vision a dominé le droit international privé, en Europe et au-delà, jusqu'au début des années 1960 – époque où la remise en cause du modèle classique aux Etats-Unis d'Amérique, qui y avait été d'abord doctrinale, commença à se manifester en jurisprudence américaine [49]. Le modèle classique n'est pas pour autant abandonné ; il continue d'inspirer dans une large mesure des codifications nationales ou européennes, des solutions jurisprudentielles et des réflexions doctrinales. Simplement, le modèle classique n'est aujourd'hui plus hégémonique au point de reléguer dans l'hétérodoxie d'autres méthodes de solutions des conflits de lois. Il existe à présent, y compris en Europe et dans les traditions juridiques qui continuent à en partager l'approche méthodologique, une pluralité de méthodes de solutions des conflits de lois, une juxtaposition du modèle classique qui reste attaché au paradigme d'un droit international privé apolitique et d'autres méthodes, d'application ponctuelle, qui peuvent s'inspirer de politiques législatives nettement définies ou d'intérêts politiques. Si le paradigme contemporain du droit international privé non américain s'éloigne en partie du modèle classique, il n'en reste pas

48. Un cours a été consacré à ce thème : B. Oppetit, « Le droit international privé, droit savant », *Recueil des cours*, tome 234 (1992), p. 331 ss – *Trop savant* pour survivre dans le « monde globalisé qui est le nôtre », selon C. Kessedjian, « Les effets pervers du caractère savant du droit international privé », *Etudes à la mémoire du professeur Bruno Oppetit*, Paris, Litec, 2009, p. 379 ss.
49. Voir *infra* chapitre III.

moins qu'il continue à se définir par rapport à ce dernier, sans rupture radicale avec lui [50].

16. La méthode classique a été perfectionnée par de nombreux auteurs parmi lesquels les noms de Franz Kahn et d'Etienne Bartin, d'Henri Batiffol et de Gerhard Kegel pour l'Europe continentale, et celui de Joseph Beale pour les Etats-Unis de la première moitié du vingtième siècle, sont peut-être les plus représentatifs – sans oublier la plupart de leurs contemporains, ainsi que leurs successeurs légitimes qui sont nos propres contemporains [51].

Le modèle classique n'a pas été fondé par une seule personne et ne peut être identifié à l'œuvre d'un seul auteur. Néanmoins, il faudra évoquer ici, inévitablement, le nom de Savigny, mais ce ne sera pas pour identifier la méthode classique à la seule pensée de cet auteur.

2. *Retour (obligé) à Savigny*

a) *Savigny, sa vie, son œuvre*

17. Friedrich Carl von Savigny est né à Francfort en 1779. Animé pendant sa jeunesse de l'ambition d'être un réformateur, un « Emmanuel Kant de la science du droit » [52], il devient ensuite professeur à l'Université de Berlin à partir de la fondation de celle-ci en 1810 ; il y enseigne l'histoire du droit et le droit civil, jusqu'à sa nomination en 1842 au poste de Grand Chancelier, chargé à ce titre de la réforme de la législation prussienne. D'un naturel à la fois romantique et conservateur [53], il adhère à la théorie du *Volksgeist*, du génie national, originalement apparue dans l'œuvre de Herder [54]. Il localise ce génie

---

50. Cf. sur ce point une série de travaux d'Andreas Bucher, notamment *Grundfragen der Anknüpfungsgerechtigkeit im internationalen Privatrecht (aus kontinental-europäischer Sicht)*, Bâle, Stuttgart, Helbing & Lichtenhaan, 1975 ; « Vers l'adoption de la méthode des intérêts ? », *Trav. Com. fr.*, 1994-1995, p. 209 ss ; « La dimension sociale du droit international privé », *Recueil des cours*, tome 341 (2009).

51. Voir ainsi *Internationales Privatrecht im 20. Jahrhundert*, édité par H.-P. Mansel, Tübingen, Mohr Siebeck, 2014, spéc. l'article par K. Schurig, « Das Fundament trägt noch », p. 55 ss.

52. Selon le témoignage d'un ami du jeune Savigny, cité par F. Wieacker, *Gründer und Bewahrer* : *Rechtslehrer der neueren deutschen Privatrechtsgeschichte*, Göttingen, Vandenhoeck & Ruprecht, 1959, p. 117.

53. J. Schröder, *Recht als Wissenschaft*, 2e édition, Munich, C. H. Beck, 2012, p. 195. Ou « classique et romantique tout à la fois » : O. Jouanjan, *Une histoire de la pensée juridique en Allemagne (1800-1918)*, Paris, PUF, 2005, p. 17.

54. Et qui devait donner lieu – mais beaucoup plus tard, après 1933, et dans de toutes autres circonstances – à des utilisations politiques qu'il n'y a pas lieu d'imputer à Savigny : voir J. Rückert, « Das "gesunde Volksempfinden" – eine Erbschaft Savignys ? », *SZGerm*, volume 103 (1986), p. 199 ss.

national, en science du droit, dans l'œuvre des juristes professionnels, du *Juristenstand.*

Savigny était le fondateur, en Allemagne, de l'école historique du droit. Travaillant (patiemment, systématiquement) sur la base du droit romain, il s'opposera dans un célèbre pamphlet de 1814 à la proposition d'un professeur de Heidelberg, le libéral Thibaut, qui proposait la rédaction d'un Code civil uniforme pour les différents Etats allemands – trop tôt, beaucoup trop tôt pour Savigny, qui décrit dans ce pamphlet ce qui étaient à ses yeux les avantages insignes de l'application du droit romain dans l'Allemagne du dix-neuvième siècle, et les risques que l'Allemagne courrait si elle imitait le modèle du Code civil prussien, du Code civil autrichien ou, pire encore, du Code civil français [55].

En 1849 (Savigny a alors 70 ans) paraît sa contribution au droit international privé dans le volume VIII d'une description systématique de la partie générale du droit civil, intitulée *Système du droit romain contemporain (System des heutigen römischen Rechts)* [56]. « Contemporain » parce que, jusqu'à l'unification allemande et à l'entrée en vigueur du Code civil allemand en 1900, une forme modifiée du droit romain était réellement le droit positif commun à ceux des différents Etats allemands qui ne l'avaient pas remplacé par un droit codifié.

b) *L'apport scientifique de Savigny au droit international privé*

1) Deux mythes : communauté de droit, révolution copernicienne

18. Savigny est un auteur qui a eu, pour le développement du droit international privé, une telle importance qu'il a acquis, assez rapidement mais tout particulièrement au vingtième siècle, un statut d'auteur mythique. Deux mythes en particulier ont cours dans la littérature secondaire consacrée à Savigny : dans la littérature francophone, il s'agit du mythe d'un auteur qui aurait défini un système de droit international privé destiné à l'usage interne d'une « communauté de droit » ; dans la littérature essentiellement (ou du moins originairement)

---

55. *Vom Beruf unsrer Zeit für Gesetzgebung und Rechtswissenschaft*, Heidelberg, Mohr und Zimmer, 1814 (voir les différents écrits de Thibaut et de Savigny dans *Thibaut und Savigny – Ihre programmatischen Schriften*, édité par H. Hattenhauer, München, Franz Vahlen, 2002).

56. Berlin, Veit (traduction française par C. Guenoux sous le titre *Traité de droit romain*, Paris, Firmin Didot, 1860, réédité avec une préface de H. Synvet, Paris, Panthéon-Assas, 2002). Il s'agit du premier chapitre du volume, comportant 367 pages. Le second chapitre est consacré aux conflits de lois dans le temps.

germanophone, apparaît le mythe d'un auteur qui aurait réalisé une « révolution copernicienne » en droit international privé.

19. Premier mythe : Savigny aurait entendu restreindre son système à des droits faisant partie d'une « communauté de droit » définie comme les droits des nations chrétiennes, ou même à des droits découlant directement du droit romain. L'inventeur possible de ce mythe est Etienne Bartin :

> « … cette généralisation du droit romain, sa diffusion dans les législations particulières qui l'ont matériellement remplacé, tout cela établit entre ces législations un principe d'unité qui fait qu'elles peuvent obéir à des règles communes de conflit. Il y a, entre ces législations, une communauté de droit, due à leurs origines communes.
>
> … l'application de la doctrine de Savigny a pour limite, sur le terrain des conflits internationaux de lois, les législations d'origine romaine. Elle n'est pas faite pour les autres, et Savigny ne raisonne jamais sur un conflit qui mette en jeu les législations suédoise ou russe, par exemple, ou les législations de l'Orient » [57].

Cette idée, qui a été et reste encore actuellement reprise par d'autres auteurs [58], peut avoir été favorisée par des ambiguïtés existant dans l'ouvrage de Savigny [59] et plus encore dans sa traduction française par Guenoux, qui traduit systématiquement l'expression savignienne *völkerrechtliche Gemeinschaft* (« communauté de droit des gens ») par « communauté de droit » : la traduction transforme ainsi une notion

57. E. Bartin, *Principes de droit international privé*, tome I, Paris, Domat-Montchrestien, 1930, paragraphe 69. Selon Bartin (par. 72), ce ne serait qu'avec Mancini que l'idée de communauté de droit changerait de sens pour s'appliquer à tous les Etats (par. 72, p. 168).

58. H. Batiffol (voir Batiffol et Lagarde, *Droit international privé*, tome I, 8e édition, Paris, LGDJ, 1993 no 237) ; J.-L. Halpérin, *Entre nationalisme juridique et communauté de droit*, Paris, PUF, 1999, p. 56 ss ; P. Gothot, « Simples réflexions à propos de la saga du conflit des lois », dans *Mélanges Paul Lagarde*, Paris, Dalloz, 2005, p. 323 ss, spéc. p. 349-350 ; ou encore L. Gannagé, « Les méthodes du droit international privé à l'épreuve des conflits des cultures », *Recueil des cours*, tome 357 (2011), spéc. p. 310 ss ; C. Camus, *La distinction du droit public et du droit privé et le conflit de lois*, Paris, LGDJ, 2015, nos 27 ss ; S. Francq, « Unilatéralisme *versus* bilatéralisme », dans *Quel avenir pour la théorie générale des conflits de lois ?*, Bruxelles, Bruylant, 2015, p. 49 ss, spéc. p. 68. Pour une interprétation encore plus restrictive, selon laquelle la « communauté de droit » serait limitée, chez Savigny, aux « principautés allemandes unies par une même tradition juridique romano-chrétienne », voir D. Bureau et H. Muir Watt, *Droit international privé*, tome I, 4e édition, Paris, PUF, 2017, no 339.

59. Ainsi, au paragraphe 348 du *Système*, où il rattache le développement du droit international privé à la « mentalité chrétienne commune » *(gemeinsame christliche Gesittung)*.

somme toute assez publiciste – et liée au concept de *comitas gentium*, certes débarrassé par Savigny de l'idée étroite de réciprocité – en une notion qui peut être mal interprétée comme se limitant au cercle des notions ayant le droit romain en partage. Il est préférable d'avoir égard aux indications plus précises qui figurent (également) dans le *Système*. On y lit par exemple que c'est par exception à la règle générale selon laquelle la capacité des personnes se juge d'après la loi de leur domicile que le juge d'un Etat chrétien, confronté à la licéité de la polygamie dans d'autres Etats (musulmans, s'entend), « refuse à de pareils actes la protection de la loi ; et ainsi il applique à *cette espèce de capacité* non pas le droit du domicile de la personne, mais celui de son propre pays » [60]. *A contrario* par conséquent, rien ne s'oppose à ce que le juge d'un « Etat chrétien » applique, aux aspects moins choquants de la « capacité pour agir » des musulmans, le droit de l'Etat de leur domicile. Il n'y a aucun indice sérieux dans le texte original de Savigny que son enseignement serait limité aux conflits de lois à l'intérieur d'un cercle étroit de systèmes juridiques.

20. Deuxième mythe : l'œuvre de Savigny aurait opéré une « révolution copernicienne » [61] dans les conflits de lois, en substituant au raisonnement fondé sur le champ d'application des lois, qui aurait été caractéristique de la méthode statutiste antérieure, un raisonnement nouveau, fondé sur la localisation des rapports de droit : Savigny aurait été l'inventeur de la méthode bilatéraliste ou multilatéraliste des solutions des conflits de lois, et aurait remplacé du fait de son intervention la méthode unilatéraliste qui aurait été antérieurement pratiquée.

Sans être entièrement fausse, cette description centrée sur la méthodologie bilatéraliste ou unilatéraliste est déformante. D'une part, Savigny lui-même souligne, dans l'introduction au volume 8 du *Système*, que la question peut indifféremment être vue sous l'un ou l'autre angle :

> « Maintenant il ne me reste plus, pour achever la partie générale du traité, qu'à déterminer le lien qui existe entre les règles du droit et les rapports de droit : ce lien nous apparaît, d'un côté, comme l'empire des règles sur les rapports ; de l'autre côté, comme la soumission des rapports aux règles.

---

60. Paragraphe 365, dans la traduction de Guenoux, mise en évidence ajoutée (voir aussi le célèbre paragraphe 349, qui discute accessoirement et plus brièvement la même question sous l'angle des « lois de nature positive rigoureusement obligatoire »).

61. « Kopernikanische Wende » : selon P. H. Neuhaus, *Die Grundbegriffe des internationalen Privatrechts*, 2ᵉ édition, Tübingen, Mohr, 1976, p. 94.

> Ces deux manières d'envisager la question ne diffèrent que par leur point de départ. La question à résoudre reste toujours la même, et sa solution ne peut varier d'un cas à l'autre.» [62]

Et d'autre part, en ce qui concerne les méthodologies, on constate dès l'œuvre de Bartole au quatorzième siècle un recours indifférencié à une terminologie qui serait aujourd'hui dite bilatéraliste ou multilatéraliste [63], comme à une terminologie unilatéraliste [64], sans que cette différence de terminologie reflète une différence réelle d'approche.

L'opposition entre unilatéralisme (classique) et bilatéralisme a une portée abstraitement méthodologique; comme le bilatéralisme, l'unilatéralisme classique est une méthode reposant sur un mécanisme de localisation analogue à la localisation des facteurs de rattachement caractéristique de la règle de conflit bilatérale [65]. En tout cas leur opposition n'est pas une opposition quant au degré de politisation des règles de conflits. Rien ne prédestine les règles de conflits unilatérales à être plus politisées que les règles de conflits bilatérales: la méthode unilatéraliste ne se politise que lorsque les règles de conflits unilatérales s'inspirent directement de politiques législatives particulières à l'Etat qui les formule ou qu'elles sont déduites, par application de la méthode de l'*interest analysis* [66], de l'idée de mettre en œuvre efficacement, sur le plan international, la politique législative inhérente, ou censée être

---

62. Paragraphe 344 (traduction Guenoux). Sur la large concordance entre la méthode bilatéraliste et la méthode unilatéraliste, voir K. Schurig, *Kollisionsnorm und Sachrecht*, Berlin, Duncker & Humblot 1981, spéc. (en ce qui concerne Savigny) p. 116.

63. Voir, dans la traduction par B. Ancel, «Le commentaire de Bartole *Ad legem cunctos populos* sur la glose *Quod si Bononiensis* mis en français», dans *Mélanges Anne Lefebvre-Teillard*, Paris, Panthéon-Assas, 2009, p. 53 ss (ou B. Ancel, *Eléments d'histoire du droit international privé*, Paris, Panthéon-Assas, 2017, p. 165 ss), les n°s 19 et 20, où Bartole envisage l'exemple d'un Florentin qui, à Rome, prête cent livres à rembourser à Pérouse, puis néglige d'en demander le remboursement et risque la prescription de sa créance:

> «ou bien il s'agit d'obtenir compensation du dommage résultant du contrat lui-même, dès sa conclusion, et alors nous considérons le lieu de conclusion; ou bien le dommage résulte, après la conclusion, de quelque négligence ou retard et alors nous considérons le lieu où ce retard se ressent».

64. Voir *ibid.*, n° 24, à propos de la coutume de Venise qui admet la validité d'un testament établi «en présence seulement de deux ou de trois témoins»:

> «Il me semble qu'il faut dire: ou bien le statut se renferme sur les personnes des citoyens et il ne s'applique pas aux étrangers ... ou le statut parle simplement et de manière indéterminée et il s'applique aux étrangers qui font leur testament.»

65. P. Picone, «Les méthodes de coordination entre ordres juridiques en droit international privé», *Recueil des cours*, tome 276 (1999), p. 40-44.

66. *Infra* chapitre III.

inhérente, aux différentes règles du droit matériel. Mais une règle de conflit unilatérale n'est pas, en raison de son seul caractère unilatéral, une règle politisée, et la dépolitisation savignienne n'a pas consisté à mettre fin à un système unilatéraliste qui aurait été publicisé ou politisé. Pareil système n'existait pas en 1849.

2) L'apport réel de Savigny

21. Même sans avoir opéré une «révolution copernicienne», Savigny a eu le mérite d'avoir mis en ordre scientifiquement les règles de conflit de lois, qu'il a formulées de manière systématique comme règle de conflit bilatérales ou multilatérales. Il a ainsi tiré les conséquences de l'essoufflement des méthodes statutistes trop simples qui étaient en vigueur au dix-huitième siècle et au début du dix-neuvième. C'est un prédécesseur de Savigny, Wächter, qui avait démontré dans une contribution parue quelques années avant le *Système* le caractère artificiel et inopérant de la répartition des lois en trois catégories seulement: les lois personnelles, les lois réelles et les lois «mixtes», sans que cette dernière catégorie ait été clairement définie [67]. L'œuvre de Savigny ajoute à cette critique un caractère systématique et constructif. La formule de Savigny est connue: il s'agit de rechercher pour chaque *rapport de droit* (une notion qui n'est pas propre au droit international privé de Savigny, mais qui joue au contraire un rôle primordial dans sa théorie du droit en général et du droit civil en particulier [68]),

> «le domaine territorial de droit *(Rechtsgebiet)* auquel ce rapport appartient de par sa nature ou auquel il est soumis (où ce rapport de droit a son siège)» [69].

22. C'est une formulation extrêmement générale, dont l'apport essentiel consiste dans l'idée que la nature des rapports de droit, déduite d'une analyse fine de ceux-ci menée au regard du droit civil, est décisive pour l'identification de la loi applicable à ces rapports. L'approche de Savigny est telle que les développements de droit international privé du volume VIII s'intègrent sans difficultés dans l'exposé systématique

67. C. G. Wächter, «Über die Collision der Privatrechtsgesetze verschiedener Staaten», *Archiv für die civilistische Praxis*, 1841, p. 230 ss et 1842, p. 1 ss, 161 ss, 361 ss.
68. *System*, volume I, 1840, paragraphe 4 (première définition, à l'aide d'un exemple tiré du droit romain, des rapports de droit) et 52 ss (classification des différents rapports de droit).
69. Paragraphe 348 et (pour l'ajout final entre parenthèses) paragraphe 360.

du droit civil contenu dans les volumes antérieurs : ils en sont un complément naturel.

Prenons un exemple, qui n'est pas la plus grande réussite de Savigny dans la formulation d'une règle de conflit ayant vocation à la pérennité [70], mais qui permet de voir comment fonctionne la méthode savignienne. Voici sa réponse à la question de la loi applicable aux effets du mariage :

> « Le véritable siège du lien conjugal ne donne lieu à aucun doute ; il doit être réputé se trouver au domicile du mari, qui, d'après le droit de tous les peuples et de tous les temps, est reconnu comme chef de la famille » [71],

et, en bon romaniste et auteur d'un système de « droit romain contemporain », Savigny cite dans une note en bas de page une loi romaine (*L.* 5 *de ritu nupt.* (23.2)) qui identifie le *domicilium matrimonii* à la *mariti domus*, et il ajoute que « ce n'est pas là une disposition particulière du droit romain, ni même une prescription positive, mais simplement la reconnaissance d'un rapport fondé sur la nature même du mariage ».

Cet exemple est caricatural au regard des conceptions actuelles de l'égalité entre femmes et hommes, mais il est en même temps caractéristique de la méthode savignienne, y compris dans sa prétention à l'universalité. Contrairement aux auteurs post-savigniens qui étaient particularistes (en particulier Kahn et Bartin), Savigny croyait encore à la possibilité de créer – au besoin en se référant à des indications éparses figurant dans des textes de droit romain qui n'avaient en général rien à voir avec le droit international privé – un système logiquement persuasif à valeur universelle, que chaque ordre juridique national devrait pouvoir adopter. Ce que l'on remarque aussi, à travers les pages du *Système*, c'est que les idées de Savigny sur la localisation naturelle des rapports de droit ne correspondent le plus souvent plus aux règles de conflit acceptées à l'heure actuelle. Savigny a imposé, sur le plan scientifique, une structure abstraite de raisonnement ; il n'a pas réussi à imposer le détail de son système et à en faire le système intemporel qu'il imaginait – pas plus qu'il n'a réussi, en droit civil, à imposer la pérennité de la référence au droit romain, ou à empêcher la promulgation d'un Code civil allemand.

---

70. Un exemple plus pérenne est cité *infra* n° 26 ; il s'agit de la règle de conflit en matière successorale.

71. Paragraphe 379A.

3) *Le droit international privé apolitique selon Savigny*

23. L'approche de Savigny considère le droit privé comme indépendant de la volonté des Etats ; et comme le droit international privé fait partie intégrante du système de droit privé, il est lui-même conçu comme indépendant de considérations tenant à l'intérêt des Etats à l'application de leurs lois.

Chez Savigny (et chez ses successeurs), la dépolitisation – ou mieux, dans leur perspective, la reconnaissance du caractère naturellement apolitique – du droit international privé s'exprime à l'égard des deux manières d'intervention du politique définies dans l'introduction du présent cours [72] : l'intervention directe des intérêts publics dans les affaires privées ainsi que l'intervention de politiques normatives étatiques clairement définies dans la formulation des règles du droit international privé. Savigny n'admet, à vrai dire, aucune de ces deux manières d'intervention du politique – ce qui ne signifie pas qu'il nie leur existence, mais qu'il tient à minimiser leur rôle et aussi leur légitimité comme objet d'études scientifique :

24. 1) Savigny est évidemment conscient de l'existence des intérêts publics, et du fait qu'ils peuvent s'exprimer dans des lois. Dans son *Système*, ces intérêts prennent la forme des « lois d'une nature positive rigoureusement obligatoire, qui par là même n'admettent pas cette liberté d'appréciation qui n'a pas égard aux frontières des divers Etats » [73]. Il considère cette catégorie de lois avec une prudence mêlée de défaveur, mais admet qu'elles existent : « Les lois de cette classe peuvent avoir pour base un motif moral ; telle est la loi qui prohibe la polygamie » (dans la terminologie actuelle du droit international privé, il s'agit de l'exception d'ordre public) ; « elles peuvent être dictées par un motif d'intérêt général *(publica utilitas)*, soit qu'elles revêtent un caractère politique, de police ou d'économie politique ». Dans la terminologie actuelle, ce sont les lois de police.

Homme de son époque, conservatrice sur le plan politique et libérale sur le plan économique [74], Savigny ne pouvait pas anticiper le développement que les lois de police allaient prendre à une époque ultérieure. Sa version de la séparation de la société civile et de l'Etat reste fondamentalement prédémocratique. Un point sur lequel Savigny

---

72. *Supra* n° 7.
73. Paragraphe 349.
74. U. Seif, « Savigny und das IPR des 19. Jahrhunderts », *RabelsZ*, 2001, p. 492 ss, spéc. p. 502.

avait en revanche peut-être raison, et sur lequel il n'a pas été contredit clairement par l'évolution ultérieure du droit international privé (en tout cas en dehors des Etats-Unis d'Amérique), est son rejet du système proposé par Wächter, qui enseignait que l'élément le plus important, en droit international privé, est constitué par la législation du for, et la tâche la plus importante des tribunaux consiste à lui assurer sa pleine effectivité dans l'espace [75]. Pour Savigny, il ne convient pas de présumer que le législateur du for a pour souci prédominant «le maintien jaloux de sa propre autorité»; cela peut être exceptionnellement le cas, mais en général, il convient de préférer la recherche de l'harmonie internationale des solutions et du respect des «nécessités de chaque rapport de droit, sans égard aux limites des différents Etats et de leurs lois». La recherche de l'harmonie internationale des solutions et la méthode du traitement égal de la loi du for et des lois étrangères caractérisent le *Système* originaire comme elles caractérisent l'esprit de la tradition classique ultérieure.

25. 2) Savigny, se méfiant par principe de l'idée de codification et, surtout, des interventions particulières du législateur dans le droit privé, considère avec méfiance l'idée de la mise en œuvre de politiques législatives particulières aux différents Etats, qui détermineraient le contenu du droit international privé. Il écrit ceci:

> «Lorsque le juge est confronté à une loi de son pays consacrée à la question de conflits de lois, il doit s'y soumettre absolument, alors même qu'elle serait en contradiction avec ses propres vues théoriques. Mais l'application de cette règle ne mènera pas bien loin car les lois sur les conflits ne sont en général que l'application d'une théorie incomplète et insuffisante.» [76]

c) *Droit international privé apolitique et droit international privé conceptualiste*

26. Comment Savigny a-t-il pu développer ce système, s'il ne pouvait se référer à une politique juridique qu'il s'agirait de mettre en œuvre? La réponse réside dans le *conceptualisme* de Savigny. Savigny est profondément convaincu que les concepts utilisés par le droit privé ont en eux-mêmes une valeur explicative qui permet aux juristes de

---

75. Wächter, article précité, *supra* note 67, discuté par Savigny, paragraphe 361, nº 3.

76. Paragraphe 361, nº 3, A.

développer de nouvelles règles de droit à partir des concepts préexistants, en restant dans le système conceptuel du droit privé et sans devoir le contaminer par des considérations de politique législative. C'est en cela que consiste pour lui l'esprit juridique véritable, par opposition à l'esprit politique. Le jeune Savigny avait écrit que la grandeur des juristes romains était de considérer les concepts de leur science comme n'étant pas des concepts arbitraires, mais comme existant réellement : le maniement des concepts par les juristes romains se fait avec une aisance toute mathématique ; ces juristes se livrent à une admirable « algèbre des concepts » [77]. C'est par le conceptualisme ainsi conçu que Savigny a pu bâtir un système complet de règles de conflit, sans égard (ou du moins sans égard conscient) à des politiques juridiques.

Un bon exemple en est le développement par Savigny d'une règle de conflit en matière successorale qui consistait à remplacer l'ancien rattachement de la succession (au moins immobilière) à la *lex rei sitae* par un rattachement personnel, à la loi du dernier domicile du défunt. Au paragraphe 375 du huitième volume du *Système*, il déduit ce rattachement logiquement de son analyse préalable de la nature du rapport de droit successoral au regard du droit civil [78], selon laquelle c'est la continuation de la personne du défunt par les héritiers, et le transfert de son patrimoine à d'autres personnes, qui est l'élément le plus caractéristique de la succession. Une exception n'est admise (en droit international privé) qu'à propos des règles successorales spéciales qui, en matière agricole, dérogent au droit commun et sont d'application territoriale en tant que « lois de nature positive rigoureusement obligatoire », en raison de leur « but politique, les situant en dehors du domaine du droit pur » [79] qui est de maintenir intactes les exploitations agricoles dans l'intérêt de l'économie du pays.

27. Les auteurs actuels, même les plus fidèles à l'héritage de Savigny, ont considérablement modéré le conceptualisme de la méthode

77. *Vom Beruf unsrer Zeit für Gesetzgebung und Rechtswissenschaft*, *op. cit.*, *supra* note 55, p. 29 (éd. Hattenhauer, p. 73) : « Man kann ohne Übertreibung sagen, dass sie mit ihren Begriffen rechnen ». L'amour de l'« algèbre des concepts » n'était pas réservé aux juristes allemands (Savigny et ses successeurs, notamment G. F. Puchta) ; on peut lire dans le *Traité élémentaire de droit civil* de Planiol (tome II, ici cité d'après la 7e édition, Paris, LGDJ, 1917, préface, p. IX), l'observation que le droit des obligations « forme le domaine principal de la logique juridique, et c'est pourquoi elle plaît à ceux qui aiment à raisonner à la façon de mathématiciens : pour elle surtout, le *« mos geometricum »* dont parlait Leibniz peut se donner carrière » (mais voir, *ibid.*, la mise en garde contre « cette tendance à raisonner de manière étroitement logique »).

78. Volume I, 1840, paragraphe 57.

79. Volume VIII, paragraphe 376.

savignienne, non seulement parce qu'ils doivent tenir compte de la pluralité des méthodes de solution des conflits de lois telle qu'elle existe en droit positif, mais aussi parce que personne ne croit plus réellement dans la possibilité de concevoir les règles du droit international privé à partir des seuls concepts du droit privé interne.

La forme à présent délaissée de conceptualisme en droit international privé est la croyance qu'il suffit de bien raisonner sur le droit privé matériel pour identifier ainsi les règles de conflit de lois. Le droit privé matériel pouvait être le droit romain pour un civiliste à tendance universaliste et historisante comme l'était Savigny, ou, par exemple, le droit civil français pour un civiliste particulariste comme l'était Bartin :

> « les règles de conflit sont des règles internes dans chaque pays, au même titre que les institutions de droit interne dont elles circonscrivent le domaine. Elles leur restent liées comme l'ombre au corps, parce qu'elles ne sont autre chose que la projection de ces institutions elles-mêmes sur le plan du droit international » [80].

Cette conception, qui chez Bartin avait pu servir de justification tant à une version radicalement particulariste de la qualification *lege fori* conçue comme une qualification au regard des concepts du droit *civil* du for, qu'à son hostilité à l'égard des efforts internationaux d'uniformisation des règles de conflit [81], est une conception dont les mouvements doctrinaux du vingtième siècle se sont définitivement éloignés [82]. La qualification est désormais comprise comme devant se

80. E. Bartin, *Etudes de droit international privé*, Paris, Chevalier-Marescq, 1899, préface, p. ii. Sur Bartin, civiliste, nationaliste engagé dans l'Action française et néanmoins spécialiste remarquablement impartial du droit international privé, voir E. du Pontavice, « Eloge d'Etienne Bartin », *Annales de la Faculté de droit et des sciences économiques de Clermont*, 1966, p. 189 ss, et « L'œuvre d'Etienne Bartin », mêmes *Annales*, 1968, spéc. p. 48 ss.

81. E. Bartin, « De l'impossibilité d'arriver à la suppression définitive des conflits de lois », *JDI*, 1887, p. 225 ss, 466 ss, 720 ss ; ou encore « La doctrine des qualifications et ses rapports avec le caractère national du conflit des lois », *Recueil des cours*, tome 31 (1930), p. 561 ss. Il y soutient que même si les règles de conflit étaient en apparence internationalement uniformisées, elles désigneraient néanmoins dans chaque Etat d'autres réalités, en fonction du droit civil interne de cet Etat.

82. Une référence incontournable est l'article d'E. Rabel, « Das Problem der Qualifikation », *RabelsZ*, 1931, p. 241 ss ; voir aussi F. Rigaux, *La théorie des qualifications en droit international privé*, Bruxelles, Larcier, 1956, dont les conceptions propres (n° 315) relèvent du pragmatisme. – Pour une survivance tardive (et inoffensive car purement verbale) de l'ancienne conception, voir néanmoins un arrêt de la Cour de cassation française, qui justifie la règle du rattachement des successions au dernier domicile du défunt par un raisonnement conceptualiste bien moins subtil que celui de Savigny (*supra*, n° 26), Civ. 1re, 20 octobre 2010, n° 08-17033, *Rev. crit.*, 2011, p. 53, 2e esp., note Ancel : « Attendu que les meubles héréditaires étant réputés exister au lieu

faire au regard des concepts du *droit international privé* du for, dans leur téléologie propre, qui ne doivent pas être compris comme étant dans la dépendance directe des concepts du droit civil du for. Le fait que les règles de conflit ont leur logique propre est reconnu, si bien que rien ne s'oppose à l'unification internationale (ou à l'européanisation, à l'intérieur de l'Union européenne) des règles de conflit.

Si le droit international privé contemporain reste conceptualiste, ce n'est donc plus dans le sens d'un conceptualisme de droit civil [83]. Un conceptualisme dépendant du droit matériel du for a des inconvénients évidents dès lors qu'il s'agit d'une situation internationale, faisant intervenir des lois étrangères qui reposent potentiellement sur une analyse conceptuelle différente: pourquoi privilégier, dans ce cas, l'analyse du for, alors qu'il s'agit précisément de déterminer quelle est la loi applicable sur le plan du droit matériel?

Le conceptualisme qui subsiste est un conceptualisme de droit international privé, et il n'exclut pas des raisonnements non conceptualistes, de nature téléologique, menés en fonction des intérêts que le droit international privé tend à promouvoir [84]. Mais ces intérêts restent perçus comme n'étant pas prioritairement des intérêts politiques, mais essentiellement l'intérêt de la cohérence du système de droit international privé.

De toute manière, d'un point de vue américain ou du point de vue d'une doctrine européenne dissidente, même les post-savigniens de la doctrine européenne contemporaine restent des «formalistes»: ils

---

d'ouverture de la succession, leur dévolution est régie par la loi du dernier domicile du défunt.»

83. Ce type de conceptualisme subsiste parfois de manière marginale, à propos de certaines institutions complexes (comme les institutions à cheval entre le droit des obligations et le droit des biens, ou les obligations tripartites), que l'on peut être tenté de qualifier en partant de leur «nature véritable» au regard du droit civil; mais même à leur propos, une orientation inspirée de raisonnements moins dépendants d'une analyse de droit civil est possible (voir par exemple I. Pretelli, «Cross-Border Credit Protection Against Fraudulent Transfers of Assets: *Actio Pauliana* in the Conflict of Laws», *Yearbook PIL*, volume 13 (2011), p. 589 ss, et la jurisprudence allemande discutée par cette auteure).

84. Voir G. Kegel, «Begriffs- und Interessenjurisprudenz im internationalen Privatrecht», dans *Festschrift Hans Lewald*, Bâle, Helbing & Lichtenhahn 1953, p. 259 ss; H. Batiffol, «Les intérêts de droit international privé», dans *Festschrift für Gerhard Kegel*, Francfort, Alfred Metzner, 1977, p. 11 ss. Le titre de la contribution de Kegel fait référence à la critique classique, par Jhering puis par Ph. Heck, du conceptualisme de l'époque de Savigny et de ses successeurs, et au «tournant téléologique» qu'a signifié l'adoption d'une «jurisprudence des intérêts». Voir aussi A. Flessner, *Interessenjurisprudenz im Internationalen Privatrecht*, Tübingen, Mohr, 1990; B. Audit, «Le droit international privé en quête d'universalité», *Recueil des cours*, tome 305 (2003), p. 291 ss.

continuent de croire à la possibilité de séparer raisonnement juridique et raisonnement politique [85].

3. L'héritage du savignianisme et son bilan. Le droit international privé doit-il être apolitique ? Doit-il être (modérément) conceptualiste ?

28. Le bilan du droit international privé apolitique est mitigé :

a) *Avantages*

29. Ces avantages existent et ne sont pas négligeables. On peut légitimement juger attrayant un droit international privé qui est pour l'essentiel fondé sur l'idée (sinon la réalité) d'égalité des systèmes juridiques et sur la recherche de l'harmonie internationale des solutions ; c'est cet attrait qui explique bien des vocations pour l'étude du droit international privé classique, de même qu'un tempérament pacifiste explique des vocations pour l'étude d'un certain type de droit international public, ou pour l'adoption de certaines options à propos des rapports entre droit international public et droit interne [86].

Qu'en est-il de la dépolitisation et du conceptualisme ? En droit international privé comme plus généralement en droit, les raisonnements formalistes ou dogmatiques peuvent permettre d'aboutir à des résultats non seulement relativement prévisibles – certainement bien plus que des raisonnements fonctionnalistes de nature politique, comme nous les verrons apparaître ultérieurement –, mais sont aussi des raisonnements qui ont une plus forte chance d'être impartiaux [87]. Un droit international

---

85. Cf. F. Vischer, « New Tendencies in European Conflict of Laws and the Influence of the US Doctrine – A Short Survey », dans *Essays in Honor of Arthur T. von Mehren*, Ardsley, Transnational Publishers, 2002, p. 459 ss, spéc. p. 471. Sur le formalisme du droit international privé *anglais*, voir R. Fentiman, « English Private International Law at the End of the 20th Century : Progress or Regress ? », dans S. Symeonides (dir. publ.), *Private International Law at the End of the 20th Century : Progress or Regress* ?, La Haye, Kluwer, 2000, p. 165 ss, spéc. 169 :

> « unlike their counterparts in the United States, English lawyers have never – or have never entirely – lost faith in the effectiveness and validity of traditional conceptions of legal reasoning. Certainly, English law never experienced the challenge (and response) to formalism represented by the American realist movement ».

86. Sur ce dernier point, voir le paragraphe « impérialisme et pacifisme » dans le cours de H. Kelsen, « Les rapports de système entre le droit interne et le droit international public », *Recueil des cours*, tome 14 (1926), p. 227 ss, spéc. p. 323-325.

87. Pour continuer la comparaison entre les écoles de droit international privé et les écoles de droit international public, on pourra lire le chapitre final (« Out of Europe : Carl Schmitt, Hans Morgenthau, and the turn to "international relations" ») de

privé aux raisonnements apolitiques ne se prête ni à des stratégies de pouvoir [88], ni à des stratégies militantes, et les tribunaux appelés à le pratiquer n'auront pas l'occasion d'être *particulièrement* complaisants à l'égard du pouvoir, ni *particulièrement* activistes ou militants. Est-on sûr qu'un droit international privé ouvertement politisé sera nécessairement plus supportable que le droit d'aspect technique auquel nous a habitués le droit international privé classique?

On peut donc trouver des mérites à un droit international privé neutre [89]. Il permet de se concentrer sur les intérêts privés, qu'il serait assurément paradoxal de considérer comme d'intérêt seulement périphérique en droit international privé [90].

30. Ce sont là les principales vertus morales du droit international privé classique: impartialité à l'égard du droit étranger et égalité des systèmes juridiques. Des vertus secondaires s'y ajoutent, en particulier la promotion de la sécurité juridique, qui n'est pas une fin en soi mais possède néanmoins une utilité pratique [91]. Le droit international privé de l'Union européenne en particulier en a fait la base de sa méthode en matière de conflits de lois et de juridictions ; en attestent des considérants des préambules des règlements européens et la jurisprudence de la Cour de justice de l'Union européenne. Quelques citations l'illustreront.

En matière de conflits de juridictions d'abord: le considérant 15 du règlement (UE) n° 1215/2012 du 12 décembre 2012 (règlement Bruxelles I*bis*, refonte du règlement Bruxelles I) énonce:

---

l'ouvrage de M. Koskenniemi, *The Gentle Civilizer of Nations*: *The Rise and Fall of International Law 1870-1960*, Cambridge, Cambridge University Press, 2001, p. 413 ss, qui donne un récit brillant, mais aussi terrifiant (du moins pour les petits Etats), des effets du passage d'une approche «formaliste» à une approche fonctionnaliste du droit international public. Il choisit comme point de départ les rationalisations *ex post*, par la doctrine américaine, de l'invasion de la République dominicaine par les Etats-Unis en 1965.

88. Qui peuvent exister en matière de droit international privé, mais apparaîtront comme une anomalie à l'intérieur du système classique: voir les exemples cités au Chapitre II.

89. Y. Loussouarn, «La règle de conflit est-elle une règle neutre?», *Trav. com. fr.* 1980-1981, tome II, p. 43 ss. Selon M. Pauknerová, «Private International Law in the Czech Republic», *Journ. PIL*, 2008, p. 83 ss, spéc. p. 84, le droit international privé classique est, plus précisément, «émotionnellement neutre».

90. Voir l'esquisse d'autobiographie intellectuelle d'un auteur qui a toujours revendiqué son intérêt pour les questions privées à l'intérieur du droit international privé, E. Jayme, «Internationales Privatrecht als Lebensform», *Gesammelte Schriften*, volume IV, Heidelberg, C. F. Müller, 2009, p. 407 ss, spéc. p. 410-411.

91. Voir T. Kruger, «The Quest for Legal Certainty in International Civil Cases», *Recueil des cours*, tome 380 (2015), p. 281 ss, qui expose à juste titre que la sécurité juridique est *un idéal parmi d'autres* en droit international privé (p. 434).

> «Les règles de compétence devraient présenter un haut degré de prévisibilité et s'articuler autour de la compétence de principe du domicile du défendeur. Cette compétence devrait toujours être disponible, sauf dans quelques cas bien déterminés où la matière en litige ou l'autonomie des parties justifie un autre critère de rattachement. S'agissant des personnes morales, le domicile doit être défini de façon autonome de manière à accroître la transparence des règles communes et à éviter les conflits de compétence.»

La jurisprudence de la Cour de justice a repris la même idée à plusieurs reprises, au point d'en faire désormais une clause de style de la motivation des arrêts portant sur le droit européen des règles de compétence [92].

Une idée similaire se retrouve dans les règlements européens sur les conflits de lois en matière contractuelle et extracontractuelle. En matière contractuelle, le préambule du règlement (CE) n° 593/2008 du 17 juin 2008 sur la loi applicable aux obligations contractuelles («Rome I») souligne la nécessité de concilier la flexibilité avec la recherche de la sécurité juridique et de la prévisibilité des solutions:

> «Afin de contribuer à l'objectif général du présent règlement qu'est la sécurité juridique dans l'espace de justice européen, les règles de conflit de lois devraient présenter un haut degré de prévisibilité. Le juge devrait toutefois disposer d'une marge d'appréciation afin de déterminer la loi qui présente les liens les plus étroits avec la situation.» [93]

L'exemple type d'une règle de conflit axée sur la prévisibilité des solutions (et l'exemple paradigmatique de l'opposition des méthodes européenne et américaine de solutions des conflits de lois) est le maintien de la règle rattachant les délits au lieu de leur commission (principe

---

92. Parmi de très nombreux arrêts, voir l'arrêt du 11 septembre 2014, *A.*, C-112/13, ECLI:EU:C:2014:2195, point 57, qui rejette une certaine interprétation du règlement Bruxelles I au motif que «l'établissement de la compétence internationale des juridictions autrichiennes en raison d'une comparution d'un curateur du défendeur absent, nommé pour A, ne peut pas être considéré comme présentant un caractère prévisible».

93. Considérant 16. En jurisprudence, voir par exemple (sur la Convention de Rome du 19 juin 1980, texte prédécesseur du règlement) l'arrêt du 6 octobre 2009, *ICF*, C-133/08, ECLI:EU:C:2009:617, point 62, l'arrêt du 12 septembre 2013, *Schlecker*, C-64/12, ECLI:EU:C:2013:551, point 35, ou l'arrêt du 23 octobre 2014, *Haeger & Schmitz*, C-305/13, ECLI:EU:C:2014:2320, point 34. Et sur le règlement lui-même: l'arrêt du 18 octobre 2016, *Nikiforidis*, C-135/15, ECLI:EU:C:2016:774, point 46.

de l'applicabilité de la *lex loci delicti*), complétée dans l'article 4 du règlement (CE) n° 864/2007 du 11 juillet 2007 sur la loi applicable aux obligations non contractuelles («Rome II»), à propos des délits complexes, par la précision que le «lieu du délit» est à comprendre dans le sens du lieu où le préjudice était survenu; cette précision s'explique en définitive, au-delà de toutes autres tentatives d'explication, par l'idée conceptualiste que seule la survenance du préjudice rend le délit parfait [94]. Comme l'explique le préambule du règlement, «l'exigence de sécurité juridique et la nécessité de rendre la justice en fonction de cas individuels sont des éléments essentiels d'un espace de justice» [95]; et la Cour de justice, rendant hommage à la prévisibilité qu'assure l'application de la *lex loci delicti* à la responsabilité extracontractuelle, expose que

> «l'application de la loi du lieu de survenance du dommage direct participe à l'objectif, énoncé au considérant 16 du règlement Rome II, visant à assurer une prévisibilité de la loi applicable, tout en évitant le risque que ledit fait dommageable puisse être décomposé en plusieurs parties soumises à une loi différente selon les lieux où des personnes autres que la victime directe subissent des dommages» [96].

31. Ce n'est pas uniquement le droit international privé de l'Union européenne qui revendique ainsi son classicisme; un arrêt de la Cour suprême du Canada de 1994, qui décide de moderniser la règle de conflit en matière de loi applicable aux délits, s'exprime en ces termes:

> «L'un des principaux objectifs de toute règle de droit international privé est de créer la certitude dans la loi. Toute exception ajoute un élément d'incertitude. Cependant, étant donné qu'une règle stricte sur le plan international pourrait entraîner une injustice, les tribunaux devraient conserver le pouvoir discrétionnaire d'appliquer leur propre loi en pareil cas, encore

94. Néanmoins, le règlement Rome II est un texte moderne, qui ajoute à cette règle de base la règle dérogatoire de l'applicabilité du droit de la résidence habituelle commune du défendeur et de la personne lésée (art. 4, par. 2), une clause d'exception (art. 4, par. 3) et, surtout, des règles relatives à des délits spéciaux (art. 5 à 9) dont certaines poursuivent clairement des buts d'ordre politique.

95. Considérant n° 14.

96. Arrêt du 10 décembre 2015, *Lazar*, C-350/14, ECLI:EU:C:2015:802, point 29, à l'appui du principe selon lequel le droit du lieu de l'accident s'applique aussi à la réparation du préjudice par ricochet subi par les proches de la victime directe, même s'ils résident dans un autre Etat.

> que ces cas seraient rares. En fait, si elle n'est pas strictement limitée aux situations où il est question de rapports étroits et opportuns entre les parties, une exception pourrait entraîner une injustice.
>
> L'ordre et l'équité sont les principes fondamentaux du droit international privé, mais l'ordre vient en premier étant donné qu'il est une condition préalable de la justice.» [97]

Très bien. Mais le droit international privé classique n'a pas que des mérites.

b) *Inconvénients*

32. Effet secondaire de la neutralité des règles de conflit de lois classiques à l'égard des intérêts étatiques, mais aussi à l'égard du contenu des règles de droit matériel, le caractère mécanique de leur fonctionnement strictement logique peut avoir pour effet de ne pas correspondre aux intérêts (même privés) réellement en cause.

Le caractère mécanique est un problème plus ou moins réel, en fonction de la présence ou de l'absence de règles permettant de flexibiliser le fonctionnement des règles de conflit. Des règles de conflit absolument inflexibles permettront d'atteindre un maximum de prévisibilité, mais aboutiront souvent à un résultat sous-optimal dans la détermination du droit applicable. Il en va ainsi d'une règle de conflit de lois (ou d'une règle de compétence judiciaire internationale) qui donne – ou plutôt qui donnait, puisque ce type de règle ne correspond plus au droit international privé contemporain – un rôle déterminant au lieu de conclusion d'un contrat pour déterminer la loi applicable à ce contrat, ou la juridiction compétente pour connaître des litiges y ayant trait. Lorsqu'elle était appliquée aux contrats conclus par correspondance, elle donnait lieu à de subtiles analyses conceptualistes, basées sur le droit privé interne, du moment de la formation d'un contrat – un exercice très bien illustré par les écrits non seulement de Savigny [98],

---

97. *Tolofson c. Jensen* (1994) 3 RCS 1022, 1026 (sommaire). L'inspiration de cet arrêt paraît être si classique, comparée au droit international privé des Etats-Unis d'Amérique, que la phrase finale du sommaire (reprise du point 56 de la motivation) en vient à ressembler – involontairement, on le suppose – à la citation de Goethe selon laquelle il lui semblait préférable de «commettre une injustice que de tolérer un désordre».

98. *Système*, paragraphe 373.

mais encore par ceux de Beale aux Etats-Unis des années 1930 [99], mais qui avaient pour inconvénient évident d'essayer de localiser dans l'espace un échange de consentements qui n'est en réalité pas localisable. Ce type de règle de conflit montre les limites du conceptualisme appliqué au droit international privé. Une règle de conflit plus flexible est évidemment préférable.

33. Poussé à son extrême, un fonctionnement purement mécanique des règles de conflit peut aboutir à des résultats inappropriés au regard du contenu de toutes les lois en présence ; l'intervention de la règle de conflit de lois les départage, mais les dénature en même temps. L'exemple le plus connu en est l'effet de lacune ou de cumul qu'est susceptible d'avoir la dissociation, par deux règles de conflit différentes, des lois applicables aux successions et aux régimes matrimoniaux : elle peut ainsi avoir pour effet de priver totalement de droits le conjoint survivant, alors même que l'application intégrale de la loi d'un ou de l'autre des Etats impliqués lui réserverait une part, soit de la communauté légale des biens (selon le droit du premier Etat, qui n'est toutefois, malheureusement pour le conjoint survivant, pas applicable au régime matrimonial), soit de la succession (selon le droit de l'autre Etat qui n'est, regrettablement, pas applicable à cette succession). Il est clair que l'application sans aucune adaptation de ces deux lois n'est pas une bonne solution, même si elle est conforme aux deux règles de conflit existantes. Un conceptualisme primaire l'approuve néanmoins, peut-être à regret, par légalisme et simplement parce qu'elle lui paraît inévitable au regard des règles de conflit existantes ; mais pour s'y résoudre, il faut raisonner comme cet auteur allemand de l'époque wilhelmienne, qui estima qu'à la vérité, peu importent les inconvénients d'ordre individuel : la veuve pourra se consoler par le fait que le droit international privé

> « poursuit un but infiniment plus haut, celui d'être le droit des ordres juridiques et de veiller à l'harmonie des Etats. Sur pareil autel, la veuve doit elle aussi offrir son obole » [100].

---

99. J. Beale, *A Treatise on the Conflict of Laws*, New York, Baker, Voorhis & Co., volume II, 1935, p. 1042 ss, et, adopté sur le rapport de Beale, le *Restatement of the Law, Conflict of Laws*, St. Paul, American Law Institute Publishers, 1934, paragraphe 311 ss.

100. F. K. Neubecker, *Der Ehe- und Erbvertrag im internationalen Verkehr*, Leipzig, 1914, p. 282 (cité par D. Looschelders, *Die Anpassung im internationalen Privatrecht*, Heidelberg, C. F. Müller, 1995, p. 22).

Cette citation ne démontre cependant pas qu'une erreur fondamentale affecterait la méthode bilatéraliste; elle est simplement le signe d'une maturation insuffisante de cette méthode. Dès les années 1930 – l'époque où le droit international privé classique parvint à maturité –, la technique générale du droit international privé avait évolué dans le sens de la souplesse, au point de trouver dans la technique de l'adaptation le moyen de résoudre ce type de problème qui se situe entre le droit international privé et le droit matériel [101]. Elle n'en est pas moins restée fidèle à l'orientation générale du droit international privé classique.

34. L'époque de la maturité du droit international privé classique est en même temps la grande époque des techniques générales du droit international privé – renvoi, questions préalables, qualification – qui sont autant de réalisations intellectuelles au pouvoir de fascination incontestable, mais qui ne peuvent néanmoins pas échapper à la critique d'avoir été développées par une doctrine inspirée d'une « préoccupation d'ordre structurel », qui n'atteint que rarement son objectif affiché d'harmonie internationale des solutions et perd de vue l'objectif de défendre le droit à l'identité de la personne [102].

Prenons seulement le mécanisme du renvoi qui est sans doute le problème type de la « partie générale » du droit des conflits de lois fondé sur la règle de conflit bilatérale. Le renvoi n'est pas une technique originairement élaborée par la doctrine, mais une découverte ou invention de la pratique jurisprudentielle du dix-neuvième siècle [103] (ce qui pourrait faire présumer que le renvoi aurait dû servir d'abord à réagir à des problèmes concrets), mais une technique ensuite discutée, contestée et enfin adoptée par la doctrine. Le résultat a été de faire de la

---

101. Voir en particulier le cours, toujours actuel sur le plan méthodologique, de L. Raape, « Les rapports juridiques entre parents et enfants comme point de départ d'une explication pratique d'anciens et de nouveaux problèmes du droit international privé », *Recueil des cours*, tome 50 (1934), p. 401 ss, spéc. p. 496 ss ainsi que H. Lewald, « Règles générales des conflits de lois. Contribution à la technique du droit international privé », *Recueil des cours*, tome 69 (1939), p. 1 ss, spéc. p. 136 ss. Dans la doctrine plus récente, voir Y. Lequette, « Ensembles législatifs et droit international privé des successions », *Trav. com. fr.*, 1983-1984, p. 163 ss, spéc. p. 172 ss; D. Looschelders, *op. cit. supra*, note 100.

102. Sur ce dernier point, voir A. Bucher, « La dimension sociale du droit international privé », *Recueil des cours*, tome 341 (2009), p. 152.

103. D'abord en Angleterre: *Collier c. Rivaz* (1841) 2 Curt. 855; 163 Eng. Rep. 608; puis dans le remarquable arrêt de l'*Oberappellationsgericht* de Lübeck du 21 mars 1861, *Seuff. Archiv*, volume 14, p. 164; et enfin dans les arrêts *Forgo* de la Cour de cassation française, Civ., 24 juin 1878, *JDI*, 1879, p. 285 et Req., 22 février 1882, *D. P.*, 1882, 1, 301. Tardivement, en 2005, un arrêt de la Haute Cour d'Australie a (re) découvert la problématique du renvoi, *Neilson c. Overseas Projects Corporation of Victoria Ltd* (2005) HCA 54.

discussion autour du renvoi *le cœur secret du droit international privé classique*, lorsqu'elle est menée suivant des critères stricts de logique juridique : renvoi obligatoire, ou alors renvoi logiquement exclu.

Ce lien avec une approche très conceptuelle du droit international privé, accompagnée de la valorisation de l'abstraction du raisonnement, est également la raison pour laquelle le renvoi, tout en maintenant son pouvoir de fascination sur une partie de la doctrine contemporaine [104], est actuellement en perte de vitesse sur le plan du droit positif – sauf dans la mesure où il réussit à se renouveler, à devenir moins abstrait et peut-être moins strictement logique, et à s'inspirer de considérations plus fonctionnelles [105].

D'une certaine manière, cette évolution dans l'approche de la question du renvoi est caractéristique de l'évolution contemporaine du droit international privé. A la critique de ses techniques au fonctionnement trop mécanique, celui-ci a réagi de deux manières opposées : aux Etats-Unis, en abandonnant dans une large mesure les principes mêmes du modèle classique [106] ; ailleurs, en les adaptant et en les modernisant. Il s'est ainsi rendu moins pur mais plus flexible, en multipliant les règles de conflit spécifiques ou en assortissant les règles de conflit d'une clause d'exception ; parfois, il a dû modifier ses méthodes mêmes pour pouvoir tenir compte de besoins sociaux spécifiques [107].

35. L'hypothèse de la modification des méthodes montre l'impossibilité de maintenir intégralement la vision dépolitisée du droit international privé. Il existe des situations où des intérêts publics, au sens étroit ou au sens large, interviennent dans une relation de droit privé, et où il vaut mieux en tenir compte en adaptant les méthodes du droit international privé à cette réalité. S'il n'est pas réformé, le système

---

104. A. Davì, « Le renvoi en droit international privé contemporain », *Recueil des cours*, tome 352 (2012) ; G. P. Romano, *Le dilemme du renvoi en droit international privé*, Genève, Zurich et Bâle, Schulthess, 2014.

105. Un classique des considérations d'ordre fonctionnel dans le domaine du renvoi est la démonstration, par Leo Raape, que certains types de conflits de systèmes appellent (à l'intérieur de la méthode bilatéraliste, qui était pour Raape une donnée indiscutable) le renvoi au second degré pour pouvoir protéger les attentes légitimes des parties : voir par exemple son cours précité (*supra* note 101), p. 412-414 ; ou sa référence au *rocher de bronze* (une expression prussienne plutôt que française) dans *Staudinger, Kommentar zum BGB*, Munich, Berlin et Leipzig, J. Schweitzer, volume VI/2, 9ᵉ édition, 1931, p. 24-25.

106. *Infra* chapitre III.

107. J. D. González Campos, « Diversification, spécialisation, flexibilisation et matérialisation des règles du droit international privé », *Recueil des cours*, tome 287 (2000) ; voir aussi, mais dans un sens plus conservateur, M. Bogdan, « On the So-Called Deficit in Social Values in Private International Law », dans *Mélanges Spiridon Vrellis*, Athènes, Nomiki Bibliothiki, 2014, p. 31 ss.

classique n'est plus celui d'un Etat moderne : un Etat qui peut avoir des intérêts étatiques à défendre, et surtout un Etat qui peut se considérer comme un Etat social, qui favorise certains résultats – notamment en termes de protection des parties faibles à des relations juridiques – que ne permettrait pas d'atteindre l'application des règles normales du droit privé. Dans cette mesure il n'est plus suffisant d'adapter ou de raffiner la méthode classique, et de considérer pour le surplus que les interventions du législateur dans les rapports de droit sont un *aliud* qui ne relève pas de la méthode des conflits de lois. Il faut modifier cette méthode au moins ponctuellement.

36. Somme toute, les avantages et les inconvénients du droit international privé classique tendent à se tenir en équilibre, et un élément décisif de sa capacité à se maintenir a consisté dans l'abandon de la pureté de l'ancien système. Dans les Etats où il a maintenu la structure de base héritée du modèle classique, le droit international privé n'est désormais savignien qu'à moitié, mais le fait d'avoir pu se maintenir même à moitié constitue, pour le système de droit international privé (post-)classique, une remarquable réussite.

CHAPITRE II

LES ASPECTS POLITIQUES DU DROIT INTERNATIONAL PRIVÉ CLASSIQUE

37. Ce chapitre aura pour objet de montrer – sans tomber dans les travers d'une exhaustivité encyclopédique vraisemblablement illusoire – que la méthode classique du droit international privé n'est pas aussi indépendante du politique qu'elle ambitionne de l'être.

1. Les structures du droit international privé et le modèle social sous-jacent

Il existe des liens entre les règles de droit international privé adoptées dans une société donnée et le modèle social sous-jacent, celui par lequel se définit la société en question. On le montrera d'abord à propos du droit international privé de Savigny lui-même, puis à propos des méthodes classiques renouvelées du post-savignanisme.

a) *Le droit international privé de Savigny*

38. Dans la perception de Savigny, comme sans doute dans celle de ses successeurs doctrinaux, le droit international privé n'est pas dans la dépendance d'un modèle d'organisation de la société. Reconnaître cette dépendance aurait été, pour Savigny, contraire à ses convictions fondamentales sur le mode de production des normes juridiques et sur la base de leur légitimité [108]; pour les savigniens les plus fidèles, y compris parmi nos (quasi-)contemporains, la reconnaître, même à titre de description des origines historiques de la méthode classique, aurait sans doute risqué de dévaloriser cette méthode par rapport à leur conception du scientifique, en la faisant apparaître comme une méthode contingente, peut-être même crypto-idéologisée. La démonstration des liens entre le système savignien et le modèle social qui lui était sous-jacent a été faite par une doctrine plus critique.

La critique a été, d'abord, une critique marxiste. Ainsi, fidèle à la *théorie du reflet* du marxisme-léninisme le plus dogmatique,

---

108. *Supra* n°s 23 ss.

selon laquelle les règles juridiques font partie d'une superstructure idéologique qui est le reflet de l'infrastructure économique (ou base matérielle de la société) et entièrement déterminée par elle [109], la doctrine soviétique voyait dans le droit international privé savignien un reflet des rapports de production de la société capitaliste du dix-neuvième siècle, caractérisée par le libéralisme économique (ce qui explique la distance de ce droit international privé par rapport à l'Etat) et par «les efforts de la bourgeoisie allemande de participer au commerce international ensemble avec les capitalistes d'autres pays» [110].

Comme d'autres théories radicales reposant sur la réduction du juridique à l'économique [111], cette analyse contient une part de vérité, qu'elle noie ensuite dans l'exagération. L'analyse en termes de reflet du système de production capitaliste, certainement pertinente en ce qui concerne des aspects du droit privé matériel du dix-neuvième siècle [112], permet occasionnellement de mettre en lumière certains aspects des règles de conflit [113]. Mais en tant qu'explication générale,

---

109. Sur cette théorie, voir Labica-Bensussan, *Dictionnaire critique du marxisme*, Paris, PUF, 1982 (rééd. «Quadrige», 1999), v° *Etre social/conscience (sociale)*, p. 426, citant Lénine: «La conscience sociale reflète l'existence sociale, telle est la doctrine de Marx»; *ibid.*, v° *Reflet*, p. 974: «la catégorie de reflet ... connote le postulat matérialiste, anti-idéaliste, de la priorité de l'être sur la conscience»; v° *Superstructure*, p. 1106. Il est vraisemblable qu'elle n'était pas, dans toute sa pureté, celle des fondateurs du marxisme au dix-neuvième siècle: pour un point de vue assez nuancé, spécialement sur les institutions juridiques, voir F. Engels, lettre à Joseph Bloch (21 septembre 1890), *MEW*, volume 37, p. 462, ou *MEGA*, volume III.30, p. 466.

110. L. A. Lunz, *Internationales Privatrecht* (trad. all.), Berlin, VEB Deutscher Zentralverlag, volume I, 1961, p. 97.

111. Les théories réductionnistes peuvent être politiquement de gauche comme de droite; une variante contemporaine se retrouve dans une faction à l'intérieur du mouvement *law and economics*.

112. Cf. F. Wieacker, *Das Sozialmodell der klassischen Privatrechtsbücher und die Entwicklung der modernen Gesellschaft*, Karlsruhe, C. F. Müller, 1963.

113. Voir ainsi, de la part d'un auteur non orthodoxe qui écrit dans un esprit de joyeuse provocation, H. U. Jessurun d'Oliveira, «Characteristic Obligation in the Draft EEC Obligation Convention», *Am. J. Comp. L.*, volume 25 (1977), p. 303 ss, critiquant le système de l'obligation caractéristique telle qu'elle a été reprise par la future Convention de Rome sur la loi applicable aux obligations contractuelles du droit international privé suisse («This seems to me a reflection of the prejudices of Helvetian hotel-keepers and cuckoo-clock makers, prejudices that will not be shared in countries that export tourists and import cuckoo-clocks»):

> «The theory reveals itself as a functional and loyal handmaiden of capitalist society, in which the weaker party – consumer, employees, those needing insurance, those seeking specialized help, etc. – gets the wrong end of the stick. The doctrine of characteristic performance calls into being in private international law a leonine contract in favour of the stronger party, whilst pretending to be a neutral and objective method for connecting contracts with a given law.» (p. 327)

Sans humour, on objectera à la dernière partie de sa critique que la réglementation européenne des conflits de lois en matière de contrats cherche, depuis la Convention de

applicable même à la structure des règles de conflit savigniennes, elle est insuffisante précisément parce qu'elle ne tient pas compte de la marge d'autonomie qui reste aux idées par rapport aux réalités économiques : s'il en allait autrement, la structure du droit international privé de l'Union soviétique et des autres démocraties populaires aurait dû être inévitablement, par déterminisme économique, profondément différente de celle du droit international privé occidental, ce qui n'était pas le cas [114].

39. Dans une autre optique critique – mais non réductionniste puisque fondée sur l'histoire des idées, sans négliger leur contexte historique et économique –, une analyse éclairante du modèle social sous-jacent au droit international privé de Savigny apparaît dans la thèse d'habilitation de Klaus Vogel, consacrée au champ d'application international de la norme de droit administratif [115]. L'option pour des règles de conflit bilatérales ou multilatérales, dans le droit international privé savignien, s'explique selon cet auteur par la conception de la société qui lui était sous-jacente, et qui correspondait à la réalité sociale du dix-neuvième siècle : elle était fondée sur le principe libéral de la séparation entre la société civile et l'Etat ainsi que sur la réalité politique d'un Etat non interventionniste dans le domaine économique. A la société civile, les règles du droit privé ; à l'Etat, les règles du droit public. La méthodologie de Savigny s'explique à partir de ce modèle social sous-jacent. Les règles de conflit du droit *administratif* international (desquelles Savigny ne se préoccupait pas) sont toujours des règles de conflit unilatérales ; on ne peut même pas essayer de les définir de manière générale, à partir d'une analyse de la nature des choses, mais elles doivent être déterminées au cas par cas, pour chaque loi individuelle, en fonction du but poursuivi par cette loi. Ainsi s'explique l'unilatéralisme caractéristique du droit administratif international [116] : la politique législative poursuivie par chaque loi détermine le champ d'application de la loi. Mais ainsi s'explique également, par contraste, que la réglementation des rapports privés – rapports qui existent, dans la conception de Savigny, indépendamment de leur organisation par l'Etat

---

Rome, à réaliser un équilibre entre les intérêts du marché et ceux des parties faibles aux contrats (*infra* chapitre IV).

114. Voir *infra* chapitre VI.

115. K. Vogel, *Der räumliche Anwendungsbereich der Verwaltungsrechtsnorm*, Francfort, Alfred Metzner, 1965. Voir aussi C. Joerges, *Zum Funktionswandel des Kollisionsrechts*, Berlin, Walter de Gruyter, Tübingen, J. C. B. Mohr, 1971, p. 8 ss, qui suit l'analyse de Vogel.

116. Voir aussi *infra* n° 187 et la nuance en note 644.

– ne dépend pas de règles de conflit unilatérales du même type. Dans un Etat qui s'abstient d'intervenir dans les rapports de droit privé, il n'est pas nécessaire, ni même utile, de rechercher la politique législative, ou le but poursuivi par l'Etat, à propos de telle ou telle règle du droit privé. Pour Savigny, une véritable règle de droit privé est une règle qui existe indépendamment de toute politique législative volontariste. La structure des règles de conflit correspond parfaitement à cette conception et reflète en même temps la réalité politique de l'époque de la création du système savignien.

b) *Le post-savignianisme*

40. La structure de la règle de conflit bilatérale a survécu à l'époque de Savigny. En même temps, le modèle social sous-jacent a subi des modifications telles qu'il n'est plus possible de prendre pour base le modèle d'une société civile entièrement séparée de l'Etat : ce serait négliger, de manière irréaliste, l'interaction entre rapports de droit privé et vie économique et sociale et le changement de la fonction de l'Etat, qui s'est chargé au cours du vingtième siècle de missions sociales et économiques [117]. Ceci explique l'éclectisme du droit international privé contemporain, la « diversification, spécialisation, flexibilisation et matérialisation » de ses règles [118].

Sans avoir supprimé l'option de base pour les règles de conflit bilatérales, le droit international privé contemporain ne repose plus sur le modèle social du temps de Savigny. C'est ce qui explique les changements partiellement apportés aux structures des règles de conflit, de la valorisation des lois de police à l'adoption de règles de conflit qui poursuivent des finalités matérielles dans le cadre d'un Etat social.

2. *Les grands débats à l'intérieur de la méthode classique. L'exemple du rattachement du statut personnel*

41. L'idéal de Savigny, qui était de veiller à l'harmonie internationale des solutions au moyen de l'adoption dans tous les pays des mêmes règles de conflit conformes à la nature des choses, s'est avéré être illusoire. D'une part, la recherche de la nature des choses se révéla être

117. Cf. Joerges, *op. cit. supra* note 115, p. 16 : « Entwicklung des Rechtsstaates zum Sozialstaat ».

118. Selon le titre du cours général de J. González Campos, cité *supra* note 107.

un exercice parfois assez subjectif[119], qui n'a pas abouti à l'unification internationale des règles de conflit. D'autre part, deux facteurs ont empêché cette harmonisation : des pesanteurs historiques, le maintien en vigueur de règles de conflit anciennes et traditionnelles, mais aussi des politiques juridiques divergentes entre les différents Etats. On pourrait en citer de nombreux exemples, historiques comme actuels. Nous en choisirons, à cet endroit du cours, un seul[120] : l'exemple du choix du facteur de rattachement du statut personnel.

42. La question de la communauté d'appartenance des individus a été l'un des enjeux majeurs de l'histoire du droit international privé jusque dans ses développements les plus récents, et la discussion autour de cette communauté d'appartenance a très fréquemment été menée par référence *explicite* à des arguments d'ordre politique.

Il existait historiquement un consensus, en droit international privé européen, sur un principe directeur de la détermination de la loi applicable aux matières de statut personnel : les personnes devaient être régies par une loi *permanente*, celle de la communauté à laquelle ils appartenaient. On ne devait pas pouvoir se marier, ou divorcer, ou adopter un enfant en dehors des conditions définies par cette communauté[121]. Là s'est toutefois arrêté le consensus : un débat existe depuis le début du dix-neuvième siècle au sujet du point de rattachement approprié

119. Voir *supra* n° 22.

120. Nous rencontrerons ultérieurement la question de l'incidence du libéralisme sur les règles du droit international privé (*infra*, chapitre V). D'autres questions auraient pu être examinées de manière détaillée dans une optique plus encyclopédique de ce cours : le choix entre internationalisme et nationalisme notamment, tel qu'il se reflète dans des règles de droit positif, ou dans la personnalité et la doctrine des auteurs qui en étaient les protagonistes (par exemple Savigny pour l'internationalisme cosmopolite, Niboyet pour le nationalisme des « solutions politiques », cf. *supra* note 23). Ce choix garde une certaine actualité : il reste l'une des clefs de compréhension de l'enjeu des débats toujours renouvelés sur le rôle d'arbitre neutre, ou alors de *parens patriae*, qui revient en matière de droit international privé à l'Etat et donc à ses institutions (voir sur ce thème J. Meeusen, *Nationalisme en internationalisme in het internationaal privaatrecht*, Anvers, Intersentia, 1997). Même dans le cadre de l'Union européenne – où le principe spécifique de non-discrimination en raison de la nationalité est susceptible d'avoir un rôle de tempérament à l'égard des règles nationales de conflit (cf. J. Basedow, « Le rattachement à la nationalité et les conflits de nationalité en droit de l'Union européenne », *Rev. crit.*, 2010, p. 427 ss) – ce débat pourrait resurgir si la protection des « citoyens européens » (art. 20 TFUE) devenait un enjeu de la définition future des règles de droit international privé à l'égard des Etats tiers par rapport à l'Union. Ce n'est pas exclu, spécialement en matière de conflits de juridictions.

121. Sur la tendance contemporaine à une remise en cause partielle de cette idée, voir le chapitre V, n°s 138, 141 ss. Elle n'a par ailleurs, pour un ensemble de raisons complexe (dont la mobilité traditionnelle des individus au sein de la société américaine), jamais correspondu entièrement au droit international privé des Etats-Unis d'Amérique.

pour déterminer cette loi permanente : s'agit-il de la nationalité de la personne ? Ou alors de son domicile, ou d'une autre variante de l'idée de résidence permanente de la personne ?

L'option prise par les systèmes du droit international privé a varié. Dans ses grandes lignes toutefois, on observe dans la plupart des Etats de l'Europe continentale [122] un mouvement pendulaire : du domicile on passe à la nationalité comme facteur de rattachement (l'âge moderne du droit international privé), puis au cours des dernières années, on passe de la nationalité à la résidence habituelle (l'âge contemporain du droit international privé).

a) *La modernité en droit international privé : le passage du domicile à la nationalité*

1) Récit historique

43. Sous l'Ancien Régime – à l'époque de la féodalité, comme l'écrivent en droit international privé Mancini et Laurent, qui n'étaient pas des nostalgiques de ce régime [123] – le domicile était la référence commune en Europe pour les questions d'état et de capacité des personnes [124]. Il équivalait à un horizon (en apparence) indépassable qui avait acquis une valeur coutumière et indiscutée [125]. Ce fut la codification française du droit civil, le Code civil de 1804, qui introduisit une idée nouvelle en Europe. L'article 3, alinéa 3 du Code civil mit fin au rattachement du statut personnel au domicile des personnes, jusqu'alors universellement pratiqué, et imposa – du moins en ce qui concerne le statut personnel des Français – son rattachement à la nationalité : « Les lois concernant l'état et la capacité des personnes régissent les Français, même résidant en pays étranger » [126]. Ce changement, sur les raisons duquel on reviendra, ne concernait selon une interprétation littérale que

122. Le droit international privé de la *common law* s'est développé différemment du droit des autres Etats européens pour plusieurs raisons, dont la plus évidente est le caractère plurilégislatif de l'ordre juridique britannique (cf. *infra* note 147).

123. Cf. *infra* n° 47.

124. Les questions de *capacité* étaient au centre des réflexions avant la Révolution française (voir de manière générale A. Lainé, *Introduction au droit international privé*, tome II, Paris, Cotillon, 1892, p. 116 ss) ; en revanche les conflits de lois en matière matrimoniale, qui caractérisent le droit international privé du statut personnel à partir du dix-neuvième siècle, étaient remplacés dans une large mesure par l'application uniforme de normes religieuses.

125. Savigny devait en faire la démonstration dans son *System des heutigen Römischen Rechts*, volume VIII, paragraphes 358-359.

126. Voir B. Ancel, « Destinées de l'article 3 du Code civil », dans *Mélanges Paul Lagarde*, Paris, Dalloz, 2005, p. 1 ss.

les Français. La question du statut personnel des étrangers résidant en France se posait également; mais elle n'était pas expressément réglée par le Code civil. Dès lors, deux possibilités: ou bien on considérait que la modification législative n'avait qu'une portée ponctuelle, imposant l'application du droit français au statut personnel des Français à l'étranger, mais laissant subsister pour le surplus (c'est-à-dire pour le cas des étrangers résidant en France) la vieille règle du rattachement au domicile; ou bien on estimait que le changement législatif devait emporter des conséquences, conformes à la volonté hypothétique du législateur, y compris en ce qui concerne le cas des étrangers. Dans le dernier cas, on bilatéralisait la règle de conflit du Code civil pour décider que désormais, le statut personnel de toute personne, même étrangère, serait régi par le droit de l'Etat dont elle était la ressortissante. C'est pour cette possibilité qu'opta la jurisprudence lorsque la Cour d'appel de Paris eut à juger, en 1814, l'affaire *Busqueta* [127].

Les faits à la base de l'arrêt *Busqueta* sont du plus parfait romantisme noir; ils ressemblent à un roman gothique (mettons *Le Moine* de Lewis, publié quelque vingt ans avant l'arrêt, en 1796): il s'agissait de statuer sur la validité du mariage contracté en France avec une jeune Américaine par Busqueta, sujet espagnol, qui avait caché à sa femme sa qualité de moine défroqué auquel le mariage était interdit par le droit espagnol. La juridiction parisienne de première instance, saisie d'une demande en annulation du mariage par l'épouse, avait retenu que le statut personnel des étrangers continuait de se juger conformément à la loi de leur domicile, que Busqueta était domicilié en France et qu'au regard du droit français, «les qualités de ci-devant moine ne formaient point empêchement». Sur appel, la Cour royale de Paris adopta le système de l'application de la loi nationale pour tous, Français comme étrangers:

> «Considérant qu'il ne peut y avoir de mariage qu'entre personnes que la loi en rend capables; que cette capacité, comme tout ce qui intéresse l'état civil, se règle par le statut personnel qui affecte la personne et la suit, en quelque lieu qu'elle aille et se trouve; que Busqueta, capucin et diacre espagnol, était à ce double titre inhabile au mariage, en vertu des lois de son pays; … qu'en cet état Busqueta, perpétuellement enchaîné par les lois de son pays, est demeuré constamment inhabile à contracter mariage;

127. Cour royale de Paris, 13 juin 1814, *S.*, 1814, 2, 393; *Grands arrêts*, n° 1.

Considérant que Busqueta ne saurait se prévaloir de l'article 13 du Code civil, ni du décret par lui surpris le 23 janvier 1809, qui l'autorisaient à jouir de tous les droits civils en France tant qu'il y résiderait ; que cet article et ce décret ... n'ont pu effacer l'incapacité inhérente à sa personne, effet inévitable de la loi de son pays ; qu'ils n'ont pu, par la nature des choses, métamorphoser un Espagnol en un Français, et que tout ce qui en résulte, c'est que Busqueta, résidant en France, était habile à y faire ceux des actes civils que les lois d'Espagne, qui régissaient sa personne, ne lui interdisaient pas. »

44. La solution ainsi introduite par le Code civil finit par s'imposer dans la majorité des pays européens, d'abord comme effet secondaire des conquêtes françaises (la Belgique et le Luxembourg, devenus indépendants, allaient maintenir le Code civil, y compris la règle de conflit qu'il contenait à propos du statut personnel) puis par le mouvement des idées. C'est ici qu'intervient la figure de Pasquale Stanislao Mancini. Avocat d'abord à Naples (mais il dut quitter cette capitale du très réactionnaire Royaume des Deux-Siciles en 1848), puis à Turin, où il devint professeur de « droit international et maritime » [128], parlementaire, puis ministre de l'Education, de la Justice et enfin des Affaires étrangères du Royaume d'Italie, Mancini est un véritable personnage du *risorgimento* italien [129]. En tant que tel, il était un promoteur enthousiaste de l'idée de nationalité, en politique (revendication de l'unité nationale des Italiens par l'unification de leur patrie – pour lui, la « nationalité » pouvait provisoirement être distincte de l'appartenance à un même Etat [130]) et, accessoirement à cet engagement politique, en droit international privé [131]. Mancini était un libéral, ce qui

128. Sa leçon inaugurale de 1851, « Della nazionalità come fondamento del diritto delle genti », fit impression. Elle ne mentionne toutefois le droit international privé qu'au détour d'une phrase (voir dans sa réimpression, P. S. Mancini, *Diritto internazionale – Prelezioni*, Naples, Giuseppe Marghieri, 1873, à la page 54, où Mancini prévoit que le principe de nationalité permettra de résoudre, mieux que le critère politique de la souveraineté, l'« énigme » des statuts réels et personnels).

129. Cf. E. Jayme, *Pasquale Stanislao Mancini – Internationales Privatrecht zwischen Risorgimento und praktischer Jurisprudenz*, Ebelsbach, Rolf Greimer, 1980 et le recueil des différentes contributions sur Mancini dans Jayme, *Internationales Privatrecht*, volume IV, Heidelberg, C. F. Müller, 2009, p. 5-120.

130. E. Jayme, « Giambattista Vico und Pasquale Stanislao Mancini : das Nationalitätsprinzip », dans P. König (dir. publ.), *Vico in Europa zwischen 1800 und 1950*, Heidelberg, Winter, 2013, p. 97 ss.

131. Voir son Rapport à l'Institut de droit international, « De l'utilité de rendre obligatoires pour tous les Etats, sous la forme d'un ou de plusieurs traités internationaux, un certain nombre de règles générales du droit international privé pour assurer la

se reflétait dans ses convictions en matière de condition des étrangers : les étrangers devaient pouvoir bénéficier de l'égalité des droits civils avec les nationaux, quitte à ce que les droits d'ordre politique restent réservés aux seuls nationaux [132]. Le Code civil italien de 1865 imposa, sur intervention personnelle de Mancini, le rattachement à la nationalité des matières de statut personnel [133]. En dehors de l'Italie, les idées de Mancini ont été défendues, notamment, avec une grande vigueur par le juriste belge François Laurent [134].

Une autre nation ayant accédé tardivement à l'unification politique, l'Allemagne impériale, passa – après des travaux préparatoires menés, quant à eux, avec beaucoup de sérieux [135] – du rattachement au domicile au rattachement à la nationalité dans l'*Einführungsgesetz zum Bürgerlichen Gesetzbuche*, entré en vigueur en 1900.

2) Raisons

45. Les raisons de ce changement sont à chercher tantôt dans des considérations centrées sur la situation des individus, tantôt – et ce sont elles qui nous intéressent plus particulièrement dans le présent contexte – dans des considérations qui relèvent du politique.

En ce qui concerne Mancini, la raison qu'il invoquait à l'appui de son plaidoyer (ou la rationalisation qu'il lui donnait, si on estime que ce qui intéressait réellement Mancini, c'était la promotion de

---

décision uniforme des conflits entre les différentes législations civiles et criminelles », *JDI*, 1874, p. 221 ss, 285 ss.

132. « Lineamenti del vecchio e del nuovo diritto delle genti » (1852) dans Mancini, *op. cit.*, *supra* note 128, p. 74.

133. Sur les manœuvres (peu transparentes, à la vérité) de Mancini pour faire passer la réforme des règles de conflit dans le Code civil sans approbation parlementaire, cf. *infra* note 205.

134. *Droit civil international*, Bruxelles, Bruylant-Christophe, Paris, Marescq, volume II, 1880, n° 97 ss. Le *Droit civil international* est dédié à Mancini, « homme éminent sous l'inspiration duquel les principes de notre science ont été inscrits dans le code italien » (vol. I, p. V) et les idées de Mancini sur le plan politique (libéralisme, anticléricalisme) étaient aussi celles de Laurent. En France, André Weiss était le principal représentant de la « nouvelle école italienne ».

135. Voir le compte-rendu des discussions dans *Verhandlungen des achtzehnten deutschen Juristentages*, Berlin, Guttentag, volume I, 1886, volume II, 1887 ; les indications données par C. L. von Bar, *Theorie und Praxis des internationalen Privatrechts*, 2e édition, Hanovre, Hahn, tome I, 1889, p. 263 ss ; T. Niemeyer, *Zur Vorgeschichte des Internationalen Privatrechts im Deutschen Bürgerlichen Gesetzbuch (« Die Gebhardschen Materialien »)*, Munich, Leipzig, Duncker & Humblot, 1915, spéc. p. 50 ss ; O. Hartwieg et F. Korkisch, (dir. publ.), *adde Die geheimen Materialien zur Kodifikation des deutschen Internationalen Privatrechts 1881-1896*, Tübingen, J. C. B. Mohr, 1973.

l'idée de nationalité sur le plan politique) était tirée de la théorie des climats, à la Montesquieu [136]. Ce n'est pas là par conséquent l'élément le plus innovateur de sa doctrine. Les manciniens contemporains – Erik Jayme, en particulier – ont substitué à cette explication une explication beaucoup plus sophistiquée, tirée du droit au maintien de l'identité culturelle de l'individu, identité culturelle qui se traduit selon eux, dans le domaine juridique, par sa loi nationale [137]. Bien entendu, ils n'ignorent pas l'existence de facteurs jouant en sens contraire et tirés de la nécessité d'intégrer les personnes dans leur milieu social, ni le puissant facteur d'intégration que représente le droit de l'Union européenne [138]; mais en cas de doute, ils auront tendance à valoriser l'identité culturelle plus que l'intégration.

46. A côté de ces raisons tirées de considérations individuelles, il y a de tous temps eu des raisons tirées de l'autorité de l'Etat ou de sa souveraineté – moins dans les écrits doctrinaux de Mancini sans doute que chez les législateurs européens. Les travaux préparatoires du Code civil français étaient certes assez confus sur les raisons de l'adoption du principe de nationalité dans le rattachement du statut personnel [139]. Mais on y trouve au moins une idée politique claire. Le tribun Grenier, dans son rapport au Tribunat (qui faisait partie, sous le Consulat, du pouvoir législatif), expliqua ceci:

> «Enfin, les citoyens ne peuvent être régis personnellement que par les lois de la société dont ils sont membres. Ni eux, ni la société, ni leurs familles réciproquement, ne peuvent, sous

---

136. Passage caractéristique (*JDI*, 1874, p. 293):

> «L'individu venant des pays froids, où la nature est alanguie et le développement des facultés physiques et morales tardif, reste avec raison, d'après les lois de son pays, dans un état de minorité et d'incapacité pour un temps plus long qu'il ne le serait d'après les lois d'un pays chaud, vivifié par les rayons du soleil du midi.»

Dans sa leçon inaugurale de 1851 (Mancini, *op. cit.*, *supra* note 128, p. 29 et note 1), il avait pourtant – tout en développant déjà des idées similaires – mis en garde contre les exagérations d'Hippocrate et de Montesquieu.

137. E. Jayme, «Kulturelle Identität und Internationales Privatrecht», exposé introductif dans E. Jayme (dir. publ.), *Kulturelle Identität und Internationales Privatrecht*, Heidelberg, C. F. Müller, 2003, p. 5 ss.

138. E. Jayme, «Identité culturelle et intégration. Le droit international privé postmoderne», *Recueil des cours*, tome 251 (1995); du même auteur *Zugehörigkeit und kulturelle Identität*, Göttingen, Wallstein Verlag, 2012, p. 27.

139. Voir l'analyse d'A. Lainé, «La rédaction du Code civil et le sens de ses dispositions en matière de droit international privé», *Rev. dr. int.*, 1905, p. 20 ss.

> prétexte d'absence ou de simple résidence dans un pays étranger, rompre les liens qui les unissent. »[140]

De même, lors des travaux préparatoires de la loi d'introduction au Code civil allemand *(Einführungsgesetz zum Bürgerlichen Gesetzbuche)*, qui allait devenir loi de l'Empire allemand en 1900, fut invoquée la nécessité d'assurer, au moyen de ce nouveau rattachement du statut personnel, la « dignité de l'Empire allemand », et l'intérêt politique de l'Etat à maintenir la conscience nationale chez ses ressortissants dispersés à l'étranger[141].

Ces motivations sont de nature assez autoritaire. Mais il est vrai que dans une optique qui n'était pas moins autoritaire, le rattachement au domicile, considéré comme rattachement « territorial », a été proposé (notamment en France, à partir des années 1930) comme moyen de droit privé pour assurer l'assimilation des immigrés dans la culture de l'Etat d'accueil[142]. Cette proposition n'allait devenir loi en France que tardivement et partiellement, en 1975, lorsqu'une nouvelle règle

---

140. Fenet, *Recueil complet des travaux préparatoires du Code civil*, Paris, Videcoq, tome VI, 1836, p. 375. Portalis, lors de la présentation du projet de Code civil au Corps législatif, avait eu recours à une métaphore peut-être inquiétante (Fenet, p. 356) :

> « Les lois personnelles suivent les personnes partout. Ainsi la loi française, avec des yeux de mère, suit les Français jusque dans les régions les plus éloignées ; elle les suit jusqu'aux extrémités du globe. »

141. « Que l'Allemand, où qu'il se trouve, vive en ce qui concerne ses relations personnelles selon le droit allemand ne correspond pas seulement à la dignité de l'Empire allemand, mais aussi à l'intérêt politique. Il n'y a rien de plus apte à rappeler aux ressortissants dispersés à l'étranger la conscience nationale et le sentiment de la communauté, qu'une loi personnelle qu'ils ont en commun avec leur patrie »

(notre) traduction du texte cité dans Niemeyer, *op. cit.*, *supra* note 135, p. 58. Cela dit, des arguments plus pragmatiques se retrouvent aussi dans les travaux préparatoires de l'*Einführungsgesetz* : cf. J. Basedow et B. Diehl-Leistner, « Das Staatsangehörigkeitsprinzip im Einwanderungsland » dans E. Jayme et H.-P. Mansel (dir. publ.), *Nation und Staat im Internationalen Privatrecht*, Heidelberg, C. F. Müller, 1990, p. 13 ss, spéc. p. 16-17.

142. Spécialement dans l'œuvre, fortement empreinte de nationalisme, de J.-P. Niboyet, qui était à l'époque l'esprit dominant du droit international privé français : voir son *Traité de droit international privé français*, Paris, Sirey, tome III, 1944, p. 197 ss ; tome V, 1948, p. 244, et sa proposition de modification du Code civil, « Projet tendant à la modification de l'article 3 du Code civil », *Trav. Com. fr.*, 1938-1939, p. 67 ss. (« Un pays qui, comme la France, reçoit une forte immigration étrangère ne peut pas se montrer aussi libéral à l'égard du domaine d'application des lois étrangères que les pays à forte population qui reçoivent peu d'étrangers », p. 68) ; sa conférence, « Le Code civil en préparation et les règles de solution des conflits de lois », *Trav. Com. fr.*, 1945-1946, p. 13 ss, spéc. p. 30, puis son « avant-projet de loi relative au droit international privé », *Travaux de la Commission de réforme du Code civil*, années 1948-1949, Paris, Sirey, p. 711 ss ; la discussion de cet avant-projet et son abandon, du moins pour le cas des Français établis à l'étranger, *ibid.*, années 1949-1950, Paris, Sirey, 1951, p. 562 ss ; cf. la référence par Niboyet à l'« opposition sentimentale du ministère des Affaires étrangères notamment », p. 563. Le projet de réforme du Code civil n'a pas été adopté.

de conflit législative en matière de divorce (le très original article 310 du Code civil) imposa l'application de la loi française tant pour les divorces de couples de Français que pour celui de couples d'étrangers ayant leur domicile en France [143].

47. Outre les raisons de souveraineté, qui restent un élément important dans l'explication du rattachement à la nationalité [144], il y a – non pas certes dans les travaux préparatoires du Code civil de 1804, ni de l'*Einführungsgesetz zum Bürgerlichen Gesetzbuche*, mais dans des travaux doctrinaux – une autre justification pour le rattachement à la nationalité, une justification tirée du principe de démocratie. Contrairement à la justification tirée de la souveraineté de l'Etat, cette justification n'a pas été avancée, dans son temps, par des hommes d'Etat plus ou moins conservateurs, mais par des réformateurs progressistes. Mancini et Laurent, en polémiquant contre le rattachement au domicile, faisaient valoir que ce rattachement était en réalité un corollaire des idées féodales, en vertu desquelles les individus appartenaient à la terre, en étaient l'accessoire, au lieu d'appartenir à leur Nation, c'est-à-dire à eux-mêmes [145]. Au vingtième siècle, un argument certes moins romantique, mais plus précis a été tiré par Ernst Frankenstein du principe de participation démocratique à la législation: le droit de vote aux élections législatives n'appartient qu'aux nationaux; par conséquent, en appliquant la loi nationale, on applique une loi à laquelle l'individu est censé avoir consenti, ou sur laquelle il a, pour le moins, une influence [146].

48. Toutes ces considérations ne sont ni fausses, ni irréfutables. Elles ont, à l'époque, convaincu la plupart des législateurs européens à introduire, puis à maintenir pendant longtemps le principe du ratta-

---

143. Voir la justification du nouveau texte par son promoteur parlementaire, Jean Foyer, « Tournant et retour aux sources en droit international privé (l'article 310 nouveau du Code civil) », *JCP*, 1976, I, 2762.

144. Cf. P. Lagarde, « Le principe de proximité dans le droit international privé contemporain », *Recueil des cours*, tome 196 (1986), p. 66.

145. Mancini, « La vita de' popoli dell'umanità » (1872) dans Mancini, *op. cit.*, *supra* note 128, p. 209; Laurent, *op. cit.*, *supra* note 134, n° 101, p. 198-199 (et voir, reprenant cet argument, A. Weiss, *Traité de droit international privé*, volume III, 2e édition, Paris, Sirey, 1912, p. 72). Que l'identification de l'ancien facteur de rattachement au Moyen-Age et à la féodalité soit exacte ou au contraire fantasmée est sans importance; l'argument était trop tentant pour les modernisateurs comme Mancini et Laurent pour qu'ils l'omettent dans leurs écrits.

146. E. Frankenstein, *Internationales Privatrecht*, volume I, Berlin-Grunewald, 1926, p. 36. Dans le même sens, plus récemment, H.-P. Mansel, « Die kulturelle Identität im Internationalen Privatrecht », *Berichte der Deutschen Gesellschaft für Völkerrecht*, volume 43 (2008), spéc. p. 137 ss; E. Jayme, *Zugehörigkeit und kulturelle Identität*, *op. cit.*, *supra* note 138, p. 26-27.

chement à la nationalité. Elles ne les ont jamais convaincu tous, et certains systèmes de droit international privé sont restés fidèles au rattachement au domicile – soit simplement parce qu'aucune véritable raison de changer de rattachement n'était perçue, soit parce que le changement de rattachement était impraticable (cas des Etats plurilégislatifs sur le plan du droit des personnes, qui ne peuvent que difficilement adopter le rattachement à la nationalité – unique – de l'Etat[147]). Pour ce qui est de l'argument tiré du principe démocratique, il était dès l'origine d'une valeur seulement relative, proportionnelle à la valeur particulière que l'on était disposé à reconnaître aux matières de statut personnel (c'est-à-dire essentiellement de droit familial), par rapport aux autres matières pour lesquelles de toute manière aucun système de droit international privé moderne ne prévoit l'application de la loi nationale des personnes.

b) *La contemporanéité en droit international privé : le passage de la nationalité à la résidence habituelle*

49. Le rattachement du statut personnel à la nationalité ne correspond plus aux tendances actuelles du droit international privé. Au moins en Europe, il tend à être remplacé par le rattachement à la résidence habituelle des individus, une variante du rattachement au domicile, mais une variante censée être plus fluide et axée sur la réalité de l'établissement de fait dans un Etat, plutôt que sur l'« intention domiciliaire »[148]. En pratique, elle revient à considérer comme applicable

147. Ainsi, les Etats les plus représentatifs du monde de la *common law* sont des Etats plurilégislatifs sur le plan du droit des personnes (le droit anglais n'est pas sur tous les points identique au droit écossais ; il y a des différences parfois substantielles entre les droits des différents Etats fédérés de la fédération américaine, et ainsi de suite). Ces différences rendent impraticable une référence, par exemple, à la loi nationale britannique ou américaine, en l'absence de législation nationale uniforme. Cela dit, le droit anglais (mais non américain), par son recours à la notion de *domicile of origin* que l'on n'est pas censé abandonner facilement et qui est toujours susceptible de revivre, a en fait institué un rattachement qui ressemble par certains aspects au rattachement à la nationalité, spécialement dans un contexte colonial : voir C. Schmitthoff, « Der Einfluss außerrechtlicher Elemente auf die Prinzipiengestaltung des englischen Internationalen Privatrechts », *ZvglRW*, 1970, p. 81 ss, spéc. p. 86.

148. Cf. L. d'Avout, « La *lex personalis* entre nationalité, domicile et résidence habituelle », dans *Mélanges Bernard Audit*, Paris, LGDJ, 2014, p. 15 ss, spéc. p. 25 ss (plaidoyer, partiellement à contre-courant, en faveur d'un rattachement au domicile au sens traditionnel, « trait d'union entre volonté individuelle et intégration sociale » ; *contra* B. Rentsch, « Die Zukunft des Personalstatuts im gewöhnlichen Aufenthalt », *ZEuP*, 2015, p. 288 ss). Sur le rôle au moins résiduel de l'intention dans la détermination de la résidence habituelle, voir M.-Ph. Weller, « Der "gewöhnliche Aufenthalt" – Plädoyer für einen willenszentrierten Aufenthaltsbegriff », dans S. Leible et H. Unberath (dir. publ.), *Brauchen wir eine Rom 0-Verordnung ?*, Iéna, JWV, 2013, p. 293 ss.

la loi du milieu social dans lequel vivent les individus, par opposition à la loi de l'Etat auquel ils se rattachent politiquement. D'abord adopté dans le cadre de la Conférence de La Haye de droit international privé, où il a remplacé les rattachements traditionnels à la nationalité ou au domicile [149], le rattachement à la résidence habituelle s'est également imposé, plus récemment, dans les règlements européens qui constituent à présent la principale source des règles du droit international privé dans l'Union européenne. C'est ainsi que le règlement Rome III en matière de *divorce*, en vigueur dans les Etats membres de l'Union qui ont accepté d'être liés par lui [150], prévoit que la loi applicable au divorce sera normalement la loi de la résidence habituelle commune des époux, et non plus celle de leur nationalité [151]. Or le divorce est en réalité la matière phare du droit international privé de la famille, certainement du point de vue de la pratique judiciaire. L'application de la loi nationale des époux à leur divorce était la manifestation la plus visible de l'ancien rattachement à la nationalité; qu'à présent la loi de la résidence habituelle (qui sera le plus souvent la loi du for) s'applique représente un changement important [152]. Les raisons de ce changement dans le rattachement sont, ici encore, à la fois des raisons se rattachant à des considérations individuelles et des raisons se rattachant à des considérations publiques.

Les considérations centrées sur la situation de l'individu sont exactement symétriques aux considérations qui ont pu être invoquées à l'appui du maintien du rattachement à la nationalité: le choix entre maintien de l'identité culturelle et possibilité d'une intégration dans la société du milieu de vie actuel de l'individu a tendance à se faire

---

149. Voir l'historique dans D. Masmejean, *La localisation des personnes physiques en droit international privé*, Genève, Droz, 1994, p. 83 ss (les premiers emplois de cette notion apparaissent dès 1900 dans le cas des mineurs et en 1928 dans le cas des apatrides; elle est utilisée en droit positif à partir de la Convention du 24 octobre 1956 sur la loi applicable aux obligations alimentaires envers les enfants).

150. Règlement (UE) n° 1259/2010 du 20 décembre 2010 mettant en œuvre une coopération renforcée dans le domaine de la loi applicable au divorce et à la séparation de corps; en tout, quinze Etats membres de l'Union européenne participent actuellement à cette initiative.

151. Article 8 du règlement.

152. De même en matière de successions, matière considérée dans la tradition mancinienne qui était en vigueur dans une partie de l'Europe (notamment en Italie et en Allemagne) comme relevant du statut personnel et comme devant être régie par la loi de la nationalité du défunt: désormais, le règlement Successions (règlement (UE) n° 650/2012 du 4 juillet 2012, relatif à la compétence, la loi applicable, la reconnaissance et l'exécution des décisions, et l'acceptation et l'exécution des actes authentiques en matière de successions et à la création d'un certificat successoral européen, art. 21) décide que la succession se règle en principe par application de la loi de la dernière résidence habituelle du défunt.

désormais, en ce qui concerne le droit de la famille, en faveur de l'intégration.

Il s'y ajoute la considération qui voit dans le droit international privé contemporain de la famille un reflet du droit interne de nos sociétés : ce droit interne ne privilégie plus la fixité des relations familiales, mais au contraire leur « fluidité » [153] : par exemple dans la matière phare de la pratique prétorienne du droit de la famille, le divorce, la législation des Etats les plus libéraux n'est plus basée sur l'idée d'un mariage indissoluble, mais sur une politique pragmatique de facilitation du divorce. Au-delà du cas du divorce, l'application obligatoire de la loi nationale est considérée comme « autoritaire et paternaliste » et récusée au profit de l'« individualisme et libéralisme » d'un système basé sur l'application de la loi de la résidence habituelle, librement choisie par l'individu [154]. C'est là un constat que partagent (fût-ce pour le regretter) même des auteurs contemporains qui ne sont pas favorables à la philosophie sous-jacente aux changements ainsi décrits [155].

50. A ces considérations de droit privé correspondent assez étroitement des considérations politiques ou considérations de droit public. Nous en voyons trois.

1) La *libre circulation* des personnes, qui est un des principaux objectifs du droit de l'Union européenne, mais également et beaucoup plus généralement une aspiration contemporaine, se trouve complétée par l'application de la loi de la nouvelle résidence choisie. Le rattachement à la résidence habituelle correspond à la fois à l'objectif politique d'intégration et à l'aspiration à la fluidité des modes de vie choisis par les individus mobiles. Cela dit, tous les déplacements d'individus ne sont pas l'expression d'un mode de vie fluide et d'une option pour la

---

153. E. Pataut, *La nationalité en déclin*, Paris, Odile Jacob, 2014, p. 38-40.

154. F. Juenger, « The National Law Principle », dans *Mélanges Fritz Sturm*, Liège, Editions juridiques de l'Université de Liège, 1999, volume II, p. 1519 ss, spéc. p. 1528-1529. L'auteur exprime, à la fin de sa contribution, l'espoir que « the coming millenium will at long last eradicate Mancini's most questionable contribution to private international law » (p. 1537). Voir aussi le constat, moins militant, de M.-Ph. Weller, « Die lex personalis im 21. Jahrhundert : Paradigmenwechsel von der lex patriae zur lex fori », dans *Festschrift für Dagmar Coester-Waltjen*, Bielefeld, Gieseking, 2015, p. 897 ss, spéc. p. 907-908.

155. B. Audit, « Les avatars de la loi personnelle en droit international privé contemporain », dans *Mélanges Jacques Foyer*, Paris, Economica, 2008, p. 48 ss, spéc. p. 54 (« Que la loi personnelle fût déterminée par la nationalité ou par le domicile, l'indisponibilité de l'état était au premier plan … Dès lors qu'en droit interne des personnes et de la famille une variété de formules, au choix des intéressés, se substitue fréquemment à un schéma imposé au nom d'un jugement de valeur, le souci de l'autorité de la loi s'estompe »).

mobilité et le « nomadisme postmoderne » : le phénomène migratoire contemporain a, quant à lui, d'autres explications, rattachables à la misère humaine et non à un mode de vie choisi. Mais l'objectif politique d'intégration joue également à l'égard des personnes migrantes et a remplacé le souci, qui pouvait caractériser naguère le droit international privé, de tolérance à l'égard de statuts personnels parfois très différents du modèle de l'Etat d'accueil.

2) L'application uniforme du droit de la résidence habituelle est considérée comme répondant à une idée de *non-discrimination en raison de la nationalité*. Certes, le maintien du rattachement à la nationalité n'est pas juridiquement contraire au principe de non-discrimination au point de considérer une violation, par exemple, de l'article 14 de la Convention européenne des droits de l'homme [156], et n'est même pas considéré comme contraire au principe spécifique de non-discrimination en raison de la nationalité de l'article 18 du Traité sur le fonctionnement de l'Union européenne [157]. Il est vrai cependant que son remplacement par le rattachement à la résidence habituelle est mieux en harmonie avec l'idée d'égalité de traitement des nationaux et des étrangers résidant dans le pays, telle qu'elle est actuellement conçue. De même que l'idée de liberté de circulation, l'idée de non-discrimination est considérée comme une directive – même non obligatoire en droit – que le législateur européen prend en considération dans l'élaboration des nouvelles règles de conflit.

3) Enfin, il y a l'idée contemporaine de *valorisation de la « citoyenneté de résidence »*, « citoyenneté civique » ou « civile » qui commence à assumer une forme normative, dont l'exemple paradigmatique est la citoyenneté européenne de l'article 20 du Traité sur le fonctionnement de l'Union européenne. L'adoption du rattachement à la résidence habituelle y correspond [158] ; certes, la citoyenneté européenne (pour prendre son exemple) « s'ajoute à la citoyenneté nationale et ne la remplace pas » (art. 20, par. 1er TFUE), mais elle a, selon la jurisprudence de la Cour de justice de l'Union européenne, « vocation à être le statut

156. Cf. notre contribution, « Sur la question de la discrimination inhérente aux règles de conflit de lois. Développements récents et interrogations permanentes », *Studi in onore di Laura Picchio Forlati*, Turin, Giappichelli, 2014, p. 195 ss.

157. Cf. J. Basedow, « Le rattachement à la nationalité et les conflits de nationalité en droit de l'Union européenne », *Rev. crit.*, 2010, p. 427 ss, spéc. p. 452.

158. B. Nascimbene, « Le droit de la nationalité et le droit des organisations régionales. Vers de nouveaux statuts de résidents ? », *Recueil des cours*, tome 367 (2013), spéc. p. 397 ss.

fondamental des ressortissants des Etats membres» [159]; il est conforme à cette évolution du statut politique des «citoyens européens» que le rattachement du statut personnel tende à être modifié et à s'abstenir de prendre comme facteur de rattachement la citoyenneté nationale.

51. Pour toutes ces raisons, le droit international privé européen passe à présent par une phase post-mancinienne, de retour à un rattachement territorial (résidence habituelle), plutôt que national. Il n'est pas dit que le droit international privé de tous les Etats suivra le modèle européen [160].

3. Aspects politiques de l'exception d'ordre public

52. C'est dans le contenu de son ordre public que se traduit le plus immédiatement, en droit international privé, la nature d'une société donnée. La raison est évidente: l'ordre public sert, dans le cadre de la méthode classique, de mécanisme de sauvegarde du droit de l'Etat du for dans ce qu'il a de plus essentiel [161]. L'ordre public définit l'extrême limite de ce qui est encore acceptable pour la société du for et au-delà duquel les conceptions différentes d'une société étrangère – celle dont provient la loi applicable (ou le jugement présenté à la reconnaissance dans l'Etat du for) – ne sont plus admissibles [162].

Certains cas d'intervention de l'ordre public sont ostensiblement politisés. Il en est allé ainsi, comme on le verra ultérieurement, dans le droit d'Etats totalitaires [163], mais il peut en aller de même dans d'autres Etats. Ainsi, dès lors que la question fondamentale de l'organisation du droit de propriété a été en cause, les tribunaux des Etats libéraux ont été appelés à défendre les vues (de libéralisme économique, en l'occurrence) des sociétés au nom desquelles ils rendaient la justice.

---

159. Arrêt du 2 octobre 2003, *Garcia Avello*, C-148/02, ECLI:EU:C:2003:539, point 22, à propos du droit international privé de l'attribution de leur nom patronymique aux enfants.

160. Cf. Y. Nishitani, «Global Citizens and Family Relations», *Erasmus Law Review*, 2014, p. 134 ss, spéc. p. 140, qui pense qu'alors que le droit international privé européen évolue vers un rattachement des matières de droit familial à la résidence habituelle, le droit japonais ou coréen, ne partageant pas les nouvelles idées-forces du droit européen, maintiendront le rattachement à la nationalité.

161. A. Bucher, *op. cit. supra*, note 102, p. 172. Dans le cadre d'autres méthodes, exprimant l'intérêt de l'Etat à l'application de ses lois, l'ordre public peut selon cet auteur – qui voit les lois de police comme une variante de l'ordre public – jouer un autre rôle (*ibid.*, p. 174 ss).

162. Pour une approche plus formelle sous l'angle de la théorie des normes, voir P. de Vareilles-Sommières, «L'exception d'ordre public et la régularité substantielle internationale de la loi étrangère», *Recueil des cours*, tome 371 (2014), p. 153 ss.

163. Voir *infra* au chapitre VI les développements relatifs au droit de l'Allemagne national-socialiste et de l'Union soviétique (n°s 177 et 178).

L'exemple peut-être le plus clair en est celui de la défense, en France, de la propriété privée en présence d'expropriations sans indemnité opérées par l'Union soviétique [164], par l'Espagne républicaine [165] ou par l'Algérie de la décolonisation [166]. Les décisions intervenues dans la première affaire à avoir été portée devant la Cour de cassation française, l'affaire *La Ropit*, sont paradigmatiques. L'affaire est née de l'expropriation en 1918, par le gouvernement soviétique, des navires marchands de la compagnie La Ropit qui se trouvaient dans le port d'Odessa. Au cours de la guerre civile russe, Odessa fut temporairement reprise par l'armée blanche, et les capitaines des navires eurent la sage précaution de mettre les navires en sécurité, hors des eaux territoriales russes, en l'occurrence à Marseille. Devant le tribunal de commerce de Marseille, une action en revendication fut introduite par le gouvernement de l'Union soviétique. Le tribunal rejeta la demande : selon le jugement, le décret de nationalisation « constitue un acte d'usurpation et de violence réunissant tous les éléments juridiques de la soustraction frauduleuse de la chose d'autrui », présentant « un caractère politique et social, en opposition formelle avec notre législation qui repose sur le respect de la propriété individuelle » et est contraire à l'ordre public [167]. Appel de l'Union soviétique ; arrêt de la Cour d'appel d'Aix-en-Provence :

> « Or, attendu que le décret de nationalisation soviétique des biens en Russie, même de ceux appartenant à des étrangers, sans que leurs titulaires aient reçu au préalable une juste indemnité, est une confiscation pure et simple, un coup de force de l'Etat contre l'individu, ayant pour but, selon les termes mêmes de la constitution de l'URSS, d'abolir la propriété privée et d'établir la dictature du prolétariat ; qu'une pareille législation heurte les bases mêmes de tout l'édifice juridique français qui repose sur

164. Req., 5 mars 1928, *Compagnie « La Ropit »*, *DP*, 1928, 1, 81, rapport Célice, note Savatier ; *Rev. dr. int. pr.* 1929, p. 288, note Niboyet ; Paris, 23 décembre 1930, *JDI*, 1931, p. 400, note Tager (confiscations soviétiques) ; Trib. civ. Seine, 18 février 1932, *JDI*, 1932, p. 443, conclusions Picard, note Tager, confirmé par Paris, 16 mars 1934, *JDI*, 1934, p. 1207 (législation soviétique sur les successions qui reconnaissait à l'Etat seul le droit d'héritage au-delà de 10 000 roubles). – Voir aussi, se référant à la jurisprudence française, Trib. arr. Luxembourg, 26 octobre 1988, *Bull. Laurent*, 1995-I, p. 36 (législation en matière de succession, d'inspiration similaire à la législation soviétique, de la R. S. F. de Yougoslavie : contrariété à l'ordre public, car la loi yougoslave vise « à la réalisation de conceptions politiques relative à la propriété privée non partagées au Grand-Duché de Luxembourg »).

165. Civ., 14 mars 1939, *Rev. crit.*, 1939, p. 280.

166. Civ. 1re, 23 avril 1969, *Rev. crit.*, 1969, p. 717, note Schaeffer ; *JDI*, 1969, p. 912, note Chardenon.

167. Trib. com. Marseille, 23 avril 1925, *JDI*, 1925, p. 391.

le respect de la propriété et de l'inviolabilité des droits qu'elle engendre; qu'elle ne peut donc recevoir, devant une juridiction française, aucune application directe ou indirecte;

Qu'au surplus, il ressort avec évidence des événements qui ont marqué la révolution russe, des buts poursuivis et avoués par l'autorité de laquelle il émane, que le décret de 1918 a été pris et appliqué dans un but politique, en vue de servir un parti; que le droit international n'admet pas qu'une loi, inspirée par de tels motifs, puisse produire des effets en dehors des limites du pays qui l'a promulguée.» [168]

Cette motivation, dont François Rigaux a souligné l'agressivité à l'égard du système économique soviétique [169], s'inspire de la théorie des «lois politiques» telle qu'elle existait à l'époque [170]. Ceci n'en fait pas un arrêt apolitique, qui ne ferait qu'appliquer avec neutralité la doctrine reçue; une doctrine comme celle des «lois politiques» n'avait elle-même rien d'apolitique. Cependant, le fait que la Cour d'appel d'Aix ait ouvertement exprimé un jugement politique sur le régime soviétique n'a pas été approuvé par la Cour de cassation qui, tout en rejetant le pourvoi de l'Union soviétique contre cet arrêt, jugea que ces observations de l'arrêt d'appel étaient des «considérations qui n'ont aucun caractère juridique et doivent être tenues pour surabondantes». Le conseiller rapporteur avait estimé qu'il n'appartenait pas à la Cour d'

> «apprécier ici, ni au point de vue moral ni au point de vue politique, les dispositions de ce décret: la souveraineté de tout Etat, lorsqu'elle ne porte pas atteinte à la souveraineté des autres Etats, est absolue».

Les motifs de l'arrêt de la Cour de cassation ont dès lors préféré une autre méthode, beaucoup plus subtile, d'aboutir au même résultat. La chambre des requêtes met l'accent sur une idée qui est en fait l'idée de défense de la conception française du droit de propriété considéré comme un droit fondamental, abstraction faite des conditions politiques, économiques et sociales prévalant en Union soviétique:

---

168. Aix, 23 décembre 1925, *JDI*, 1926, p. 667.
169. F. Rigaux, *Droit public et droit privé dans les relations internationales*, Paris, Pedone, 1977, p. 250.
170. Voir la référence à la doctrine d'Arminjon, *supra* n° 2.

« Attendu qu'aux termes de l'article 545 du Code civil, nul en France ne peut être contraint de céder sa propriété, si ce n'est pour cause d'utilité publique et moyennant une juste et préalable indemnité ; que cette règle insérée dans nos codes et affirmée par nos constitutions successives est une des bases fondamentales de nos institutions sociales ; qu'on ne saurait la faire fléchir en considération des dispositions d'une législation étrangère sans troubler profondément l'ordre établi sur le territoire de la République. » [171]

53. Cependant, ailleurs en Occident, la jurisprudence était beaucoup plus accommodante. Sans que les gouvernements des autres Etats occidentaux aient jugé avec moins de sévérité les expropriations en Union soviétique et dans les autres pays communistes, leurs tribunaux s'abstenaient fréquemment de sanctionner l'éventuelle contrariété de ces mesures à l'ordre public : le respect nécessaire de la souveraineté territoriale de l'Etat expropriant [172] et l'application de la théorie de l'*Act of State* – principe d'abstention judiciaire indépendant des politiques concrètement poursuivies à l'étranger et même du degré d'hostilité existant entre cet Etat et de l'Etat du for en termes de relations internationales – y firent obstacle en Angleterre [173] ou aux Etats-Unis [174].

54. Une autre manière de motiver le désaccord de l'ordre public du for avec les politiques poursuives par une mesure normative étrangère est préfigurée par l'arrêt *La Ropit* de la Cour de cassation française de 1928 et a acquis, à l'époque contemporaine, une importance croissante.

171. Req., 5 mars 1928 et rapport du conseiller Célice, cités *supra* note 164.

172. Sur la jurisprudence allemande, voir G. Beitzke, « Probleme der Enteignung im Internationalprivatrecht », dans *Festschrift für Leo Raape*, Hambourg, Rechts- und Staatswissenschaftlicher Verlag, 1948, p. 93 ss ; I. Seidl-Hohenveldern, *Internationales Konfiskations- und Enteignungsrecht*, Berlin, Walter de Gruyter, Tübingen, J. C. B. Mohr (Paul Siebeck), 1952, p. 13-14 ; à propos du « cuivre chilien », LG Hambourg, 22 janvier 1973, *AWD*, 1973, p. 163 et P. Behrens, « Rechtsfragen im chilenischen Kupferstreit », *RabelsZ*, 1973, p. 394 ss.

173. *Luther c. Sagor* (1921) 3 K.B. 532, C.A. ; *Princess Paley Olga c. Weisz* (1929) 1 K.B. 718, C.A. En défenseur résolu du droit de propriété, F. A. Mann a combattu cette jurisprudence pendant des décennies, par exemple *Foreign Affairs in English Courts*, Oxford, Oxford University Press, 1986, p. 164 ss.

174. *Banco Nacional de Cuba c. Sabbatino*, 376 U.S. 398 (1964). Sur la limitation des effets de la théorie de l'*Act of State* par une voie votée au lendemain de l'arrêt *Sabbatino* (amendement dit *Hickenlooper Amendment* ou *Sabbatino Amendment*), voir *Restatement Third, Foreign Relations Law of the United States*, St. Paul, American Law Institute Publishers, 1987, volume I, section 444. Le *Hickenlooper Amendment* est déclaré applicable aux expropriations postérieures au 1er janvier 1959 – date qui n'a évidemment pas été choisie au hasard, mais en fonction de l'histoire de la révolution cubaine.

Il s'agit de retenir que les lois étrangères ou jugements étrangers sont contraires aux droits de l'homme ou aux droits fondamentaux tels qu'ils sont en vigueur dans l'Etat du for, ce qui empêche les autorités du for de leur donner effet pour des raisons constitutionnelles ou de respect des obligations internationales de l'Etat du for [175]. Dans certains systèmes juridiques, ceux dans lesquels le degré de constitutionnalisation du droit privé par référence aux droits fondamentaux est le plus avancé, on constate une tendance à faire de la défense des droits fondamentaux non plus un élément accessoire, mais l'élément central de la définition de l'ordre public ; tel est le choix explicite du droit allemand [176], du droit italien [177], du droit espagnol [178], et, actuellement ou potentiellement, du droit international privé de l'Union européenne [179].

Ce développement n'emportera pas de changements en ce qui concerne la défense du droit de propriété – comme l'a montré dès 1928 l'arrêt *La Ropit*, celle-ci peut se fonder, si tel est le choix des tribunaux du for, sur la garantie constitutionnelle de la propriété privée. Mais il pose la question du maintien – ou alors du remplacement par un ordre public des droits fondamentaux – de l'ordre public du « modèle familial » national qui a traditionnellement été considéré comme l'expression, en droit de la famille, de l'identité culturelle spécifique de l'Etat du for.

Ce que l'on constate actuellement, dans les Etats les plus avancés sur le plan sociétal, est une absorption par les droits fondamentaux de la

175. Cf. notre cours, « Droits de l'homme, droits fondamentaux et droit international privé », *Recueil des cours*, tome 318 (2005), spéc. p. 165 ss.

176. Article 6 de la loi d'introduction au Code civil de 1986 :

> « Une règle de droit d'un Etat étranger ne sera pas appliquée, lorsque son application mène à un résultat manifestement incompatible avec des principes fondamentaux du droit allemand. En particulier elle ne sera pas appliquée lorsque son application est incompatible avec les droits fondamentaux. »

voir aussi les paragraphes 328 et 1049 du Code de procédure civile, consacrés respectivement à la reconnaissance de jugements étrangers et de sentences arbitrales.

177. Cass., 15 avril 2013, n° 9067, *RDIPP*, 2014, p. 135 : l'arrêt se prononce pour l'abandon (en matière de droit du travail) d'une vision étroitement nationale de l'ordre public au profit d'une vision plus ouverte, tenant compte de la « position de l'ordre juridique italien dans le cadre international » et essentiellement fondée sur différents textes nationaux et internationaux en matière de droits de l'homme. Voir d'une manière plus générale F. Salerno, « La costituzionalizzazione dell'ordine pubblico internazionale », *RDIPP*, 2018, p. 259 ss.

178. Trib. Sup., 6 février 2014, recours n° 245/2012, résumé à la *Rev. crit.*, 2014, p. 531, note Fulchiron et Guilarte Martín-Calero, en matière de gestation pour autrui : définition de l'ordre public « essentiellement comme le système de droits et de libertés individuels garantis par la Constitution et par les conventions internationales relatives aux droits de l'homme validées par l'Espagne, et les valeurs et les principes que celles-ci incarnent » (considérant 3.4).

179. Voir *infra* n° 236.

mission de défense de valeurs qui était naguère assurée par référence au modèle familial traditionnel. Cette réalité est observable par exemple en jurisprudence espagnole [180]; ou en jurisprudence italienne, où un arrêt de la Cour de cassation l'a théorisée en faisant état de la modification de la fonction de l'ordre public, qui est passée de son ancienne fonction de «sauvegarde de conceptions déterminées d'ordre moral et politique» de l'Etat italien (référence à la jurisprudence des années 1960) à son rôle actuel, plus ouvert aux ordres juridiques étrangers, et qui servirait exclusivement à la «protection des droits fondamentaux de l'homme communs à différents ordres juridiques et situés à un niveau supérieur à la législation ordinaire» [181].

La même réalité s'observe encore en jurisprudence française, dont nous tirerons deux exemples. D'abord celui du principe, définitivement acquis en jurisprudence française depuis 2004, de la non-reconnaissance des divorces par répudiation intervenus dans l'Etat d'origine des époux, ressortissants d'Etats musulmans:

> «même si elle résultait d'une procédure loyale et contradictoire, cette décision constatant une répudiation unilatérale du mari sans donner d'effet juridique à l'opposition éventuelle de la femme et en privant l'autorité compétente de tout pouvoir autre que celui d'aménager les conséquences financières de cette rupture du lien matrimonial, était contraire au principe d'égalité des époux lors de la dissolution du mariage reconnu par l'article 5 du Protocole du 22 novembre 1984, n° 7, additionnel à la Convention européenne des droits de l'homme, que la France s'est engagée à garantir à toute personne relevant de sa juridiction, et donc à l'ordre public international réservé par l'article 1er de la Convention franco-algérienne du 27 août 1964, dès lors que, comme en l'espèce, les deux époux étaient domiciliés sur le territoire français» [182].

---

180. Trib. Sup., 6 février 2014, cité *supra* note 178; voir déjà antérieurement les décisions de la Direction générale des registres et du notariat des 8 mars 1995, *RAJ*, 1995, n° 2601 et 3 décembre 1996, *RAJ*, 1996, n° 7371, qui font référence, à propos de la polygamie, outre à la «conception espagnole du mariage», à la «dignité de la femme», respectivement à la «dignité constitutionnelle de la personne».

181. Cass., 30 septembre 2016, n° 19599, *RDIPP*, 2016, p. 813 ss, spéc. p. 819-820. L'arrêt en déduit la possibilité d'approuver la transcription en Italie, dans l'intérêt de l'enfant, d'un acte de l'état civil espagnol dont découlait une double filiation maternelle d'un enfant, cet acte ayant été jugé non contraire à l'ordre public.

182. Civ. 1re, 17 février 2004, nos 02-11618 et autres, *D.*, 2004, 824, conclusion Cavarroc; *JCP*, 2004 II 10128, note Fulchiron; *Rev. crit.*, 2004, 423, note Hammje; *JDI*, 2004, 1200, note L. Gannagé. Depuis lors, cette solution a été répétée dans de très nombreuses décisions.

Ou alors, dans un arrêt de la Cour de cassation de 2010, pour justifier le refus de la reconnaissance d'un jugement de divorce texan, qui avait pris des décisions sur l'autorité parentale en s'inspirant d'idées qui n'étaient pas (ou n'étaient plus) compatibles avec le modèle familial français, mais que l'arrêt préfère examiner sous l'angle des droits de l'homme :

> « que l'arrêt relève quant aux conséquences du divorce sur les enfants, d'une part, que l'exercice conjoint de l'autorité parentale est mis à néant par le droit donné à la mère de prendre seule, les décisions les concernant et de consentir à leur engagement dans les forces armées des Etats-Unis, d'autre part, qu'il est fait à M. X... des injonctions lui interdisant que sa « maîtresse » se trouve en présence des enfants sauf s'il se marie avec elle, et interdisant à toute personne du sexe opposé de passer la nuit à son domicile lorsqu'il reçoit les enfants ; que la cour d'appel en a déduit exactement que le jugement étranger portait atteinte à des principes essentiels du droit français fondés sur l'égalité des parents dans l'exercice de l'autorité parentale et sur le respect de la vie privée et familiale » [183].

Les allusions à l'« égalité des parents dans l'exercice de l'autorité parentale » et au « respect de la vie privée et familiale » sont des références évidentes à des articles de la Convention européenne des droits de l'homme [184], même si cette référence n'est pas explicite. Il en va de même de la décision ultérieure de la Cour de cassation française de faire prévaloir au nom de l'ordre public la possibilité d'un mariage homosexuel, instituée en France par la loi « mariage pour tous » du 17 mai 2013, sur la loi marocaine qui ignore cette institution [185] : cette décision s'explique par le fait que la loi de 2013 ouvre le mariage aux personnes du même sexe comme un droit fondamental, lié au principe de non-discrimination en raison de l'orientation sexuelle. Les arrêts de défense du modèle familial national, sans référence aux droits

---

183. Civ. 1re, 4 novembre 2010, no 09-15302, *JDI*, 2011, p. 124, note Barrière Brousse.

184. L'article 8 de la Convention, en ce qui concerne le respect de la vie privée et familiale ; l'article 5 du Protocole no 7, en ce qui concerne le droit à l'égalité des époux ou parents.

185. Civ. 1re, 28 janvier 2015, no 13-50059, *Rev. crit.*, 2015, p. 400, avec des notes de D. Boden, S. Bollée, B. Haftel, P. Hammje et P. de Vareilles-Sommières. L'arrêt fait appel à l'ordre public tel qu'il est réservé par la Convention franco-marocaine du 10 août 1981.

fondamentaux ou droits de l'homme, deviennent l'exception [186]. Peut-être viendront-ils à disparaître complètement.

55. La référence à des droits de l'homme ou droits fondamentaux n'est dépourvue de signification politique qu'en apparence. Certes, elle est moins «agressive» [187] et plus aseptisée qu'une condamnation morale du système économique ou des traditions familiales d'un Etat étranger. Mais elle exprime, au même titre que celle-ci, un choix politique qui caractérise la société du for dont l'ordre public intervient. En renonçant à se référer à son modèle familial en tant qu'expression d'une tradition nationale, pour lui substituer des règles juridiques de nature constitutionnelle ou conventionnelle, cette société montre ainsi qu'elle a définitivement accepté le pluralisme contemporain des convictions et des modes de vie. Elle accepte de ne plus considérer le modèle familial traditionnel comme principe directeur obligatoire simplement parce qu'il est traditionnel; ce modèle ne peut dès lors plus correspondre, en droit international privé, à l'ordre public dans une société de ce type (il est d'ailleurs loin d'être certain qu'il faille se faire *laudatores temporis acti* et regretter le temps où l'ordre public international était défini par les tribunaux par référence à un idéal de conservation de l'ordre existant [188]). Les textes constitutionnels ou conventionnels prennent de ce fait une importance qu'ils n'avaient pas dans le passé, et les opinions des juges qui sont en charge d'interpréter ces textes remplacent, comme reflétant ce qui reste d'un consensus national, la référence à des autorités plus traditionnelles [189].

---

186. Les arrêts de la Cour de cassation française s'opposant à la reconnaissance des gestations pour autrui à l'étranger relèvent cependant de cette catégorie: Civ. 1re, 6 avril 2011, nos 10-19053 et autres, *Rev. crit. DIP*, 2011, p. 722, note Hammje; Civ. 1re, 13 septembre 2013, no 12-30138, *D.*, 2013, p. 2377, avis Petit, p. 2384, note Fabre-Magnan; *Rev. crit. DIP*, 2013, p. 909, note Hammje; *JDI*, 2014, p. 133, note Guillaumé; Civ. 1re, 19 mars 2014, no 13-50005, *D.*, 2014, p. 901, avis Jean; *Rev. crit. DIP*, 2014, p. 619, 1re esp., note critique Bollée. L'intransigeance de ces arrêts a été condamnée par la Cour européenne des droits de l'homme dans les affaires *Labassée c. France* et *Mennesson c. France*, arrêts du 26 avril 2014, nos 65041/11 et 65192/11; pour le ralliement de la Cour de cassation à la solution retenue par ces arrêts, du moins interprétée *a minima*, dans le sens de la reconnaissance de la filiation paternelle qui ne fait que correspondre à la réalité biologique, voir Ass. plén., 3 juillet 2015, nos 15-50002 et 14-21323, *Rev. crit.*, 2015, p. 885.

187. F. Rigaux, cité *supra* no 52.

188. Cf. notre contribution, «La «sauvegarde de certaines politiques législatives», cas d'intervention de l'ordre public international?», dans *Mélanges Hélène Gaudemet-Tallon*, Paris, Dalloz, 2008, p. 447 ss.

189. D'une manière générale sur ce phénomène contemporain – qui a des avantages, mais aussi des inconvénients –, cf. D. Robertson, *The Judge as Political Theorist*, Princeton, Princeton University Press, 2010.

4. *Le cadre de définition des politiques juridiques de droit international privé*

56. Des politiques juridiques – au sens d'interventions du politique dans la définition des solutions juridiques [190] – existent, même lorsque la méthode de droit international privé applicable est la méthode classique. Les développements de ce chapitre devraient l'avoir montré. Mais dans quel cadre sont-elles définies ? Une opposition existe entre un cadre ouvert à la délibération démocratique, ou du moins aux conflits ouverts et apparents d'intérêts politiques, et un cadre fermé, dans lequel les experts sont entre eux même lorsqu'il s'agit de prendre des décisions à portée politique.

a) *Cadre ouvert*

57. Le cadre ouvert est celui de la procédure législative (où la délibération démocratique est normalement possible [191]), ainsi que les négociations internationales de conventions de droit international privé, cadre dans lequel au moins les oppositions d'intérêts politiques des futurs Etats contractants se manifesteront.

Un premier exemple de négociations internationales ayant permis à des intérêts divergents d'Etats (potentiellement) contractants de se manifester ouvertement et publiquement est le «projet sur les jugements», le projet le plus important que la Conférence de La Haye de droit international privé ait lancé à la fin du vingtième siècle [192]. La proposition initiale de travailler sur le projet venait des Etats-Unis d'Amérique, qui se montraient disposés à négocier – et à ratifier ultérieurement – une convention sur la reconnaissance et l'exécution des jugements à portée mondiale, le modèle étant la Convention de

---

190. *Supra* n° 7.

191. Pour un contre-exemple (mais qui se situe en Allemagne de l'époque wilhelmienne), voir *Die geheimen Materialien zur Kodifikation des deutschen Internationalen Privatrechts*, *op. cit.*, *supra* note 135 (collection de documents d'archives qui montrent que ce fut sur une intervention discrète, mais autoritaire, du ministère des Affaires étrangères que la commission chargée des travaux préparatoires de la loi d'introduction au Code civil supprima du projet les règles de conflit bilatérales qu'elle examinait et leur substitua des règles de conflit unilatérales, dans un but politique qui relevait du fantasme : cf. le récit *infra* n° 278).

192. La plupart des documents ayant trait à ces négociations, dans ses premières étapes, sont reproduits dans Conférence de La Haye, *Actes et documents de la Vingtième session*, tome II : *Jugements*, Anvers, Intersentia, 2013 ; par ailleurs, la documentation relative au «projet sur les Jugements» fait l'objet d'une série de pages dédiées sur le site Internet de la Conférence de La Haye (www.hcch.net).

New York de 1958 pour la reconnaissance et l'exécution des sentences arbitrales étrangères, très largement ratifiée.

Le projet d'une convention générale a échoué en 2001, en l'absence de consensus sur toute une série de points sur lesquels des différences de vues qui apparaissaient comme irréconciliables étaient apparues entre les Etats-Unis d'Amérique et la Communauté européenne [193]. La question des responsabilités dans l'échec provisoire de ces négociations donne lieu à des appréciations divergentes [194]. Néanmoins, la Conférence de La Haye réussit à sauver au moins un élément des négociations : la Convention du 30 juin 2005 sur les accords d'élection de for. Les négociations sur une convention plus générale restent en cours.

58. Deuxième exemple : indépendamment du jugement que l'on peut porter sur l'opportunité, ou sur la valeur scientifique, de l'un ou l'autre des choix législatifs faits par les règlements de l'Union européenne en matière de droit international privé (Bruxelles I, Bruxelles II, Rome I, Rome II, Rome III, etc.), il est certain qu'ils ont été élaborés dans un cadre ouvert, faisant intervenir à la fois les Etats membres défendant des intérêts parfois contradictoires, le Parlement européen, et même le public, invité à prendre position sur les projets de règlement [195]. Le résultat de ces délibérations se reflète dans les règlements, parfois jusque dans leurs imperfections, typiques d'un texte de compromis entre des intérêts divergents. Le caractère ouvert de la procédure permet

---

193. L'absence de consensus, empêchant toute progression des négociations, concernait les domaines suivants : Internet et le commerce électronique – la compétence fondée sur l'activité (la *doing business jurisdiction* américaine telle qu'elle existait à l'époque, base de compétence à laquelle tenaient le barreau américain et par conséquent les Etats-Unis) – les contrats conclus entre les professionnels et les consommateurs, et les contrats de travail – les brevets, marques, droits d'auteurs et autres droits de propriété intellectuelle – les rapports avec d'autres actes sur la compétence, la reconnaissance et l'exécution des jugements, notamment les actes régionaux et plus particulièrement les Conventions de Bruxelles et de Lugano et le règlement de Bruxelles-I – la question de la « bilatéralisation » : voir le document « Quelques réflexions sur l'état actuel des négociations du projet sur les jugements dans le contexte du programme de travail futur de la Conférence », préparé par le Bureau permanent, document préliminaire n° 16 de février 2002 à l'intention de la Commission spéciale d'avril 2002 sur les affaires générales et la politique de la Conférence, également publié dans les *Actes et documents de la dix-neuvième session* (2002), tome I, *Matières diverses*, La Haye, SDU, 2008, p. 428-435.

194. P. Beaumont, « The Revived Judgments Project in The Hague », *NIPR*, 2014, p. 532 ss, spéc. p. 533, semble estimer que la responsabilité incombe principalement à l'Europe, qui aurait insisté indûment sur un modèle de « convention double » étroitement calquée sur la Convention de Bruxelles.

195. Les documents de consultation du public, ainsi que les réponses obtenues, se trouvent archivés sur le site Internet de la Commission européenne (www.ec.europa.eu), DG Justice.

de les retracer [196]. Un bon exemple à la fois de l'ouverture que permet la procédure européenne et des résultats (parfois discutables) à laquelle aboutit la discussion ouverte est la procédure d'adoption du règlement Rome I [197], au cours duquel un Etat membre, le Royaume-Uni, a fait valoir ouvertement ses intérêts propres et a réussi à amener les autres participants au processus législatif à accéder à ses souhaits [198].

Comme l'économie du Royaume-Uni dépend dans une forte mesure, en termes de part du produit intérieur brut, du secteur financier et du secteur des assurances, le gouvernement britannique a examiné avec un soin tout particulier, très certainement supérieur à celui des autres Etats membres, le contenu du règlement, en particulier sous l'angle de son incidence sur ces deux secteurs. Après la fin des négociations sur le règlement, le gouvernement a organisé une consultation nationale largement ouverte, portant sur la question de savoir si, au vu des résultats obtenus lors des négociations, l'adhésion du Royaume-Uni au règlement Rome I était ou non opportune. Voici un passage du document de consultation :

> « Involvement of Stakeholders in the Rome I Negotiations
>
> 13. Stakeholder input throughout negotiations on Rome I played an important role in achieving a positive outcome for the UK in the final Regulation. They provided expertise in the many technical areas covered by Rome I and lobbied on particular issues.
>
> 14. Stakeholder input has taken many forms, and has been received through regular meetings of the Ministry of Justice's Rome I Stakeholder Forum Group as well as through specialised meetings to address particular issues. Particular assistance was provided by the Financial Markets Law Committee (FMLC), the

---

196. Sur les aspects de politique juridique des règlements Rome I et Rome II, voir P. Mankowski, *Interessenpolitik und europäisches Kollisionsrecht*, Baden-Baden, Nomos, 2011.

197. Règlement (CE) n° 593/2008 du Parlement européen et du Conseil du 17 juin 2008 sur la loi applicable aux obligations contractuelles (Rome I).

198. Dans le monde pré-Brexit, le Royaume-Uni bénéficiait (comme l'Irlande) d'une particularité dans l'architecture institutionnelle de l'Union européenne, qui lui permettait d'exercer une option pour ou contre sa participation à une mesure normative adoptée dans le domaine de l'« espace de liberté, de sécurité et de justice » (Protocole n° 21 au Traité sur le fonctionnement de l'Union européenne). Si et dans la mesure où les autres Etats membres souhaitaient obtenir la participation du Royaume-Uni à un règlement dans l'une de ces matières – dont fait partie le droit international privé, au titre de la coopération judiciaire en matière civile – il leur appartenait de consentir aux compromis nécessaires, ce qui améliorait stratégiquement la position de négociation du Royaume-Uni.

E-Commerce Regulatory Alliance Group and the International P&O Clubs (on maritime matters). In addition, HM Treasury and the Ministry of Justice carried out a consultation exercise with the insurance sector subsequent to the inclusion of insurance in Rome I. We wish to personally thank all stakeholders for their contribution to the final outcome. » [199]

59. A la fin de ce processus, le Royaume-Uni décida effectivement d'adhérer au règlement. Cela ne surprend pas, étant donné qu'il avait obtenu les constatations spécifiquement réclamées par son secteur financier [200] :

- en vertu de l'article 4 du règlement, paragraphe 1, *littera h*, une catégorie extrêmement précise de contrats – « le contrat conclu au sein d'un système multilatéral qui assure ou facilite la rencontre de multiples intérêts acheteurs et vendeurs exprimés par des tiers pour des instruments financiers, au sens de l'article 4, paragraphe 1, point 17), de la directive 2004/39/CE, selon des règles non discrétionnaires et qui est régi par la loi d'un seul pays » – devient un contrat nommé pour les besoins de l'identification de la loi applicable à défaut de choix ; l'article 4 du règlement décide que ce type de contrat est régi par la loi du pays dont la loi s'applique au système de règlement ;
- l'article 6, paragraphe 4, *littera d* : la protection des consommateurs assurée par le règlement Rome I n'est pas applicable aux « droits et obligations qui constituent des instruments financiers, et aux droits et obligations qui constituent les modalités et conditions qui régissent l'émission ou l'offre au public et les offres publiques d'achat de valeurs mobilières, et la souscription et le remboursement de parts d'organismes de placement collectif, dans la mesure où ces activités ne constituent pas la fourniture d'un service financier » ;
- l'article 9, paragraphe 3 : ce texte, consacré au traitement des lois de police étrangères, a été l'enjeu principal (pour le secteur financier britannique) de la bataille autour du règlement Rome I. Le compromis adopté, et en réalité dicté par le Royaume-Uni, consiste

199. *Ministry of Justice, Consultation Paper* CP05/08, *Rome I – Should the UK join in ?*, p. 10.

200. Voir en particulier la note publique, bien argumentée, du *Financial Markets Law Committee* instituée auprès de la Banque d'Angleterre, *Legal Assessment of the Conversion of the Rome Convention to a Community Instrument and the Provisions of the Proposed Rome I Regulations, Issue 121 – European Commission Final Proposal for a Regulation on the Law applicable to Contractual Obligations (« Rome I »)*, avril 2006.

en la transposition dans le règlement européen de la jurisprudence anglaise en matière de prise en considération (selon des modalités restrictives) des lois de police étrangères [201] ;

- article 14, paragraphe 2 : le texte correspondant de la proposition de règlement était destiné à régler, pour les cessions de créances et subrogations conventionnelles, la – difficile – question de la loi applicable à l'opposabilité aux tiers d'un transfert de créances [202]. Et pourtant, la lacune qui existait à cet égard dès la Convention de Rome de 1980 a été maintenue dans le règlement Rome I. La raison n'avait rien de scientifique (du moins au sens du droit international privé classique), puisque la discussion était ouvertement étrangère à la quête d'un rattachement caractérisé par la recherche des liens les plus étroits. Elle tenait au conflit d'intérêts entre deux lobbys à l'intérieur du secteur financier : le lobby de la titrisation plaidait pour l'applicabilité de la loi de la résidence habituelle du cédant de la créance, solution qui aboutit à soumettre à une loi unique l'opération de cession de créances par un cédant à un établissement financier ou *special purpose vehicle* de titrisation. Le lobby bancaire en revanche n'était pas d'accord et plaidait pour la loi applicable à la créance cédée [203]. L'impossibilité de se mettre d'accord entre lobbyistes entraînait la capitulation du pouvoir réglementaire. Du moins n'y a-t-il aucun secret autour des raisons de cet échec partiel des négociations du règlement : on peut regretter l'influence prise par ces lobbys, mais elle n'était pas occulte.

b) *Cadre fermé*

60. Le cadre dans lequel ont été élaborées les règles de conflit les plus classiques était en revanche un cadre bien moins ouvert. Elles n'étaient pas discutées publiquement, mais étaient laissées à l'appréciation

201. Voir les développements *infra* n° 203.

202. Cf., parmi de très nombreux travaux, T. Hartley, « Choice of Law Regarding the Voluntary Assignment of Contractual Obligations Under the Rome I Regulation », *ICLQ*, volume 60 (2011), p. 29 ss.

203. Voir, concluant le récit de cette bataille des lobbys par la nécessité de trouver un compromis, étant donné que « the significant market sensitivity of the issues and the value and size of the markets in which debts are routinely assigned made it unwise to legislate in haste », J. Perkins, « A Question of Priorities : Choice of Law and Proprietary Aspects of the Assignment of Debts », *Law and Financial Markets Review*, 2008, p. 238 ss, spéc. p. 242. C'est précisément ce type de compromis qu'a fini par adopter la Commission européenne dans sa proposition de règlement sur la loi applicable à l'opposabilité des cessions de créances, COM(2018) 96 final, du 12 mars 2018.

d'experts. Dans son cours de 1926 sur l'histoire du droit international privé, Max Gutzwiller l'explique en ces termes :

> « Alors que les grands Codes civils sont fortement empreints des conditions sociales et économiques de leur époque, le droit international privé est absolument étranger à ces considérations matérielles. ... Les questions des conflits des lois civiles renferment un problème purement juridique, voire technique, abandonné dans une mesure bien large aux décisions d'un petit comité d'experts. » [204]

Cette description correspond vraisemblablement toujours dans une large mesure au processus d'élaboration des règles de droit international privé. Evidemment, personne ne pourra se plaindre du fait que de véritables experts interviennent lors de l'élaboration d'une codification nationale du droit international privé ; il n'en reste pas moins que cette méthode de fabriquer des lois, si elle se fait de manière totalement ésotérique, ne correspond pas réellement aux idéaux de la délibération démocratique [205].

Par ailleurs, les *tribunaux* se voient investis d'une mission qui peut consister à élaborer un droit international privé presque entièrement jurisprudentiel (comme l'était, avant son européanisation progressive, le droit international privé français), ou du moins à remplir les interstices laissés par la codification nationale. Le problème de la démocratie délibérative se pose également à l'égard de l'œuvre jurisprudentielle : Habermas a montré qu'alors même que la jurisprudence est naturellement l'œuvre d'une élite (intellectuelle), il appartient aux tribunaux de ne pas oublier, lors de leurs raisonnements en droit faisant appel à des politiques normatives, qu'ils s'expriment en tant qu'autorités publiques investies de leurs fonctions par la société en son ensemble. Les décisions fondamentales en matière de droit privé, touchant au modèle social sous-jacent à ce droit, ne peuvent pas être prises en vase clos ; dans un Etat de droit démocratique, le processus

---

204. M. Gutzwiller, « Le développement historique du droit international privé », *Recueil des cours*, tome 29 (1929), p. 376.

205. Pour une illustration amusante (mais ancienne), voir le récit admiratif de l'adoption des dispositions relatives au droit international privé dans le premier Code civil italien en 1865, par E. Jayme, *Pasquale Stanislao Mancini*, *op. cit.*, *supra* note 129, p. 7-8, qui montre un Mancini qui fait adopter des règles entièrement nouvelles dont il est le rédacteur, par une commission parlementaire chargée simplement de coordonner les textes du Code civil déjà voté par le Parlement, et qui fait taire, par la force de son éloquence, les objections de quelques membres de la Commission qui se demandaient s'il ne convenait pas, quand même, de faire décider le Parlement...

d'adoption de ces décisions, qui « concernent tous les intéressés », ne doit pas « se dérouler uniquement dans les formes ésotériques d'une discussion entre experts, dissociée de l'arène politique » [206].

Un minimum (en droit international privé comme ailleurs) est que les tribunaux motivent leurs décisions avec transparence, afin qu'il soit possible de comprendre les motivations de politique normative qui constituent le soutien ultime de leurs décisions, et qu'il soit possible de les discuter ouvertement. Autrement, on lisse dans le joséphisme juridique, dans l'application par les tribunaux d'une maxime politique du passé, décidément démodée [207] : « Tout pour le peuple, rien par le peuple. »

206. Habermas, *op. cit.*, *supra* note 30, p. 477 (trad. fr., p. 423). Pour une application d'idées analogues en matière de droit des contrats, voir M. Hesselink, « Democratic Contract Law », *ERCL*, volume 11 (2015), p. 81 ss, spéc. p. 109 ss.

207. Voir cependant, de la part de l'ancien président de la première chambre civile de la Cour de cassation française, J. Lemontey, « Le volontarisme en jurisprudence : L'exemple des répudiations musulmanes devant la Cour de cassation », *Trav. com. fr.* 2004-2006, p. 63 ss, qui explique que la motivation de toute la jurisprudence française culminant dans les arrêts du 17 février 2004 (*supra* note 182) n'aurait été qu'une apparence, cachant la volonté de la Cour de cassation d'exercer un droit de rétorsion à l'égard du Maroc pour n'avoir pas respecté de son côté les obligations (en matière de garde des enfants) résultant de la Convention franco-marocaine du 10 août 1981 relative au statut des personnes et de la famille et à la coopération judiciaire. L'Algérie, quant à elle, aurait été une victime collatérale de cette rétorsion judiciaire. D'autres magistrats ont contesté cette interprétation de la jurisprudence (*ibid.*, discussion, p. 81-82), ce qui est un minimum lorsqu'est en cause la fiabilité des motifs des décisions judiciaires.

CHAPITRE III

LES INTÉRÊTS ÉTATIQUES

61. En acceptant de prendre en considération des intérêts étatiques dans la détermination de ses règles, un système de droit international privé ne cesse pas d'organiser des rapports privés. Les « intérêts étatiques » visés ne sont en effet pas les intérêts immédiats de l'Etat qui se manifesteraient à travers des prérogatives de puissance publique [208] ou même à travers une activité de droit privé d'organismes ou d'émanations de l'Etat. Il s'agit de décrire, sous la désignation « intérêts étatiques » qui correspond à une certaine tradition [209], *l'intérêt de l'Etat à la poursuite des objectifs de politique législative sous-tendant les règles de droit privé*. Le rôle des « intérêts étatiques » ainsi entendus peut être prééminent : tel est le cas dans la méthode américaine de l'*interest analysis* (section 1 ci-après). Il peut également être circonscrit et prendre la forme, compatible avec la méthode postclassique de solution des conflits de lois, des lois de police qui interfèrent ponctuellement dans la détermination du droit applicable (section 2).

*1. Donner un rôle prééminent aux intérêts étatiques : l'*interest analysis *en droit américain*

a) *Le contexte d'un changement de paradigme*

62. Pendant toute la première moitié du vingtième siècle, le droit international privé des Etats-Unis d'Amérique était dominé par des idées classiques, plus classiques même que le droit international privé européen à la même époque. Les tribunaux rendaient des décisions par application de règles de conflits bilatérales d'allure traditionnelle et qui étaient d'ailleurs discutées à ce titre, à l'époque, par des auteurs européens [210].

---

208. En ce qui concerne ceux-ci, voir le chapitre VII, consacré au traitement du droit public étranger en droit international privé.

209. En droit américain, il sera question des *governmental interests* (*infra* n° 63 ss) dont « intérêts étatiques » peut être considéré comme une traduction ; en droit européen, la définition des lois de police fait référence aux « intérêts publics » (art. 9, par. 1 du règlement Rome I) ou aux « intérêts sociaux en cause », Paris, 21 janvier 1994, cité *infra* note 283.

210. Ainsi P. Wigny, *Essai sur le droit international privé américain*, Paris, Sirey, 1932, souligne certaines différences entre le droit international privé du « bloc

En doctrine, un auteur, Joseph Beale[211], exerçait une influence dominante, peut-être même écrasante. Aussi efficace dans ses méthodes de travail que profondément conservateur dans ses convictions, Beale était le rapporteur du premier *Restatement* du droit des conflits de lois publié par l'*American Law Institute* en 1934[212] et l'auteur d'un traité en trois volumes, *The Conflict of Laws*[213], qui était destiné à accompagner la publication du *Restatement*. Le modèle du droit international privé enseigné par Beale reposait, comme les modèles européens de son temps, sur des règles de conflit mécaniques; par ailleurs, il avait la particularité de fonder le droit international privé sur un dogme qui était une garantie d'inflexibilité: la théorie dite des «droits acquis» *(vested rights)*, selon laquelle l'application d'une loi étrangère se justifie en raison des droits que les parties peuvent être censées avoir acquis, sur un territoire étranger, en vertu de cette loi. D'où une approche très nettement territorialiste, spécialement dans les deux domaines sur lesquels le changement de paradigme ultérieur devait se concentrer: les contrats et les délits. Le premier *Restatement* des conflits de lois contenait tout le droit international privé en 625 articles, en vertu desquels (entre autres)

– la validité d'un contrat était impérativement soumise à la loi du lieu de formation du contrat, ce lieu étant déterminé (spécialement pour les contrats conclus par correspondance) de manière strictement conceptualiste[214]; aucune place n'était laissée à l'autonomie de la volonté[215]; l'exécution des contrats quant à elle était impérativement soumise à la loi du lieu d'exécution[216];

continental» et du «bloc anglo-saxon», et s'étonne de certains aspects du droit américain mais ne le considère pas pour autant comme incommensurable avec le droit de l'Europe continentale. Autre exemple, H. Batiffol, *Les conflits de lois en matière de contrats. Etude de droit international privé comparé*, Paris, Sirey, 1938, p. 3 et *passim*.

211. Sur Beale (1861-1943), voir S. Symeonides, «The First Conflicts Restatement Through the Eyes of Old: As Bad as its Reputation?», *S. Ill. U. L. J.*, volume 32 (2007), p. 39 ss.

212. *Restatement of the Law of Conflict of Laws*, Saint-Paul, American Law Institute Publishers, 1934.

213. New York, Baker, Voorhis & Co., 1935.

214. *Restatement*, sections 311 à 332.

215. Pour la prophétie que la doctrine de l'autonomie de la volonté disparaîtrait prochainement, non seulement aux Etats-Unis d'Amérique mais aussi en France et en Allemagne, au profit du rattachement au lieu de conclusion du contrat, voir le *Treatise on the Conflict of Laws*, volume II, p. 1174.

216. *Restatement*, section 358.

– la responsabilité délictuelle était toujours soumise à la loi du lieu où le préjudice direct avait été subi *(law of the place of wrong)*, au motif que c'est au moment où le préjudice est subi que le droit à réparation est acquis à la victime ; la détermination du moment exact où la créance de réparation était réputée née faisait l'objet, au même titre que le lieu de formation d'un contrat, d'analyses conceptualistes à la fois fines et artificielles [217].

63. Cependant, dès le moment où il fut adapté, le *Restatement* de 1934 ne correspondait plus au sens de l'évolution générale des idées aux Etats-Unis, qui a été décrite comme étant l'histoire d'une « révolte contre le formalisme » [218] – un formalisme qui se reflétait, en droit, dans ce qui devait être ultérieurement désigné comme la « pensée juridique classique », la *classical legal thought*. Le conceptualisme n'était plus aligné sur la nouvelle approche de la société américaine, et la nouvelle approche deviendra triomphante avec la vague de réglementation (et avec les nominations judiciaires) de l'époque du *New Deal*. Du temps du *New Deal*, une génération de juristes, celle des « réalistes » (*legal realists*, désignation d'une école en réalité très hétéroclite), accède à l'hégémonie intellectuelle. La vieille école se trouve progressivement remplacée [219]. La transformation du droit américain concerne d'abord les matières de droit matériel, dans lesquelles l'analyse conceptualiste pure

---

217. *Restatement*, section 377, et la note intitulée « Summary of Rules in Important Situations Determining Where a Tort is Committed », p. 455-457. Beale avait publié en 1920 un article (« The Proximate Consequences of an Act », *Harv. L. Rev.*, volume 33 (1920), p. 633 ss) qui traitait de la même question sous l'angle de la causalité en droit civil et qui avait été très critiqué, dès cette époque, par les auteurs progressistes comme étant formaliste, mécaniste – et indûment favorable aux intérêts des défendeurs aux actions en responsabilité, relevant typiquement des milieux d'affaires (M. Horwitz, *The Transformation of American Law, 1870-1960 : The Crisis of Legal Orthodoxy*, New York, Oxford University Press, 1992, p. 60 ; H. Hovenkamp, *The Opening of American Law*, New York, Oxford University Press, 2015, p. 137).

218. L'étude classique est celle de M. White, *Social Thought in America : The Revolt Against Formalism*, New York, Viking, 1949, qui montre cette évolution, en matière philosophique (à partir du pragmatisme de Dewey), juridique (à partir du réalisme de Holmes) et sociologique (à partir de l'œuvre de Veblen).

219. Dans une « apologie » au ton ironique, faisant partie de la préface au *Treatise on the Conflict of Laws* (vol. I, p. xiii), Beale écrit ceci :

> « The author's legal principles have been criticised by a current but ephemeral school of legal philosophy as conceptual and legalistic. If this means, as it seems to do, that they are the fruit of thought and lawyerlike, the author accepts the criticism as in the highest degree honorable. If it is intended to charge the author with inventing each principle and then deducing from it rules based rather on logic than on reality, the criticism is untrue. »

Voir aussi (au volume III, p. 1879) l'allusion à « a new doctrine, that of the self-styled realists », qui, selon Beale, était vouée à rester sans influence sur la pratique.

est répudiée au profit de la prise en considération ouverte des intérêts poursuivis par les différentes règles juridiques. Le droit des Etats-Unis, y compris le droit privé, s'ouvre à cette époque à des considérations d'ordre sociologique et politique et en vient à favoriser la flexibilité et la réactivité du droit plutôt que sa prévisibilité. C'est cette évolution qui explique également les idées radicalement nouvelles en droit international privé qui ont pris naissance dans la doctrine américaine et qui devaient s'imposer plus tard en droit positif [220].

La transposition au droit international privé d'un vaste mouvement anti-conceptualiste a reçu le nom, complaisant mais en définitive justifié, de « révolution des conflits de lois » *(conflicts revolution)*. La révolution était d'abord doctrinale avant de devenir jurisprudentielle. Mais elle a été préparée, outre par le mouvement intellectuel anti-conceptualiste auquel nous avons fait allusion, par des décisions judiciaires – à commencer par des arrêts de la Cour suprême des Etats-Unis, rendus entre 1932 et 1939 [221], qui ont spécifiquement admis la possibilité, pour les Etats, de faire prévaloir leurs *interests*, *public interests* ou *governmental interests* [222] à l'application de leurs propres lois, c'est-à-dire leur *policy* [223], face aux règles ordinaires, d'inspiration territoriale, de détermination de la loi applicable. Dans les arrêts de la Cour suprême, se voyait confirmée la légitimité de l'application des lois des Etats fédérés sur les accidents du travail, nonobstant l'applicabilité aux contrats de travail eux-mêmes de la loi du lieu de leur conclusion. Ces arrêts n'avaient pas encore l'intention de révolutionner la matière des conflits de lois, mais ils avaient un impact modernisateur, en admettant en substance la légitimité de l'incidence des lois de police du for sur les

---

220. Cf. L. Brilmayer, « The Role of Substantive and Choice of Law Policies in the Formation and Application of Choice of Law Rules », *Recueil des cours*, tome 252 (1995), spéc. p. 31. Comme l'exprime R. Weintraub (« Interest Analysis in the Conflict of Laws as an Application of Sound Legal Reasoning », *Mercer L. Rev.*, volume 35 (1984), p. 629 ss, spéc. p. 631) :

> « the first premise of interest analysis [is] that legal rules have purposes that can be identified. There is nothing new or remarkable about that. The most important lesson taught in the first year of law school is that an intelligent decision to apply or not to apply a legal rule depends upon knowing the reasons for the rule ».

221. Voir une allusion dans l'arrêt *Bradford Electric Light Co. c. Clapper*, 286 U. S. 145 (1932), spéc. p. 162, et surtout les arrêts *Alaska Packers Association c. Industrial Accident Commission of California*, 294 U. S. 532 (1935) et *Pacific Employers Ins. Co. c. Industrial Accident Commission of California*, 306 U. S. 493 (1939). Les arrêts répondaient à des arguments d'ordre constitutionnel qui prétendaient constitutionnaliser la doctrine des *vested rights* ; voir *infra* chapitre VIII, n° 224.

222. Cette triple terminologie est employée par l'arrêt *Alaska Packers Association*, préc., p. 522, 548, 549.

223. Voir l'arrêt *Pacific Employers Ins. Co.*, précité, p. 502.

contrats. La «révolution» allait consister à généraliser – contrairement à ce qui se passerait en droit international privé européen – ce type de raisonnement et à en faire une nouvelle méthode générale de solution des conflits de lois.

L'adoption de la méthode de l'*interest analysis* ne répond par conséquent pas à une dynamique interne au droit international privé. Elle est en réalité une adaptation de ce dernier à l'évolution intellectuelle et politique alors en cours aux Etats-Unis, qui s'est d'abord reflétée dans le droit matériel pour finir par s'étendre au droit des conflits de lois.

b) *La «révolution des conflits de lois»*

64. En 1962, un arrêt d'une Cour d'appel fédérale a retenu que

> «[t]he field of conflict of laws, the most underdeveloped in our jurisprudence from a practical standpoint, is just now breaking loose from the ritualistic thinking of the last century» [224].

Cet arrêt décrit une révolution alors en cours:

1) L'invention doctrinale d'une méthode nouvelle

65. L'inadaptation de la méthode préconisée par le premier *Restatement* à l'évolution générale de la société et du droit américains a engendré toute une série de propositions doctrinales de changements radicaux, qui s'intègrent dans un mouvement doctrinal hétérogène. A côté d'auteurs dont la critique ne visait pas principalement le caractère apolitique des règles de conflits traditionnelles mais plus généralement leur caractère mécanique, leur indifférence au contenu des lois et leur territorialisme [225], un auteur, Brainerd Currie, a concentré ses critiques sur l'apolitisme des règles. Currie publia ses vues dans une série d'articles à la fin des années 1950 et au début des années 1960 [226]. Deux

---

224. *Pearson c. Northeast Airlines*, 309 F.2d 553 (2nd Cir. 1962), spéc. p. 563. Dans un passage antérieur de l'arrêt (p. 557), l'arrêt se réfère à la règle de conflit traditionnelle en matière de délits comme étant une «choice-of-law rule derived from what may be described as the Ice Age of conflict of laws jurisprudence».

225. Les premières critiques de la théorie des *vested rights* émanaient de W. W. Cook, E. Lorenzen et D. Cavers («A Critique of the Choice-of-Law Problem», *Harv. L. Rev.*, volume 47 (1932), p. 173 ss), qui étaient les représentants de la «new doctrine» que Beale (*supra* note 219) croyait vouée à l'oubli. D'autres auteurs originaux, mais aux idées trop radicales pour avoir pu exercer une influence majeure étaient, plus tard, Albert A. Ehrenzweig et Friedrich K. Juenger.

226. Rassemblés dans le volume *Selected Essays on the Conflict of Laws*, Durham, Duke University Press, 1963.

éléments fondamentaux caractérisent sa méthode, qui était destinée essentiellement à la résolution des conflits de lois entre Etats fédérés américains mais qui peut être étendue aux conflits de lois internationaux.

Le premier élément est la référence aux intérêts étatiques comme principal mécanisme par lequel les conflits de lois doivent être résolus. Ceux-ci n'appellent pas un raisonnement sur la base de règles de conflit générales existant *a priori*. Ils ne peuvent être résolus qu'au moyen d'un raisonnement au cas par cas, prenant en considération les politiques législatives poursuivies par les normes en provenance de différents Etats qui sont susceptibles de régir une situation concrète. Ce type de raisonnement n'est pas confiné à quelques lois de police; toutes les règles de droit appellent un même traitement en fonction des intérêts qu'elles ont pour but de défendre (d'où le nom d'*interest analysis* donné à cette méthode).

Un deuxième élément caractéristique de l'approche personnelle de Currie est la préférence nette, ouvertement avouée, pour l'application de la loi du for lorsqu'elle peut servir à la protection des résidents du for. Cette particularité n'était pas due à des convictions nationalistes (il faut toujours se rappeler que le système de Currie est destiné essentiellement à l'usage interne à la fédération américaine), mais à la conviction politique que l'une des fonctions principales d'un Etat démocratique moderne consiste dans la protection sociale de ses résidents [227].

66. Currie introduit dans l'analyse des conflits de lois une distinction fondamentale, celle entre les faux conflits de lois et les vrais conflits de lois. Les *faux conflits de lois* ne correspondent pas seulement aux cas dans lesquels le contenu des deux lois potentiellement applicables est le même (l'hypothèse, classique, de l'« équivalence » des solutions données par les deux lois), mais encore aux cas dans lesquels l'un seulement des deux Etats impliqués a un intérêt à l'application de sa loi dans le cas concret. Dans ce cas, l'application de cette loi s'impose, indépendamment de la localisation des faits. Un *vrai conflit de lois* se présente dans un cas où les deux Etats ont un intérêt à voir appliquer leurs lois, aux contenus divergents. Pour Currie, les vrais conflits de lois doivent être résolus au profit de la loi du for, si le for se trouve parmi les Etats ayant un intérêt à l'application de sa loi. Selon lui, c'est là une exigence démocratique; dans une démocratie, il ne devrait pas appartenir aux juges de « peser les intérêts » respectifs des

227. H. H. Kay, « A Defense of Currie's Governmental Interest Analysis », *Recueil des cours*, tome 215 (1989), p. 84.

Etats et de faire prévaloir les intérêts d'un autre Etat sur ceux de l'Etat du for :

> « assessment of the respective values of the competing legitimate interests of two sovereign states, in order to determine which is to prevail, is a political function of a very high order. This is a function that should not be committed to courts in a democracy. It is a function that the courts cannot perform effectively, for they lack the necessary resources » [228].

67. Sur ce point, les idées de Currie n'ont pas fait l'unanimité, même parmi les auteurs partageant en principe son approche des conflits de lois à partir de l'analyse des intérêts étatiques. On a fait observer que le refus de reconnaître aux tribunaux un pouvoir de procéder à une balance des intérêts est loin de correspondre à une exigence inhérente à la démocratie américaine ; au contraire, ce pouvoir est à présent reconnu de manière générale dans tous les domaines du droit [229]. Une critique constructive a été formulée en 1963 par William Baxter : ce type de « vrai conflit de lois » peut être résolu par des moyens judiciaires, en adoptant la méthode du *comparative impairment* ; si deux Etats ont chacun un certain intérêt à l'application de leur loi, il n'en restera pas moins que dans chaque cas concret, il doit être possible d'identifier celui de ces Etats dont la politique serait la plus sérieusement compromise en cas de non-application de la loi de l'Etat [230]. Avec cette introduction d'un pouvoir d'appréciation des tribunaux, l'*interest analysis* modérée par le *comparative impairment* s'éloigne du lex forisme caractéristique de la doctrine pure de Currie.

A la base de la nouvelle méthode se trouve par conséquent la conviction – contraire à celle que véhiculait le droit international privé classique – que la mise en œuvre de politiques à travers des règles de droit privé n'est pas une anomalie ni même l'exception, mais la situation normale, et qu'il convient que le droit international privé en tienne compte [231]. Son introduction signifiait en même temps une

228. « Notes on Methods and Objectives in the Conflict of Laws », dans *Selected Essays on the Conflict of Laws*, *op. cit.*, spéc. p. 182.

229. S. Symeonides, *The American Choice-of-Law Revolution* : *Past, Present and Future*, Leiden, Boston, Martinus Nijhoff, 2006, p. 20, et les auteurs cités.

230. W. Baxter, « Choice of Law and the Federal System », *Stan. L. Rev.*, volume 16 (1963) p. 1 ss, spéc. p. 18 ss. Pour un exemple jurisprudentiel de mise en œuvre concrète de cette directive générale, voir *infra* n° 74, l'arrêt *Bernhard c. Harrah's Club*.

231. R. Michaels, « Post-critical Private International Law », dans H. Muir Watt et D. Fernández Arroyo (dir. publ.), *Private International Law and Global Governance*, Oxford, Oxford University Press, 2014, p. 54 ss, spéc. p. 62 : « For Savigny, most

renonciation à la prévisibilité des solutions que prétendait assurer la méthode bealienne; mais la prévisibilité des solutions n'était de toute manière plus considérée comme une vertu primaire.

68. L'*American Law Institute* publia en 1971 un second *Restatement* du droit des conflits de lois qui tira des conclusions prudentes de la révolution accomplie. Il ne fait pas de la recherche de la promotion de l'intérêt des Etats à la réalisation de leur politique le seul élément pertinent du mécanisme de détermination de la loi applicable, et ne renonce pas complètement à la vertu de la prévisibilité des solutions, mais les intègre dans un mécanisme multifactoriel qu'il formule ainsi à titre de principe général :

> « the factors relevant to the choice of the applicable rule of law include
>
> *(a)* the needs of the interstate and international systems,
> *(b)* the relevant policies of the forum,
> *(c)* the relevant policies of other interested states and the relative interests of those states in the determination of the particular issue,
> *(d)* the protection of justified expectations,
> *(e)* the basic policies underlying the particular field of law,
> *(f)* certainty, predictability and uniformity of result, and
> *(g)* ease in the determination and application of the law to be applied » [232].

2) *Le droit positif: coexistence de l'*interest analysis *et d'autres méthodes*

i) *Variations géographiques*

69. Le droit international privé des Etats-Unis n'est pas unifié, ni devant les juridictions des Etats fédérés (Etats qui ont chacun leur propre système de droit international privé), ni devant les juridictions fédérales (qui sont censées statuer par application des règles de conflit

---

private law is apolitical; for Currie, all law must be understood as political. And whereas Savigny has no solution to offer to political private law, Currie deals with nothing else. »

232. *Restatement of the Law of Conflict of Laws*, Saint-Paul, American Law Institute Publishers, 1971, section 6, paragraphe 2. Sur le *Restatement*, voir par son rapporteur principal, W. Reese, « Discussion of Major Areas of Choice of Law », *Recueil des cours*, tome 111 (1964), p. 311 ss et « General Course on Private International Law », *Recueil des cours*, tome 150 (1976), p. 1 ss.

de l'Etat dans lequel elles sont établies [233]), et l'attitude des différents Etats par rapport aux nouvelles méthodes de solution des conflits de lois varie [234].

Dans les deux domaines les plus profondément affectés par la «révolution», les contrats et les délits, treize Etats sur cinquante continuent en fait d'adhérer aux méthodes traditionnelles, celles définies par Beale et par le premier *Restatement* [235]. Il s'agit souvent d'Etats du Sud des Etats-Unis (mais non du plus important d'entre eux, le Texas qui adhère aux méthodes modernes telles qu'elles sont proposées par le second *Restatement*; en ce qui concerne la Floride, elle s'est ralliée au second *Restatement* pour les délits, tout en maintenant la règle classique du rattachement des contrats au lieu de leur conclusion). Ces Etats le font en pleine connaissance de cause et sans aucune mauvaise conscience; les arrêts qui refusent de changer de méthode font valoir que les méthodes anciennes sont certes plus mécaniques, mais aussi plus prévisibles et qu'il convient de préférer la prévisibilité dans la détermination de la loi applicable [236]. Un arrêt de la Cour suprême de l'Etat de Géorgie de 2005 énonce ainsi que le maintien de la règle traditionnelle de la *lex loci delicti* est préférable à l'application de la règle du second *Restatement*; cette dernière introduirait trop d'incertitudes et trop de complications dans la détermination du droit applicable. Il n'est pas vrai, selon la Cour, que «la solution d'un conflit

233. *Klaxon Co. c. Stentor Electric Manufacturing Co.*, 313 U. S. 487 (1941).

234. La variété des solutions est documentée chaque année par Symeon Symeonides dans une chronique à l'*American Journal of Comparative Law*, publiée depuis plus d'une vingtaine d'années sous le nom «Choice of Law in the American Courts» et qui reprend les solutions de l'année écoulée, déduites de la lecture de milliers de décisions judiciaires. Les principales descriptions du droit américain publiées par S. Symeonides sous forme de livres sont *The American Choice-of-Law Revolution*: *Past, Present and Future* (*op. cit.*, *supra* note 229), issu d'un cours à l'Académie de droit international (*Recueil des cours*, tome 298 (2002)), et *Choice of Law*, New York, Oxford University Press, 2016.

235. Voir aussi W. Richman et D. Riley, «The First Restatement of Conflicts of Laws on the Twenty-Fifth Anniversary of its Successor: Contemporary Practice in Traditional Courts», *Md. L. Rev.*, volume 56 (1997), p. 1196 ss.

236. *Sturiano c. Brooks*, 523 So.2d 1126 (Fla. 1988), spéc. p. 1129-1130:

> «The very reason Sturiano gives as support for discarding *lex loci contractus*, namely that we live in a migratory, transitory society, provides support for upholding that doctrine. Parties have a right to know what the agreement they have executed provides.»

Erie Insurance Exchange c. Heffernan, 925 A.2d 636 (Md. 2007), spéc. p. 651:

> «We see no reason to discontinue our adherence to the principles of *lex loci delicti*. Our application of the principles of *lex loci delicti* in this case leads to a consistent, predictable approach.»

de lois dans un contentieux complexe doit faire appel à une technique de la même complexité» [237].

Ensuite, et même pour les Etats (majoritaires) qui ont adopté de nouvelles règles de conflit et qui acceptent de prendre en considération les politiques poursuivies par les différentes lois en présence, il n'y a pas d'uniformité méthodologique. Quelques rares Etats suivent la doctrine de Currie dans sa forme pure, lex foriste. D'autres (notamment la Californie) suivent l'*interest analysis* modérée par la doctrine du *comparative impairment*. La plupart suivent l'analyse multifactorielle du second *Restatement*, ou une autre approche moderne combinant plusieurs facteurs. Parfois, cette approche recherche ouvertement la «meilleure règle de droit» parmi les droits en conflit *(better law approach)*; mais cette méthode de choix direct entre les règles de droit matériel est nettement minoritaire et s'éloigne de toute manière d'une analyse basée sur l'analyse des intérêts étatiques [238].

ii) *Traits communs des méthodes s'inspirant de l'*interest analysis

70. Dans tous les Etats où s'applique l'une des variantes de la méthode de l'analyse des intérêts, les conflits de lois sont résolus conformément à des directives communes. La détermination du droit applicable ne se fait plus sur la base d'un seul contact territorial comme elle se faisait du temps où les règles de conflit traditionnelles étaient en vigueur, et les grandes catégories de rattachement caractéristiques de la méthode bilatéraliste n'existent plus. La recherche de la loi applicable se fait au contraire question par question *(issue by issue)*, si bien que le «dépeçage» fait partie intégrante de la méthode; un exemple particulièrement important, en matière de responsabilité civile, est la distinction presque systématique (mais difficile à opérer dans des cas marginaux) entre les règles applicables au comportement du prétendu responsable et à sa sanction *(conduct-regulating rules)* et les règles relatives à l'allocation des pertes entre le demandeur et le défendeur, la victime et le responsable *(loss-allocating rules)*. La détermination de la loi applicable se fait par référence au contenu matériel des différentes lois potentiellement applicables et en fonction des politiques juridiques particulières que les Etats dont elles sont issues cherchent à mettre

237. *Dowis c. Mud Slingers, Inc.*, 621 S.E.2d 413 (Ga. 2005), spéc. p. 416.

238. Voir M. Reimann, «Better Law Approach», dans J. Basedow *et al.* (dir. publ.), *Encyclopedia of Private International Law*, Cheltenham, Edward Elgar, 2017, volume I, p. 179 ss.

en œuvre dans chaque cas. La méthode se rattache par conséquent au fonctionnalisme [239].

Sur le plan méthodologique, la méthode est de nature unilatéraliste [240], mais selon la manière fonctionnaliste, qui va au-delà de l'unilatéralisme classique [241]. Dans le cadre de ce système, les grandes techniques du droit international privé classique perdent leur importance : la qualification, puisqu'il n'y a plus de grandes catégories de rattachement ; le renvoi, remplacé par la prise en compte directe de l'intérêt de l'Etat étranger à l'application de sa règle ; l'ordre public, puisque la désignation comme loi applicable d'une loi étrangère contraire à l'ordre public n'est même pas concevable, l'intérêt de l'Etat étranger à l'application de sa loi étant dans ce cas réputé illégitime. Comme on le voit, là où elle s'applique, la méthode de l'analyse des intérêts représente une rupture complète avec les méthodes classiques.

71. Des idées similaires d'abandon des rattachements de nature territoriale ont parfois été formulées à propos de la compétence internationale des tribunaux, qui devrait pouvoir être affirmée sur la base de l'intérêt de l'Etat du for à connaître d'un litige pour mettre en œuvre sa politique sociale [242]. Cependant, il semble y avoir un consensus sur le fait que cette extension de la méthode de l'analyse des intérêts n'est pas vraiment compatible avec la jurisprudence de la Cour suprême des Etats-Unis qui impose, pour des raisons constitutionnelles (droit au *due process*), une limitation territoriale de la compétence des tribunaux [243] – limitation territoriale qu'elle n'impose pas, ou plus [244], en matière de conflit de lois.

---

239. Cf. R. Weintraub, « Functional Developments in Choice of Law for Contracts », *Recueil des cours*, tome 187 (1984), p. 239 ss.

240. S. Symeonides, « Accommodative Unilateralism as a Starting Premise in Choice of Law », *Liber Amicorum Peter Hay*, Francfort, Verlag Recht und Wirtschaft, 2005, p. 417 ss.

241. *Supra* n° 20.

242. En particulier dans la jurisprudence d'un juge fédéral, Jack Weinstein, dont l'activisme a été diversement apprécié (cf. les articles publiés dans la « Special Issue Dedicated to Judge Jack B. Weinstein », *Colum. L. Rev.*, volume 97 (1997), p. 1947 ss) : voir, à propos d'actions de groupe contre l'industrie pharmaceutique, *In re DES Cases*, 789 F.Supp. 552 (E.D.N.Y. 1992), spéc. p. 587 (se prononçant en faveur d'« an interest nexus inquiry but not a territorial nexus inquiry ») ; ou contre l'industrie du tabac, *Simon c. Philip Morris, Inc.*, 86 F.Supp.2d 95 (E.D.N.Y. 2000), spéc. p. 133-134.

243. Voir ainsi *Daimler A.G. c. Bauman*, 571 U.S. 117 (2014), réformant *Bauman c. DaimlerChrysler Corp.*, 644 F.3d 909 (9th Cir. 2011), qui avait appliqué des idées se rattachant à la transposition de l'analyse des intérêts à la compétence juridictionnelle, à propos d'une action collective de victimes d'actes de torture en Argentine contre un constructeur automobile allemand.

244. Cf. *infra* nos 224 ss.

iii) *Champ d'application matériel de ces méthodes*

72. Lorsqu'un Etat adhère à l'une des variantes de l'analyse des intérêts, le champ d'application matériel des nouvelles règles de conflit n'est pas pour autant nécessairement illimité. Certes, théoriquement, la méthode de l'*interest analysis* est d'application générale : cette affirmation peut être lue dans la jurisprudence new-yorkaise [245], et le second *Restatement* (pour les Etats qui en suivent l'enseignement) est également basé sur cette idée. Il n'en reste pas moins qu'en pratique, l'analyse des intérêts s'applique essentiellement dans deux domaines, les deux domaines qui étaient le principal objet de la « révolution des conflits de lois » : les contrats et la responsabilité délictuelle. D'autres domaines du droit, et notamment le droit de la famille, restent régis par des règles de conflit traditionnelles, qui ne font pas appel à une analyse des intérêts au cas par cas [246].

c) *L'« analyse des intérêts » en pratique : trois cas concrets*

1) Babcock c. Jackson [247]

73. L'arrêt rendu par la juridiction suprême de l'Etat de New York, la *Court of Appeals*, dans l'affaire *Babcock c. Jackson* a été le premier arrêt à abandonner, au profit d'une méthode basée sur l'analyse des intérêts, le rattachement traditionnel à la *lex loci delicti* en matière de responsabilité extracontractuelle. A la base de l'affaire se trouvait un accident de la circulation, lors duquel Mlle Babcock fut sérieusement blessée à bord de l'automobile de ses amis, M. et Mme Jackson, après que M. Jackson, conducteur, eut perdu le contrôle de sa voiture. La victime comme le défendeur à l'action en responsabilité civile étaient des résidents de l'Etat de New York ; l'accident, quant à lui, s'était

245. *Istim, Inc. c. Chemical Bank*, 575 N.E.2d 1042 (N.Y. 1991) (analyse des intérêts appliquée en matière de droit de gage) ; *Bakalar c. Vavra*, 619 F.3d 136 (2nd Cir. 2010, spéc. p. 143) : « the interest analysis, which generally applies in all choice-of-law contexts », en l'occurrence à la question de l'acquisition de la propriété de biens volés.

246. Tel est le cas notamment en matière du mariage (traditionnellement régi aux Etats-Unis par la loi du lieu de célébration, même pour ce qui est des conditions de fond). Un arrêt d'une Cour d'appel intermédiaire de l'Etat de New York (*In re Farraj*, 900 N.Y.S.2d 340 (N.Y. App. Div. 2d Dept. 2010)), qui avait prétendu se livrer à ce propos à une analyse des intérêts conformément à une proposition formulée par le second *Restatement*, n'a pas été suivi par la jurisprudence ultérieure, qui a, pour le moment, préféré maintenir la règle traditionnelle : *Ponorovskaya c. Stecklow*, 987 N.Y.S.2d 543 (N.Y. Sup. Ct. 2014).

247. 191 N.E.2d 279 (N.Y. 1963). L'arrêt a également été publié, en traduction française, à la *Rev. crit.*, 1964, p. 284 ss, note Castel.

produit à l'occasion d'une excursion de fin de semaine en Ontario au Canada.

Si la règle de conflit traditionnelle avait continué à s'appliquer, la détermination de la loi applicable aurait été simple : ce serait le droit de l'Ontario qui aurait été applicable au titre du rattachement strictement territorial du premier *Restatement*. Ceci aurait impliqué l'application d'une règle particulière de la législation de l'Ontario, une immunité au profit du transporteur bénévole d'un passager blessé lors du transport, immunité qui bénéficiait indirectement à la compagnie d'assurances du véhicule ; cette règle avait été adoptée par le Parlement ontarien à la demande des compagnies d'assurances de l'Ontario mettant en avant le risque de fraudes par collusion lors d'accidents subis dans le transport bénévole de passagers. Le droit de l'Etat de New York ne contenait pas l'équivalent de cette législation, que le Parlement new-yorkais avait toujours refusé d'introduire ; en cas d'application du droit de New York par conséquent, M. Jackson était responsable à l'égard de Mlle Babcock, et sa compagnie d'assurances new-yorkaise devait assumer la charge de l'indemnisation.

L'arrêt décide de ne plus suivre la jurisprudence traditionnelle basée sur la théorie des *vested rights* ; cette théorie, explique l'arrêt, est discréditée parce qu'elle ne tient pas compte des politiques sous-jacentes, et « ignore l'intérêt que des Etats autres que ceux du lieu du délit peuvent avoir dans la solution de certains points particuliers à résoudre ».

Il n'y a pas de raison d'appliquer nécessairement la même loi à tous les aspects d'un litige. S'il s'était agi d'apprécier le respect par le conducteur de la réglementation de la circulation, l'Etat dans lequel l'acte que l'on prétend fautif s'est produit aura « normalement un intérêt prédominant, voire un intérêt exclusif » à l'application de ses propres lois. Mais ici, il s'agit d'autre chose : les conséquences de la faute de M. Jackson en termes de réparation due à Mlle Babcock. A cet égard, l'intérêt de l'Etat de New York est manifestement plus important et plus direct que l'intérêt de l'Ontario, qui est au mieux un intérêt marginal. En effet, la politique législative de l'Etat de New York s'est clairement manifestée à travers trois votes du Parlement new-yorkais qui a refusé d'introduire une règle d'immunité, similaire à celle de l'Ontario, dans le droit de New York, et

> « our courts have neither reason nor warrant for departing from that policy simply because the accident, solely affecting New York

residents and arising out of the operation of a New York based automobile, happened beyond its borders. *Per contra*, Ontario has no conceivable interest in denying a remedy to a New York guest against his New York host for injuries suffered in Ontario by reason of conduct which was tortious under Ontario law» [248].

Car la législation de l'Ontario, promue par le secteur des assurances de cet Etat, ne cherchait « manifestement » qu'à empêcher les réclamations frauduleuses impliquant des défendeurs résidant en Ontario et leurs assureurs, et non des résidents de New York qui seront quant à eux assurés auprès de compagnies new-yorkaises ; ce type de fraude n'est « pas une préoccupation législative valable de l'Ontario » en raison du seul fait que l'accident s'est produit sur le territoire de cet Etat. Aux termes d'une analyse des intérêts en cause, l'application du droit de l'Etat de New York s'impose.

Même si l'arrêt ne se sert pas expressément de cette terminologie, il fait appel à l'idée de « faux conflit de lois » : le contenu des deux droits, le droit de New York et celui de l'Ontario, est certes différent, mais seul New York a un intérêt réel à l'application de son propre droit, qui protège les victimes new-yorkaises d'accidents au détriment des intérêts des compagnies d'assurance new-yorkaises, que le droit de l'Ontario quant à lui n'a pas pour objet de protéger. De cette manière, le choix législatif de New York, seul Etat intéressé, est respecté.

2) Bernhard c. Harrah's Club [249]

74. C'est le premier arrêt de la Cour suprême de Californie à montrer l'application de la méthode des intérêts étatiques lors de la solution des « vrais conflits de lois » mettant en cause les lois à contenus différents de deux Etats dont chacun a un intérêt à l'application de sa propre loi.

M. Bernhard était un motocycliste, résident californien, victime d'un accident de la circulation qui s'était produit en Californie suite à sa collision, aux petites heures du matin, avec une voiture conduite par des conducteurs californiens en état d'ivresse. L'ébriété des conducteurs était due à une consommation immodérée d'alcool dans le Harrah's Club, un casino opéré au Nevada, Etat voisin de la Californie. M. Bernhard assigne le Harrah's Club, si bien qu'une question se pose : est-ce qu'il convient de juger la responsabilité du

248. P. 750.
249. 546 P.2d 719 (Cal. 1976).

Harrah's Club conformément à la loi du Nevada (loi du lieu où a été commise la faute des employés du club, qui ont laissé s'enivrer les responsables immédiats de l'accident) ou au regard de la loi de la Californie (Etat où réside la victime et où elle a été blessée)?

Voici le raisonnement de la Cour. Il s'agit d'abord de déterminer le contenu des deux lois en conflit, et la politique poursuivie par ces lois. En Californie comme au Nevada, ces lois ne sont pas des normes législatives mais des normes jurisprudentielles, ce qui n'empêche pas la Cour de déterminer leur but. Quant au Nevada, sa politique est d'imposer une responsabilité pénale (une loi pénale du Nevada interdit en effet aux cabaretiers de continuer à servir des boissons alcooliques à des clients déjà enivrés), mais ses tribunaux ont refusé d'imposer une responsabilité civile pour les mêmes faits. Officiellement, pour les tribunaux du Nevada, la décision de modifier cette règle devrait être laissée à l'appréciation du législateur, qui serait mieux à même d'apprécier les conséquences économiques du changement. Or le législateur du Nevada n'est pas intervenu. En ce qui concerne la Californie en revanche, la jurisprudence impose, depuis un revirement opéré en l'absence de modification législative, la responsabilité civile des établissements servant des boissons alcooliques pour le dommage causé par un client en état d'ébriété.

Il est évident, pour la Cour suprême de Californie, que ces deux intérêts étatiques se contredisent et sont en conflit: la Californie cherche à protéger ses résidents qui seraient susceptibles de devenir victimes d'accidents causés par des personnes auxquelles on a permis de continuer à boire, même dans un Etat voisin; le Nevada, quant à lui, cherche à protéger ses casinos en refusant de leur imposer une responsabilité civile. Appliquant le principe du *comparative impairment*, la Cour recherche quelle serait concrètement la loi (celle de la Californie ou celle du Nevada) dont les buts seraient le plus sévèrement compromis si cette loi n'était pas appliquée dans la présente espèce. L'élément déterminant pour la Cour réside dans le fait que le Harrah's Club s'était livré à de la *publicité en Californie* pour attirer des résidents californiens dans son établissement au Nevada. Dès lors, le club s'était mis volontairement au cœur même de l'«intérêt régulatoire» *(regulatory interest)* de la Californie, à savoir d'empêcher les cabaretiers de servir des boissons alcooliques à des personnes déjà sous l'influence d'alcool, lorsque ces personnes sont susceptibles de causer des accidents en Californie. Si la Californie était empêchée d'appliquer sa loi au comportement adopté en l'espèce par le Harrah's Club, la loi perdrait son effectivité.

En revanche, l'atteinte aux « intérêts régulatoires » du Nevada est une atteinte de moindre gravité. La Cour note que le Nevada, tout en n'imposant pas de responsabilité civile à ses casinos, prévoit néanmoins des amendes pénales. Et sur le plan de la responsabilité civile, les casinos qui sont exploités au Nevada se trouvent certes soumis, du fait de l'« intérêt régulatoire » poursuivi par la loi californienne, à l'obligation de respecter dans une certaine mesure le droit de la Californie. Mais ceci n'est qu'un risque d'ordre économique qui, au moins pour des entreprises qui cherchent activement à acquérir des clients californiens, est un risque prévisible et susceptible d'être couvert par une police d'assurance. Enfin, l'intérêt éventuel du Nevada de laisser opérer ses casinos sans leur imposer une responsabilité de ce type n'est touché que de manière « peu significative », dès lors que seuls les résidents californiens bénéficient de l'application extraterritoriale de la norme californienne. Après tout, le Nevada reste entièrement libre de ne pas protéger ses propres résidents.

3) Bakalar c. Vavra [250]

75. Cette affaire n'a, quant à elle, pas trait au droit de la responsabilité civile mais au droit des biens. Il s'agit de statuer sur la propriété d'un dessin d'Egon Schiele (« Femme assise à la jambe gauche repliée (torse) ») qui avait été confisqué en 1938 par les nazis lors de l'*Anschluss* de l'Autriche, et dont la propriété était revendiquée, soixante-dix ans plus tard, par les héritiers d'un artiste de cabaret autrichien qui avait été persécuté comme juif. Entre-temps, en 1956, le dessin avait été acquis par une galerie d'art suisse qui avait agi dans l'ignorance de la confiscation en Autriche. La galerie d'art le revendit, la même année, à une autre galerie d'art new-yorkaise. Là, le tableau fut acquis en 1963 par un résident du Massachusetts, M. Bakalar, pour 4 300 dollars. Le litige éclata au moment où M. Bakalar s'apprêtait à vendre le tableau aux enchères à New York (suite aux revendications des héritiers, la dernière enchère, qui avait atteint 675 000 dollars, fut retirée en attendant que la validité du titre de propriété de M. Bakalar sur le dessin ait été clarifiée).

La Cour d'appel fédérale constate ceci : conformément à la méthode de l'analyse des intérêts, d'application générale dans le droit des conflits de lois de New York, la méthode de détermination de la loi applicable

250. 619 F.3d 136 (2nd Cir. 2010).

passe par la recherche préalable du contenu des lois potentiellement applicables. En l'occurrence, le droit suisse admet que l'acquisition de bonne foi d'un objet mobilier (comme celle qui avait été faite par la galerie d'art suisse) emporte le transfert d'un titre de propriété pleinement valable à l'acquéreur. En droit new-yorkais en revanche, cette règle n'existe pas : les juridictions new-yorkaises estiment qu'un voleur ne peut jamais transférer un titre valable de propriété sur un bien mobilier volé, même au profit d'un acquéreur de bonne foi qui paye le prix de l'objet. Cette règle jurisprudentielle du droit new-yorkais répond à une politique normative précise : la volonté d'éviter absolument que New York devienne une « place » pour la vente et l'achat d'objets volés, et plus particulièrement d'objets d'art volés.

L'application de la règle de conflit classique (rattachement des modes d'acquisition de la propriété à la *lex rei sitae*) aurait signifié que l'acquisition, de bonne foi, par la galerie d'art suisse en 1956 devrait être appréciée conformément au droit suisse au titre de la loi du lieu du transfert de propriété. Mais cette règle de conflit n'est plus celle du droit new-yorkais actuel. Par application de la méthode de l'*interest analysis*, il s'agit de voir quelle est la règle, soit new-yorkaise, soit suisse, qui correspond aux intérêts étatiques les plus forts. Dans ce cas concret, c'est la règle new-yorkaise qui s'imposera, puisque l'application du droit de New York n'aurait *en l'espèce* aucun effet défavorable sur la galerie d'art suisse (qui n'était pas en cause), et donc sur les intérêts que la règle suisse avait pour objet légitime de protéger. La personne qui devait rendre le tableau est un Américain, M. Bakalar. Aucun citoyen suisse ne serait concerné par l'affaire. Certes, la possibilité d'une remise en cause à New York de la propriété d'une œuvre d'art acquise en Suisse est théoriquement susceptible d'affecter l'exportabilité des œuvres par des marchands d'art suisses, mais il s'agit là d'un intérêt trop indirect de la Suisse pour l'emporter sur le souci d'éviter que New York devienne une place pour la revente d'objets d'art volés [251]. Le droit new-yorkais s'applique.

d) *Appréciations divergentes de l'analyse des intérêts*

76. La question fondamentale à laquelle donne lieu la méthode de l'analyse des intérêts est évidemment celle de savoir s'il existe

251. L'arrêt prend également en considération les intérêts de politique juridique de l'Autriche, Etat où le dessin avait été volé. Selon la Cour d'appel, la politique juridique autrichienne, telle qu'elle se reflète dans une loi sur les conséquences des spoliations nazies, concorde avec la politique new-yorkaise.

réellement un intérêt étatique – c'est-à-dire une politique normative discernable –, sous-jacent non seulement à chacune des règles de droit privé, mais encore à leur champ d'application individuel dans l'espace. Prenons les affaires *Babcock c. Jackson*, *Bernhard c. Harrah's Club* et *Bakalar c. Vavra* précédemment présentées. La majorité des juristes (et assurément l'intégralité des juristes américains) accepteraient aujourd'hui, après la fin de l'époque du conceptualisme pur en droit privé, qu'une véritable politique législative ou jurisprudentielle soustend chacune des règles de droit *matériel* qui étaient en cause dans ces affaires, une faveur soit aux compagnies d'assurances cibles potentielles de manœuvres frauduleuses (ou aux casinos cibles potentielles d'actions en responsabilité), soit aux victimes d'accidents de la circulation, soit aux véritables propriétaires d'œuvres d'art volées, soit aux possesseurs de bonne foi de ces œuvres. Mais est-ce que les tribunaux américains ont eu raison de considérer qu'il existait également une politique normative discernable qui faisait que, par exemple, la politique ontarienne de lutte contre la fraude à l'assurance ne valait que pour les compagnies de l'Ontario? Est-ce que le fait que la législation ontarienne ait été promue au Parlement de l'Ontario par des compagnies d'assurance de cette province en est une preuve? C'est la recherche téléologique du champ d'application international des normes de droit matériel qui est problématique.

Certains en contestent l'utilité: les critiques américains de la méthode parlent d'une «construction très peu plausible» [252] ou d'un «mythe» [253], et pour un auteur européen il s'agit carrément d'une idée «puérile» [254]. Les auteurs américains favorables à la méthode de l'analyse des intérêts soulignent au contraire non seulement la réalité des politiques législatives ou jurisprudentielles poursuivies dans les affaires de pur droit privé, mais aussi et surtout la possibilité de localiser les situations auxquelles elles ont pour but de s'appliquer [255]. Cette discussion n'est, à la vérité, pas propre à la méthode particulière

252. F. Juenger, *Choice of Law and Multistate Justice*, Dordrecht, Martinus Nijhoff, 1993, p. 135 («a highly implausible construct»); du même auteur, «Conflict of Laws: A Critique of Interest Analysis», *Am. J. Comp. L.*, volume 32 (1984), p. 1 ss.

253. L. Brilmayer, «Interest Analysis and the Myth of Legislative Intent», *Mich. L. Rev.*, volume 78 (1980), p. 392 ss.

254. P. Mayer, «Le mouvement des idées dans le droit des conflits de lois», *Droits*, 2 (1985), p. 129 ss, spéc. p. 141.

255. S. Symeonides, *The American Choice-of-Law Revolution*, *op. cit.*, *supra* note 229, p. 370-373, avec des exemples concrets (dont l'exemple – effectivement assez convaincant – de l'intérêt du Nevada dans la prospérité de son industrie des casinos, cf. l'affaire *Bernhard c. Harrah's Club*).

américaine ; les théories favorables à d'autres formes d'unilatéralisme reposent elles aussi sur l'idée qu'étant donné que toute règle juridique « résulte d'expériences déterminées », « elle renferme au moins implicitement ses propres limites d'efficacité » et comporte l'indication de ses destinataires, contrairement aux théories bilatéralistes pour lesquelles le champ d'application a priori illimité des normes de droit matériel est essentiel [256]. Mais à la différence de ces théories lorsqu'elles sont proférées par des auteurs européens favorables à l'unilatéralisme intégral, la méthode de l'analyse des intérêts appartient aux Etats-Unis au droit positif ; on admettra qu'il serait plus grave qu'elle reposât sur une erreur fondamentale...

77. Autre critique, plus nettement politique : la complexité de la méthode [257] et l'imprévisibilité des solutions, favorisant l'introduction de demandes en justice (puisqu'il est difficile de dire d'avance que leur introduction n'a aucune chance d'aboutir à l'application d'une loi favorable, et que la flexibilité de la méthode favorise le lex forisme) et le « parti pris en faveur des demandeurs » qui en serait le résultat [258]. Cette critique peut correspondre à des constats empiriques, mais elle ne prouve pas par elle-même qu'il aurait été préférable de maintenir, aux Etats-Unis, la règle de conflit traditionnelle d'applicabilité de la *lex loci delicti*. En définitive, l'adoption d'une méthode donnée en droit international privé est moins une question de vérité que d'opportunité. Par ailleurs, comme le font valoir les partisans des nouvelles méthodes américaines, le reproche d'imprévisibilité des solutions doit être atténué au regard de la jurisprudence qui tend à développer des solutions assez prévisibles aux types de conflits de lois les plus

---

256. Cf. P. Gothot, « Le renouveau de la tendance unilatéraliste en droit international privé », *Rev. crit.*, 1971, spéc. p. 19, citant Quadri et Pilenko du côté unilatéraliste et Ago et Batiffol du côté bilatéraliste.

257. Pour laisser la parole à un juge américain :

> « This appeal presents a classic example of the wilderness in which courts sometimes find themselves when searching for solutions to problems arising under the judicial nightmare known as Conflict of Laws. »

Introduction à l'arrêt *Forsyth c. Cessna Aircraft Co.*, 520 F.2d 608 (9th Cir. 1975).

258. L. Brilmayer, art. cit. *supra* note 253, p. 398 (« implicit in this calculus of interests are three discernible biases : pro-resident, pro-forum-law and pro-recovery »). Ou alors *Kaczmarek c. Allied Chemical Corp.*, 836 F.2d 1055 (7th Cir. 1987), spéc. p. 1057, un arrêt rédigé par le juge Posner qui, en tant que théoricien du mouvement « law and economics », n'a naturellement que peu de sympathie par une méthode qui sacrifie l'efficience au profit de la promotion de politiques législatives, toujours jugées suspectes (cf. la remarque très « public choice » aux p. 1058-1059 de l'arrêt *Kaczmarek*).

fréquents[259]; et l'application de l'analyse des intérêts peut se faire de manière modérée, susceptible d'aboutir à la non-application de la loi du for et à la non-protection de résidents du for. La méthode ne doit pas fonctionner nécessairement comme une méthode «protectionniste»[260].

78. En somme, l'analyse des intérêts est une version radicale, car généralisée à l'ensemble du droit privé, d'une méthode fondée sur la promotion de l'intérêt des Etats à la poursuite de leurs objectifs de politique législative (ou jurisprudentielle). On peut ne pas être d'accord avec l'approche américaine. Mais il serait déraisonnable de vouloir reprocher aux Américains d'être trop américains et insuffisamment européens[261].

2. Circonscrire le rôle des intérêts étatiques : la méthode des lois de police

79. La réponse du droit international privé américain à la question de l'intérêt de l'Etat à la mise en œuvre de ses politiques législatives en droit privé – en affirmer la réalité, identifier les intérêts étatiques qui sont censés motiver l'adoption de chaque règle, localiser les destinataires implicitement visés par la règle et faire de la prise en compte de ces intérêts le principe même du système de conflit de lois – n'a pas été celle des autres pays. L'enthousiasme à l'égard d'une approche fonctionnelle du conflit de lois n'est pas le même partout ; il existe des cultures juridiques qui restent plus attachées que la culture juridique américaine au mode de raisonnement que les Américains disent formaliste. Celles-là ne reprendront pas la méthode généralisée de l'analyse des intérêts.

---

259. Voir Symeonides, *The American Choice of Law Revolution*, *op. cit.*, p. 123 ss, selon lequel la distinction entre *conduct regulation* et *loss allocation* dans les conflits de lois en matière de responsabilité délictuelle, contribution fondamentale du droit américain au droit des conflits de lois (p. 139), est de nature à résoudre la plupart des problèmes de prévisibilité.

260. Symeonides, p. 72-75, avec des citations jurisprudentielles.

261. Comme le fait, en substance, G. Kegel, «The Crisis of Conflict of Laws», *Recueil des cours*, tome 112 (1964), p. 91 ss, spéc. p. 180 ss, et de manière caricaturale dans son article « Vaterhaus und Traumhaus : Herkömmliches internationales Privatrecht und Hauptthesen der amerikanischen Reformer», dans *Festschrift für Günther Beitzke*, Berlin, Walter de Gruyter, 1979, p. 551 ss – Mais cf. R. Weintraub, « Interest Analysis in the Conflict of Laws as an Application of Sound Legal Reasoning», article cité *supra* note 220, p. 643 :

> «interest analysis, properly understood and applied, is not a wild scheme of unlettered primitives persisting in error because they do not know what their betters have thought and said».

Et pourtant, dans les systèmes de droit international privé qui restent fidèles en principe à la méthode classique tout en acceptant de la moderniser, il existe une dérogation à la neutralité de la règle de conflit à l'égard des intérêts étatiques à travers la reconnaissance de la notion de loi de police. Celle-ci est une notion fonctionnaliste, qui ressemble (ponctuellement) aux règles investies d'intérêts étatiques qui peuplent le droit international privé américain [262]; mais à la différence du droit américain, son rôle est circonscrit. En Europe (et ailleurs), ce recours à l'idée d'intérêts étatiques est considéré comme exceptionnel, mais en même temps comme indispensable au bon fonctionnement des systèmes de droit international privé [263]. Ceux-ci doivent composer avec l'intérêt qu'un Etat peut avoir à la mise en œuvre de ses politiques législatives, si du moins il se manifeste avec l'intensité qui correspond à la notion de loi de police.

a) *L'invention des lois de police*

80. Les lois de police elles-mêmes ne sont pas une création, mais une découverte de la science juridique du droit international privé: elles sont une réalité dont la doctrine a constaté l'existence et qu'elle a progressivement cherché à intégrer dans un système rationnel. Dans l'œuvre de Savigny, elles apparaissent marginalement, comme une sous-classe des lois «d'une nature positive rigoureusement obligatoire», celles qui «sont dictées par un motif d'intérêt général *(publica utilitas)*, soit qu'elles revêtent un caractère politique, de police ou d'économie politique» [264]. Et en 1804, le Code civil français avait

262. B. Audit, «Le caractère fonctionnel de la règle de conflit (Sur la crise des conflits de lois)», *Recueil des cours*, tome 186 (1984), spéc. p. 252-255; T. Guedj, «The Theory of the *Lois de Police*, A Functional Trend in Continental Private International Law – A Comparative Analysis with Modern American Theories», *Am. J. Comp. L.*, volume 39 (1991), p. 661 ss.

263. Y compris dans des codifications européennes et extra-européennes (pour ces dernières, cf. par exemple Y. Gan, «Mandatory Rules in Private International Law in the Peoples' Republic of China», *Yearbook PIL*, volume 14 (2012-2013), p. 305 ss), et dans les conventions de la Conférence de La Haye de droit international privé. – Sur le rôle des intérêts étatiques dans la théorie des lois de police, voir E. Rehbinder, «Zur Politisierung des Internationalen Privatrechts», *JZ*, 1973, p. 151 ss; P. Mayer, «Le mouvement des idées dans le droit des conflits de lois», article cité *supra* note 254, p. 142-143; P. de Vareilles-Sommières, «Lois de police et politique législative», *Rev. crit.*, 2011, p. 207 ss, ainsi que, parmi les contributions à l'ouvrage T. Azzi et O. Boskovic (dir. publ.), *Quel avenir pour la théorie générale des conflits de lois?*, Bruxelles, Bruylant, 2015, les articles de S. Francq, «Unilatéralisme versus bilatéralisme», spéc. p. 56-57 et L. d'Avout, «Les lois de police», p. 90 ss.

264. Passage cité *supra* n° 24.

réservé « les lois de police et de sûreté » qui « obligent tous ceux qui habitent le territoire » [265].

Dès le dix-neuvième siècle par conséquent, il a été reconnu que certaines lois, par lesquelles s'exprimait un intérêt intense de l'Etat à la police d'une matière, devaient pouvoir s'appliquer suivant des critères qui étaient propres à ces lois et indépendants de la loi normalement applicable aux termes de règles de conflit ordinaires. Si des lois de police ont toujours existé, leur véritable essor n'est venu qu'au vingtième siècle. Les lois de police les plus typiques sont celles qui interviennent dans les rapports contractuels [266] dans un but politique caractérisé, relevant de l'organisation de l'économie [267] : organisation collective des rapports du travail par l'Etat, contrôle du commerce extérieur pour des raisons de politique économique ou de politique étrangère, contrôle des changes – toutes ces normes relèvent, au sens le plus général, des effets du dirigisme étatique sur les contrats internationaux. A côté de ces motivations dirigistes, coexistent d'autres motivations, elles aussi d'intérêt général, qui servent de base à d'autres lois de police ; il s'agit de motivations de type ordolibéral : organisation de la concurrence, réglementation des valeurs mobilières [268]. L'applicabilité de ces lois de police ne peut pas dépendre de la loi applicable aux contrats, qui est soit choisie par les parties, soit dépend de règles de rattachement qui peuvent ne pas correspondre à la politique législative qui a motivé l'édiction des lois de police et qui en détermine le champ d'application internationalement impératif.

Une autre catégorie de lois qui défend des intérêts politiques bien déterminés est celle des lois de protection individuelle des parties faibles

265. Article 3, alinéa 1er. Sur l'origine (vraisemblable) de ce texte dans l'œuvre de Bouhier au dix-huitième siècle et sur sa signification à l'époque, voir A. Lainé, « La rédaction du Code civil et le sens de ses dispositions en matière de droit international privé », *Rev. dr. int. pr.*, 1905, p. 21 ss, spéc. p. 52-53 ; comp. du même auteur, *Introduction au droit international privé*, tome II, Paris, Cotillon, 1892, p. 65 et ss ; et R. Vander Elst, *Les lois de police et de sûreté en droit international privé français et belge*, volume I, Paris, Sirey, Bruxelles, Parthenon, 1956, p. 31 ss.

266. Il n'est pas exclu de voir intervenir des lois de police dans des domaines autres que contractuels (voir ainsi la réserve expresse des lois de police du for à l'article 16 du règlement (CE) nº 864/2007, Rome II), mais l'essentiel de la problématique se situe en matière contractuelle.

267. C'est ce que vise l'expression allemande *Wirtschaftskollisionsrecht* : voir J. Basedow, « Wirtschaftskollisionsrecht – Theoretischer Versuch über die ordnungspolitischen Normen des Forumsstaates », *RabelsZ*, 1988, p. 8 ss ; A. Schnyder, *Wirtschaftskollisionsrecht*, Zurich, Schulthess, 1990.

268. Pour la distinction des deux séries de motivation de l'édiction de lois de police, voir B. Audit, « Le droit international privé en quête d'universalité », *Recueil des cours*, tome 305 (2003), p. 267 (inspiration « néolibérale » selon l'auteur).

aux relations contractuelles. Comme pour les deux autres catégories qui viennent d'être mentionnées, il n'est pas considéré comme opportun de faire dépendre leur applicabilité de la loi applicable au contrat, déterminée suivant les règles ordinaires. Il n'y a donc pas de raison – ou du moins pas de raison technique – de les exclure du régime des lois de police, même s'il existe sur ce dernier point une controverse (entre le point de vue de la jurisprudence française ou belge, qui acceptent de classer ces lois parmi les lois de police, et le point de vue contraire de la jurisprudence allemande et autrichienne), sur laquelle nous aurons l'occasion de revenir [269].

Le phénomène des lois de police correspond à une observation universelle : à l'expression « lois de police » correspondent les *« Eingriffsnormen »* de la terminologie allemande, les *« internationally mandatory rules »* de la terminologie anglaise, les *« leyes de policía »* de la terminologie espagnole, les *« norme di applicazione necessaria »* de la terminologie italienne et ainsi de suite.

81. La jurisprudence italienne ayant consacré, en substance, la théorie moderne des lois de police dès les années 1930 [270], ce fut d'abord la doctrine italienne qui utilisa une désignation particulière pour ce type de lois, celle de « lois d'application nécessaire » [271]. Cependant, dans le monde francophone, l'auteur qui est le plus fréquemment associé à l'invention doctrinale des lois de police est Phocion Francescakis, auteur certes d'origine grecque, mais qui publia ses recherches en France où il exerçait ses activités – dont, à la fin des années 1950 et au cours des années 1960, un certain nombre de travaux fondamentaux sur les « lois d'application immédiate » ou lois de police [272].

Ces premiers travaux italiens et français avaient trait à l'identification des lois de police et à leur régime dès lors qu'elles sont des lois de

---

269. Voir dans le chapitre IV, les n°s 118 ss.

270. En particulier Cass., 19 mai 1939, *Foro it.*, 1939, I, col. 1399 ss, spéc. col. 1402, en matière de réglementation territoriale des rapports du travail. L'arrêt souligne « la nécessité morale, politique et économique » de l'homogénéité de l'organisation du travail dans le territoire de l'Etat. Voir *infra* chapitre VI, spéc. n° 169 les indications sur le contexte historique et l'arrière-plan idéologique de cette jurisprudence dans la constitution éphémère d'un Etat corporatiste par l'Italie fasciste.

271. Voir G. Sperduti, « Les lois d'application nécessaire en tant que lois d'ordre public », *Rev. crit.*, 1977, p. 257 ss, spéc. p. 258, où l'auteur revendique la paternité de cette désignation, utilisée dès 1950.

272. Voir notamment *La théorie du renvoi et les conflits de systèmes en droit international privé*, Paris, Sirey, 1958, n° 7 ss ; « Quelques précisions sur les « lois d'application immédiate » et leurs rapports avec les règles de conflits de lois », *Rev. crit.*, 1966, p. 1 ss ; « Y a-t-il du nouveau en matière d'ordre public ? », *Trav. Com. fr.*, 1966-1969, p. 149 ss.

police du for. Les problèmes juridiques particuliers des lois de police étrangères sont très différents : l'applicabilité dérogatoire des lois de police du for peut se justifier par référence au principe de légalité, les tribunaux d'un Etat étant censés obéir aux directives du législateur quant au champ d'application international de normes législatives particulières ; en revanche, et contrairement à une loi de police du for, une loi de police étrangère ne peut pas s'appliquer en raison du seul fait qu'obéissance est due à la volonté du législateur ; son application par dérogation aux règles de conflit ordinaires suppose un degré de coopération internationale qui n'est pas évident [273].

b) *Lois de police et techniques du droit international privé*

82. Les premières mentions des lois de police en doctrine, remontant au dix-neuvième siècle et au début du vingtième, opéraient systématiquement un rapprochement entre les lois de police et l'ordre public d'éviction [274]. C'est que l'ordre public était une technique juridique éprouvée, préexistant à l'analyse doctrinale du phénomène des lois de police. La jurisprudence suivait la doctrine et considérait que les lois de police pouvaient être analysées comme « lois d'ordre public », étant entendu que cet ordre public n'était pas strictement identique à l'ordre public négatif habituel (l'ordre public d'éviction), mais constituait un « ordre public positif » : on retrouve cette analyse à l'époque en jurisprudence allemande [275] ou française [276]. Le rapprochement entre ordre public et lois de police se maintient occasionnellement, par choix doctrinal personnel de certains auteurs [277].

83. L'analyse de Francescakis est différente. Elle souligne les liens entre la technique des lois de police et l'unilatéralisme, technique connue (mais guère pratiquée) du droit international privé clas-

273. Cf. *infra* chapitre VII, n° 202.

274. Cf. les références de doctrine française citées par Ph. Francescakis, *Rép. Dalloz Droit international*, 1968, v° Conflits de lois (principes généraux), n°s 108 ss. Le rapprochement se trouvait déjà chez Savigny (passage cité *supra* n° 24).

275. A partir de RG, 21 mars 1905, *RGZ*, volume 60, p. 296.

276. Cf. les arrêts cités par Francescakis, *v° cit.*, n°s 115 ss.

277. A. Bucher, « L'ordre public et le but social des lois en droit international privé », *Recueil des cours*, tome 239 (1993), p. 39-43 ; du même auteur, « La dimension sociale du droit international privé », *Recueil des cours*, tome 341 (2009), p. 171-188 (« ordre public source de règles de conflit ») ; également pour le maintien du rapprochement entre lois de police et ordre public positif, voir Kegel/Schurig, *Internationales Privatrecht*, 9e édition, Munich, C. H. Beck, 2004, paragraphes 16 I et II ; N. Nord, *Ordre public et lois de police*, thèse Strasbourg, 2003.

sique[278]. Francescakis choisit de mettre l'accent d'abord sur la *fonction* de ces lois en les appelant «lois d'application immédiate»: lois qui doivent s'appliquer devant le juge du for, même lorsqu'un droit étranger est par ailleurs applicable aux termes des règles de conflit ordinaires. Puis, dans des travaux ultérieurs, il a considéré que l'expression «lois de police» convenait également, et qu'après tout, elle avait l'avantage d'être mentionnée à l'article 3 du Code civil[279] – même si, comme le souligne Francescakis, le critère d'application des lois de police n'est pas nécessairement territorial, mais doit dépendre du but poursuivi.

En proposant d'appeler également «lois de police» les lois d'application immédiate, Francescakis entendait mettre l'accent sur la *raison d'être* des lois de police: il s'agit de «lois dont l'observation est nécessaire pour la sauvegarde de l'organisation politique, sociale ou économique du pays»[280].

Cette définition doctrinale a par la suite été adoptée dans la jurisprudence de la Cour de justice des Communautés européennes, lorsque celle-ci a été saisie de la question de savoir si la Belgique pouvait déroger, en insistant sur l'applicabilité de ses «lois de police et de sûreté», à la liberté de prestation de services en Belgique d'une entreprise française qui entendait se conformer au seul droit français. La Cour de justice ne l'a admis que comme exception, justifiée par des «raisons impérieuses d'intérêt général», au droit à la liberté des prestations de service, et à condition de respecter le principe de proportionnalité; mais elle a repris, à cette occasion, la définition de Francescakis:

> «En ce qui concerne la seconde question posée dans chacune des deux affaires concernant la qualification, en droit belge, des dispositions litigieuses de lois de police et de sûreté, il convient d'entendre cette expression comme visant des dispositions nationales dont l'observation a été jugée cruciale pour la sauvegarde de l'organisation politique, sociale ou économique de l'Etat membre concerné, au point d'en imposer le respect à toute personne se trouvant sur le territoire national de cet Etat membre ou à tout rapport juridique localisé dans celui-ci.
>
> L'appartenance de règles nationales à la catégorie des lois de police et de sûreté ne les soustrait pas au respect des dispositions

278. P. Gothot, «Le renouveau de la tendance unilatéraliste en droit international privé», *Rev. crit.*, 1971, spéc. p. 212 ss.

279. Voir les travaux cités *supra* note 272, et le résumé au *Rép. Dalloz Droit international*, *v° cit. supra* note 274, n°s 122 ss.

280. *Rép. Dalloz Droit international*, n° 137.

du traité, sous peine de méconnaître la primauté et l'application uniforme du droit communautaire. Les motifs à la base de telles législations nationales ne peuvent être pris en considération par le droit communautaire qu'au titre des exceptions aux libertés communautaires expressément prévues par le traité et, le cas échéant, au titre des raisons impérieuses d'intérêt général.» [281]

Le législateur européen s'est inspiré de cette jurisprudence qu'il a codifiée, mélangée il est vrai à des idées d'une inspiration peut-être différente, dans la définition légale des lois de police qui figure à l'article 9, paragraphe 1er, du règlement Rome I :

> «Une loi de police est une disposition impérative dont le respect est jugé crucial par un pays pour la sauvegarde de ses intérêts publics, tels que son organisation politique, sociale ou économique, au point d'en exiger l'application à toute situation entrant dans son champ d'application, quelle que soit par ailleurs la loi applicable au contrat d'après le présent règlement.» [282]

Le paragraphe 2 de l'article 9 précise que

> «Les dispositions du présent règlement ne pourront porter atteinte à l'application des lois de police du juge saisi.»

84. A moins que le législateur national ait lui-même désigné une loi donnée comme une loi de police, c'est aux tribunaux qu'il appartient d'identifier ces lois. Ils le feront en cherchant à identifier les lois dont le but économique, politique ou social commande leur application immédiate à une certaine situation quelle que soit la loi désignée par la règle de conflit normale. Ce sera par application de la même idée que le législateur, et à son défaut les tribunaux dans une démarche téléologique, détermineront le champ d'application nécessaire dans l'espace des lois de police. Une loi de police n'est jamais une loi de police dans l'abstrait, mais uniquement à condition qu'il existe un lien

---

281. CJCE 23 novembre 1999, *Arblade*, C-369/96 et C-376/96, ECLI :EU :C :1999 : 575, points 30 et 31 ; voir aussi les arrêts du 15 mars 2001, *Mazzoleni*, C-165/98, ECLI :EU :C :2001 :162 et du 19 juin 2008, *Commission c. Luxembourg*, C-319/06, ECLI :EU :C :2008 :350.

282. L'apport d'autres sources, et plus spécialement de sources allemandes, consiste en l'adjonction de la référence aux «intérêts publics», qui conduit peut-être à une définition restrictive des lois de police : cf. *infra* nos 123 ss.

avec l'Etat dont la politique est en cause. Ce lien variera en fonction de l'intérêt public poursuivi [283].

Une loi de police est dès lors une *norme matérielle*, jointe à une *norme d'applicabilité* qui en définit le champ d'application international immédiat ou nécessaire, dans le but de permettre à une politique législative d'atteindre ses buts.

c) *Les lois de police doivent-elles avoir un critère d'applicabilité défini avec précision?*

85. Le modèle des lois de police est présenté par la doctrine actuellement dominante (en Europe) comme acceptant de prendre en considération les intérêts étatiques dans le règlement des conflits de lois, mais aussi comme le faisant de manière modérée et débarrassée de ce que les Européens présentent souvent comme les exagérations et la partialité américaines. Etant l'expression d'un unilatéralisme partiel à l'européenne, les lois de police devraient normalement avoir un critère d'applicabilité précisément défini, à l'instar des règles de conflit unilatérales qui se trouvent occasionnellement dans des dispositions de codes rédigées selon la tradition de l'unilatéralisme classique [284]. Ceci

283. Quelques exemples, tirés de la jurisprudence française (qui est particulièrement riche en matière de lois de police – typiquement des lois protectrices des parties faibles – découvertes par les tribunaux): C. E. (Ass.), 29 juin 1973, *Syndicat général de la Compagnie des Wagons-Lits*, *Recueil Lebon*, 1973, p. 458; *Rev. crit.*, 1974, p. 344, conclusion Questiaux, article Francescakis p. 273 (obligation de créer un comité d'entreprise pour une société, établie à l'étranger, employant en France plus de cinquante salariés); Soc., 3 mars 1988, n° 86-60507, *Rev. crit.*, 1989, p. 63, note G. Lyon-Caen («les lois relatives à la représentation des salariés et à la défense de leurs droits et intérêts sont des lois de police s'imposant à toutes les entreprises et organismes assimilés qui exercent leur activité en France et qui sont tenus dès lors de mettre en place les institutions qu'elles prévoient à tous les niveaux des secteurs de production situés sur le territoire national»), et la solution similaire de Soc., 14 janvier 2004, n° 02-60119, *Rev. soc.*, 2005, p. 209, note M. Audit; Civ. 1re, 19 octobre 1999, n° 97-17650, *Rev. crit.*, 2000, p. 29, note Lagarde (la législation française sur le crédit de la consommation est «d'application impérative pour le juge français» dès lors que les emprunteurs résident en France); Ch. mixte, 30 novembre 2007, n° 06-14006 et Civ. 3e, 25 février 2009, n° 07-20096, *Rev. crit.*, 2009, p. 728, note M.-E. Ancel (application en tant que loi de police de la législation française sur la sous-traitance, dès lors qu'il s'agit d'un immeuble construit en France). – *A contrario*, Paris, 21 janvier 1994, *Rev. crit.*, 1995, p. 535, note Lagarde, à propos du critère d'applicabilité de la loi française du 2 janvier 1970 en matière d'activité des agents immobiliers, s'agissant d'un immeuble à Monaco dont la vente avait été négociée par un agent immobilier monégasque: «il n'apparaît pas que les intérêts sociaux en cause sont tels que les dispositions de la loi française du 2 janvier 1970, loi de police, doivent demeurer applicables, nonobstant les règles de conflit de lois».

284. Exemples: les règles de conflit unilatérales insérées dans la première loi d'introduction au Code civil allemand, de 1896, et aisément bilatéralisées dans la suite par la jurisprudence (RG, 15 février 1906, *RGZ*, volume 62, p. 400); l'article 310

est, théoriquement, dans la logique d'un système de droit international privé attaché à la prévisibilité des solutions : il n'admettra pas que l'application effective d'une loi de police (du for) dépende du facteur d'incertitude qu'est la comparaison par les tribunaux de l'intensité de l'intérêt de l'Etat du for à la mise en œuvre de sa politique législative avec celle des intérêts étatiques étrangers ; en contrepartie, le champ d'application nécessaire ou impératif des lois de police sera défini d'avance et circonscrit.

Ce programme théorique est le plus souvent respecté. Les lois de police les plus typiques procèdent à partir d'une définition, soit par voie législative, soit par voie jurisprudentielle, d'un champ d'application bien limité : on peut savoir d'avance quelles situations relèvent du champ d'application nécessaire des lois de police. Les exemples en sont nombreux [285], et des lois de police (dans ce sens, très européen) existent jusque dans la législation des Etats fédérés américains [286].

86. Les contre-exemples qui existent n'en invitent qu'à un examen plus attentif. C'est principalement le droit de l'Union européenne qui les fournit, et qui vient ainsi contredire la logique de modération et de prévisibilité des lois de police qui correspond théoriquement au modèle européen [287].

Lorsqu'une directive européenne en matière contractuelle contient des dispositions de police (soit par détermination du législateur, soit par détermination de la jurisprudence), ces dispositions de police doivent être intégrées par les Etats membres de l'Union dans leur propre droit et deviennent des lois de police dérogeant aux règles normales de

---

du Code civil français, devenu l'article 309 (cf. *supra* n° 46) ; et les propositions doctrinales de Niboyet (*Traité de droit international privé français*, Paris, Sirey, tome III, 1944, p. 243-259), qui partent de critères d'applicabilité unilatéraux, considérés par l'auteur comme répondant aux nécessités de la situation interne et internationale de la France, mais aussi précis que les critères de rattachement d'une règle de conflit bilatérale ordinairc.

285. Voir ainsi les exemples, tirés de la jurisprudence française, collectés en note 283. Voir toutefois, également en jurisprudence française, Com., 20 avril 2017, n° 15-16.922, *JDI*, 2018, p. 125, note Brière, un développement jurisprudentiel trop récent (vers une « conception proximiste des lois de police » en matière de sous-traitance, selon l'annotatrice de l'arrêt, note p. 131) pour que sa solidité ait déjà pu être mise à l'épreuve.

286. S. Symeonides, *Codifying Choice-of-Law Around the World*, New York, Oxford University Press, 2014, p. 295-299. Exemple (cité à la p. 297) : une loi de l'Oregon en matière d'assurance contre la pollution environnementale prévoit son application « in all cases where the contaminated property to which the action relates is located within the State of Oregon ».

287. Et même, ajoutera-t-on, la philosophie, faite de prévisibilité du droit applicable, que la Cour de justice considère comme sous-jacente aux règlements européens en matière de conflits de lois : voir *supra* n° 30.

détermination de la loi applicable aux contrats. Il peut arriver que les directives déterminent avec une grande précision, suivant le principe (et l'esthétique) de la « ligne claire », le champ d'application nécessaire des dispositions de police qu'elles contiennent [288] ; mais il arrive aussi qu'elles le définissent de manière vague, en se contentant de l'existence d'*un lien étroit* entre la situation et le territoire d'un Etat membre – sans pour autant renoncer au caractère absolument impératif des dispositions de police et sans conférer aux juridictions des Etats membres un pouvoir d'appréciation à cet égard.

87. Premier exemple : la directive 93/13/CEE concernant les clauses abusives dans les contrats conclus avec les consommateurs. Aux termes de l'article 6, paragraphe 2 de cette directive :

> « Les Etats membres prennent les mesures nécessaires pour que le consommateur ne soit pas privé de la protection accordée par la présente directive du fait du choix du droit d'un pays tiers comme droit applicable au contrat, lorsque le contrat présente un lien étroit avec le territoire des Etats membres. »

Ultérieurement repris par d'autres directives en matière de protection des consommateurs, ce critère d'application du « lien étroit » peut être mis en relation – fragile, le cas échéant – avec diverses sources d'inspiration [289]. Il a été transposé de manière très diverse dans les lois nationales de transposition de la directive [290]. L'Espagne en particulier avait cru bien faire, lors de la transposition de la directive en droit national, en précisant le « lien étroit » : la loi espagnole prévoyait qu'elle devait s'appliquer, sur le plan international, dans les cas prévus par l'article 5 de la Convention de Rome de 1980 sur la loi applicable aux obligations contractuelles [291] et que

---

288. Pour des exemples, voir S. Francq, article cité *supra* note 263, p. 66, et déjà, de la même auteure, *L'applicabilité du droit communautaire dérivé au regard des méthodes du droit international privé*, Bruxelles, Bruylant, 2005, *passim*.

289. S. Francq, *L'applicabilité du droit communautaire dérivé*, *op. cit.*, *supra* note 288, p. 308, cite à cet égard le principe de proximité (mais la logique de l'applicabilité impérative des lois de police du for ne s'inspire-t-elle pas plutôt, au contraire, du « principe de souveraineté », cf. P. Lagarde, « Le principe de proximité dans le droit international privé contemporain », *op. cit.*, *supra* note 144, p. 51) ainsi que l'article 7, alinéa 1er de la Convention de Rome de 1980 sur la loi applicable aux obligations contractuelles : mais ce texte concerne, quant à lui, le pouvoir d'appréciation des tribunaux du for quant à l'application effective des lois de police étrangères préalablement identifiées comme telles ; il n'est pas transposable aux lois de police du for régies par l'alinéa 2 du même article, rédigé sur un mode impératif.

290. Francq, *op. cit.*, p. 308, note 928.

291. Hypothèses de protection internationale des consommateurs prévues par la Convention de Rome, voir *infra* n° 112.

> «[s]ans préjudice des dispositions des traités et conventions internationales, (la présente loi) s'applique aussi aux contrats soumis à une loi étrangère lorsque l'adhérent a manifesté son consentement sur le territoire espagnol et lorsqu'il y a sa résidence habituelle».

Précision indue, jugera la Cour de justice des Communautés européennes, saisie par la Commission européenne d'une action en manquement contre l'Espagne:

> «S'agissant du rattachement avec la Communauté, l'article 6, paragraphe 2, de la directive se borne à indiquer que le contrat doit présenter «un lien étroit avec le territoire des Etats membres». Cette formule générale vise à permettre la prise en considération de divers éléments de rattachement en fonction des circonstances de l'espèce.
>
> Si la notion délibérément vague de «lien étroit» que le législateur communautaire a retenue peut éventuellement être concrétisée par des présomptions, elle ne saurait en revanche être limitée par une combinaison de critères de rattachement prédéfinis, tels que les conditions cumulatives relatives à la résidence et à la conclusion du contrat visées à l'article 5 de la convention de Rome.»

Verdict: «restriction incompatible avec le niveau de protection fixé par la directive»[292]. Cette décision de la Cour de justice récuse par conséquent pour la directive 93/13/CE l'exigence, et même la possibilité, d'une définition précise et a priori du champ d'application nécessaire d'une disposition de police. L'utilisation d'une notion «délibérément vague» permettant la «prise en considération de divers éléments de rattachement en fonction des circonstances de l'espèce» est présentée comme une vertu[293]. Le risque – réel – est de faire apparaître, du même coup, comme un idéal une définition très large, englobant toutes les hypothèses de «liens étroits», du champ d'application impératif de la directive, sans aucune mise en balance avec les législations des

---

292. CJCE 9 septembre 2004, *Commission c. Espagne,* C-70/03, ECLI:EU:C:2004:505, points 32-34.

293. Ce qui n'a pas empêché le législateur européen de changer de méthode ultérieurement. La directive 2011/83/UE relative aux droits des consommateurs, qui laisse toutefois subsister la directive 93/13/CEE, ne reprend pas la méthode de celle-ci et renonce à formuler quelque critère d'applicabilité que ce soit, même «délibérément vague»; son considérant 10 indique au contraire que «la présente directive devrait s'entendre sans préjudice du règlement (CE) n° 593/2008 du Parlement européen et du Conseil du 17 juin 2008 sur la loi applicable aux obligations contractuelles (Rome I)».

Etats tiers applicables aux contrats, dans un esprit d'absolutisation du niveau de protection voulu par le législateur européen – ce que la Cour de justice n'aurait jamais admis de la part d'un législateur national dans un contexte intra marché intérieur [294]. S'il faut la comprendre ainsi, la directive 93/13/CEE fait apparaître le droit européen comme inspiré d'une double logique, fondée d'une part sur l'intégration entre Etats membres mais aussi, d'autre part, sur leur cloisonnement vers l'extérieur, difficilement compatible avec l'esprit universaliste en droit international privé.

88. Le deuxième exemple est celui d'une disposition de police découverte, par voie jurisprudentielle, dans une directive, la directive 86/653/CEE relative à la coordination des droits des Etats membres concernant les agents commerciaux indépendants. L'arrêt *Ingmar* de la Cour de justice du 9 novembre 2000 [295] tranche la double question du caractère de disposition de police de cette directive, muette sur ce point, et de son critère d'application en tant que norme de police.

La société Ingmar est une société anglaise qui agit comme agent commercial pour une autre société, la société Eaton, établie en Californie. Ingmar diffuse, au Royaume-Uni, des marchandises produites par Eaton, en vertu d'un contrat expressément régi par le droit californien. Le contrat est rompu par Eaton, et Ingmar lui réclame devant les tribunaux anglais une indemnité de rupture sur le fondement non pas d'une disposition du droit californien, mais du droit anglais : elle entend voir appliquer par les tribunaux anglais une disposition transposant la directive 86/653. La question que la Cour d'appel d'Angleterre et du Pays de Galles renvoie devant la Cour de justice est celle-ci : est-ce que cette directive est à considérer, au regard du droit international privé, comme une norme de police [296], susceptible de déroger à la loi californienne ?

C'est une question à laquelle la réponse n'est pas évidente ; les hasards du calendrier avaient fait que la même question fut portée devant la Cour de cassation française qui en a délibéré au même moment que la Cour de justice, mais a rendu son arrêt deux semaines plus tard : la Cour de cassation décida que la loi française de transposition de la directive est une « loi protectrice d'ordre public interne » mais qu'elle « n'est pas

---

294. Cf. CJUE, 17 octobre 2013, *Unamar*, C-184/12, ECLI :EU :C :2013 :663.
295. C-381/98, ECLI :EU :C :2000 :605.
296. La terminologie utilisée par la *Court of Appeal* se réfère à une « disposition impérative » s'opposant, pour un « motif d'ordre public », à l'application de la loi choisie par les parties (point 13 de l'arrêt).

une loi de police applicable dans l'ordre international»[297]. La Cour de justice, quant à elle, a décidé le contraire[298], et c'est évidemment son interprétation qui prévaut.

L'arrêt se fonde sur diverses considérations de droit public (ce qui est dans la logique du marché intérieur, et par conséquent du mode de pensée caractéristique de la Cour de justice) qui tendent à conférer à cette directive de protection des agents commerciaux des buts se rattachant au bon fonctionnement du marché intérieur de l'Union: en uniformisant la protection de l'agent commercial après la cession du contrat, la directive uniformise «les conditions de concurrence à l'intérieur de la Communauté» et accroît «la sécurité des opérations commerciales». Après ces considérations – assez vagues, il convient de le reconnaître[299] – l'arrêt conclut que le régime de la directive a pour objectif de protéger

> «la liberté d'établissement et le jeu d'une concurrence non faussée dans le marché intérieur. L'observation desdites dispositions sur le territoire de la Communauté apparaît, de ce fait, nécessaire pour la réalisation de ces objectifs du traité.
>
> Force est donc de constater qu'il est essentiel pour l'ordre juridique communautaire qu'un commettant établi dans un pays tiers, dont l'agent commercial exerce son activité à l'intérieur de la Communauté, ne puisse éluder ces dispositions par le simple jeu d'une clause de choix de loi. La fonction que remplissent les dispositions en cause exige en effet qu'elles trouvent application dès lors que la situation présente un lien étroit avec la Communauté, notamment lorsque l'agent commercial exerce son activité sur le territoire d'un Etat membre, quelle que soit la loi à laquelle les parties ont entendu soumettre le contrat»[300].

---

297. Com., 28 novembre 2000, n° 98-11335, *JDI*, 2001, p. 511, 1re espèce, note Jacquet. Trop sûre de sa réponse, la Cour de cassation a eu tort de ne pas saisir elle-même la Cour de justice de la question que la Cour d'appel d'Angleterre a pris soin de lui poser.

298. La Cour de justice, sans employer elle-même l'expression «loi de police» (laquelle se trouve toutefois utilisée dans les conclusions de l'avocat général, ECLI:EU:C:2000:230, point 89), indique qu'il s'agit de statuer sur les «conditions que doit remplir une règle juridique pour être qualifiée de disposition impérative au sens du droit international privé» (point 16), ce qui n'est qu'une autre forme de viser les lois de police.

299. S. Francq, *op. cit. supra* note 288, p. 413, estime que derrière les motifs de l'arrêt se cache l'idée que «la construction du Marché commun emporte un phénomène identitaire qui recèle la protection des «siens» contre les «autres». – Si tel est le cas (et c'est plausible), on retrouve la double logique mentionnée *supra* n° 87, *in fine*.

300. Points 24 et 25.

L'arrêt *Ingmar* reprend la notion, également utilisée par la directive 93/13/CE en matière de protection des consommateurs [301], de «lien étroit». Le critère précis qu'il utilise par la suite – le lieu de l'exercice de l'activité de l'agent commercial – n'est qu'un exemple, introduit par le terme «notamment» [302]. Cette manière de raisonner semble inviter, comme la directive 93/13/CEE, les juridictions des Etats membres à examiner, au cas par cas, si la proximité de la situation avec la Communauté européenne ne justifie pas une dérogation, au titre des lois de police, à la loi choisie par les parties. L'arrêt *Ingmar* appelle à un rapprochement avec l'arrêt *Commission c. Espagne* que nous avons examiné et appelle la même appréciation critique.

89. Il peut être utile de comparer la solution de ces arrêts avec l'approche des juridictions américaines pratiquant l'*interest analysis*, pour lesquelles la considération de la «prévisibilité» et de la «sécurité juridique» n'est de toute manière qu'une considération parmi d'autres. Les résultats de l'application de la méthode américaine sont similaires à ceux de la méthode particulière des lois de police telle qu'elle est appliquée dans les deux arrêts de la Cour de justice que nous venons d'examiner, mais ils sont potentiellement plus ouverts à l'égard des buts que peuvent véhiculer les lois étrangères.

A cet égard, le second *Restatement* des conflits de lois formule les principes suivants dans sa section 187, paragraphe 2:

> «The law of the state chosen by the parties to govern their contractual rights and duties will be applied, even if the particular issue is one which the parties could not have resolved by an explicit provision in their agreement directed to that issue, unless . . . application of the law of the chosen state would be contrary to a fundamental policy of a state which has a materially greater interest than the chosen state in the determination of the particular issue and which . . . would be the state of the applicable law in the absence of an effective choice of law by the parties».

---

301. *Supra* n° 87.

302. Dans un arrêt ultérieur, l'arrêt *Agro Foreign Trade & Agency* (arrêt du 16 février 2017, C-507/15, ECLI:EU:C:2017:129), la Cour a décidé que la situation d'un agent commercial exerçant ses activités dans un Etat tiers par rapport à l'Union, mais pour le compte d'un commettant établi dans un Etat membre, ne présentait «pas un lien suffisamment étroit avec l'Union, aux fins de l'application des dispositions de la directive 86/653, compte tenu de l'objectif poursuivi par celle-ci» (point 33) et que l'agent ne devait dès lors pas bénéficier impérativement de la protection offerte par cette directive aux agents commerciaux. Cet arrêt permet-il de préciser le critère énoncé dans l'arrêt *Ingmar*?

Un seul exemple qui montrera l'application concrète de ces principes : l'arrêt *Ruiz c. Affinity Logistics*[303] rendu en 2012, en application du droit international privé californien, par la Cour d'appel fédérale pour le Neuvième Circuit. M. Ruiz est un résident californien, chauffeur de camions, qui travaille pour la société de transports Affinity. Affinity est une société incorporée en Géorgie, mais emploie des chauffeurs de camions californiens pour les transports qu'elle effectue en Californie. Le contrat de M. Ruiz a été soumis par une clause contractuelle au droit de la Géorgie. En vertu de ce contrat, M. Ruiz n'est pas un salarié, mais un entrepreneur indépendant.

Il saisit une juridiction fédérale située en Californie d'une demande fondée sur le *Fair Labor Standards Act* de la Californie, en vertu duquel son activité est requalifiable en activité salariée. Si cette requalification est opérée, M. Ruiz peut obtenir, par exemple, le paiement de ses heures supplémentaires, ou le droit à des congés payés. Il demande cette requalification, qui présuppose l'application du *Fair Labor Standards Act* californien malgré la désignation du droit géorgien par une clause de contrat. Appliquant, comme le ferait une juridiction californienne, la section 187, paragraphe 2, du *Restatement*, la Cour d'appel fédérale rappelle qu'en matière contractuelle, le choix d'une loi déterminée par les parties est en principe efficace ; mais ce choix cède, en l'espèce, si 1) l'application de la loi de la Géorgie est contraire à une politique fondamentale de la Californie ; et, dans l'affirmative, si 2) la Californie a un intérêt substantiellement plus important *(« materially greater interest »)* que la Géorgie dans la résolution de cette question juridique.

En l'occurrence, le droit de la Géorgie, qui valide les clauses du contrat, est effectivement contraire à une politique législative fondamentale de la Californie, destinée à protéger les travailleurs contre une qualification indue en « entrepreneurs indépendants ». Pour mesurer l'importance de l'intérêt de la Californie, la Cour d'appel déclare qu'il faut prendre en considération plusieurs facteurs et décider en fonction de ce faisceau d'indices si l'application du droit californien s'impose comme une loi internationalement impérative : 1) le lieu de conclusion du contrat ; 2) le lieu des négociations préalables au contrat ; 3) le lieu d'exécution du contrat ; 4) le lieu où se situe l'objet du contrat ; 5) le domicile, la résidence, la nationalité, le lieu d'incorporation et le siège social des parties.

---

303. 667 F.3d 1318 (9th Cir. 2012).

Il s'avère que la seule connexion avec la Géorgie est que la Géorgie est le lieu d'incorporation de la société Affinity. Par conséquent, la Californie, où sont concentrés les autres éléments d'appréciation, a un intérêt substantiellement plus important que la Géorgie dans la détermination du statut des chauffeurs de camions. L'application du *Fair Labor Standards Act* se justifie.

90. Le raisonnement de l'arrêt *Ruiz c. Affinity Logistics* ne ressemble que partiellement à celui de l'arrêt *Ingmar* de la Cour de justice. Au stade préalable de la détermination de l'intensité de l'intérêt de la Californie à voir appliquer sa loi, l'approche de la Cour d'appel américaine est une approche basée, comme le critère du « lien étroit » utilisé par l'arrêt *Ingmar*, sur un faisceau d'indices de proximité entre l'Etat du for et la situation contractuelle. De ce point de vue, la comparaison montre que l'utilisation du critère du « lien étroit » par le droit européen a une logique, qui n'est pas celle de l'unilatéralisme classique à l'européenne mais une logique, mettons, californienne. Toutefois le véritable arrêt californien repose, dans un deuxième stade de son raisonnement – récusé, quant à lui, par la méthode européenne des lois de police – sur une logique de *comparative impairment*[304], qui n'a pas égard exclusivement aux intérêts étatiques de l'Etat du for, mais accepte en principe de les mettre en balance avec les intérêts de l'autre Etat ayant des liens avec la situation.

C'est l'absence de ce dernier élément dans les arrêts de la Cour de justice qui rend déséquilibrée l'approche de la justice européenne ; à défaut de nuancer le caractère automatique de l'application des lois de police européennes dans les situations impliquant les Etats tiers par rapport à l'Union, elle ne devrait pas revendiquer l'application des normes européennes sans circonscrire en même temps, plus restrictivement qu'en utilisant le critère du « lien étroit », leur champ d'application international nécessaire.

---

304. P. 1324 : « In determining which state has a materially greater interest, California courts consider which state, in the circumstances presented, will suffer greater impairment of its policies if the other state's law is applied. »

DEUXIÈME PARTIE

REFLETS

91. Nous avons déjà vu une mise en œuvre de la véritable «théorie du reflet», celle du marxisme-léninisme orthodoxe, appliquée à l'analyse du droit international privé savignien, exercice que nous avons jugé excessif sans pour autant le juger insignifiant [305]. Ce n'est toutefois pas dans ce sens, ambitieux, qu'il est ici question de *reflets*, mais plus modestement dans le sens d'une démonstration de ce que dans une certaine mesure, les règles du droit international privé reflètent les choix politiques majeurs que toute société doit opérer. Nous le verrons à propos de l'Etat social et de l'Etat néolibéral qui caractérisent actuellement les principales options ouvertes aux Etats démocratiques (chapitres IV et V), puis en examinant, à propos du cas de quelques Etats qui étaient aux antipodes de la démocratie, le droit international privé des Etats totalitaires (chapitre VI). Il y a, c'est vrai, d'autres types d'Etats encore, des Etats qui ne sont pas démocratiques et ne sont pas, ou qui ne sont plus, totalitaires. Ceci n'est par conséquent pas une taxinomie complète.

305. Cf. *supra* n° 38.

CHAPITRE IV

L'ÉTAT SOCIAL ET LA POLITIQUE DE PROTECTION DES PARTIES FAIBLES

1. « Etat social » et protection des parties faibles

92. La notion d'Etat social est-elle pertinente lorsqu'il s'agit de la protection, en droit privé ou en droit international privé, des parties faibles ? Cette question est d'abord une question d'ordre terminologique et, en tant que telle, d'un intérêt limité. Mais il s'agit aussi d'expliquer que c'est un véritable changement des objectifs poursuivis par l'Etat, par rapport à l'Etat libéral du dix-neuvième siècle, qui explique à la fois l'émergence de la protection des parties faibles en droit matériel et le développement de leur protection en droit international privé.

a) *Les contours de l'Etat social*

93. Tout en se rappelant qu'une querelle à portée purement terminologique ne vaut jamais vraiment la peine d'être menée, on peut se demander, sur le plan terminologique, si la notion d'« Etat social » n'est pas une notion étroite, ne visant que la *protection des travailleurs*, et là encore primordialement par des institutions de droit public et notamment de sécurité sociale.

L'Etat social, ainsi conçu au sens étroit, est l'« Etat providence » (le *welfare state*), compris comme étant l'organisation d'une société assurantielle [306] dans le but particulier de la protection des travailleurs. Pour certains, spécialistes du droit du travail, cette acception stricte devrait encore caractériser l'Etat social actuel [307]. Ce choix terminologique est en lui-même parfaitement respectable, ce d'autant plus que la protection des travailleurs reste la forme la plus importante de protection des parties faibles. Mais ce n'est pas pour autant un choix terminologique qui s'imposerait universellement, au point de conduire au rejet d'une vision plus large de la notion moderne d'Etat social,

---

306. F. Ewald, *L'Etat providence*, Paris, Grasset, 1986, p. 373. L'auteur rappelle que l'expression « Etat providence » était à l'origine, au dix-neuvième siècle, une expression ironique, utilisée par des libéraux hostiles à cette forme d'intervention de l'Etat.

307. Voir par exemple la leçon inaugurale d'A. Supiot, *Grandeur et misère de l'Etat social*, Paris, Collège de France/Fayard, 2012.

ayant d'autres missions encore, y compris la protection de parties faibles autres que les travailleurs.

Le sens large de l'Etat social tel qu'il sera ici utilisé est depuis longtemps celui du droit allemand, où l'Etat social est une notion de droit constitutionnel à laquelle la jurisprudence a donné des effets indirects d'irradiation *(Ausstrahlungswirkungen)* en matière de droit privé. Parmi ces effets figurent l'obligation par le juge civil d'intervenir dans les contrats – y compris, mais non exclusivement, les contrats de travail – afin de rétablir l'équilibre entre les parties contractantes lorsqu'il a été perturbé par la situation d'« infériorité structurelle d'une partie au contrat ». Dans ce cas, il appartient au juge de rétablir la « parité contractuelle », c'est-à-dire l'égalité réelle entre les deux parties, au-delà des stipulations du contrat qui peuvent s'avérer déséquilibrées [308].

94. Le développement de l'Etat social (au sens large) a entraîné une modification des missions de l'Etat à l'égard des relations contractuelles de droit privé. Selon la conception qui avait cours au dix-neuvième siècle, le législateur et la jurisprudence devaient se soucier de l'égalité formelle des parties au contrat, et d'une idée abstraite de justice contractuelle. Ils étaient ainsi amenés à négliger l'inégalité de fait qui existait, dès cette époque, entre salariés et employeurs, et qui commençait à exister, avec le développement des techniques commerciales modernes, entre assurés et assureurs, ou entre consommateurs et professionnels [309].

Cette transformation eut lieu sous différentes influences. L'introduction de la protection des travailleurs à partir de la fin du dix-neuvième siècle est due à l'importance des mouvements sociaux et à l'appréhension qu'ils pouvaient engendrer auprès des gouvernants, puis à la démocratisation des Etats occidentaux par la généralisation du

308. Dans la jurisprudence constitutionnelle : *BVerfG*, 19 octobre 1993, *BVerfGE*, volume 89, p. 214 (droit de la caution non professionnelle au rééquilibrage de ses obligations à l'égard d'une banque créancière en cas de cautionnement disproportionné ; pour une application de cette jurisprudence en matière de reconnaissance des jugements étrangers : *BGH*, 24 février 1999, *BGHZ*, volume 140, p. 395) ; voir aussi *BVerfG*, 23 octobre 2013, *BVerfGE*, volume 134, p. 204, paragraphe 75. – *Contre* le rattachement de la protection des consommateurs à l'idée d'Etat social au sens du droit constitutionnel, voir, d'un point de vue libéral, J. Drexl, *Die wirtschaftliche Selbstbestimmung des Verbrauchers*, Tübingen, Mohr Siebeck, 1998, p. 244-247.

309. Voir le récit classique de P. Atiyah, *The Rise and Fall of Freedom of Contract*, Oxford, Clarendon Press, 1979 (pour une survivance de l'attitude judiciaire ancienne au cours de l'entre-deux-guerres, on pourra se référer au cas de Lord Justice Scrutton mentionné à la p. 664 : ayant fait toute sa carrière au barrreau commercial, « he was certainly not the kind of man who would have signed a document without reading it, and he had no sympathy with the consumer who did so »). – Voir aussi J. Rochfeld, *Les grandes notions du droit privé*, Paris, PUF, 2011, p. 438 ss (le contrat comme « lieu d'inscription du pouvoir »).

suffrage universel. La protection systématique des consommateurs sur le plan législatif est plus récente ; c'est à la fin des années 1960 que les premières législations « consuméristes » modernes ont été promulguées ; et entre-temps, comme on le sait, la protection des consommateurs a donné lieu à une intense activité législative au niveau national et aussi, en Europe, au niveau de l'Union européenne.

Le développement de l'Etat social ainsi compris a-t-il entraîné une transformation en profondeur des sociétés ? Cela a été soutenu (ainsi, on a parlé de « social-démocratisation » du droit des sociétés européennes [310]), mais il semblerait plus exact de dire qu'en ce qui concerne l'Europe, l'attachement à l'idée d'Etat social est désormais un contrepoids ponctuel et limité à l'orientation générale de la politique économique sur une logique de marché [311]. Emblématique à cet égard est la définition des buts de l'Union européenne à l'article 3, paragraphe 3 du Traité sur l'Union européenne, par sa juxtaposition de l'orientation sur le marché avec les éléments sociaux : l'objectif poursuivi sur le plan économique est, selon cette disposition, la mise en place d'une « économie sociale de marché hautement compétitive ». La formulation de cet objectif est essentiellement équivoque et ambivalente, étant donné l'absence, apparemment voulue, de hiérarchisation des finalités propres à l'Etat social avec l'orientation (ordo-) libérale de l'économie de marché et l'accent mis sur la concurrence [312].

---

310. Voir les références données, à propos du droit de la consommation, par H.-W. Micklitz, « Bürgerstatus und Privatrecht », dans S. Grundmann, H.-W. Micklitz et M. Renner (dir. publ.), *Privatrechtstheorie*, Tübingen, Mohr Siebeck, 2015, volume II, p. 1399. Selon Micklitz, cette « social-démocratisation » n'a été que superficielle, le droit européen ayant rapidement mis l'accent sur les conditions de la participation du consommateur au marché plutôt que sur sa protection (p. 1402) ; voir *infra* n° 95.

311. Pour une vision plus pessimiste (« abandon de l'Etat providence »), voir, en dehors d'une littérature purement militante, J. Salmon, « Quelle place pour l'Etat dans le droit international d'aujourd'hui ? », *Recueil des cours*, tome 347 (2010), p. 32-34.

312. La même équivoque, faite d'influences contradictoires, caractérise la jurisprudence de la Cour de justice, par exemple dans l'arrêt *Laval un Partneri* du 18 décembre 2007, C-341/05, ECLI :EU :C :2007 :809, qui énonce (point 105) :

> « La Communauté ayant dès lors non seulement une finalité économique mais également une finalité sociale, les droits résultant des dispositions du traité relatives à la libre circulation des marchandises, des personnes, des services et des capitaux doivent être mis en balance avec les objectifs poursuivis par la politique sociale, parmi lesquels figurent … notamment, l'amélioration des conditions de vie et de travail, permettant leur égalisation dans le progrès, une protection sociale adéquate et le dialogue social »,

pour déduire en définitive de cet exercice de mise en balance que la liberté de prestation de services transfrontière doit prévaloir sur le droit d'action collective des organisations syndicales. Voir encore L. Azoulai, « The Court of Justice and the Social Market Economy », *C.M.L. Rev.*, volume 45 (2008), p. 1135 ss.

b) *La protection des parties faibles : droit privé, droit international privé*

95. L'idée d'Etat social au sens large est – ou, dans une analyse pessimiste sur laquelle nous reviendrons, était – le fondement de l'intervention du législateur et des tribunaux pour la protection des parties faibles, en droit privé et en droit international privé. Il s'agira dans les deux cas de compenser une inégalité structurelle qui est typique de certaines catégories de contrats et de réagir, comme l'affirme la jurisprudence européenne en matière de protection des consommateurs, à la « situation d'infériorité » d'une catégorie de contractants, « en ce qui concerne tant le pouvoir de négociation que le niveau d'information » [313].

Du moins en ce qui concerne la protection, en droit privé et en particulier en droit international privé, des deux principales catégories de parties faibles que sont les salariés et les consommateurs, cette présentation des raisons de leur protection est suffisamment générale pour pouvoir être acceptée tant par les tenants d'une approche sociale du droit des contrats que par les tenants d'une approche néolibérale [314]. Simplement, la pondération sera différente : dans le premier cas, l'accent sera mis sur le besoin de protection dans des situations d'inégalité de pouvoir entre les contractants [315], alors que l'approche néolibérale considère elle aussi comme nécessaire une protection des travailleurs et des consommateurs, mais pour des raisons partiellement différentes : spécialement en ce qui concerne les consommateurs, il ne s'agit plus de combattre directement une inégalité de pouvoir entre consommateurs et professionnels, mais de compenser l'*asymétrie dans le niveau d'information* sur les biens et services fournis par le professionnel et sur l'état du marché [316] ; en ce qui concerne les relations de travail, il s'agira

313. Jurisprudence constante (à propos de situations de droit interne), à partir des arrêts du 27 juin 2000, *Océano Grupo Editorial SA*, C-240/98 à C-244/98, ECLI:EU:C:2000:346, point 25, et du 26 octobre 2006, *Mostaza Claro*, C-168/05, ECLI:EU:C:2006:675, point 25. Les arrêts ajoutent que cette situation d'infériorité du consommateur « le conduit à adhérer aux conditions rédigées préalablement par le professionnel, sans pouvoir exercer une influence sur le contenu de celles-ci ».

314. Sur le sens technique du *néolibéralisme*, voir *infra* n°s 134 ss. Pour un point de vue différent, archéo-libéral, selon lequel 1° le besoin de protection spéciale des consommateurs en matière de conflits de lois est largement exagéré, et 2° dans de nombreux cas la partie faible à un contrat de consommation est le vendeur professionnel, voir A. Schnitzer, « Das überforderte Kollisionsrecht », *SJZ*, 1985, p. 105 ss, spéc. p. 112.

315. F. Pocar, « La protection de la partie faible en droit international privé », *Recueil des cours*, tome 188 (1984), p. 339 ss.

316. G. Rühl, *Statut und Effizienz*, Tübingen, Mohr Siebeck, 2011, p. 444 ss, 555 ss ; J. Basedow, *The Law of Open Societies – Private Ordering and Public Regulation in*

de compenser l'asymétrie dans l'information, mais aussi l'asymétrie dans le pouvoir de marché dont l'existence est reconnue dans le cas des travailleurs [317].

96. Les deux approches – l'approche sociale et l'approche orientée sur le marché – coexistent, en définitive, en droit international privé. Leur coexistence se manifeste, en droit européen, par l'absence de contestation du fondement même des règles existantes ; il n'est pas soutenu dans des analyses doctrinales que les règles de « protection des parties faibles » en droit international privé ne serviraient en réalité pas à la protection des intérêts de ces contractants, mais exclusivement à des fins de développement du marché intérieur. Cet état du droit international privé contraste avec les controverses politiquement chargées qui existent en droit privé matériel. Alors qu'en matière de droit international privé l'idée de protection des parties faibles en tant que contrepoids à la logique de marché fait l'objet d'un consensus doctrinal, en droit privé matériel il est soutenu que la protection des parties faibles serait devenue un paravent derrière lequel se poursuit une forme de continuation de l'ordolibéralisme par d'autres moyens, et qu'il ne resterait rien des finalités qui se rattachaient à la véritable idée d'Etat social comme il pouvait exister dans les années 1970. Ainsi, ce ne serait plus d'émancipation des consommateurs qu'il serait question, mais du perfectionnement de leur information pour qu'ils puissent participer efficacement au marché ; et la finalité des règles (européennes) actuelles en matière de droit du travail, et en particulier de la jurisprudence de la Cour de justice, ne serait pas, elle non plus, la protection des travailleurs comme personnes humaines [318].

---

the Conflict of Laws, Leyde, Brill Nijhoff, 2015, p. 398 ss ; voir déjà B. von Hoffmann, « Über den Schutz des Schwächeren bei internationalen Schuldverträgen », *RabelsZ*, 1974, p. 396 ss, spéc. p. 398-399.

317. J. Basedow, *op. cit.*, p. 425, sur les « imperfections de marché » caractérisant le marché du travail.

318. A. Supiot, *La Gouvernance par les nombres*, Nantes, Institut d'Etudes avancées et Paris, Fayard, 2015, spéc. p. 342-343, à propos de l'utilisation du principe de non-discrimination dans la jurisprudence européenne, qui contribue en réalité, selon l'auteur, « à la liquidité du capital humain sur le marché du travail », dans une logique de « mobilisation totale de la force de travail » (par exemple en s'opposant aux lois nationales qui interdisent le travail de nuit des femmes). – Dans un sens analogue, à propos du droit de la consommation : H.-W. Micklitz, « The Expulsion of the Concept of Protection from the Consumer Law and the Return of Social Elements in the Civil Law : A Bittersweet Polemic », *Journal of Consumer Policy*, 2012, p. 283 ss ; également Study Group on Social Justice in European Private Law, « Social Justice in European Contract Law » : A Manifesto, *ELJ*, volume 10 (2004), p. 653 ss, spéc. p. 661. A propos de ce qu'il appelle le « market-rational welfarism », voir aussi T. Wilhelmsson, « Varieties of Welfarism in European Contract Law », *ELJ*, volume 10 (2004), p. 712 ss.

En droit international privé en revanche, personne n'a encore appliqué une logique du soupçon de ce type à l'égard du préambule du règlement Rome I lorsqu'il affirme que

> «s'agissant des contrats conclus avec des parties considérées comme plus faibles, celles-ci devraient être protégées par des règles de conflit de lois plus favorables à leurs intérêts que ne le sont les règles générales» [319],

ni à l'égard de la Cour de justice lorsqu'elle en a déduit qu'en matière de contrat de travail, l'interprétation du règlement «doit être inspirée des principes du *favor laboratoris* car les parties les plus faibles au contrat doivent être protégées «par des règles de conflit plus favorables» [320]. Les raisons de cette différence entre droit international privé et droit privé matériel peuvent être discutées (elles iront, au gré des analyses, d'une attitude plus raisonnable des spécialistes du droit international privé à une plus grande propension de leur part à la naïveté due à un intérêt excessif porté à la technique de leur matière, en passant par des différences objectives entre les deux matières). Elle n'en est pas moins une réalité.

Le principe de la protection des parties faibles faisant ainsi l'objet d'une forme de consensus en droit international privé contemporain, il s'agira de voir les formes que peut prendre cette protection, d'abord à propos des règles relatives à la compétence internationale des juridictions, puis à propos des règles de conflit de lois.

2. *La protection des parties faibles et les règles de compétence internationale*

a) L'approche européenne

97. Dès la Convention de Bruxelles du 27 septembre 1968, premier instrument des Communautés européennes en matière de compétence

---

319. Considérant 23. Cf. déjà, dans le rapport explicatif Giuliano/Lagarde relatif à la Convention de Rome du 19 juin 1980 sur la loi applicable aux obligations contractuelles (*JOCE*, 1980, C 282, p. 25):

> «Il s'agissait en effet … de donner une réglementation plus appropriée à des matières où les intérêts d'un des contractants ne se posent pas sur le même plan que ceux de l'autre et d'assurer en même temps, par le biais d'une telle réglementation, une protection plus adéquate à la partie qui est à considérer, d'un point de vue socio-économique, comme la partie la plus faible dans la relation contractuelle.»

320. Arrêt du 15 mars 2011, *Koelzsch*, C-29/10, ECLI:EU:C:2011:151, point 46.

des tribunaux et d'exécution de leurs décisions, la protection des parties faibles apparaît sous la forme de

> «considérations d'ordre social qui se fondent sur un souci de protection de certaines catégories de personnes telles que les assurés, les acheteurs en cas de vente à tempérament, etc.» [321].

D'autres catégories de parties faibles allaient y être ajoutées et le régime de leur protection allait être réaménagé, par les conventions d'adhésion à la Convention de Bruxelles, par la convention d'extension du régime de la Convention aux Etats membres de l'AELE que constituait la Convention de Lugano de 1988, puis par la transformation de la Convention en un règlement communautaire, le règlement 44/2001 du 22 décembre 2000 concernant la compétence judiciaire, la reconnaissance et l'exécution des décisions en matière civile et commerciale (Bruxelles I), refondu par le règlement Bruxelles I*bis*, n° 1215/2012 du 12 décembre 2012 concernant la compétence judiciaire, la reconnaissance et l'exécution des décisions en matière civile et commerciale (refonte). En 1968, la protection des consommateurs par des règles de droit matériel n'existait qu'à l'état embryonnaire, ce qui explique qu'il n'ait pas été question, dès 1968, des consommateurs en général, mais seulement d'une protection dans le cadre d'une vente à tempérament ou d'un prêt à la consommation lié à l'acquisition d'objets mobiliers corporels [322]. Mais la protection des consommateurs a été généralisée par la Convention d'adhésion du Danemark, de l'Irlande et de la Grande-Bretagne du 9 octobre 1978. A cette occasion une distinction a été introduite entre deux catégories de consommateurs. D'un côté les consommateurs qu'on a appelés les «consommateurs passifs», ceux pour lesquels la conclusion du contrat avait été précédée dans l'Etat de leur domicile d'une proposition spécialement faite par le professionnel ou d'une publicité, et qui avaient accompli dans l'Etat de leur domicile les actes nécessaires à la conclusion du contrat. Cette catégorie a fait l'objet d'une protection au regard des règles de compétence judiciaire. De l'autre, les «consommateurs actifs», ceux qui avaient conclu un contrat sans avoir été sollicités dans l'Etat de

321. Rapport sur la Convention, par P. Jenard, *JOCE*, 1979, C 59, p. 28.

322. Par ailleurs, la protection du preneur d'assurance, de l'assuré et du bénéficiaire de prestations d'assurance faisait l'objet, dès 1968, d'une section spéciale de la Convention. La compétence exclusive des tribunaux du lieu de situation de l'immeuble, s'agissant des contrats de bail, a également pu être décrite, occasionnellement, comme une règle protectrice des parties faibles (CJCE, 26 mai 1982, *Ivenel*, 133/81, ECLI:EU:C:1982:199, point 16).

leur propre domicile, et qui n'étaient pas protégés : ils avaient pris l'initiative de s'adresser à un professionnel établi à l'étranger. Cette distinction a été confirmée en substance, mais modifiée dans ses détails, lors de l'entrée en vigueur du règlement Bruxelles I ; celui-ci, pour tenter de tenir compte du développement du commerce électronique, modifia la définition du champ d'application personnel des dispositions protectrices : désormais, outre les consommateurs dans le cadre d'une vente ou d'un prêt à tempérament qui restent protégés dans toutes les hypothèses, sont protégés les autres consommateurs lorsque

> « le contrat a été conclu avec une personne qui exerce des activités commerciales ou professionnelles dans l'Etat membre sur le territoire duquel le consommateur a son domicile ou qui, par tout moyen, dirige ces activités vers cet Etat membre ou vers plusieurs Etats, dont cet Etat membre, et que le contrat entre dans le cadre de ces activités » [323].

La notion de professionnel « dirigeant ses activités » vers l'Etat membre du consommateur a été définie par la suite dans des arrêts de la Cour de justice [324].

98. La Convention de 1968 n'avait pas identifié les salariés comme devant faire l'objet de dispositions protectrices ; cette lacune fut d'abord partiellement comblée de manière prétorienne [325], puis par voie de modification de la Convention lors de l'adhésion de l'Espagne et du

---

323. Article 15, paragraphe 1, *littera c*, du règlement Bruxelles I, devenu l'article 17, paragraphe 1, *littera c*, du règlement Bruxelles I*bis*. Du fait de la substitution du critère de l'« activité dirigée » aux critères de la Convention de Bruxelles, « le concept de consommateur « passif » cède désormais la place au concept de consommateur « semi-passif » (M. Fallon et J. Meeusen, « Le commerce électronique, la directive 2000/31/CE et le droit international privé », *Rev. crit.*, 2002, p. 435 ss, spéc. p. 461).

324. Arrêt du 7 décembre 2010, *Pammer* et *Hotel Alpenhof GesmbH*, C-585/08 et C-144/09, ECLI :EU :C :2010 :740, qui a trait à des contrats de consommation conclus avec un professionnel qui présente son activité sur Internet :

> « il convient de vérifier si, avant la conclusion éventuelle d'un contrat avec le consommateur, il ressort de ces sites Internet et de l'activité globale du commerçant que ce dernier envisageait de commercer avec des consommateurs domiciliés dans un ou plusieurs Etats membres, dont celui dans lequel ce consommateur a son domicile, en ce sens qu'il était disposé à conclure un contrat avec eux » (point 92).

Dès lors que ces critères, assez impressionnistes, sont remplis, il est désormais sans importance que le contrat avec le consommateur ait ou non été conclu à distance (arrêt du 6 septembre 2012, *Mühlleitner*, C-190/11, ECLI :EU :C :2012 :542).

325. CJCE, 26 mai 1982, *Ivenel*, 133/81, ECLI :EU :C :1982 :199. Cet arrêt décide qu'à côté de la compétence des juridictions du domicile du défendeur – normalement l'employeur –, il convient d'admettre (sur le fondement de l'article 5, 1°, de la Convention, interprété de manière particulière à la matière des relations de travail et en tenant explicitement compte du souci de protection de la partie faible : arrêt, points 15 à 17)

Portugal (par la Convention de San Sebastián du 26 mai 1989). Dans son état actuel, la réglementation européenne prévoit la protection de trois catégories de parties faibles[326]: les preneurs d'assurance, assurés ou bénéficiaires d'un contrat d'assurance autre qu'une assurance des grands risques (articles 10 à 16 du règlement Bruxelles I*bis*), les consommateurs (articles 17 à 19 du règlement), et les travailleurs, s'agissant des contrats individuels de travail (articles 20 à 23). Les autres catégories de parties faibles au contrat, qui peuvent exister, ne sont pas protégées par le règlement et relèvent dès lors de l'application des règles de droit commun de la détermination de la compétence juridictionnelle[327].

99. Dans ses grandes lignes, le système européen de la compétence des tribunaux consiste en deux règles protectrices des parties faibles:

- inégalité compensatrice devant les règles de compétence, les parties faibles étant privilégiées par la possibilité de choisir entre plusieurs fors, alors que les parties fortes n'ont la possibilité d'assigner les parties faibles que devant une juridiction unique compétente: il s'agit dans les trois cas de la juridiction du domicile de la partie faible;
- stricte réglementation des clauses attributives de juridictions. Alors que ces clauses sont normalement permises par le règlement, en matière de protection des parties faibles elles ne sont admises que si elles sont postérieures à la naissance du différend ou si elles permettent à la partie faible de saisir d'autres tribunaux que ceux qui sont indiqués par le règlement[328].

D'autres dispositions du règlement viennent compléter ces deux règles fondamentales. En vertu de l'article 26 du règlement Bruxelles I*bis*, une juridiction devant laquelle un défendeur appartenant à l'une

---

la compétence de la juridiction du lieu d'exécution de l'obligation caractéristique du contrat.

326. En faisant abstraction de la protection que peut assurer aux locataires la compétence exclusive des tribunaux du lieu de situation de l'immeuble (cf. *supra* note 322).

327. Pour le détail de ces questions, voir le chapitre 7, «Les règles de compétence protectrices d'une partie faible» de l'ouvrage de H. Gaudemet-Tallon et M.-E. Ancel, *Compétence et exécution des jugements en Europe*, 6e édition, Paris, LGDJ, Lextenso, 2018.

328. Ce sont là les hypothèses les plus importantes. En matière de contrat d'assurance et de contrat de consommation, le règlement ajoute d'autres hypothèses, qui ne modifient pas le sens général de la réglementation: article 15, nos 3 et 4; article 19, no 3. – Sur la question de l'application, à l'intérieur du champ d'application du règlement, de la réglementation des *clauses abusives* dans les relations entre professionnels et consommateurs, voir H. Gaudemet-Tallon et M.-E. Ancel, *op. cit.*, no 312.

des trois catégories de parties faibles comparaît sans contester la compétence du tribunal ne peut se reconnaître compétente en vertu de cette comparution volontaire, valant prorogation tacite de compétence, qu'après s'être assurée

> « que le défendeur est informé de son droit de contester la compétence de la juridiction et des conséquences d'une comparution ou d'une absence de comparution » [329].

Et l'article 45 déroge, à propos de la reconnaissance des jugements rendus dans d'autres Etats membres, à la règle fondamentale selon laquelle devant les juridictions de l'Etat de la reconnaissance d'un jugement, il ne peut être procédé à un second contrôle de la compétence de juridiction d'origine. A cet égard, les règles protectrices bénéficient d'un statut identique à celui des quelques règles de compétence exclusive prévues par le règlement : normalement, la juridiction d'origine doit pouvoir vérifier de manière définitive sa compétence, sans possibilité d'une nouvelle vérification par les juridictions de l'Etat de la reconnaissance ; exceptionnellement, l'article 45 prévoit le refus de la reconnaissance aux décisions qui méconnaissent les règles de compétence protégeant les trois catégories de parties faibles.

100. Dans l'intérêt des parties faibles, la réglementation européenne déclare ainsi compétente une juridiction choisie selon le critère de la proximité par rapport à ces parties, leur évitant ainsi de devoir saisir les juridictions étrangères du lieu d'établissement de leur adversaire. En plus, cette juridiction sera amenée en général à appliquer sa propre loi, conformément aux règles de conflit de lois prévues dans l'intérêt des mêmes parties faibles [330]. Les intérêts du cocontractant de la partie faible, qui iraient normalement dans le sens de la concentration du contentieux devant les juridictions de l'Etat de son établissement,

---

329. Cette disposition introduite par le règlement Bruxelles I*bis* brise la solution contraire de CJCE, 20 mai 2010, *Vienna Insurance Group*, C-111/09, ECLI:EU:C:2010:290.

330. *Infra* n°s 112 ss. Cette idée de favoriser un *forum legis* se rencontre également dans la réglementation, dérogatoire par rapport au droit commun de la relation de travail, du détachement de travailleurs. Voir, dans la Directive 96/71/CE du Parlement européen et du Conseil du 16 décembre 1996 concernant le détachement de travailleurs effectué dans le cadre d'une prestation de services, la disposition de l'article 6 consacrée à la compétence judiciaire :

> « Pour faire valoir le droit aux conditions de travail et d'emploi garanties à l'article 3, une action en justice peut être intentée dans l'Etat membre sur le territoire duquel le travailleur est ou était détaché, sans préjudice, le cas échéant, de la faculté d'intenter, conformément aux conventions internationales existantes en matière de compétence judiciaire une action en justice dans un autre Etat. »

passent au second rang : il s'agit, après tout, de privilégier les intérêts de la partie à protéger.

Ce n'est qu'exceptionnellement que l'orientation, favorable aux parties faibles, de ces règles est contestée en doctrine [331]. Elles font donc l'objet d'un consensus européen, et peut-être – avec les règles de conflit de lois correspondantes – d'une certaine identité européenne. Une autre approche est néanmoins possible : c'est celle du droit américain, et spécialement du droit fédéral américain.

b) *L'approche américaine*

101. Le droit de plusieurs Etats de la fédération américaine contient des règles qui ressemblent aux règles du droit européen que nous venons de résumer. C'est ainsi que l'on y retrouve l'interdiction des clauses qui privent les consommateurs de la compétence des juridictions normalement compétentes ; elle peut être fondée, dans la jurisprudence des Etats américains, sur un concept général du droit des contrats, la prohibition des clauses abusives dans les contrats *(unconscionable contract clauses)*, ou plus généralement sur la prohibition des contrats qui sont contraires à l'ordre public comme introduisant des restrictions déraisonnables à l'accès à la justice [332]. Il en va ainsi a fortiori, et ce tant pour les contrats de consommation que pour les contrats de travail, si le choix d'un for favorable à la partie forte est combiné avec une clause de choix du droit applicable qui favorise la même partie forte en évitant l'applicabilité des lois de police protectrices de la partie faible ; les juridictions américaines pratiquant ce type de contrôle du contenu des clauses contractuelles n'admettront pas que la combinaison de ces deux clauses puisse avoir pour effet de priver la partie faible de la protection à laquelle elle s'attend [333].

---

331. Un auteur dissident est R. Schütze, « Internationales Zivilprozessrecht und Politik », dans *Ausgewählte Probleme des Internationalen Zivilprozessrechts*, Berlin, De Gruyter, 2006, p. 30-32, selon lequel la dérogation à la règle *actor sequitur forum rei* dans l'intérêt des consommateurs serait inopportune et contraire à la règle de l'égalité des armes entre les parties, principe fondamental du procès civil.

332. A propos de clauses d'arbitrage : *McKee c. AT & T Corp.*, 191 P.3d 845 (Wash. 2008) ; *Feeney c. Dell Inc.*, 908 N.E.2d 753 (Mass. 2009) ; *Kaneff c. Delaware Title Loans*, 587 F.3d 616 (3nd Cir. 2009). – A propos d'une clause attributive de juridiction : *Shute c. Carnival Cruise Lines*, 897 F. 2d 377 (9th Cir. 1990), réformé par *Carnival Cruise Lines c. Shute*, 499 US 585 (1991), cité *infra* n° 102.

333. C'est ce qui a été jugé à propos de contrats de travail et de clauses attributives de juridiction (*Beilfuss c. Huffy Corporation*, 685 N.W.2d 373 (Wis. 2004)) ; à comparer avec *Rafael Rodríguez Barril, Inc. c. Conbraco Industries, Inc.*, 619 F.3d 90 (1st Cir. 2010) qui n'admet le jeu d'une clause attributive de compétence qu'au motif qu'il y a lieu de supposer que le tribunal contractuellement choisi, en Caroline du

Mais, contrairement à ce qui est le cas en droit européen, il n'y a pas aux Etats-Unis de consensus autour de ces solutions. Il arrive que d'autres juridictions d'Etats fédérés admettent la validité de ce qu'on a appelé des

> «deadly combinations of choice-of-law, choice-of-forum, and arbitration clauses» [334],

par lesquelles le choix astucieux d'un for, imposé par la partie forte à son cocontractant, lui évite le risque de voir appliquer des lois de police de protection des parties faibles. Ou alors, selon un arrêt de la Cour suprême du Texas, même dans un litige entre un salarié et son employeur ayant trait à une clause de non-concurrence,

> «the parties' bargained-for agreement merits judicial respect» [335],

et l'application d'une clause attributive de juridiction constitue un acte de courtoisie entre Etats fédérés :

> «we will not presume to tell the forty-nine other states that they cannot hear a non-compete case involving a Texas resident-employee and decide what law applies, particularly where the parties voluntarily agree to litigate enforceability disputes there and not here» [336].

102. Devant cet arrière-plan bigarré, le droit fédéral américain a un certain rôle à jouer, limité toutefois aux matières dans lesquelles le pouvoir législatif fédéral a pu s'exercer. Le droit fédéral est progressivement devenu résolument favorable aux clauses de sélection de for. Tel est le cas en matière de clauses d'arbitrage, où une loi fédérale, le *Federal Arbitration Act*, a été interprétée par la Cour suprême

---

Nord, acceptera d'appliquer la loi de police du Puerto Rico) ; à propos de contrats de consommation et de clauses attributives de juridiction (*Moon c. CSA-Credit Solutions of America*, 696 S.E.2d 486 (Ga. App. 2010)) ; et à propos de contrats de travail et clauses compromissoires, dès lors qu'elles apparaissent comme «une renonciation anticipée aux droits reconnus aux parties» (*Thomas c. Carnival Corp.*, 573 F.3d 1113 (11th Cir. 2009), à propos d'un marin qui invoquait les droits découlant de la législation fédérale, qu'il ne pouvait espérer mettre en œuvre dans une procédure d'arbitrage de droit panaméen) ou de contrats de consommation et de clauses compromissoires (*Dillon c. BMO Harris Bank, N.A.*, 856 F.3d 330 (4th Cir. 2017), à propos d'un contrat de prêt à la consommation stipulant un intérêt de 440 % et soumis au droit d'une tribu indienne).

334. S. Symeonides, «Choice of Law in the American Courts in 2007», *Am. J. Comp. L.* 56 (2008), p. 243 ss, spéc. p. 246 ; pour des exemples jurisprudentiels, voir *ibid.*, p. 287 ss.

335. *In re Autonation, Inc.*, 228 S.W.3d 663 (Tex. 2007), spéc. p. 669.

336. P. 670.

– spécialement depuis un arrêt de 2011, très critiqué par la doctrine progressiste, dans une affaire *AT & T Mobility c. Concepcion* [337] – dans un sens extrêmement favorable à l'arbitrage, y compris à l'arbitrage du contentieux de la consommation et du travail [338]. Les clauses attributives de juridiction, quant à elles, relèvent du droit fédéral dans certaines matières, dont le droit maritime : un autre arrêt de la Cour suprême, rendu en 1991, affirme la licéité d'une clause attribuant compétence exclusive aux juridictions de la Floride, siège de la compagnie de croisière Carnival Cruise Lines, figurant sur le billet acheté par un client domicilié dans l'Etat de Washington. Il souligne certes que des clauses attributives de juridiction contenues dans des contrats d'adhésion sont sujettes à un contrôle juridictionnel de leur caractère non abusif *(«judicial scrutiny for fundamental fairness»)* ; mais l'arrêt relève que la clause en question correspondant aux intérêts légitimes du professionnel, opérateur des croisières. La raison en est, selon la Cour, que cette clause lui permet d'éviter d'être assigné devant les tribunaux des nombreux Etats dans lesquels les passagers peuvent avoir leur domicile, ce qui ne peut qu'avoir un «effet salutaire» : éviter toute hésitation sur le tribunal compétent. A cet avantage pour le professionnel, en termes de concentration des contentieux, correspond un avantage pour le consommateur en termes de réduction du prix des billets :

> «it stands to reason that passengers who purchase tickets containing a forum clause like that at issue in this case benefit in the form of reduced fares reflecting the savings that the cruise line enjoys by limiting the fora in which it may be sued» [339].

Cet arrêt a été critiqué même aux Etats-Unis [340]. Il repose en tout cas sur une logique entièrement différente de celle de la réglementation européenne de la compétence dans les litiges de la consommation :

---

337. 563 U.S. 333 (2011).

338. W. Park, «La jurisprudence américaine en matière de *class arbitration* : Entre débat politique et technique juridique», *Rev. arb.*, 2012, p. 507 ss. Cette faveur particulière pour l'arbitrabilité des causes des parties faibles est une particularité américaine ; en Europe, elle ne trouve un parallèle que dans la curieuse jurisprudence de la Cour de cassation française qui admet l'arbitrabilité des litiges en matière de consommation, mais à condition qu'il s'agisse d'un «arbitrage international» au sens du droit français : pour des références jurisprudentielles et une discussion critique, voir C. Seraglini et J. Ortscheidt, *Droit de l'arbitrage interne et international*, Paris, Montchrestien, 2013, n° 653 (cette jurisprudence ne se retrouve pas en matière de contrats de travail internationaux : voir *ibid.*, n° 652).

339. *Carnival Cruise Lines, Inc. c. Shute*, 499 U.S. 585 (1991), spéc. p. 594.

340. W. Park, *International Forum Selection*, Boston, Kluwer, 1995, p. 23-24, et les références citées.

conformément à la logique de l'efficience économique, la jurisprudence américaine admet de soumettre la question de la compétence protectrice du consommateur à une mise en balance des intérêts en cause, et il n'est pas exclu que cet exercice aboutisse à la validation d'une clause attributive de juridiction dans un contrat d'adhésion, compte tenu des avantages tarifaires que cette validation est censée comporter pour le consommateur. Le droit européen est, à cet égard, plus paternaliste. A-t-il, en cela, tort ?

3. La protection des parties faibles et les règles de conflit de lois

a) *De l'utilité d'une protection des parties faibles en droit des conflits de lois*

103. Les problèmes particuliers aux relations contractuelles asymétriques sont les mêmes en droit des conflits de lois et en droit matériel : il s'agit de compenser une inégalité structurelle caractérisée par la « situation d'infériorité » des parties faibles, « en ce qui concerne tant le pouvoir de négociation que le niveau d'information » [341]. L'asymétrie dans le niveau d'information entre les parties au contrat tiendra à l'information insuffisante de la partie protégée sur le contenu (le cas échéant protecteur) de lois avec lesquelles elle n'entretient pas de relation de proximité particulière. L'inégalité de pouvoir de négociation, quant à elle, est susceptible de conduire la partie forte à imposer à son cocontractant l'application d'une loi qui est inconnue ou même défavorable à celui-ci – soit que la partie forte ait un intérêt, même légitime en lui-même, à l'uniformisation des conditions contractuelles sous lesquelles elle est amenée à contracter et de la loi qui leur est applicable, soit qu'elle choisisse une loi *parce qu'*elle n'est pas protectrice, ou n'est que faiblement protectrice, des intérêts de son cocontractant [342]. Mais la présence de l'élément d'asymétrie dans l'information suffit pour qu'existe un intérêt à veiller à ce que la loi applicable soit une loi proche de la partie faible, alors même que cette loi serait déterminée objectivement et en dehors du choix des parties : ainsi, en l'absence de règles de conflit dérogatoires, les contrats de

341. Cf. *supra* nº 95.
342. Cette dernière hypothèse est illustrée – du moins peut-on le supposer – par les faits sous-jacents à l'affaire dite de la *Grande Canarie* (BGH, 19 mars 1997, *BGHZ*, volume 135, p. 124, en français à la *Rev. crit.*, 1998, p. 610, note Lagarde : contrat de *time share* portant sur un appartement en Espagne et conclu par des consommateurs allemands, mais soumis au droit de l'île de Man).

consommation seraient normalement régis, non pas par la loi de la résidence du consommateur, mais par la loi de l'établissement du professionnel, qui risque d'être inconnue du consommateur [343].

Un système de droit international privé protecteur des intérêts de la partie faible désignera comme applicable une loi proche de cette partie – le droit de sa résidence, s'agissant d'un contrat de consommation ; le droit du lieu d'exécution habituelle du travail, s'agissant d'un contrat de travail –, et n'admettra pas qu'elle soit privée de la protection que lui assure cette loi par un choix de la loi applicable à la relation contractuelle. Mais il y a plusieurs modèles de rétablissement de l'équilibre entre les parties à des relations contractuelles asymétriques.

b) *Les différents modèles de protection*

1) La suppression de l'autonomie de la volonté

104. Il s'agit de la réaction la plus simple et la plus radicale – mais non, en fait, de celle qui conduit nécessairement à l'application de la loi la plus favorable aux intérêts de la partie faible [344] – au double problème de la proximité de la loi par rapport à la partie faible et du risque inhérent à un choix défavorable de la loi applicable, imposé par la partie forte. Cette solution consiste à imposer l'applicabilité d'une loi proche de la partie faible et à interdire aux parties le choix d'une autre loi. Elle sacrifie en conséquence l'autonomie de la volonté.

Contrairement à l'apparence, cette solution peut être une solution moderne. C'est ainsi que l'article 120 de la loi fédérale suisse sur le droit international privé, consacré aux contrats de consommation, prévoit en un premier alinéa que les contrats portant sur une prestation de consommation courante destinée à un usage personnel ou familial du consommateur sont régis par le droit de l'Etat de la résidence habituelle du consommateur – à condition qu'il s'agisse, en substance, d'un « consommateur passif », qui a été démarché par le professionnel dans le pays de sa résidence. Si tel est le cas, l'alinéa 2 du même article prévoit

343. Ce serait là notamment la solution, en cas de l'application du droit international privé européen, de l'article 4 du règlement Rome I. Elle n'est pas considérée comme appropriée, y compris par des auteurs par ailleurs favorables aux approches libérales du type *law and economics*, G. Rühl, « Consumer Protection in Choice of Law », *Cornell Int'l L.J.*, volume 44 (2011), p. 569 ss ; F. Garcimartín, « Consumer Protection From a Conflict of Laws Perspective : The Rome Regulation Approach », dans *Liber amicorum Alegría Borrás*, Madrid, Barcelone, Marcial Pons, 2013, p. 445 ss, spéc. p. 456-457.

344. Les solutions les plus favorables sont celles de la recherche de la loi la plus protectrice (n° 111 *infra*), ou le modèle « combinatoire » européen (n°s 112 ss).

en une formule lapidaire: «L'élection de droit est exclue», et ceci alors même qu'elle aboutirait à un droit plus favorable au consommateur; il s'agit simplement d'éviter l'élection de droit proposée, voire imposée, par le professionnel [345].

En revanche, en ce qui concerne le contrat individuel de travail, le droit suisse est plus libéral: l'article 121 LDIP prévoit certes qu'en principe le contrat de travail est régi par le droit de l'Etat dans lequel le travailleur accomplit habituellement son travail, mais il admet que les parties le soumettent au droit de l'Etat dans lequel le travailleur a sa résidence habituelle ou dans lequel l'employeur a son établissement, son domicile ou sa résidence habituelle.

105. La solution anti-autonomiste de la LDIP suisse en ce qui concerne les contrats de consommation aurait également pu être insérée dans le règlement Rome I, si la proposition initiale de la commission avait été adoptée [346]. Cette proposition, réservée elle aussi aux consommateurs autres que les «consommateurs actifs», était motivée par la considération qu'il s'agissait d'une

> «nouvelle règle de conflit, simple et prévisible, consistant en la seule application de la loi de la résidence habituelle du consommateur, sans modifier en substance la marge de manœuvre du professionnel lors de la conception de ses contrats.
>
> ... Parmi les solutions envisageables pour éviter le dépeçage, au nombre de deux – l'application dans son intégralité de la loi du professionnel, d'une part, ou de celle du consommateur, de l'autre – seule la dernière est compatible avec le haut niveau de protection du consommateur exigé par le Traité. Cette solution paraît également équitable eu égard à la réalité économique: tandis qu'un consommateur n'effectue des achats transfrontières qu'à titre occasionnel, la majorité des professionnels pratiquant le commerce transfrontières peuvent répartir les coûts liés à l'étude d'un autre droit sur un grand nombre d'opérations» [347],

mais à l'issue du processus législatif, le maintien d'une autre solution, la règle «combinatoire» de la Convention de Rome [348], a été préférée.

---

345. A. Bonomi dans *Commentaire romand*, Bâle, Helbing Lichtenhahn, 2011, article 120 LDIP, n°s 25 et 26.
346. COM(2005) 650 final.
347. P. 6.
348. *Infra* n°s 112 ss.

2) La protection unilatéraliste par des lois de police

106. Ce deuxième type de protection des parties faibles est un peu moins radical. Il admet que les relations contractuelles même asymétriques puissent en principe être régies par une loi choisie selon des critères autres que de protection ; mais il ne l'admet plus dès lors que l'application de cette loi aboutit à rendre inapplicables des dispositions protectrices auxquelles revient le traitement unilatéraliste, dérogatoire à la loi normalement applicable aux contrats (que ce soit en vertu d'une clause de choix du droit applicable ou autrement), qui revient aux lois de police [349].

Historiquement, la protection des parties faibles a pris *d'abord* la forme d'une analyse des dispositions correspondantes en termes de lois de police [350]. C'était là l'apport de la jurisprudence italienne des années 1930 avec l'accent qu'elle a mis sur l'homogénéité de l'organisation du travail dans le territoire de l'Etat [351]. Des idées du même type se sont par la suite imposées ailleurs, et notamment dans les Etats qui, ayant en commun l'article 3 du Code civil, ont appelé « lois de police » les lois d'application nécessaire. Il semble qu'au niveau des cours suprêmes, ce soit la Cour de cassation luxembourgeoise qui ait été la première à consacrer, en 1959, cette analyse, qui était de toute manière dans l'air du temps :

> « Attendu que la loi qui réglemente le statut légal des salariés et qui s'impose impérativement à tout travail exécuté sur le territoire du pays est une loi de police et de sûreté ; que les idées de protection humaine inspirant cette législation exigent que l'examen des relations entre employeurs et employés soit d'application territoriale. » [352]

La même terminologie se retrouve par la suite, à propos du même problème de protection des salariés en droit privé, dans la jurisprudence

349. *Supra* n°s 83 ss.

350. Ou, ce qui revient fonctionnellement au même, en termes d'« ordre public positif » (cf. *supra* n° 82) : voir, à propos de l'applicabilité internationale de la législation allemande en matière de crédit à la consommation, RG, 28 mars 1930, *JW*, 1932, p. 591.

351. Voir *supra* n° 81, et *infra* n° 169.

352. Cass., 2 juillet 1959, *Pas. lux.*, volume 17, p. 443. La terminologie « loi de police et de sûreté » se rencontre déjà dans un arrêt de la Cour de cassation française du 21 mai 1908 (*Rev. dr. int. pr.*, 1908, p. 664), mais à propos des dispositions administratives sur le travail. Voir, de manière générale, R. Vander Elst, *Les lois de police et de sûreté en droit international privé français et belge*, volume II, Paris, Sirey, Bruxelles, Edition du Parthenon, 1963, n° 146.

des cours de cassation belge[353] et française[354]. Si l'analyse en termes de loi de police est comprise comme signifiant, en matière de droit du travail, que l'applicabilité de la loi du lieu d'exécution du travail est absolument obligatoire, alors même qu'elle s'avère moins favorable au salarié que l'application de la loi applicable au contrat selon les critères normaux, elle équivaut à une solution trop rigide et ne correspond pas à une inspiration véritablement protectrice du salarié[355]. Mais cette solution ne découle pas nécessairement de l'analyse en question, qui est compatible avec l'application des dispositions plus favorables aux salariés, autres que celles du lieu d'exécution du contrat[356].

107. L'avantage, du point de vue des Etats, de l'approche unilatéraliste est qu'elle permet sans difficultés majeures à un Etat donné d'imposer l'applicabilité de ses propres lois de police, selon des critères qui lui sont propres, et de le faire à l'égard de catégories de parties faibles qui lui paraissent dignes de protection, même si elles sont moins universellement protégées que les salariés ou les consommateurs. Ainsi, la jurisprudence française a pu prévoir, sur le fondement de la notion de lois de police, la protection unilatéraliste des sous-traitants pour les immeubles construits en France, une solution très peu répandue en droit comparé, mais une solution qui a paru s'imposer à la Cour de cassation française[357].

---

353. Cass. 25 juin 1975, *Pas.*, 1975, I, p. 1038.

354. Cf. les références données par Batiffol et Lagarde, *Droit international privé*, tome II, 7e édition, Paris, LGDJ, 1983, no 576.

355. Pour la critique de cette solution, adoptée à une certaine époque par la Cour de cassation française, voir P. Lagarde, « Sur le contrat de travail international : analyse rétrospective d'une évolution mal maîtrisée », dans *Mélanges Gérard Lyon-Caen*, Paris, Dalloz, 1989, p. 83 ss ; cf. aussi F. Pocar, cité *supra* note 315, spéc. p. 400.

356. P. Lagarde, *loc. cit.*

357. Ch. mixte, 30 novembre 2007, no 06-14006 et Civ. 3e, 25 février 2009, no 07-20096, *Rev. crit.*, 2009, p. 728, note M.-E. Ancel. – La détermination du champ d'application nécessaire dans l'espace de la loi française (se rattachant au lieu de travaux de construction, et non au lieu d'établissement de l'entreprise sous-traitante) s'explique par une réflexion de pure politique économique, compte tenu des contraintes résultant de la liberté des prestations de service dans le marché intérieur européen. On la lira non pas, évidemment, dans les motifs des arrêts français, mais en l'occurrence dans le rapport du conseiller rapporteur, Mme F. Monéger, publié au *Bulletin d'information de la Cour de cassation*, 2008, no 679, p. 31 ss. Voir en particulier ce passage aux p. 42-43 :

> « Les principes du droit communautaire, et en particulier l'article 7 du Traité de Rome qui interdit toute discrimination fondée sur la nationalité, empêcheraient que la situation des sous-traitants sur un même chantier varie en fonction de la nationalité de la société sous-traitante. La protection accordée aux sous-traitants français devrait être imposée aux sous-traitants étrangers intervenant sur un même chantier en France. Sinon, le coût représenté en particulier par le cautionnement établi par un établissement financier entraînerait des différences entre les

Mais ceci a, en même temps, un inconvénient : pareille protection des parties faibles ne s'exporte que difficilement, et risque de ne pas pouvoir s'imposer devant les tribunaux d'autres Etats qui considéreront qu'ils n'ont pas à appliquer, à l'encontre de la loi désignée par les parties, une loi de police qui sera à leur égard une loi de police étrangère. Le régime européen des lois de police étrangères, contenu à l'article 9, paragraphe 3 du règlement Rome I, est en effet devenu très défavorable à l'application de ce type de lois de police. Les lois protectrices des parties faibles sont typiquement des lois de police contractuelle qui, n'étant pas doublées de sanctions pénales ou administratives, se bornent à prévoir un régime protecteur certes voulu impératif par le législateur qui l'impose, mais qui ne rend pas pour autant « l'exécution du contrat illégale » au sens de cette disposition du règlement. Or depuis l'entrée en vigueur du règlement, c'est là l'une des conditions nécessaires de l'application des lois de police étrangères, et la Cour de justice de l'Union européenne a montré qu'elle veillera au strict respect de ces conditions [358].

108. Par rapport au droit européen, le droit international privé américain apparaît parfois comme plus ouvert à l'application des lois de police, protectrices des parties faibles, édictées dans un autre Etat. Au chapitre III, nous avons vu le texte de la section 187, paragraphe 2 du second *Restatement* des conflits de lois, ainsi qu'une application de ce texte à une loi de police du for (californien) dans l'affaire *Ruiz c. Affinity Logistics* [359]. Or la section 187, paragraphe 2 formule des principes considérés comme également applicables lorsqu'il s'agit de l'application d'une loi de police d'un *autre* Etat, dès lors que cet Etat a un intérêt substantiellement plus important *(materially greater interest)* que l'Etat du for dont le droit aurait normalement été applicable [360]. La plus grande souplesse que permet l'application des

---

intervenants, qui porteraient atteinte aux règles de la libre concurrence. Le sous-traitant étranger serait moins onéreux que le sous-traitant français. »

Voir aussi M.-E. Ancel, « La protection internationale des sous-traitants », *Trav. com. fr. dr. int. pr.*, 2008-2010, p. 225 ss, spéc. p. 229-230.

358. Cf. l'arrêt du 18 octobre 2016, *Nikiforidis*, C-135/15, ECLI :EU :C :2016 :774, qui relève que « le législateur de l'Union a voulu restreindre les perturbations du système de conflit de lois engendrées par l'application des lois de police autres que celles de l'Etat du for » (point 45), et justifie ainsi l'abandon de la solution plus ouverte de l'article 7, paragraphe 1er de la Convention de Rome du 19 juin 1980.

359. 667 F.3d 1318 (9th Cir. 2012) : cf. *supra* n° 89.

360. *Business Incentives Co., Inc. c. Sony Corporation of America*, 397 F. Supp. 63 (SDNY 1975) (application, à un contrat expressément soumis au droit new-yorkais, de la législation du New Jersey relative à la protection des concessionnaires de vente) ; *Southern International Sales Co., Inc. c. Potter & Brumfield Division*, 410 F. Supp.

critères du second *Restatement*, par rapport à l'accent absolu mis par l'article 9 du règlement Rome I sur la sécurité juridique, paraît sur ce point préférable à la solution européenne.

109. La rigidité des règles européennes explique en même temps que là où la protection de certaines catégories de parties faibles fait l'objet d'un véritable consensus, le règlement a veillé lui-même à bilatéraliser leur protection, de manière à pouvoir admettre l'application des règles protectrices d'un autre Etat. On aboutit ainsi à un modèle de protection bilatéralisé des intérêts de certaines catégories de parties faibles, correspondant au modèle «combinatoire» du droit européen. C'est l'une des deux méthodes de protection à travers des règles de conflit à finalité matérielle que nous verrons à présent.

3) *La protection à travers des règles de conflit à finalité matérielle*

110. Les deux premières solutions que nous avons examinées ont en commun, sur le plan de la technique des conflits de lois, d'être des solutions qui reposent sur une approche localisatrice (de type bilatéraliste dans le cas de l'article 120 de la LDIP suisse et de type unilatéraliste en ce qui concerne les lois de police). Une autre approche est concevable; elle repose sur une variante ou une autre de l'idée d'application de la *better law*, de la maximisation de la protection de droit matériel en faveur de la partie faible [361]. Commençons par l'approche la plus généreuse.

i) *L'application de la loi la plus protectrice*

111. La solution de l'application de la loi la plus protectrice est une transposition littérale, aux conflits de lois, de l'idée de faveur à la partie

---

1339 (SDNY 1976) (application d'une loi de police contractuelle portoricaine à un contrat soumis au droit de l'Indiana); *Keystone Leasing Corp. c. Peoples Protective Life Insurance Co.*, 514 F. Supp. 841 (EDNY 1981) (application de la législation sur les assurances du Tennessee à un contrat new-yorkais); voir aussi, sinon la solution adoptée par le jugement *Estee Lauder Companies Inc. c. Batra*, 430 F. Supp.2d 158 (SDNY 2006), du moins les précédents analysés par lui. – Pour une discussion des similitudes entre la jurisprudence américaine appliquant ces critères et la solution prévue par l'article 7, paragraphe 1er de la Convention de Rome du 19 juin 1980 (remplacée depuis lors par le texte, beaucoup plus restrictif, de l'article 9, paragraphe 3 du règlement Rome I), voir E. Jayme, «Zur Anwendung ausländischer Verbotsgesetze durch den Supreme Court von Kalifornien», *IPRax*, 1986, p. 46 ss.

361. Sur cette méthode en droit international privé américain, voir *supra* n° 69. Elle est en tout état de cause incompatible avec l'orthodoxie de l'approche classique des conflits de lois et fait partie du mouvement vers la «matérialisation des règles du droit international privé» (voir la référence au cours de J. D. González Campos *supra* note 107).

faible. Elle consiste à prévoir que, parmi les lois ayant un lien avec la situation, s'appliquera systématiquement celle qui prévoit la solution de droit matériel la plus favorable à la partie qu'il s'agit de protéger. Cette solution a été proposée par Fausto Pocar dans différents écrits [362], et notamment dans un cours à cette Académie [363]. L'auteur récuse l'analyse en termes de lois de police des normes protectrices des parties faibles, en faisant observer que du point de vue du droit matériel, ces normes n'ont un caractère obligatoire que dans le sens de la protection et n'interdisent absolument pas d'y déroger dans un sens plus favorable à la partie faible. Selon lui,

> «il semble indéniable que, le but ... étant de parvenir à appliquer la loi la plus protectrice de la partie faible, il serait plus simple d'obtenir ce résultat en indiquant simplement au juge un rattachement à la loi la plus favorable parmi les lois avec lesquelles le contrat présente un lien. Une telle solution aurait des avantages de clarté et de simplicité et éviterait une série de passages, en assurant l'application de la législation qui donne le degré de protection le plus élevé même dans la situation limite caractérisée par l'absence de règles protectrices ayant un caractère impératif tel qu'on puisse les qualifier d'application immédiate» [364].

L'approche de l'auteur a cependant été critiquée [365], et il est vrai qu'elle ne se retrouve en droit positif, du moins européen, que sous une forme atténuée, celle du modèle «combinatoire» qu'il nous reste à présenter.

ii) *Le modèle «combinatoire» européen*

112. Bien que le modèle de la protection unilatéraliste, à travers des dispositions protectrices insérées dans des directives européennes

---

362. Voir ainsi «Norme di applicazione necessaria e conflitti di leggi in tema di rapporti di lavoro», *RDIPP*, 1967, p. 733 ss.

363. F. Pocar, «La protection de la partie faible en droit international privé», *Recueil des cours*, tome 188 (1984), p. 339 ss.

364. P. 404.

365. Voir P. Mayer, «La protection de la partie faible en droit international privé», dans *La protection de la partie faible dans les rapports contractuels. Comparaisons franco-belges*, Paris, LGDJ, 1996, p. 513 ss, spéc. p. 529:

> «sur un plan théorique, l'idée même d'un maximum de protection paraît critiquable. Toute politique a ses limites, et il n'est pas sûr que la loi la plus protectrice soit nécessairement la meilleure. ... L'objectif ne doit pas être de favoriser a priori une partie, mais de la protéger efficacement, en évitant le choix d'une loi peu protectrice imposée par la partie forte»,

ou encore F. Leclerc, *La protection de la partie faible dans les contrats internationaux*, Bruxelles, Bruylant, 1995, n° 635 et les auteurs cités.

auxquelles une applicabilité internationalement impérative est reconnue, ne soit pas inconnu du droit international privé européen [366], le modèle de protection des parties faibles qui caractérise le règlement Rome I (ou, avant lui, la Convention de Rome du 19 juin 1980 [367]) est basé sur un autre modèle. Il s'agit d'un modèle basé sur la bilatéralisation de la protection de (certaines) parties faibles. Les catégories de parties faibles protégées par le règlement sont les mêmes que les catégories protégées par le règlement Bruxelles I*bis* [368] : les consommateurs (art. 6), les assurés en dehors du cas des assurances des grands risques (art. 7) et les travailleurs dans le cadre des contrats de travail individuels (art. 8). Pour l'une de ces catégories, celle des consommateurs, la protection n'est pas acquise à tous les consommateurs, mais uniquement aux consommateurs « passifs » ou « semi-passifs » puisque la protection ne leur est acquise qu'à condition que le professionnel

> « *a)* exerce son activité professionnelle dans le pays dans lequel le consommateur a sa résidence habituelle, ou
> *b)* par tout moyen, dirige cette activité vers ce pays ou vers plusieurs pays, dont celui-ci,
> et que le contrat rentre dans le cadre de cette activité ».

Cette définition du champ d'application de la protection correspond, en substance, au champ d'application du régime protecteur des consommateurs prévu par le règlement Bruxelles I*bis* [369]. Il existe dans le règlement un certain nombre d'exceptions, répondant à des critères rationnels ou moins rationnels – et dans ce dernier cas influencées par le lobbying de différents secteurs de l'économie [370], dont la plus importante est celle prévue à l'article 6, paragraphe 4, *littera a*, du règlement qui exclut du champ d'application de la protection le « contrat de fourniture de services lorsque les services dus au consommateur doivent être

---

366. C'est le modèle qui a été adopté par un certain nombre de directives européennes en matière de protection des consommateurs et des agents commerciaux : *supra* n°s 87 et 88.

367. P. Lagarde, « Heurs et malheurs de la protection internationale du consommateur dans l'Union européenne », dans *Mélanges Jacques Ghestin*, Paris, LGDJ, 2001, p. 511 ss.

368. *Supra* note n°s 97 et 98.

369. Voir en ce sens le rappel des considérants du règlement Rome I dans l'arrêt du 7 décembre 2010, *Pammer* et *Hotel Alpenhof GesmbH*, précité *supra* note 324, points 10 et 11.

370. « Subventionnement indirect », selon P. Mankowski, *Interessenpolitik und europäisches Kollisionsrecht*, Baden-Baden, Nomos, 2011, p. 48-52.

fournis exclusivement dans un pays autre que celui dans lequel il a sa résidence habituelle».

Le contenu du régime protecteur est, pour les consommateurs et pour les salariés [371], le suivant.

113. Première règle: en l'absence de choix par les parties de la loi applicable, s'applique obligatoirement une loi désignée par le règlement, d'une manière qui tient compte des intérêts de la partie faible.

Pour le contrat de consommation, il s'agira de la loi de la résidence habituelle du consommateur – non pas que cette loi serait nécessairement, sur le plan matériel, plus favorable que la loi de l'établissement du professionnel, mais elle sera mieux connue du consommateur. C'est au professionnel qu'il appartiendra de se conformer aux lois des différents Etats vers lesquels il dirige ses activités; cette désignation du droit applicable est destinée à compenser l'«asymétrie d'information» entre les parties [372].

Pour le contrat individuel de travail, le droit applicable, en l'absence de choix par les parties, est le droit du lieu d'exécution habituel du travail. Là encore, il s'agit d'un droit sur lequel un salarié peut se renseigner facilement; par ailleurs, comme l'indique la Cour de justice dans sa jurisprudence, il s'agit de l'Etat où «le travailleur exerce sa fonction économique et sociale» et dont «l'environnement professionnel et politique influence l'activité de travail», si bien que «le respect des règles de protection du travail prévues par le droit de ce pays doit, dans la mesure du possible, être garanti» [373]. Cette règle générale de détermination de la loi applicable au contrat de travail reçoit toutefois exception lorsqu'il s'agit de détachement de travailleurs dans le cadre de prestations de services transfrontières. L'article 23 du règlement Rome I réserve l'application des dispositions du droit européen qui, dans des domaines particuliers, règlent les conflits de lois en matière d'obligations contractuelles: c'est conformément à ce texte que l'application de la loi du lieu d'accomplissement «habituel» du travail (qui sera en général celle du siège de l'entreprise effectuant une prestation de services dans un autre Etat membre) est remplacée

371. Pour les preneurs d'assurance, la protection prend la forme d'une limitation à l'autonomie de la volonté à un certain nombre de lois, énumérées à l'article 7, paragraphe 3, du règlement; à défaut de choix de la loi applicable, le contrat d'assurance «est régi par la loi de l'Etat membre où le risque est situé au moment de la conclusion du contrat». Une règle similaire est prévue pour les contrats de transport de passagers par l'article 5, paragraphe 2 du règlement.

372. *Supra* n° 103.

373. Arrêt du 15 mars 2011, *Koelzsch*, C-29/10, ECLI:EU:C:2011:151, point 42.

par l'application de la loi de l'Etat membre dans lequel un travail est exécuté par un travailleur temporairement détaché sur ce territoire, pour les matières énumérées à l'article 3 de la directive 96/71 du 16 décembre 1996 concernant le détachement de travailleurs effectué dans le cadre d'une prestation de services [374]. Cette directive, issue de difficiles négociations entre Etats membres, est une directive de lutte contre le « dumping social » [375] et représente une exception au régime général qui s'explique autant, sinon plus, par le souci de la protection des entreprises locales que par le souci d'une maximisation de la protection des travailleurs.

114. On ajoutera qu'il arrive à une doctrine (française, en l'occurrence), favorable à une protection maximale des travailleurs, de douter du caractère suffisant de l'approche « combinatoire » s'agissant du contrat individuel de travail. Qu'en est-il si le droit du lieu d'accomplissement habituel du travail, lorsqu'il est déclaré applicable par l'article 8 du règlement, est moins favorable, peut-être beaucoup moins favorable, aux intérêts du salarié que le droit du siège de l'employeur ? Dans ce cas, cette doctrine propose de se servir de la clause d'exception qui figure au paragraphe 4 de l'article 8 [376], mais dans un sens tout à fait particulier. Normalement, la clause d'exception relève de l'application du principe de proximité. Ici, où personne ne conteste que le lien de proximité le plus fort est effectivement le lien avec le pays du détachement à long terme du salarié, il est proposé d'utiliser la clause d'exception pour désigner « non pas la loi qui a les liens les plus étroits avec le contrat,

---

374. Ces matières sont :

« *a)* les périodes maximales de travail et les périodes minimales de repos ;

b) la durée minimale des congés annuels payés ;

c) les taux de salaire minimal, y compris ceux majorés pour les heures supplémentaires ; le présent point ne s'applique pas aux régimes complémentaires de retraite professionnels ;

d) les conditions de mise à disposition des travailleurs, notamment par des entreprises de travail intérimaire ;

e) la sécurité, la santé et l'hygiène au travail ;

f) les mesures protectrices applicables aux conditions de travail et d'emploi des femmes enceintes et des femmes venant d'accoucher, des enfants et des jeunes ;

g) l'égalité de traitement entre hommes et femmes ainsi que d'autres dispositions en matière de non-discrimination ».

375. J. Mischo, « Libre circulation des services et dumping social », dans *Mélanges Philippe Léger*, Paris, Pedone, 2006, p. 435 ss. Selon le considérant n° 5 de la directive, « une telle promotion de la prestation de services dans un cadre transnational nécessite une concurrence loyale et des mesures garantissant le respect des droits des travailleurs ».

376. « S'il résulte de l'ensemble des circonstances que le contrat présente des liens plus étroits avec un autre pays que celui visé au paragraphe 2 ou 3, la loi de cet autre pays s'applique. »

mais la loi qui a *les liens les plus significatifs* avec lui, c'est-à-dire la loi qui convient le mieux à la relation de travail». Si cette proposition est suivie, il suffit (notamment au cas où l'employeur est français) que «des liens objectifs et forts avec la France» soient caractérisés pour que la clause d'exception permette de désigner la loi française, «plutôt que la loi du lieu d'accomplissement habituel du travail, lorsque cette dernière est clairement moins favorable au salarié», privant ainsi d'efficacité «certaines stratégies de délocalisation» [377]. Cette proposition revient, en fait, à l'instauration du système de l'application de la loi la plus protectrice, mais elle ne correspond pas au sens du rattachement combinatoire adopté par le droit positif [378]. C'est en réalité une proposition *de lege ferenda* [379], qui est recevable en tant que telle – mais qui supposerait, afin de pouvoir être adoptée lors d'une modification du règlement, qu'il existe sur ce point un consensus politique entre les Etats membres.

115. Seconde règle: aux termes du règlement (article 6, paragraphe 2 pour le contrat de consommation et article 8, paragraphe 1er pour le contrat de travail individuel), le choix de la loi applicable au contrat n'est pas interdit, mais il ne peut

> «avoir pour résultat de priver le consommateur [le travailleur] de la protection que lui assurent les dispositions auxquelles il ne peut être dérogé par accord»

de la loi qui aurait été applicable en l'absence de choix. C'est cette deuxième règle qui explique que le modèle européen ait été appelé

377. S. Corneloup, note à la *Rev. crit.*, 2012, p. 596-598; dans un sens voisin R. Rodière, *Droit social de l'Union européenne*, 2e édition, Paris, LGDJ, 2014, no 545. Voir cependant la position plus neutre d'E. Pataut, note à la *Rev. crit.*, 2012, p. 661 et la position modérée de F. Jault-Seseke, «Loi applicable au contrat de travail, la pertinence du critère du lieu d'exécution habituelle du travail relativisée», *RDT*, 2013, p. 785 ss.

378. La Cour de justice a jugé que l'interprétation de la clause d'exception ne peut conduire «à l'application, dans tous les cas de figure, de la loi la plus favorable pour le travailleur» (arrêt du 12 septembre 2013, *Schlecker*, C-64/12, ECLI:EU:C:2013:551, point 34).

379. Voir N. Nord, «La nécessaire refonte du système de conflit de lois en matière de contrat de travail international», *Rev. crit.*, 2016, p. 309 ss, avec une proposition de nouvelle rédaction de l'article 8, prévoyant que si la loi du lieu d'accomplissement habituel du travail (ou, à défaut de lieu d'exécution habituel, la loi du pays avec lequel le contrat de travail entretient les liens les plus étroits)

> «instaure une protection du salarié manifestement plus faible par rapport à celle prévue par la loi d'un autre pays présentant des liens objectifs significatifs avec le contrat, la loi de cet autre pays s'applique».

« système combinatoire » [380]. Ce modèle ressemble à celui de l'application de la loi la plus protectrice [381], avec cependant une limitation à deux des lois entre lesquelles la juridiction saisie devra choisir chaque fois la règle la plus protectrice : la loi choisie et la loi objectivement applicable aux termes des dispositions du règlement.

Le résultat de l'application de cette méthode sera que les parties faibles protégées bénéficient à la fois des dispositions protectrices de la loi choisie, généralement sur initiative de la partie forte, *et* de la protection résultant de la loi objectivement applicable en l'absence de choix [382]. Théoriquement par conséquent, le professionnel ou l'employeur n'a aucun intérêt propre à choisir une loi autre que celle qui serait normalement applicable, puisque les dispositions protectrices de celles-ci s'imposeront de toute manière. Néanmoins, le choix du droit applicable à un contrat de consommation ou de travail est en réalité fréquent. Pourquoi ?

Il peut s'agir simplement du souhait d'uniformiser dans la mesure du possible les conditions contractuelles pour un professionnel ou employeur imposant le choix de la loi du lieu d'implantation de sa propre entreprise ; il devra alors composer avec le degré de protection plus élevé qui peut résulter de la loi objectivement applicable – mais qui n'en résultera pas nécessairement, puisque la loi du lieu d'implantation de l'entreprise peut être, en fait, la loi la plus protectrice. Il se peut aussi que le choix du droit applicable se fasse dans le sens de l'application de la loi du lieu d'implantation de l'entreprise – ou même, dans une hypothèse encore plus pessimiste, dans le sens de l'applicabilité d'une loi *tierce* volontairement choisie comme moins protectrice – dans l'intention, un peu cynique, de ne tenir aucun compte de la loi objectivement applicable : ainsi un consommateur aurait théoriquement la possibilité de revendiquer la protection de la loi de sa propre résidence, mais le fera-t-il, dès lors que le professionnel lui opposera que l'applicabilité d'une autre loi est stipulée clairement, « noir sur blanc », dans le contrat que le consommateur a signé – ou auquel il a adhéré électroniquement

380. G. et A. Lyon-Caen, *Droit social international et européen*, 7e édition, Paris, Dalloz, 1991, no 14 (à propos du système jurisprudentiel français antérieur à la Convention de Rome, mais les auteurs indiquent que le système de la Convention est proche de ce système jurisprudentiel : no 31).

381. *Supra*, no 111.

382. Sur la technique de la comparaison des degrés de protection des *salariés* qui résultent de la loi choisie d'une part, de la loi objectivement applicable de l'autre, voir F. Jault, note à la *Rev. crit.*, 2003, p. 456-460 ; P. Mankowski, note *IPRax*, 2015, p. 313-315, avec des références jurisprudentielles.

en un clic de souris ? Il n'est pas sûr que le consommateur maintiendra ses prétentions au regard de cet obstacle, spécialement si le litige est d'un faible enjeu [383].

116. La Cour de justice a réagi à cette tactique, en jugeant que ce type de clause de choix du droit applicable est une *clause abusive* au sens de la directive 93/13/CEE concernant les clauses abusives dans les contrats conclus avec les consommateurs,

> « pour autant qu'elle induise [le] consommateur en erreur en lui donnant l'impression que seule la loi de cet Etat membre s'applique au contrat, sans l'informer du fait qu'il bénéficie également, en vertu de l'article 6, paragraphe 2 du règlement Rome I, de la protection que lui assurent les dispositions impératives du droit qui serait applicable en l'absence de cette clause »,

si bien qu'elle peut donner lieu à une action en cessation introduite contre le professionnel par une entité qualifiée pour la protection des intérêts collectifs des consommateurs [384].

117. Le modèle combinatoire repose sur la détermination, par un texte uniforme de droit européen, des catégories de parties faibles à protéger et des conditions de leur protection. Sa logique est par conséquent une logique intrinsèquement multilatéraliste. D'où la question suivante :

c) *La protection unilatéraliste des parties faibles reste-t-elle compatible avec le modèle européen ?*

1) Comment se pose le problème

118. Historiquement, comme nous l'avons vu, la protection des parties faibles dans les contrats internationaux s'est développée à partir du modèle unilatéraliste des lois de police [385]. La Cour de justice des Communautés européennes a par ailleurs reconnu, dans l'arrêt *Arblade* de 1999, que la réglementation belge de la rémunération minimale, et

383. P. Mankowski, *op. cit.*, *supra* note 370, p. 24.

384. Arrêt du 28 juillet 2016, *Verein für Konsumenteninformation*, C-191/15, ECLI:EU:C:2016:612. L'affaire concernait les conditions générales d'Amazon EU sàrl, société établie au Luxembourg et appartenant à un groupe international de commerce par correspondance, qui conclut des contrats de vente en ligne avec des clients établis en Europe. Ses conditions générales déclaraient uniformément applicable le droit luxembourgeois.

385. *Supra* n° 106.

d'autres aspects de la réglementation des relations de travail, pouvaient être considérés comme des lois « de police et de sûreté » :

> « il convient d'entendre cette expression comme visant des dispositions nationales dont l'observation a été jugée cruciale pour la sauvegarde de l'organisation politique, sociale ou économique de l'Etat membre concerné, au point d'en imposer le respect à toute personne se trouvant sur le territoire national de cet Etat membre ou à tout rapport juridique localisé dans celui-ci » [386].

La Cour retient que ces lois de police peuvent être reconnues comme correspondant à des raisons impérieuses d'intérêt général, au titre de la protection des travailleurs, susceptibles de limiter les droits dérivant de la liberté de prestations des services dont bénéficie une entreprise française détachant des travailleurs en Belgique. L'arrêt formule une réserve ayant trait au nécessaire respect du principe de proportionnalité, mais sans que la qualification de la législation belge, protectrice d'une partie faible, comme loi de police ait été problématisée et encore moins critiquée dans la décision de la Cour.

119. C'était en 1999. Depuis lors, un autre obstacle à l'utilisation de la protection unilatéraliste des parties faibles par les Etats membres de l'Union européenne a été identifié ou imaginé. Le problème est celui d'une éventuelle incompatibilité du recours à des solutions unilatérales avec le système institué par la Convention de Rome, puis par le règlement Rome I, compris et appliqués comme instituant un système rigide [387]. Il s'agit en réalité de se décider entre deux approches fondamentalement différentes de la protection des parties faibles dans le droit des conflits de lois. Selon une vue, française et belge, l'entrée en vigueur de la Convention de Rome, puis du règlement Rome I, n'ont rien changé au droit pour les Etats membres d'imposer leur propre vision de la protection des parties faibles en lui donnant le caractère de lois de police. Après tout, la convention (art. 7), puis le règlement (art. 9) reconnaissent que leurs dispositions « ne pourront porter atteinte

---

386. Arrêt du 23 novembre 1999, *Arblade*, C-369/96 et C-376/96, ECLI:EU:C: 1999:575, point 30 ; également *Rev. crit.*, 2000, p. 710, note Fallon ; la même définition a été reprise dans l'arrêt du 19 juin 2008, *Commission/Luxembourg*, C-319/09, ECLI:EU:C:2008:350.

387. Voir S. Francq et F. Jault-Seseke, « Les lois de police, approche de droit comparé », dans S. Corneloup et N. Joubert (dir. publ.), *Le règlement communautaire « Rome I » et le choix de loi dans les contrats internationaux*, Paris, Litec, 2011, p. 357 ss ; J.-J. Kuipers et S. Migliorini, « Qu'est-ce que sont les « lois de police » ? – Une querelle franco-allemande après la communautarisation de la Convention de Rome », *Rev. eur. dr. pr.*, 2011, p. 187 ss.

à l'application des lois de police du juge saisi», si bien que les Etats membres restent souverains dans la protection qu'ils entendent assurer, unilatéralement, aux parties faibles. Cette vision correspond à la vision d'une Europe sociale, ainsi qu'au rôle tutélaire de l'Etat qui correspond aux traditions politiques et sociales de ces Etats membres. A cette vision s'oppose la vision des juridictions des Etats germanophones de l'Europe: l'Autriche et l'Allemagne, où l'on prend au sérieux l'incidence sur cette question de principes inspirés de l'ordolibéralisme.

2) La réponse de la jurisprudence franco-belge

120. Le modèle *français* comporte deux volets.

En premier lieu, la jurisprudence française permet de protéger par des lois de police les parties faibles qui appartiennent aux catégories identifiées par la convention ou par le règlement, mais elle le fait en dehors des situations pour lesquelles leur protection est prévue par les textes européens. Concrètement, il s'agit d'étendre la protection internationale des consommateurs résidant en France aux consommateurs actifs, qui se sont déplacés dans l'Etat du professionnel. C'est ce qu'a jugé la jurisprudence française en se prononçant sur l'applicabilité internationale des dispositions françaises relatives au crédit à la consommation. Dans une série d'arrêts, la Cour de cassation française a considéré ces dispositions comme des lois de police «d'application impérative pour le juge français» [388] ou «d'application impérative au sens de l'article 7, alinéa 2 de la Convention de Rome du 19 juin 1980» [389]. Dans ces cas, il s'agissait pourtant de consommateurs français qui avaient activement recherché des crédits bancaires avantageux en venant se déplacer auprès de la Deutsche Bank ou auprès de la Commerzbank à Francfort; ces banques avaient certainement respecté la législation allemande relative au crédit à la consommation, et ne se doutaient pas de l'applicabilité potentielle – en France – des dispositions françaises, avec leur formalisme inhabituel pour une banque allemande. Et pourtant, c'est ce à quoi aboutissait le mécanisme des lois de police françaises dont les objectifs, tels qu'ils étaient identifiés par la Cour de cassation française, nécessitaient leur application aux contrats conclus par tous les résidents français emprunteurs, indépendamment de la question de savoir s'il s'agissait de consommateurs actifs ou passifs.

---

388. Civ. 1re, 19 octobre 1999, nº 97-17.650, *Rev. crit.*, 2000, p. 29, note Lagarde.
389. Civ. 1re, 23 mai 2006, nº 03-15.837, *Rev. crit.*, 2007, p. 85, note Cocteau-Senn.

En second lieu, le recours aux lois de police a permis à la jurisprudence française de protéger des parties faibles dont la protection n'est pas prévue par les textes européens – des parties faibles autres que les consommateurs, les assurés et les travailleurs par conséquent : il s'agit notamment des professionnels qui se trouvent dans une situation de dépendance par rapport à d'autres professionnels. C'est là l'inspiration derrière la jurisprudence française en matière de protection des sous-traitants, avec sa définition bien particulière du champ d'application nécessaire dans l'espace de la législation française [390].

En doctrine française, cette orientation, sociale ou solidariste, de la jurisprudence de la Cour de cassation est en général accueillie avec sympathie ; il semble normal aux auteurs que la jurisprudence utilise ainsi la notion de lois de police à des fins de protection des parties faibles aux contrats [391].

121. La jurisprudence *belge* est similaire à la jurisprudence française, en assurant elle aussi de manière unilatérale la protection des salariés travaillant en Belgique, même si le lieu d'exécution habituel de leur travail est ailleurs [392], et en assurant, par le recours aux lois « de police et de sûreté », la protection des agents commerciaux ou des concessionnaires de vente [393].

3) La réponse de la jurisprudence germano-autrichienne

122. Sur l'ensemble de ces points, la jurisprudence allemande et autrichienne est d'un avis contraire à celui de la jurisprudence française et belge. Elle repose sur une évaluation différente, en général soutenue par la doctrine de ces pays, de l'importance de la politique de protection des parties faibles et de la limitation qu'elle impose à l'autonomie de la volonté en droit international privé et au-delà, en dernière analyse, à la liberté d'entreprise.

---

390. Jurisprudence citée *supra* n° 107.

391. Voir par exemple P. de Vareilles-Sommières, « Lois de police et politiques législatives », *Rev. crit.*, 2011, p. 207 ss, spéc. p. 244. *Contra*, cependant, L. d'Avout, « Le sort des règles impératives dans le règlement Rome I », *D.*, 2008, p. 2165 ss, spéc. p. 2167 ; du même auteur, note au *D.*, 2014, p. 62.

392. Cf. les données du droit belge sous-jacentes à l'arrêt *Arblade* de la Cour de justice (*supra* n° 118), ainsi qu'à l'arrêt du 15 mars 2001 (*Mazzoleni*, C-165/98, ECLI:EU:C:2001:162).

393. Voir, en jurisprudence belge, Cass., 14 janvier 2010, *Pas.*, 2010, p. 119 ; *RCJB*, 2013, p. 249, avec une note de M. Traest citant de nombreux précédents, à partir de Cass., 28 juin 1979, *Pas.*, 1979, I, p. 1260. Voir aussi A. Nuyts, « L'application des lois de police dans l'espace (Réflexions à partir du droit belge de la distribution commerciale et du droit communautaire) », *Rev. crit.*, 1999, p. 31 ss, 245 ss.

En premier lieu, contrairement à la jurisprudence française, la jurisprudence allemande n'admet pas une protection des consommateurs «actifs», exclue par les dispositions de la Convention de Rome (ou, aujourd'hui, du règlement Rome I), qui se fonderait sur la résidence en Allemagne des consommateurs qui seraient protégés par des lois de police allemandes. Cette jurisprudence se justifie par le souci d'une interprétation *systématique* des textes européens. Là où des dispositions spéciales, comme celles que la Convention ou le règlement consacrent aux contrats de consommation, assurent une réglementation complète d'un certain type de situation, il n'est pas possible d'aboutir, au moyen de l'application d'une autre disposition de la même Convention ou du même règlement (la disposition, de portée générale, relative aux lois de police) à un résultat contraire à la réglementation expresse des contrats de consommation[394]. Admettre, dans pareil cas, le recours à une protection unilatérale des consommateurs serait priver de son efficacité la volonté d'unification des règles de conflits de lois qui était celle des auteurs des textes européens.

123. En second lieu, là où ce problème d'interprétation systématique ne se pose pas, la jurisprudence allemande et autrichienne voit une autre difficulté, bien plus fondamentale. En fait, dans plusieurs situations, le problème d'interprétation systématique lui-même ne se pose pas : celle, d'abord, où est en cause une catégorie de parties faibles qui n'est pas spécialement protégée par les textes européens (dans ce cas, il ne peut être question de contradiction avec la solution sur laquelle se sont mis d'accord les auteurs du texte) ; celle, ensuite, du contrat de travail, puisqu'à la différence de la catégorie des consommateurs (qui ne sont protégés qu'à condition d'être des consommateurs passifs), les travailleurs sont protégés par les textes européens sans condition additionnelle[395] ; celle, enfin, où il s'agit de la protection de

394. BGH, 26 octobre 1993, *BGHZ*, volume 123, p. 380 ; voir également, dans l'affaire de la *Grande Canarie* (cf. *supra* note 342), le raisonnement plus contestable de BGH, 19 mars 1997, *BGHZ*, 135, p. 124 (trad. fr., *Rev. crit.*, 1998, p. 610, note Lagarde).

395. Les cas qui sont survenus en jurisprudence allemande (Cour fédérale du travail – *Bundesarbeitsgericht* –, arrêts des 24 août 1989, *BAGE*, volume 63, p. 17 ; 29 octobre 1992, *BAGE*, volume 71, p. 297 ; 3 mai 1995, *BAGE*, volume 80, p. 84 ; 12 décembre 2001, *BAGE*, volume 100, p. 130 ; 1er juillet 2010, *NZA*, 2012, p. 760 ; 22 octobre 2015, *NZA*, 2016, p. 473) concernaient des situations atypiques, ayant trait au cas de salariés actifs dans les transports ou au service d'ambassades étrangères, dans lesquelles la loi applicable aux relations de travail n'était pas la loi du lieu d'exécution habituelle du travail, mais la loi de l'établissement de l'employeur. Pouvait-on imposer l'application de la réglementation allemande du travail, au motif que le travail était accompli en Allemagne ?

consommateurs, mais à propos de types de contrats de consommation qui sont expressément exclus, à titre exceptionnel, du champ d'application des textes européens [396].

Dans ces situations, la difficulté est la suivante : selon la jurisprudence (et la doctrine) allemande et autrichienne, des dispositions protectrices des parties faibles ne sont normalement pas, objectivement, des lois de police. La qualification de loi de police doit, selon cette conception, être réservée aux lois par lesquelles un Etat cherche à protéger, non pas les intérêts privés de telle ou telle catégorie de personnes (fussent-elles les parties faibles aux contrats), mais des *intérêts publics* [397], que des arrêts de la Cour fédérale allemande appellent des *« ordnungspolitische Interessen »*, des intérêts d'ordonnancement public de l'économie [398]. Et, comme l'ajoute un auteur allemand, des lois qui ne servent qu'à la défense des intérêts privés d'une catégorie de contractants ne pourraient pas devenir des « lois de police » par simple ordre du législateur auquel fait défaut la compétence pour redéfinir, « par ordre du mufti », par oukase, des catégories (comme en l'occurrence celle de « loi de police ») qu'il ne lui appartient pas de définir [399] : c'est l'autonomie des notions du droit européen qui empêcherait définitivement le législateur national de décréter, à des fins de protection des parties faibles, l'application nécessaire ou immédiate de ses lois sous couvert de la notion de « loi de police ».

Cela dit, selon les Cours suprêmes allemande et autrichienne, il n'est pas absolument impossible qu'une loi donnée, servant principalement à la défense des parties faibles, soit reconnue comme étant une loi de police, mais ce sera à condition que cette loi ne serve pas *seulement* les intérêts des parties faibles, mais « au moins également des intérêts publics ». Cependant cette condition est interprétée strictement par la jurisprudence. Ainsi la Cour fédérale allemande s'est servie de ce

---

396. Sur ces types de contrats, voir *supra* n° 112.

397. Voir, en matière de protection des salariés, la jurisprudence de la Cour fédérale du travail citée *supra* note 395 et en Autriche l'arrêt de la Cour suprême OGH, 16 septembre 2011, 9ObA65/11s ; en matière de protection des consommateurs et des sous-traitants, les arrêts allemands cités *infra*.

398. BGH, 27 février 2003, *BGHZ*, volume 154, p. 110 ; BGH, 1er décembre 2005, *BGHZ*, volume 165, p. 1728 (ou alors « öffentliche Gemeinwohlinteressen » selon BGH, 13 décembre 2005, *BGHZ*, volume 165, p. 248) ; voir déjà, en jurisprudence autrichienne, OGH, 25 septembre 2001, 1Ob164/01a (« vom öffentlichen Interesse getragener ordnungspolitischer Gehalt », une formule similaire à celle de la jurisprudence allemande) ; ou encore, reprenant en substance la même formule, OGH, 29 novembre 2016, 9 ObA 53/16h.

399. P. Mankowski, dans C. von Bar et P. Mankowski, *Internationales Privatrecht*, volume I, 2e édition, Munich, C. H. Beck, 2003, n° 99.

raisonnement pour décider exactement le contraire de la jurisprudence française en matière de protection des emprunteurs résidant en France [400]: une loi allemande sur le prêt à la consommation, servant à la protection des emprunteurs à l'égard des banques, n'est pas une loi de police, puisqu'elle tend principalement à l'égalisation des intérêts entre les parties au contrat. Il n'est pas nié dans l'arrêt qu'à côté de cette finalité de protection des parties faibles, cette loi puisse également avoir un effet secondaire de protection d'intérêts publics: promotion du principe de l'Etat social, fonction de régulation du marché inhérente à la réglementation des contrats de consommation ou intérêt du bon fonctionnement du marché intérieur européen. Mais tout cela est insuffisant: «pareille protection purement incidente, par effet réflexe, d'intérêts publics» est insuffisante pour la qualification de loi de police [401].

Selon le même arrêt, les tribunaux ne doivent utiliser la qualification de loi de police qu'avec «retenue» et éviter que la notion de loi de police devienne une «clause échappatoire générale» et remette en cause de manière arbitraire le principe fondamental de l'autonomie de la volonté dans les contrats internationaux et, en conséquence, le rattachement uniforme des contrats.

La différence d'inspiration par rapport à la jurisprudence française et belge est évidente. D'ailleurs, la Cour fédérale allemande a utilisé le même raisonnement pour écarter spécifiquement la qualification de loi de police à propos de la législation belge protégeant les sous-traitants [402].

124. Tous ces arrêts ont été rendus en application de la Convention de Rome du 19 juin 1980. L'insertion, au cours des négociations du règlement Rome I, d'une référence expresse à «la sauvegarde de ses intérêts publics» dans la définition légale des lois de police (article 9,

---

400. Civ. 1re, 23 mai 2006, cité *supra* note 389.

401. «Ein solcher reflexartiger Schutz öffentlicher Gemeinwohlinteressen reicht für eine Anwendung des § 34 EGBGB nicht aus»: BGH, 13 décembre 2005, préc. *supra* note 398, point 27. – Le même raisonnement est encore mené par BGH, 9 juillet 2009, *BGHZ*, volume 182, p. 24; BGH, 24 septembre 2014, *NJW*, 2015, p. 1690, pour rejeter la qualification de loi de police. Celle-ci a été acceptée, en revanche, à propos de lois sanctionnant le comportement déloyal de participants au marché, lois qui servent à la fois à la protection de particuliers et à l'organisation des marchés: en Allemagne, BGH, 1er décembre 2005, préc. *supra* note 398. – En Autriche, la même idée est suivie par OGH, 29 mars 2006, 3Ob230/5b; un arrêt postérieur (OGH, 8 mars 2012, 2 Ob 122/11x) énonce dans un *obiter dictum* (auquel il ne faut sans doute pas attacher un poids excessif) que le fait qu'une loi serve à la défense d'intérêts individuels à côté d'intérêts publics rend «pour le moins douteuse» sa qualification de loi de police .

402. BGH, 20 novembre 2014, *ZIP*, 2015, p. 42.

paragraphe 1er du règlement) pourrait être lu comme une confirmation du point de vue adopté en Allemagne et en Autriche. Mais on peut se demander si vraiment, il est définitivement acquis que le point de vue germano-autrichien s'impose en tous points dans l'interprétation du droit européen :

4) Que dit, que dira vraiment le droit européen ?

125. La solution définitive de ce désaccord sur un aspect de l'orientation du droit international privé européen, entre les tenants d'une orientation plutôt sociale et ceux d'une orientation plutôt ordolibérale, n'est pas une affaire de consensus scientifique, mais une question d'interprétation des termes employés par le règlement Rome I. L'expérience enseigne que quelle que soit l'importance de leurs enjeux, ces questions d'interprétation finissent par être résolues, une fois pour toutes, par la jurisprudence de la Cour de justice de l'Union européenne dont les arrêts, quelle que soit la solution adoptée, finissent par être acceptés par le discours scientifique comme représentant le droit européen positif. Le problème n'est donc pas éternel, mais sera appelé à être résolu selon les principes du plus pur positivisme jurisprudentiel ; un premier arrêt, offrant des éléments de solution, a d'ailleurs déjà été rendu [403]. En attendant que la question soit définitivement résolue, voici quelques éléments de réflexion.

Sur le premier point, celui de l'interprétation systématique des textes européens, le raisonnement de la jurisprudence allemande est difficilement réfutable. En particulier, si les auteurs des textes européens se sont mis d'accord, au terme de négociations précises, sur un équilibre déterminé entre la protection des consommateurs et les intérêts de leurs cocontractants, le fait pour les juridictions françaises de vouloir protéger *encore mieux* les consommateurs résidant en France semble effectivement injustifiable.

En revanche, sur le deuxième point – celui de la définition même des lois de police, qui est aussi celui de la possibilité de pouvoir assurer une protection de type unilatéraliste à des catégories de parties faibles qui ne sont pas mentionnées dans les textes européens –, le point de vue franco-belge n'est pas dépourvu de mérites. Certes, il est indéniable que l'entrée en vigueur du règlement Rome I a renforcé l'interprétation

---

403. Arrêt du 17 octobre 2013, *United Antwerp Maritime Agencies (Unamar) NV*, C184/12, ECLI:EU:C:2013:663 (voir *infra* n° 127).

germano-autrichienne, en faisant figurer expressément les « intérêts publics » dans la définition désormais légale des lois de police. Mais ceci ne signifie pas nécessairement que le législateur européen a voulu se rallier entièrement à cette jurisprudence, y compris dans son approche restrictive de ce qu'est un « intérêt public », et dans l'opposition qu'elle institue entre la protection des intérêts publics et la protection des intérêts des parties faibles aux contrats. Il n'est pas certain non plus que les auteurs du règlement aient voulu *modifier* l'approche des lois de police telles qu'elle s'était manifestée, auparavant, dans la jurisprudence de la Cour de justice : rappelons que l'arrêt *Ingmar* [404] avait trait à une directive européenne en matière de protection des agents commerciaux, professionnels faibles car dépendant économiquement de leurs commettants ; et que l'arrêt *Arblade* [405] avait accepté sans discussion la qualification de lois de police et de sûreté donnée par la jurisprudence belge à la protection des salariés pouvant être assurée par la loi du lieu d'accomplissement ponctuel du travail dans le cadre de prestations de services.

126. L'argument principal en faveur de l'approche franco-belge est toutefois un argument moins technique et plus politique. On peut certes concevoir qu'un (autre) règlement européen contraigne la France ou la Belgique à renoncer à leur vision traditionnelle de la protection des parties faibles en matière internationale. Cependant, il faudrait dans ce cas que ce changement ait été l'objet même de ce règlement. S'il s'agissait, non pas du règlement Rome I, mais d'un règlement ou d'une directive qui auraient été adoptés dans une optique spécifique de promotion du marché intérieur, tendant à l'élimination de cet obstacle à la libre circulation des services que constitue une législation protectrice uniformément applicable sur le territoire d'un Etat membre, alors ce texte s'imposerait évidemment aux juridictions françaises ou belges [406]. Mais est-ce que, en ajoutant deux mots – « intérêts publics » – à la définition des lois de police, les rédacteurs du règlement Rome I ont réellement eu l'intention de limiter considérablement l'autonomie des

404. *Supra* nº 88.
405. *Supra* nº 83.
406. La directive 2006/123/CE du 12 décembre 2006 relative aux services dans le marché intérieur (dite « directive Services » ou « directive Bolkestein », d'après le nom du commissaire européen promoteur d'un premier projet qui souhaitait aller plus loin dans le sens de la libéralisation des services et instituer le « principe du pays d'origine ») aurait pu être un texte de ce type, mais le texte définitif renonce, précisément, à toucher aux règles de droit international privé des contrats (article 3, paragraphe 2). L'opposition au premier projet s'était fait sentir, en particulier, en France et en Belgique.

Etats membres dans la définition des raisons impérieuses d'intérêt général qu'ils étaient autorisés, par la jurisprudence *Arblade*, à invoquer au titre des lois de police ? On peut en douter.

127. Dans son arrêt *Unamar* du 17 octobre 2013 [407], la Cour de justice a donné une première réponse, partielle, à la question du maintien de cette autonomie des Etats membres. L'affaire *Unamar* est intervenue sur renvoi de la Cour de cassation belge qui entendait faire vérifier s'il était possible d'appliquer comme loi de police une disposition de la loi belge relative au contrat d'agence commerciale qui, tout en transposant en droit belge la directive 86/653 – la même directive qui était en cause dans l'affaire *Ingmar* devant la Cour de justice –, en avait étendu les dispositions aux contrats d'agence relatifs à l'exploitation de services de transport maritime, situation non réglée par la directive elle-même, qui ne s'applique qu'à l'intervention des agents commerciaux dans la conclusion de contrats de vente ou d'achat de marchandises. Cette jurisprudence belge était-elle incompatible avec la notion de loi de police au sens de l'article 9, paragraphe 1 du règlement Rome I ? L'arrêt de la Cour de justice traite comme équivalente la définition des lois de police qu'elle avait donnée par son arrêt *Arblade* et celle que donne le règlement [408] et ne semble donc attacher aucun poids à l'ajout de la référence aux « intérêts publics » dans le texte du règlement. Il commence par vouloir endiguer le recours aux lois de police, qui lui semble être en tension avec les objectifs libéraux des textes du droit international privé européen (référence au « principe d'autonomie de la volonté des parties au contrat, pierre angulaire de la Convention de Rome, reprise dans le règlement Rome I » [409]). Ces considérations sont en harmonie avec la jurisprudence germano-autrichienne. Mais par la suite, l'arrêt décide néanmoins de permettre aux juges nationaux, dans l'application de la notion de lois de police, de donner effet à l'« intérêt particulier » de leur Etat à la protection des parties faibles qui ne font pas partie des catégories protégées par des dispositions de la Convention ou du règlement [410].

Quoiqu'il concerne un cas spécifique (celui de l'extension, par un Etat membre, du champ d'application d'une directive européenne à laquelle le caractère de loi de police avait été reconnu par la jurisprudence préexistante de la Cour de justice elle-même), l'arrêt *Unamar* peut

407. *Supra* note n° 403.
408. Point 48.
409. Point 49.
410. Point 50.

encourager l'interprétation franco-belge de la notion de lois de police, s'agissant de la protection de nouvelles catégories de parties faibles [411]. Du moins la Cour de cassation belge l'a-t-elle compris ainsi, puisqu'elle a décidé, au vu de l'arrêt interprétatif de la Cour de justice, que les dispositions belges en cause devaient effectivement être qualifiées de lois de police, dérogatoires à la loi choisie par les parties [412].

128. C'est là l'état temporairement actuel de cette question particulière, destiné à se périmer au fur et à mesure de l'évolution de la jurisprudence. Tel est le sort des questions d'interprétation des règlements européens. Le problème général de la protection des parties faibles en droit international privé est d'une autre nature et ne se périmera pas, quant à lui, avec la même rapidité.

---

411. Dans le même sens, voir par exemple – de la part d'auteurs par ailleurs critiques à l'égard de la solution ainsi adoptée – L. d'Avout, « Les directives européennes, les lois de police de transposition et leur application aux contrats internationaux », *D.*, 2014, p. 60 ss, spéc. p. 62 ; L. M. van Borchove, « Overriding Mandatory Rules as a Vehicle for Weaker Party Protection in European Private International Law », *Erasmus L. Rev.* 2014, n° 3, p. 147 ss ; G. Rühl, « Commercial Agents, Minimum Harmonisation and Overriding Mandatory Provisions in the European Union : The Unamar Case », *CMLR*, volume 53 (2016), p. 209 ss.

412. Cass. 12 septembre 2014, *Pas.*, 2014, p. 1845.

CHAPITRE V

LE DROIT INTERNATIONAL PRIVÉ À L'ÂGE NÉOLIBÉRAL

129. Nous vivons une époque néolibérale, une époque de «mondialisation heureuse» [413] (ou malheureuse). L'orientation néolibérale n'est pas la seule caractéristique de notre époque – elle coexiste, parfois difficilement, avec une orientation subsistant dans certains domaines autour de ce qui reste l'idée d'Etat social [414] – , et surtout nul ne peut affirmer que le néolibéralisme est *l'horizon indépassable de notre temps*, ni d'ailleurs prédire si l'avenir appartient, dans telle ou telle région du monde, au néolibéralisme (ou au libéralisme tout court), ou plutôt à des formes conservatrices, populistes ou alors autoritaires et illibérales de gouvernement. Ce qui nous intéresse ici est de voir comment ces orientations peuvent se refléter en droit international privé [415]. La question n'a rien d'artificiel, puisque le droit international privé est affecté au premier chef par les phénomènes de mondialisation (et les possibilités, ou risques, d'optimisation qu'elle entraîne dans tous les domaines).

1. De l'autorité de la loi à l'autonomie individuelle : le développement d'un droit international privé néolibéral

130. L'utilisation de l'expression «néolibéralisme» comme désignation d'une théorie politique ayant une influence sur le droit international privé relève, il est vrai, du paradoxe ou de la provocation :

---

413. Selon le titre d'un ouvrage d'Alain Minc (*La mondialisation heureuse*, Paris, Plon, 1998), ouvrage qui a pour principal mérite (très superficiel, il est vrai) ce titre, joliment trouvé.

414. Cf. *supra* n°s 93 ss. La difficulté de cette coexistence en droit européen est illustrée, hors droit international privé, par l'emblématique arrêt *AGET Iraklis* de la grande chambre de la Cour de justice (21 décembre 2016, C-201/15, ECLI:EU:C:2016:972). Cf. également, mais dans un esprit d'apologie, J. Kokott, «Der EuGH – eine neoliberale Institution ?», *Festschrift Renate Jaeger*, Kehl, N. P. Engel, 2010, p. 115 ss.

415. Les deux premières sections de ce chapitre ont fait l'objet d'une prépublication partielle, en 2015, dans les *Mélanges Pierre Mayer* (Paris, LGDJ) qui a été augmentée ici. La section finale, consacrée à l'avenir du droit international privé néolibéral, est une mise à jour du cours. Elle fait également l'objet, sous une forme modifiée, d'une contribution au *liber amicorum* offert à Angelo Davì à l'occasion de son 70e anniversaire (Naples, Editoriale Scientifica, 2019), et a été partiellement présentée lors d'un colloque organisé en octobre 2018 par l'Université de Lyon 3.

personne ne se revendique de lui. Ni ses adversaires bien entendu, ni ses partisans, tant a été efficace la dévalorisation dont le néolibéralisme a fait l'objet. On peut, si on le préfère, faire référence au « libéralisme contemporain », qui correspond mieux à l'autodescription des partisans du néolibéralisme [416]. Il ne s'agit pas d'un courant monolithique, puisqu'il existe tout un spectre de tendances à l'intérieur de la mouvance néolibérale ; ce spectre va de l'ordolibéralisme à l'allemande au libertarisme à l'américaine [417]. Mais ces différentes sous-variantes ont pour point commun, dans leur approche de la société et du droit, une particulière valorisation de l'économique par rapport au politique, toujours suspecté d'étatisme : « pour les néo-libéraux, le droit doit être produit selon des modalités et soutenir des impératifs économiques : il est produit et mode privilégié d'échange » [418].

a) *Autrefois : un droit international privé fondé sur l'autorité de la loi*

131. Ce renouvellement des idées libérales représente, pour les juristes et parmi eux les internationalistes, un changement d'époque – pas nécessairement un changement épochal, puisqu'il n'est pas nécessairement irréversible et définitif, mais un changement quand même. L'époque intellectuelle précédente, celle qui caractérisait le droit international privé du vingtième siècle, était symboliquement celle de l'avant 1968 dans le domaine sociétal, et de l'avant 1989 dans le domaine économique ; dans les deux domaines, le droit de cette époque-là se caractérisait (rétrospectivement) par son conservatisme – ce terme étant employé ici dans un sens neutre et descriptif, sans

416. « Le libéralisme contemporain – ce que d'autres appellent le néolibéralisme » : A. Laurent et V. Valentin, *Les penseurs libéraux*, Paris, Les Belles Lettres, 2012, p. 863. On peut cependant trouver des auteurs qui se revendiquent du « néolibéralisme », identifié simplement à un libéralisme renouvelé et intégrant la nécessité d'une organisation de la concurrence, parmi les intellectuels ordolibéraux allemands ; voir par exemple H. Willgerodt, « Der Neoliberalismus – Entstehung, Kampfbegriff und Meinungsstreit », *Ordo*, volume 57 (2006), p. 47 ss ; M. Streit, « Der Neoliberalismus – Ein fragwürdiges Ideensystem ? », *Ordo*, volume 57 (2006), p. 91 ss.

417. Voir S. Audier, *Néolibéralisme(s), une archéologie intellectuelle*, Paris, Grasset, 2012.

418. V. Valentin, *Les conceptions néo-libérales du droit*, Paris, Economica, 2002, p. 18. L'auteur ajoute :

> « La collusion entre la politique et le droit impliquée par l'interventionnisme est rejetée ; idéalement, les sphères du politico-étatique et de l'économico-sociétal doivent être distinctes : à la loi étatique imposée d'en haut s'oppose le droit échangé « en bas ».

Voir aussi l'analyse, moins enthousiaste, de M. Gauchet, *L'avènement de la démocratie*, tome IV : *Le nouveau monde*, Paris, Gallimard, 2017.

aucune connotation [419] – et par son attachement à l'autorité de la loi. Par ces deux caractéristiques il était un bon reflet d'une époque qui était elle-même, par rapport à la nôtre, relativement conservatrice en droit de la famille et favorable à l'encadrement étatique de l'économie.

132. La pensée classique du droit international privé européen de l'après-guerre – représentée au plus haut point par Henri Batiffol en France et par Gerhard Kegel en Allemagne [420] – se caractérise ainsi par la conciliation de la prise en compte de l'internationalité des situations avec le souci permanent de veiller à l'autorité de la loi. D'où l'importance que prend, pour l'un comme pour l'autre auteur, la localisation objective des relations de droit privé. Pour Batiffol, l'intérêt des parties est identifié à l'application de la «loi qui a les relations les plus réelles avec leurs intérêts permanents», ce qui coïncide avec l'intérêt de l'Etat, représentant de l'intérêt général: «l'intérêt essentiel de l'Etat consiste à assurer *l'homogénéité* et *l'autorité de sa loi*» [421].

Et si l'Etat peut (et doit) consentir à ce que sa loi ne soit pas appliquée aux relations dont l'élément essentiel est rattaché à un Etat étranger, le droit international privé ne peut admettre qu'une localisation à l'étranger «par un élément accidentel» aboutisse à ce que l'objectif de la loi ne soit pas atteint [422]. En droit familial international,

> «il semble bien que le facteur prépondérant dans cette notion de statut personnel soit l'*autorité de la loi:* si la loi française subordonnant le divorce à telle ou telle condition, il suffit de le demander à Genève ou à Bruxelles pour l'obtenir sans ces conditions et s'en prévaloir ensuite en France, il paraît assez clair que la règle légale est vaine» [423].

Et même à l'égard des contrats internationaux, l'approche de Batiffol, qui a toujours maintenu ses convictions objectivistes, comme celle de Kegel qui ne reconnaissait le choix subjectif de la loi applicable que

---

419. Pour un vrai conservateur, Georges Ripert, faisant l'éloge du «statisme du droit»: «Tout juriste est un conservateur… Tout juriste est un homme du passé», *Les forces créatrices du droit*, Paris, LGDJ, 1955, n° 3, p. 8 et n° 6, p. 18.

420. Les affinités entre ces deux auteurs étaient nombreuses; voir Batiffol, «Les intérêts de droit international privé», dans *Festschrift Gerhard Kegel*, Francfort, A. Metzner, 1977, p. 11 ss.

421. H. Batiffol, *Traité élémentaire de droit international privé*, 1re édition, Paris, LGDJ, 1949, n° 266 (passage maintenu dans la 8e édition, 1993, par H. Batiffol et P. Lagarde; mise en évidence dans l'original); c'est aussi l'un des thèmes dominants de ses *Aspects philosophiques du droit international privé*, Paris, Dalloz, 1956.

422. *Ibid.*

423. *Traité élémentaire*, n° 269.

parce qu'en définitive il n'existe pas d'autre solution praticable [424], n'était pas favorable à une véritable autonomie de la volonté [425].

Cette pensée classique est aujourd'hui remise en cause, d'une part par l'effet d'une évolution lente des concepts et des méthodes, qui n'a rien de spectaculaire, mais aussi, d'autre part, par le passage d'une société d'après-guerre caractérisée par le rôle paternaliste de la loi à une société valorisant l'individualisme et la concurrence. De l'hétéronomie par la loi à l'autonomie des individus : le droit international privé joue un rôle central dans les stratégies des entreprises, mais aussi des particuliers, actifs sur le marché international des produits normatifs [426] qui est la caractéristique primaire du néolibéralisme pratique [427].

b) *La pensée néolibérale et les options fondamentales du droit international privé*

133. Les idées du libéralisme contemporain, ou néolibéralisme, sont des idées d'inspiration primairement économique, et c'est le domaine économique et social qui est leur habitat le plus naturel. Mais des idées néolibérales – les mêmes idées en somme, même si elles ne sont pas nécessairement les idées des mêmes personnes – sont transposables dans le domaine sociétal. Dans les deux cas, elles impliquent le même type de changements par rapport au droit international privé classique.

1) Le domaine économique et social

134. La transposition du projet libéral au droit international privé peut avoir un aspect strictement intellectuel : le passage, dans les écrits

---

424. G. Kegel et K. Schurig, *Internationales Privatrecht*, Munich, C. H. Beck, 9e édition, 2004, p. 653 : « Verlegenheitslösung ». Le terme est repris des éditions antérieures de l'ouvrage, rédigées par Gerhard Kegel seul.

425. Voir C. Kohler, « L'autonomie de la volonté en droit international privé : un principe universel entre libéralisme et étatisme », *Recueil des cours*, tome 359 (2013), p. 285 ss.

426. Cf. l'élégante synthèse, très ouvertement néolibérale, par E. O'Hara et L. Ribstein, *The Law Market*, New York, Oxford University Press, 2009.

427. Cf. la non moins élégante critique d'un savant adversaire du néolibéralisme, Alain Supiot, qui souligne que les inconvénients du système sur le plan interne (par exemple en ce qui concerne la protection sociale) découlent de la mise en compétition des lois nationales : voir par exemple « Le droit du travail bradé sur le « marché des normes », *Droit social*, 2005, p. 1087 ss ; « L'Europe gagnée par l'« économie communiste de marché », www.journaldumauss.net, janvier 2008 ; « L'inscription territoriale des lois », *Esprit*, novembre 2008, p. 151 ss. Voir aussi H. Muir Watt, « Le principe d'autonomie entre libéralisme et néolibéralisme », dans *La matière civile et commerciale, socle d'un code européen de droit international privé ?*, Paris, Dalloz, 2009, p. 77 ss.

des auteurs libéraux, des modes de raisonnement habituels du droit international privé (avec, parfois, leur bagage conceptualiste), vers des raisonnements du type *law and economics*, tirés du « choix rationnel », et l'intronisation du critère utilitariste de l'« efficience » comme critère de raisonnement de dernier recours [428]. Pour l'essentiel cependant, elle consistera dans le déplacement de l'accent mis sur l'autorité de la loi (en particulier l'autorité de la loi du for) à l'égard des individus, qui caractérise le système classique, vers un accent exactement inverse, qui sera mis sur le choix par les individus, participants au marché, de la loi à laquelle ils entendent soumettre leurs transactions économiques. Ce seront, en d'autres termes, les règles de droit international privé favorisant, directement ou indirectement, l'autonomie de la volonté qui seront l'élément caractéristique du droit international privé de l'époque néolibérale.

135. L'adoption de ces règles est justifiée, dans la pensée libérale relative au droit international privé, par deux grandes idées. La première – celle selon laquelle le droit à l'autonomie de la volonté est un droit qui découle naturellement du droit à l'autodétermination de la personne, reconnu depuis la philosophie des Lumières et, aujourd'hui, par les droits de l'homme [429] – peut être rejetée, par ceux qui n'y croient pas spontanément, comme empreinte d'une conception mythique de l'origine de l'autorité (et donc des lois) au sein des sociétés humaines [430]. La deuxième en revanche découle d'un raisonnement d'ordre économique sur des bases empiriques, conduit par ce penseur impitoyablement systématique du libéralisme qu'était Friedrich Hayek et dirigé d'abord contre la planification étatique de l'économie, puis étendu par lui-même au domaine juridique. C'est une raison d'ordre cognitif : le monde moderne est si complexe qu'il vaut mieux renoncer

---

428. Pour des exemples de référence explicite à ce critère en droit international privé, voir G. Rühl, *Statut und Effizienz*, Tübingen, Mohr Siebeck, 2011 ; par rapport au droit international privé américain, critiquant le poids qu'y ont les intérêts étatiques, E. O'Hara et L. Ribstein, « From Politics to Efficiency in Choice of Law », *U. Chi. L. Rev.*, volume 67 (2000), p. 1151 ss.

429. J. Basedow, « Theorie der Rechtswahl, oder Parteiautonomie als Grundlage des Internationalen Privatrechts », *RabelsZ*, 2011, p. 32 ss ; beaucoup plus brièvement dans son ouvrage *The Law of Open Societies : Private Ordering and Public Regulation in the Conflict of Laws*, Leyde, Brill Nijhoff, 2015, n°s 239-240.

430. David Hume avait, pour cette raison, rejeté dès le dix-huitième siècle la fondation de la liberté politique par John Locke sur un contrat social originaire : « Of the Original Contract », *Essays and Treatises on Several Subjects*, Londres, Cadell, 1777, volume I, p. 471 ss. Il est vrai que l'objection est prise en considération par Jürgen Basedow, qui admet qu'« il n'est pas question de décrire de manière réaliste des événements historiques » (*RabelsZ*, 2011, p. 41).

à la planification étatique, qui n'aboutira jamais à un résultat optimal, au profit de l'ordre «spontané» qui résulte de la libre interaction des agents économiques sur le marché [431].

Transposée, par des spécialistes libéraux de cette matière, au droit international privé, ce type de raisonnement aboutit à faire de l'autonomie de la volonté au moins *l'un* des fondements du droit international privé [432]. Dans leur optique, elle a des avantages tant pour les individus, qui peuvent choisir librement d'exercer leurs activités au regard de la loi qu'ils ont choisie comme convenant à leurs projets, que pour l'économie dans son ensemble. Pour certains de ces auteurs, il s'y ajoute un autre élément, perçu par eux comme un avantage (et rejeté par les adversaires de leur programme comme caractérisant la subordination du politique au marché et comme favorisant le dumping social ou la «course vers le bas» du moins-disant régulatoire): l'exercice de l'autonomie de la volonté favorise la recherche, par les agents économiques, de la législation la plus efficiente, et est par conséquent un puissant incitatif pour les Etats d'adapter leur législation aux réalités de la demande internationale. Pour les auteurs libéraux les plus convaincus, cette «concurrence des ordres juridiques» est un élément positif, puisqu'elle est susceptible d'aboutir – à travers un mécanisme typiquement hayekien – à la survie des solutions juridiques les plus aptes.

136. La vision d'un droit international privé entièrement néolibéral, fondé sur le seul principe d'autonomie de la volonté et mené à sa fin sans compromis, ne correspond nulle part dans le monde à la réalité du droit positif. Mais elle caractérise, sectoriellement, le droit international privé européen des dernières décennies. La conciliation entre l'autorité de la loi et le choix par les parties de la loi applicable aux contrats a vécu: l'article 3 de la Convention de Rome de 1980, puis du règlement Rome I repose sur un libre choix de la loi applicable, à la seule condition qu'il s'agisse de la loi d'un Etat, n'importe lequel.

---

431. «The Use of Knowledge in Society», *American Economic Review*, volume 35 (1945), p. 519 ss, puis *Law, Legislation and Liberty*, volume I: *Rules and Order*, Londres, Routledge & Kegan Paul, 1973; traduction française: *Droit, législation et liberté*, volume I: *Règles et ordre*, Paris, PUF, 1992. Hayek exprime, en passant, son admiration pour l'approche «évolutionniste» de Savigny en science juridique (*Law, Legislation and Liberty*, volume I, p. 22).

432. Les internationalistes libéraux ne sont pas plus unanimes que les autres: la vision d'un droit international privé *exclusivement* fondé sur l'autonomie de la volonté, avec cependant un certain rôle pour les lois de police, est propre aux plus libéraux d'entre eux (assez bien représentés par les auteurs de *The Law Market*, *op. cit. supra* note 426), qui seuls s'identifieraient avec l'intégralité du programme décrit au texte.

C'est là une solution purement libérale[433], qui rencontre néanmoins un large consensus[434]. L'article 3 du règlement Rome I est-il un modèle généralisable pour le droit international privé européen du futur ? Du moins sectoriellement, tel est le cas : l'arrêt *Centros* de la Cour de justice des Communautés européennes, en vertu duquel rien n'empêche des Danois, souhaitant faire fonctionner une société exclusivement au Danemark, de l'incorporer en Angleterre en bénéficiant ainsi de l'absence de capital social minimal découlant de la loi anglaise[435], n'est pas seulement un arrêt révolutionnaire pour les Etats membres de l'Union qui rattachaient le fonctionnement des sociétés au siège social réel ; c'est encore un arrêt qui a indirectement entraîné l'introduction dans des droits d'Europe continentale de sociétés à risques limités sans capital social minimum, une réforme qui n'aurait normalement pas été à l'ordre du jour[436].

2) Le domaine sociétal

137. Le « néolibéralisme sociétal » est une désignation d'école de pensée avec laquelle radicalement aucun de ceux qui y adhéreraient ne peut s'identifier ; réalisant une alliance d'un substantif que l'on situe en général à droite avec l'idée (« de gauche ») de changements sociétaux, elle est, dans le débat politique actuel, un oxymore[437]. Il n'en reste pas moins que rien ne distingue fondamentalement les pratiques

---

433. La restriction à des lois étatiques est contestée – à côté de sa contestation par des auteurs qui la critiquent par intérêt intellectuel pour les règles d'origine transnationale, ou issues de savants travaux de droit comparé – par les libertariens (ou anarcho-capitalistes) du droit international privé, qui estiment que si la loi la plus apte est une loi créée par le secteur privé, cette loi devrait pouvoir être choisie (cf. *infra* n°s 152 ss), mais leurs revendications ne se sont pas imposées lors des travaux préparatoires du règlement (*infra* n° 154).

434. Parfois avec des nuances, par exemple Mayer et Heuzé, *Droit international privé*, Paris, Montchrestien, 11e édition, 2014, n° 738 *in fine*.

435. Arrêt du 9 mars 1999, C-212/97, ECLI:EU:C:1999:126, et les conclusions La Pergola, point 20, qui soulignent les avantages en la matière de la concurrence des ordres juridiques ; voir aussi la communication de la Commission du 21 mai 2003, COM(2003) 284 final, point 2.2, p. 10.

436. Voir H. Hirte et A. Schall, « La société d'entrepreneur en droit allemand », *Rev. soc.*, 2013, p. 198 ss ; G. Vieira da Costa Cerqueira, « Libre circulation des sociétés en Europe : concurrence ou convergence des modèles juridiques ? », *RTD eur.*, 2014, p. 7 ss.

437. Pour une utilisation polémique de ce terme par une adversaire résolue de toutes les formes de reconnaissance de la gestation pour autrui, voir M. Fabre-Magnan, *La gestation pour autrui : Fictions et réalités*, Paris, Fayard, 2013, p. 118 et note 1 : « face sociétale du néolibéralisme », selon la « juste expression » d'un article paru dans *Marianne*, mais que l'auteure préfère décrire comme la « face sociétale de l'ultralibéralisme ».

de *regulatory arbitrage* telles qu'elles existent dans le domaine des affaires, et la volonté des individus de s'émanciper de la tutelle des lois de l'Etat qui s'appliquent normalement à eux et qui les empêchent (aussi longtemps que ces lois n'ont pas été modifiées) de réaliser leurs projets matrimoniaux ou parentaux. Les deux sont incompatibles avec un plein respect de l'autorité de la loi. Maintenons dès lors la référence au «néolibéralisme sociétal», ou à l'expression politiquement (mais non linguistiquement) plus euphonique, le «libéralisme sociétal contemporain» – tout en reconnaissant qu'en fonction de ses attitudes politiques personnelles, chacun peut combiner à sa manière le degré de son libéralisme en matière économique et sociétale [438].

138. Le libéralisme transposé en droit international privé modifie les paradigmes traditionnels du droit international privé, y compris là où ces paradigmes ont été définis par des penseurs eux-mêmes libéraux de la vieille école [439]. C'est de ce point de vue que les mentalités ont visiblement changé: l'idée que la poursuite du bonheur individuel importe plus que l'autorité de la loi est une idée qui n'apparaît plus aujourd'hui comme radicalement impensable aux juristes, et dont il semble bien qu'elle se reflète partiellement en droit international privé.

---

438. Certains parmi les adversaires du néolibéralisme le nient, et estiment que les deux faces du libéralisme sont en réalité indissociables. Pour une défense sérieuse de ce point de vue, voir A. Supiot, «L'inscription territoriale des lois», *op. cit.*, *supra* note 427, p. 162-163, ou du même auteur *La gouvernance par les nombres*, Nantes, Institut d'études avancées et Paris, Fayard, 2015, p. 292:

> «la globalisation ultralibérale et les revendications libertariennes, qui sont les deux faces – économique et «sociétale» – d'une même médaille».

De même, dans des écrits amusants et parfois éclairants: R. Debray, *Modeste contribution aux discours et cérémonies du dixième anniversaire*, Paris, Maspero, 1978, réédition sous le titre *Mai 68, une contre-révolution réussie*, Paris, Mille et une nuits, 2008; du même auteur, *Eloge des frontières*, Paris, Gallimard, 2010; J.-C. Michéa, *La double pensée. Retour sur la question libérale*, Paris, Flammarion, coll. «Champs», 2008. – Mais voir, *contra*, S. Audier, *Néolibéralisme(s), une archéologie intellectuelle*, *op. cit.*, *supra* note 417, p. 612:

> «Si l'essor d'un certain hédonisme post-traditionnel favorise en effet le consumérisme, cela ne signifie pas, inversement, que toute forme de mentalité post-traditionnelle soit indissolublement liée au capitalisme. A ce compte, il faudrait croire que seule la Tradition peut nous prémunir contre la «société de marché», ce qui n'est en rien démontré».

439. Ainsi Mancini était un libéral du dix-neuvième siècle, faisant de l'autonomie de la volonté un principe du droit des conflits de lois: «l'action du pouvoir social s'arrête là où elle rencontre la *liberté inoffensive* et dès lors *légitime* des particuliers», c'est-à-dire en matière contractuelle («De l'utilité...», *JDI*, 1874, p. 292 ss). Mais ce libéralisme ne s'étendait pas au droit de la famille: «Personne ne peut renoncer à l'état et aux rapports de famille qui lui sont attribués par la loi de sa patrie ... ces conditions sont comme le miroir qui reflète sa nationalité même», p. 294.

Elle peut se refléter simplement sous la forme de l'introduction d'une *option de législation*, notamment entre la loi de la nationalité et celle de la résidence habituelle des personnes concernées, qui sont libres d'opter pour l'application de l'une ou de l'autre loi. L'option de législation accepte l'autonomie de la volonté, mais comme expédient. Elle est néanmoins le début du libéralisme en droit international privé, puisque l'autorité cède volontairement aux parties le choix entre deux ou plusieurs lois applicables potentielles ; elle ne leur prescrit pas selon quels critères doit se faire ce choix et leur permet donc de le faire en vertu de leurs propres intérêts. Ne reposant pas sur une « localisation », du type que préconisait Batiffol en matière contractuelle, cette règle de conflit est authentiquement libérale.

Le résultat est une forme d'autonomie de la volonté en matière familiale, une autonomie véritable, mais une autonomie limitée et encadrée par la loi. Cependant un programme véritablement néolibéral de modification du droit international privé du statut personnel ne se contente pas d'une option de législation encadrée. Il se réalise soit à travers des règles de conflit permettant un libre choix de la loi applicable, soit à travers cette forme indirecte de l'autonomie de la volonté qu'est la reconnaissance de situations acquises à l'étranger sans contrôle par rapport à la règle de conflit du for de la reconnaissance. L'autonomie de la volonté est alors traitée comme un idéal (et non plus comme un expédient), idéal fondé sur l'idée d'émancipation et d'autonomisation des individus.

L'émancipation des individus de la tutelle de lois (celles de leur nationalité ou celles de leur domicile, selon la règle de conflit pertinente) qui les empêchent de réaliser leurs projets matrimoniaux ou parentaux est le reflet, dans la technique du droit international privé, de deux mouvements de fond. D'une part, c'est un reflet de l'évolution du droit interne en faveur de l'individualisme en matière personnelle et familiale [440]. D'autre part et de manière peut-être plus significative s'agissant des spécificités du droit international privé, les progrès de l'autonomie de la volonté en matière de statut personnel sont un reflet des spécificités du projet néolibéral, et cette autonomie ne diffère pas fondamentalement de la déréglementation des marchés et des activités économiques. Cette similitude d'inspiration est inévitable : les deux variantes du projet néolibéral font volontiers appel aux mêmes

440. C. Kohler, cours précité, p. 398 ss ; H. Gaudemet-Tallon, « Individualisme et mondialisation : Aspects de droit international privé de la famille », dans *Mélanges Hans van Loon*, Cambridge, Anvers, Intersentia, 2013, p. 181 ss.

techniques, par rapport auxquelles il appartient au droit international privé de se positionner: délocalisations suivies de la réimportation des produits (qu'il s'agisse de marchandises ou de statuts personnels), choix entre les normes de différents ordres juridiques formant un marché global des normes, mise en compétition des Etats et survie des systèmes normatifs les plus aptes à satisfaire la demande globale. Pour les partisans les plus résolus du néolibéralisme sociétal, il convient de partir de l'idée que les individus, guidés par un «choix rationnel» [441], sont mieux placés pour savoir ce qui convient pour eux que l'Etat auquel ils se rattachent, et aussi que ces choix individuels finiront par amener les Etats à modifier leurs lois. Cette logique est celle du darwinisme normatif [442].

Cela dit, le programme néolibéral n'est pleinement réalisé nulle part, et la vision du darwinisme normatif – les Etats étant amenés à modifier leurs lois pour la seule raison qu'ils constatent que le choix rationnel des individus les amène à délaisser les solutions de la loi d'un Etat donné et à préférer celles d'autres lois – ne correspond pas non plus à la réalité empirique en matière familiale [443]. Mais il est incontestable qu'il existe à présent une tendance à l'extension du domaine du néolibéralisme au statut personnel; la canalisation de cette tendance est une tâche importante pour le droit international privé. De même que les Etats peuvent être plus ou moins protectionnistes sur le plan économique, de même ils peuvent être plus ou moins ouverts à l'égard des solutions néolibérales sur le plan du droit familial.

139. La marge de manœuvre des Etats peut être réduite en raison de leurs obligations internationales, et il est vrai que le mouvement vers l'autonomisation des individus a reçu un certain soutien de la part des deux juridictions suprêmes européennes: la Cour de justice de l'Union européenne et la Cour européenne des droits de l'homme.

---

441. L'application des principes du «choix rationnel» au droit de la famille est envisagée, en passant, par G. Rühl, *op. cit.*, *supra* note 428, p. 702 ss.

442. Elle est clairement exprimée dans l'ouvrage d'E. O'Hara et L. Ribstein, *The Law Market*, *op. cit.*, *supra* note 426. En revanche le livre de Jürgen Basedow, *The Law of Open Societies*, *op. cit.*, *supra* note 429, comporte une cinquantaine de pages (p. 230-274) sur ces «new domains for party autonomy» que sont le droit de la famille et le droit des successions; mais cet exposé lucide et bien documenté présente une vision ordolibérale, à l'allemande, plutôt qu'une vision libertaire, à l'américaine.

443. Voir P. Wautelet, «Autonomie de la volonté et concurrence régulatoire – le cas des relations familiales internationales», dans *Vers un statut européen de la famille*, Paris, Dalloz, 2014, p. 313 ss, spéc. p. 140 ss, qui conclut au défaut de preuve empirique de l'existence d'un phénomène d'adaptation de l'offre législative à la demande des individus internationalement mobiles.

S'il est vraisemblable que la Cour de justice adhère à une espèce de projet néolibéral dans le domaine des droits de la personne ou de la famille [444], c'est que pour elle, les liens de ce projet avec l'idée de libre circulation des personnes – centrale dans le droit de l'Union – sont évidents. C'est beaucoup plus discutable en revanche en ce qui concerne la Cour européenne des droits de l'homme. Certes cette juridiction poursuit un projet libéral – et ce légitimement, puisque les droits de l'homme sont depuis toujours une idée libérale. Mais il est moins certain qu'elle le poursuive d'une manière typique du néolibéralisme, cherchant à libérer l'individu des contraintes résultant de son statut personnel pour lui permettre de se soumettre à une autre loi [445]. Du moins si on comprend ses arrêts en la matière [446] comme étant fondés sur la protection de la confiance légitime des parties dans la stabilité de la situation acquise à l'étranger plutôt que sur leur droit de faire circuler librement un statut acquis dans le pays étranger de leur choix [447], elle ne se conforme pas au programme d'affranchissement des individus des pesanteurs de leur loi nationale.

---

444. Les décisions de principe sont connues : arrêts *Garcia Avello* du 2 octobre 2003, C-148/02, ECLI:EU:C:2003:539 ; *Grunkin et Paul* du 14 octobre 2008, C-353/06, ECLI:EU:C:2008:559 ; et des arrêts plus récents qui admettent cependant la justification de l'ingérence étatique à travers l'ordre public : *Sayn-Wittgenstein* du 22 décembre 2010, C-208/09, ECLI:EU:C:2010:806 ; *Bogendorff von Wolffersdorff* du 2 juin 2016, C-438/14, ECLI:EU:C:2016:401 ; *adde* C. Kohler, cours précité *supra* note 425, p. 401 ss ; A. Panet, *Le statut personnel à l'épreuve de la citoyenneté européenne*, thèse Lyon 3, 2014 ; S. Pfeiff, *La portabilité du statut personnel dans l'espace européen*, Bruxelles, Bruylant, 2017.

445. En ce sens pourtant la critique de l'arrêt *Wagner et J. M. W. L. c. Luxembourg* du 28 juin 2007 par L. d'Avout, *JDI*, 2008, p. 127 ss ; voir aussi l'opinion de T. Marzal Yetano, « The Constitutionalisation of Party Autonomy in European Private International Law », *J. Priv. Int'l L.*, volume 6 (2010), p. 155 ss.

446. Les arrêts *Wagner et J. M. W. L. c. Luxembourg* du 28 juin 2007, n° 76240/01 ; *Négrépontis-Giannisis c. Grèce* du 3 mai 2011, n° 56759/08 ; *Labassée c. France* et *Mennesson c. France* du 26 avril 2014, n°s 65041/11 et 65192/11 ; *Foulon et Bouvet c. France* du 21 juillet 2016, n°s 9063/14 et 10410/14, arrêts auxquels on ajoutera la décision *Green et Farhat c. Malte* du 6 juillet 2010, n° 38797/07, et l'universalisation de la solution de l'arrêt *Garcia Avello* de la CJCE par l'arrêt *Henry Kismoun c. France* du 5 décembre 2013, n° 32265/10.

447. Cela reste notre point de vue (pour le détail de sa justification, voir « Les fondements de l'autonomie de la volonté en droit national et en droit européen », dans A. Panet, H. Fulchiron et P. Wautelet (dir. publ.), *L'autonomie de la volonté dans les relations familiales internationales*, Bruxelles, Bruylant, 2017, p. 13 ss, spéc. p. 22-29. Il ne nous semble pas contredit par les arrêts *Labassée* et *Mennesson*, dans lesquels l'illicéité de leur situation au regard du droit français était connue des parents d'intention (en ce sens cependant, J. Guillaumé, note au *JDI*, 2014, p. 1265 ss, spéc. p. 1273 ss). La seule violation constatée par ces arrêts a été une violation du droit *des enfants* à leur identité (art. 8 de la Convention, au titre de la « vie privée ») ; or les enfants n'avaient évidemment pas contribué aux circonstances de leur gestation, et la stabilité de leur situation familiale est une nécessité primaire, qui peut remplacer la « confiance légitime » qui ne peut pas exister dans leur chef.

2. Le modèle néolibéral et les techniques du droit international privé

140. Le projet néolibéral, tel qu'il vient d'être décrit, se traduit dans des modifications apportées aux techniques du droit international privé classique, dans lequel le respect de l'autorité de la loi avait un rôle central. Ces modifications peuvent être acceptées, ou alors rejetées: l'important est d'avoir conscience de ce que la question des méthodes a elle-même des enjeux autres que techniques.

Un système résolument libéral de droit international privé repose sur l'idée d'admission du choix personnel des individus quant aux normes auxquelles ils veulent se soumettre. Ce choix n'existe pas nécessairement dans tous les domaines [448]; il suffit sans doute qu'il soit reconnu dans un nombre significatif de matières. Il suppose l'internationalité des situations; mais cette internationalité est plus facile à créer aujourd'hui que naguère (en droit des affaires, il peut suffire d'incorporer une société à l'étranger, prenant exemple sur les actionnaires de Centros Ltd.). En quoi consiste-t-il? En l'abandon, ou en la limitation, des rigidités caractérisant le système classique; c'est-à-dire en trois points:

a) *Abandon des règles de conflit rigides au profit de l'admission directe ou indirecte de l'autonomie de la volonté*

1) Extension de l'admission directe de l'autonomie de la volonté

141. L'admission directe de l'autonomie de la volonté, en dehors du domaine des contrats (c'est-à-dire, concrètement, en matière familiale et successorale) a récemment fait des progrès [449] remarquables du fait de règlements européens ou, dans certains Etats, du fait de la recodification de leur droit international privé. Certes, l'autonomie encadrée, reconnue aux conjoints et au testateur par les règlements européens Rome III [450] et Successions [451] n'est pas l'équivalent de la

---

448. L'utopie (ou la dystopie) de l'admission de l'autonomie de la volonté dans tous les domaines – contrats, sociétés, mariage, mais aussi droits réels – se trouve exposée dans O'Hara et Ribstein, *op. cit.*, *supra* note 426.

449. Pour des précédents (obéissant en général à une autre logique), cf. P. Gannagé, «La pénétration de l'autonomie de la volonté dans le droit international privé de la famille», *Rev. crit.*, 1992, p. 425 ss.

450. Règlement (UE) n° 1259/2010 du 20 décembre 2010, article 5: choix, en matière de divorce et de séparation de corps, entre la loi de la résidence habituelle des époux, celle de la nationalité de l'un d'eux ou la loi du for.

451. Règlement (UE) n° 650/2012 du 4 juillet 2012, article 22: option ouverte au disposant de faire régir sa succession, au lieu de la loi de sa résidence habituelle au

liberté absolue de choisir la loi applicable aux contrats. Elle relève de l'idée d'option de législation, qui s'impose désormais, y compris dans la définition des règles de conflit dans des matières classiquement peu perméables à l'autonomie de la volonté comme le droit du divorce ou des successions. La raison de ce choix du législateur est en partie objective et tient à la constatation que les termes de l'option correspondent à des droits « déterminés par le législateur même, qui ont été sélectionnés par celui-ci en raison de leur proximité par rapport à la situation et qui, en principe, ont un titre équivalent à régir le rapport de droit en question » [452] ; elle est en partie technique et tient à la difficulté d'unifier les droits des différents Etats membres qui adhéraient avec une égale conviction, avant l'unification européenne de leurs règles de conflit, soit au rattachement à la nationalité, soit au rattachement à la résidence habituelle ou au domicile. Ces sous-explications relèvent d'une délégation aux particuliers d'un choix que les Etats membres n'étaient pas en mesure de faire, ensemble, d'autorité [453].

Mais à côté, il y a l'idée de flexibilisation, par la reconnaissance d'une plus grande autonomie de la volonté, de ces domaines du droit international privé. L'idée est ouvertement exprimée par la Commission européenne qui écrit dans sa proposition de règlement en matière de divorce :

> « La grande majorité des règles nationales de conflit de lois ne prévoient qu'une seule solution dans une situation donnée. La proposition vise à offrir aux conjoints une plus grande flexibilité en leur permettant de choisir la loi applicable au divorce et à la séparation de corps. » [454]

Elle est par ailleurs sous-jacente à l'option de législation ouverte par le règlement Successions (et par certains précédents en droit national), option de législation qui s'était autrefois heurtée à une hostilité telle que sa consécration a constitué ce qu'on a pu appeler « une véritable révolution culturelle » en droit international privé [455].

---

moment du décès, par la loi de sa nationalité, ou d'une de ses nationalités, qu'il possède au moment de son choix ou qu'il possédera au moment de son décès.

452. C. Kohler, cours précité *supra* note 425, spéc. p. 413 et 465.

453. Cf. Basedow, *The Law of Open Societies*, *op. cit.*, *supra* note 429, n° 383 : « While States will often not be prepared to give up their respective traditional approaches to family law, they might at least agree with shifting the choice-of-law decisions to private parties. »

454. COM(2006) 399 final.

455. A. Bonomi, « Successions internationales : conflits de lois et de juridictions », *Recueil des cours*, tome 350 (2011), p. 197.

142. L’admission d’une autonomie de la volonté complète, allant au-delà d’une option de législation encadrée, n’est par ailleurs pas inconcevable, y compris dans le droit positif de certains Etats. La jurisprudence *américaine* en matière de gestation pour autrui offre des précédents en ce qui concerne la contractualisation de cet aspect du droit de la famille avec libre choix de la loi applicable. Dans une affaire soumise à la Cour suprême du Massachusetts, était en cause un contrat de gestation pour autrui conclu entre des parents d’intention domiciliés au Connecticut et une mère porteuse domiciliée à New York, où ce type de contrat est illicite ; mais une stipulation contractuelle prévoyait que le droit du Massachusetts, favorable à la validité du contrat, s’applique à celui-ci et que par ailleurs la mère s’engage à prendre « toute mesure raisonnable afin de donner naissance à l’enfant porté conformément à cet accord dans un hôpital situé à l’intérieur de l’Etat du Massachusetts ». Une clause attributive de juridiction désignait les juridictions du Massachusetts. La Cour suprême du Massachusetts est saisie d’un litige à propos de ce contrat et se demande s’il convient de respecter ce choix de loi. Elle applique à la question les règles générales du droit international privé du Massachusetts *en matière contractuelle* : la loi applicable, en présence d’une clause relative à la loi applicable, se détermine en fonction des intérêts étatiques en présence [456]. Effectivement, il y a en l’espèce un conflit entre les intérêts étatiques. Le Massachussetts est très favorable à ce genre de contrat, alors que New York y est hostile. Le Connecticut ne les interdit pas. Dans ces circonstances, estime la Cour suprême, il n’y a pas de raison de ne pas déclarer valable le choix de la loi du Massachussetts, dont la politique n’est de surcroît pas contraire à celle de la loi de l’un des deux Etats avec lesquels les parties ont un lien (le Connecticut). L’arrêt se termine sur une note optimiste :

> « we are satisfied that, in the circumstances of this case, the parties’ choice of law is one we should respect. We are also satisfied that our established conflict of laws analysis will work to prevent misuse of our courts and our laws » [457].

143. En matière familiale, le choix de loi illimité n’existe en revanche pas en droit positif européen (y compris dans le règlement (UE) 2016/1103 en matière de régimes matrimoniaux, qui n’admet

456. Application de la section 187, paragraphe 2 du second *Restatement* des conflits de lois : *supra* n° 89.
457. *Hodas c. Morin*, 814 N.E.2d 320 (Mass. 2004), spéc. p. 327.

qu'une option de législation entre les lois de la ou des résidences habituelles des époux et celles de leurs nationalités). Il faut se référer à des opinions doctrinales pour trouver la proposition d'une réforme du règlement Rome III, inspirée de la loi chinoise sur le droit international privé en tant qu'elle permet le choix illimité de la loi applicable au divorce par consentement mutuel, règle qui pourrait utilement être étendue aux autres formes de divorce [458]. Ou d'une réforme du règlement Successions, pour permettre le libre choix de la loi applicable à la future succession du testateur : ceci se justifierait par les nécessités d'un véritable *estate planning* et tiendrait compte de ce que « le testateur dispose d'un savoir supérieur et est mieux en mesure que l'Etat quand il s'agit de prédire des relations juridiques futures ayant trait à son héritage » ; le risque d'une atteinte délibérée à la réserve héréditaire, prévue par la loi applicable en l'absence de choix, ne devrait pas être surestimé quant à sa gravité (l'héritage n'est pas dû en raison des mérites de l'héritier) et au besoin l'ordre public du for pourrait réagir à ce risque, s'il s'est réalisé et à condition que la succession entretienne des liens de proximité intenses avec le for [459].

2) Admission indirecte de l'autonomie de la volonté

144. Il y a par ailleurs un moyen indirect de permettre aux parties un choix de la loi applicable : il consiste pour un Etat à maintenir sa règle de conflit plus ou moins rigide, mais à se déclarer prêt à reconnaître le résultat de l'application d'une autre loi effectuée par les autorités d'un Etat étranger. En délocalisant la création d'une situation tout en étant assurées de son importabilité dans l'Etat de sa reconnaissance (selon les cas, ce sera l'Etat de leur nationalité, de leur domicile ou du lieu de l'exercice d'une activité), les parties échapperont aux restrictions de l'Etat en question. La méthode de la reconnaissance sans contrôle de la loi appliquée peut ainsi servir à protéger des attentes légitimes des parties, mais aussi à faciliter le comportement « stratégique » de celles-ci, d'une manière qui n'aurait pas été envisageable aussi longtemps que le système classique de droit international privé, d'application des règles

---

458. Basedow, *op. cit.*, n° 410. Selon l'auteur,

> « the protection of the weaker spouse from surprising – and detrimental – clauses in marital agreements should be effected not by a limitation of the array of eligible laws, but by provisions ensuring the informed and authentic consent of the parties ».

459. Basedow, n°s 430-432.

de conflit du for même à l'égard des situations constituées à l'étranger, subsistait intégralement dans sa splendeur et sa sévérité [460]. La méthode de la reconnaissance sans contrôle de la loi appliquée permet en fait indirectement, même si ce n'est pas nécessairement le but motivant son adoption, le libre choix de la loi applicable à une relation juridique [461].

Des applications notables de cette idée existent en matière de constitution de sociétés ou de transfert de leur siège social [462], mais aussi en matière de statut personnel ; les deux présentent des points communs qui peuvent justifier l'emploi de la méthode de la reconnaissance, mais se prêtent également au même titre à l'utilisation stratégique des possibilités ouvertes par son emploi.

En matière de statut personnel, la tolérance pour cette utilisation stratégique peut être due simplement au libéralisme – l'article 9 de la Convention de La Haye du 14 mars 1978 sur la célébration et la reconnaissance de la validité des mariages impose, pour les (trois) Etats l'ayant ratifiée, la reconnaissance des mariages conclus à l'étranger, y compris par des ressortissants des Etats en cause, sans contrôle de la loi appliquée et sous réserve, pour l'essentiel, du seul ordre public. Une solution similaire est en vigueur, depuis toujours, aux Etats-Unis d'Amérique, où c'est la loi du lieu de célébration (susceptible d'être librement choisi par les époux) qui régit la validité du mariage, y

---

460. Pour sa justification, même à propos des jugements étrangers, voir Batiffol et Lagarde, *Droit international privé*, volume II, 7e édition, 1983, n° 726. Dans le système classique des conflits de lois, la non-application de la règle de conflit du for ne se justifiait que dans une série limitée d'hypothèses, où le respect des légitimes prévisions des parties l'imposait absolument : voir P. Mayer, *La distinction entre règles et décisions et le droit international privé*, Paris, Dalloz, 1973, n° 207.

461. Selon l'observation de Wilhelm Wengler, qui était hostile à cette forme d'autonomie de la volonté indirecte (et sceptique à l'égard de l'autonomie de la volonté tout court, même en matière contractuelle) : « The General Principles of Private International Law », *Recueil des cours*, tome 104 (1961), spéc. p. 443 ss ; voir la même critique en matière de divorce par Wengler, *Internationales Privatrecht*, volume I, Berlin, Walter de Gruyter, 1981, p. 396 ss.

462. En droit européen, c'est évidemment à la jurisprudence *Centros* précitée (arrêt du 9 mars 1999, C-212/97, *supra* note 435) et à toutes ses applications par des arrêts ultérieurs qu'il faut penser, y compris à sa récente application au transfert du siège statutaire sans transfert du siège réel (arrêt *Polbud* du 25 octobre 2017, C-106/16, ECLI:EU:C:2017:804, points 60 à 65) ; mais cette jurisprudence n'a fait qu'appliquer, en les « constitutionnalisant » par référence au principe de la libre circulation, des idées qui ont cours aux Etats-Unis d'Amérique depuis une centaine d'années, et qui ont fait tout le succès économique d'un Etat comme le Delaware : voir la célèbre critique de cet état de fait par W. Carey, « Federalism and Corporate Law : Reflections on Delaware », *Yale L. J.*, volume 83 (1974), p. 663 ss, spéc. p. 666 : « race to the bottom » – une appréciation qui a donné lieu à des controverses parmi les spécialistes du droit des sociétés. Les plus libéraux de ceux-ci ne la partagent évidemment pas.

compris quant aux conditions de fond [463]. C'est lui qui a servi à valider, devant les tribunaux d'Etats qui ne connaissent pas encore cette forme de mariage, des mariages entre personnes du même sexe célébrés dans un autre Etat, généralement à l'occasion d'un bref déplacement et entre résidents de l'Etat de la reconnaissance [464].

De même un texte comme le règlement Bruxelles II*bis*, qui prévoit la reconnaissance internationale des divorces, sans contrôle de la loi appliquée et avec interdiction de procéder à un contrôle de l'existence de la compétence du juge étranger [465], était couramment utilisé par des citoyens italiens afin de pouvoir obtenir, *de facto*, des juridictions d'autres Etats membres un *divorzio breve* (et souvent moins coûteux qu'un divorce italien) avant son introduction en droit italien en 2015 [466].

145. Le libéralisme inhérent à l'emploi de la méthode de la reconnaissance peut être facilité, dans certains cas, par les divisions idéologiques internes à la société de l'Etat de la reconnaissance, qui bloquent une réforme législative dans le sens libéral pourtant voulue par une partie de la population et qui bénéficie de la bienveillance des tribunaux. Ainsi, le divorce était réglementé de manière très restrictive dans l'Etat de New York jusqu'en 1966; aujourd'hui encore, un mariage interreligieux est impossible dans de nombreux cas en Israël et au Liban, qui sont pourtant des Etats modernes: le résultat en était, dans le premier cas, un recours massif aux divorces dans d'autres Etats ayant une législation plus libérale que New York et ayant des exigences minimes en termes de durée de résidence des parties pour rendre compétentes les juridictions locales [467] et, dans le second, le recours aux mariages civils célébrés à Chypre entre ressortissants de

463. Voir E. Rabel, *The Conflict of Laws: A Comparative Study*, 2e édition, Ann Arbor, University of Michigan, volume I, 1958, p. 264 («an avowed purpose of the principle has always been to make marriage possible for persons who could not marry according to their domiciliary law»).

464. *Martinez c. County of Monroe*, 850 N.Y.S.2d 740 (A.D. 4 Dept., 2008); *Port c. Cowan*, 44 A.3d 970 (Md. 2012).

465. Articles 24 et 25 du règlement.

466. Cf. K. Siehr, «*Fraude à la Loi* and European Private International Law», dans *Essays in Honour of Michael Bogdan*, Lund, Juristförlaget i Lund, 2013, p. 521 ss, spéc. p. 534. Pour un jugement anglais concluant à la nullité pour fraude (en fait, pour faux en écritures) de 179 divorces de citoyens italiens qui prétendaient tous être domiciliés dans le même appartement en Angleterre, voir *Rapisarda c. Colladon* (2014) EWFC 35 – «a conspiracy to pervert the course of justice on an almost industrial scale», paragraphe 1.

467. Voir l'ouvrage de l'historien N. Blake, *The Road to Reno. A History of Divorce in the United States*, New York, Macmillan, 1962. La détermination de la durée du séjour au Nevada (ou dans d'autres Etats, concurrents du Nevada sur le marché du divorce à destination des New-Yorkais) était devenue une question économique, non juridique: cf. le chapitre 12, «Divorce and the Tourist Trade», de l'ouvrage.

ces Etats qui ne respectent pas les règles religieuses (de fond) qui y sont applicables au mariage [468]. Dans les deux cas, les tribunaux validèrent ces expédients en pleine connaissance de cause [469].

b) *Limitation ou fin de l'exception de fraude à la loi*

146. Nous venons de faire référence au comportement stratégique des parties : c'est le type même de comportement que le droit international privé classique juge frauduleux, et qu'il prive d'efficacité [470]. D'où le fait que l'exception de fraude à la loi, mécanisme de repli orienté sur le maintien de l'autorité de la loi et sur la supériorité de la loi par rapport aux choix des parties, n'est pas vraiment compatible avec un système de droit international privé qui valorise, au contraire, l'exercice par les parties de leur autonomie. La doctrine libérale enseignera que si tant est que cette exception doit survivre, son champ d'application doit être limité aux abus les plus graves ; en aucun cas, l'utilisation d'une liberté ne peut être réputée constituer en elle-même une fraude à la loi, puisque ce serait alors nier l'existence de la liberté elle-même [471].

468. Voir la jurisprudence citée par M.-C. Najm, *Principes directeurs du droit international privé et conflits de civilisation*, Dalloz, 2005, n°s 233 ss (jurisprudence analysée comme admettant un « dérivatif extérieur » selon P. Gannagé, cité *ibid.*, n° 234). Sur le droit israélien, voir aussi T. Einhorn, « Israeli International Family Law – the Liberalization of Israeli Substantive Family Law », dans *Festschrift Peter Hay*, Francfort, Verlag Recht und Wirtschaft, 2005, p. 141 ss ; Y. Cohen, « Recognition and Non-recognition of Foreign Civil Marriages in Israel », *Yearbook PIL*, volume 18 (2016-2017), p. 321 ss.

469. A New York, un arrêt de principe de la juridiction suprême valida un divorce obtenu par des New-Yorkais au Mexique après un très bref séjour (d'un jour) du demandeur en divorce ; il s'agit de l'arrêt *Rosenstiel c. Rosenstiel*, 209 N.E.2d 709 (NY 1965) :

> « In a highly mobile era such as ours, it is needful on pragmatic grounds to regard the marriage itself as moving from place to place with either spouse ... our public interest is not affected differently by a formality of one day than by a formality of six weeks » (p. 712).

470. Il suffit de penser au sort judiciaire réservé à la Princesse de Bauffremont, cette première grande « optimisatrice » du droit international privé de la famille dont le divorce, organisé par emploi d'une grande liberté créative dans la mise en œuvre des règles de conflit de lois, fut condamné à l'époque pour fraude à la loi (Civ., 18 mars 1878, *D. P.*, 1878, 1, p. 201, *Grands arrêts*, n° 6).

471. G. Rühl, *op. cit.*, *supra* note 428, p. 416-418 ; voir déjà R. Vander Elst, *Droit international privé belge*, tome I, *Conflits de lois,* Bruxelles, Bruylant, 1983, p. 344 ss, spéc. p. 349 et note 199 (l'auteur estime que « le citoyen peut revendiquer le droit d'échapper à sa loi nationale, qui ne lui convient pas », et propose de limiter la sanction de la fraude à la loi au cas de simulation de l'élément d'extranéité, ceci pour éviter d'« enfermer les justiciables dans une sorte d'« univers juridique concentrationnaire »).

Ce raisonnement nous semble être partagé par la Cour de justice de l'Union européenne [472]; certes l'arrêt *Centros* réserve l'abus et la fraude, mais il souligne également que

> « le droit de constituer une société en conformité avec la législation d'un Etat membre et de créer des succursales dans d'autres Etats membres est inhérent à l'exercice, dans un marché unique, de la liberté d'établissement garantie par le traité » [473];

et l'application traditionnelle des principes de la fraude à la loi (du moins telle qu'elle est reçue dans des systèmes de droit international privé du type du droit français) aurait condamné le recours par des entrepreneurs danois à la constitution d'une société en Angleterre à la seule fin d'éviter les prescriptions du droit des sociétés danois sur le capital social minimal, pour ensuite faire fonctionner exclusivement une « succursale » danoise de la société constituée en Angleterre. La logique de la liberté de circulation n'est pas celle d'un droit international privé qui cherche avant tout à sauvegarder l'autorité des lois nationales [474].

c) *Limitation du jeu de l'ordre public, et acceptation de ce que les lois de police ne sont que des lois « d'application semi-nécessaire »*

147. L'exception d'ordre public et les lois de police devraient être (et sont dans une large mesure) le dernier rempart des ordres juridiques nationaux contre les initiatives privées de déréglementation. Ceci est reconnu et considéré comme en principe légitime par tous, y compris les spécialistes libéraux du droit international privé [475].

---

472. Voir aussi les propos, très mesurés, de S. Vrellis, « Abus » et « fraude » dans la jurisprudence de la Cour de justice des Communautés européennes », dans *Mélanges Hélène Gaudemet-Tallon*, Paris, Dalloz, 2008, p. 633 ss. Dans un article pionnier, publié en 1997, Marc Fallon avait encore pu défendre un point de vue plus favorable à l'admission de l'exception de fraude à la loi, tout en notant que le respect des conditions qui régissent les entraves aux échanges restait nécessaire lors de l'invocation de la fraude : « La délocalisation comme instrument de fraude lié à la circulation des biens et des personnes », dans *Mélanges Etienne Cerexhe*, Bruxelles, Bruylant, 1997, p. 165 ss.

473. Arrêt du 9 mars 1999, C-212/97, *supra* note 435, points 24 à 27.

474. Comme l'écrivent Dominique Bureau et Horatia Muir Watt, *Droit international privé*, 4e édition, Paris, PUF, 2017, volume II, n° 1185 :

> « Désormais, loin d'être frappé de suspicion, le changement de résidence (pour les personnes physiques) ou d'établissement (pour les personnes morales) est devenu un moyen tout à la fois de réaliser le marché intérieur, de stimuler la concurrence inter-systémique et de favoriser la création d'une identité citoyenne européenne qui implique le brassage des cultures. »

475. Evidemment, n'étant pas dirigistes en matière économique, ils considéreront les lois de police comme parfois nécessaires, mais pas pour autant souhaitables ; et ceux

Mais c'est ici que peuvent jouer un certain nombre de règles du droit des conflits de juridictions qui se combinent avec les règles ordinairement applicables de conflits de lois ou, plutôt, les mettent hors-jeu : ces règles permettront aux parties de déclarer applicable un droit étranger et compétent un tribunal étatique étranger ou un tribunal arbitral, ce qui rend au moins incertaine l'application des lois de police qui apparaîtront aux juges ou arbitres choisis comme des lois de police d'un Etat tiers. La tendance actuelle de la réglementation européenne de la compétence des tribunaux et plus encore la tendance d'une partie de la jurisprudence est de se prêter assez complaisamment à cette combinaison des clauses attributives de compétence ou d'arbitrage et des clauses de choix du droit applicable (en dehors, il est vrai, du domaine de la protection des parties faibles tel qu'elles sont désignées par le règlement Bruxelles I [476]). Tel est le cas de la jurisprudence de la Cour de justice portant sur le système Bruxelles I [477] et, surtout, de la jurisprudence française [478]. Un auteur italien, qui a visiblement des sympathies pour le *liberismo*, en a déduit avec lucidité qu'il valait mieux parler de « règles d'application semi-nécessaire » à propos des lois de police, qui ne déploient désormais leur pleine efficacité qu'à

qui transposent le libéralisme contemporain dans le domaine sociétal auront tendance à préférer l'ordre public des droits de l'homme à l'ordre public de défense du modèle familial national.

476. Ces protections relèvent de la tendance sociale du droit européen, qui coexiste avec ses aspects néolibéraux. Aux Etats-Unis en revanche, il n'existe dans de nombreux cas pratiquement aucune restriction aux clauses de choix de for en matière de travail ou de consommation : cf., sur les « deadly combinations of choice-of-law, choice-of-forum, and arbitration clauses » (S. Symeonides), *supra* n° 101.

477. Pour l'efficacité des clauses attributives de juridiction à des tribunaux d'un autre Etat européen, voir l'arrêt du 16 mars 1999, *Trasporti Castelletti*, C-159/97, ECLI:EU:C:1999:142, point 49, selon lequel l'article 17 de la Convention de Bruxelles de 1968 empêche l'interdiction des choix de for pour protéger les lois de police du for dérogé.

478. Civ. 1re, 22 octobre 2008, *Monster Cable*, n° 07-15823, *Rev. crit. DIP*, 2009, p. 69 (sur les suites – désastreuses pour l'effectivité de la loi de police française – de l'affaire devant les juridictions américaines au profit desquelles les tribunaux français s'étaient dessaisis, voir M.-N. Jobard-Bachellier, « Une impérativité active des règles de droit dans l'ordre international », dans *Mélanges Pierre Mayer*, Paris, LGDJ, 2015, p. 345 ss) ; dans le domaine d'application du règlement Bruxelles I : Civ. 1re, 18 janvier 2017, n° 15-26105, *Rev. crit.*, 2017, p. 269, 2e esp., note Bureau et Muir Watt ; en matière de clause compromissoire Civ. 1re, 8 juillet 2010, n° 09-67013, *Rev. crit. DIP*, 2010, p. 743, note Bureau et Muir Watt. Mais voir aussi la solution similaire de la Cour de cassation italienne (Cass., 26 février 2007, n° 3841, *RDIPP*, 2008, p. 160, avec toutefois une nuance qui indique que ce raisonnement s'applique « à plus forte raison à l'intérieur d'un espace de droit harmonisé comme l'est l'espace communautaire », p. 164). – *Adde* les examens d'ensemble, en droit français, par P. de Vareilles-Sommières, « Lois de police et politiques législatives », *Rev. crit.*, 2011, p. 207 ss, spéc. p. 261 ss, et du même auteur « La sentence arbitrale étrangère contraire à une loi d'ordre public du for », *JDI*, 2014, p. 813 ss.

l'égard de parties qui ne choisissent pas de se soustraire à elles au moyen d'une clause compromissoire ou d'une clause attributive de juridiction [479]. L'inconvénient, c'est que, comme l'a fait observer Pierre Mayer, la transformation des règles d'application nécessaire en règles d'application semi-nécessaire risque de n'avoir été « qu'une étape avant leur avatar final en règles pas nécessaires du tout » [480].

La Convention de La Haye du 30 juin 2005 sur les accords d'élection de for semble aller dans le même sens très libéral [481].

Sur ce point, il faut le souligner, le droit des Etats n'est pas unanime. Il y a des jurisprudences nationales qui évaluent prudemment le risque d'un non-respect des lois de police du for et, si elles l'estiment réel, refusent l'effet de dérogation à la compétence des tribunaux du for d'une clause de choix de for. Il existe des décisions en ce sens en Europe [482] et même aux Etats-Unis d'Amérique [483]. Il n'est pas interdit aux tribunaux

---

479. L. Radicati di Brozolo, « Mondialisation, juridiction, arbitrage : vers des règles d'application semi-nécessaire ? », *Rev. crit.*, 2003, p. 1 ss ; du même auteur, « Arbitrage commercial international et lois de police », *Recueil des cours*, tome 315 (2005), p. 265 ss. L'auteur estime ce mouvement justifié ; dans le même sens voir F. Vischer, « *Lois d'application immédiate* als Schranken von Gerichtsstands- und Schiedsvereinbarungen », dans *Collisio legum, Etudes pour Gerardo Broggini*, Milan, Giuffrè, 1997, p. 577 ss.

480. P. Mayer, « Le phénomène de la coordination des ordres juridiques étatiques en droit privé », *Recueil des cours*, tome 327 (2007), p. 186, note 265.

481. Cf. M. Fallon et S. Francq, « L'incidence de l'entrée en vigueur de la Convention de La Haye de 2005 sur les accords d'élection de for sur l'article 25 du règlement Bruxelles I*bis* », *JT*, 2016, p. 169 ss, spéc. p. 176.

482. Voir J. Basedow, « Exclusive Jurisdiction Agreements as a Derogation from Imperative Norms », dans *Essays in Honour of Michael Bogdan*, Lund, Juristförlaget, 2013, p. 15 ss. La jurisprudence allemande (BGH 5 septembre 2012, *Betriebsberater* 2012, p. 3103, en trad. fr. : *Rev. crit.*, 2013, p. 890, note Jault-Seseke) et anglaise (*The Hollandia* (1983) A. C. 565) estiment qu'il ne faut pas permettre ce contournement des lois de police du for et refusent de reconnaître cet effet à une clause attributive de juridiction. S'agissant de la non-reconnaissance dans pareil cas de l'effet de dérogation d'une clause compromissoire, voir Cass. belge, 12 septembre 2014, *Pas.*, 2014, p. 1845 et, en jurisprudence autrichienne, OGH, 1er mars 2017, 5 Ob 72/16y, *IPRax*, 2018, p. 532 ; voir également (si tant est que cet arrêt peut être lu *a contrario*) Cass. it., 28 décembre 2016, no 27072, *RDIPP*, 2018, p. 114.

483. Un célèbre *obiter dictum* de la Cour suprême des Etats-Unis, la note en bas de page no 19 de l'arrêt *Mitsubishi c. Soler Chrysler-Plymouth*, 473 U. S. 614 (1985), se réserve la possibilité de refuser de reconnaître une clause d'élection de for dont la stipulation aurait pour effet, en combinaison avec le choix d'une loi étrangère, de priver une partie de ses droits au regard du droit américain de la concurrence :

> « We merely note that, in the event the choice-of-forum and choice-of-law clauses operated in tandem as a prospective waiver of a party's right to pursue statutory remedies for antitrust violations, we would have little hesitation in condemning the agreement as against public policy. »

Il convient néanmoins de reconnaître que la mise en œuvre de cette réserve n'est en pratique pas facile ; voir, sur le contentieux du Lloyds aux Etats-Unis, H. Muir Watt,

de repenser l'une ou l'autre solution provisoirement acquise en matière d'interaction entre conflits de lois et conflits de juridictions, et d'adopter une solution qui permet d'assurer une protection raisonnable des lois de police à l'égard des jugements étrangers et des sentences arbitrales.

d) *Un choix politique*

148. En tout cas, il faudrait éviter que l'option pour les solutions néolibérales (par exemple en matière d'interaction entre conflits de lois et conflits de juridictions) soit présentée comme une option purement technique [484]. Au contraire, que l'on soit favorable ou hostile à telle ou telle solution (ou à toutes ces solutions), c'est un choix d'ordre politique qui doit être fait chaque fois en ayant conscience des enjeux autres que de technique juridique. Ceci reste vrai alors même que le législateur laisse largement ce choix aux tribunaux, ce qui en fait des choix de politique jurisprudentielle qui seront des choix politiques de la jurisprudence.

3. *L'avenir du droit international privé néolibéral*

149. L'évolution future du droit international privé est intrinsèquement imprévisible, et il n'est pas possible de savoir si le degré d'orientation néolibérale qui est celui du droit international privé actuel se maintiendra, s'accélérera ou au contraire s'inversera : le droit ne possède pas de dynamisme propre apte à engendrer par lui-même de fortes mutations des institutions ou des méthodes ; celles-ci sont au contraire les reflets de mécanismes politiques, économiques ou culturels, en tout cas de phénomènes extra-juridiques [485]. Par conséquent, de même que les solutions néolibérales se sont imposées en droit international

---

« L'affaire Lloyd's : globalisation des marchés et contentieux contractuel », *Rev. crit.*, 2002, p. 509 ss.

484. En ce sens pourtant, voir la référence au « principe général de droit international privé de la dissociation des compétences judiciaire et législative » par A. Huet, « Clause attributive de juridiction à un tribunal étranger et loi française de police et de sûreté (étude du droit commun) », *D.*, 2009, p. 684 ss ; voir aussi H. Gaudemet-Tallon, « La clause attributive de juridiction, un moyen d'échapper aux lois de police ? », dans *Liber Amicorum Kurt Siehr*, La Haye, Eleven, Zurich, Schulthess, 2010, p. 707 ss.

485. Voir les considérations finales de l'ouvrage d'U. Wesel, *Geschichte des Rechts*, 4e édition, Munich, C. H. Beck, 2014, no 350. La vision contraire, celle notamment de Savigny, reposait précisément sur une préférence pour l'absence de mutations importantes, et pour une lente évolution des solutions juridiques en fonction des concepts préexistants et à l'abri du politique (cf. *supra* nos 23 ss).

privé comme suite de l'avancée des idées néolibérales en politique, de même la réponse à la question de l'avenir du néolibéralisme en droit international privé dépend de l'évolution des idées (et des réalités) politiques, économiques et culturelles. Il faudrait donc pouvoir prédire l'évolution future de la société pour prédire l'évolution future du droit en général, et du droit international privé en particulier. Or, s'il est possible de constater – en particulier rétrospectivement – l'existence de tendances dans l'évolution de la société ou du politique, il faut se résoudre à reconnaître l'impossibilité de prédire d'avance le sens ultime dans lequel évoluera la société [486]. La futurologie n'est pas une science sociale.

En ce qui concerne l'évolution de la société en général, il y a ceux qui espèrent que le néolibéralisme est la fin de l'histoire, d'autres qui le craignent, mais il est possible aussi qu'il s'avérera en définitive que le néolibéralisme a eu sa plus haute conjoncture au cours de la dernière décennie du vingtième siècle [487], et qu'une autre orientation politique est en train de le remplacer. Ceci n'empêcherait pas l'analyse en termes de néolibéralisme de rester pour l'instant exacte comme description de certains aspects du droit des Etats occidentaux, ni le néolibéralisme d'avoir produit certains de ses résultats jurisprudentiels les plus visibles et les plus remarquables au cours des premières décennies du vingt-et-unième siècle : il se peut que ce type de décalage dans le temps soit caractéristique de la relative lenteur de la réaction du droit ou des juristes à une évolution en cours autour d'eux.

On ne présentera pas une seule vision de ce qui sera sûrement l'avenir du droit international privé, mais au contraire trois visions, qui correspondent à trois possibilités : le néolibéralisme pourrait se radicaliser et devenir un ultralibéralisme ; il pourrait aussi se stabiliser et se décélérer, aboutissant à un nouveau compromis entre l'autonomie de la volonté et l'autorité de la loi ; il pourrait enfin sombrer dans le populisme, ou dans un droit international privé « illibéral ». Celle de ces trois visions qui s'imposera dépendra de facteurs qui se situent en dehors du droit international privé.

---

486. Cf., de Karl R. Popper (philosophe – libéral – des sciences), *The Poverty of Historicism*, d'abord publié en 1944 et 1945 dans trois livraisons de la revue *Economica*, puis sous forme de livre : Londres, Routledge & Kegan Paul, 1957 (trad. fr., *Misère de l'historicisme*, Paris, Plon, 1956), spéc. chapitres 27 et 28.

487. En fonction de l'évolution future, le néolibéralisme pourrait venir à apparaître, au-delà du cas de l'Union européenne, comme ayant connu sa plus haute conjoncture au cours des années Clinton.

a) *L'hypothèse du développement d'un droit international privé ultra-libéral*

150. Une manière – mais une manière seulement partielle – de rendre encore plus libéral le droit international privé actuel consisterait simplement à supprimer les obstacles au choix du droit d'un autre Etat qui subsistent dans les techniques actuelles du droit international privé : on libéraliserait complètement, par exemple, le choix de la loi applicable au divorce au-delà de la simple option, telle qu'elle existe en droit européen actuel, entre les lois de la nationalité et de la résidence habituelle des époux [488] ; on étendrait l'autonomie de la volonté à des domaines qui ne sont pas encore touchés par elle, tels les droits réels [489], et on supprimerait les obstacles qui subsistent à la reconnaissance de droits patrimoniaux et de statuts personnels acquis conformément à un système étranger de conflits de lois. Si tous les obstacles au fonctionnement du marché international des normes juridiques disparaissaient suite à ces mesures de libéralisation progressive, le droit international privé serait caractérisé par l'absence d'entraves à l'autonomie de la volonté – sauf qu'il en subsisterait une : il faudrait toujours que le droit extrapatrimonial ou patrimonial acquis ait au préalable été reconnu par au moins un Etat qui le consacre dans son système juridique.

151. Pour aller plus loin, il faudrait se débarrasser de la contrainte, que les véritables ultralibéraux considèrent comme excessive, tenant à l'intervention d'un ordre juridique étatique. A cet égard, l'ultime frontière dans le développement d'un droit international privé ultralibéral serait l'acceptation du « contrat sans loi », figure théorique rejetée par le droit positif au vingtième siècle [490] – ou, dans le domaine du droit de la famille, d'une « personne sans loi » [491], dont le statut, entièrement autonome, n'obéirait à aucune règle. Les revendications

488. Conformément à la proposition de Jürgen Basedow, *loc. cit. supra* note 458.
489. Cf. les propositions d'E. O'Hara et L. Ribstein, *The Law Market*, *op. cit.*, *supra* note 426, p. 183 ss.
490. En France : Civ., 21 juin 1950, *Messageries maritimes*, *Rev. crit.* 1950, p. 609, note Batiffol ; *Grands Arrêts*, n° 22, selon lequel « tout contrat est nécessairement rattaché à la loi d'un Etat ». Voir également, pour l'insistance de la jurisprudence allemande sur la soumission sans restriction du contrat au pouvoir législatif d'un Etat quel qu'il soit, *RG*, 28 mai 1936, *JW*, 1936, p. 2058 ; trad. fr., *JDI*, 1936, p. 951 ss.
491. Suivant l'expression polémique, mais bien trouvée, de T. Marzal Yetano, « The Constitutionalisation of Party Autonomy in European Private International Law », art. cit. *supra* note 445, spéc. p. 191.

tendant à l'introduction de ces possibilités restent cependant très marginales [492].

Ce qui est réellement envisagé en revanche, en doctrine [493], est la généralisation du recours à des normes préexistantes, d'origine privée, qui pourraient remplacer progressivement le droit étatique au profit de normes anationales produites par le secteur privé. Cette possibilité est le point de contact entre le droit international privé et le droit transnational privé [494]. Elle concerne principalement les activités économiques, mais pourrait potentiellement connaître des applications en matière de droit de la famille.

Dans le domaine économique, des normes dites « anationales » peuvent être produites dans un contexte de coopération entre Etats (exemple : la Convention des Nations Unies de 1980 sur les contrats de vente internationale de marchandises), mais ce type d'activité normative n'est en réalité pas du tout soustrait à l'emprise des Etats, dont il est au contraire un produit collectif. De véritables projets normatifs anationaux sont ceux qui émanent des travaux de groupes scientifiques (par exemple les Principes d'Unidroit relatifs aux contrats du commerce international [495]), ou alors ceux qui émanent de l'activité spontanée du secteur marchand. Ce sont ces dernières normes qui, à défaut de présenter les mêmes garanties d'expertise que les travaux d'Unidroit, sont les plus intéressantes dans le présent contexte [496].

Il peut arriver, cela dit, que plus un ensemble de normes privées est ambitieux, moins il est attrayant pour les opérateurs économiques : la *lex mercatoria*, s'il faut la comprendre comme représentant un droit général

492. Pour une variante plus modérée du « contrat sans loi », voir cependant B. Mercadal, « Ordre public et contrat international », *DPCI*, 1977, p. 457 ss ; compte-rendu critique par P. Lagarde, *Rev. crit.*, 1978, p. 247 ss, et réplique de l'auteur, *DPCI*, 1978, p. 576 ss (contrat relevant d'une liberté contractuelle complète, sauf l'obligation de respecter l'ordre public international « du système juridique avec lequel le contrat est susceptible d'entrer en contact pour produire ses effets »). Pour une contractualisation complète du droit du couple et de la filiation, voir D. Borrillo, *La famille par contrat*, Paris, PUF, coll. GenerationLibre, 2018.

493. Voir O'Hara et Ribstein, *The Law Market*, *op. cit.*, *supra* note 426, p. 222 ss : section intitulée « The Future of State Law » ; voir également *ibid.*, p. 88-89.

494. Cf. *supra* n° 11.

495. Dernière édition publiée par Unidroit, Rome, 2016.

496. Sur l'opposition entre les deux types d'activité de la « société civile », voir C. Kessedjian, « Codification du droit commercial international et droit international privé », *Recueil des cours*, tome 300 (2002), p. 79 ss, spéc. p. 143 ss ; R. Michaels, « Non-State Law in the Hague Principles on Choice of Law in International Commercial Contracts », dans *Liber amicorum Hans Micklitz*, Cham, Springer, 2014, p. 43 ss, spéc. p. 46 ; et, particulièrement critique à l'égard de la valeur du deuxième type d'activités normatives, S. Symeonides, « Private International Law : Idealism, Pragmatism, Ecclecticism », *Recueil des cours*, tome 384 (2016), p. 72-75.

du commerce international, s'est avérée à l'expérience ne posséder qu'une faible attractivité[497], au point que sa «disparition prochaine» a pu être prédite[498]. Par contraste, dans des domaines particuliers de l'activité économique, les normes privées peuvent revêtir un attrait réel et il peut y avoir des ensembles de normes qui sont des rivaux sectoriels (ou alors des compléments) de la production normative des Etats[499].

L'activité normative du secteur privé peut théoriquement être si effective et autonome qu'elle n'a pas besoin des Etats pour s'imposer. Elle peut également dépendre, pour accéder à la pleine effectivité, de sa reconnaissance par les Etats. Elle peut enfin ne bénéficier ni d'une effectivité factuelle indiscutable, ni de sa reconnaissance par les Etats et sera alors ineffective, quel que soit dans ce cas son éventuel intérêt sur le plan des concepts[500].

152. La première hypothèse est celle, centrale dans le cadre des discussions relatives au droit transnational privé, des activités normatives privées qui sont effectives par elles-mêmes et sans recours aux ressources des Etats. Des normativités de ce type existent parfois[501];

497. Sur le désintérêt des opérateurs du commerce international pour la *lex mercatoria*, voir les recherches empiriques de Gilles Cuniberti menées à partir de l'étude des données publiées par la CCI, l'institution arbitrale des chambres de commerce suisses, le SIAC et le HKIAC: «Three Theories of *Lex Mercatoria*», *Col. J. Transn'l L.*, volume 52 (2014), p. 369 ss; «La *Lex Mercatoria* au XXIe siècle», *JDI*, 2016, p. 765 ss; voir aussi «The Merchant Who Would Not Be King: Unreasoned Fears about Private Lawmaking», dans H. Muir Watt et D. Fernández Arroyo (dir. publ.), *Private International Law and Global Governance*, Oxford, Oxford University Press, 2014, p. 141 ss.

498. P. Mayer, «Actualité du contrat international», conférence reproduite aux *Petites affiches*, n° 90, 5 mai 2000.

499. Il existe une discussion sur l'existence d'une *lex maritima* autonome: pour l'autonomie de celle-ci en tant qu'ensemble de normes, voir A. Maurer et A. Beckers, «Lex Maritima», dans *Festschrift Gunther Teubner*, Berlin, De Gruyter, 2009, p. 811 ss; A. Maurer, «Lex Maritima», dans J. Basedow *et al.* (dir. publ.), *Encyclopedia of Private International Law*, Cheltenham, Edward Elgar, 2017, volume II, p. 1113 ss. Beaucoup plus prudent sur les rapports entre *lex maritima* et lois étatiques, O. Cachard, «La nouvelle *Lex maritima*», dans *Mélanges Bertrand Ancel*, Paris, LGDJ, Madrid, Iprolex, 2018, p. 335 ss, spéc. p. 346; et pour un droit maritime purement et simplement fondé sur le droit étatique et régi par les règles du droit international privé, voir P. Mankowski, *Seerechtliche Vertragsverhältnisse im IPR*, Tübingen, J. C. B. Mohr (Siebeck), 1995. L'existence d'une *lex maritima* autonome est l'une des questions qui appellent un examen critique par les spécialistes. Pour une liste d'(autres) *leges specificae* alléguées, voir J. Guillaumé, *L'affaiblissement de l'Etat-nation et le droit international privé*, Paris, LGDJ, 2011, n° 103.

500. Sur le plan conceptuel, il restera vrai que sa reconnaissance par d'autres ordres juridiques «n'est pas constitutive pour l'existence d'un ordre juridique» (G. Teubner, art. cit. *supra* note 39), mais le produit d'un ordre juridique qui n'est ni effectif, ni reconnu par un ordre juridique effectif risque en même temps d'être très peu significatif.

501. Ainsi dans le milieu des marchands de diamants new-yorkais, étudié empiriquement par L. Bernstein, «Opting Out of the Legal System: Extralegal Contractual Relations in the Diamond Industry», *J. Legal Stud.*, volume 21 (1992), p. 115 ss.

la question intéressante, et qui appelle des travaux de recherche impartiaux, est celle de savoir dans quelle mesure une normativité vraiment indépendante des Etats est effective à grande échelle. Cette dernière supposition correspondrait aux idéaux du libertarisme ou de l'anarcho-capitalisme, qui fait partie de la famille néolibérale, fût-ce en tant qu'enfant terrible [502]. L'anarcho-capitalisme a pour point commun avec l'anarcho-syndicalisme ou les autres formes d'anarchisme de gauche d'aboutir à la vision d'un dépérissement de l'Etat, mais comme caractéristique propre de reposer sur un système d'organisation sociale post-étatique résolument individualiste, à partir de la valeur centrale de la propriété privée. La sécurité et la justice n'y sont plus des services publics, mais des biens privés qu'est censé produire le marché : généralisation de l'arbitrage privé (l'exécution des sentences relevant également, après la fin du monopole étatique de la violence légitime, des divers modes de contrainte ou de persuasion du secteur privé), généralisation des services de sécurité privés. Des sociétés anarcho-capitalistes sont censées avoir existé : on cite, dans la littérature libertarienne, l'Islande des sagas médiévales [503], ou les communautés marchandes médiévales censées avoir été régies par la *lex mercatoria* ou encore, peut-être, la Somalie de 1991 à 2006 après l'effondrement des structures étatiques dans ce pays [504].

Le problème est que, pour fonctionner de manière entièrement autonome et pour pouvoir concurrencer les ordres juridiques étatiques, un produit normatif du secteur privé devrait pouvoir se réaliser sans le concours et sans la reconnaissance de ceux-ci. S'il réussit vraiment à le faire, son effectivité s'imposera par la force normative des faits – à l'instar (pour choisir un exemple purement économique, qui suscite un intérêt important de la part des libertariens) d'une crypto-monnaie qui réussirait, par ses caractéristiques propres, à être adoptée en fait par les acteurs économiques au point de remplacer les monnaies, inefficaces, des banques centrales étatiques [505].

---

502. Sur les doctrines anarcho-capitalistes, voir V. Valentin, *Les conceptions néo-libérales du droit*, *op. cit.*, *supra* note 418, p. 339 ss. Les principaux représentants de cette philosophie (ce qu'elle est restée pour l'instant, à défaut d'avoir pu se réaliser dans le monde réel) sont Murray Rothbard et David Friedman.

503. D. Friedman, « Private Creation and Enforcement of Law : A Historical Case », *J. Legal Stud.*, volume 8 (1979), p. 399 ss.

504. Voir en ce sens, sur le site mises.org du Mises Institute, l'article « The Rule of Law Without the State » publié en 2007 par l'anthropologue libertarien Spencer MacCallum.

505. Ce n'est pas une vision très récente ; elle correspond à une mise à jour, au regard de la technologie actuelle, d'une thèse avancée par F. A. Hayek : *Denationalisation of Money : The Argument Refined*, Londres, Institute of Economic Affairs, 1976.

Dans ce contexte, une hypothèse intéressante est celle des contrats « auto-exécutoires » *(self-enforcing contracts)*, qui se serviraient de la technologie informatique pour veiller à la mise en œuvre effective des termes du contrat, sans recours même potentiel à la justice étatique [506]. Evidemment, ceci pose la question de savoir s'il faut se féliciter de cette potentielle efficacité absolue de la mise en œuvre de contrats, ou s'il faut au contraire regretter l'absence de l'intervention d'un juge (et donc des mécanismes qui peuvent être prévus en droit national pour rétablir l'équilibre dans des contrats déséquilibrés ou pour réagir aux vices du consentement). Mais c'est là une question axiologique, sans grande conséquence si vraiment les contrats *self-enforcing* s'imposaient effectivement dans un hypothétique monde du futur fonctionnant selon la logique du darwinisme juridique, sans opposition effective de la part des Etats [507].

La même observation vaut pour ce qui est des mécanismes produisant la normativité issue du secteur privé : on peut juger les résultats de leur fonctionnement particulièrement conformes aux besoins de l'économie internationale – mais on peut également préférer regretter qu'ils ne permettent aucun contrôle démocratique, et aucune participation réelle des tiers par rapport aux communautés dans lesquelles s'élaborent les normes [508]. Là encore, selon une logique strictement économique,

506. P. Ortolani, « Self-Enforcing Online Dispute Resolution : Lessons from Bitcoin », *Oxford J. Legal Studies*, volume 36 (2016), p. 595 ss ; à paraître du même auteur, « The Judicialisation of the Blockchain », dans Ph. Hacker *et al.* (dir. publ.), *Regulating Blockchain : Techno-Social and Legal Challenges*, Oxford, Oxford University Press, 2019.

507. L'opposition des Etats est une possibilité aussi longtemps que le monopole étatique de la violence légitime est effectif. Comme l'écrit Pietro Ortolani (« The Three Challenges of Stateless Justice », *J. Int'l Dispute Settlement*, article cité *supra* note 37, p. 603) :

> « The state retains the power to undo or modify the allocation of resources attained by way of private enforcement. »

Il faut évidemment qu'il en ait la volonté. En tout cas un discours du ministre britannique de la Justice du 30 novembre 2018 (www.gov.uk) met en avant une initiative dont il dit qu'elle

> « brings together forty of the top law firms, the Law Commission, standards institutions, professional associations and blockchain companies with a view to creating a legal and technical framework for smart legal contracts. Self-executing smart legal contracts will radically transform commercial transactions and I am determined to see the UK become a hub for their development and use ».

508. Cf. A. von Bogdandy et S. Dellavalle, « Die Lex Mercatoria der Systemtheorie », dans *Festschrift Gunther Teubner*, Berlin, De Gruyter, 2009, p. 695 ss, spéc. p. 714-715 ; plus généralement sur les critiques que peut susciter l'activité normative privée du point de vue de l'absence de sa légitimation, T. Schultz, *Transnational Legality*, Oxford, Oxford University Press, 2014. – Un point de vue différent est défendu, sans

si l'effectivité – par hypothèse indépendante du concours de l'Etat – d'une norme est réelle, elle peut s'imposer et remplacer sa légitimité démocratique. Théoriquement la normativité privée pourrait ainsi l'emporter de manière générale. Mais cette vision du futur est une utopie négative.

153. Si on l'écarte (du moins pour l'instant), il reste une seconde manière pour les normes résultant de l'activité normative privée d'acquérir l'effectivité qu'elles n'ont, dans cette seconde hypothèse, pas par elles-mêmes : c'est leur reconnaissance par les Etats. Les Etats peuvent, si tel est leur choix, prévoir l'application par leurs tribunaux des normes privées (ou l'exécution des décisions privées) auxquelles ils reconnaissent force juridique. Mais qui dit reconnaissance dit aussi, implicitement, possibilité de la non-reconnaissance. C'est là l'un des enseignements fondamentaux de la théorie du pluralisme juridique développée par Santi Romano, qui n'a pas perdu son actualité sur ce point [509].

C'est dans un cadre précis, celui de l'exécution de sentences arbitrales, que de nombreux ordres juridiques étatiques acceptent de reconnaître, et de rendre ainsi pleinement effectif, un aspect de l'activité normative privée transnationale. L'exequatur accordé à une sentence arbitrale n'a en lui-même rien de particulièrement transnational ou anational, du moment que le tribunal arbitral s'est efforcé, comme le

---

surprise, par G. Teubner, « Quod omnes tangit : Transnationale Verfassungen ohne Demokratie ? », *Der Staat*, 2018, p. 1 ss. Gunther Teubner estime qu'il existe des formes embryonnaires de contrôle démocratique de cette normativité, mais ce qu'il écrit n'est en réalité pas très rassurant, spécialement en ce qui concerne le contrôle de la légitimité des effets de ces normes sociales à l'égard des tiers.

509. Chez Romano, l'acceptation de l'existence du pluralisme des normativités va en effet de pair, à travers la notion de « relevance » *(rilevanza)* d'un « ordre juridique » pour un autre, avec un droit des relations entre normativités (voir *L'ordinamento giuridico*, *op. cit.*, *supra* note 35, spéc. paragraphe 34). Un ordre juridique, et spécialement l'ordre juridique de l'Etat, *peut*, mais ne *doit* pas nécessairement, nier la valeur juridique d'un autre (*ibid.*, note 95*bis* – dans la trad. fr., p. 106-107, note 1) ; il le fera selon ses propres critères, dont il est certes souhaitable qu'ils ne soient pas arbitraires ; et l'Etat pourra même aller jusqu'à considérer certains ordres juridiques non étatiques comme illicites et les combattre (par. 30). Romano, tout en admettant comme théoricien le pluralisme des normativités, n'en était pas moins, idéologiquement, un étatiste (« un pluraliste sur le plan théorique, mais un moniste sur le plan idéologique » : N. Bobbio, « Teoria e ideologia nella dottrina di Santi Romano », *Amministrare*, 1975, p. 447 ss, spéc. p. 464) et il devait d'ailleurs, sous le régime fasciste, accepter la fonction de président du Conseil d'Etat italien, fonction qui semblerait incompatible avec une pensée anarchisante. Voir aussi D. Soldini, « Santi Romano, penseur pluraliste et étatiste », *Jus politicum* n° 14 (2015), et lire le discours inaugural de Romano à l'Université de Pise, « Lo stato moderno e la sua crisi », *Riv. dir. pubbl.*, 1910, p. 97 ss, traduction française « L'Etat moderne et sa crise », *Jus politicum*, n° 14 (2015).

font la plupart des tribunaux arbitraux [510], de respecter et d'appliquer le droit étatique choisi par les parties ou de déterminer et d'appliquer une loi (étatique) applicable en l'absence de choix par les parties. Mais la jurisprudence peut montrer que les tribunaux d'un Etat sont également prêts à reconnaître et rendre exécutoire dans l'ordre juridique étatique des sentences arbitrales fondées sur l'application de normes anationales comme la *lex mercatoria* ou sur la création, par les arbitres, de normes relevant d'un ordre juridique *bis* qui diverge sur tel ou tel point de l'ordre juridique étatique, au profit de règles que les arbitres estiment plus conformes aux besoins du commerce international [511].

La jurisprudence de la première chambre civile de la Cour de cassation française s'est particulièrement distinguée dans cette approche libérale [512], en y ajoutant un vocabulaire enthousiaste [513]. Les auteurs d'un rapport figurant dans l'étude annuelle 2017 de la Cour de cassation, après avoir rappelé que

> «la jurisprudence de la Cour de cassation ne trouve d'autre explication que dans l'existence d'un autre ordre juridique, distinct des ordres juridiques étatiques»,

vont jusqu'à affirmer ceci:

> «Ordre juridique arbitral, ordre juridique transnational ou *lex mercatoria* ..., ordre juridique international interétatique, tous n'ont été créés que pour neutraliser l'ordre juridique interne. Ils trouvent le soutien de l'article 55 de la Constitution qui règle les

---

510. Voir les données chiffrées collectées par Gilles Cuniberti, article cité *supra* note 497.

511. Voir E. Gaillard, «Aspects philosophiques du droit de l'arbitrage international», *Recueil des cours*, tome 329 (2007), ouvrage d'un auteur favorable à la reconnaissance par les ordres juridiques étatiques de l'existence d'un «ordre juridique arbitral» propre, mais qui expose de manière objective les différentes approches possibles.

512. Pour la reconnaissance d'une sentence fondée sur la *lex mercatoria*, voir ainsi le célèbre arrêt Civ. 1re, 22 octobre 1991, *Compañia Valenciana*, nº 89-21528, *JDI*, 1992, p. 177, note (jubilatoire) Goldman; *Rev. arb.*, 1992, p. 457, note (sceptique) Lagarde.

513. Selon sa jurisprudence, la sentence en matière d'arbitrage commercial international, «qui n'est rattachée à aucun ordre juridique étatique, est une décision de justice internationale»: Civ. 1re, 29 juin 2007, *Putrabali*, nº 05-18053, *Rev. arb.*, 2007, p. 507, rapport J. P. Ancel, note Gaillard. Voir aussi, entre autres, Civ. 1re, 8 juillet 2015, *Ryanair*, nº 13-25846, *Rev. arb.* 2015, p. 1131, note Laazouzi, arrêt qui ajoute que la Convention de New York de 1958 et le Code de procédure civile français, permettant de déclarer exécutoires dans l'ordre juridique étatique les sentences, seraient des «textes constitutifs de l'ordre arbitral international». On notera que la jurisprudence du Conseil d'Etat français est beaucoup moins lyrique et plus classique.

> rapports entre l'ordre juridique français et les ordres juridiques supranationaux »[514].

Cette doctrine proche de la Cour de cassation française – ce n'est pas, ou pas encore, sa jurisprudence – est une doctrine qui est, sur ce point, ultralibérale : l'article 55 de la Constitution française[515], auquel le rapport fait référence, définit le principe de l'acceptation, par l'ordre juridique français, de la primauté des traités relevant de l'ordre juridique international – principe qui avait été (et reste) compris, par des esprits plus classiques, comme visant le seul droit international public. Les auteurs de ce passage paraissent donc prêts à reconnaître la primauté hiérarchique, par rapport à l'ordre juridique français, des normes issues de l'« ordre juridique arbitral » ou de la *lex mercatoria*. Cette position peut être jugée surprenante, même en droit français.

Cela dit, d'autres jurisprudences nationales ont également décidé qu'une sentence arbitrale faisant application de la *lex mercatoria* peut être déclarée exécutoire[516], et la solution n'est pas surprenante ou choquante en elle-même, même pour un juriste attaché à la primauté des ordres juridiques étatiques. Dans la plupart des ordres juridiques, l'arbitrage commercial, qu'il soit interne ou international, est traité comme soumis à la plus grande autonomie privée. De très nombreux ordres juridiques étatiques admettent que les parties stipulent que l'arbitrage sera soumis aux règles de l'amiable composition, c'est-à-dire aux règles d'un arbitrage dans le cadre duquel les arbitres ne sont pas tenus de faire application d'une quelconque règle de droit. Or la reconnaissance d'une sentence arbitrale fondée sur ce que l'arbitre considère comme la *lex mercatoria* va en fait beaucoup moins loin, dans le sens de l'autonomie des tribunaux d'arbitrage, que la reconnaissance d'une sentence arbitrale rendue en amiable composition[517]. Le rejet, généralisé dans les ordres juridiques favorables à l'arbitrage, de la révision au fond des sentences arbitrales va dans le même sens et peut justifier que les tribunaux étatiques acceptent, sans intervenir dans le

514. *Le juge et la mondialisation*, Paris, La documentation française, 2017, p. 175 et 176.

515. « Les traités ou accords régulièrement ratifiés ou approuvés ont, dès leur publication, une autorité supérieure à celle des lois, sous réserve, pour chaque accord ou traité, de son application par l'autre partie. »

516. Voir en particulier, dans la jurisprudence italienne des années 1980, un arrêt favorable, y compris dans le détail de sa motivation, à une approche lex mercatoriste de l'arbitrage international : Cass., 8 février 1982, n° 722, *RDIPP*, 1982, p. 829.

517. G. Bermann, « International Arbitration and Private International Law », *Recueil des cours*, tome 381 (2016), n° 404.

choix opéré par les arbitres, l'application d'un droit anational par une sentence.

154. Mais en dehors de l'exequatur des sentences arbitrales, la normativité privée ne bénéficie pas de la même reconnaissance de la part des ordres juridiques étatiques, qui ne semblent pas réellement sur le point de prendre, à cet égard, un tournant (ultra-)libéral. Il n'existe ainsi pas de jurisprudence significative de tribunaux étatiques qui appliqueraient eux-mêmes la *lex mercatoria*[518]; et la Cour de cassation française (chambre commerciale) elle-même a refusé, dans un litige porté directement devant une juridiction étatique française, d'accorder un statut particulier aux *Incoterms* de la Chambre de commerce internationale, pourtant fréquemment considérés comme emblématiques de la normativité privée; elle a au contraire jugé que

> «les parties peuvent déroger librement par des stipulations particulières aux règles dites «Incoterms», lesquelles résultent uniquement des usages commerciaux»[519].

De même, lors des travaux préparatoires du règlement Rome I, une décision consciente a été prise de ne pas admettre le choix, comme droit applicable à un contrat devant une juridiction de l'un des Etats membres de l'Union, d'un droit non étatique. C'est ce qui résulte de l'article 3, paragraphe 1er du règlement («Le contrat est régi par la loi choisie par les parties»), qui donne au terme «loi» le sens technique de «loi étatique». La même restriction s'appliquait déjà au regard du texte, identique, de l'article 3 de la Convention de Rome de 1980. Le maintien de cette restriction a été voulu par le législateur de l'Union pour

---

518. Favorable à l'application de la *lex mercatoria* devant le juge français (et intervenant à un moment où la référence à celle-ci était particulièrement à la mode), un jugement du Tribunal de commerce de Nantes du 11 juillet 1991, *JDI*, 1993, p. 330, note Leboulanger, est restée sans lendemain; on notera que la motivation de ce jugement, sur les raisons du choix et la détermination du contenu de la *lex mercatoria*, est brève et, en réalité, naïve:

> «Que, la convention des parties en date du 30 septembre 1980 étant, comme il a été ci-dessus, muette sur ce point comme sur beaucoup d'autres, le tribunal en conclut qu'elles ont entendu soumettre leur rapport aux principes généraux des usages commerciaux internationaux et notamment à la *«lex mercatoria»* dont Lord Justice Mustill rappelle que le principe *«pacta sunt servanda»* constitue le principe fondamental de l'entier système;
> Que le tribunal s'attachera donc à l'esprit et à la lettre de cette convention.»

Voir aussi, pour une référence explicite à la *lex mercatoria* en jurisprudence (cantonale) suisse, à propos des garanties bancaires à première demande, *Obergericht Zurich*, 9 mai 1985, *BlZR*, 1986, nº 23.

519. Com., 2 octobre 1990, *Bull. civ.*, IV, nº 222.

des raisons tirées notamment du respect du principe démocratique [520]. Elle est explicitée par le considérant n° 13 du règlement, selon lequel il n'est pas interdit aux parties « d'intégrer par référence dans leur contrat un droit non étatique ou une convention internationale » : « intégrer par référence » présuppose qu'un autre droit – une autre loi étatique, dans le système du règlement Rome I – est applicable au contrat et impose le respect de ses propres règles non supplétives de volonté ; seules les règles supplétives peuvent être remplacées par le droit non étatique auquel les parties se sont référées, de même qu'elles auraient pu les remplacer par des termes et conditions rédigés sur mesure pour leur contrat. Il s'ensuit entre autres que, comme l'ont décidé un certain nombre de décisions anglaises, il n'est pas possible de stipuler, avec effet à l'égard des tribunaux d'un Etat membre de l'Union européenne, que le droit applicable à un contrat sera le droit de la charia ou le droit talmudique [521].

Ce choix du règlement Rome I est évidemment contesté par une doctrine acquise à des principes plus nettement libéraux. Les auteurs de ces critiques estiment que rien ne distingue vraiment les normes étatiques et les normes anationales, si bien que la restriction à l'égard du choix d'un droit non étatique est « absurde » [522], ou même contraire à la Charte des droits fondamentaux de l'Union européenne [523]. Ces auteurs font fondamentalement autant (sinon plus ?) confiance aux acteurs privés pour formuler des normes qu'aux acteurs publics. Les auteurs du règlement Rome I ont été plus prudents.

---

520. Spécifiquement sur les raison du rejet, lors des travaux préparatoires du règlement, de la proposition (modeste) de la Commission européenne d'admettre le choix, comme droit applicable au contrat, de « principes et règles de droit matériel des contrats, reconnus au niveau international ou communautaire » (COM(2005) 650 final), voir R. Wagner, *IPRax* 2008, p. 379 ; P. Mankowski, *Interessenpolitik und europäisches Kollisionsrecht*, Baden-Baden, Nomos, 2011, p. 30.

521. *Shamil Bank of Bahrain c. Beximco Pharmaceuticals Ltd.* (2004) EWCA Civ 19 ; *Halpern c. Halpern* (2007) EWCA Civ 291 (*halakha* talmudique) ; *Musawi c. R.E. International (UK) Ltd.* (2007) EWHC 2981 (Ch) ; *Dubai Islamic Bank c. PSI Energy Holding Co.* (2013) EWHC 3186 (Comm), paragraphe 11. En revanche, dans la mesure où le droit étatique choisi fait référence à des règles religieuses, celles-ci deviennent indirectement applicables, conformément à la méthode conflictualiste classique.

522. Voir L. Radicati di Brozolo, « Règles transnationales et conflits de lois », dans *Mélanges Jean-Michel Jacquet*, Paris, LexisNexis, 2013, p. 275 ss, spéc. p. 291, pour la réflexion que l'argument tiré du déficit démocratique des règles transnationales est « particulièrement frappant par son absurdité », étant donné que le choix d'un droit étatique étranger reste permis, alors que rien ne garantit sa conformité aux principes démocratiques de l'Etat du for.

523. A. Hellgardt, « Das Verbot der kollisionsrechtlichen Wahl nichtstaatlichen Rechts und das Unionsgrundrecht der Privatautonomie », *RabelsZ*, 2018, p. 654 ss.

Appliquant quant à lui la même logique que celle des auteurs du règlement, le Tribunal fédéral suisse a décidé qu'il était impossible de voir une élection de droit valable au profit du règlement de la FIFA dans la clause d'un accord de transfert de joueurs entre deux clubs de football qui prévoyait que l'accord était régi par «les règles de la FIFA et par le droit suisse», et qu'il n'était pas possible de reconnaître la réglementation de la FIFA comme élément d'une *lex sportiva transnationalis* [524]. Cette qualification ne vaut évidemment que pour l'ordre juridique étatique suisse (théoriquement, la FIFA pourrait être d'un avis contraire et essayer d'imposer son point de vue dans le monde du sport [525]), mais elle est une prise de position claire.

155. Un autre modèle, plus libéral que le modèle du règlement Rome I ou de la LDIP suisse – mais pas pour autant un modèle ultralibéral – est fourni par les Principes sur le choix de la loi applicable aux contrats commerciaux internationaux, approuvés par la Conférence de La Haye le 19 mars 2015. Ces Principes admettent, à côté du choix d'une loi (étatique: article 2 des Principes), le choix de «règles de droit» (article 3) qui ne sont pas d'origine étatique. Cependant les Principes insistent sur la neutralité et le caractère équilibré de ces règles si elles sont choisies, et puisqu'ils en font une condition de la possibilité même du choix des règles privées, ils soumettent la question en définitive à l'appréciation des tribunaux :

> «Les parties peuvent choisir, comme loi applicable au contrat, des règles de droit généralement acceptées au niveau régional, supranational ou international comme un ensemble de règles neutre et équilibré, à moins que la loi du for n'en dispose autrement» [526].

---

524. TF, 20 décembre 2005, *ATF*, 132 III 285, spéc. p. 288-289. L'arrêt estime que les règlements établis par des organisations privées sont par principe subordonnés aux lois étatiques et ne peuvent être pris en considération que dans la mesure où le droit étatique admet une réglementation autonome ; et que par conséquent, les règles d'une fédération sportive internationale peuvent seulement être incorporées dans un contrat, soumis aux règles impératives d'un droit étatique.

525. Du moins selon l'arrêt (p. 289), cela ne serait pas le cas, et la FIFA serait d'accord à subordonner sa réglementation au droit étatique. Mais voir la sentence du Tribunal arbitral du sport du 27 juillet 2018, *Jérôme Valcke c. FIFA*, CAS 2017/A/5003, paragraphes 146-150, selon laquelle (dans le cadre d'une procédure arbitrale) les règles non nationales de la FIFA prévalent, en cas de conflit, par rapport au droit étatique suisse.

526. Cet article a été adopté tel quel comme élément du droit positif au Paraguay : article 5 de la loi concernant la loi applicable aux contrats internationaux, du 15 janvier 2015 : texte dans J. Basedow *et al.* (dir. publ.), *Encyclopedia of Private International Law*, Cheltenham, Edward Elgar, 2017, volume IV, p. 3611.

Les commentaires aux Principes précisent que cette condition «devrait exclure le choix d'un ensemble de règles avantageant l'une des parties aux transactions dans un secteur d'activité mondial ou régional particulier»[527], étant entendu que «la présomption selon laquelle les lois étatiques sont équilibrées n'est pas nécessairement transposable aux «règles de droit».

156. Dans leur ensemble, ces éléments tendent à montrer que, si une évolution des solutions actuelles du droit international privé vers des solutions ultralibérales est possible, on n'en est pas encore là. On n'y est pas en matière de relations économiques internationales, et moins encore dans l'autre domaine actuellement concerné par la néolibéralisation du droit international privé, le droit de la famille. En ce qui le concerne, l'adoption d'un modèle similaire au modèle de la *lex mercatoria*, ou de l'«ordre juridique arbitral», n'est peut-être pas inconcevable en théorie. Mais pour se réaliser, elle supposerait bien plus que le pluralisme actuel des modes de vie: une fragmentation de la société en des communautés distinctes – des communautés idéologiques, puisque ce sont elles qui pourraient fournir les modèles familiaux privés qui équivaudraient à la normativité privée telle qu'elle peut exister en matière économique. Théoriquement aussi, les Etats pourraient accepter l'adoption des modèles de vie familiale offerts par ces communautés et auxquels les citoyens adhéreraient volontairement, par affinité idéologique[528]: communauté catholique traditionnelle, dans laquelle le mariage serait légalement indissoluble, mais aussi communauté de polyamoureux cherchant à officialiser leur mode de vie, communauté de «coparents» ou «partenaires de parentalité», et ainsi de suite. Théoriquement. En réalité, il n'y a pas d'indice que les possibilités de choisir la loi applicable à son statut personnel, dans la mesure où elle est à présent reconnue, pourrait s'étendre à des statuts purement privés de ce type. Les revendications d'application de statuts personnels *religieux* à des ressortissants des Etats occidentaux (ou de reconnaissance par ces Etats d'un arbitrage religieux en matière

527. Commentaire n° 3.12 (disponible sur le site de la Conférence de La Haye, www.hcch.net).

528. C'est en cela que consisterait l'aspect ultralibéral du modèle théorique décrit, qui différerait donc fondamentalement du modèle des sociétés multiculturelles du Proche-Orient, et tout particulièrement du Liban (un Etat qui essaie d'organiser la coexistence des différentes communautés, sans donner à l'une d'elles un caractère hégémonique), dans lesquelles l'option de législation en matière familiale existe.

familiale) posent, quant à elles, des problèmes tout différents [529] et ne relèvent certainement pas de l'esprit de l'ultralibéralisme.

Même dans le domaine économique, la conjoncture n'est actuellement pas très favorable au développement d'un droit international privé entièrement ouvert aux normativités privées. Cette première vision de l'avenir du droit international privé n'est pour l'instant pas concluante. Il n'est pas certain qu'il faille s'en désoler.

b) *L'hypothèse d'une décélération de la mutation néolibérale du droit international privé*

157. Cette deuxième hypothèse semble correspondre à une vision plus plausible de l'avenir immédiat du droit international privé. Il s'agit d'une vision de compromis entre libéralisation et conservation, entre autonomie de la volonté individuelle et autorité de la loi. Après tout, le maintien de l'autorité de la loi n'est pas seulement une revendication d'une partie (tout à fait respectable) de la doctrine de droit international privé qui adhère à des solutions qui, naguère, étaient considérées comme évidentes [530]. Il correspond également à une revendication inhérente à l'idée de démocratie, dans les cas où l'utilisation des possibilités offertes par le marché international des produits normatifs permettrait aux individus de contourner des interdits démocratiquement institués. Le libéralisme, y compris le libéralisme des droits fondamentaux, ne doit pas servir à une négation des principes démocratiques – ni, par ailleurs, l'inverse. Une attitude de compromis est appropriée; les tribunaux ne sont tenus ni de coopérer intégralement à la mise en œuvre du programme néolibéral, ni d'y opposer une résistance à outrance. Ils devraient au contraire adopter une attitude faite de ce qui

529. Ces revendications, qui étaient prises au sérieux au début des années 2000 au Canada et au Royaume-Uni, s'y sont en définitive heurtées à des refus au niveau législatif: voir les développements de droit comparé dans la note d'E. Sisson, «The Future of Sharia Law in American Arbitration», *Vand. J. Transnat'l L.*, volume 48 (2015), p. 891 ss.

530. Voir notamment les deux cours généraux d'A. V. M. Struycken, «Co-ordination and Co-operation in Respectful Disagreement», *Recueil des cours*, tome 311 (2004), publié en 2009, et d'Y. Lequette, «Les mutations du droit international privé: vers un changement de paradigme?», *Recueil des cours*, tome 387 (2016), dont les auteurs expliquent en détail les raisons de leur opposition au relativisme du nouveau paradigme du droit international privé (Teun Struycken, n° 33, relève qu'alors même que «legal truth is relative as it is restricted to the community in question», «for each community, there can be only one legal truth, truth is indivisible») et de leur attachement au modèle classique, le modèle de ce qu'Y. Lequette appelle dans son cours, avec une ironie zweigienne, le «monde d'hier».

est, d'ordinaire, le propre d'un juge : une attitude faite de délibération, de prudence et de mesure.

158. On trouve effectivement, dans la jurisprudence récente de la Cour européenne des droits de l'homme, des motivations inspirées d'un compromis de ce type. Les arrêts *Labassée c. France* et *Mennesson c. France*, à propos de la non-reconnaissance en France de gestations pour autrui effectuées aux Etats-Unis d'Amérique, énoncent ainsi :

> « La Cour constate que [l'approche restrictive de la jurisprudence française] se traduit par le recours à l'exception d'ordre public international, propre au droit international privé. Elle n'entend pas la mettre en cause en tant que telle. Il lui faut néanmoins vérifier si en appliquant ce mécanisme en l'espèce, le juge interne a dûment pris en compte la nécessité de ménager un juste équilibre entre l'intérêt de la collectivité à faire en sorte que ses membres se plient au choix effectué démocratiquement en son sein et l'intérêt des requérants – dont l'intérêt supérieur des enfants – à jouir pleinement de leurs droits au respect de leur vie privée et familiale. » [531]

La solution adoptée par ces deux arrêts n'est pas que la France était tenue de reconnaître, dans leur intégralité, les actes de naissance établis aux Etats-Unis pour les enfants ; en particulier, ils ne critiquent pas le fait que la mère d'intention ne pouvait pas être inscrite à l'état civil français comme mère [532], mais uniquement la non-reconnaissance de la filiation paternelle des enfants, conforme à la réalité biologique. Ces deux arrêts adoptent une solution de conciliation et de compromis, y compris dans leur motivation qui souligne l'intérêt de la collectivité au respect du

531. Arrêts du 26 avril 2014, *supra* note 446, paragraphe 63 du premier arrêt et paragraphe 84 du second.

532. La Cour de cassation française a saisi (dans le cadre du réexamen de l'affaire *Mennesson*) la Cour européenne des droits de l'homme d'une demande d'avis sur la question de savoir si la France « excède la marge d'appréciation dont [elle] dispose au regard de l'article 8 de la Convention » en refusant de transcrire, dans ces circonstances, une filiation maternelle à l'égard de la mère d'intention sur ses registres de l'état civil, et, dans l'affirmative, si « la possibilité pour la mère d'intention d'adopter l'enfant n'est pas suffisante au regard des exigences de la Convention » (Ass. plén., 5 octobre 2018, n° 10-19053). En réponse, la Grande Chambre de la Cour européenne des droits de l'homme a confirmé, dans son avis consultatif du 10 avril 2019, qu'eu égard à la marge d'appréciation dont disposait la France au regard de la Convention, il était effectivement suffisant d'admettre l'adoption de l'enfant par sa mère d'intention. – Parallèlement, la Cour fédérale allemande a déduit de la jurisprudence *Mennesson* et *Labassée* qu'il convenait désormais de ne pas opposer l'ordre public à un jugement californien constatant une double paternité à l'égard d'un enfant (*BGH*, 10 décembre 2014, *BGHZ*, volume 203, p. 350). Et le Tribunal fédéral suisse a décidé le contraire (TF, 21 mai 2015, *ATF*, 141 III 312 ; voir aussi TF, 14 septembre 2015, *ATF*, 141 III 328).

«choix effectué démocratiquement en son sein». Ce ne sont pas des arrêts qui font purement et simplement prévaloir le «fait accompli» [533] sur la légalité nationale. L'arrêt de la Grande Chambre de la Cour dans l'affaire *Paradiso et Campanelli c. Italie*, intervenu dans une situation où (contrairement aux affaires françaises) un lien de filiation génétique n'existait avec aucun des parents d'intention, a même estimé justifiée la séparation de l'enfant de ses parents d'intention sur ordre d'un tribunal italien, en jugeant notamment qu'

> «accepter de laisser l'enfant avec les requérants, peut-être dans l'optique que ceux-ci deviennent ses parents adoptifs, serait revenu à légaliser la situation créée par eux en violation de règles importantes du droit italien» [534].

La logique adoptée par la Cour est la même dans les affaires *Orlandi* et al. *c. Italie* [535], dans lesquelles était en cause la non-reconnaissance par les tribunaux italiens de mariages homosexuels célébrés à l'étranger (Pays-Bas, Canada) par des citoyens italiens, qui parfois étaient résidents permanents de l'Etat étranger où le mariage avait été célébré et parfois étaient des résidents italiens qui avaient profité d'un voyage à l'étranger pour y faire célébrer un mariage dont ils ne pouvaient vraisemblablement pas ignorer le caractère fragile au regard de l'ordre juridique italien. La Cour a condamné l'Italie, mais pour la même raison qu'elle avait retenue dans une autre affaire de mariage entre personnes du même sexe, purement interne à l'ordre juridique italien [536]: c'est en refusant toute forme de reconnaissance juridique aux couples du même sexe que l'Italie avait violé le droit au respect de la vie privée et familiale au sens de la Convention. L'arrêt dans les affaires *Orlandi* et al. n'oblige pas l'Italie à reconnaître les mariages homosexuels en tant que tels, même s'ils ont été célébrés dans l'Etat de la résidence permanente de certains des requérants. Là encore, la Cour rappelle que

> «there is also a State's legitimate interest in ensuring that its legislative prerogatives are respected and therefore that the choices of democratically elected governments do not go circumvented» [537].

533. Y. Lequette, «De la «proximité» au «fait accompli», dans *Mélanges Pierre Mayer*, Paris, LGDJ, 2015, p. 481 ss.
534. Arrêt du 24 janvier 2017, n° 25358/12, paragraphe 215.
535. Arrêt du 14 décembre 2017, n°s 26431/12, 26742/12, 44057/12 et 60088/12.
536. Arrêt du 21 juillet 2017, *Oliari* et al. *c. Italie*, n°s 18766/11 et 36030/11.
537. Paragraphe 207. Encore faut-il observer que malgré les précautions, réelles, prises par la Cour, une opinion dissidente des juges Aleš Pejchal (tchèque) et Krzysztof

159. Même la Cour de justice de l'Union européenne – institutionnellement plus orientée sur la défense des principes du droit de l'Union que sont l'intégration et la liberté de circulation que sur la défense des valeurs propres aux Etats membres [538] – fait des efforts pour tenir compte de ces valeurs, du moins en matière familiale. Ainsi elle a admis que des Etats membres comme l'Autriche et l'Allemagne, qui restreignent pour des raisons politiques (l'idée d'égalité républicaine, depuis la fin de la Première Guerre mondiale) l'usage de noms à consonance nobiliaire, opposent leur ordre public à de tels noms acquis par leurs citoyens dans un autre Etat membre, que ce soit en se faisant adopter par un porteur de l'un de ces noms [539] ou par choix volontaire dans un Etat dont la loi admet une grande liberté dans le choix du nom [540].

Confrontée elle-même, dans l'affaire *Coman*, à la question de la non-reconnaissance (en Roumanie) d'un mariage homosexuel célébré en Belgique entre un ressortissant roumain et un ressortissant américain, la Cour a jugé que le droit à la liberté de circulation impliquait l'octroi d'un droit de séjour dérivé à ce ressortissant d'un Etat tiers. Mais l'arrêt précise que cette obligation de reconnaître le mariage existe « aux seules fins » de l'octroi du droit de séjour dérivé et ne va pas au-delà :

> « Elle n'implique pas, pour [l'Etat roumain], de prévoir, dans son droit national, l'institution du mariage entre personnes de même sexe. Elle est limitée à l'obligation de reconnaître de tels mariages, conclus dans un autre Etat membre conformément au droit de celui-ci, et cela aux seules fins de l'exercice des droits que ces personnes tirent du droit de l'Union.

Wojtyczek (polonais) soulève des problèmes de principe à l'égard de la solution adoptée par la majorité, du point de vue de l'« effective political democracy » :

> « To sum up : in our view the majority have departed from the applicable rules of Convention interpretation and have imposed positive obligations which do not stem from this treaty. Such an adaptation of the Convention comes within the exclusive powers of the High Contracting Parties. We can only agree with the principle : "no social transformation without representation" » (par. 14 de l'opinion dissidente).

538. La Cour de justice tient évidemment compte des exigences démocratiques, mais elle est institutionnellement portée à penser de manière privilégiée à l'expression de la démocratie dans le processus législatif européen (voir par exemple la citation de son président, M. Koen Lenaerts, *infra* note 845) plutôt qu'au résultat d'un processus législatif sur le plan national, s'il aboutit à créer des obstacles à l'intégration ou à la circulation.

539. Arrêt du 22 décembre 2010, *Sayn-Wittgenstein*, C-208/09, *supra* note 444.

540. Arrêt du 2 juin 2016, *Bogendorff von Wolffersdorff*, C-438/14, *supra* note 444.

> Ainsi, une telle obligation de reconnaissance aux seules fins de l'octroi d'un droit de séjour dérivé à un ressortissant d'un Etat tiers ne méconnaît pas l'identité nationale ni ne menace l'ordre public de l'Etat membre concerné. »[541]

Certaines époques, ou certaines conjonctures politiques, se prêtent mieux à des révolutions juridiques que d'autres. La conjoncture actuelle est plus propice à une décélération – à moins que l'époque soit en train de se préparer à un renversement complet de tendance :

c) *L'hypothèse d'un droit international privé populiste ou d'un droit international privé « illibéral »*

160. Cette troisième vision de l'avenir du droit international privé est évidemment très différente de la vision qui précède. Elle ne repose pas sur un compromis entre l'idée de démocratie et celle de libéralisme, mais suppose l'intégration en droit international privé des idées véhiculées par le populisme[542] ou même par la politique que souhaitent poursuivre les gouvernants des pays dans lesquels un mode de gouvernement inspiré de la « démocratie illibérale » s'est allié avec le conservatisme sociétal et le nationalisme. Leurs idées sont résumées par une déclaration du principal porte-parole du nouvel illibéralisme en Europe :

> « Au lieu de « sociétés ouvertes », les gens veulent des sociétés démocratiques »[543].

541. Arrêt du 5 juin 2018, *Coman*, C-673/16, ECLI:EU:C:2018:385, points 45 et 46. Evidemment, la mesure dans laquelle sont en cause « des droits que ces personnes tirent du droit de l'Union » devra être précisée. Selon Etienne Pataut (observations à la *RTD eur.*, 2018, p. 673 ss, spéc. p. 678), « la non-reconnaissance des effets civils d'un mariage pourrait fort bien être qualifiée d'entrave à la libre circulation du citoyen ». Le prudent arrêt *Coman* n'a manifestement pas voulu aller aussi loin.

542. Le terme « populisme » est ici employé avec la même neutralité que les termes de « néolibéralisme » ou de « conservatisme ». Pas plus qu'eux, il ne correspond à une idéologie monolithique.

543. « Instead of « open societies », people want democratic societies » : propos (s'attaquant incidemment aux *Open Society Foundations* de M. George Soros) tenus par le Premier Ministre hongrois Viktor Orbán à Bruxelles en janvier 2017, publiés sur le site du gouvernement hongrois, www.kormany.hu, sous le titre « We shall make Europe great again ». Les idées de M. Orbán sur la « démocratie illibérale », qui s'opposerait à la « non-démocratie libérale », sont bien connues ; des résumés en sont fournis par ses discours, traduits en plusieurs langues européennes et publiés sur le site du gouvernement hongrois, lors d'universités d'été de Bálványos (en Roumanie), spécialement le discours dans le cadre de la vingt-cinquième université d'été en 2014, et celui lors de la vingt-neuvième université d'été en 2018. Dans ce dernier discours,

Si ces mouvements se maintiennent, leurs idées se traduiront tout naturellement en droit, y compris en droit international privé. Le droit de l'immigration sera inévitablement affecté (et, en réalité, il l'est déjà), et ceci d'ailleurs non seulement dans les nouvelles « démocraties illibérales », mais également dans d'autres pays.

161. Les conséquences sur le droit international privé au sens strict, le droit des conflits de lois et de juridictions, sont en revanche plus incertaines. Il n'est pas impossible que ces branches du droit échappent dans une large mesure à l'emprise de l'esprit de la démocratie illibérale ; elles peuvent être jugées trop techniques pour être incluses dans le programme législatif spécifique d'un Etat qui rejette l'idée d'une « société ouverte » ; des lois portant sur l'immigration suffiront dans ce cas.

Le droit hongrois peut servir d'exemple à cet égard. Le parlement hongrois a adopté en 2017 une nouvelle loi codifiant le droit international privé [544], et ceci apparemment dans un rare consensus des partis politiques représentés au parlement, qui se sont félicités de la qualité du travail accompli par un comité de codification composé d'universitaires, de praticiens et de représentants du ministère de la Justice [545]. Et effectivement cette loi, de facture technique, ne contient aucune disposition inspirée de l'esprit de l'illibéralisme. En ce qui concerne le statut personnel, elle contient même une dérogation à la règle, pourtant largement suivie en droit comparé, de la primauté absolue de la nationalité du for en cas de pluralité de nationalités ; selon son article 15, paragraphe 3 c'est en principe le droit hongrois qui s'applique au statut personnel d'une personne ayant plusieurs nationalités dont la nationalité hongroise, mais ceci ne vaut qu'« à moins que ses liens avec l'autre nationalité soient plus étroits ». Cette solution d'inspiration proximiste est en fait une solution libérale, et certainement pas « illibérale », du conflit de nationalités [546].

---

il estime pouvoir identifier la démocratie illibérale et la « démocratie chrétienne », à laquelle il donne ainsi une signification inédite.

544. Texte, traduit en anglais, de la loi du 4 avril 2017 à la *RabelsZ*, 2018, p. 1004 ss.

545. T. Szabados, « The New Hungarian Private International Law Act : New Rules, New Questions », *RabelsZ*, 2018, p. 972 ss, spéc. p. 973.

546. Cf. Szabados, article cité, p. 986-987, sur l'interaction entre cette règle et les lois sur la nationalité hongroise qui facilitent, dans un but politique, l'acquisition de la nationalité aux membres de la diaspora hongroise résidant à l'étranger (en particulier en Roumanie et en Slovaquie) : certes, le maintien du rattachement du statut personnel à la loi nationale permet théoriquement de compléter la politique d'« intégration » de ces personnes à la Hongrie, mais en vertu de l'article 15, paragraphe 3 de la loi, leur statut personnel sera quand même, dans la plupart des cas, la loi de l'Etat de leur résidence et non la loi hongroise.

Néanmoins il est invraisemblable qu'un Etat prenne un tournant illibéral sans que cette orientation ait un effet quelconque sur son droit des conflits de lois. On peut partir de l'idée que c'est la conception concrète de l'ordre public qui sera affectée : l'ordre public est, même dans le cadre d'un droit international privé conforme au modèle classique, perméable par nature au changement politique [547]. Cette évolution de l'ordre public est d'autant plus plausible qu'on peut constater, non pas dans l'Europe du groupe de Visegrád, mais dans les Etats les plus libéraux de l'Europe occidentale, des exemples d'évolution de la législation en matière d'ordre public. Des dispositions législatives ont été récemment adoptées en Allemagne ou en Suède, sous l'impression d'une immigration perçue par l'opinion publique comme une « migration de masse » [548] en provenance de pays à majorité musulmane. Ces dispositions prévoient désormais de manière absolue, et sans les précautions traditionnelles de l'ordre public de proximité, l'interdiction de la reconnaissance de mariages de mineurs célébrés à l'étranger [549] ; et l'introduction en droit international privé allemand d'une disposition de « lutte contre la polygamie » a été proposée, dans le même esprit, par le gouvernement bavarois [550].

162. Ailleurs, et en particulier dans des Etats fédérés aux Etats-Unis d'Amérique, des lois relevant de la xénophobie juridique ont été proposées et en partie adoptées [551]. Ainsi, un amendement à la Constitution de l'Oklahoma, le *« Save Our State Amendment »*, a été

547. Cf. *supra* n°s 52 ss.

548. Cf. M.-Ph. Weller, « Das Personalstatut in Zeiten der Massenmigration », dans *BerGesIntR*, *Migrationsbewegungen*, 2018, p. 247 ss.

549. Loi allemande du 17 juillet 2017 sur la lutte contre les « mariages d'enfants », qui répute même inexistants les mariages conclus avant l'âge de 16 ans : voir C. Kohler, « La nouvelle législation allemande sur le mariage et le droit international privé », *Rev. crit.*, 2018, p. 51 ss ; voir également l'article, plus indulgent à l'égard de la loi, de M.-Ph. Weller *et al.*, « Das Gesetz zur Bekämpfung von Kinderehen – eine kritische Würdigung », *FamRZ*, 2018, p. 1289 ss. La Cour fédérale allemande, exprimant des doutes sur la constitutionnalité du dispositif législatif, en a saisi le Tribunal constitutionnel fédéral : *BGH*, 14 novembre 2018, XII ZB 292/16. – Loi suédoise (2018 :1973) du 29 novembre 2018, portant modification de la loi (1904 :26) sur certaines relations internationales de mariage et de tutelle.

550. Cette disposition invaliderait systématiquement un deuxième mariage célébré à l'étranger avant la dissolution du premier, dès lors que les époux étrangers – dont le statut personnel n'est pas régi par la loi allemande – sont devenus résidents en Allemagne : *Bundesratsdrucksache* 249/18. Voir E. Jayme, « Kritische Betrachtungen zum Entwurf eines Gesetzes zur Bekämpfung der Mehrehe », *IPRax*, 2018, p. 473 ss.

551. Voir A. Fellmeth, « U. S. State Legislation to Limit Use of International and Foreign Law », *AJIL*, volume 106 (2012), p. 107 ss ; M. Rahdert, « Exceptionalism Unbound : Appraising American Resistance to Foreign Law », *Cath. U.L. Rev.*, volume 65 (2016), p. 537 ss.

approuvé par référendum en 2010; selon ce texte, les tribunaux de l'Oklahoma peuvent appliquer le droit fédéral américain, le droit de l'Oklahoma,

> «and if necessary the law of another state of the United States provided the law of the other state does not include Sharia Law, in making judicial decisions. The courts shall not look to the legal precepts of other nations or cultures. Specifically, the courts shall not consider international law or Sharia Law».

Cet amendement constitutionnel (qui était dirigé, comme on le voit, non seulement contre les règles de la charia, mais encore contre les règles du droit international, qui ne sont pas supposées ternir la pureté du droit de l'Oklahoma) a été suspendu par un arrêt de la Cour d'appel fédérale pour le 10e Circuit, qui a retenu qu'il comportait une discrimination religieuse, contraire à la Constitution fédérale [552].

Une autre proposition de loi, remarquable par son existence même, tendait à interdire aux tribunaux de l'Arizona d'appliquer une *religious sectarian law* [553] ou de s'en inspirer dans leur jurisprudence, en étendant cette prohibition aux lois d'un Etat étranger ou d'un *foreign body*, défini comme incluant les Nations Unies, l'Union européenne ou leurs émanations, «un pouvoir judiciaire international», le Fonds monétaire international, l'Organisation des pays exportateurs de pétrole, la Banque mondiale et l'Internationale socialiste [554] – en somme, une liste particulièrement impressionnante de pouvoirs normatifs réels ou supposés, et réputés antiaméricains.

Cette proposition n'a pas été adoptée, mais l'Arizona est néanmoins parmi les Etats fédérés à avoir adopté, par voie législative, des mesures restrictives quant à l'application d'un droit étranger [555]. La plupart de ces

---

552. *Awad c. Ziriax*, 670 F.3d 1111 (10th Cir. 2012); la suspension a été transformée en interdiction permanente par le jugement *Awad c. Ziriax*, 966 F.Supp.2d 1198 (W. D. Okl. 2013).

553. Projet de l'*Arizona Foreign Decisions Act*, introduit devant la chambre des représentants de l'Arizona en 2011 sous le numéro HB 2582. La notion de «religious sectarian law» était définie comme suit dans le projet (point F.3):

> «"religious sectarian law" means any statute, tenet or body of law evolving within and binding a specific religious sect or tribe. Religious sectarian law includes sharia law, canon law, halacha and karma but does not include any law of the United States or the individual states based on Anglo-American legal tradition and principles on which the United States was founded».

554. Point F.1.

555. Voir, sur le site de la *National Conference of State Legislatures*, www.ncsl.org, la page intitulée «State Resources on the Prohibition of the Use of Foreign or Religious Law in State courts». Des mesures de ce type ont été adoptées par les Etats

législations se bornent à interdire l'application d'un droit étranger qui déroge aux droits fondamentaux garantis par la Constitution des Etats-Unis ou par la Constitution de l'Etat fédéré en question, ce qui ne peut être considéré comme intrinsèquement anormal. D'autres en revanche font suffire le «conflit» entre le droit étranger et le droit américain (fédéral ou de l'Etat fédéré) pour évincer le droit étranger [556]. D'autres enfin font preuve de plus de fantaisie, telles la loi du Dakota du Sud qui interdit aux tribunaux et aux autorités administratives d'appliquer les «dispositions d'un code religieux» [557], ou la Constitution de l'Alabama, qui contient depuis 2013 un amendement appelé *«the American and Alabama Laws for Alabama Courts Amendment»*. Aux termes de cet amendement constitutionnel,

> «Alabama has a favorable business climate and has attracted many international businesses. While Alabama businesspersons and companies may decide to use foreign law in foreign courts, the public policy of Alabama is to prohibit anyone from requiring Alabama courts to apply and enforce foreign laws.» [558]

Les lois ainsi adoptées aux Etats-Unis se caractérisent par une atmosphère, qu'il est difficile de ne pas juger malsaine, de panique morale à l'égard du droit étranger. Elles s'éloignent considérablement d'un droit international privé non seulement de la «société ouverte», mais même d'un droit international privé tout court et qui mérite ce nom.

---

de l'Alabama, de l'Arizona, de l'Arkansas, de la Caroline du Nord, du Dakota du Sud, du Kansas, de la Louisiane, du Mississippi, de l'Oklahoma, du Tennessee et de Washington.

556. Tel est le cas, par exemple, de la loi de l'Arizona, *Ariz. Rev. Stat.*, section 12-3101.

557. *S. D. Cod. Laws*, section 19-8-7.

558. Article I, section 13.50, *(b)* (6); voir aussi le point *(g)*, conformément auquel «no Alabama court shall be required by any contract or other obligation entered into by a person or entity to apply or enforce any foreign law». L'amendement n'est pas exempt de redondances ou même d'incohérences; une autre disposition du même article, le point *(c)*, semble n'interdire l'application du droit étranger que si «doing so would violate any state law or a right guaranteed by the Constitution of this state or of the United States». Mais que signifie la notion de «violation du droit de l'Etat»?

CHAPITRE VI

TOTALITARISME ET DROIT INTERNATIONAL PRIVÉ

163. Les chapitres précédents ont été consacrés aux reflets que peuvent avoir en droit international privé les options prises par une société démocratique à propos de l'une ou l'autre des questions politiques qui en déterminent l'orientation en matière de droit privé. Nous compléterons notre tour d'horizon en examinant le cas de sociétés qui avaient choisi (ou pour lesquelles avait été choisi) le mode particulier d'organisation qu'est le totalitarisme: l'emprise, voulue totale, du politique sur ces sociétés.

Il est possible, a priori, que dans des Etats soumis à un régime totalitaire, le droit international privé soit lui aussi sous l'emprise totale de l'idéologie d'Etat, et qu'il soit en conséquence très différent du droit international privé des Etats démocratiques et libéraux existant à la même époque. D'où l'intérêt qu'a pour notre propos l'étude de ces sociétés. Il s'agira, concrètement, d'étudier le droit international privé de l'Italie fasciste, de l'Allemagne national-socialiste et de l'Union soviétique. Cet échantillon de sociétés sous l'empire d'une idéologie totalitaire est incomplet; en particulier il fait abstraction des Etats totalitaires d'Asie, pour l'étude desquels les connaissances manquent à l'auteur de ce cours [559]. L'échantillon est par conséquent sans doute réducteur, se concentrant sur des Etats dont le droit préexistant était un droit européen très marqué par le conceptualisme de l'époque des changements de régime.

559. Dans les développements d'ordre historique de la contribution de Ting-Pi Chen, «Private International Law of the Peoples' Republic of China: An Overview», *Am. J. Comp. L.*, volume 35 (1987), p. 445 ss, on peut lire qu'en Chine maoïste, la méfiance à l'égard de tout ce qui était étranger et donc soupçonné de porter atteinte à la souveraineté chinoise, s'étendait au *droit* étranger dont l'application était vue avec défaveur. A l'époque, écrivent Z. S. Tang, Y. P. Xiao et Z. H. Huo, *Conflict of Laws in The People's Republic of China*, Cheltenham, Edward Elgar, 2016, p. 10, «private international law was regarded by scholars in mainland China as a forbidden, even perilous, academic pursuit». Pour J. Huang, «Creation and Perfection of China's Law Applicable to Foreign-Related Civil Relations», *Yearbook PIL*, volume 14 (2102/2013), p. 269 ss, spéc. p. 274, l'isolement de la Chine se combinait, à l'époque maoïste, avec un «nihilisme juridique», ce qui entraînait la quasi-inexistence d'un droit international privé chinois. Aucun des trois régimes ici étudiés n'a connu cette dévalorisation radicale du droit international privé.

Ces limitations étant acquises, on peut néanmoins admettre que les systèmes politiques étudiés sont ceux d'Etats dont l'option politique de base pour une forme ou une autre de totalitarisme a eu une importance historique incontestable. Un examen de leur droit international privé se justifie par conséquent.

1. Le critère du totalitarisme

164. Qu'est-ce qu'un Etat totalitaire, par opposition à un Etat qui n'est qu'autoritaire ou dictatorial [560] ? Il n'y a pas de véritable consensus sur ce point. La raison en est partiellement idéologique. Depuis la Seconde Guerre mondiale, il n'y a plus d'Etats qui revendiquent pour eux-mêmes une forme d'organisation totalitaire. Dire d'un Etat qu'il est totalitaire est une condamnation d'ordre moral et politique. Aucun partisan du régime ne se servira de cette description, alors que ses adversaires s'en serviront parfois trop facilement, au risque de galvauder l'expression. Quant aux observateurs non engagés, ils hésiteront.

Avant la guerre, les choses étaient en partie plus simples. Deux Etats au moins, l'Italie fasciste et l'Allemagne nazie, disaient d'eux-mêmes non sans fierté qu'ils avaient substitué une forme d'organisation totalitaire de la société au libéralisme, inefficace et décadent, de l'époque antérieure. Mussolini, qui avait été journaliste, est l'auteur (ou du moins le signataire) d'un texte de l'*Enciclopedia italiana* qui explique que «pour le fasciste, tout est dans l'Etat» et revendiquait le caractère totalitaire pour l'Etat fasciste [561]. Encore faut-il observer qu'il n'est pas certain que les hiérarques fascistes aient vraiment réussi à faire de l'Italie un Etat totalitaire.

Hannah Arendt, l'une des premières à décrire le phénomène totalitaire, a estimé pour sa part que «Mussolini lui-même, qui aimait tant l'expression d'«Etat totalitaire», n'essaya pas d'établir un régime

---

560. Pour des réflexions sur le droit international privé d'un Etat autoritaire, l'*Estado Novo* du Brésil (1937-1945), et en particulier sur la réaction du législateur brésilien de 1942 contre l'autonomie de la volonté en matière contractuelle, voir N. Posenato, *Autonomia della volontà e scelta della legge applicabile ai contratti nei sistemi giuridici latino-americani*, Milan, Cedam, 2010, p. 403 (nous devons cette référence à Gustavo Cerqueira).

561. «Per il fascista, tutto è nello stato, e nulla di umano o spirituale esiste, e tanto meno ha valore, fuori dello stato. In tal senso il fascismo è totalitario»: *Encicopledia italiana*, volume XIV (1932), p. 848, dans la section «Dottrina», signée par Mussolini (mais, semble-t-il, entièrement ou partiellement écrite pour lui par l'éditeur de cette encyclopédie, l'intellectuel fasciste Giovanni Gentile), qui est la première partie de l'article «Fascimo» («Fascismo. – Movimento politico italiano creato da Benito Mussolini (v.)»).

complètement totalitaire et se contenta de la dictature et du parti unique» [562]. Une analyse italienne, plus récente, du fascisme met en revanche l'accent, contrairement à Hannah Arendt (dont cette analyse déplore la «maigre connaissance de ce qu'avait été le fascisme» [563]), sur les aspects programmatiques du fascisme et souligne que du moins en ce qui concerne son programme et ses ambitions, le fascisme était totalitaire; il constituait

> «une expérience de domination politique, mise en œuvre par un mouvement révolutionnaire, organisé en un parti militairement discipliné, avec une conception intégriste de la politique, qui aspire au monopole du pouvoir et qui, après l'avoir conquis, par des voies légales ou extralégales, détruit ou transforme le régime préexistant et construit un Etat nouveau, fondé sur le régime de parti unique, avec pour objectif principal de réaliser la conquête de la société, c'est-à-dire la subordination, l'intégration et l'homogénéisation des gouvernés sur la base du principe du caractère intégralement politique de la vie, tant individuelle que collective, interprétée suivant les catégories, les mythes et les valeurs d'une idéologie palingénésique, sacralisée sous la forme d'une religion politique, avec pour ambition de façonner l'individu et les masses à travers une révolution anthropologique pour régénérer l'être humain et créer un homme nouveau, voué corps et âme à la réalisation de projets révolutionnaires et impérialistes du parti totalitaire dans le but de créer une civilisation nouvelle à caractère supranational»,

tout en reconnaissant que le fascisme ne parvint pas à instaurer un totalitarisme parfait, puisqu'il existait une différence entre les ambitions programmatiques du régime et ses réalisations réelles [564].

---

562. *Les origines du totalitarisme*, Gallimard, 2002, p. 615 (traduction de *The Origins of Totalitarianism*, New York, Schocken, 2004, p. 411. La première édition du livre a été publiée en 1951).

563. E. Gentile, *Qu'est-ce que le fascisme? Histoire et interprétation*, Paris, Gallimard (folio histoire), 2004, p. 109, traduction française de *Fascismo – Storia e interpretazione*, Rome, Bari, Laterza, 2002, p. 64.

564. Gentile, *op. cit.*, p. 114 de la traduction (p. 67-68 de la version originale). Dans un passage ultérieur de son ouvrage, Gentile se montre moins sévère à l'égard de Hannah Arendt et reconnaît que par rapport au nazisme et au stalinisme,

> «le fascisme ne correspond pas au «modèle totalitaire» [mais que] le fascisme «inventa» un idéal et une forme propres de régime totalitaire; sa construction fut lente, progressive, inachevée; longtemps ancien et nouveau y coexistèrent, jusqu'à l'effondrement final» (p. 170-171 – ou, dans la version originale, p. 107-108).

165. Par opposition (partielle) avec le fascisme italien, régime rhétoriquement totalitaire mais en réalité mitigé, le national-socialisme allemand fut un régime entièrement totalitaire. C'est en fait le seul régime pour lequel cette qualification fasse l'objet d'un consensus à la fois dans la science politique contemporaine et dans l'autodescription du régime. Dès l'accession du parti au pouvoir, en 1933, des professeurs de droit allemands, jeunes ou vieux, parfois éminents, en tout cas éminemment opportunistes, se hâtèrent à déclarer (selon les termes de Carl Schmitt) que « finalement, nous avons compris que le politique est totalité » [565]. Et en Allemagne nazie, la pratique a été conforme à cette ambition totalitaire.

En ce qui concerne l'Union soviétique et ses alliés de l'Europe de l'Est, deux périodes doivent être distinguées : la période du stalinisme, qui est généralement considérée comme totalitaire sauf par de rares nostalgiques de l'idéologie stalinienne, et la période poststalinienne, à propos de laquelle la discussion est possible : le totalitarisme soviétique a-t-il pris fin avec la période stalinienne [566] ? A supposer que le totalitarisme soviétique soit mort avec Staline, la question de la nature du « post-totalitarisme » [567] de la période subséquente se pose : une dictature combinée, sous l'aspect économique, avec une stagnation bureaucratique ? et avec des réminiscences partielles d'un programme de nature totalitaire ? (mais le totalitarisme partiel est-il même concevable ?). En particulier pendant la guerre froide, il y avait une explication différente, et beaucoup plus simple, de la nature du régime politique des Etats du « bloc soviétique » : selon les atlantistes, ces Etats étaient, jusqu'à la fin du communisme en Europe vers 1990,

---

565. C. Schmitt, *Politische Theologie*, préface à la nouvelle édition de novembre 1933 (« Inzwischen haben wir das Politische als das Totale erkannt »), ou son article de 1939, au titre particulièrement bien trouvé : « Totaler Feind, totaler Krieg, totaler Staat », dans *Positionen und Begriffe im Kampf mit Weimar – Genf – Versailles*, Hambourg, 1940 (3e édition, Berlin, Duncker & Humblot, 1994, p. 268 ss). Un auteur qui a toujours été schmittien, Ernst Forsthoff, se fit remarquer, comme jeune professeur de droit public, en publiant en 1933 la brochure *Der totale Staat* (Hambourg, Hanseatische Verlagsanstalt), dont il prit ses distances plus tard (cf. *Der Staat der Industriegesellschaft*, Munich, C. H. Beck, 1971, p. 54 et note 1).

566. En ce sens, Arendt, *supra* note 562, p. 389 et 403 (préface ajoutée lors d'une réédition de 1967 – traduction française p. 197 et 213).

567. I. Motoc, « Law and Real Legitimacy in Eastern Communist Countries », dans E. Jouannet et I. Motoc (dir. publ.), *Les doctrines internationalistes durant les années du communisme réel en Europe/Internationalist Doctrines During the Years of Real Communism in Europe*, Paris, Société de législation comparée, 2012, p. 25.

une parfaite expression de la forme de gouvernement totalitaire, par opposition à des formes de gouvernement seulement autoritaires [568].

166. Le totalitarisme est un phénomène complexe. Selon une opinion, plusieurs critères doivent être réunis cumulativement pour qu'un régime donné puisse être caractérisé comme un régime totalitaire et ne reste pas un régime simplement autoritaire; c'est l'opinion de Friedrich et de Brzezinski dans un ouvrage publié, dans les années 1960, pendant la guerre froide [569]:

1) une idéologie complète, doctrine officielle qui couvre tous les aspects importants de l'existence humaine,
2) un parti de masse dirigé par un dictateur,
3) un système de terreur,
4) le monopole ou quasi-monopole de tous les moyens de communication de masse,
5) le contrôle bureaucratique central de la société et de l'économie.

Selon d'autres, c'est dans l'idéologie que se situe le critère de distinction décisif entre Etat totalitaire et Etat autoritaire: c'est l'existence d'une idéologie d'Etat révolutionnaire, «l'affirmation transformée en action politique que le monde et la vie sociale sont modifiables sans aucune limite» [570], qui caractérise le totalitarisme. Que cette dernière définition représente ou non un critère à validité universelle, elle est certainement

---

568. Voir ainsi, au cours des années 1960, C. Friedrich et Z. Brzezinski, *Totalitarian Dictatorship and Autocracy*, 2e édition, New York, Praeger Publishers, 1965 (édition de poche 1966); R. Aron, *Démocratie et totalitarisme*, Paris, Gallimard, 1965. Pour l'opinion (hautement controversée) que

> «[o]nly intellectual fashion and the tyranny of Right/Left thinking prevent intelligent men of good will from perceiving the *facts* that traditional authoritarian governments are less repressive than revolutionary autocracies, that they are more susceptible of liberalization, and that they are more compatible with U. S. interests»,

voir l'article «Dictatorship and Double Standards», par Jeane Kirkpatrick, à l'époque professeure de science politique (et plus tard représentante permanente des Etats-Unis auprès des Nations Unies de 1981 à 1985 sous la présidence de Ronald Reagan), *Commentary*, novembre 1979.

569. *Op. cit.* (note précédente), p. 22. Les auteurs indiquent que l'on peut discuter au sujet d'un autre critère, celui du contrôle administratif de l'activité des tribunaux (p. 22-23).

570. *Ibid.*, p. 16, citant (tout en le critiquant) Hans Buchheim. Dans un sens similaire, voir E. Gentile, cité *supra* no 164 et J. Freund, *L'essence du politique*, Paris, Sirey, 1965, p. 298-299: «un gigantesque effort pour effacer la distinction entre l'individuel et le public, par élimination de cette réalité intermédiaire entre le public et le personnel qu'est la société civile»; et voir encore, sur l'essence du totalitarisme, G. Leibholz, *Die Auflösung der liberalen Demokratie in Deutschland und das autoritäre Staatsbild*, Munich et Leipzig, Duncker & Humblot, 1933, p. 68-69 (un bref ouvrage publié en Allemagne immédiatement avant l'émigration de l'auteur).

utile pour les besoins limités de la définition du rôle du droit, et tout particulièrement du droit privé, dans une société soumise à un régime totalitaire. Le droit privé a, parmi ses caractéristiques fondamentales, les valeurs – et les politiques – qu'une société donnée met en œuvre à travers les techniques particulières au droit, mais aussi un certain degré d'autonomie des aspects techniques et systématiques du droit privé : c'est le dosage entre autonomie et dépendance du droit privé à l'égard des valeurs et des politiques mises en œuvre par l'Etat qui est décisif. Le totalitarisme se caractérise par une volonté de contrôle total ; par contraste, la tradition du droit international privé classique met l'accent sur l'autonomie des techniques mises en œuvre par le droit international privé [571] : la question qui mérite d'être examinée est, par conséquent, dans quelle mesure cette branche du droit a été en mesure de résister à l'emprise totale du politique, caractéristique d'un Etat totalitaire. Nous essayerons d'y répondre à propos des trois régimes étudiés comme étant (totalement ou partiellement) de nature totalitaire.

2. Le droit international privé italien du temps du régime fasciste

167. Que l'Italie fasciste n'ait, en dépit de la rhétorique mussolinienne, pas été un Etat authentiquement et totalement totalitaire semble être corroboré, au moins, par son droit international privé [572]. Les règles italiennes de conflit de lois ont fait l'objet d'une réforme législative en 1938 pour constituer le chapitre préliminaire du nouveau Code civil qui est entré en vigueur en 1942. Or ces règles sont restées en vigueur, sans changement substantiel, dans l'Italie démocratique de l'après-guerre, jusqu'à la réforme du droit international privé italien par la loi du 31 mai 1995. Une seule modification y a été introduite en 1944, après la chute du régime fasciste, pour supprimer la référence à une institution du droit fasciste de l'organisation économique, qui avait été ajoutée à l'article 31 du Code et qui spécifiait que « l'ordre corporatif fait partie intégrante de l'ordre public ». Mais c'était l'unique allusion au fascisme qui figurait dans les *Disposizioni sulla legge in*

571. Voir *supra* chapitre I.

572. Pour ce qui est de la conception italienne du droit international *public*, un examen de la doctrine de l'époque – souvent due à des auteurs qui se sont également illustrés en droit international privé – montre d'un côté une tendance à se ranger derrière la politique étrangère aventureuse du régime, mais aussi d'un autre côté une certaine retenue, due à la prédominance du positivisme en Italie qui n'encourageait pas des arguments d'ordre ouvertement politique : voir G. Bartolini, « The Impact of Fascism on the Italian Doctrine of International Law », *JHIL*, volume 14 (2012), p. 237 ss.

generale ayant trait au droit international privé dans le Code civil de 1942[573].

Une description des nouvelles règles de conflit italiennes, publiée à l'époque par un auteur italien dans une revue juridique française, concluait, sans fausse modestie, qu'« on peut certainement affirmer que les nouvelles règles tiennent compte des résultats du travail scientifique le plus récent, et atteignent un degré considérable de perfection dans la technique législative »[574]. C'est que les promoteurs de la réforme italienne du droit international privé de 1938 et 1942 préféraient la fidélité à la doctrine classique à des attitudes plus typiquement fascistes dans les relations internationales, que ce soit l'impérialisme ou le pragmatisme dépourvu de scrupules[575].

168. La même préférence pour le maintien des principes traditionnels du droit international privé semble avoir caractérisé la jurisprudence italienne[576]. En voici un exemple ; il s'agit de l'absence – surprenante, mais aussi rassurante – d'effet sur l'ordre public international italien de l'introduction d'une politique antisémite officielle. Au moment où le législateur italien choisit de faire de l'antisémitisme une politique d'Etat, y compris en droit privé en interdisant les mariages entre juifs et « aryens » par le décret-loi du 17 novembre 1938, se posa dans un litige la question de la validité, contestée par le mari, du mariage entre un citoyen italien (de « race aryenne ») et une Autrichienne (« de race et de religion juive »), célébré à Trieste en 1931. La question juridique tenait à l'applicabilité – ou alors à l'éviction – du paragraphe 64 du Code civil autrichien, un texte ancien mais maintenu en vigueur en Autriche, qui prévoyait la nullité des mariages entre chrétiens et non chrétiens. Au moment du mariage, en 1931, à un moment où l'Etat fasciste ne croyait pas encore dans les vertus de l'antisémitisme, ce texte était considéré comme contraire à l'ordre public italien, si bien que le mariage avait pu être célébré devant l'officier de l'état civil italien nonobstant la prohibition de la loi nationale de l'épouse. Cette solution (d'éviction de la loi autrichienne) ne devait-elle pas, après

573. Une référence dont la source d'inspiration était vraisemblablement la jurisprudence de la Cour de cassation en matière de droit du travail (*infra* note 582) ; la référence avait été ajoutée en 1942, au moment de l'entrée en vigueur du nouveau Code civil.

574. R. Amati, « Les nouvelles règles italiennes de droit international privé », *Nouvelle Revue de dr. int. pr.*, 1942, p. 33 ss, spéc. p. 72.

575. Selon l'analyse de P. H. Neuhaus, « Das internationale Privatrecht im italienischen Zivilgesetzbuch von 1942 », *RabelsZ*, 1949/50, p. 22 ss, spéc. p. 32.

576. Du moins telle qu'elle est décrite par R. De Nova, « La jurisprudence italienne en matière de conflits de lois de 1935 à 1949 », *Rev. crit.*, 1950, p. 159 ss et p. 321 ss.

1938, être abandonnée avec effet rétroactif, conformément au principe de l'actualité de l'ordre public? Le tribunal de Trieste jugea que tel était le cas, puisque le décret-loi italien de 1938 partageait en substance la politique du paragraphe 64 autrichien bien que pour d'autres motifs («raciaux» plutôt que religieux). Le tribunal annula le mariage. Dans le cadre d'un Etat désormais antisémite, cette décision se défendait; elle était au demeurant conforme à la jurisprudence allemande portant sur la même disposition du Code civil autrichien [577]. Et néanmoins, la Cour d'appel de Trieste [578], dans un arrêt confirmé par la Cour de cassation [579], décida que l'entrée en vigueur du décret-loi de 1938 n'avait pas pu remettre en cause rétroactivement la validité du mariage. Les arrêts d'appel et de cassation préfèrent le principe du maintien des droits acquis, principe classique, aux nouveaux principes de l'ordre public en matière matrimoniale. On peut s'en féliciter, mais il est clair que cette jurisprudence n'a rien de fasciste.

169. Il y avait cependant un domaine du droit où la nature «corporative» de l'organisation fasciste de l'économie, c'est-à-dire l'organisation collective des travailleurs et des employeurs sous le contrôle de l'Etat, a joué un rôle en droit international privé [580]: la question de la protection des travailleurs par des lois de police d'application territoriale, pouvant justifier une dérogation à la loi choisie par les parties comme applicable à leur contrat de travail. Cette question avait donné lieu, en Italie comme ailleurs, à des controverses doctrinales et jurisprudentielles depuis le début des années 1930 [581]. Les tribunaux italiens ont été les premiers à résoudre cette question sans ambiguïté, en adoptant la solution de l'applicabilité impérative des dispositions protectrices du droit italien du travail à chaque contrat de travail habituellement exécuté en Italie, que l'employeur soit italien ou étranger et indépendamment de la loi normalement applicable au contrat. La justification de cette jurisprudence était qu'au regard de la Charte du Travail corporatiste, création de l'Etat fasciste, le travail n'était plus

577. *RG*, 10 octobre 1935, cité *infra* note 610.

578. Arrêt du 17 décembre 1941, *Rev. dir. int.*, 1943, p. 111 ss, note Rocchi (arrêt également reproduit, sous la date du 17 février 1942, au *Foro it.*, 1943, I, col. 290 ss), réformant Trib. Trieste, 13 août 1941, *Rev. dir. int.*, 1943, p. 108 ss.

579. Arrêt du 19 mai 1943, *Foro it.*, 1943, I, col. 930 ss.

580. C. Baldoni, «La législation corporative en Italie et le droit international privé», *Rev. crit.*, 1936, p. 21 ss.

581. Voir H. Batiffol, *Les conflits de lois en matière de contrats*, Paris, Sirey, 1938, p. 262-273, avec de nombreuses références (Italie: p. 269); ou l'hommage appuyé à la jurisprudence italienne à l'époque des «institutions nouvelles» par J.-P. Niboyet, *Traité de droit international privé français*, volume V, Paris, Sirey, 1948, p. 65, note 1.

considéré (comme à l'époque libérale) comme relevant essentiellement des relations entre les particuliers parties au contrat, mais comme un instrument de la puissance nationale [582]. Comme l'indique un arrêt de la Cour de cassation de 1939,

> «dans les institutions élaborées par le régime fasciste, le principe fondamental que le travail est une fonction sociale trouve sa réalisation la plus complète»,

et il met l'accent sur

> «la nécessité morale, politique et économique que l'organisation du travail dans le territoire de l'Etat soit réalisée avec des critères d'homogénéité, dans son ensemble et dans chacun de ses éléments» [583].

Il est clair cependant que la «fonction sociale» du droit du travail, lorsqu'elle se traduit dans la protection des droits des travailleurs [584], n'a pas vraiment besoin d'une organisation fasciste de l'économie nationale. Ceci explique que les tribunaux italiens ont pu continuer, sans rupture de continuité, de se référer après la fin du régime fasciste à l'apport essentiel des arrêts précités, en laissant simplement de côté les références au corporatisme et au fascisme [585], comme si ces références n'avaient été rien d'autre qu'un ornement rhétorique de plus. Aujourd'hui, les solutions qui découlaient à l'époque fasciste de la Charte du Travail sont devenues une partie, universellement acceptée ou presque, de la protection des travailleurs comme parties faibles aux contrats de travail internationaux. Qui, en lisant ce qui est aujourd'hui l'article 6 du règlement Rome I, pense encore à ses origines indirectes dans la jurisprudence italienne de l'époque du *ventennio* fasciste?

3. National-socialisme et conflits de lois

170. Le droit international privé sous le régime national-socialiste a fait l'objet, au cours des années 1970, d'un travail remarquablement

582. Cass., 28 juillet 1934, *Foro it.* 1934, I, col. 1824 (traduction française au *JDI*, 1935, p. 444 ss): «la Carta del Lavoro considera il lavoro come strumento e presidio non tanto del benessere dei singoli, quanto – e sopratutto – della potenza nazionale» (col. 1825).

583. Cass., 19 mai 1939, *Foro it.*, 1939, I, col. 1399.

584. *Ibid.*, col. 1401, et la référence à «[l]a legislazione fascista che, ponendosi all'avanguardia dell'evoluzione mondiale nell'ordinamento di questa materia, ha realizzato con più vaste discipline, i più ampi diritti dei lavatori».

585. Voir les arrêts de la période d'après-guerre, cités par De Nova, *supra* note 576, p. 357.

transparent de traitement critique du passé *(Vergangenheitsbewältigung)* par l'Institut Max Planck de Hambourg, dont des collaborateurs ont publié des monographies sur des aspects partiels du droit international privé du Troisième Reich[586], et qui a édité en 1980 la jurisprudence allemande en matière de droit international privé de 1935 à 1944, comblant ainsi une lacune dans la republication systématique de la jurisprudence[587]. Le nazisme a eu un effet profond sur le droit allemand des années 1933 à 1945, y compris – une réalité occultée pendant les premières années d'après-guerre, mais révélée par des travaux des historiens allemands du droit – sur le droit privé[588]. Et pourtant, bien que l'époque nazie ait été une époque d'instrumentalisation ou de « fonctionnalisation » du droit privé au service des politiques du régime[589], il n'y eut, comme nous le verrons, pas de « révolution conflictuelle » en droit international privé allemand sous le Troisième Reich.

a) *Législation*

171. Un certain nombre des dispositions ponctuelles sur le droit international privé furent publiées après 1933. Parfois, il s'agissait de dispositions qui étaient sans lien avec l'idéologie du régime (la plus importante d'entre elles était une ordonnance du Conseil des ministres pour la défense du Reich publiée pendant la guerre, qui prévoyait une exception au principe de l'applicabilité de la *lex loci delicti* à la responsabilité extracontractuelle entre Allemands agissant à l'étranger[590]). Mais d'autres dispositions accompagnèrent des lois profondément imprégnées de l'idéologie nazie.

---

586. Voir les thèses de doctorat de R. U. Külper, *Die Gesetzgebung zum deutschen Internationalen Privatrecht im « Dritten Reich »*, Francfort, Alfred Metzner, 1976 et B. Raiser, *Die Rechtsprechung zum deutschen internationalen Eherecht im « Dritten Reich »*, Francfort, Alfred Metzner, 1980.

587. *Die deutsche Rechtsprechung auf dem Gebiete des internationalen Privatrechts in den Jahren 1935 bis 1944*, Tübingen, J. C. B. Mohr, 1980. Le recueil comporte 832 décisions, dont un pourcentage relativement faible mais néanmoins significatif reflète soit l'existence d'institutions du droit nazi, soit des modes de raisonnement particuliers à l'idéologie alors dominante.

588. B. Rüthers, *Die unbegrenzte Auslegung*, 8e édition, Tübingen, Mohr Siebeck, 2017 ; M. Stolleis, *Recht im Unrecht*, Francfort, Suhrkamp, 1994.

589. K. Loewenstein, « Law in the Third Reich », *Yale L. J.*, volume 45 (1936), p. 779 ss, spéc. p. 780 : « obliteration by political purposiveness » de la distinction entre droit public et droit privé.

590. *Verordnung des Ministerrats für die Reichsverteidigung* du 7 décembre 1942. Dans l'esprit de ses auteurs, cette ordonnance était destinée aux besoins temporaires des opérations militaires allemandes et de l'occupation de pays étrangers, mais l'ordonnance est restée en vigueur après la Seconde Guerre mondiale (voir le commentaire de K. Kreuzer dans *Münchener Kommentar zum Bürgerlichen Gesetzbuch*, volume 10,

Le *Blutschutzgesetz* (« *Gesetz zum Schutze des deutschen Blutes und der deutschen Ehre* », « loi pour la protection du sang allemand et de l'honneur allemand »), adopté par le congrès du parti tenu à Nuremberg en 1935, vint interdire – complétant ainsi les lois antisémites publiées depuis 1933 dans d'autres domaines – les mariages entre « aryens » et « non-aryens ». Cette loi contenait des dispositions spécifiques de droit international privé.

Les dispositions de droit international privé du *Blutschutzgesetz* n'étaient cependant pas, comme on aurait pu le supposer, des règles de conflit unilatérales étendant le champ d'application du *Blutschutzgesetz* au-delà de l'applicabilité normale du droit allemand des personnes – un fait que Carl Schmitt devait souligner en 1936, dans une présentation qui était un chef d'œuvre de propagande et de cynisme, adressée à la branche nationale allemande de l'Association de droit international (« La législation national-socialiste, y déclara-t-il, a montré son sens des limites, y compris de ses propres limites, et donc aussi son sens de la justice » [591]).

Par application de la règle de conflit allemande ordinaire, qui soumet la validité quant au fond du mariage d'une personne au droit de la nationalité de cette personne, auraient dû être invalidés à la fois des mariages conclus par des « aryens » allemands avec des juifs, quel que soit le lieu de célébration de ces mariages, et même les mariages de juifs allemands avec des « aryens » quelle que soit leur nationalité. Dans tous ces cas, l'un au moins des époux aurait méconnu les dispositions restrictives du *Blutschutzgesetz*. Au contraire, les dispositions sur les conflits de lois contenues dans cette loi restaient en deçà des règles classiques du droit international privé allemand : la loi ne prétendait s'appliquer qu'aux mariages d'« aryens » de nationalité allemande, et uniquement à la condition supplémentaire qu'ils aient été conclus en Allemagne. Si le mariage avait été conclu à l'étranger, il n'était annulable que si le choix d'un lieu de célébration à l'étranger s'expliquait par une volonté des époux de contourner la prohibition du droit allemand

---

3e édition, Munich, C. H. Beck, 1998, p. 2011-2012). Elle figure parmi les textes précurseurs (indirects) de l'article 4, paragraphe 2 du règlement Rome II (n° 864/2007) sur la loi applicable aux obligations non contractuelles.

591. « Die nationalsozialistische Gesetzgebung hat Sinn für Grenzen, auch für die eigenen Grenzen bewiesen, und daher auch Sinn für Gerechtigkeit » : C. Schmitt, « Die nationalsozialistische Gesetzgebung und der Vorbehalt des "ordre public" im Internationalen Privatrecht » *ZAkdR*, 1936, p. 204 ss, spéc. p. 211. Selon Schmitt, il s'agit d'une législation « essentiellement défensive » (p. 208).

(« wenn sie zur Umgehung der Vorschriften dieses Gesetzes im Ausland geschlossen ist »).

Dans le même esprit, une disposition de la loi eugéniste sur le mariage (*Ehegesundheitsgesetz* de 1935) prévoyait que cette loi ne s'appliquait pas si les deux époux, ou même le seul mari, étaient de nationalité étrangère.

La raison de la surprenante retenue ainsi montrée par le législateur nazi se situait sur le plan de la politique étrangère : il ne paraissait pas opportun aux auteurs de ces lois, promulguées à un moment où l'Etat allemand pouvait rester vulnérable, de provoquer des incidents diplomatiques en insistant sur l'applicabilité du *Blutschutzgesetz* et de l'*Ehegesundheitsgesetz* à des mariages ayant un lien de proximité moins fort avec l'Allemagne [592].

172. D'autres restrictions, elles aussi motivées par des considérations de politique étrangère, à l'effectivité internationale des lois raciales nazies n'étaient pas l'effet d'une législation régulièrement publiée, mais des mesures prises administrativement, en marge de l'Etat légal, comme des éléments du *Maßnahmenstaat* nazi [593]. Le *Maßnahmenstaat* permettait d'appliquer la politique de l'Etat nazi sans aucune base légale, et même contrairement au droit positif en vigueur. Voici une *Maßnahme* qui a été prise en matière de droit international privé. En 1943, au cours de l'occupation de l'Alsace, le président du Tribunal de première instance de Strasbourg consulta le ministre de la Justice à Berlin au sujet d'une question : comment fallait-il traiter des demandes en annulation de mariages introduites par des femmes allemandes ou alsaciennes contre leurs maris arabes ? Les Arabes n'étaient pas, selon la biologie raciale allemande, des « aryens », si bien que ces mariages étaient potentiellement annulables. Pourtant, le ministre répondit que l'accueil par les tribunaux allemands de demandes en annulation de mariages dirigés contre des Arabes pour des raisons ouvertement raciales était, pour le moment, « considérée comme inopportune pour des raisons de politique étrangère » [594] (comme quoi les nécessités

---

592. Voir Külper (*supra* note 586), p. 262. Dans le même esprit, il y avait apparemment un consensus à ne pas appliquer le *Blutschutzgesetz* par *renvoi*, au mariage d'un « aryen » domicilié en Allemagne mais de nationalité étrangère dont la règle de conflit nationale, rattachant le statut personnel au domicile, aurait renvoyé au droit allemand comme étant le droit de son domicile (*ibid.*, p. 71).

593. Sur l'opposition entre *Normenstaat* et *Maßnahmenstaat*, voir l'analyse de E. Fraenkel, *The Dual State. A Contribution to the Theory of Dictatorship*, New York, Oxford University Press, 1940.

594. Cité par Külper, p. 262, sur base d'archives (« daß die Durchführung von Eheaufhebungsklagen gegen Araber wegen Irrtums über die Rassenzugehörigkeit

militaires de la campagne d'Afrique pouvaient s'imposer même en droit international privé).

b) *Doctrine*[595]

173. La majorité des auteurs qui avaient fait avant 1933 la réputation de la science juridique allemande en matière de droit international privé ont quitté l'Allemagne après l'accession au pouvoir du parti : ils étaient juifs et ne pouvaient pas rester[596].

Parmi ceux qui sont restés, seul Leo Raape avait une réputation d'excellence établie. Raape n'a pas produit de littérature juridique national-socialiste ; il s'est borné à examiner et discuter les mêmes questions qu'avant 1933 et après 1945. Il prend en considération dans ses écrits – mais sans passion, *a minima*, de manière essentiellement technique et en évitant soigneusement tout jargon nazi – la législation raciale dans la discussion du droit international privé allemand de la famille[597]. D'autres auteurs, des hommes nouveaux, acquis au parti, prirent sur eux la tâche d'étudier à fond les dispositions sur le droit international privé des lois nouvelles, en particulier du

---

vor deutschen Gerichten zur Zeit aus außenpolitischen Gründen unerwünscht ist »).

595. Sur la doctrine de droit international privé sous le régime national-socialiste, voir aussi M. Gebauer, « Zum Stand des Internationalen Privatrechts im Nationalsozialismus », dans *Liber amicorum Christian Kohler*, Bielefeld, Giesking, 2018, p. 103 ss.

596. Voir l'impressionnante liste de biographies d'émigrés allemands aux Etats-Unis dans E. Stiefel et F. Mecklenburg, *Deutsche Juristen im amerikanischen Exil (1933-1950)*, Tübingen, Mohr Siebeck, 1991, et en Angleterre dans J. Beatson et R. Zimmermann (dir. publ.), *Jurists Uprooted. German-speaking émigré lawyers in Twentieth Century Britain*, Oxford, Oxford University Press, 2004. Voir aussi Kurt Siehr, « German Jewish Scholars of Private International Law and Comparative Law – Especially Ernst Frankenstein and His Research », dans *Mélanges Fritz Sturm*, Liège, Editions juridiques de l'Université de Liège, 1999, p. 1671 ; K. Graham, « The Refugee Jurist and American Law Schools », *Am. J. Comp. L.*, volume 50 (2002), p. 777 ss.

597. Voir les deux premières éditions du *Deutsches internationales Privatrecht* signé par Raape comme « Mitglied der Akademie für deutsches Recht » : 1re édition, Berlin, Franz Vahlen, 1938/1939, 2e édition 1945. Pour rester parmi les spécialistes les plus éminents du droit international privé, Wilhelm Wengler, nettement plus jeune que Raape, s'est distingué à l'époque par un esprit anti-conformiste : voir A. Zimmermann, « Rechtswissenschaft in Zeiten von Diktatur und Demokratie am Beispiel Wilhelm Wenglers », *Gedächtnisschrift für Jörn Eckert*, Baden-Baden, Nomos, 2008, p. 1005 ss ; C. Kohler, « Wilhelm Wengler (1907-1995) – Biographisch-zeitgeschichtliche Aspekte », *ZaöRV*, 2016, p. 613 ss, une contribution impressionnante y compris sur le plan psychologique ; *adde*, spécialement sur les aspects ambigus des travaux de Wengler sur le droit colonial, les précisions fournies par F. Lange, « Kolonialrecht und Gestapo-Haft », *ZaöRV*, 2016, p. 633 ss. Il ne convient pas d'oublier la phrase de Brecht (*Vie de Galilée*, scène 13) : « Malheureux le pays qui a besoin de héros ».

Blutschutzgesetz[598], et d'adapter le droit international privé aux réalités nouvelles.

174. La question la plus pressante était celle-ci : visiblement, le droit privé allemand était soumis à des modifications révolutionnaires, hautement politiques. Est-ce qu'il était vraiment opportun de continuer à appliquer ce droit privé, et en particulier le droit de la famille, à toutes les personnes de nationalité allemande, et uniquement aux personnes de nationalité allemande ? Si on prenait en considération le but poursuivi par les normes de droit matériel, la réponse était manifestement négative : il semblait préférable de modifier le facteur de rattachement, d'abandonner le rattachement à la nationalité (qui faisait que les *juifs* allemands restaient régis par le droit allemand de la famille) et de lui substituer la *Volkszugehörigkeit*, l'appartenance ethnique à la communauté *völkisch* dont l'individu faisait partie[599]. Ainsi, selon ces théoriciens, on veillerait à ce que le droit allemand de la famille ne s'applique plus aux juifs, ou aux slaves, de nationalité allemande, mais qu'il s'appliquerait en revanche à des personnes de nationalité polonaise et résidant en Pologne, mais ethniquement allemandes : *Volksdeutsche*. Pour les auteurs nazis qui se sont consacrés à l'étude de cette solution, il était clair qu'elle représentait un idéal au regard de la nouvelle orientation du droit privé, mais aussi que c'était un idéal dont la mise en œuvre serait dangereuse. Là encore, ce sont des considérations de politique étrangères qui ont fait hésiter : avant le déclenchement de la Seconde Guerre mondiale, il ne paraissait pas souhaitable de provoquer des incidents diplomatiques avec les Etats étrangers dont une partie de la population serait désormais traitée par les tribunaux allemands comme des personnes assimilées aux Allemands, auxquelles s'appliquerait le droit allemand de la famille. C'est la raison pour laquelle on trouve dans chacune de ces contributions la constatation qu'à regret, il n'était

598. Voir entre autres F. Maßfeller, « Das Reichsbürgergesetz und das Gesetz zum Schutze des deutschen Blutes und der deutschen Ehre », *JW*, 1935, p. 3417 ss ; G. Löning, « Deutsches Rasseschutzgesetz und Internationales Privatrecht », *ZAkdR*, 1936, p. 299 ss et la thèse de doctorat de J. Behn, *Auswirkungen der Rasseschutzgesetzgebung auf das zwischenstaatliche Recht*, thèse Greifswald, 1936.

599. Le vocable *völkisch* – qui n'équivaut ni à « national », ni à « populaire » – est un terme-clef de l'idéologie et du droit nazis. J. Chapoutot, *La révolution culturelle nazie*, Paris, Gallimard, 2017, le traduit tantôt par « ethno-nationaliste » (p. 136), tantôt par « ethnoraciste » (p. 229) ; ce sont là des approximations de ce concept mêlant romanticisme politique et discrimination ethnique. Voir C. Schmitz-Berning, *Vokabular des Nationalsozialismus*, Berlin, Walter de Gruyter, 2e édition, 2007, v° *völkisch*, p. 645-647.

pas possible de modifier le facteur de rattachement en matière de droit de la famille [600].

Une solution, partielle, au problème de l'applicabilité du droit allemand de la famille existait pourtant : elle consistait à ne pas modifier les règles du droit international privé, mais à instituer des règles d'autolimitation du droit matériel allemand de la famille. Ceci permettrait d'établir partiellement un lien entre l'appartenance ethnique à l'Allemagne et l'applicabilité du droit allemand, sans pour autant risquer des conflits avec les Etats étrangers. C'était là l'approche de l'*Akademie für deutsches Recht*, l'Académie de droit allemand, chargée de préparer un nouveau Code civil. La partie III des dispositions fondamentales du projet de nouveau Code civil *(Volksgesetzbuch)* s'intitule « champ d'application du *Volksgesetzbuch* ». A l'intérieur de cette partie, le principe 25 ne fait que rappeler la règle de conflit existante : le *Volksgesetzbuch* ne s'applique à des étrangers que conformément aux règles de droit international privé reconnues par le Reich allemand. Cependant, une règle d'autolimitation téléologique figure au principe 24 : pour les nationaux allemands de « sang hétérogène » *(artfremdes Blut)*, les dispositions du *Volksgesetzbuch* qui, selon leur but, ne visent à s'appliquer qu'aux nationaux de sang allemand, ne s'appliquent pas [601].

175. En 1942, le fonctionnaire le plus élevé en rang du ministère de la Justice, le professeur Franz Schlegelberger (en 1942, ministre de la Justice faisant fonctions ; en 1947, principal accusé au « procès des juristes » devant le tribunal militaire américain à Nuremberg, essentiellement pour son implication dans le programme d'« euthanasie » allemand) publia un article dans la revue allemande spécialisée en droit

600. H. Müller, « Gedanken zur Neugestaltung des Internationalen Privatrechts », *DJZ*, 1936, p. 1067 ss ; F. Reu, *Anwendung fremden Rechts. Eine Einführung*, Berlin, Junker und Dünnhaupt, 1938, p. 12-15 et du même auteur « Zum Neubau des Internationalen Privatrechts », *DR*, 1939, p. 228 ss, et encore, en 1940, « Von den nationalen Grundlagen des internationalen Privatrechts », dans *Mélanges Streit*, volume II, Athènes, Pyrsos, p. 299 ss, spéc. p. 303 (publié sous forme de tiré à part d'un volume non paru en entier) ; voir déjà E. Wolgast, « Nationalsozialismus und internationales Recht », transcription d'un discours de 1933 publié dans *DR*, 1934, p. 196 ss, dans lequel il met en garde contre l'idée « bismarckienne » d'une définition trop ambitieuse du champ d'application international du droit allemand.

601. « Das Volksgesetzbuch gilt für alle Angehörigen des Großdeutschen Reiches. Für Reichsangehörige artfremden Blutes gelten die Bestimmungen nicht, die nach ihrem Zweck nur für Reichsangehörige deutschen Blutes bestimmt sind » : *Arbeitsberichte der Akademie für deutsches Recht*, n° 22, Munich et Berlin, C. H. Beck, 1942. Un commentaire à cet article explique que les membres de l'Académie sont conscients de la question d'une éventuelle extension du champ d'application personnel du *Volksgesetzbuch* à des *Volksdeutsche* de nationalité étrangère, mais qu'ils ont souhaité laisser cette question à l'appréciation des autorités politiques (« Doch muß diese Frage der politischen Zuständigkeit überlassen bleiben » : p. 46).

international privé (celle qui deviendrait, après la guerre, la *Rabels Zeitschrift*). Dans cet article hallucinant, intitulé « Perspectives du droit international, interlocal et interpersonnel allemand de la famille » [602], il explique qu'après que la guerre aura été terminée par une victoire allemande (*après que*, et non à condition que), les juristes allemands seront appelés à être les architectes du nouvel ordre juridique de l'Europe. Ils auront à définir trois domaines des conflits de lois : d'abord, des règles de droit international privé, qui resteront en substance inchangées. En second lieu, un droit interlocal temporaire, pour tenir compte du fait que l'expansion territoriale du Reich allemand n'a pas pu s'accompagner instantanément d'une unification législative, cette unification législative ne venant que progressivement. En troisième lieu, et le plus important : la création d'un système de règles permanentes de droit interpersonnel, semblables aux règles du droit colonial (avec sa distinction d'habitants de la métropole et des indigènes) : chaque habitant du Reich serait à l'avenir régi par le droit de son appartenance ethnique, un droit qu'il s'agirait de définir sous le contrôle des tribunaux allemands et de codifier dans un stade ultime.

Puisque Schlegelberger avait eu la sage idée de prévoir que son programme ne se réaliserait qu'après une guerre victorieuse, le programme en question est resté au stade des fantasmes et n'est jamais devenu réalité.

c) *Jurisprudence*

176. Dans l'après-guerre immédiate et jusque dans les années 1960, il existait un mythe parmi les juristes allemands (dont les plus anciens avaient en très grande majorité été en place dès la période national-socialiste) : le droit privé allemand serait resté apolitique au cours de cette période, et l'immense majorité des juges auraient maintenu une attitude d'impartialité et ne se seraient pas compromis avec les idées du régime. Ce mythe a été détruit par les recherches d'auteurs contestataires au cours des années 1960 [603]. En réalité, l'ordre juridique allemand avait changé non seulement du fait des interventions du législateur, ou du fait de mesures administratives des nouveaux gouvernants, mais également à travers la (ré)interprétation des normes juridiques existantes, et

602. « Wege und Ziele des deutschen internationalen, interterritorialen und interpersonalen Familienrechts », *ZAIP*, 1942, p. 1 ss.
603. Entre autres par la thèse d'habilitation de B. Rüthers, *op. cit.*, *supra* note 588 (1re édition, 1968).

tout particulièrement des «clauses générales» du droit privé – de notions comme la «bonne foi», l'«immoralité» ou la «faute», à travers lesquelles s'expriment les valeurs d'une société donnée [604]. Ce phénomène de réinterprétation par des juristes de droit privé, pour les besoins d'un régime radicalement nouveau, se rencontre aussi dans une partie, mais une partie seulement, de la jurisprudence de droit international privé de l'époque.

177. Est-ce que – en l'absence de l'intervention du législateur pour modifier les règles de conflit écrites du droit allemand – une modification par voie jurisprudentielle ne serait pas envisageable, pour aboutir à l'extension de l'applicabilité du droit allemand de la famille à des *Volksdeutsche* de nationalité étrangère? En 1941, une juridiction de première instance (l'*Amtsgericht* de Brême) fut de cet avis et motiva la solution dans des termes délibérément ajuridiques, qui étaient de l'ordre de la propagande antipolonaise [605]. Cependant, on notera que les tribunaux supérieurs et le *Reichtsgericht* n'étaient pas d'accord à déroger ainsi au droit législatif [606].

L'application du *Blutschutzgesetz* était zélée, avec une tendance marquée à décider, dans l'appréciation des faits, qu'un mariage méconnaissant les prohibitions de la loi avait été célébré à l'étranger avec l'intention précise de contourner les prohibitions de la loi allemande [607]. D'une manière générale, les appréciations de fait des jugements et

604. Comme l'avait prévu, non sans satisfaction à l'époque, Carl Schmitt dans un essai programmatique de 1934, *Über die drei Arten des rechtswissenschaftlichen Denkens*, (3e édition, Berlin, Duncker & Humblot, 2006, p. 49, traduction française, *Les trois types de pensée juridique*, présentation D. Séglard, Paris, PUF, 2015, édition «Quadrige», p. 154), «l'ensemble du droit se voit alors transformé sans qu'il faille pour autant changer une seule loi «positive».

605. AG Bremen, 3 septembre 1941, *IPRspr.*, 1935-1944, no 350. Il s'agissait d'une action en recherche de paternité introduite par une mère et de son enfant qui étaient de nationalité polonaise, mais d'appartenance ethnique allemande *(Volksdeutsche)*, contre un père de nationalité allemande *(Reichsdeutscher)*. Selon le tribunal,

> «à l'heure actuelle, où l'ancienne Łódź est devenue Litzmannstadt et a été incorporée dans le Reich allemand, les parties habitent toutes sur le territoire allemand. Dans ces circonstances, ce serait une véritable gifle au sentiment allemand du droit que d'appliquer à la présente espèce le droit polonais, c'est-à-dire le droit d'un Etat qui a disparu et qui a de surcroît depuis toujours combattu la nation allemande à outrance».

606. RG, 13 janvier 1936, *IPRspr.*, 1935-1944, no 228 (jugé que ni la qualité de *Volksdeutscher*, ni celle de membre du parti national-socialiste ne justifient l'application du droit allemand par dérogation à la règle de conflit législative); comp. les motifs d'OLG Hambourg, 26 février 1941, *ibid.*, no 19, un arrêt à la fois très *völkisch* et néanmoins orthodoxe du point de vue de la technique abstraite du droit international privé.

607. KG, 11 octobre 1937, *IPRspr.*, 1935-1944, no 15; RG, 5 décembre 1940, *ibid.*, no 201; RG, 5 novembre 1942, *ibid.*, no 20.

arrêts étaient un endroit idéal pour laisser libre cours à l'antisémitisme (réel ou, ce qui n'est pas moins grave, opportuniste) des juges, dans les affaires internationales comme dans les affaires internes [608]. L'incidence la plus nette de l'idéologie nazie sur la jurisprudence en matière de droit international privé était, comme il fallait s'y attendre, son influence sur la « clause générale » qu'est l'exception d'ordre public [609].

En matière d'ordre public, il a été jugé par le *Reichsgericht* que l'interdiction du mariage entre chrétiens et non chrétiens (paragraphe 64 du Code civil autrichien) ne pouvait pas être considérée comme contraire à l'ordre public allemand, « en particulier en considération des vues qui prédominent actuellement en Allemagne », et qui trouvent leur expression particulière dans le *Blutschutzgesetz*, lequel avait été voté quelques jours auparavant au congrès du parti à Nuremberg [610]. Mais à l'occasion, le *Reichsgericht* a su faire preuve d'esprit scientifique et répudier une analyse trop ouvertement idéologique : il refusa de suivre la vue [611] selon laquelle les mariages *de facto*, reconnus en droit soviétique, étaient le produit d'un esprit « judéo-bolchévique » incompatible avec l'ordre public allemand [612].

Dans le domaine économique, le nazisme affichait une idéologie communautarienne, mettant l'accent sur l'importance de la solidarité entre membres de la *Volksgemeinschaft*, la communauté nationale. Des décisions jurisprudentielles en déduisaient (d'une manière qui semble juridiquement cohérente – mais qui se trouve motivée dans les décisions par référence à la rhétorique nazie) que c'était en raison de

608. Un exemple grotesque est l'appréciation du domicile d'un juif émigré par KG, 31 mars 1941, *IPRspr.*, 1935-1944, n° 601 : on peut y lire qu'

> « on aurait tort de présumer trop facilement que des juifs qui ont émigré d'Allemagne vers Londres l'ont fait avec l'intention d'y établir un domicile fixe, ainsi que l'exige le droit anglais comme critère du *domicile of choice*. Car c'est une donnée d'expérience que Londres ou Paris n'étaient pour ces gens qu'un premier endroit à partir duquel ils pouvaient laisser traîner leurs filets et se rendre ensuite à l'endroit où il était le plus facile et le plus commode de gagner de l'argent ».

609. Ceci avait été prédit par E. Wolgast, *supra* note 600, en 1933 : *DR*, 1934, p. 200 ss. Voir aussi OLG Hambourg, 26 février 1942, *IPRspr.*, 1935-1944, n° 19, qui définit l'ordre public en des termes *völkisch*.

610. RG, 10 octobre 1935, *IPRspr.*, 1935-1944, n° 11. La décision est en contraste avec l'arrêt de la Cour de cassation italienne du 19 mai 1943 (*supra* note 579), mais en substance, elle se borne à ajouter des considérations idéologiques nouvelles à une décision précédente, elle aussi favorable à l'application du paragraphe 64 du Code civil autrichien, qui datait de l'époque de la République de Weimar : RG, 16 mai 1931, *RGZ*, volume 132, p. 146.

611. Défendue notamment par LG Halle, 7 décembre 1935, *IPRspr.*, 1935-1944, n° 172.

612. Pour la vue contraire, voir RG, 7 avril 1938, *IPRspr.*, 1935-1944, n° 189, avec une longue et érudite motivation.

leur importance pour la communauté *völkisch* que certains concepts (traditionnels) de droit allemand des obligations – limitation par le principe de bonne foi de l'exercice des droits contractuels ou limitation du taux des intérêts débiteurs – correspondaient à des valeurs défendues par l'ordre public allemand contre des conceptions, moins solidaristes, d'un droit étranger applicable au contrat [613].

4. Le droit international privé soviétique

178. Une véritable étude du droit international privé soviétique supposerait bien entendu de pouvoir partir des textes originaux publiés en Russie. Faute des connaissances linguistiques nécessaires, nous avons dû partir de traductions de traités de droit international privé dans des langues occidentales, publiées à l'époque soviétique [614] ainsi que de sources secondaires. Il ne semble pas y avoir de traduction intégrale d'ouvrages avant la fin des années 1950, ce qui fait que la période stalinienne n'a pu être explorée que de manière extrêmement partielle, à partir de sources secondaires [615].

Avec une certaine prudence par conséquent, nous pensons pouvoir identifier quatre caractéristiques du droit international privé soviétique :

1) Une première caractéristique, moins du « droit international privé soviétique » que des traités publiés à l'époque, est la tendance à citer copieusement, dans ces ouvrages scientifiques, des discours purement

---

613. OLG Munich, 2 février 1938, *IPRspr.*, 1935-1944, n° 56 ; OLG Dantzig, 13 juin 1942, *IPRspr.*, 1935-1944, n° 650.

614. Le premier traité ainsi publié (dans une traduction allemande publiée au *Staatsverlag der Deutschen Demokratischen Republik* à Berlin-Est) est le précieux ouvrage de L. A. Lunz, *Internationales Privatrecht* (volume I, 1961 ; volume II, 1964). Ont également été utilisés : I. S. Pereterski et S. B. Krylov, *Lehrbuch des internationalen Privatrechts*, Berlin (-Est), VEB Deutscher Zentralverlag, 1962 ; M. M. Boguslavkii, *Private International Law : The Soviet Approach*, Dordrecht, Martinus Nijhoff, 1988.

615. A. N. Makarov, *Précis de droit international privé d'après la législation et la doctrine russes*, Paris, Marcel Giard, 1932, est la traduction française d'un ouvrage écrit en russe par Makarov, « ancien professeur à l'Université de Petrograd », qui était un émigré et dont l'ouvrage ne peut être considéré comme une source primaire. Une source primaire, malheureusement non traduite, était la première édition de l'ouvrage du traité de Lunz, publiée en 1949, à l'apogée du stalinisme d'après-guerre : s'agissait-il d'un livre « throwing some interesting light, mostly on the negative side, on conflict of laws from the Russian viewpoint » (A. K. R. Kiralfy, « A Soviet Approach to Private International Law », *Int. LQ*, volume 4 (1951), p. 120 ss), d'« an unusual mixture of political propaganda and genuine learning » (A. Drucker, « Soviet Views on Private International Law », *ICLQ*, volume 4 (1955), p. 884 ss, spéc. p. 887), ou plutôt d'un « ouvrage bien connu », similaire à l'édition ultérieure (*supra* note précédente) publiée en traduction allemande sous Khrouchtchev (H. Batiffol, compte-rendu bibliographique, *Rev. crit.*, 1964, p. 838 ss) ?

politiques de Lénine ou de Staline, plus tard de Khrouchtchev, ou les résolutions des congrès du parti communiste de l'Union soviétique, comme s'ils étaient indispensables à une connaissance du droit international privé. Aucun des textes ainsi cités n'a le moindre contenu juridique ; ils expriment la politique des dirigeants soviétiques en matière de relations extérieures ou contiennent des affirmations générales sur les relations entre l'Union soviétique et les Etats bourgeois, en soulignant (du temps de Staline et de la doctrine Jdanov) les aspects internationaux de la lutte des classes, ou alors (plus tard) l'importance de la coexistence pacifique des systèmes économiques différents que sont le socialisme et le capitalisme. La raison pour laquelle un auteur soviétique citait ces textes, en veillant soigneusement à les mettre à jour au vu des modifications dans l'orientation de la politique étrangère soviétique, est claire; il s'agissait de l'expression d'une élémentaire prudence plutôt que de la preuve nécessaire d'une adhésion idéologique aux objectifs poursuivis par le Comité central [616]. On ne saurait comparer les auteurs de traités soviétiques de droit international privé avec un auteur authentiquement stalinien de la trempe d'un Vychinski [617].

2) Une seconde caractéristique, qui distingue le droit international privé soviétique de la *plupart* des conceptions occidentales du droit international privé, est la tendance à mettre l'accent sur ses liens avec le droit international public (allant jusqu'à considérer le droit international privé comme une forme particulière du droit des relations internationales), ou du moins avec certains concepts du droit international public. Encore faut-il observer que sur cette question particulière, la doctrine soviétique n'était pas un bloc monolithique: certains – en particulier les spécialistes du droit international public, comme Sergei Krylov – défendaient l'idée que le droit international privé était régi par des principes de droit international public, alors

616. C'est là un facteur psychologique élémentaire, complètement perdu de vue dans un compte-rendu, regrettablement dépourvu de tout humour britannique, du traité de Lunz (*supra* note 614) publié par F. A. Mann du temps de la guerre froide, *ICLQ*, volume 11 (1962), p. 305. D'autres auteurs de comptes-rendus ont été plus perspicaces et ont reconnu les mérites de l'ouvrage en faisant abstraction de sa rhétorique superficielle: H. Baade, *Am. J. Comp. L.*, volume 11 (1962), p. 464 ss; A. Ehrenzweig, *AJIL*, volume 57 (1963), p. 685 ss ou H. Batiffol, *Rev. crit.*, 1964, p. 838 ss (voir aussi le compte-rendu par ce dernier d'ouvrages publiés ultérieurement par Lunz, qu'il tenait visiblement en haute estime: *Rev. crit.*, 1974, p. 868 ss; 1976, p. 254 ss; 1977, p. 443 ss).

617. Pour un ouvrage composé à 75% de propagande anti-occidentale, de philosophie marxiste revisitée par Staline, et de citations de Lénine et de Staline, voir A. Vychinski (dir. publ.), *The Law of the Soviet State*, 1948 (traduction anglaise, New York, Macmillan).

que d'autres le considéraient comme faisant partie intégrante du droit privé [618]. En tout cas, la pratique de l'Union soviétique mettait l'accent sur l'importance des considérations de réciprocité et sur la possibilité des mesures de rétorsion en droit privé, montrant ainsi que les considérations de politique étrangère intervenaient effectivement dans le traitement des questions de droit international privé [619]. L'aspect le plus important dans la pratique de l'Etat soviétique était la recherche de l'égalité de traitement entre la propriété socialiste et la propriété capitaliste, passant par la reconnaissance dans les Etats occidentaux des nationalisations soviétiques et de la personnalité juridique séparée des entreprises socialistes.

3) En droit international privé de la famille, il existait une tendance d'appliquer la *lex fori*, et non la loi nationale ou la loi du domicile des personnes, à tous les aspects du statut personnel : capacité, mariage, divorce. Cette tendance était critiquée, en particulier au cours des années 1930 et 1940, par des auteurs occidentaux qui y voyaient un effet secondaire de l'idéologie communiste. Le « territorialisme » du droit soviétique, qu'il voyait comme se combinant avec une revendication à l'application extraterritoriale du droit soviétique aux citoyens de l'Union soviétique, a été ainsi expliqué par A. N. Makarov, professeur russe émigré :

> « Une telle combinaison des principes de territorialité et de nationalité est organiquement liée avec les principes idéologiques sur l'application « dans l'espace » du système juridique soviétique. L'Etat soviétique est considéré comme un Etat qui, en comparaison de tous les autres est très avancé dans les voies de la réalisation de l'idéal du bien social. ... L'idéologie politique des Soviets nie catégoriquement cette collaboration coordonnée, elle ne veut pas combler l'abîme qui sépare l'Etat soviétique du monde « bourgeois » qui l'entoure ; elle n'attend la disparition de cet abîme que de la révolution sociale mondiale. » [620]

Cette tendance à l'application de la seule *lex fori* pourrait effectivement être un symptôme d'une pensée totalitaire. Néanmoins, il y a une

618. Voir les différentes opinions doctrinales citées par Pereterski et Krylov (*supra* note 614), p. 3-4.

619. Cf. Lunz, en particulier volume I, p. 26-27 et 240-241 ; volume II, p. 16-19. L'auteur souligne toutefois que puisque les mesures de rétorsion ne peuvent être décidées que par le gouvernement et non pas par les tribunaux, elles ne peuvent pas affecter en elles-mêmes le fonctionnement des règles de conflit des lois.

620. Makarov (*supra* note 615), p. 70.

difficulté à en déduire que le droit international privé soviétique était influencé par le totalitarisme: c'est que les mêmes caractéristiques se retrouvent à l'occasion dans des règles de conflit occidentales en matière familiale [621]. On a observé par ailleurs que le lex forisme du droit international privé de la famille de l'Union soviétique n'était pas imité systématiquement par chacun des Etats du bloc communiste: le rattachement à la nationalité des personnes était maintenu en droit international privé tchécoslovaque ou hongrois [622] ou dans les règles de conflit de l'Allemagne de l'Est [623].

4) Quatrième élément, sans doute le plus caractéristique: le droit international privé soviétique restait fidèle, sur le plan scientifique, aux acquis de la doctrine classique du droit international privé. La doctrine soviétique n'appréciait pas le mouvement fonctionnaliste des années 1960 et 1970 en droit international privé, et cela *pas seulement* parce qu'il était américain [624]. Même la structure de l'exception d'ordre public était entièrement conforme aux doctrines reçues en Europe; en revanche et bien entendu, le *contenu* de l'ordre public soviétique était, quant à lui, original. Cette originalité est bien illustrée par un extrait de l'un des premiers traités soviétiques de droit international privé, publié en 1925 par I. S. Pereterski [625]:

> «En vertu de l'ordre public de l'Union soviétique l'application d'une loi étrangère ne peut être autorisée dans tous les cas où cette application peut conduire à l'affaiblissement de la dictature

621. Cf. Lunz, volume I, p. 144, faisant référence en particulier au territorialisme typique du droit international privé *américain* de la famille (mariage, divorce). Le même auteur, *ibid.*, fait observer l'inexactitude, au regard du droit positif, de l'analyse (précitée, au texte) selon laquelle ce territorialisme se combine avec l'application, *dans les mêmes matières*, de la loi soviétique aux citoyens soviétiques agissant à l'étranger.

622. Lunz, volume II, p. 210, explique que l'approche «territorialiste» soviétique (ou bulgare) et l'approche traditionnelle qui s'est maintenue en Tchécoslovaquie et en Hongrie aboutiront en fait à des résultats pratiques équivalents à l'égard des relations familiales des citoyens d'Etats bourgeois: les tribunaux de ceux des Etats socialistes qui sont censés appliquer la loi nationale auront fréquemment recours à l'ordre public pour évincer les «éléments typiques du droit bourgeois de la famille» que seraient les empêchements raciaux ou religieux au mariage, ou l'inégalité entre hommes et femmes dans les effets du mariage. La méthode territorialiste permet de faire l'économie du détour par l'ordre public. Voir dans le même sens Lunz, «L'objet et les principes fondamentaux du droit international privé en URSS et dans les autres pays socialistes européens», *JDI*, 1973, p. 97 ss, spéc. p. 112.

623. Paragraphes 18, 20 ou 22 *Rechtsanwendungsgesetz* du 5 décembre 1975. Cependant, le paragraphe 20 (1), deuxième phrase, prévoit de manière générale l'application du droit de la RDA à tous les divorces des couples de nationalité mixte.

624. Cf. Lunz, article précité (*supra* note 622), p. 104-105.

625. Extrait cité par A. Stoupnitsky, v° Droit international privé soviétique, dans Lapradelle et Niboyet, *Répertoire de droit international*, volume VII (1930), p. 111.

du prolétariat, à la violation du régime économique de l'Union soviétique, à l'exploitation de l'homme par l'homme, ou lorsque la loi étrangère provient d'une inégalité de droits de race ou de nationalité, ou bien lorsqu'elle est basée sur des considérations de religion et aussi lorsque la loi étrangère conduit à l'établissement de droits en contradiction avec leur but social et économique.

L'application des lois étrangères en contradiction avec ces règles, et pouvant avoir comme conséquence la violation ou l'affaiblissement de la dictature du prolétariat, doit être considérée comme contre-révolutionnaire, c'est-à-dire comme tombant sous la qualification de l'article 57 du Code pénal. »

Mais le fait que l'ordre public soit perméable aux valeurs dominantes dans une société est une constante du droit international privé [626], et non une innovation soviétique.

179. Laissons le dernier mot à un connaisseur du droit international privé des Etats socialistes, Petar Šarčević, qui dans un aperçu rétrospectif a écrit que

> « Despite the powerful influence of politics and ideology on all spheres of life, conflicts scholars were under considerably less ideological pressure than their colleagues in other fields of law »,

et que

> « the modernization of [the post-war conflict laws of the socialist states] was up to the standards of the time they were drafted. Although their goal was ideological, the codes were free of ideology » [627].

5. Conclusion : continuité de l'approche classique ou révolution des conflits de lois ?

180. Il n'est pas possible de dire, à propos de l'un quelconque des trois Etats européens totalitaires, quasi totalitaires ou post totalitaires que nous avons examinés, que leur droit international privé aurait été très éloigné, dans ses principes mêmes, du modèle classique – et ceci malgré le fait que le modèle classique soit né dans une société

---

626. *Supra* n°s 52 (chapitre II) et 177 (Allemagne nazie).

627. « The Modernization of Private International Law After World War II », dans C. von Bar (dir. publ.), *Perspektiven des Internationalen Privatrechts nach dem Ende der Spaltung Europas*, 1993, Cologne, Berlin, Bonn, Munich, Carl Heyman, p. 14 ss, spéc. p. 25.

très différente [628] de la société nouvelle qui se voulait totalitaire. Le droit positif se ressentait certes du contexte politique : les lois raciales et eugénistes de l'Allemagne nazie contenaient des dispositions (prudentes) sur leur champ d'application international, et l'esprit du droit antisémite nazi était perceptible dans de nombreuses décisions de jurisprudence impliquant la situation des juifs. Il y eut l'une ou l'autre incidence du *Maßnahmenstaat* nazi en Allemagne ; en Union soviétique un accent excessif – par rapport aux canons du droit international privé classique – sur la réciprocité dans les relations internationales et sur la possibilité de mesures de rétorsion ; dans ces deux Etats une redéfinition du contenu substantiel (mais non du mode de fonctionnement) de l'ordre public ; et dans les trois Etats, y compris en Italie, une utilisation du droit international privé à des fins rhétoriques ou même propagandistes. Mais tout ceci n'équivaut pas à une remise en cause méthodologique profonde du modèle classique qui, au contraire, a survécu à ces expériences totalitaires.

Les choses auraient-elles pu se dérouler différemment ? Oui – si l'un de ces Etats avait pris le tournant méthodologique vers le fonctionnalisme et avait donc intégré les fins politiques poursuivies par l'Etat totalitaire dans la logique conflictuelle elle-même. Ce tournant méthodologique se trouvait peut-être esquissé dans le projet Schlegelberger de redéfinition du droit international privé allemand de la famille. Dans un Etat totalitaire, une *choice-of-law revolution* fonctionnaliste aurait pu conduire à une véritable brutalisation du droit international privé.

---

628. *Supra*, n°s 38 et 39.

TROISIÈME PARTIE

EXTERNALITÉS

181. Ce titre, «Externalités», a été défini en introduction comme désignant *la prise en compte, par le droit international privé, des relations interétatiques ou relations extérieures de l'Etat du for*. Sauf si l'on adhère aux versions les plus radicalement publicistes du droit international privé, ces externalités ne seront pas identiques, loin de là, à l'ensemble des situations qui, caractérisées par au moins un élément d'extranéité, donnent naissance à un conflit de lois ou de juridictions. En général, les questions de droit international privé sont résolues sans que le souci des relations extérieures y joue un rôle réel. Mais il en va différemment dans trois cas. Le premier est celui où intervient le droit public étranger, ce qui peut amener les autorités du for à s'interroger sur l'opportunité de procéder par application pure et simple des règles ordinaires du droit international privé (chapitre VII). Le deuxième est celui où l'Etat du for, intégré dans une communauté fédérale ou supranationale d'Etats, doit en tenir compte dans la définition des règles de son droit international privé à destination des autres Etats membres (chapitre VIII). Le dernier cas enfin est pour le droit international privé, à l'inverse de la situation de l'intégration fédérale, l'équivalent le plus proche de l'état hobbesien de nature: il sera question des relations extérieures de l'Etat du for avec des Etats tiers, sans organisation fédérale ou supranationale (chapitre IX).

CHAPITRE VII

LE DROIT PUBLIC ÉTRANGER

1. Définition

182. L'expression «droit public étranger» n'est pas univoque. Pour certains, la notion de droit public est, même pour les besoins du droit international privé contemporain, implicitement toujours celle d'Ulpien dans le premier livre du *Digeste*: le droit public a pour objet de mettre en œuvre les intérêts de l'Etat, alors que le droit privé tend à l'utilité des particuliers [629]. Transposée au droit public étranger, cette définition large entraîne, selon l'esprit plutôt conservateur ou plutôt progressiste des auteurs qui s'en inspirent, l'une de deux conséquences. Option conservatrice: on en déduira, au nom de la séparation du droit public et du droit privé, que toutes les fois qu'une norme donnée tend à la réalisation d'intérêts publics étrangers, son traitement conflictuel ne relève pas du droit international privé, mais de règles particulières du droit public international; celles-ci seraient dominées par le principe de territorialité qui restreint les occasions pour le droit public étranger de devenir pertinent devant le juge du for [630]. Ou alors, option progressiste: compte tenu du développement de l'Etat social et de sa réglementation des relations contractuelles, on conclura de cette définition, selon laquelle l'intérêt de l'Etat au développement d'une réglementation suffit pour lui conférer un caractère de droit public, à «la publicisation contemporaine du droit international privé» qui résulte d'un rattachement «dicté par la visée politique de la loi et non par la considération du meilleur règlement du conflit au regard du droit privé» [631]. Cette dernière conception a la particularité de pouvoir

629. *Dig.*, 1.1.1.2: «publicum ius est quod ad statum rei Romanae spectat, privatum quod ad singulorum utilitatem».

630. C'est l'opinion défendue notamment par Gerhard Kegel: Kegel/Schurig, *Internationales Privatrecht*, 9e édition, Munich, C. H. Beck, 2004, paragraphe 2.IV, p. 148 ss. *Contra*: C. von Bar et P. Mankowski, *Internationales Privatrecht*, volume I, 2e édition, Munich, C. H. Beck, 2003, nos 54 ss. La jurisprudence allemande existante (*infra* no 189) n'applique ces idées que partiellement, donnant aux normes de droit public un sens plus étroit que celui envisagé par la doctrine de Kegel.

631. H. Muir Watt, «Droit public et droit privé dans les rapports internationaux (Vers la publicisation des conflits de lois?)», *Archives de philosophie du droit*, tome 41 (1997), p. 207 ss, spéc. p 211. Pour une conception similairement large du droit public

aboutir à considérer que du seul fait qu'une loi poursuit un « intérêt public » (par exemple au sens de l'article 9 du règlement Rome I, interprété de manière large comme englobant la protection des parties faibles aux contrats [632]), elle échappe à la qualification de loi de droit privé. En particulier, toutes les lois de police, même les simples lois de police contractuelle qui consistent à prescrire aux parties le contenu de leur contrat, peuvent dans cette conception relever, analytiquement, du « droit public » et non du droit privé. Cette vision est en définitive une vision privatiste de ce qu'est le droit public – une vision, à la limite, savignienne : est droit public tout ce qui est politique [633].

183. Une deuxième vision, celle que nous adopterons ici, s'inspire de l'approche du droit public lui-même dans la délimitation entre le droit public et le droit privé. Le droit public moderne accepte comme naturelle et non problématique – au contraire, comme conforme à une espèce de hiérarchie naturelle des branches du droit – la pénétration de concepts et de méthodes de droit public (intérêt général, droits fondamentaux, européanisation du droit, proportionnalité et ainsi de suite) dans un droit privé qui ne cesse pas pour autant d'être droit privé. Un élément essentiel de cette définition du droit public est la notion de *prérogative de puissance publique* [634] : c'est elle qui permet également de caractériser les actes administratifs, qui se définissent comme des décisions unilatérales de la puissance publique affectant par elles-mêmes l'ordonnancement juridique et déterminant par voie d'autorité la situation des personnes qui y sont soumises, leurs droits et obligations [635].

---

dans les conflits de lois, voir Ph. McConnaughay, « Reviving the "Public Law Taboo" in International Conflicts of Laws », *Stan. J. Int'l L.*, volume 35 (1999), p. 255 ss.

632. Pour les éléments de la controverse sur le sens de la référence aux « intérêts publics », voir *supra* n°s 118 ss.

633. Et ceci même si les conséquences de cette vision contemporaine, qui aboutit à valoriser ces lois « politiques », sont aux antipodes des conclusions de Savigny lui-même (*supra* n° 24), un peu à l'instar du hégélianisme de gauche par rapport à la doctrine de Hegel.

634. Un autre élément est, du moins en droit public français, la notion de service public qui définit les fins auxquelles tendent les prérogatives de puissance publique (B. Plessix, *Droit administratif général*, 2e édition, Paris, LexisNexis, 2018, n°s 551-552, « l'échec du critère unique »). Mais la notion de service public n'assiste en rien la vision large de la notion de « droit public » pour les besoins du droit international privé (*supra* au texte, n° 182).

635. Vedel et Delvolvé, *Droit administratif*, tome 1, 12e édition, Paris, PUF, 1992, p. 241 (ou dans la définition d'O. Mayer, *Deutsches Verwaltungsrecht*, tome I, 3e édition, 1924, réédition 2004, Berlin, Duncker und Humblot, p. 93 : « Ein der Verwaltung zugehöriger obrigkeitlicher Ausspruch, der dem Untertanen im Einzelfall bestimmt, was für ihn Rechtens sein soll »).

Cette définition, appliquée au régime du droit public étranger, ne s'attache par conséquent pas au seul intérêt étatique poursuivi par une norme, mais à la manière dont cette norme poursuit un intérêt étatique : s'il s'agit d'une norme de droit public, elle le fera par l'emploi de prérogatives de puissance publique, par des modes d'intervention unilatérale de l'autorité publique dont ne disposent pas les particuliers ou les entreprises quelle que soit leur position, parfois réelle, de pouvoir économique : sont des normes de droit public notamment les réglementations assorties de sanctions administratives ou pénales (à côté, le cas échéant, de sanctions civiles accessoires), les expropriations ou le prélèvement d'impôts [636].

Le caractère opérant de la distinction entre droit public et droit privé a tendance à être contesté dans le cadre de la mouvance doctrinale du droit transnational [637], au profit d'une approche holistique des phénomènes de normativité et de pouvoir. Sans nier l'intérêt intellectuel de cette approche, on lui a préféré ici une approche analytique. Adopter une délimitation simple *à l'intérieur du droit étatique* n'est pas méconnaître la situation le cas échéant dominante sur un marché que peut occuper un acteur privé ou un ensemble d'acteurs privés ; c'est simplement souligner que l'utilisation par des acteurs privés d'une technique contractuelle, même si sur le plan sociologique ses effets sont de l'ordre du quasi-réglementaire, ne devient pas pour autant une utilisation d'un véritable pouvoir réglementaire. Elle ne fait pas partie du droit administratif [638], mais peut au contraire elle-même devenir

---

636. Pour cette conception de la différence, en droit international privé, entre droit public et droit privé, voir H. Baade, « Operation of Foreign Public Law », dans *International Encyclopaedia of Comparative Law*, volume III : Private International Law, Part 1, Tübingen, Mohr Siebeck, Leyde et Boston, Martinus Nijhoff, chapitre 12 (1990) ; F. A. Mann, « Conflict of Laws and Public Law », *Recueil des cours*, tome 132 (1971), p. 107 ss ; B. Hess, « The Private-Public Divide in International Dispute Resolution », *Recueil des cours*, tome 388 (2017), p. 49 ss. Dans un sens analogue, mais particulièrement critique à l'égard des pouvoirs privés économiques issus de la concentration capitaliste et s'opposant efficacement au droit public organisé par l'Etat, F. Rigaux, *Droit public et droit privé dans les relations internationales*, Paris, Pedone, 1977, p. 2 et *passim*.

637. *Supra* n° 10 ss.

638. Certainement pas du droit administratif étatique ou supranational (du type du droit de l'Union européenne), et ce constat est suffisant dans le présent contexte. On notera que pour les spécialistes du droit transnational, le « global administrative law » inclut peut-être, mais de manière holistique, l'activité normative exercée spontanément par certains organismes privés, en dehors de toute délégation par une autorité publique : B. Kingsbury *et al.*, « The Emergence of Global Administrative Law », *Law and Contemporary Problems*, volume 68 (2005), p. 15 ss, spéc. p. 23 (« we cautiously suggest that the margins of the field of global administrative law be extended to the activities of some of these non governmental bodies ») et p. 54-55.

l'objet d'une réglementation administrative par les autorités étatiques ou supranationales [639]; et en dehors de l'hypothèse d'une intervention du droit adminstratif (ou, d'ailleurs, du droit pénal), les aspects internationaux de l'usage ou de l'abus de techniques contractuelles doivent pouvoir relever – dans leur traitement juridique par les autorités étatiques, qui n'épuise évidemment pas tous les problèmes que pose ce phénomène sociologique et économique – de l'emploi des techniques qui existent en matière de conflits de lois. Que ces techniques, ainsi que les règles de droit matériel, doivent être adaptés aux phénomènes économiques anciens ou nouveaux est une nécessité permanente. L'abandon, sur le plan conceptuel, de la distinction entre droit public et droit privé n'est en revanche pas requis.

184. Il se trouve par ailleurs que cette délimitation analytique, pour les besoins du droit international privé, entre droit public et droit privé est identique à, ou du moins très proche de, la définition de la notion des «matières fiscales, douanières ou administratives» par opposition à la matière «civile et commerciale» au sens des règlements européens en matière de droit international privé. Les règlements ont repris cette notion de la Convention de Bruxelles du 27 septembre 1968 concernant la compétence judiciaire, la reconnaissance et l'exécution des décisions en matière civile et commerciale, en particulier telle qu'elle a été modifiée en 1978 lors de l'adhésion du Danemark, de l'Irlande et du Royaume-Uni [640]. Selon la jurisprudence de la Cour de justice, les matières de droit public, qui sont exclues du champ d'application de chacun de ces règlements, se définissent comme étant celles où «l'autorité publique agit dans l'exercice de la puissance publique» [641], dans «l'exercice par l'Etat de pouvoirs exorbitants par rapport aux règles applicables dans les relations entre particuliers» [642].

---

639. Un exemple, ayant des implications transfrontières, en est l'application des règles européennes du droit de la concurrence, ou de la protection des données, aux monopolistes ou oligopolistes américains du secteur de la technologie informatique.

640. Voir B. Hess, *Europäisches Zivilprozessrecht*, Heidelberg, C. F. Müller, 2010, paragraphe 6, n°s 5 ss.

641. Arrêt du 14 octobre 1976, *LTU Lufttransportunternehmen GmbH & Co. KG c. Eurocontrol*, affaire 29/76, ECLI:EU:C:1976:137, point 4 (redevances en matière aéroportuaire, fixées de manière unilatérale vis-à-vis des usagers); arrêt du 16 décembre 1980, *Reinhold Rüffer*, affaire C-814/79, ECLI:EU:C:1980:291 (frais pour l'enlèvement d'une épave, effectué dans l'exercice de la puissance publique).

642. Arrêt du 15 mai 2003, *Préservatrice foncière TIARD SA*, C-266/01, ECLI:EU:C:2003:282, points 35 et 36 (à propos de l'insertion, dans un contrat de cautionnement de droits de douane, de clauses qui «pourraient constituer une manifestation de puissance publique de la part de l'Etat néerlandais vis-à-vis de la caution que si elles dépassaient les limites de la liberté reconnue aux parties par la loi applicable au contrat»); arrêt du 15 novembre 2018, *Kuhn*, C-308/17, ECLI:EU:C:2018:911,

185. L'intervention du droit public étranger devant les juridictions civiles du for peut prendre deux formes. Soit ce sont les normes de droit public qui interviennent – la forme de cette intervention restant à déterminer : application, prise en considération – dans les rapports de droit privé entre deux particuliers ; dans ce cas, l'Etat étranger lui-même n'est pas partie à la cause. Soit c'est l'Etat étranger lui-même qui agit, posant ainsi la question des demandes fondées sur le droit public étranger, dont l'exemple paradigmatique est le recouvrement d'impôts dus à l'Etat étranger. Comme nous le verrons, le caractère de droit public des normes en cause, ou l'identité du demandeur lorsqu'il s'agit d'une autorité publique étrangère, ont tendance à perturber le règlement serein et, parfois, rationnel de ces litiges.

2. L'intervention de normes étrangères de droit public dans les relations de droit privé

186. Différentes normes de droit public peuvent relever de régimes différents (le régime des lois de police n'est pas, techniquement, le même que celui des décisions administratives individuelles) et ces normes sont susceptibles d'intervenir dans toutes les matières, contractuelles ou extracontractuelles. Mais il ne sera question dans la suite que de la configuration la plus importante et la plus typique, l'intervention dans une relation contractuelle du droit public étranger prenant la forme de lois de police.

On examinera d'abord si des lois de police relevant du droit public peuvent ou ne peuvent pas être appliquées (avec les sanctions civiles qu'elles prévoient le cas échéant accessoirement), comme toutes les autres normes faisant partie du droit applicable au contrat, s'il s'avère que le droit étranger dont elles font partie est la loi du contrat.

point 42 (introduction rétroactive et unilatérale, par le législateur grec, d'une clause d'action collective dans les conditions d'un emprunt d'Etat) ; cf., *a contrario*, l'arrêt du 14 novembre 2002, *Gemeente Steenbergen c. Baten*, C-271/00, ECLI :EU :C :2002 :656, point 37 : dans la mesure où le recours d'un organisme public, poursuivant auprès d'un membre de la famille du bénéficiaire le recouvrement de sommes versées à titre d'aide sociale, est régi « par les règles du droit commun en matière d'obligation alimentaire », il relève de la matière civile et commerciale (en ce sens également, dans l'hypothèse d'une subrogation dans les droits du créancier d'aliments, l'arrêt du 15 janvier 2004, *Freistaat Bayern c. Blijdenstein*, C-433/01, ECLI :EU :C :2004 :21, point 21).

a) *Une théorie qui devrait être obsolète : l'« inapplicabilité » du droit public étranger en raison de la « territorialité » du droit public*

187. La question est celle-ci : est-ce que la désignation du droit d'un Etat par la règle de conflit ordinaire, bilatérale, du for englobe les lois de police de droit public de cet Etat ? Cette question ne trouve pas sa réponse dans la nature particulière des lois de police, qui apparaissent (du point de vue de l'Etat qui en est l'auteur) comme relevant d'une logique unilatéraliste plutôt que bilatéraliste [643], pas plus d'ailleurs que dans l'unilatéralisme qui caractérise habituellement le droit public international [644]. En effet, le caractère unilatéraliste des lois de police s'explique, à l'égard des juridictions de l'Etat qui en est l'auteur (cas des lois de police du for), par le principe de légalité auquel les juridictions doivent obéissance. A l'égard des juridictions d'autres Etats, l'applicabilité des lois de police ne peut pas s'expliquer par ce mécanisme-là : le principe de légalité, d'obéissance aux directives du législateur pour ce qui est de l'applicabilité internationale de ses lois, ne vaut pas automatiquement à l'égard de juridictions étrangères. Mais rien n'empêche que le juge d'un for étranger accepte d'appliquer une loi de police d'un autre Etat, si un mécanisme adéquat à cette application est prévu par son *propre* droit international privé. Tel est, à première vue du moins, le cas des règles de conflit bilatérales qui, en matière contractuelle, désignent le droit d'un Etat sans, a priori, distinguer à l'intérieur de ce droit entre les règles de droit qui ont le statut de loi de police ou de lois de droit public et les autres. S'il n'y a pas de bonne raison d'introduire cette distinction, toutes ces lois peuvent être

643. Cf. *supra* nº 83.

644. *Supra* nº 39. Encore peut-on observer qu'il existe des cas exceptionnels dans lesquels des règles de conflit bilatérales, adoptées sur le plan international ou supranational, déterminent l'applicabilité de normes de droit public des Etats impliqués. Tel est le cas, selon les règlements européens en la matière et selon la jurisprudence de la Cour de justice, des normes relatives à la sécurité sociale des Etats membres de l'Union européenne – voir, entre autres, l'arrêt du 2 juin 1994, *DAK*, C-428/92, ECLI:EU:C:1994:222, point 18 :

> « L'article 93, paragraphe 1 du règlement s'analyse ainsi comme une règle de conflit de lois qui impose à la juridiction nationale saisie d'une action en indemnité à l'encontre de l'auteur du dommage d'appliquer le droit de l'Etat membre dont relève l'institution débitrice non seulement pour déterminer si cette institution est subrogée légalement dans les droits de la victime ou si elle dispose d'un droit de recours direct à l'encontre du tiers responsable, mais aussi pour déterminer la nature et l'étendue des créances dans lesquelles l'institution débitrice se trouve subrogée ou qu'elle peut faire valoir directement à l'encontre du tiers. » ;

voir encore l'arrêt du 14 juin 2016, *Commission c. Royaume-Uni*, C-308/14, ECLI:EU:C:2016:436, point 63.

appliquées conformément à la règle de conflit ordinaire, bilatérale, en matière contractuelle [645].

188. Pendant une période assez récente de l'histoire du droit international privé cependant, il existait un consensus scientifique sur un régime discriminatoire qu'il conviendrait de réserver aux lois de police étrangères relevant à titre principal du droit public, même lorsque ces lois faisaient partie du droit applicable au contrat et contenaient à titre accessoire des conséquences civiles. Ce consensus scientifique dérivait du libéralisme économique spécifique à la période antérieure à la Première Guerre mondiale (mais sélectivement maintenu au cours de l'entre-deux-guerres) qui peinait à s'accommoder de lois cherchant à restreindre la liberté des transactions. Lorsque des lois sur le contrôle des changes ou des lois restreignant le recours aux clauses-or furent promulguées à des fins de stabilisation économique, elles apparaissaient (dans la pensée économique alors dominante) moins comme des lois promulguées dans l'intérêt général que comme des lois heurtant, dans l'intérêt exclusif d'un Etat étranger, la liberté du commerce et de l'industrie. Ces lois étaient un exemple de « lois politiques » au sens de la doctrine d'Arminjon [646] ; comme lois politiques, ces lois de police étrangères étaient réputées « strictement territoriales », ce qui signifiait en pratique que leur application devant le juge du for était exclue, quel que soit le mode de désignation de ces lois de police. On ne s'étonnera pas dès lors que les années 1930, caractérisées par la crise économique, aient été à la fois une grande époque de développement de l'interventionnisme étatique dans les contrats et de maintien de la théorie de la stricte territorialité des lois de police : la crise financière avait conduit la plupart des Etats d'une part à édicter pour eux-mêmes des restrictions aux changes et d'autre part de refuser l'application de la réglementation des changes des Etats étrangers. Les résultats de ce chacun-pour-soi n'avaient pas été impressionnants sur le plan économique.

189. Avec le retour, dans l'après-guerre, à la coopération économique entre Etats (assez longtemps, il est vrai, restreinte aux Etats membres

645. En dehors du domaine des obligations contractuelles, il existe même des règles de conflit bilatérales qui sont spécifiquement destinées à rendre applicables des lois de police (du for ou étrangères) relevant du droit public : dans le domaine des conséquences civiles d'une violation du droit de la concurrence, l'application du droit de l'Etat dont le marché est affecté, qu'il s'agisse de l'Etat du for ou d'un Etat étranger, est ainsi prévue par l'article 137 de la LDIP suisse et par l'article 6, paragraphe 3 du règlement Rome II sur la loi applicable aux obligations non contractuelles.

646. P. Arminjon, « Les lois politiques et le droit international privé », *Rev. dr. int.* 1930, p. 330 ss (cf. *supra* n° 2, note 6).

d'un bloc déterminé), l'approche scientifique changea également. Les lois de police étrangères cessèrent graduellement de relever d'un régime de quarantaine. En jurisprudence française, et même s'il y eut quelques survivances tardives de la théorie de la « stricte territorialité » des lois de police étrangères [647], ce sont les deux arrêts de la Cour de cassation rendus en 1966 et 1972 dans l'affaire *Royal Dutch* qui y mirent en substance fin, en acceptant que s'applique, devant le juge français, la réglementation néerlandaise de redressement des spoliations commises devant la Seconde Guerre mondiale, applicable comme élément de la *lex societatis* aux relations entre des actionnaires français de la société Royal Dutch et cette société [648]. Et en 1989, la Cour de cassation française fut saisie du cas d'un contrat, qu'elle considérait comme soumis au droit algérien, qui prévoyait l'intervention et le commissionnement d'un intermédiaire dans le commerce franco-algérien. Le contrat fut annulé pour violation de la réglementation algérienne du monopole étatique des opérations du commerce extérieur, tel que le prévoyait une loi de police algérienne [649].

Cette solution du droit international privé français correspond également à des solutions admises ailleurs [650] – avec toutefois un point d'interrogation en ce qui concerne le droit allemand, où la rhétorique de la stricte territorialité du droit public paraît subsister. Il y a été jugé par la Cour fédérale en 1959 que l'application de la réglementation étrangère des changes est exclue devant les tribunaux allemands, alors même que le droit étranger est le droit applicable [651]. La raison en tiendrait à ce qui serait la différence fondamentale entre les conflits de lois de droit privé et les conflits de lois de droit public ; ces derniers seraient régis par un principe de stricte territorialité dont la signification est négative : il interdit aux normes de droit public d'être appliquées par des tribunaux siégeant en dehors du territoire de l'Etat qui les avait édictées. La seule exception serait une situation où l'Etat étranger a

647. Spécialement Civ. 1re, 16 novembre 1967, *D.*, 1968, p. 445, note Mezger, en matière de contrôle des changes.

648. Civ. 1re, 25 janvier 1966, *Rev. crit.*, 1966, p. 238, note Francescakis ; des notes critiques publiées à l'époque sous l'arrêt regrettaient sa non-conformité au principe de la territorialité du droit public étranger : *D.*, 1966, p. 391, note critique Loussouarn et *JDI*, 1966, p. 631, note critique Bredin. – Civ. 1re, 17 octobre 1972, *Rev. crit.*, 1973, p. 520, note Batiffol.

649. Civ. 1re, 25 octobre 1989, no 87-15.352, *Rev. crit.*, 1990, p. 732, note Courbe ; *JDI*, 1992, p. 113, note Ferry.

650. Ainsi en droit international privé anglais : *Kahler c. Midland Bank* (1950) AC 24.

651. *BGH*, 17 décembre 1959, *BGHZ*, volume 31, p. 367, dans une affaire mettant en cause la réglementation est-allemande.

le pouvoir effectif de réaliser complètement sa volonté [652] – ce qui n'est pas le cas, selon l'arrêt, en matière de contrôle des changes s'il reste possible de recouvrer la créance en dehors du territoire de l'Etat étranger. Cette théorie de la stricte territorialité du droit public, à finalité purement défensive, ne semble toujours pas être abandonnée en droit positif allemand [653], même si elle a peu de défenseurs contemporains en dehors de l'Allemagne [654]. En doctrine allemande, c'est la question de sa compatibilité avec le droit international privé européen issu du règlement Rome I qui est discutée [655].

190. L'Institut de droit international a, dans sa résolution de Wiesbaden de 1975 sur « L'application de droit public étranger », adopté sur la question du statut du droit public étranger une solution claire, qui mérite d'être approuvée :

> « I. 1. Le caractère public attribué à une disposition du droit étranger désigné par la règle de conflit de lois ne fait pas obstacle à l'application de cette disposition, sous la réserve fondamentale de l'ordre public.
>
> 2. … [656]
>
> II. Le prétendu principe de l'inapplicabilité a priori du droit public étranger, comme celui de son absolue territorialité, principe

652. D'où encore la désignation de *Machttheorie*, théorie du pouvoir, donnée à cette théorie jurisprudentielle qui est proche de la doctrine de Gerhard Kegel citée *supra* note 630.

653. Voir les motifs d'un arrêt assez récent de la Cour fédérale, *BGH*, 24 février 2015, *NJW*, 2015, p. 2328, nº 53, qui reprennent la motivation de l'arrêt de 1959 pour refuser de procéder au rattachement spécial d'un moratoire décrété par le législateur argentin sur des obligations émises par l'Argentine mais régies par le droit allemand.

654. Voir cependant, en son soutien, M. Bogdan, « Private International Law as Component of the Law of the Forum », *Recueil des cours*, tome 348 (2010), p. 242.

655. Après tout, le règlement ne réserve pas de statut particulier aux normes de droit public à l'intérieur du droit applicable. Il a été proposé de maintenir l'exclusion des lois de droit public de la désignation du droit applicable par les règles ordinaires, malgré l'entrée en vigueur des règles de conflit européennes, mais d'accepter – contrairement à la théorie de la « stricte territorialité » – d'appliquer celles d'entre elles qui le méritent conformément à la théorie du rattachement spécial (D. Martiny dans *Münchener Kommentar zum BGB*, volume 10, 6ᵉ édition, Munich, C. H. Beck, 2015, Art. 9 Rom I-VO, nᵒˢ 35 ss). Cette proposition présente théoriquement un avantage, celui de soumettre l'application de toutes les lois de police aux mêmes conditions, que les lois de police émanant de l'Etat dont le droit est applicable au contrat ou non. Mais la proposition n'est recevable qu'à une condition, à savoir que le règlement européen prévoie un régime de principe, pour l'application des lois de police étrangères, qui ne leur soit pas trop défavorable. Avec le texte de l'article 9, paragraphe 3 du règlement (*infra* nº 203), cette condition n'est actuellement pas remplie.

656. Ce sous-paragraphe est consacré à une autre hypothèse, celle de la prise en considération du droit public étranger (*infra* nᵒˢ 191 ss) : « Il en est de même lorsqu'une disposition de droit étranger est la condition d'application d'une autre règle de droit ou qu'il apparaît nécessaire de la prendre en considération. »

invoqué, sinon appliqué, par la jurisprudence et la doctrine de certains pays :

a) n'est fondé sur aucune raison théorique ou pratique valable,

b) fait souvent double emploi avec les principes de l'ordre public,

c) est susceptible d'entraîner des résultats peu souhaitables et peu conformes aux exigences actuelles de la collaboration internationale.

III. Il en est de même, pour des raisons analogues, d'une inapplicabilité a priori de certaines catégories de dispositions de droit public étranger, comme celles qui ne visent pas la protection des intérêts privés mais servent essentiellement les intérêts de l'Etat. »[657]

b) *La contrainte étatique prise en considération par le droit privé*

191. Le problème de l'intervention d'une loi de police étrangère de droit public cause des difficultés particulières lorsque ce n'est pas le droit de l'Etat étranger qui est applicable au contrat, mais un autre droit – qui sera typiquement en même temps (à moins que le contrat entretienne des liens sérieux avec trois Etats différents) le droit de l'Etat du for dont les tribunaux sont censés décider des effets de l'intervention étatique dans cette relation contractuelle. Une possibilité à cet égard est celle d'analyser la loi de police comme étant un élément de contrainte étatique qui pourrait être pris en considération comme un élément factuel dans le cadre de l'application du droit matériel applicable au contrat. Pendant longtemps, leur prise en considération était la seule manière de tenir compte des lois de police étrangères émanant d'un Etat dont le droit ne s'appliquait pas au contrat.

1) Les différents types de prise en considération

192. Du point de vue des techniques du droit international privé, la prise en considération des normes étrangères ne s'identifie pas à leur application. Par hypothèse en effet, la règle de conflit désigne une autre loi – s'identifiant le plus souvent à la loi du for –, qui formule seule les conditions et les effets de l'application de ses normes ; mais cette loi

657. *Annuaire*, volume 56 (session de Wiesbaden 1975), Bâle, S. Karger, 1975, p. 550. Voir aussi une conférence du rapporteur à l'Institut, P. Lalive, « Le droit public étranger et le droit international privé », *Trav. Com. fr.*, 193-1975, p. 218 ss.

peut accepter de prendre en considération, pour l'application correcte du droit matériel applicable, certaines normes étrangères. Dans ce cas, la norme étrangère devient ce que des auteurs ont proposé (à partir de la doctrine de Currie [658] et d'Ehrenzweig [659] aux Etats-Unis) d'appeler un *datum* dans le cadre de l'application du droit matériel [660]. La prise en considération est une technique de base, ancienne et bien établie, de l'appréciation réaliste des faits de la cause dont peuvent faire partie des normes étrangères par lesquelles s'exprime la contrainte étatique.

193. Il a été utilement proposé de distinguer entre les différents cas de prise en considération selon le degré de sympathie politique que la norme étrangère inspire à l'ordre juridique du for [661]. La prise en considération peut ainsi être «hostile», hypothèse exceptionnelle que nous n'approfondirons pas [662]. Elle peut également n'être «ni amicale ni hostile», lorsqu'elle se borne à tirer les conséquences objectives de la contrainte étatique subie et qu'elle l'analyse conformément aux critères de la force majeure. Elle peut enfin être «amicale», lorsque la prise en considération présuppose un jugement favorable sur les intérêts poursuivis par l'Etat étranger.

Cette dernière dichotomie est importante sur le plan analytique. Nous en désignerons les termes comme la prise en considération *neutre* ou alors la prise en considération *coopérative*. La prise en considération

---

658. B. Currie, «On the Displacement of the Law of the Forum», *Selected Essays on the Conflict of Laws*, Durham, Duke University Press, 1963, p. 3 ss, spéc. p. 66 ss.

659. A. Ehrenzweig, *Private International Law*, volume I, Leyde, Sijthoff et Dobbs Ferry, Oceana Publications, 1967, p. 75 ss; «Local and Moral Data in the Conflict of Laws: Terra Incognita», *Buffalo L. Rev.*, volume 18 (1966), p. 55 ss.

660. Une bibliographie jusqu'au début des années 1990 est contenue dans P. Kinsch, *Le fait du prince étranger*, Paris, LGDJ, 1994, p. 328 ss. Quelques travaux plus récents consacrés à la technique de la prise en considération: G. Dannemann, «Sachrechtliche Gründe für die Berücksichtigung nicht anwendbaren Rechts», dans *Festschrift Hans Stoll*, Tübingen, Mohr Siebeck, 2001, p. 417 ss; E. Fohrer, *La prise en considération des normes étrangères*, Paris, LGDJ, 2008; M. Kuckein, *Die «Berücksichtigung» von Eingriffsnormen im deutschen und englischen Vertragsrecht*, Tübingen, Mohr Siebeck, 2008; M.-Ph. Weller, «Vom Staat zum Menschen – Die Methodentrias des Internationalen Privatrechts unserer Zeit», *RabelsZ*, 2017, p. 747 ss (identification de trois volets méthodologiques du droit international privé contemporain: règles de conflit, reconnaissance, prise en considération).

661. D. Boden, *L'ordre public: limite et condition de la tolérance*, thèse Paris-I, 2002, spéc. n°s 382 ss (réflexion à partir du cas particulier de normes émanant d'un occupant étranger du territoire national); du même auteur, «Les effets en droit international privé français de l'appartenance d'une personne à un prétendu groupe ethnique ou d'une appartenance comparable», dans E. Pataut et S. Bollée (dir. publ.), *L'identité à l'épreuve de la mondialisation*, Paris, IRJS, 2016, p. 247 ss, spéc. p. 250-252.

662. L'hypothèse étudiée par Didier Boden est celle de la nullité du contrat passé en vue d'apporter de l'aide à l'occupant.

neutre, dont le cas le plus important est celui du fait du prince étranger que le débiteur d'une obligation contractuelle invoque pour son exonération, est une possibilité qui doit rester ouverte au regard du droit matériel, indépendamment de l'évolution des techniques permettant de donner effet aux lois de police: il restera toujours des lois de police qui ne méritent pas d'être appliquées par rattachement spécial, mais qui s'imposent néanmoins, et parfois avec brutalité, comme des cas de force majeure. La prise en considération coopérative en revanche n'est utile qu'aussi longtemps que le statut des lois de police étrangères en droit international privé est un statut nettement diminué par rapport au statut des lois de police du for. Elle est susceptible de perdre son utilité en fonction de l'évolution des techniques du droit international privé.

2) La prise en considération neutre: l'effet libératoire du fait du prince étranger

194. Lorsqu'une norme étrangère survient en cours d'exécution du contrat comme obstacle à l'exécution d'une obligation contractuelle, elle produit des faits de fait. De même que – si cela est prévu par la règle de droit matériel qui s'applique à la situation – un effet de fait peut être donné à des jugements sans contrôle par rapport aux conditions de leur reconnaissance normative (ou conditions de «régularité internationale»)[663], une loi de police étrangère peut avoir le même effet. Cet effet est indépendant de toute appréciation, par les autorités du for, de la légitimité de son édiction par l'Etat étranger. La prise en considération peut dans ce cas se faire simplement parce qu'elle est prescrite par une norme du droit des contrats applicable et non par souci de coopération interétatique.

Un cas de contrainte étatique peut (ou plus exactement: doit) être pris en considération comme cas de force majeure dès lors qu'il remplit les conditions de droit commun de l'exception de force majeure. La conformité de la politique poursuivie par l'Etat étranger aux intérêts de l'Etat du for n'en fait pas partie: comme le dit un arrêt français,

> «Le fait du prince obligeant à soumission, comme le fait de la nature, constitue également un cas fortuit ou de force majeure, alors que cette volonté du prince s'est accomplie par sa vertu

663. E. Bartin, «Le jugement étranger considéré comme un fait», *JDI*, 1924, p. 857 ss; pour un exemple assez récent en jurisprudence française, voir Civ. 1re, 22 janvier 2009, no 08-10.364, *Rev. crit.*, 2009, p. 533, note Muir Watt.

> propre, sans le concours ni l'adhésion de ceux sur lesquels elle s'est étendue. »[664]

195. Même si elle apparaît comme illégitime ou comme contraire à l'ordre public du for, une loi de police par laquelle s'exprime la contrainte étatique sera libératoire pour le débiteur d'une obligation contractuelle. Il en va ainsi même des lois d'embargo dirigées, en période de guerre ou de crise internationale, contre l'Etat du for lui-même. Des illustrations parfaites en ont été, d'une part, la réaction du *Reichsgericht* allemand, au cours de la Première Guerre mondiale, au *Trading With the Ennemy Act* britannique et, d'autre part, la réaction qu'a eue la Cour de cassation italienne à l'embargo qui avait été décrété par la Société des Nations suite à l'agression de l'Ethiopie par l'Italie fasciste.

Il n'y a aucune raison de soupçonner les juges allemands ou italiens de sympathie pour les fins poursuivies par les embargos dirigés contre leurs Etats.

Et pourtant. Dans l'affaire portée devant le *Reichsgericht*, la législation britannique prétendait même à un effet extraterritorial, puisqu'elle était invoquée par une société de commerçants anglais établis en Argentine auquel l'*Act* anglais interdisait d'exécuter son contrat avec des commerçants allemands. Le *Reichsgericht* ne manque pas de mentionner que la législation étrangère est contraire à l'ordre public allemand, mais constate que les sanctions qu'elle prévoit sont sévères, et que son respect est sérieusement surveillé par le gouvernement britannique. Il constate dès lors l'existence, pour la défenderesse, d'

> « un tel obstacle à l'exécution des contrats que celle-ci ne pouvait raisonnablement être exigée d'elle, si bien qu'il y avait impossibilité d'exécution ».

En l'espèce, souligne l'arrêt, « il ne s'agit nullement de l'application de cette loi », mais simplement d'en tenir compte : le juge allemand « ne pouvait et ne devait pas fermer les yeux devant l'existence de l'*Act* anglais »[665].

---

664. Req., 4 mai 1842, *S.*, 1842, 1, p. 618, à propos d'un arrêt du gouverneur d'une île française d'outre-mer. Le même raisonnement s'appliquera au fait d'une puissance publique étrangère (voir, aussi bien, la reprise des motifs de l'arrêt français par la jurisprudence luxembourgeoise à propos d'un ordre des autorités allemandes, Cour d'appel, 17 décembre 1926, *Pas. lux.*, volume 11, p. 200).

665. RG, 28 juin 1918, *RGZ*, volume 93, p. 182.

Un autre arrêt du *Reichsgericht* de la même époque a admis un ressortissant français à invoquer devant les tribunaux allemands l'impossibilité d'exécution résultant de la législation française sur le commerce avec l'ennemi :

> « Les actes de la puissance publique de l'Etat dont un contractant est le ressortissant ne sont pas des actes de ce contractant; du point de vue du droit privé, il n'est pas responsable des actes de sa puissance publique. » [666]

De même, la Cour de cassation italienne a accepté, en 1938, de reconnaître l'effet libératoire, pour un exportateur français, de l'embargo décrété par le gouvernement français « conformément aux décisions de Genève » prises après l'invasion italienne de l'Ethiopie :

> « il serait absurde de nier un état de fait ou de droit, résultant à l'étranger de la législation qui y est en vigueur, un état qu'il n'est pas possible d'abolir ou de modifier » [667].

196. Est-il possible de voir ces questions autrement, de refuser de prendre en considération des lois étrangères hostiles, ou tout simplement incompatibles avec la politique poursuivie par l'Etat du for? Théoriquement oui. Mais il faudrait pour cela renoncer à appliquer le droit matériel du for de manière neutre, et en subordonner l'application à des considérations politiques qui lui sont a priori totalement étrangères. Est-ce souhaitable? Quelques auteurs, de tendance autoritaire, ont été de cet avis [668]. Il est peut-être partagé par les auteurs du règlement européen, édicté en 1996, de blocage des effets des embargos américains dont les buts de politique étrangère ne sont pas partagés en Europe : en vertu de ce règlement, les personnes physiques et morales européennes deviennent, comme on a pu l'exprimer, de

---

666. RG, 14 mai 1918, *LZ*, 1918, p. 1145 ss, spéc. p. 1146.
667. Cass., 10 juin 1938, *Foro it.*, 1939, I, col. 571, note Andrioli.
668. Sous l'arrêt du *Reichsgericht* du 28 juin 1918, voir la note de P. Klein, *JW*, 1918, col. 611, qui objecte à la solution retenue 1), qu'une norme étrangère contraire à l'ordre public est réputée inexistante; 2), que l'exception d'ordre public est un « moyen de combat » *(« Kampfmittel »)* auquel il ne faut pas renoncer. De même, selon une thèse publiée à Berlin du temps du national-socialisme, en 1938, l'idée de solidarité nationale impliquerait que les décisions de l'Etat, qui sont supposées intervenir dans l'intérêt de la collectivité nationale, engagent chaque citoyen personnellement : ainsi, lorsque l'Etat introduit une réglementation restrictive des changes, le débiteur est « représenté, du point de vue du droit public, par son Etat » et ne peut s'exonérer en invoquant le fait du prince (K. Koeppel, *Die deutsche Devisengesetzgebung im internationalen Privatrecht*, Berlin, Junker und Dünnhaupt, 1938, p. 148-150).

simples « instruments » utilisés par le législateur européen [669]. Ce règlement européen subordonne leurs intérêts entièrement à ceux de la politique étrangère poursuivie par l'Union européenne.

Cependant, en droit commun, la jurisprudence est restée remarquablement constante à prendre en considération les normes étrangères même les plus déplaisantes, à condition qu'elles engendrent une contrainte irrésistible pour le débiteur de l'obligation contractuelle. On peut l'en approuver.

3) La prise en considération coopérative : la lutte contre la violation des normes contraignantes étrangères

197. Alors que la norme-fait du prince est typiquement une norme qui est édictée en cours d'exécution du contrat entre les parties[670], il se peut aussi que les parties, informées d'une réglementation étrangère préexistante, décident de manière préméditée de violer celle-ci. Les questions auxquelles donne lieu ce type de situation sont anciennes : les premiers cas concernant la licéité de *contrats de contrebande* ou d'assurance d'opérations de contrebande datent, en jurisprudence, du dix-huitième siècle. A cette époque d'alliances changeantes et de guerre potentielle de tous (les Etats) contre tous (les Etats), la jurisprudence n'admettait pas la nullité des contrats de contrebande ; et sans doute les juges raisonnaient-ils en mercantilistes plutôt qu'en

---

669. J. Basedow, « Blocking Statutes », dans J. Basedow *et al.* (dir. publ.), *Encyclopedia of Private International Law*, Cheltenham, Edward Elgar, 2017, volume I, p. 209 ss, spéc. p. 214. Le règlement européen est le règlement (CE) nº 2271/96 de 1996 portant protection contre les effets de l'application extraterritoriale d'une législation adoptée par un pays tiers, ainsi que des actions fondées sur elle ou en découlant (le règlement a été récemment adapté à l'embargo américain réactivé contre l'Iran par le règlement délégué de la Commission du 6 juin 2018, le règlement (UE) 2018/1100). L'article 5, paragraphe 1er du règlement de 1996 prévoit une interdiction de se conformer

> « directement ou par filiale ou intermédiaire interposé, activement ou par omission délibérée, aux prescriptions ou interdictions, y compris les sommations de juridictions étrangères, fondées directement ou indirectement sur les lois citées en annexe ou sur les actions fondées sur elles ou en découlant ».

Le paragraphe 2 du même article précise cependant que par décision de la Commission (art. 7), « une personne peut être autorisée à se conformer entièrement ou partiellement auxdites prescriptions ou interdictions dans la mesure où le non-respect de celles-ci léserait gravement ses intérêts ou ceux de [l'Union] ». Conformément à l'article 9, les Etats membres doivent prévoir des sanctions pénales en cas d'infraction à son interdiction.

670. A moins – situation rare – qu'à l'insu des parties, la norme ait préexisté, si bien que le contrat pourra être annulé pour impossibilité d'exécution de son objet.

moralistes[671]. Mais les idées ont changé ; entre-temps, la jurisprudence tend à adopter sur ce point une attitude plus conforme à l'idée de solidarité internationale, et la violation des lois douanières étrangères n'est plus considérée comme licite, même si le contrat est régi par la loi du for et non par la loi de l'Etat étranger[672]. Le même raisonnement peut, ou devrait[673], être mené à propos des autres cas de violation volontaire des lois étrangères.

La nullité qui en résulte est (aussi longtemps que l'on applique, comme le fait la jurisprudence traditionnelle, la technique de la prise en considération des lois étrangères et non celle de leur application à un contrat qui n'est pas régi par le droit de l'Etat étranger) une nullité au sens de la loi applicable au contrat et non la nullité qui peut être prévue par le droit étranger dont fait partie la loi étrangère violée. La prohibition étrangère que les parties ont voulu violer apparaît par conséquent, ici aussi, comme un *datum* et les conséquences de sa prise en considération sont celles prévues par la loi du contrat. C'est là l'élément commun entre la prise en considération neutre d'une norme comme fait du prince étranger et la prise en considération coopérative des lois étrangères violées par les parties.

Mais en ce qui concerne la prise en considération coopérative, elle se fait, contrairement à la prise en considération neutre, sous réserve d'une appréciation par l'Etat juridique du for de la légitimité des prohibitions étrangères. Ainsi, la jurisprudence a refusé de considérer comme nuls les contrats dirigés contre des lois utilisées comme instruments d'oppression à l'égard des parties aux contrats[674]. En France, à la fin des années 1930, ont été validés des contrats tendant à la violation des lois allemandes empêchant l'exportation de capitaux par des réfugiés

671. Un exemple: *Boucher c. Lawson* (1734) Cas. T. Hard. 85, réimprimé 95 E. R. 53, spéc. p. 56 : si ces contrats devaient être annulés, déclara Lord Hardwicke,

> «it would cut off all benefit of such trade from this kingdom, which would be of very bad consequence to the principal and most beneficial branches of our trade».

672. Sur les contrats tendant à la violation d'une loi étrangère, voir l'étude d'ensemble d'A. Mezghani, «Méthodes de droit international privé et contrat illicite», *Recueil des cours*, tome 303 (2003), p. 119 ss.

673. La mesure dans laquelle ce sera effectivement le cas dépendra des mentalités nationales qui peuvent différer. Pour l'attitude, incertaine encore actuellement, de la jurisprudence suisse, voir A. Bucher, *Commentaire romand, Loi sur le droit international privé*, Bâle, Helbing Lichtenhahn, 2011, article 19, spéc. n°s 35 ss.

674. Cf. l'opinion de Lord Reid dans l'arrêt *Regazzoni c. K. C. Sethia (1944) Ltd.*, (1958), A. C. 301, spéc. p. 325:

> «I can imagine a foreign law involving persecution of such a character that we would regard an agreement to break it as meritorious.»

politiques [675]; plus récemment, avant la chute du mur de Berlin, la licéité de contrats par lesquels des «passeurs» professionnels s'engageaient, moyennant rémunération, à assister des ressortissants de l'Allemagne de l'Est dans leur émigration clandestine, a été affirmée en Allemagne et en Autriche, la réglementation est-allemande de la *Republikflucht* étant jugée contraire au droit fondamental à l'émigration [676].

198. Parfois, les tribunaux du for se livrent dans ce contexte à des appréciations ouvertement et explicitement politiques.

Ainsi du temps de la guerre froide: en 1960, la Cour fédérale d'Allemagne a approuvé l'annulation de contrats conclus par des commerçants allemands en vue de la livraison d'acide borique (un produit chimique servant à des fins stratégiques), en apparence au Danemark, mais en réalité au «bloc de l'Est». L'acide borique était produit aux Etats-Unis d'Amérique, dont l'administration avait été trompée par les commerçants allemands sur la destination de la marchandise; son exportation violait un embargo non pas allemand, mais américain. La Cour fédérale constate que l'embargo américain poursuit des buts qui méritent d'être soutenus: il s'agit d'éviter que, par la livraison de matériel stratégique, «le potentiel de guerre du bloc de l'Est» soit augmenté. L'embargo américain

> «sert au maintien de la paix et au maintien de l'ordre occidental fondé sur la liberté. Ces mesures ne sont donc pas seulement dans l'intérêt des Etats-Unis, mais dans l'intérêt de tout l'Occident libéral et donc aussi dans l'intérêt de la République fédérale d'Allemagne» [677].

Cette motivation, il est vrai, aurait également (ou mieux) pu figurer dans un discours de politique étrangère du chancelier allemand de l'époque ou du ministre de la Défense. Il n'empêche: la coopération dans la lutte contre la violation volontaire des normes contraignantes étrangères se justifie, dès lors que la loi de police étrangère poursuit des buts jugés légitimes, que ces buts soient des buts stratégiques communs entre

675. Colmar, 16 février 1937, *Rev. crit.*, 1937, p. 685, note Batiffol.

676. BGH, 29 septembre 1977, *BGHZ*, volume 69, p. 295; en jurisprudence autrichienne, OGH, 29 octobre 1980, *IPRax*, 1981, p. 217 avec observation Wengler («Zur kollisionsrechtlichen Behandlung von Fluchthelferverträgen»), p. 220.

677. BGH, 21 décembre 1960, *BGHZ*, volume 34, p. 169; voir aussi la motivation très similaire de BGH, 24 mai 1962, *NJW*, 1962, p. 1436. Les arrêts ajoutent qu'

> «il n'est pas admissible que certains mettent leur profit financier au-dessus des exigences de la communauté sociale qui servent à la lutte pour la liberté et la paix».

l'Etat étranger et l'Etat du for, d'autres intérêts importants sur lesquels il existe un consensus international[678], ou même une autre politique légitimement poursuivie par l'Etat étranger.

c) *Les lois de police étrangères (notamment) de droit public : dépassement et renaissance des solutions traditionnelles*

1) Les solutions traditionnelles...

199. Comme on vient de le voir, la jurisprudence (européenne) donne traditionnellement effet de deux manières au droit public étranger s'exprimant à travers des lois de police. Si le contrat est régi, dans son intégralité, par le droit de l'Etat étranger en question, les lois de police de cet Etat seront appliquées telles quelles, avec leurs sanctions civiles accessoires telles qu'elles résultent du droit étranger[679]. Si en revanche le contrat est soumis à la loi d'un autre Etat – qui sera typiquement l'Etat du for – le mécanisme de la prise en considération permet de donner des effets, globalement satisfaisants, à une catégorie de loi de police, celles qui prennent la forme de normes contraignantes et sanctionnent leur propre inexécution par des sanctions extracontractuelles de droit public, des sanctions pénales ou administratives.

Plus particulièrement, la solution de la prise en considération est satisfaisante, et donne lieu à des solutions assez consensuelles, lorsque les normes contraignantes sont des lois de police du lieu d'exécution du contrat. La prise en considération de lois extraterritoriales sera en revanche moins certaine ; une loi extraterritoriale, par exemple en matière de restriction aux transferts financiers internationaux, n'aura fréquemment pas l'effectivité requise pour considérer un cas de force majeure à l'égard du débiteur[680]. Similairement, un contrat tendant à

678. Voir Paris, 16 janvier 2018, *Rev. arb.*, 2018, p. 401, note Lemaire ; *JDI*, 2018, p. 883, note Bollée et p. 898, note Gaillard : annulation pour violation de l'ordre public d'une sentence arbitrale incompatible avec une loi de police laotienne en matière d'exploitation des richesses naturelles du Laos ; référence à la résolution de l'assemblée générale des Nations Unies de 1962 sur la souveraineté permanente sur les ressources naturelles qui exprime, dit la Cour d'appel,

> « un consensus international sur le droit des Etats de subordonner à une autorisation préalable l'exploitation des ressources naturelles situées sur leur territoire et de soumettre à leur contrôle les investissements étrangers dans ce domaine ».

679. Ceci à condition que la théorie de la « stricte territorialité » des normes de droit public ne soit plus suivie (*supra* n°s 187 ss).

680. Pour les détails, voir *Le fait du prince* étranger, *op. cit.*, *supra* note 660, p. 196 ss.

violer une loi extraterritoriale n'est, dans la pratique jurisprudentielle, pas nécessairement considérée comme illicite [681].

De même, échapperont complètement à la prise en considération les lois de police contractuelle, qui relèvent techniquement du droit privé [682] et qui ont pour seul objet d'aménager de manière impérative, dans un but d'intérêt public, le contenu des obligations contractuelles des parties, sans avoir recours à d'autres moyens de contrainte, en particulier à des sanctions pénales ou administratives. Si un effet quelconque doit être donné à ces lois, elles doivent être appliquées au contrat. Leur application, par exception à la loi normalement applicable au contrat, est parfois prévue par des règles spéciales de droit international privé [683]. Mais en dehors de ces règles-là, aucun effet ne peut traditionnellement être donné à des lois de police d'un Etat dont le droit n'est pas applicable au contrat, même si elles tendent à protéger des intérêts publics caractérisés et légitimes, du moment qu'elles le font par des moyens de droit privé. A l'intérieur de la catégorie des lois de police, le sort de ces normes devant les tribunaux autres que ceux de l'Etat qui les a édictées dépend donc étroitement de la manière dont elles poursuivent leurs objectifs d'intérêt public : si c'est par de purs moyens de droit privé, les lois de police (lois de police contractuelle) risquent d'être ineffectives en dehors de l'Etat qui les a mis en vigueur, puisque leur application dépend de la détermination du droit applicable au contrat [684] ; si c'est par des moyens de droit public, elles pourront pour le moins être prises en considération.

200. On peut illustrer les résultats de l'approche traditionnelle par un tableau des solutions acquises conformément à la jurisprudence *anglaise* classique, telle qu'elle est comprise par la doctrine majoritaire en Angleterre ; l'importance toute particulière des solutions du droit anglais apparaîtra lors des négociations sur le règlement Rome I [685] :

– Les lois de police du droit normalement applicable au contrat s'appliquent [686].

---

681. *Ibid.*, p. 314-315.

682. Selon le critère de distinction entre droit public et droit privé adopté *supra* n° 183.

683. Tel est le cas, dans le système du règlement Rome I, des lois de police en matière de protection des catégories de parties faibles dont la protection bilatéralisée est spécialement prévue par le règlement : travailleurs, consommateurs, preneurs d'assurance et assurés, *supra* n°s 112 ss.

684. Elles sont donc des « règles d'application semi-nécessaire », selon la formule de L. Radicati di Brozolo, citée *supra* note 479.

685. Voir *infra* n° 203.

686. *Kahler c. Midland Bank* (1950) A. C. 24.

– Les lois de police contractuelle d'un Etat tiers par rapport au contrat ne s'appliquent pas et ne seront pas prises en considération [687].
– Les normes prohibitives d'un Etat tiers par rapport au contrat sont prises en considération, selon le cas, comme éléments libérant le débiteur [688] ou comme prescriptions conduisant à la nullité des contrats qui tendent à leur violation [689], à condition qu'il s'agisse de normes du lieu d'exécution du contrat [690].

Ces solutions, rigides et prévisibles, correspondent – avec des nuances, que ne fait pas la doctrine anglaise majoritaire, en ce qui concerne la prise en considération éventuelle d'une loi de police extraterritoriale – à un consensus international *sur le plan du droit matériel*; si on les applique, on favorise certes la prévisibilité des relations contractuelles, mais on s'interdit, parfois, de prendre la coopération internationale au sérieux.

2) ... leur dépassement...

201. Idéalement, la coopération internationale s'organise par traités. En réaction au grand désordre monétaire de la période d'avant-guerre, reflété ou aggravé par le droit international privé de l'époque [691], les Etats membres du Fonds monétaire international (qui étaient à l'origine les seuls Etats occidentaux, mais qui sont actuellement la presque totalité des Etats membres de l'ONU) se sont mis d'accord sur un contrôle

687. *International Trustee for the Protection of Bondholders c. R.* (1936) 3 All E. R. 407, C. A.: obligations libellées en dollars et émises en 1917 par l'Etat britannique sur le marché new-yorkais, avec clause stipulant que le principal, indexé sur l'or, devait être remboursé à New York en 1937. Survient la crise financière des années 1930. La *joint resolution* de 1933 du Congrès des Etats-Unis, invalidant les clauses-or insérées dans les contrats même antérieurs à la *joint resolution*, a été jugée (par la *Court of Appeal* anglaise) inapplicable à cet emprunt régi par le droit anglais: le paiement de la somme indexée n'aurait certes pas pu être exigé devant les tribunaux américains, tenus d'appliquer la *joint resolution*, mais il n'était pas pour autant illégal au regard du droit américain. D'où le rejet par la juridiction anglaise de l'argumentation de l'Etat britannique défendeur qui faisait valoir que «la juridiction anglaise ne devrait pas rendre un jugement qui aurait pour effet de contrecarrer l'ordre public des Etats-Unis».

688. *Ralli Brothers c. Compañia Naviera Sota y Aznar* (1920) 2 K. B. 287, C. A.

689. *Foster c. Driscoll* (1929) 1 K. B. 470, C. A.

690. *Kleinwort Sons & Co. c. Ungarische Baumwolle Industrie Akt. and Hungarian General Creditbank* (1939) 2 K. B. 678, C. A.; *Libyan Arab Foreign Bank c. Bankers Trust Co.* (1989) Q. B. 728. Dans le sens de l'exclusion de la prise en considération des lois de police extraterritoriales, voir également la description des solutions données par la jurisprudence anglaise au problème du contrôle des changes étranger, par T. Hartley, «Mandatory Rules in International Contracts: The Common Law Approach», *Recueil des cours*, tome 266 (1997), p. 337 ss, spéc. p. 421-422.

691. *Supra* n° 188.

international, de la part du FMI, du contenu des réglementations des changes et, en contrepartie, sur une règle veillant à l'efficacité du contrôle des changes devant les tribunaux étrangers. Aux termes de l'article VIII, section 2, *littera b* de l'accord de Bretton Woods de 1944 instituant le FMI :

> « Les contrats de change qui mettent en jeu la monnaie d'un Etat membre et sont contraires à la réglementation du contrôle des changes de cet Etat membre maintenue ou imposée conformément aux présents Statuts ne sont exécutoires sur les territoires d'aucun Etat membre. … » [692]

L'article VIII (2) (b) des statuts du FMI est un exemple remarquable, mais resté isolé, de coopération internationale sur les aspects de droit international privé d'une question qui devrait être une question d'intérêt général pour les Etats [693].

202. Sinon, c'est une question qui relève du droit international privé du for.

Le rattachement spécial des lois de police étrangères peut se concevoir assez facilement, du moins en théorie, dans le cadre d'un droit international privé intégrant de manière générale, comme le fait le droit de certains Etats fédérés américains, l'*interest analysis* comme outil de résolution des conflits de lois [694].

---

692. Presque chacune des notions employées dans ce texte a donné lieu à des controverses et, de la part de la jurisprudence des grandes places financières que sont New York, Londres et plus récemment Francfort, à des interprétations restrictives : voir en détail F. A. Mann, *The Legal Aspect of Money*, 5e édition, Oxford, Clarendon Press, 1992, p. 377 ss ; voir aussi, à propos de la crise de la dette argentine, OLG Francfort, 13 juin 2006, *IPRax*, 2007, p. 331. A propos de la crise de la dette grecque, voir Ph. Wood, « How the Greek Debt Reorganisation of 2012 Changed the Rules of Sovereign Insolvency », *Business Law International*, volume 14 (2013), p. 3 ss, spéc. p. 31, qui explique, en porte-parole informel de la *City*, les avantages, pour les porteurs des obligations de la dette restructurée, du choix du droit anglais plutôt que d'un droit de l'Europe continentale qui risquerait d'avoir « adverse case law on an obscure but important article of the IMF agreement », permettant aux lois de police grecques de s'imposer.

693. Sur le plan de la technique du droit international privé, la différence entre ce texte et une norme prescrivant un véritable rattachement spécial d'une loi de police étrangère réside dans le fait que l'article VIII (2) *(b)* formule lui-même la conséquence, sur le plan matériel (le caractère « non exécutoire » des contrats de change), de la violation d'une réglementation des changes ; il ne se réfère pas aux sanctions civiles que peut prévoir le droit de l'Etat en cause.

694. Mais il n'est pas dit que dans tous les cas, l'intérêt de l'Etat étranger prévaudra. Ainsi, un arrêt new-yorkais (*J. Zeevi and Sons, Ltd. c. Grindlays Bank (Uganda)*, 333 N.E.2d 168 (N. Y. 1975) refusa d'appliquer, à une lettre de change payable à New York, des directives de la banque de l'Ouganda interdisant les paiements à destination d'Israël ; la solution n'est pas surprenante en soi, mais sa motivation est remarquable :

Intéressons-nous toutefois plus particulièrement au droit international privé européen. La première proposition d'appliquer les lois de police étrangères par «rattachement spécial» a été élaborée, en doctrine allemande, par Wilhelm Wengler dans un article, aussi visionnaire que décrié par la doctrine allemande classique, publié en 1941 [695]. Wengler y estime que, dans l'intérêt de l'harmonie internationale des solutions (puisque les lois de police s'appliqueront certainement dans l'Etat qui en est l'auteur) et de la coopération internationale, il convient d'abandonner les solutions traditionnelles et de prévoir la possibilité d'un rattachement spécial des lois de police étrangères, et non plus leur prise en considération. Les sanctions de la violation des lois de police devraient être celles prévues par le droit étranger. La condition en serait l'existence d'une «relation suffisamment étroite» entre l'Etat étranger et la situation contractuelle, et la compatibilité de la norme étrangère avec l'ordre public du for.

Ce fut à partir des années 1960 que l'idée de rattachement spécial se répandit parmi les spécialistes (progressistes) du droit international privé. Rétrospectivement, elle paraît avoir été au sommet de son influence au cours des années 1970 et avoir bénéficié de l'internationalisme spécifique aux idées qui avaient cours pendant ces années-là. Cette époque fut également celle de la négociation de la Convention de Rome du 19 juin 1980 sur la loi applicable aux obligations contractuelles [696].

«New York has an overriding and paramount interest in the outcome of this litigation. It is a financial capital of the world, serving as an international clearinghouse and market place for a plethora of international transactions . . .

In order to maintain its preeminent financial position, it is important that the justified expectations of the parties to the contract be protected . . . Since New York has the greatest interest and is most intimately concerned with the outcome of this litigation, its laws should be accorded paramount control over the legal issues presented.»

695. «Die Anknüpfung des zwingenden Schuldrechts im internationalen Privatrecht», *ZvglRW*, 1941, p. 168 ss. Pour mesurer le degré de l'hostilité de la doctrine classique à cette proposition, voir seulement F. A. Mann, «Eingriffsgesetze und internationales Privatrecht», dans *Festschrift Eduard Wahl*, Heidelberg, Carl Winter, 1973, p. 139 ss, qui la critique violemment et émet même l'hypothèse que l'intérêt de l'industrie allemande à pouvoir invoquer à l'étranger le contrôle des changes allemand n'était pas indifférent à cette position doctrinale; du même auteur «Sonderanknüpfung und zwingendes Recht im internationalen Privatrecht», dans *Festschrift Günther Beitzke*, Berlin, New York, Walter de Gruyter, 1979, p. 607 ss; et les répliques indignées par Wengler à ce qu'il percevait comme une attaque personnelle, *JZ*, 1978, p. 66, note 5 et *IPRax*, 1981, p. 20, note 1.

696. A l'époque, d'autres travaux importants de codification, intégrant la problématique des lois de police étrangères, furent menés: sur l'article 19 de la loi suisse sur le droit international privé, promulguée en 1987 mais préparée dès les années 1970, voir A. Bucher, *Commentaire roman*, *op. cit.*, *supra* note 673, p. 262 ss. Il est instructif, par ailleurs, de comparer les dispositions sur les lois de police étrangères figurant dans

L'article 7 (« Lois de police »), paragraphe 1er de la Convention de Rome de 1980 est ainsi rédigé[697] :

> « Lors de l'application, en vertu de la présente convention, de la loi d'un pays déterminé, il pourra être donné effet aux dispositions impératives de la loi d'un autre pays avec lequel la situation présente un lien étroit, si et dans la mesure où, selon le droit de ce dernier pays, ces dispositions sont applicables quelle que soit la loi régissant le contrat. Pour décider si effet doit être donné à ces dispositions impératives, il sera tenu compte de leur nature et de leur objet ainsi que des conséquences qui découleraient de leur application ou de leur non-application. »

En mettant l'accent sur le point de vue de l'Etat auteur de la loi de police, la Convention de Rome était empreinte d'un esprit internationaliste dont il s'est avéré, au cours des négociations, qu'il allait trop loin pour certains des Etats contractants. Une possibilité de réserve fut dès lors aménagée à l'article 22, paragraphe 1er. Les raisons pour lesquelles certains Etats contractants se prévalurent de cette possibilité de réserve variaient ; en ce qui concerne le Royaume-Uni, il s'agissait déjà de garantir, dans l'intérêt du secteur financier, le maintien des solutions jurisprudentielles acquises et de ne pas permettre la remise en cause potentielle de contrats régis par le droit anglais du fait de l'invocation de lois de police étrangères que le droit matériel anglais n'aurait pas accepté de prendre en considération ; en ce qui concerne l'Allemagne, il s'agissait d'un conservatisme scientifique ; en ce qui concerne le Luxembourg, d'un conservatisme complètement ascientifique[698]. L'Irlande suivit l'exemple britannique, et lors de l'adhésion d'autres Etats membres à la Communauté européenne, certains d'entre eux se prévalurent également de la possibilité de faire une réserve[699].

---

les Conventions de La Haye du 14 mars 1978 (représentation) et du 1er juillet 1985 (trusts) avec celles de la Convention du 22 décembre 1986 (vente de marchandises) ou du 5 juillet 2006 (titres intermédiés) : ces deux dernières conventions, plus récentes, prennent acte du recul de l'esprit internationaliste des années précédentes en réservant désormais l'application des lois de police uniquement s'il s'agit des lois de police du for.

697. De manière remarquable, le cas des lois de police étrangères fait l'objet du premier paragraphe de l'article 7, le cas des lois de police du for n'apparaissant qu'en second : « Les dispositions de la présente convention ne pourront porter atteinte à l'application des règles de la loi du pays du juge qui régissent impérativement la situation quelle que soit la loi applicable au contrat. »

698. Cf., pour le cas du Luxembourg, F. Schockweiler, *Les conflits de lois et les conflits de juridictions en droit international privé luxembourgeois*, 2e édition, Luxembourg, Paul Bauler, 1996, no 204 : « incompréhension totale ».

699. Il s'agit de la Lituanie, du Portugal et de la Slovénie.

La réserve n'empêche pas de prendre en considération des normes contraignantes étrangères, dès lors que cette prise en considération ne se fait pas sur le plan des conflits de lois, mais sur le plan de l'application du droit matériel applicable [700]. De ce point de vue par conséquent, la réserve ne change rien aux solutions classiquement admises. Et, étrangement, l'absence de réserve, dans les Etats ayant ratifié la Convention de Rome y compris son article 7, paragraphe 1er ne semble pas changer grand-chose à ces solutions non plus : empiriquement, il s'est avéré qu'au cours des vingt ans environ pendant lesquels la Convention de Rome était en vigueur, il n'y a eu aucun cas d'application effective de la Convention de Rome qui serait allé, concrètement, au-delà des solutions classiques [701].

3) ... et leur renaissance (en droit international privé de l'Union européenne)

203. Actuellement, le régime des lois de police étrangères en droit international privé européen est défini par l'article 9, paragraphe 3 du règlement Rome I, une disposition qui reflète une curieuse politique législative. Curieuse, mais non inexplicable : dans le cadre de la négociation du règlement Rome I, le Royaume-Uni a fait valoir son intérêt propre, ou plus précisément celui de son secteur financier, à garantir la force obligatoire des contrats à l'encontre des lois de police contractuelle étrangères et des normes contraignantes revendiquant une portée extraterritoriale ; et il a réussi à amener les autres participants au

700. Voir M. Kuckein, *op. cit.*, *supra* note 660, p. 66, avec la citation des travaux préparatoires de la loi allemande ayant approuvé la Convention de Rome moyennant réserve sur l'article 7, paragraphe 1er.

701. Il en va ainsi, en France, de l'affaire *AP Moller Maersk A/S c. SA Viol frères*, qui a donné lieu à un arrêt de la Cour de cassation française (Com., 16 mars 2010, nº 08-21.511, *JDI*, 2011, p. 98, note Marchand), très remarqué comme étant le premier arrêt à exiger l'application effective des critères de l'article 7, paragraphe 1er de la Convention de Rome ; l'arrêt de la Cour d'appel de renvoi décida qu'au regard des éléments de la cause, « il convient de prendre en considération les dispositions impératives de la loi ghanéenne sur l'embargo et en conséquence de déclarer nul et de nul effet le contrat de transport pour objet impossible », mais au sens du droit français – résultat parfaitement classique. Pour un cas de véritable rattachement spécial d'une loi de police par application de l'article 7 de la Convention de Rome, voir cependant un arrêt de la Cour suprême d'Autriche, OGH, 8 mars 2012, 2 Ob 122/11x, à propos des conséquences d'une violation du droit italien des marchés publics, qui serait à sanctionner conformément au droit italien (arrêt, point 9) bien que le contrat ait été soumis au droit autrichien. Selon la solution classique, le même contrat aurait dû être sanctionné de nullité par application du droit autrichien. Mais il ne semble pas que la sanction du droit italien ait été différente de la nullité au regard de la loi autrichienne du contrat.

processus d'adoption du règlement à accéder à ses souhaits en jouant de l'option qui lui était ouverte d'accepter ou de répudier les règlements européens adoptés dans le domaine de l'espace judicaire européen [702]. Puisque le règlement serait nécessairement un texte uniformément applicable dans les Etats membres, le maintien de la possibilité d'une réserve, selon le modèle de la Convention de Rome, était exclu. Il fallait par conséquent – c'était là l'exigence du gouvernement britannique – codifier, dans le règlement Rome I, la jurisprudence anglaise classique portant sur l'incidence des lois de police étrangères sur les contrats, telle qu'elle était comprise par la majorité de la doctrine anglaise [703] : pas d'effet donné aux lois de police d'un Etat qui n'est ni un Etat dont le droit est applicable au contrat, ni l'Etat qui rend illégale l'exécution du contrat qui se déroule en tout ou en partie sur son territoire. De cette manière, la sécurité juridique resterait préservée. Les autres Etats membres accédèrent à ces souhaits [704].

Le texte de l'article 9, paragraphe 3, qui s'explique par ces exigences précises, définit des limites étroites, reprises du droit anglais :

> « Il pourra également être donné effet aux lois de police du pays dans lequel les obligations découlant du contrat doivent être ou ont été exécutées, dans la mesure où lesdites lois de police rendent l'exécution du contrat illégale. Pour décider si effet doit être donné à ces lois de police, il est tenu compte de leur nature et de leur objet, ainsi que des conséquences de leur application ou de leur non-application. »

204. L'interprétation de ce texte, dans l'important arrêt *Nikiforidis* de la Cour de justice de 2016, a été mesurée. D'une part, l'arrêt – adhérant à l'objectif libéral de réaliser la sécurité juridique dans l'espace de justice européen et de donner la priorité au libre choix de la loi applicable au contrat par les parties [705] – décide qu'il n'est pas permis aux tribunaux de faire application des lois de police étrangères en dehors des situations expressément visées par l'article 9. Il s'ensuit que la possibilité d'un rattachement spécial est fermée. Mais d'autre

702. Voir *supra* n° 58.
703. Voir le tableau *supra* n° 200.
704. Pour un récit détaillé de cet aspect du lobbyisme de la *City* de Londres et de sa transposition dans le texte du règlement, voir J. Harris, « Mandatory Rules and Public Policy under the Rome I Regulation », dans F. Ferrari et S. Leible (dir. publ.), *Rome I Regulation*, Munich, Sellier, 2009, p. 269 ss.
705. Arrêt du 18 octobre 2016, *Nikiforidis*, C-135/15, ECLI:EU:C:2016:774, points 42 à 50.

part, l'arrêt adopte une position raisonnable sur la possibilité de la prise en considération des normes contraignantes étrangères : il décide que l'article 9, paragraphe 3 ne doit pas être interprété comme englobant à la fois les cas d'application et les cas de prise en considération des lois de police étrangère. Cette interprétation par la Cour de justice s'éloigne sans doute de la volonté d'uniformiser le traitement des lois de police étrangères et d'adopter les solutions paraissant les plus opportunes aux promoteurs britanniques du texte interprété, mais elle a l'avantage de respecter l'autonomie du droit matériel qui contrôle la prise en considération des normes étrangères. Elle a été adoptée spécifiquement à propos du cas des lois de police étrangères extraterritoriales :

> « En revanche, l'article 9 dudit règlement ne s'oppose pas à la prise en compte, en tant qu'élément de fait, des lois de police d'un Etat autre que l'Etat du for ou que l'Etat dans lequel les obligations découlant du contrat doivent être ou ont été exécutées, dans la mesure où une règle matérielle du droit applicable au contrat, en vertu des dispositions du même règlement, la prévoit.
>
> En effet, le règlement Rome I harmonise les règles de conflit de lois en ce qui concerne les obligations contractuelles et non les règles matérielles de droit des contrats. Dans la mesure où ces dernières prévoient que le juge du for prenne en compte, comme un élément de fait, une loi de police appartenant à l'ordre juridique d'un Etat autre que l'Etat du for ou que l'Etat d'exécution des prestations contractuelles, l'article 9 dudit règlement ne peut faire obstacle à ce que la juridiction saisie tienne compte de cet élément de fait. » [706]

Ainsi, les lois de police étrangères peuvent être prises en considération dans le cadre du droit matériel applicable au contrat, sans que les restrictions introduites par l'article 9, paragraphe 3 y fassent obstacle. Ces restrictions ne s'appliquent que lorsqu'il s'agit de procéder au rattachement spécial des lois de police étrangères. En somme, l'histoire de l'élaboration de la Convention de Rome, puis du règlement Rome I et enfin celle de son interprétation par la Cour de justice montre

706. Points 51 et 52 de l'arrêt. Comme le montrent les conclusions de l'avocat général Szpunar, ECLI:EU:C:2016:281, point 107, il existe même une raison de droit institutionnel à l'appui de cette interprétation : la base légale du règlement a été la combinaison des articles 65 et 61, sous *c)*, du traité CE, qui autorise le législateur européen à favoriser « la compatibilité des règles applicables … en matière de conflits de lois » – et non à harmoniser les règles de conflits de lois et de droit matériel ; à l'égard de ces dernières, une compétence générale fait défaut au législateur européen.

un mouvement pendulaire sous des influences diverses, qui ne sont pas toutes d'ordre scientifique : l'internationalisme des années 1970 inspirant l'article 7 de la Convention, puis la promotion des intérêts d'un secteur déterminé de l'économie – et enfin la force gravitationnelle des solutions classiques.

3. Les demandes fondées sur le droit public d'un Etat étranger

205. Si le traitement des lois de police étrangères tient compte, du moins dans une certaine mesure, d'un souci de coopération à la mise en œuvre des intérêts étatiques étrangers, le même souci est largement absent en droit positif dès lors qu'est en cause une demande, fondée sur le droit public, d'une autorité publique étrangère. Ce type de demande échappe non seulement à la coopération entre Etats, mais aussi, et plus fondamentalement, au droit commun des conflits de lois et des conflits de juridictions. Cette solution, généralement adoptée par les tribunaux des différents Etats, relève en réalité d'un choix politique de leur part : nous en observerons d'abord les manifestations, puis examinerons si cette exclusion des demandes fondées sur le droit public se justifie vraiment.

a) *Différentes hypothèses*

206. Certains types de demandes, qui ne sont qu'accessoirement fondées sur le droit public étranger, sont certainement recevables. Il en va ainsi des actions fondées sur le droit de propriété qui est reconnu dans le for à une personne morale étrangère de droit public, quel que soit le mode d'acquisition de cette propriété ; le fait d'avoir acquis à l'étranger un droit civil comme le droit de propriété semble, au regard de la jurisprudence, purger son acquisition de tout caractère public qui pourrait avoir été inhérent à son mode d'acquisition [707], aussi longtemps qu'il n'est pas contraire à l'ordre public du for [708]. Il en va de même des demandes d'autorités publiques étrangères qui ne sont pas fondées sur l'exercice de prérogatives de puissance publique, mais sur des bases qui, quelle que soit leur qualification en droit interne et dussent-

707. Pour la recevabilité d'une action en revendication fondée sur la propriété d'un bien volé – et cela alors même que le titre de propriété de l'Etat étranger serait une loi particulière sur la propriété d'objets archéologiques trouvés dans le sol du territoire national –, voir en jurisprudence anglaise *Government of Iran c. Barakat Galleries Ltd.* (2007) EWCA Civ. 1374 ; comp. *United States c. Schultz*, 333 F.3d 393 (2nd Cir. 2003), condamnation pénale d'un galeriste new-yorkais pour recel d'antiquités égyptiennes.

708. Hypothèse des nationalisations non reconnues, *supra* n° 52.

elles même y relever du droit public, s'identifient en substance à des institutions qui existent également en droit privé: l'exemple type est la subrogation d'une institution publique de sécurité sociale dans les droits d'un particulier à l'égard d'un autre, après paiement effectué conformément à la réglementation du droit de la sécurité sociale qui fait partie du droit public de l'Etat [709].

Ces actions sont trop proches d'actions fondées purement et simplement sur le droit privé pour pouvoir raisonnablement être déclarées irrecevables. Il en va encore de même – mais cette question a donné lieu à controverse – d'une action *entre particuliers* fondée sur un paiement que le demandeur a dû effectuer au fisc étranger (qui, lui, a mis en œuvre des prérogatives de puissance publique) et dont il réclame remboursement à un autre particulier en vertu d'un contrat, par exemple de mandat, ou en vertu des règles de droit civil sur l'enrichissement sans cause. Dans ces cas, le fait que le paiement ait été effectué sur le fondement du droit public d'un Etat étranger n'empêche pas l'action en remboursement d'être fondée, quant à elle, sur un titre de droit privé ordinaire, si bien qu'elle doit être considérée comme recevable [710].

207. Ce ne sont pas là les hypothèses sur lesquelles nous nous concentrerons. Ce qui nous intéresse est un examen critique de la règle traditionnelle selon laquelle il est impossible pour un Etat de demander aux tribunaux d'un autre Etat une collaboration à l'exercice de ses prérogatives de puissance publique.

Ainsi, le droit public de nombreux Etats prévoit la confiscation entre les mains de leurs propriétaires, au profit de l'Etat, des objets exportés en contravention à une interdiction de l'exportation non autorisée de marchandises ou de biens culturels. Si l'exportation, quoique non autorisée, a néanmoins été réussie, l'Etat étranger peut-il revendiquer

---

709. Voir l'arrêt de la Cour de cassation française, Civ. 1re, 17 mars 1970 et l'arrêt de la Cour de cassation belge du 23 octobre 1969, *Rev. crit.*, 1970, p. 688, note Lagarde; voir aussi, pour l'applicabilité à ce type d'action du régime européen de compétence et de reconnaissance des jugements en matière civile et commerciale, les arrêts de la Cour de justice cités *supra* note 642 *in fine*.

710. En ce sens, en jurisprudence française, Civ. 1re, 21 janvier 1975, *Rev. crit.*, 1977, p. 120, note Couchez (pour la recevabilité de l'action en remboursement, «en application des obligations contractuelles liant les parties», de sommes payées par un codébiteur solidaire d'impôts algériens à l'encontre de l'autre codébiteur). On notera la solution contraire de l'arrêt antérieur de la même Cour, Civ., 3 juillet 1928, *S.*, 1928, 1, p. 356: «Attendu que les lois fiscales sont strictement territoriales»; «que s'agissant dans l'espèce du recouvrement d'une taxe instituée par le gouvernement allemand, ces règles doivent recevoir leur application» – dans un litige entre simples particuliers. Similairement hostile à une demande fondée sur l'enrichissement sans cause: Cour suprême du Liechtenstein, 31 mars 1987, *IPRax*, 1990, p. 409, note Wengler p. 415.

ces objets devant les juridictions du pays où ils ont été importés? La jurisprudence traditionnelle ne l'admet pas; elle juge qu'admettre la revendication extraterritoriale serait admettre que l'Etat étranger peut obtenir la collaboration du juge dans l'exercice extraterritorial de la confiscation prévue par sa loi [711]. La règle de l'impossibilité du recouvrement judiciaire d'impôts étrangers est l'illustration la plus importante de l'idée que le juge n'a pas, en principe, à assister l'Etat étranger dans l'exercice de ses prérogatives de droit public. S'il le fait néanmoins, ce sera à charge de réciprocité, dans le cadre d'un accord international qui prévoit ce type d'entraide. Les tribunaux ne prennent pas l'initiative unilatérale d'une collaboration à la mise en œuvre de prérogatives de puissance publique étrangères [712]. Les mêmes règles s'appliquent à l'exequatur de jugements étrangers obtenus, en matière fiscale ou plus largement en matière de prérogatives de puissance publique, par une autorité publique étrangère devant ses propres tribunaux [713], ou encore à des déclarations de créances d'autorités étrangères dans des procédures collectives de règlement du passif ouvertes dans un autre Etat [714].

Généralement acceptée ou même promue en doctrine [715], plus rarement combattue par des auteurs [716], cette solution jurisprudentielle reste très ferme: les actions de la puissance publique tendant à la mise

711. Confiscation de biens culturels: *Attorney General of New Zealand c. Ortiz* [1982] 3 All E.R. 432, C. A.; confiscation de marchandises exportées en contravention aux lois douanières: Civ. 1re, 2 mai 1990, *République du Guatemala*, *JDI*, 1991, p. 137, 1re esp.

712. Voir J. Basedow, J. von Hein, D. Janzen et H.-J. Puttfarken, «Foreign Revenue Claims in European Courts» *YbPIL*, volume 6 (2004), p. 1 ss; également la dernière partie de H. Baade, chapitre cité *supra* note 636, p. 38 ss; voir encore les ouvrages, moins neutres, mais tout aussi bien documentés, cités *infra* notes 715 et 716.

713. Cette règle du non-exequatur vaut également dans le cadre du régime européen de la reconnaissance et de l'exécution des jugements étrangers en matière civile et commerciale, le règlement Bruxelles I (sur l'article 1er, paragraphe 1er du règlement, voir *supra* n° 184).

714. *Government of India c. Taylor* (1955) A. C. 491; Trib. arr. Luxembourg, 26 janvier 1990, *JT*, 1991, p. 483, note critique Rigaux.

715. Le principal promoteur en a été F. A. Mann, dans toute une série de publications dont la dernière a été l'article «The International Enforcement of Public Rights», *Further Studies in International Law*, Oxford, Clarendon Press, 1990, p. 355 ss, en traduction française «L'exécution internationale des droits publics», *Rev. crit.*, 1988, p. 1 ss.

716. Voir notamment A. Dutta, *Die Durchsetzung öffentlichrechtlicher Forderungen ausländischer Staaten durch deutsche Gerichte*, Tübingen, Mohr Siebeck, 2006 (malgré son titre qui ne fait référence qu'aux tribunaux allemands, il s'agit d'un ouvrage fondé sur des recherches très sérieuses de droit comparé).

en œuvre de prérogatives de puissance publique se heurtent à une irrecevabilité, qui est d'ordre procédural [717].

208. En général, la jurisprudence nationale est étonnamment peu formaliste ou restrictive dans l'application de cette règle d'irrecevabilité, ce qui est un signe certain de ce qu'elle tient réellement à son observation. La règle sera par conséquent appliquée également à des actions qui revêtent la forme d'actions fondées sur les règles ordinaires de droit civil, mais qui en substance tendent au même résultat que la mise en œuvre ouverte de prérogatives de puissance publique: ont été déclarées irrecevables, comme constituant une mise en œuvre indirecte *(indirect enforcement)* de prérogatives de puissance publique, des demandes de dommages-intérêts pour le préjudice causé au trésor public étranger par des fraudeurs fiscaux ou leurs complices [718]; des demandes en reconstitution des actifs sociaux, introduites par des liquidateurs de sociétés qui avaient été mis en place par la justice étrangère à la demande du fisc [719]; des demandes en exécution forcée d'aspects exorbitants du droit commun de la relation, qui peut prendre

717. Qu'il s'agit d'une question de procédure et non de fond a été décidé en Allemagne par le Tribunal constitutionnel fédéral dans un arrêt du 22 mars 1983 (*BVerfGE*, volume 63, p. 343), qui en a déduit qu'une convention d'entraide administrative internationale pouvait s'appliquer, sans rétroactivité prohibée, au recouvrement d'impôts autrichiens devenus exigibles antérieurement à l'entrée en vigueur de la convention: p. 356 ss – *Contra :* F. A. Mann, article cité *supra* note 715, p. 361, note 37:

> «It is believed that this is wrong. There did not exist any debt. In 1966 the Austrian customs debt would not have been deducted for the purpose of calculating the "debtor's" assets.»

718. *Attorney General of Canada c. R. J. Reynolds Tobacco Holdings, Inc.*, 268 F.3d 103 (2nd Cir. 2001); *European Community c. RJR Nabisco, Inc.*, 355 F.3d 123 (2nd Cir. 2004) et 424 F.3d 175 (2nd Cir. 2005). Une demande analogue figurait parmi les demandes rejetées par Civ. 1re, 2 mai 1990, *République du Guatemala*, *JDI*, 1991, p. 137, 1re esp. – Voir cependant, à propos de la question de la reconnaissance au Danemark, conformément au système du règlement Bruxelles I, d'un jugement anglais allouant des dommages-intérêts au fisc britannique, l'arrêt de la CJUE du 12 septembre 2013, *Sunico e.a.*, C-49/12, ECLI:EU:C:2013:545, point 41, qui estime que la «coïncidence» de l'étendue de la responsabilité délictuelle de la défenderesse à l'égard du fisc anglais et de sa dette fiscale n'empêche pas le rapport juridique entre elle et le fisc d'être «régi non pas par la législation relative à la TVA du Royaume-Uni, mais par celle relative à la responsabilité délictuelle ou quasi délictuelle de cet Etat membre» et qui adopte par conséquent une approche formaliste et restrictive à l'égard de l'exclusion de la matière fiscale (voir la note critique par C. Kohler, *IPRax*, 2015, p. 52; comp. la critique prudente de L. Collins, *LQR*, volume 130 (2014), p. 353 ss). L'approche adoptée par cet arrêt peut être vue comme un reflet du fait qu'entre Etats membres de l'Union, l'exclusion de la coopération interétatique en matière fiscale relève désormais de l'anachronisme (cf. *infra* n° 219).

719. *Peter Buchanan Ltd. c. McVey*, (1954) IR 89 ou (1955) A. C. 516; *QRS 1 Aps c. Frandsen* (1999) EWCA Civ 1463.

la forme contractuelle, entre l'Etat et ses agents publics [720]; ou encore une demande en réparation du préjudice causé à un Etat étranger et à son président par les auteurs d'une tentative de coup d'Etat [721].

La conformité de toutes ces solutions au droit positif ne les soustrait cependant pas à un examen critique.

b) *Les demandes d'autorités publiques étrangères fondées sur leur droit public sont-elles nécessairement irrecevables ?*

209. Le degré zéro de la justification de la règle de l'irrecevabilité consiste simplement à invoquer la tradition jurisprudentielle. C'est ainsi que, dans le monde de la *common law*, on rencontre régulièrement la citation d'un *obiter dictum* d'un jugement de Lord Mansfield de 1775, dans une affaire *Holman c. Johnson* :

> « No country ever takes notice of the revenue laws of another. » [722]

Aucun pays ne prend jamais en compte les lois fiscales d'un autre... mais à l'époque où cette maxime fut formulée, le contexte n'était pas entièrement le même que celui du monde contemporain. Recouvrer des impôts pour un Etat étranger, c'était aider l'Etat étranger, potentiel adversaire militaire, à financer son armée – l'une des principales affectations des impôts à l'époque, sinon la principale. Aujourd'hui, tous les Etats prélèvent des impôts aux fins les plus diverses, notamment (et ceci non seulement dans les démocraties libérales) pour le financement de la solidarité sociale à l'intérieur de leurs pays. Les traditions étant faites pour être réexaminées périodiquement [723], nous passerons en revue les différents arguments invoqués à l'appui de la

720. Voir, dans l'affaire *Spycatcher* (tentative du gouvernement britannique de faire interdire des publications dans la presse australienne et néo-zélandaise comme violant un engagement de confidentialité entre le Royaume-Uni et l'un de ses anciens agents secrets), *Attorney-General for the United Kingdom c. Heinemann Publishers Australia*, 78 ALR 449 (1988); mais voir l'arrêt néo-zélandais dans la même affaire, cité *infra* n° 751. Voir également, dans l'affaire *Duvalier*, où il s'agissait des relations entre l'Etat haïtien et son ancien président, Civ. 1re, 29 mai 1990, *JDI*, 1991, p. 137, 2e esp. (mais est-ce qu'une demande en dommages-intérêts pour détournement d'avoirs publics est réellement, comme l'a jugé la Cour de cassation, « nécessairement lié[e] à l'exercice de la puissance publique » ?).

721. *Mbasogo c. Logo Ltd.* (2006) EWCA Civ. 1370.

722. *Holman c. Johnson* (1775) 1 Cowp. 341, réimprimé 98 E. R. 1120, spéc. p. 1121. Il s'agissait d'un *obiter dictum*, puisque la question litigieuse n'était pas le recouvrement d'impôts (au profit de la France), mais la validité d'un contrat de contrebande au détriment des lois douanières françaises.

723. *Contra*, semble-t-il : *Her Majesty the Queen in Right of the Province of British Columbia c. Gilbertson*, 597 F.2d 1161 (9th Cir. 1979), spéc. p. 1116 :

règle jurisprudentielle de l'irrecevabilité des demandes fondées sur le droit public, pour voir quelle est leur solidité.

1) L'irrecevabilité : arguments classiques

210. Une première justification, essentiellement avancée en Angleterre, tient à l'idée de souveraineté de l'Etat du for, qui serait méconnue par une assertion de la « compétence » d'un Etat étranger qui entend faire valoir ses prérogatives de puissance publique sur le territoire du for. Cet argument, qui a convaincu la doctrine et la jurisprudence anglaises [724], semble méconnaître le rôle essentiel des tribunaux du for dans le jugement de pareilles demandes : ce sont eux, et non l'Etat étranger, qui décident réellement du sort de la demande. La demande peut donc difficilement être assimilée à une violation des règles de droit international relatives à la compétence des Etats.

Autre idée : que l'Etat du for n'a, aujourd'hui, encore aucun intérêt à aider les Etats étrangers à recouvrer des impôts sur son territoire ou, plus généralement, à mettre en œuvre leurs prérogatives de puissance publique [725]. Effectivement, il faut se décider : soit on estime que les tribunaux, en tant qu'organes de l'Etat, « n'ont pas pour mission d'aider les Etats étrangers » [726], soit on estime que cette attitude de principe appartient au passé, ou devrait appartenir au passé, et on l'abandonne. Puisqu'en général, la question de la recevabilité ou de l'irrecevabilité des actions de la puissance publique étrangère n'est pas réglée par la loi, mais est entièrement laissée à la jurisprudence et que c'est elle qui a inventé la règle de l'irrecevabilité, c'est en réalité une question d'appréciation politique que les tribunaux doivent résoudre. Même la décision de maintenir la solution traditionnelle de l'irrecevabilité est une décision politique. Personne ne déchargera les tribunaux de leur responsabilité à cet égard.

« The revenue rule has been with us for centuries and as such has become firmly embedded in the law . . . When and if the rule is changed, it is a more proper function of the policy-making branches of our government to make such a change. »

724. F. A. Mann, article cité *supra* note 715, p. 360 ; *Government of India c. Taylor* (1955) A. C. 491, spéc. p. 511 (opinion de Lord Keith).

725. M. Bogdan, « Foreign Public Law and Article 7 (1) of the Rome Convention : Some Reflections from Sweden », dans *Mélanges Hélène Gaudemet-Tallon*, Paris, Dalloz, 2008, p. 671 ss, spéc. p. 674 : « no interest to waste its taxpayers' money on actively promoting the immediate public interests of foreign states ».

726. P. Mayer et V. Heuzé, *Droit international privé*, 11e édition, Paris, Montchrestien, 2014, no 326. Les auteurs ajoutent que « l'égoïsme est pour eux une obligation, liée à l'étendue de leurs pouvoirs ».

211. La perspective suivante est encore invoquée à l'appui du principe d'irrecevabilité des demandes en paiement d'impôts étrangers : si les demandes en recouvrement n'étaient pas irrecevables, elles devraient être examinées au fond, et les lois fiscales étrangères devraient être confrontées à l'ordre public national ; pareil exercice serait potentiellement « embarrassant » pour l'Etat étranger [727]. Ce à quoi des auteurs américains ont répliqué avec pertinence qu'en acceptant d'agir en justice devant les tribunaux du for, l'Etat étranger assume, visiblement, le risque d'un embarras et accepte la confrontation de ses lois fiscales à l'ordre public [728].

En réalité, la possibilité d'un contrôle par rapport à l'ordre public existe, y compris en ce qui concerne les lois fiscales étrangères. C'est ainsi qu'en 1988, la Cour fédérale allemande [729] a été amenée à apprécier si la législation est-allemande sur l'impôt sur le revenu était ou non contraire à l'ordre public comme constituant un cas d'imposition confiscatoire. Soulevée dans le cas d'un litige entre deux particuliers [730], cette question a été résolue, après examen de la législation fiscale est-allemande, en ce sens que la loi fiscale étrangère n'était *pas*

---

727. C'est là l'argument qu'un juge américain, Learned Hand, a formulé en 1929 :

> « To pass upon the provisions for the public order of another state is, or at any rate should be, beyond the powers of a court . . . It may commit the domestic state to a position which would seriously embarrass its neighbor » (*Moore c. Mitchell*, 30 F.2d 600 (2nd Cir. 1929), spéc. p. 604).

Peut-être en raison d'éminence de son auteur, cet argument est cité depuis lors dans une série de décisions judiciaires américaines ou anglaises ; il semble même approuvé, dans un *obiter dictum*, par un arrêt de la Cour suprême des Etats-Unis, *Pasquantino c. United States*, 544 U.S. 349 (2005), spéc. p. 368-369.

728. A. Lowenfeld, « International Litigation and the Quest for Reasonableness », *Recueil des cours*, tome 245 (1994), spéc. p. 168-169 ; voir déjà, essentiellement sur les relations entre Etats fédérés (mais l'auteur se déclare disposé à étendre cette idée aux rapports internationaux), R. Leflar, « Extrastate Enforcement of Penal and Governmental Claims », *Harv. L. Rev.*, volume 46 (1932), p. 193 ss, spéc. p. 217 (« And even as between nations this would seldom be more offensive than a flat refusal to permit any action at all ») ; dans le même sens, mais entre Etats fédérés seulement, *Milwaukee County c. M.E. White Co.*, 296 U. S. 268 (1935), spéc. p. 276.

729. BGH, 22 septembre 1988, *IPRax*, 1990, p. 398.

730. Le demandeur, qui avait été marchand d'antiquités en RDA (profession étonnamment bourgeoise), y avait subi une imposition pour un montant important, suivie de l'exécution forcée sur ses biens. Sa collection d'antiquités avait été saisie en Allemagne de l'Est et vendue à une société d'import-export d'œuvres d'art et d'antiquités à Berlin-Est, auprès de laquelle le défendeur à l'action devant les tribunaux (ouest-)allemands avait acquis une horloge ayant appartenu au demandeur. Après une période d'emprisonnement pour fraude fiscale, le demandeur avait quitté le territoire de la RDA. Il assigna le défendeur en revendication de l'horloge : selon son argumentation, toute la procédure d'imposition et de vente forcée en Allemagne de l'Est aurait été contraire à l'ordre public du for, si bien que le demandeur devrait être réputé resté propriétaire de l'horloge saisie.

confiscatoire: certes, le taux d'imposition était en l'occurrence de 76,2%, soit un taux nettement plus élevé que le taux maximal existant en Allemagne de l'Ouest. Cependant, relève la Cour fédérale, ce taux d'imposition n'est pas exorbitant, ce qui est prouvé par le fait que (à l'époque) des Etats occidentaux pratiquent des taux similaires. La Cour fédérale relève également qu'il n'existe aucune preuve de ce que le droit fiscal aurait été appliqué de manière discriminatoire à l'encontre du demandeur. Elle en déduit que sa dette fiscale existait bien, et que les mesures de recouvrement mises en œuvre par les autorités est-allemandes (sur leur propre territoire) n'étaient pas critiquables au regard de l'ordre public du for. La décision montre, en tout cas, qu'il n'y a pas de raison déterminante d'estimer que les juridictions du for ne peuvent pas apprécier la conformité à l'ordre public des dispositions de droit public étranger.

2) L'irrecevabilité: arguments plus récents

212. Quelques arguments moins classiques sont les suivants.

Le principe de démocratie ferait obstacle au recouvrement d'impôts dus à un Etat étranger: «No taxation without representation». L'action des autorités publiques du for ne serait légitimée, sur le plan démocratique, que si elles agissent pour le recouvrement d'impôts fixés conformément aux processus démocratiques du for lui-même [731]. Cet argument est original, mais poussé au bout de sa logique, il tendrait à démontrer l'incompatibilité avec le principe de démocratie de toute entraide en matière de recouvrement d'impôts, même lorsqu'elle se fait en vertu de traités internationaux [732]. L'excès dans les conséquences démontre l'excès dans les prémisses.

213. Ensuite, un argument est tiré du risque d'abus des procédures si elles étaient ouvertes, de manière générale, aux Etats étrangers devant les tribunaux du for. Ces procédures peuvent être utilisées par des Etats comme instruments de persécution de minorités ou d'opposants politiques. Pour l'empêcher, il faudrait fermer la voie du recouvrement à tous les Etats, sauf le cas échéant des Etats avec lesquels un traité d'entraide a été conclu: «Safety lies only in universal rejection.» [733]

---

731. H.-J. Papier et B.-D. Olschewski, «Vollziehung ausländischer Hoheitsakte», *DVBl*, 1976, p. 475 ss, spéc. p. 479.

732. Conclusion à laquelle parviennent réellement les auteurs de l'article précité: voir p. 479 et 482.

733. Selon le jugement de la *High Court* d'Irlande, qui l'opposa à une demande du fisc britannique: *Peter Buchanan Ltd. c. McVey* (1955) A. C. 516, spéc. p. 529; voir aussi Baade, chapitre cité *supra* note 636, p. 52.

En réalité cependant, comme on l'a vu ci-dessus [734], les tribunaux savent faire la part des choses, et distinguer entre des actes de persécution ou de discrimination et la mise en œuvre légitime de prérogatives de puissance publique [735].

Cela dit, cet argument garde visiblement une certaine portée. C'est lui qui a déterminé la Cour d'appel pour le Deuxième Circuit, aux Etats-Unis, à ne pas admettre des actions en dommages-intérêts dirigées par le Canada [736], ou par la Communauté européenne et ses Etats membres [737], contre les grands fabricants de tabac auxquels ces autorités étrangères reprochaient leur implication dans un réseau massif de contrebande de cigarettes. Les autorités demanderesses devant les tribunaux américains rappelaient que la contrebande se faisait au détriment des fins poursuivies par les lois sur la fiscalité du tabac, qui tendaient au renchérissement de ces produits par la taxation indirecte, dans un but de santé publique. Selon l'arrêt de principe, rendu à propos de l'action du Canada, ce type d'affaire peut paraître très simple et comme justifiant l'octroi au Canada des dommages-intérêts qu'il réclame. Mais on doit considérer d'autres hypothèses: comment un juge américain devrait-il répondre à une demande fondée sur la violation d'une loi fiscale ayant pour objet spécifique de rendre la vente de journaux américains extrêmement chère dans le pays étranger, ou d'une taxe discriminatoire prélevée à des fins de persécution religieuse ou raciale? Le fait de devoir répondre à ce genre de demande est susceptible, selon l'arrêt, de mettre les tribunaux américains dans l'embarras, en leur donnant à résoudre des questions délicates à l'égard desquelles ils ont peu d'expérience et peu de connaissances techniques [738]. Selon les juges, ce sont là de

734. *Supra* n° 211, le cas de la vérification de la conformité à l'ordre public ouest-allemand de la loi fiscale est-allemande et de sa mise en œuvre concrète.

735. De même, un arrêt du Conseil d'Etat français a montré qu'en matière d'entraide judiciaire en matière pénale, il est possible à un juge national de distinguer entre une extradition sollicitée par les autorités d'un Etat étranger dans un but légitime, et une extradition sollicitée par la Russie en collaboration avec les autorités kazakhes qui cherchait à obtenir l'extradition d'un oligarque kazakhe, opposant au régime politique du Kazakhstan (CE, 9 décembre 2016, M. A…, n° 394399, *Rec.*, p. 550; pour l'arrière-plan de l'affaire, voir l'article de Tom Burgis, «Spies, lies and the oligarch», *Financial Times*, 28 septembre 2017). Pourquoi les tribunaux civils seraient-ils moins capables de protéger les victimes d'éventuelles persécutions gouvernementales que les tribunaux administratifs?

736. *Attorney General of Canada c. R. J. Reynolds Tobacco Holdings, Inc.*, 268 F.3d 103 (2nd Cir. 2001).

737. *European Community c. RJR Nabisco, Inc.*, 355 F.3d 123 (2d Cir. 2004) et 424 F.3d 175 (2nd Cir. 2005).

738. P. 113 («could embroil United States courts in delicate issues in which they have little expertise or capacity»).

délicates questions de relations entre Etats, qui devaient être laissées, compte tenu du principe de la séparation des pouvoirs, aux pouvoirs législatif et exécutif. Or en l'espèce, aucune loi ne prévoit l'entraide, et le pouvoir exécutif américain n'est pas à l'origine de la demande [739].

On ne peut que prendre acte de cette attitude des tribunaux américains, en partie explicable par la déférence des juridictions civiles à l'égard du pouvoir exécutif dans les litiges perçus comme mettant en cause des questions interétatiques, qui est une caractéristique du droit américain [740]. Mais en fait, ce type d'appréciation n'est pas plus «délicat» que l'appréciation, à laquelle se sont pourtant livrés des tribunaux français ou allemands, de la contrariété à l'ordre public d'une loi de nationalisation [741] ou d'une loi fiscale étrangère [742], ou encore l'appréciation des mérites d'un embargo américain contre l'Union soviétique [743]. En réalité, dans une affaire comme celle résultant de l'action du Canada devant les juridictions américaines, il n'y aurait eu aucune difficulté à reconnaître la légitimité des choix du législateur canadien. La seule perspective d'être saisis à l'avenir de demandes moins méritoires par d'autres Etats devait-elle vraiment dissuader les tribunaux de considérer cette action comme recevable ?

214. Dernier argument qui mérite considération : si les tribunaux acceptaient de changer de jurisprudence et considéraient comme recevables les actions en recouvrement d'impôts, ou la mise en œuvre d'autres prérogatives de puissance publique étrangères, quels en seront les effets en termes de réciprocité au profit de l'Etat du for ? Pour les auteurs hostiles à la recevabilité de ce genre d'actions, ces effets ne sont pas neutres, mais ne peuvent qu'être négatifs : du fait de la jurisprudence permissive des tribunaux du for, les Etats étrangers n'ont plus d'intérêt à négocier avec lui un accord d'entraide administrative

739. *A contrario*, dans l'affaire *Pasquantino c. United States*, 544 U. S. 349 (2005), il s'agissait d'opérations de contrebande d'alcool au Canada, et des poursuites pénales pour *wire fraud* (incrimination générale de l'emploi de manœuvres frauduleuses) ont été déclarées recevables parce qu'elles avaient été introduites par le ministère public qui fait partie aux Etats-Unis du pouvoir exécutif, lequel est à son tour «the sole organ of the federal government in the field of international relations» : p. 369. Sur le caractère décisif de l'implication du ministère public américain, voir l'arrêt subséquent *European Community c. RJR Nabisco, Inc.*, 424 F.3d 175 (2nd Cir. 2005) : le précédent *Pasquantino* ne peut pas être invoqué pour rendre recevable l'action introduite par un souverain étranger et non par le ministère public fédéral.

740. Voir *infra* chapitre IX, nos 250 ss.

741. Voir les arrêts français cités *supra* no 52.

742. BGH, 22 septembre 1988, précité *supra* no 211.

743. BGH, arrêts des 21 décembre 1960 et 24 mai 1962, précités *supra* no 189.

sur une base de réciprocité [744]. Il se peut que cette objection soit fondée ; toutefois, elle ne peut pas se fonder sur des données empiriques, étant donné précisément que ce type d'action est systématiquement considéré comme irrecevable…

En tout état de cause, si l'on ne retient que cette dernière objection, il faudra soutenir un texte comme celui de l'article 3162 du Code civil du Québec :

> « L'autorité du Québec reconnaît et sanctionne les obligations découlant des lois fiscales d'un Etat qui reconnaît et sanctionne les obligations découlant des lois fiscales du Québec. »

3) *Une approche ouverte à la recevabilité des actions fondées sur le droit public*

215. Il n'est néanmoins pas exclu que dans un futur indéterminé et dans des cas appropriés, le dogme de l'irrecevabilité des actions fondées sur des prérogatives de puissance publique puisse être abandonné. Sur le plan académique, on notera que le *American Law Institute*, sans préconiser ouvertement l'abandon de la règle d'irrecevabilité [745], avait indiqué dans son troisième *Restatement* du droit des relations extérieures que le refus de la reconnaissance et de l'exécution des jugements en matière fiscale ou pénale devait être considéré comme *permis*, mais non comme obligatoire pour les tribunaux américains [746]. Surtout, l'Institut de droit international a adopté, comme suite à sa résolution de Wiesbaden de 1975 [747], une résolution ouverte à la recevabilité des actions dont nous discutons ici. Commençons donc par la présentation de la résolution de l'Institut.

i) *La résolution d'Oslo de l'Institut de droit international*

216. La résolution d'Oslo, adoptée en 1977, a la teneur suivante :

---

744. F. A. Mann, « Conflict of Laws and Public Law », *Recueil des cours*, tome 132 (1971), p. 107 ss, spéc. p. 168 :

> « A judge who would take it upon himself to forego his sovereign's right of jurisdiction would prejudice him greatly : he would be deprived of the opportunity to secure reciprocity of treatment. »

Dans le même sens, mais sur un ton moins dramatique, H. Baade, chapitre cité, p. 52.

745. Pour des regrets à cet égard, voir A. Lowenfeld, cours précité *supra* note 728, p. 169.

746. *Restatement Third, Foreign Relations Law of the United States*, Saint Paul, American Law Institute Publishers, 1987, paragraphe 483, commentaire *a)*. Toutefois le *Restatement Fourth*, publié en 2018, omet cette nuance (paragraphe 489).

747. *Supra* n° 190.

« I. *a)* Dans la mesure où, du point de vue de l'Etat du for, leur objet est lié à l'exercice de la puissance publique, les demandes en justice d'une autorité étrangère ou d'un organisme public étranger, fondées sur des dispositions de son droit public, devraient en principe être considérées comme irrecevables.

b) Ces demandes pourraient néanmoins être considérées comme recevables si, du point de vue de l'Etat du for, et compte tenu du droit du défendeur à un traitement équitable dans ses rapports avec cette autorité ou cet organisme, l'objet particulier de la demande, les exigences de la solidarité internationale ou la convergence des intérêts des Etats en cause le justifient. » [748]

Elle représente un réel progrès dans le traitement des demandes fondées sur le droit public étranger. En tant que progrès purement doctrinal, elle n'influence cependant pas automatiquement le droit positif; son influence dépend de sa réception.

ii) *La jurisprudence nationale*

217. La République du Guatemala a assigné, à la fin des années 1980, devant le tribunal de commerce de Paris une société parisienne de négoce du café, ainsi que différents codéfendeurs : 1), en annulation pour cause illicite ou en inopposabilité sur le fondement du Code civil français de la vente, à Paris, d'un lot de café en provenance du Honduras, 2), en paiement de droits de douane et 3), en restitution de la marchandise ou de la valeur ou encore en paiement des mêmes sommes à titre de dommages-intérêts. A l'appui de ses demandes, la République du Guatemala prétendit que la société française avait en réalité, avec la complicité d'un exportateur local et d'une « Société arabe de torréfaction », acquéreur fictif, en utilisant de faux documents d'origine, fait sortir du Guatemala une « qualité de café dont l'exportation est interdite par la réglementation de ce pays, sans acquitter les droits de

---

748. *Annuaire*, volume 57, tome II, session d'Oslo 1977, Bâle, S. Karger, 1978, p. 328. L'article II de la résolution a trait à un type de demandes qui ne relève pas réellement de la mise en oeuvre de prérogatives de puissance publique (elles sont du type discuté *supra* n° 206) :

« II. Devraient être considérées comme recevables les demandes en justice d'une autorité étrangère ou d'un organisme public étranger autres que celles visées dans l'article précédent, et fondées sur des dispositions de son droit public, telles notamment les demandes qui, du point de vue de l'Etat du for, sont consécutives ou accessoires à des prétentions de droit privé. »

douane, impôts et redevances dus et en payant le prix en violation de la législation guatémaltèque sur les changes».

Toutes ces demandes ont été rejetées, jusqu'en instance de cassation, pour défaut de pouvoir de juridiction du juge français. Pourtant, la motivation de l'arrêt de la Cour de cassation française montre un certain degré d'ouverture au moins apparente, en citant littéralement et *in extenso* (sans indication de la source) la résolution d'Oslo de l'Institut de droit international – tout en estimant qu'il n'appartient pas aux tribunaux d'apprécier de manière autonome les exigences de la solidarité internationale ni la convergence des intérêts entre Etats. De manière décevante, l'arrêt rejette par conséquent la demande du Guatemala au motif

> «que l'illicéité de l'exportation était fondée seulement au regard de la réglementation guatémaltèque du commerce extérieur et non sur la violation d'accords internationaux exprimant une exigence de solidarité entre la France et le Guatemala» [749].

En subordonnant ainsi à l'existence d'un traité international l'intervention des tribunaux, la Cour de cassation a retenu une solution que l'Institut de droit international, quant à lui, avait expressément repoussée [750]. Evidemment, la Cour de cassation n'était pas tenue de suivre l'opinion d'une société savante, mais cette opinion pouvait en l'occurrence se recommander d'un esprit de véritable coopération internationale, esprit auquel l'arrêt ne répond que partiellement. Il se rallie, en définitive, à l'un des arguments des partisans du maintien de la solution traditionnelle, à savoir l'argument tiré de la séparation des pouvoirs. Mais avouons-le: le fait même qu'un arrêt de la Cour de cassation française ait rappelé «que le principe peut être écarté, notamment si, du point de vue du for, les exigences de la solidarité internationale ou la convergence des intérêts en cause le justifient» est un modeste pas dans la bonne direction.

Il existe quelques autres précédents jurisprudentiels, moins spectaculairement motivés mais authentiquement favorables à la coopération

---

749. Civ. 1re, 2 mai 1990, *République du Guatemala*, no 88-14687, *JDI*, 1991, p. 137, 1re esp.

750. Voir, à l'*Annuaire de l'Institut de droit international*, *op. cit.*, *supra* note 748, p. 188-189, le rejet, à une forte majorité, d'une proposition d'amendement de F. A. Mann qui tendait précisément à introduire cette réserve de la nécessité d'un traité international.

internationale [751]. Et en attendant d'autres progrès jurisprudentiels, on peut constater en tout cas une évolution, nettement favorable à la coopération interétatique, sur le plan de l'activité des pouvoirs législatifs et exécutifs.

iii) *L'organisation de la coopération interétatique*

218. La possibilité de saisir les tribunaux de demandes fondées sur le droit public étranger n'est actuellement pas acquise. Pourtant, la coopération interétatique s'organise, mais elle s'organise autrement, par l'entraide administrative mise en place par les traités internationaux [752]. Cette évolution est neutre par rapport à la règle d'irrecevabilité des actions en justice tendant à la mise en œuvre de prérogatives de puissance publique : après tout, la possibilité de traités d'entraide figure même parmi les arguments des adversaires de pareilles actions [753]. Mais en même temps, l'existence de ces traités contredit l'un des arguments (et peut-être, en réalité, le principal des arguments) de la recevabilité d'une saisine de la justice d'autres Etats : celui selon lequel l'intérêt de l'Etat du for n'est pas d'aider les Etats étrangers à mettre en œuvre leurs prérogatives de puissance publique.

219. Plus (ou plus encore) que dans le domaine international, la coopération interétatique a fait des progrès importants à l'intérieur de l'Union européenne. Cette coopération peut prendre la forme d'une entraide administrative : tel est le cas, en matière de recouvrement

751. Voir dans l'affaire *Spycatcher* (*supra* note 720) l'arrêt néo-zélandais *Attorney-General for the United Kingdom c. Wellington Newspapers Ltd.* (1988) 1 NZLR 129, C. A., qui estime qu'en principe, l'action du gouvernement britannique contre un organe de presse néo-zélandais devrait être recevable :

> « The world is shrinking, with nuclear hazards, terrorism, ideologies and the power of the media transcending national boundaries and at times making them almost irrelevant. I would seem anachronistic for the Courts to deny themselves any power to do what they can to safeguard the security of a friendly foreign State. » (p. 174),

tout en jugeant (manifestement à juste titre) qu'en l'espèce, l'intérêt néo-zélandais quant au respect de la liberté de la presse en Nouvelle-Zélande doit prévaloir quant au fond sur cet intérêt étatique britannique. Voir également les exemples, peut-être moins nets, de *preferential enforcement* cités par H. Baade, chapitre cité *supra* note 636, p. 45-48 (en particulier des exemples d'aspects civils de l'entraide entre Etats alliés au cours de la Seconde Guerre mondiale).

752. Le plus important de ces traités dans le domaine du recouvrement d'*impôts* est un traité multilatéral élaboré par le Conseil de l'Europe et l'OCDE, et activement promu par cette dernière, la Convention concernant l'assistance administrative mutuelle en matière fiscale (*STE*, n° 127 et protocole d'amendement, *STE*, n° 208).

753. *Supra* n° 214.

international d'impôts, de la directive 2010/24/UE du 16 mars 2010 concernant l'assistance mutuelle en matière de recouvrement des créances relatives aux taxes, impôts, droits et autres mesures [754]. Mais d'autres formes d'entraide organisées par le droit dérivé de l'Union prennent la forme de l'introduction d'actions en justice ordinaires devant les tribunaux d'autres Etats membres. Ce type d'action, qui serait irrecevable en application des solutions traditionnelles, est désormais prévu en matière de restitution de biens culturels ayant quitté illicitement le territoire d'un Etat membre [755] ou en matière de procédures d'insolvabilité, où l'ancienne règle selon laquelle les créances de droit public d'autorités étrangères ne peuvent pas être déclarées dans le cadre d'une procédure d'insolvabilité [756] est à présent remplacée par une règle qui, au contraire, assimile entièrement les autorités fiscales et les organismes de sécurité sociale des Etats membres aux créanciers ordinaires [757].

Ce ne sont pas là des textes disparates, dépourvus de signification par rapport à la règle «de droit commun» selon laquelle ce type

754. L'effet de cette directive (et de celles qui l'ont précédée dans le domaine de l'entraide fiscale) est que dans les relations entre Etats membres, l'argument de l'incertitude d'un recouvrement d'impôts, qui pouvait être retenue jadis comme justification d'une restriction à la libre circulation des personnes (CJCE, arrêt du 28 janvier 1992, *Bachmann*, C-204/90, ECLI:EU:C:1992:35, point 17: «Il n'est pas exclu que des raisons d'ordre public puissent alors être invoquées pour empêcher le recouvrement de l'impôt [dans un autre Etat membre]») n'est plus reconnu aujourd'hui (CJUE, arrêt du 12 juillet 2012, *Commission c. Espagne*, C-269/09, ECLI:EU:C:2012:439, point 68, qui retient que désormais, avec l'évolution du droit dérivé, l'impossibilité de recouvrer n'existe plus à l'intérieur de l'Union, malgré des difficultés pratiques subsistantes).

755. Originairement organisée par la directive 93/7/CEE du 15 mars 1993 et actuellement organisée par la directive 2014/60/UE du 15 mai 2014. En vertu de la directive, un bien est réputé avoir quitté illicitement le territoire d'un Etat membre notamment lorsqu'il l'a quitté «en violation de la législation de cet Etat membre en matière de protection des trésors nationaux» (art. 2, par. 2). L'article 6 de la directive prévoit expressément ceci:

> «L'Etat membre requérant peut introduire auprès du tribunal compétent de l'Etat membre requis, à l'encontre du possesseur ou, à défaut, du détenteur, une action en restitution d'un bien culturel ayant quitté illicitement son territoire.»

756. *Supra* n° 207 et note 714.

757. Règlement (UE) 2015/848 du 20 mai 2015 relatif aux procédures d'insolvabilité (refonte), article 2, n° 12, qui reprend ainsi une règle insérée dans le premier règlement d'insolvabilité, le règlement (CE) 1346/2000, article 39. Comme le retient l'arrêt de la Cour de justice du 9 novembre 2016, *ENEFI*, C-212/15, ECLI:EU:C:2016:841, point 39,

> «le règlement n° 1346/2000, d'une part, s'oppose à des dispositions nationales excluant que les créances des autorités fiscales des Etats membres autres que l'Etat d'ouverture soient produites dans le cadre de la procédure d'insolvabilité. D'autre part, il découle des mêmes dispositions que ce règlement n'opère aucune distinction entre les créanciers de droit privé et ceux de droit public».

d'action est irrecevable. Ils montrent au contraire, au moins au niveau de l'Union européenne, l'existence d'une tendance lourde en faveur de la recevabilité d'une entraide soit administrative, soit judiciaire entre Etats [758]. Cette tendance est susceptible d'être généralisée et d'être étendue à des cas non prévus par ces textes.

Cela étant, la question (qu'il est impossible de résoudre, actuellement, de manière définitive) est celle-ci : s'agit-il d'un exemple que donne le droit européen aux relations entre Etats en général, ou plutôt d'un reflet de l'intégration supranationale des Etats membres de l'Union ? La dernière hypothèse, en tout cas, nous amène au prochain chapitre de ce cours.

---

758. A. Dutta, « Die Pflicht der Mitgliedstaaten zur gegenseitigen Durchsetzung ihrer öffentlichrechtlichen Forderungen », *EuR*, 2007, p. 744 ss, s'interroge sur des bases additionnelles, en droit européen, de l'obligation de reconnaître les créances de droit public des autres Etats membres.

CHAPITRE VIII

L'INTÉGRATION FÉDÉRALE ET SUPRANATIONALE

1. La notion de fédéralisme et le sens d'une (autre) comparaison américano-européenne

220. L'intégration dans un ensemble d'Etats relève d'un choix fondamental de l'Etat, consistant en l'adhésion à la Constitution d'un Etat fédéral, ou à un autre type de fédération [759] ou à un traité créant une entité supranationale. La question qui se pose à cet endroit du cours est de savoir si cette donnée politique a des incidences sur le droit international privé de l'Etat et en particulier si elle entraîne des spécificités dans le règlement des conflits de juridictions et de lois à l'intérieur de l'espace intégré.

Une théorie générale des liens entre fédéralisme (au sens le plus large) et droit international privé serait possible, mais elle donnerait des résultats trop disparates pour être utiles dans le cadre d'un cours consacré à l'incidence du politique sur le droit international privé. Dans certains cas, par exemple la Suisse ou l'Allemagne, la création d'un Etat fédéral s'est accompagnée progressivement d'une unification législative en droit privé, à un point tel que les conflits de lois à l'intérieur de la fédération ne présentent plus de réel intérêt (certainement moins qu'au sein d'Etats qui ne sont pas, ou pas encore, des Etats fédéraux, tels le Royaume-Uni ou l'Espagne); de même, dans le cas suisse ou allemand, la suppression totale des barrières à la libre circulation des jugements à l'intérieur de l'espace fédéral fait qu'un jugement rendu dans un canton suisse, ou dans un *Land* allemand, produira ses effets sans restrictions dans l'Etat fédéral tout entier [760]. S'il n'est pas exclu que l'exemple de l'unification allemande ait pu être présent à l'esprit de la Commission européenne lorsqu'elle proposa l'abolition complète, dans le cadre de la révision du règlement Bruxelles I, de l'exequatur [761] (ou soit présent à l'esprit de certains des promoteurs d'une unification européenne du droit privé matériel), il est un fait que les deux systèmes

759. Sur la distinction (qui dépend toutefois de la terminologie adoptée) entre Etat fédéral et fédération, voir O. Beaud, *Théorie de la fédération*, Paris, PUF, 2007.
760. O. Beaud, *op. cit.*, p. 208 et note 3 à propos de la Suisse, la même solution valant pour l'Allemagne (p. 209).
761. *Infra* n° 235.

ne sont pas comparables, de même que n'y est pas comparable le système américain.

A l'opposé du fédéralisme suisse ou allemand se situe le fédéralisme typique du monde anglophone, avec les exemples importants des Etats-Unis d'Amérique, de l'Australie et du Canada. Ceux-ci montrent qu'il est possible d'avoir un haut degré d'intégration politique au sein d'un Etat fédéral, tout en laissant subsister un tout aussi haut degré de diversité législative et (sauf, il est vrai, dans le cas australien) jurisprudentielle entre les Etats constituant la fédération, et des systèmes de reconnaissance des jugements qui favorisent certes l'intégration de la nation, mais qui ne reviennent pas à la solution simple de la Suisse et de l'Allemagne [762].

221. Une comparaison plus ciblée sera plus éclairante pour notre propos. Il s'agira de comparer les règles du droit international privé en vigueur aux Etats-Unis et dans l'Union européenne, en tant qu'ils sont spécifiquement affectés par le modèle d'intégration de ces deux unions d'Etats.

Sur le plan politique, le degré d'intégration des Etats-Unis et de l'Union européenne n'est pas seulement différent : il n'est pas comparable. Les Etats-Unis sont un Etat fédéral, l'Europe ne l'est pas juridiquement [763] et ne le sera peut-être jamais. Dès lors, l'invocation d'un « fédéralisme européen » conjointement avec le modèle américain relève soit d'une approche schématisante de droit comparé qui préfère l'inclusion aux distinctions analytiques [764], soit d'un acte de foi politique qui est

762. Le chapitre 4 de l'ouvrage d'A. Mills, *The Confluence of Public and Private International Law*, Cambridge, Cambridge University Press, 2009, contient notamment une comparaison des fédéralismes américain, australien et canadien sous l'angle du droit international privé. Il en ressort également que l'expérience fédérale australienne et canadienne (et les clauses correspondantes de leurs constitutions) leur a permis de s'émanciper de certaines rigidités du modèle anglais de droit international privé.

763. La démonstration en a été faite, notamment, dans l'arrêt du Tribunal constitutionnel fédéral allemand du 30 juin 2009, *Traité de Lisbonne*, *BVerfGE*, volume 123, p. 267, qui caractérise l'Union comme un *Staatenverbund*, non un *Bundesstaat* et retient que sa transformation en Etat fédéral présupposerait, en Allemagne, un référendum légitimant cet abandon de la souveraineté de l'Etat allemand.

764. Elle peut se justifier, mais devra rester consciente de l'existence même des importantes distinctions sur laquelle elle choisit de ne pas mettre l'accent. Ainsi, c'est une option prise, dans un souci d'expressivité, par certains spécialistes du droit international privé : R. Michaels, « The New European Choice-of-Law Revolution », *Tul. L. Rev.*, volume 82 (2008), p. 1607 ss, spéc. p. 1617 ss ; H. Muir Watt, « European Federalism and the "New Unilateralism" », *ibid.*, p. 1983 ss ; A. Mills, *op. cit.*, *supra* note 762, p. 116-117, p. 175 ss ; J. Heymann, *Le droit international privé à l'épreuve du fédéralisme européen*, Paris, Economica, 2010 ; Y.-E. Le Bos, *Renouvellement de la théorie du conflit de lois dans un contexte fédéral*, Paris, Dalloz, 2010 ; G. Cuniberti, *Conflict of Laws, A Comparative Approach*, Cheltenham, Edward Elgar, 2017, p. 68 ss ;

parfaitement respectable en tant que tel, mais qui était plus répandu à une époque antérieure du projet européen [765] qu'à l'époque actuelle, où cette idée n'est vraisemblablement majoritaire qu'au sein de quelques cercles bien délimités intellectuellement ou professionnellement.

La création d'une fédération peut être un événement localisable dans le temps avec précision comme l'était la Convention de Philadelphie de 1787. Ou alors un processus (quitte à ce qu'à son terme se place un acte constitutionnel formel qui en prend acte) – et c'était là l'idée de Jean Monnet, principal inspirateur de la déclaration Schuman de 1950:

> «L'Europe ne se fera pas d'un coup, ni dans une construction d'ensemble. Elle se fera par des réalisations concrètes, créant d'abord une solidarité de fait.» [766]

Ce processus à visée fédérale a toujours eu le soutien des juges européens, dont la jurisprudence était dès le début favorable à l'intégration de l'Europe par le droit en construisant un ordre juridique européen sur une base implicitement fédéraliste [767], et qui n'ont pas hésité à assimiler les traités consécutifs de la Communauté européenne à une constitution – assimilation qui ne peut être reconnue comme intellectuellement valable que dans une analyse très fonctionnelle, plus proche de la science politique que du droit [768].

---

voir également (mais il s'agit d'une contribution très nuancée) J. Basedow, «Internal and External Conflicts, Federalism, and Market Regulation», *Tul. L. Rev.*, volume 82 (2008), p. 2119 ss.

Ou alors en droit institutionnel, avec toutes les nuances qui s'imposent: K. Lenaerts, «Constitutionalism and the Many Faces of Federalism», *Am. J. Comp. L.*, volume 38 (1990), p. 205 ss spéc. p. 207-208; ou encore, dans une optique politique libérale, E. Zoller, «Aspects internationaux du droit constitutionnel. Contribution à la théorie de la fédération d'Etats», *Recueil des cours*, tome 294 (2002), p. 39 ss, spéc. p. 153: selon elle, en Europe comme aux Etats-Unis, «c'est par les libertés et droits individuels que le fédéralisme a progressé». Voir encore, plus neutre (mais de la part d'un professeur de droit européen, qui ne peut, par état, être sans sympathies pour l'unification européenne), V. Constantinesco, «Europe fédérale ou fédération d'Etats-nations?», dans R. Dehousse (dir. publ.), *Une Constitution pour l'Europe?*, Paris, Fondation nationale des sciences politiques, 2002, p. 115 ss.

765. Pour un rappel, voir B. Olivi et A. Giacone, *L'Europe difficile. Histoire politique de la construction européenne*, Paris, Gallimard (coll. folio histoire), 2007.

766. Olivi et Giacone, *op. cit.*, p. 28.

767. Voir J. H. H. Weiler, «The Transformation of Europe», *Yale L.J.*, volume 100 (1991), p. 2403 ss.

768. Analyse adoptée à partir de l'arrêt de la Cour de justice du 23 avril 1986, *Les Verts c. Parlement*, C-294/83, ECLI:EU:C:1986:166, point 23: «la charte constitutionnelle de base qu'est le traité». Depuis lors, cette assimilation, en jurisprudence, du droit des traités européens à un droit constitutionnel est paradoxalement devenue d'autant plus intense que la crise politique de l'Europe s'est aggravée, notamment depuis l'échec en 2005 du projet de Traité établissant une constitution pour l'Europe: ceci s'est montré de manière spectaculaire (et pertinente en matière de droit international privé) dans l'avis

Le «fédéralisme européen» réel n'est actuellement pas de nature fédérale, mais reste de nature supranationale [769] – ce qui n'est pas rien, et indique en lui-même un degré très respectable d'intégration des Etats membres. Néanmoins, l'Union européenne, tout en restant une organisation supranationale, a un certain nombre d'aspects authentiquement fédéraux [770]. Ces aspects de fédéralisme ne sont pas suffisants pour que l'Union européenne en son ensemble puisse être actuellement considérée comme une entité quasi fédérale – il manque ces éléments essentiels que sont la mise en commun de la diplomatie, de la défense et de ressources fiscales importantes (ou même le développement d'une politique économique commune cohérente, allant au-delà de l'organisation de la concurrence). Mais des îlots de fédéralisation existent dès à présent. Il existe une monnaie, acceptée par la plupart des Etats membres comme remplaçant leurs monnaies nationales; ou la création de qui est désigné, dans le langage promotionnel des institutions européennes, comme l'«espace de liberté, de sécurité et de justice». Les deux ont des aspects dysfonctionnels, mais ils existent, même s'ils ne lient pas tous les Etats membres, ou tous les Etats membres au même degré. Quant à la «citoyenneté de l'Union européenne», qui «s'ajoute à la citoyenneté nationale et ne la remplace pas» [771], elle est certes essentiellement une construction juridique et non une manifestation de l'existence d'un *demos* européen réellement existant (elle reste en cela conforme à la méthode de Jean Monnet ci-dessus mentionnée), mais le traité, et la jurisprudence de la Cour de justice, lui ont donné des effets réels, y compris en droit privé.

Avec la coopération en matière d'asile et en matière pénale, le droit international privé fait partie, au titre de la coopération judiciaire en matière civile, de cet îlot de fédéralisation qu'est l'espace de liberté, de sécurité et de justice. Il n'en est pas l'élément politiquement le plus important, mais il est celui qui fonctionne le mieux. C'est à ce titre

2/13 du 18 décembre 2014, ECLI:EU:C:2014:2454, points 158 ss, voir *infra* n° 241. Elle englobe, aujourd'hui, la Charte des droits fondamentaux de l'Union européenne comme élément d'unification des conceptions en matière de droits fondamentaux, conçue sur le modèle allemand.

769. Expression qui apparaît elle aussi dans la jurisprudence de la Cour de justice, à partir de l'arrêt du 10 mai 1960, *Erzbergbau*, affaire 3/58, ECLI:EU:C:1960:18. Voir aussi P. Pescatore, *Le droit de l'intégration*, Leyde, Sijthoff, 1972, réédition Bruxelles, Bruylant, 2005, p. 48 ss.

770. G. Bermann, «Regulatory Federalism: European Union and United States», *Recueil des cours*, tome 263 (1997), spéc. p. 20.

771. Article 20 TFUE.

qu'il peut être légitimement comparé aux réalisations correspondantes du droit américain [772].

2. Les Etats-Unis d'Amérique : décentralisation des règles, mais encadrement constitutionnel

a) *Des règles en principe décentralisées*

1) Décentralisation du droit privé, décentralisation du droit international privé

222. Le droit privé américain est le plus décentralisé, ou l'un des plus décentralisés, de tous les droits d'Etats fédéraux. De même que chaque Etat fédéré a son propre système (à la fois législatif et jurisprudentiel) de droit privé, que les juridictions fédérales respectent et qu'elles sont tenues d'appliquer [773], les Etats-Unis n'ont pas de droit international privé commun : ni les règles de conflits de lois [774], ni même les règles de conflits de juridictions ne sont des règles fédérales ; chaque Etat membre de la fédération américaine adopte ses propres règles, et elles diffèrent notablement entre elles, tout spécialement dans le domaine du conflit de lois.

Une certaine harmonisation des solutions de droit privé peut résulter du rapprochement volontaire des solutions législatives, sous forme de lois modèles préparées par la *Uniform Law Commission*, et de l'harmonisation des solutions jurisprudentielles, elle aussi volontaire (et incertaine), promue par les *Restatements* préparés par l'*American Law Institute*. Comme nous l'avons vu [775], le droit des conflits de lois reste, malgré l'existence de deux *Restatements*, entièrement non unifié, les solutions adoptées variant fortement.

---

772. La comparaison a été menée, par exemple, par P. Hay, O. Lando et R. Rotunda, « Conflict of Laws as a Technique for Legal Integration », dans M. Cappelletti, M. Seccombe et J.Weiler (dir. publ.), *Integration Through Law – Europe and the American Federal Experience*, volume 1, Book 2, Berlin, Walter de Gruyter, 1986, p. 160 ss.

773. *Erie Railroad Co. c. Tompkins*, 304 US 64 (1938), abandonnant la solution antérieure qui reposait sur l'hypothèse de l'existence d'une *common law*, donc d'un droit de nature jurisprudentielle, fédérale : *Swift c. Tyson*, 41 U.S. (16 Pet.) 1 (1842). Pour la défense et l'illustration du pluralisme des systèmes législatifs à l'intérieur de l'Union américaine, qui ferait des Etats fédérés des « laboratoires d'expérimentation » de solutions nouvelles aux problèmes économiques et sociaux, voir l'opinion dissidente du juge Brandeis dans *New State Ice Co. c. Liebmann*, 285 U.S. 262 (1932), spéc. p. 311.

774. *Klaxon Co. c. Stentor Electric Manufacturing Co.*, 313 U.S. 487 (1941).

775. *Supra* nº 69.

223. La contrepartie fédérale de cette décentralisation est un contrôle résultant des dispositions de la Constitution des Etats-Unis : sont pertinentes en l'occurrence deux passages de la Constitution, la *full faith and credit clause* et la *due process clause*.

La *full faith and credit clause* (article IV de la Constitution) [776] impose la reconnaissance mutuelle des actes des pouvoirs publics, y compris les jugements, entre Etats membres de la fédération américaine :

> « Full Faith and Credit shall be given in each state to the public Acts, Records, and judicial Proceedings of every other State. »

La garantie du *due process of law*, quant à elle, se retrouve dans le catalogue des droits fondamentaux, dit *Bill of Rights*, inséré à titre d'amendement dans la Constitution en 1791, ou elle représente le Cinquième Amendement. Cette garantie de droits individuels, opposable en vertu du Cinquième Amendement aux pouvoirs publics fédéraux, a été étendue en 1868, au lendemain de la Guerre civile, aux autorités des Etats fédérés par le Quatorzième Amendement :

> « . . . nor shall any State deprive any person of life, liberty, or property, without due process of law . . . ».

La garantie du *due process of law* utilise une notion qui, dans la jurisprudence constitutionnelle américaine, se caractérise par sa polysémie, visant à la fois des aspects procéduraux et des aspects de droit substantiel.

Les deux textes constitutionnels sont utilisés dans la jurisprudence américaine en vue de discipliner la diversité des solutions en matière de droit international privé, mais le degré de contrôle fédéral est nettement plus élevé, en droit contemporain, en matière de compétence des juridictions qu'en matière de règles de conflits de lois :

2) Le faible degré de contrôle fédéral sur les conflits de lois

> « It appears, then, that the Supreme Court has quite definitely committed itself to a program of making itself, to some extent, a tribunal for bringing about uniformity in the field of conflicts, both with reference to the law which should be regarded as applicable and to the proper field for considerations of local policy. » [777]

---

776. Sur les aspects historiques, voir K. Nadelmann, « Full Faith and Credit to Judgments and Public Acts », *Mich. L. Rev.*, volume 56 (1957), p. 33 ss.

777. E. M. Dodd, « The Power of the Supreme Court to Review State Decisions in the Field of Conflicts of Laws », *Harv. L. Rev.*, volume 39 (1926), p. 533 ss, spéc. p. 560.

224. Telle était la conclusion d'un article publié en 1926 par un professeur américain, E. Merrick Dodd, sur le contrôle constitutionnel, très réel à l'époque, assuré par la Cour suprême en matière de conflits de lois. A l'époque, la théorie américaine des droits acquis *(vested rights)* bénéficiait encore d'une reconnaissance incontestée [778], et elle était considérée comme constituant le lien entre le droit des conflits de lois et le droit constitutionnel fédéral, à travers les notions de *full faith and credit* [779] et de *due process of law* [780]. Si un droit pouvait être considéré, en application de cette théorie, comme dûment acquis sur le territoire d'un Etat donné, toute décision des tribunaux d'un autre Etat qui refusait d'en tenir compte privait potentiellement le titulaire de ce droit d'un élément de sa propriété, et méconnaissait de surcroît – s'il s'agissait d'un conflit de lois entre Etats fédérés – l'obligation d'accorder la reconnaissance mutuelle des actes législatifs de l'autre Etat fédéré. A l'époque par conséquent, le degré de contrôle fédéral sur les conflits de lois n'était pas faible, mais au contraire fort ; il était un reflet à la fois d'un consensus existant à l'époque sur le moyen de résoudre les conflits de lois et d'un consensus sur le haut degré de protection dû à la propriété privée en général, caractéristique des Etats-Unis d'Amérique du premier tiers du vingtième siècle.

A partir de l'époque du *New Deal*, ce double consensus s'affaiblit considérablement. Dans deux arrêts de 1935 et 1939, la Cour suprême permit aux Etats fédérés d'opposer leurs propres intérêts étatiques, par lesquels se manifestait leur propre politique, aux lois d'autres Etats fédérés qui auraient été seules applicables conformément aux principes traditionnels des conflits de lois et conformément à la théorie conflictualiste-constitutionnelle des *vested rights* [781]. Ces arrêts décident que la *full faith and credit clause* ne peut pas être interprétée en ce sens qu'elle oblige les Etats à renoncer à poursuivre leurs politiques propres [782].

---

778. *Supra* n° 62.

779. Pour une application en matière de conflit de lois, *Bradford Electric Light Co. c. Clapper*, 286 U. S. 145 (1932). Toutefois, l'arrêt contient une réserve de l'« ordre public » de l'Etat où les actes publics d'un autre Etat fédéré sont invoqués (p. 162).

780. *Home Insurance Co. c. Dick*, 281 U. S. 397 (1930). Dans cette affaire, la Cour suprême étendit la protection constitutionnelle aux droits acquis conformément au droit d'un Etat étranger, le Mexique.

781. *Alaska Packers Association c. Industrial Accident Commission of California*, 294 U. S. 532 (1935) ; *Pacific Employers Ins. Co. c. Industrial Accident Commission of California*, 306 U. S. 493 (1939).

782. *Alaska Packers Association*, précité, p. 547 :

> «A rigid and literal enforcement of the full faith and credit clause, without regard to the statute of the forum, would lead to the absurd result that, wherever

L'application radicale de l'obligation de reconnaissance mutuelle des lois des autres Etats membres serait même contraire avec le fédéralisme américain, tel que l'a compris à partir de cette époque la Cour suprême en mettant l'accent sur le fait que les Etats retiennent, nonobstant leur participation à la fédération, le droit de continuer à légiférer pour eux-mêmes. Se référant à la *full faith and credit clause*, l'arrêt de 1939 retient:

> «While the purpose of that provision was to preserve rights acquired or confirmed under the public acts and judicial proceedings of one state by requiring recognition of their validity in other states, the very nature of the federal union of states, to which are reserved some of the attributes of sovereignty, precludes resort to the full faith and credit clause as the means for compelling a state to substitute the statutes of other states for its own statutes dealing with a subject matter concerning which it is competent to legislate.» [783]

225. Comme nous l'avons vu, ce revirement de jurisprudence est indirectement à l'origine du développement ultérieur de l'*interest analysis* dans les conflits de lois [784]. Le développement des nouvelles solutions en matière de conflits de lois s'est accompagné d'une perte spectaculaire d'importance des deux dispositions de la Constitution qui étaient antérieurement invoquées. Désormais, dès lors qu'un Etat a d'une part des liens suffisants avec la situation et d'autre part un intérêt légitime à l'application de son propre droit, il ne lui est plus interdit constitutionnellement d'insister sur l'application de celui-ci [785]. Le lien suffisant n'est pas nécessairement un lien fondé sur la territorialité comme du temps des *vested rights*, ni même le «lien le plus étroit» au sens d'une conception proximiste du droit international privé, ou de la recherche du centre de gravité de la situation en cause. La jurisprudence de la Cour suprême le confirme, puisqu'elle s'abstient désormais de raisonner en termes de droits acquis ou de territorialité du

---

the conflict arises, the statute of each state must be enforced in the courts of the other, but cannot be in its own.»

783. *Pacific Employers Ins. Co.*, précité, p. 501.

784. *Supra* n° 63.

785. *Pearson c. Northeast Airlines, Inc.*, 309 F.2d 553 (2nd Cir. 1962), spéc. p. 559, et la jurisprudence citée. Sur la faiblesse du contrôle constitutionnel actuel, voir de manière générale S. Symeonides, «American Federalism and Private International Law», *Rev. hell. dr. int.*, 2010, p. 537 ss.

droit (et même plus généralement en termes de règles de conflits [786]), pour n'exiger plus que l'existence d'un lien minimal entre un Etat fédéré et la situation qu'il s'agit de réglementer pour conclure à la constitutionnalité de l'affirmation unilatérale de l'applicabilité de son propre droit par un Etat [787].

La question de l'incidence de la disposition constitutionnelle relative au *full faith and credit* était temporairement (re)devenue actuelle à propos des mariages entre personnes du même sexe qui étaient permis dans certains Etats fédérés, mais interdits dans d'autres. Le Congrès des Etats-Unis avait voté en 1996, comme il en a le droit au regard de la Constitution, une loi d'application de la *full faith and credit clause*: le *Defence of Marriage Act (DOMA)* proclamait qu'au regard de la loi fédérale, le mariage est censé être l'union entre un homme et une femme, et l'une de ses dispositions en déduisait qu'aucun Etat ne peut être tenu de donner effet aux lois d'un autre Etat découlant d'un mariage homosexuel [788]. Appliquant cette disposition du DOMA, la jurisprudence retint, dans un premier temps, qu'effectivement l'invocation de la *full faith and credit clause* à l'appui d'une obligation de reconnaître ces mariages était dépourvue de fondement, précisément parce que cette disposition de la Constitution n'exige pas d'un Etat d'appliquer les lois d'un autre Etat «en méconnaissance de son propre ordre public légitime» [789]. En déclarant inconstitutionnelles, pour violation du principe d'égalité, les lois des Etats fédérés ne reconnaissant pas le mariage entre personnes du même sexe, l'arrêt *Obergefell c. Hodges* de la Cour suprême [790] a supprimé ce conflit de lois.

---

786. Voir *Sun Oil Co. c. Wortman*, 486 U. S. 717 (1988), spéc. p. 727:

> «Today, for example, we do not hold that Kansas must apply its own statute of limitations to a claim governed in its substance by another State's law, but only that it may.»

787. *Allstate Insurance Co. c. Hague*, 449 U. S. 302 (1981). Dans des cas extrêmes d'absence de liens entre un Etat et la situation, les garanties constitutionnelles du *due process* et du *full faith and credit* continuent toutefois d'interdire l'application de la loi de l'Etat: voir *Phillips Petroleum Co. c. Shutts*, 472 U. S. 797 (1985), affaire dans laquelle il a été jugé que l'application du seul droit du Kansas à une action collective fondée sur la protection des droits contractuels des membres du groupe de demandeurs était inconstitutionnelle, dans la mesure où elle aboutissait à l'application du droit des contrats du Kansas même aux 99% des contrats en cause qui n'avaient aucun lien avec le Kansas, et au jugement des demandes des 97% des demandeurs qui n'avaient aucun lien avec cet Etat fédéré.

788. Voir C. Kessedjian, «Reconnaissance et *common law*», dans P. Lagarde (dir. publ.), *La reconnaissance des situations en droit international privé*, Paris, Pedone, 2013, p. 97 ss, spéc. p. 103-104.

789. *DeBoer c. Snyder*, 772 F.3d 388 (6th Cir. 2014), spéc. p. 418.

790. 576 U. S. – (2015), qui réforme l'arrêt *DeBoer c. Snyder* précité (devant la Cour d'appel, plusieurs mariages étaient en cause, dont le mariage de M. Obergefell). Dès

On retiendra en somme que la Cour suprême refuse actuellement d'assumer la responsabilité de l'harmonisation des règles de conflit de lois à l'intérieur de la fédération américaine. Le fait que, comme nous le verrons à présent, elle estime en revanche que la Constitution fédérale joue un rôle important en ce qui concerne les conflits de juridictions n'en devient que plus remarquable [791].

3) Le contrôle sur les règles de compétence juridictionnelle à travers la notion de due process

226. Depuis un arrêt *Pennoyer c. Neff* de la Cour suprême, rendu en 1877 [792], la *due process clause* du Quatorzième Amendement est utilisée afin de garantir les défendeurs contre une affirmation de compétence judiciaire dans des circonstances telles quel le droit au procès équitable se trouve méconnu. C'est ainsi que la Constitution des Etats-Unis est devenue un instrument de contrôle des compétences et d'élimination des compétences exorbitantes. On notera cependant que, si le droit constitutionnel fédéral s'est vu conférer ce rôle, le contrôle des compétences juridictionnelles joue dans les mêmes termes en faveur de défendeurs résidents d'autres Etats fédérés et en faveur de défendeurs résidents d'Etats étrangers : contrairement à la *full faith and credit clause*, lorsqu'elle impose la reconnaissance de jugements rendus à l'intérieur de la fédération américaine [793], le droit au procès équitable n'est pas à proprement parler un marqueur du caractère fédéral de l'Union.

C'est par un arrêt *International Shoe Co. c. Washington*, rendu en 1945, que la Cour suprême des Etats-Unis a donné leur forme moderne aux exigences du Quatorzième Amendement quant à la compétence à l'égard des défendeurs non résidents : il faut qu'il existe des « contacts minimaux » entre le défendeur et le for afin que soient respectées les « notions traditionnelles du fair-play et de la justice matérielle » :

> « due process requires only that in order to subject a defendant to a judgment in personam, if he be not present within the territory

---

avant l'arrêt *Obergefell*, la Cour suprême avait invalidé le DOMA dans son application aux avantages découlant de la loi fédérale : *United States c. Windsor*, 570 U. S. 744 (2013).

791. Cf. A. T. von Mehren, « Conflict of Laws in a Federal System : Some Perspectives », *ICLQ*, volume 18 (1969) p. 681 ss, spéc. p. 687.

792. 95 U. S. 714.

793. *Infra* n°s 229 ss.

of the forum, he have certain minimum contacts with it such that the maintenance of the suit does not offend "traditional notions of fair play and substantial justice" » [794].

Un arrêt postérieur, l'arrêt *Hanson c. Denckla* de 1958, interprète la décision de la Cour suprême dans l'affaire *International Shoe* comme subordonnant à un acte du défendeur lui-même, par lequel celui-ci a *intentionnellement cherché à bénéficier de l'avantage de l'exercice d'une activité dans le for*, la constitutionnalité de l'affirmation de la compétence des tribunaux de for à son égard :

> « . . . it is essential in each case that there be some act by which the defendant purposefully avails itself of the privilege of conducting activities within the forum State, thus invoking the benefits and protections of its laws » [795].

227. Cette jurisprudence de la Cour suprême a donné aux Etats fédérés le signal d'un contrôle fédéral réel, mais *flexible* [796]. Chacun des Etats a dès lors défini ou redéfini, par voie législative, les limites de la compétence de ses tribunaux et les a en fait étendues – d'où le nom *« long-arm statute »* que porte ce type de disposition législative : symboliquement, le pouvoir judiciaire de l'Etat acquiert les « bras longs » pour atteindre des défendeurs non résidents [797]. Parfois précis dans l'énumération des cas dans lesquels les tribunaux du for peuvent devenir compétents à l'égard de défendeurs non résidents, les *long-arms statutes* permettent parfois, au contraire, l'affirmation de la compétence dans tous les cas dans lesquels elle est constitutionnellement permise. Ainsi, le Code de procédure civile de la Californie prévoit tout simplement, dans la définition de la compétence des tribunaux californiens, ce qui suit :

> « A court of this state may exercise jurisdiction on any basis not inconsistent with the Constitution of this state or the United States. » [798]

---

794. *International Shoe Co. c. Washington*, 336 U. S. 310 (1945), spéc. p. 316 (avec une citation de l'arrêt *Milliken c. Meyer*, 311 U. S. 457 (1940)).
795. *Hanson c. Denckla*, 357 U. S. 235 (1958), spéc. p. 253.
796. Alors que, selon la jurisprudence antérieure, la *due process clause* était interprétée comme exigeant la signification physique dans l'Etat du for de l'assignation au défendeur, méthode traditionnelle de constitution de la compétence à l'égard du défendeur, tant en droit anglais qu'en droit américain.
797. Hay, Borchers, Symeonides, Whytock, *Conflict of Laws*, 6e édition, St. Paul, West, 2018, p. 348 ss.
798. Cal. Code civ. proc. section 410.10.

Dans tous les cas, les droits constitutionnels des défendeurs bénéficient d'une primauté par rapport aux dispositions législatives. En conséquence, soit que le *long-arm statute* pertinent se réfère purement et simplement à la Constitution comme seule limite de la compétence des tribunaux, soit que le *long-arm statute* définisse lui-même les bases de compétence, l'application des critères constitutionnels reste nécessaire avant qu'un tribunal puisse affirmer définitivement sa compétence pour connaître d'un litige. Le contrôle constitutionnel fait qu'il n'est jamais possible aux juridictions des Etats de se déclarer compétentes, à l'égard de défendeurs non résidents, par référence à des critères qui fonctionnent mécaniquement. Dans chaque cas, la vérification du caractère raisonnable de l'affirmation de la compétence, par rapport au critère des contacts minimaux entre le défendeur et le for et par rapport à l'exigence que ces contacts reposent sur une activité du défendeur lui-même, est nécessaire.

228. La flexibilité dans les critères de la compétence a toujours encouragé des pratiques de *forum shopping*. La plus remarquable de celles-ci a sans doute été l'utilisation très créative de la compétence fondée sur les activités commerciales exercées par le défendeur dans l'Etat du for *(doing business jurisdiction)*, longtemps entendue comme n'exigeant pas l'existence d'un lien précis entre ses activités commerciales et le litige, puisque cette base de compétence était censée être une base de compétence générale et non une base de compétence spécifique. Sur ce point, la jurisprudence de la Cour suprême est devenue beaucoup plus restrictive à partir de 2011 : désormais, pour qu'une juridiction puisse assumer à l'égard d'un défendeur une compétence générale, indépendante de l'existence d'un lien entre le for et le litige particulier, il ne suffit plus que le défendeur ait eu des contacts, même continus et systématiques, avec l'Etat du for, il faut qu'il soit « chez lui » dans l'Etat du for [799], ce qui signifie, pour les défenseurs personnes morales, qu'il sera difficile de justifier de cette compétence lorsque la partie défenderesse n'a pas été constituée dans l'Etat du for et n'y maintient pas non plus son principal siège d'affaires [800]. Désormais par conséquent, le contrôle par le droit fédéral se fait dans un sens plus conservateur – et plus favorable aux défendeurs – que la jurisprudence antérieure des juridictions fédérales inférieures, qui était en faveur de

799. *Goodyear Dunlop Tires Operations, S. A. c. Brown*, 564 U. S. 915 (2011), spéc. p. 924 *(« essentially at home »)*.
800. *Daimler A.G. c. Bauman*, 571 U. S. 117 (2014), spéc. p. 137-138.

la reconnaissance de la compétence générale fondée sur les activités commerciales exercées par le défendeur dans l'Etat du for [801].

b) *Une obligation constitutionelle : la reconnaissance des jugements à l'intérieur de la fédération américaine*

229. Alors que la reconnaissance internationale des jugements internationaux repose, aux Etats-Unis, sur l'idée de courtoisie internationale (*comity* [802]) et laisse un large pouvoir d'appréciation à l'Etat du for de la reconnaissance, qui peut toujours s'opposer à une reconnaissance qui ne correspond pas à ses propres conceptions de la régularité internationale des jugements, la reconnaissance à l'intérieur de la fédération américaine relève d'une obligation constitutionnelle au regard de la *full faith and credit clause* de la Constitution [803]. En cette matière – et contrairement au rôle effacé que cette disposition constitutionnelle joue en matière de conflits de lois –, la *full faith and credit clause* est considérée comme impliquant des obligations strictes à la charge des juridictions auxquelles est demandée la reconnaissance interfédérale d'un jugement. La Cour suprême a rattaché cette obligation à la nature même du fédéralisme américain :

> « The very purpose of the full faith and credit clause was to alter the status of the several states as independent foreign sovereignties, each free to ignore obligations created under the laws or by the judicial proceedings of the others, and to make them integral parts of a single nation throughout which a remedy upon a just obligation might be demanded as of right, irrespective of the State of its origin » [804].

En matière de reconnaissance des jugements par conséquent, la *full faith and credit clause* a pour but de renforcer l'Union, et accessoirement de promouvoir l'uniformité des solutions et de garantir le caractère définitif de la chose jugée par un tribunal donné à l'intérieur de l'Union, lorsqu'aucune voie de recours n'est plus possible contre son

---

801. Une jurisprudence ouvertement *business friendly*? Voir la discussion par C. Robertson et C. Rhodes, « The Business of Personal Jurisdiction », *Case W. Res. L. Rev.*, volume 67 (2017), p. 775, qui se demandent toutefois si le nouveau conservatisme de la Cour ne se manifeste pas simplement par un plus haut degré de « formalisme », y compris dans l'appréciation des règles de compétence.

802. *Infra* n° 285.

803. Pour le texte de la clause, voir *supra* n° 223.

804. *Milwaukee County c. M.E. White Co.*, 296 U. S. 268 (1935), spéc. p. 276-277.

jugement [805]. Des exceptions à l'obligation de reconnaître les jugements existent, mais elles sont rares : le défaut de compétence de la juridiction d'origine du jugement (mais ceci à condition qu'il se soit agi d'un jugement par défaut, puisque dans le cas contraire, la question de la compétence est censée avoir été tranchée définitivement lors du premier procès), la violation du droit au procès équitable (à la même condition : que le jugement ait été rendu par défaut), et peut-être certains cas de méconnaissance de l'ordre public de l'Etat de la reconnaissance [806].

230. Mais est-ce que l'exception de l'ordre public peut réellement être opposée au jugement d'un autre Etat fédéré ? Une section du Second *Restatement* des conflits de lois le prétend, mais relève que cette possibilité a un champ d'application « extrêmement restreint » [807]. En général, la doctrine américaine estime que l'exception d'ordre public dans la reconnaissance interfédérée des jugements est en réalité inexistante [808] ou presque [809].

La jurisprudence de la Cour suprême le confirme. En 1908, dans l'affaire *Fauntleroy c. Lum* [810], il fut décidé qu'un jugement obtenu au Missouri devait obligatoirement être reconnu au Mississippi, et ce malgré le fait qu'il eût trait à un contrat conclu et exécuté au Mississippi et considéré, à l'époque, comme contraire à la loi de ce dernier Etat (il s'agissait d'un contrat de vente à terme de produits agricoles conclu à des fins purement spéculatives). Selon la majorité de la Cour, la *full faith and credit clause* s'applique : le jugement est à considérer comme définitif, il ne peut pas être attaqué indirectement au Mississippi, alors même qu'il reposerait sur une mauvaise application du droit de cet Etat. Le fait de devoir reconnaître, en vertu de la Constitution, les jugements

805. C. Kessedjian, *La reconnaissance et l'exécution des jugements en droit international privé aux Etats-Unis*, Paris, Economica, 1987, p. 114-118.

806. P. Hay, « Comments on Public Policy in Current American Conflicts Law », dans *Festschrift Jan Kropholler*, Tübingen, Mohr Siebeck, 2008, p. 89 ss, spéc. p. 90-92.

807. *Restatement Second, Conflict of Laws*, St. Paul, American Law Institute Publishers, 1971, volume I, paragraphe 103 et commentaire *a)*.

808. W. Reynolds, « The Iron Law of Full Faith and Credit », *Md. L. Rev.*, volume 53 (1994), p. 412 ss.

809. P. Hay, article cité *supra* note 806, p. 91. Hay, Borchers, Symeonides et Whytock, *Conflict of Laws*, *op. cit.*, *supra* note 797, p. 1407, expliquent qu'en ce qui concerne les jugements portant condamnation à payer une somme d'argent, le recours à l'ordre public est complètement exclu, au motif (propre à la *common law* américaine) qu'un jugement de ce type devient indépendant de la cause originaire de la demande, et qu'une condamnation à payer une somme d'argent ne peut pas être en elle-même contraire à l'ordre public. Ils notent que cette règle très conceptualiste cache en réalité une politique de protection du caractère définitif des jugements une fois obtenus.

810. 210 U. S. 230 (1908).

rendus dans les autres Etats fédérés n'est, selon l'arrêt, pas de nature à porter ombrage à la susceptibilité des Etats, « qui sont tous également concernés par la question » et qui peuvent tous se retrouver d'un côté ou de l'autre de la problématique [811].

Depuis lors, la jurisprudence américaine a eu l'occasion de confirmer la distinction qu'elle fait entre les conflits de lois – où les Etats sont pratiquement libres de mettre en vigueur des lois correspondant à leurs propres intérêts étatiques – et la reconnaissance des jugements à l'intérieur de la fédération américaine. Un arrêt de 1998 rappelle que la reconnaissance des jugements correspond à des obligations constitutionnelles contraignantes, destinées à transformer un ensemble d'Etats indépendants et souverains en une seule nation, ce qui leur interdit de continuer à opposer librement une exception d'ordre public à la reconnaissance des jugements [812].

C'est par la définition de règles spéciales de reconnaissance des jugements rendus par d'autres Etats de la fédération (et, en pratique, uniquement par elle) que se manifeste vraiment, en droit international privé, le caractère spécifiquement fédéral du droit américain.

3. L'Union européenne : centralisation des règles sur le plan législatif et encadrement par le « droit constitutionnel de l'Union »

a) *La centralisation des règles du droit international privé européen*

231. L'îlot de fédéralisation que constitue, à l'intérieur du droit supranational de l'Union européenne, le droit international privé [813] représente en même temps un ensemble de règles très centralisées – infiniment plus centralisées que les règles de droit international privé dans l'Etat fédéral américain. Aux Etats-Unis, les règles de droit international privé sont en principe des règles du droit des Etats fédérés ; en Europe, elles sont à présent en principe des règles issues de règlements européens détaillés, interprétés en dernier ressort par une Cour de justice unique et directement applicables dans les Etats membres.

---

811. P. 238. On notera qu'une forte minorité de quatre juges estimait à l'époque que, contrairement à l'opinion de la majorité, l'exception d'ordre public devait être réservée, puisqu'elle ne serait qu'un effet indirect du droit de chacun des Etats de mettre en vigueur ses propres réglementations de police.

812. *Baker c. General Motors Corp.*, 522 U. S. 222 (1998), spéc. p. 232-234.

813. Cf. l'introduction au présent chapitre, *supra* n° 221.

L'article 81 du Traité sur le fonctionnement de l'Union européenne, base de compétence du législateur européen pour réglementer le droit international privé, est ainsi rédigé :

> « le Parlement européen et le Conseil, statuant conformément à la procédure législative ordinaire, adoptent, notamment lorsque cela est nécessaire au bon fonctionnement du marché intérieur [814], des mesures visant à assurer :
>
> *a)* la reconnaissance mutuelle entre les Etats membres des décisions judiciaires et extrajudiciaires, et leur exécution ;
>
> *b)* la signification et la notification transfrontières des actes judiciaires et extrajudiciaires ;
>
> *c)* la compatibilité des règles applicables dans les Etats membres en matière de conflit de lois et de compétence ;
>
> . . . ».

Et cette compétence a effectivement été utilisée : des règlements ont très rapidement été adoptés dans tous ces domaines. Là où il s'agit de règlements en matière de conflits de lois, ces règlements prennent (en substance) la forme de « lois uniformes », c'est-à-dire qu'ils s'appliquent également lorsque la loi applicable n'est pas celle d'un Etat membre. En revanche, les règles applicables à la reconnaissance des jugements ne s'appliquent qu'à la reconnaissance des jugements d'autres Etats membres de l'Union, et les règles de compétence uniformes visent en général uniquement des situations localisées dans l'Union européenne.

Dans les Etats membres qui participent, outre aux règlements liant tous les Etats membres [815], aux coopérations renforcées dans les domaines de la loi applicable au divorce et à la séparation de corps,

---

814. Le terme « notamment », qui permet l'exercice de la compétence en question même lorsque cela n'est *pas* « nécessaire au bon fonctionnement du marché intérieur », a été inséré dans le Traité par le traité modificatif de Lisbonne de 2007. Antérieurement, l'article 65 du Traité instituant la Communauté européenne prévoyait (depuis le Traité d'Amsterdam de 1997, qui fit de la « coopération judiciaire dans les matières civiles ayant une incidence transfrontière » un domaine relevant du pouvoir législatif européen) que les mesures prises devaient l'être « dans la mesure nécessaire au bon fonctionnement du marché intérieur ». Ce lien avec le bon fonctionnement du marché intérieur comme exigence préalable à l'intervention d'une réglementation était potentiellement problématique en ce qui concernait certains des règlements projetés (cf. C. Kohler, « Interrogations sur les sources du droit international privé européen après le Traité d'Amsterdam », *Rev. crit.*, 1999, p. 1 ss). Il a donc été supprimé par le Traité de Lisbonne précisément pour permettre l'unification complète des règles du droit international privé, si elle était souhaitée par le Parlement européen et le Conseil.

815. Sauf le Danemark, qui a obtenu une exemption générale de la participation à l'« espace de liberté, de sécurité et de justice » européen. Le Royaume-Uni et l'Irlande ont exercé leur faculté d'*opt in* à l'égard de la plupart des règlements en matière de droit

aux régimes matrimoniaux et aux effets patrimoniaux des partenariats enregistrés, il reste à présent très peu du droit international privé autonome d'autrefois, spécialement en ce qui concerne les conflits de lois [816]. L'européanisation du droit international privé est en même temps la seule *success story* dans l'européanisation effective, par voie législative, d'une branche du droit privé – celle, sans doute, qui s'y prêtait le mieux, et dont l'européanisation ne se heurtait pas à des résistances fortes, contrairement à l'européanisation du droit privé matériel.

Que la fédération américaine fonctionne et fasse fonctionner son économie et la vie de ses citoyens, malgré sa diversité des règles du droit privé et de droit international privé, est évidemment de nature à relativiser l'affirmation, que l'on trouve dans les préambules des premiers règlements européens en matière de conflits de lois, que la promulgation de ces règlements est une *exigence* du « bon fonctionnement du marché intérieur » [817]. Mais il n'y a pas de raison particulière pour que le degré de tolérance de la diversité des règles de droit international privé soit nécessairement le même dans chaque union d'Etats. Retenons en tout cas que le modèle européen est centralisateur [818].

232. A côté de cette centralisation assurée par l'unification européenne des règles de droit international privé, il existe une incidence des règles du droit primaire de l'Union – les traités qui tiennent lieu de droit

---

international privé ; une exception d'importance majeure est le règlement Successions, (UE) n° 650/2012.

816. En matière de conflits de lois, ce qui reste – provisoirement ou définitivement – en dehors du champ d'application des règlements est le droit des biens, une partie du droit des sociétés, le droit de l'état des personnes physiques, le droit des incapacités, le droit du mariage (hors divorce et hors régimes matrimoniaux) et des autres unions et le droit de la filiation, y compris la filiation adoptive. Pour ce qui est des conflits de juridictions, il est vrai, la compétence à l'égard de défendeurs non intégrés dans l'Union et les effets des jugements d'Etats tiers restent dans une large mesure réglementés par le droit international privé autonome des Etats membres.

817. Le règlement Rome I de 2008 (considérant n° 6) et le règlement Rome II de 2007 (considérant n° 6) concordent :

> « Le bon fonctionnement du marché intérieur exige, afin de favoriser la prévisibilité de l'issue des litiges, la sécurité quant au droit applicable et la libre circulation des jugements, que les règles de conflit de lois en vigueur dans les Etats membres désignent la même loi nationale quel que soit le pays dans lequel l'action est introduite. »

Cette affirmation pouvait sans doute paraître opportune, avant l'entrée en vigueur en 2009 du Traité de Lisbonne de 2007 (cf. *supra* note 814).

818. Voir en particulier sur le modèle de l'espace judiciaire commun européen avec ses règles détaillées de litispendance et de connexité, D. Bureau et H. Muir Watt, *Droit international privé*, 4e édition, Paris, PUF, 2017, tome II, n° 1124.

constitutionnel à l'Union européenne[819] – sur les règles de conflit de lois. Nous avons déjà eu l'occasion de voir que les principes de la libre circulation, et ceux de la citoyenneté européenne, ont été interprétés par la Cour de justice de l'Union européenne dans le sens de l'adoption obligatoire, dans certains cas, de la méthode de la reconnaissance des situations[820]. Cette jurisprudence ne concerne que la reconnaissance de situations dès à présent constituées dans d'autres Etats membres, et nous n'y reviendrons pas ici. A côté d'elle, il y a la discussion en droit européen d'une incidence possible des règles du droit primaire européen sur les règles de détermination de la loi applicable.

Cette discussion n'est pas sans ressemblance avec la jurisprudence constitutionnelle portant sur les règles de conflit de lois, qui existait aux Etats-Unis jusqu'en 1935[821]. Devant les tribunaux américains, il s'agissait de défendre le droit de propriété privée contre des atteintes qui lui seraient portées par des lois des Etats fédérés qui se voudraient applicables en dehors des cas prévus par la théorie des *vested rights*, adoptée à l'époque en droit international privé américain. Résolue aux Etats-Unis, en 1935, dans le sens de la liberté des Etats fédérés à poursuivre leurs politiques propres à travers l'application de leurs propres lois, cette discussion a ressurgi, mais sous une forme différente, en droit européen. Il ne s'agit plus de défendre une théorie particulière de droit international privé, ou la propriété privée, mais de savoir si un principe fondamental du droit primaire de l'Union, le principe de la libre circulation (et peut-être plus particulièrement le principe de la libre circulation des services) n'impose pas, dans les conflits de lois, l'application de la « loi du pays d'origine »[822]. Défendue au cours des années 1990 par des auteurs importants[823], cette idée se base sur le

819. *Supra* n° 221 et note 768.

820. *Supra* n°s 139 et 144. Les cas qui sont apparus en jurisprudence sont la constitution d'une société dans un autre Etat membre ou le transfert international de son siège social, l'acquisition d'un nom dans un autre Etat membre et peut-être la reconnaissance (limitée) des mariages entre personnes du même sexe.

821. *Supra* n° 224.

822. Pour une étude d'ensemble (en fin de parcours, après que la discussion se soit déroulée, et concluant à l'inexistence d'une règle de conflit cachée fondée sur le principe du pays d'origine), voir M. Ho-Dac, *La loi du pays d'origine en droit de l'Union européenne. Analyse sous l'angle du droit international privé*, Bruxelles, Bruylant, 2012, spéc. p. 191 ss.

823. W.-H. Roth, « Der Einfluss des Europäischen Gemeinschaftsrechts auf das Internationale Privatrecht », *RabelsZ*, 1991, p. 623 ss, spéc. p. 651 ss et p. 668 (mais il s'agit d'une contribution essentiellement modérée, qui ne conclut pas à la nécessité d'un changement d'approche radical dans la formulation des règles de conflit), puis, plus énergique, L. Radicati di Brozolo, « L'influence sur les conflits de lois des principes de droit communautaire en matière de liberté de circulation », *Rev. crit.*, 1993, p. 401 ss ;

raisonnement, ici simplifié, suivant. Un prestataire de services qui bénéficie de la libre prestation de services dans les autres Etats membres (dans le «marché intérieur») a normalement un droit à l'application de sa propre loi aux services qu'il preste, car l'application d'une autre loi – en particulier celle de l'Etat de destination – est en elle-même un obstacle à la libre prestation de services. Pourquoi? Parce qu'une règle de conflit qui ne respecte pas le contenu de la loi du pays d'origine contraint le prestataire de services à prendre en considération les exigences et contraintes additionnelles qui résultent de cette loi, ce qui représente un coût additionnel. Dès lors, l'application d'une loi autre que celle du prestataire ne peut être admise que si elle est en mesure de parcourir avec succès la justification des obstacles à la libre prestation de services: elle doit reposer sur des exigences impératives d'intérêt général et, surtout, le principe de la proportionnalité doit être respecté.

La thèse d'une règle de conflit cachée sous les principes du droit primaire sur la liberté de circulation, critiquée par d'autres auteurs [824], n'a jamais été consacrée par la jurisprudence de la Cour de justice.

233. Cependant, le législateur de l'Union a parfois imposé une solution similaire dans certains secteurs – non pas, en définitive, dans la directive générale relative aux services dans le marché intérieur [825], mais dans des domaines particuliers où une «clause marché intérieur» est utilisée pour supprimer les restrictions à la libre circulation dans le

---

pour la reconnaissance d'une règle de conflit implicite, de coloration matérielle, reposant sur l'application de la loi la plus favorable à l'opérateur économique qui bénéficie de la liberté de circulation, voir J. Basedow, «Das kollisionsrechtliche Gehalt der Produktionsfreiheiten im europäischen Binnenmarkt: *favor offerentis*», *RabelsZ*, 1995, p. 1 ss. En ce sens qu'une règle de conflit implicitement contenue dans la liberté de circulation ne peut pas, en pratique, remplacer l'harmonisation des lois dans le marché intérieur, voir S. Grundmann, «Binnenmarktkollisionsrecht – vom klassischen IPR zur Integrationsordnung», *RabelsZ*, 2000, p. 457 ss, spéc. p. 462.

824. M. Wilderspin et X. Lewis, «Les relations entre le droit communautaire et les règles de conflits de lois des Etats membres», *Rev. crit.*, 2002, p. 1 ss; M. Wilderspin, «Que reste-t-il du principe du pays d'origine? Le regard des internationalistes», *Europe*, juin 2007, p. 26 ss; M. Fallon et J. Meeusen, «Private International Law in the European Union and the Exception of Mutual Recognition», *Yearbook PIL*, volume 4 (2002), p. 37 ss, viennent à la conclusion que la revendication d'une mise en conformité de toutes les règles de conflits de lois avec le «principe du pays d'origine» est une revendication exagérée et politisée (p. 60), qui méconnaît des intérêts autres que ceux des professionnels, qui peuvent être légitimement défendus. En revanche, il existe selon ces auteurs une «exception de reconnaissance mutuelle» qui ne joue pas au niveau de l'élaboration des règles de conflit, mais au niveau de leur application et qui peut justifier l'éviction de certaines normes de droit matériel désignées par les règles de conflit de lois.

825. Sur le sort du premier projet de «directive Bolkestein», voir *supra* note 406.

marché intérieur. L'exemple sans doute le plus important est la directive sur le commerce électronique de 2000 [826]. Cette directive affirme certes qu'elle «n'établit pas de règles additionnelles de droit international privé et ne traite pas de la compétence des juridictions» (art. 1er, par. 4) mais elle n'en contient pas moins une clause de marché intérieur (art. 3, par. 2):

> «Les Etats membres ne peuvent, pour des raisons relevant du domaine coordonné, restreindre la libre circulation des services de la société de l'information en provenance d'un autre Etat membre.»

En l'occurrence, le droit privé applicable aux activités des prestataires de services fait partie du domaine coordonné par cette directive. En conséquence, la Cour de justice a décidé qu'il n'était certes pas nécessaire de transposer cette directive «sous forme de règle spécifique de conflit de lois», mais que néanmoins les Etats membres doivent assurer que «le prestataire d'un service du commerce électronique n'est pas soumis à des exigences plus strictes que celles prévues par le droit matériel applicable dans l'Etat membre d'établissement de ce prestataire» [827].

Même s'il est difficilement contestable que ceci est, en réalité, une règle de conflit de lois – certes non une règle de conflit multilatérale classique, mais une règle de conflit à finalité matérielle – le champ d'application de cette règle de conflit est limité aux cas dans lesquels il existe une règle de droit dérivé prescrivant une clause de marché intérieur similaire à celle de la directive sur le commerce électronique. Ce n'est pas une règle générale.

b) *Reconnaissance intra-européenne des jugements et «confiance mutuelle»*

1) Aspects théoriques: les implications d'une fédéralisation imparfaite

234. Dès l'entrée en vigueur de la Convention de Bruxelles du 27 septembre 1968 concernant la compétence judiciaire et l'exécution

826. Directive 2000/31/CE du Parlement européen et du Conseil du 8 juin 2000 relative à certains aspects juridiques des services de la société de l'information, et notamment du commerce électronique, dans le marché intérieur.

827. Arrêt du 25 octobre 2011, *eDate Advertising*, C-509/09 et C-161/10, ECLI:EU:C:2011:685, points 53-68.

des décisions en matière civile et commerciale, des commentateurs enthousiastes y avaient vu « un traité fédérateur » [828], contenant une « *full faith and credit clause* du marché commun » [829]. Ces appréciations étaient très exagérées (ou, pour le dire plus gentiment, très prospectives) : le modèle de la Convention de Bruxelles ne diffère du modèle des conventions universelles, notamment des conventions négociées dans le cadre de la Conférence de La Haye de droit international privé, que par son ambition d'englober de vastes pans de la « matière civile et commerciale » et surtout par l'interdiction du double contrôle des décisions sur la compétence, puisqu'une vertu de la Convention, la décision du tribunal d'origine sur sa propre compétence lie en principe les tribunaux de l'Etat de la reconnaissance [830]. Cette décision de supprimer, en principe, le double contrôle de la compétence est effectivement une mesure utile à la libre circulation des jugements, mais elle ne caractérise pas en elle-même une solution de type « fédéral ». La démonstration en a été apportée par la reprise du modèle de la Convention de Bruxelles par la Convention de Lugano, adoptée en 1988 et révisée en 2007. La Convention de Lugano lie les Etats membres de l'Union à d'autres Etats européens – l'Islande, la Norvège et la Suisse – qui ne font pas partie d'une union supranationale avec les Etats membres de l'Union. Pourtant, elle adopte elle aussi le système de la renonciation au double contrôle de la compétence du tribunal d'origine du jugement.

Il n'en reste pas moins que le modèle de la Convention de Bruxelles, avec sa suppression du double contrôle de la compétence, avait été justifié dans le rapport Jenard, rendant compte des travaux préparatoires de la Convention, par l'idée que « l'absence de révision quant au fond implique une *entière confiance* dans la juridiction de l'Etat d'origine » [831]. C'était là la première manifestation de ce qui allait

828. B. Goldman, « Un traité fédérateur : La Convention entre Etats membres de la CEE sur la reconnaissance et l'exécution des décisions en matière civile et commerciale », *RTD eur.*, 1971, p. 1 ss. A la fin de ce commentaire de la Convention de Bruxelles, l'auteur fait état des progrès importants « sur le chemin d'une véritable fédération européenne » qui résulteraient de la Convention (p. 39).

829. L. Bartlett, « Full Faith and Credit Comes to the Common Market : An Analysis of the Provisions of the Convention on Jurisdiction and Enforcement of Judgments in Civil and Commercial Matters », *ICLQ*, volume 24 (1975), p. 44 ss.

830. Article 28, paragraphe 3 de la Convention de Bruxelles (actuellement l'article 45, paragraphe 3 du règlement Bruxelles I*bis*). Des exceptions ont été prévues par la Convention et continuent de caractériser, actuellement encore, le règlement Bruxelles I*bis* : les compétences exclusives en raison de la matière et les compétences protectrices des parties faibles (cf. *supra* n° 98).

831. Rapport de M. P. Jenard sur la Convention du 27 septembre 1968 concernant la compétence judiciaire et l'exécution des décisions en matière civile et commerciale, *JOCE*, 1979, C 59, p. 1 ss, spéc. p. 46 (mise en évidence ajoutée).

se développer, conjointement avec l'intégration de l'espace judiciaire européen dans le traité lui-même, en un principe structurant du droit de l'Union : le principe de la confiance mutuelle entre les Etats membres.

Une référence à la « confiance que les Etats contractants accordent mutuellement à leurs systèmes juridiques et à leurs institutions judiciaires » figure déjà dans la jurisprudence de la Cour de justice sur la Convention de Bruxelles elle-même [832]. A la fin d'un processus purement jurisprudentiel [833], procédant par des références répétées au rôle central de la confiance mutuelle dans tous les domaines de l'espace de liberté, de sécurité et de justice, se situera l'intégration du concept de confiance mutuelle dans le « cadre constitutionnel de l'Union » par l'avis 2/13 de la Cour de justice [834].

235. Dans le domaine de la coopération judiciaire en matière civile et depuis les conclusions du Conseil européen de Tampere en 1999, la suppression non seulement des formalités dont s'entoure la procédure d'exequatur, mais encore du contrôle qui lui correspondait traditionnellement et qui restreignait la reconnaissance des décisions en provenance des tribunaux d'autres Etats membres, est présentée comme le but ultime à atteindre [835]. La réalisation de ce but est progressive et restera peut-être confinée à certains domaines précis, puisque sa mise en œuvre dans d'autres domaines, qui correspondait pendant une certaine période à la politique de la Commission européenne, a fini par se heurter au refus des Etats membres [836].

---

832. Arrêt du 9 décembre 2003, *Gasser*, C-116/02, ECLI :EU :C :2003 :657, point 72 ; arrêt du 27 avril 2004, *Turner*, C-159/02, ECLI :EU :C :2004 :228, point 24.

833. Quoique reflété dans des considérants (textes sans statut normatif proprement dit) de certains des règlements adoptés, par exemple le considérant 21 du règlement Bruxelles II*bis* : « La reconnaissance et l'exécution des décisions rendues dans un Etat membre devraient reposer sur le principe de la confiance mutuelle et les motifs de non-reconnaissance devraient être réduits au minimum nécessaire. »

834. Avis 2/13 du 18 décembre 2014, ECLI :EU :C :2014 :2454, points 165 ss.

835. Les grandes étapes sur le plan politique sont la réunion du Conseil européen de Tampere des 15 et 16 octobre 1999, le programme de La Haye de 2005 (JO 2005, C 236) et le programme de Stockholm de 2010 (JO 2010, C 115).

836. La proposition de la Commission de réaliser, dans une large mesure, la véritable suppression de l'exequatur lors de la refonte du règlement Bruxelles I, en supprimant notamment tout contrôle par rapport à l'ordre public de fond (proposition du 14 décembre 2010, COM(2010) 748 final), a échoué devant l'opposition des Etats membres. Elle a dû être remplacée par une procédure qui, tout en ne prévoyant plus l'obligation de demander une décision d'exequatur avant de pouvoir mettre à exécution une décision relevant du champ d'application du règlement, ne supprime pas pour autant la possibilité pour le défendeur de s'opposer, dans l'Etat membre de l'exécution, à celle-ci en faisant valoir entre autres l'incompatibilité de la décision étrangère avec l'ordre public (voir A. Compain, *La cohérence du droit judiciaire européen en matière civile et commerciale*, thèse Nantes 2012, n° 276 ; M. López de Tejada, *La disparition de l'exequatur dans l'espace judiciaire européen*, Paris, LGDJ, 2013, n° 454-1).

Sur un modèle commun dont l'idéal-type est constitué par le titre exécutoire européen institué par le règlement (CE) n° 805/2004, des titres «exécutoire[s] dans les autres Etats membres, sans qu'une déclaration constatant la force exécutoire soit nécessaire et sans qu'il soit possible de contester [leur] reconnaissance» [837] ont été introduits en matière d'enlèvement international d'enfants (ordres de retour régis par les articles 11, paragraphe 8, et 42 du règlement Bruxelles II *bis*, n° 2201/2003), d'injonction de payer (règlement n° 1896/2006), de petits litiges (règlement n° 861/2007) ou encore d'obligations alimentaires (règlement n° 4/2009, pour les décisions émanant d'un Etat membre lié par le Protocole de La Haye de 2007).

Cette forme radicale de suppression de l'exequatur, là où elle est mise en œuvre, a son sens politique : il s'agit de faire la démonstration de l'équivalence des institutions judiciaires entre les Etats membres, justifiant un traitement identique des décisions prononcées dans un autre Etat membre et des décisions prononcées dans le for de leur reconnaissance, et donc, au-delà, de faire une démonstration de la vitalité de l'idée d'unification européenne elle-même. L'enjeu pour l'Union de la suppression de l'exequatur est un enjeu réel : c'est une idée authentiquement fédéraliste à l'intérieur de l'espace judiciaire européen. Plus précisément, elle repose sur la *simulation* [838] de l'existence ponctuelle, dans cet espace, d'une situation caractéristique d'un Etat fédéral – et d'un Etat fédéral non pas à l'américaine, où un certain degré de double contrôle reste admis [839], mais d'un Etat fédéral du type suisse ou, de manière plus pertinente comme modèle de l'Union européenne, allemand [840].

236. La simulation ponctuelle de la réalité d'un Etat fédéral ne va évidemment pas sans problèmes. Le plus juridique de ceux-ci tient aux conséquences d'un non-respect des droits de la défense ou d'un autre droit fondamental lors du procès devant le tribunal de l'Etat d'origine.

La logique fédérale propre à un espace judiciaire pleinement intégré (dans une véritable fédération) impliquerait que ce problème ne se pose

---

Dans le cadre des règlements Successions (n° 650/2012), Régimes matrimoniaux (n° 2016/1103) et Effets patrimoniaux des partenariats enregistrés (n° 2016/1104), même l'exequatur préalable a été maintenu comme condition préalable à l'exécution.

837. Article 5 du règlement n° 805/2004.

838. C. Kohler, «Vertrauen und Kontrolle im europäischen Justizraum für Zivilsachen», *ZeuS*, 2016, p. 135 ss, spéc. p. 137 : «dass für das Hoheitsgebiet der Mitgliedstaaten Inlandsverhältnisse simuliert werden».

839. *Supra* n° 229.

840. *Supra* n° 220.

pas, du moins pas devant les juridictions de l'Etat d'exécution. Celles-ci seraient automatiquement tenues d'exécuter la décision définitive émanant d'un autre Etat membre au même titre qu'une décision émanant d'une juridiction de leur propre Etat. Les difficultés tenant à une éventuelle violation des droits fondamentaux seraient censées avoir été définitivement traitées en amont, dans l'Etat membre d'origine de la décision, à travers les voies de recours existant dans cet Etat. Une fois ces voies de recours épuisées, l'autorité de chose jugée de la décision serait la même dans tous les Etats membres de l'Etat fédéral et ne pourrait plus être discutée.

Mais l'Europe de l'espace de liberté, de sécurité et de justice n'est pas une véritable fédération. Les droits fondamentaux qui sont susceptibles d'avoir été méconnus dans l'Etat d'origine du jugement sont de trois ordres, qui causent pour chacun des problèmes juridiques distincts dans l'Etat membre d'exécution [841] : 1° les droits fondamentaux garantis par la Charte des droits fondamentaux de l'Union européenne ; 2° ceux garantis par la Constitution nationale de l'Etat d'exécution et qui s'exprimeront dans l'ordre public propre à cet Etat, et 3° les droits de l'homme garantis par la Convention européenne des droits de l'homme qui ont la particularité de pouvoir donner lieu, en cas de violation, à l'intervention de la Cour européenne des droits de l'homme.

Le modèle de protection des droits fondamentaux le plus centralisé serait un modèle qui reposerait exclusivement sur un contrôle par rapport à la Charte des droits fondamentaux, dont l'interprétation est en dernier ressort sous le contrôle de la Cour de justice. Il pourrait réserver la possibilité d'un double contrôle dans les deux Etats membres intéressés [842] ; mais il pourrait également être un contrôle assuré à travers les voies de recours existant dans le seul Etat membre d'origine de la décision, avec exécution obligatoire dans l'ensemble des Etats membres.

---

841. A côté d'une quatrième hypothèse, celle de l'allégation d'une violation de droits spécifiquement garantis par l'ordre juridique de l'Etat d'origine de la décision : ce moyen peut sans difficulté être considéré comme couvert par l'autorité de chose jugée de la décision qu'il s'agit de reconnaître dans l'Etat membre d'exécution.

842. Selon une proposition formulée par Agnieszka Frackowiak-Adamska en vue d'une réforme basée sur la généralisation du modèle du règlement Bruxelles I*bis* (plutôt que du modèle du titre exécutoire européen, qui paraît inopportun à l'auteure) : « Time for a European "Full Faith and Credit Clause" », *CML Rev.*, volume 52 (2015), p. 191 ss. Selon l'auteure, il n'y a plus de place pour l'exception d'ordre public national, « as the Member States of the EU share common values », p. 215.

Les droits fondamentaux garantis par la Constitution nationale de l'Etat membre d'exécution sont un autre obstacle potentiel à l'exécution de certaines décisions. Ils forment le substrat le plus important de l'ordre public national qui, dans la mesure où il est réservé par la législation européenne, est certes soumis à un contrôle européen, mais sans qu'il appartienne à la Cour de justice de définir le contenu de l'ordre public d'un Etat membre [843]. Par conséquent, la possibilité de l'intervention de l'ordre public national de procédure ou de fond, découlant notamment de la Constitution de l'Etat membre de la reconnaissance, à l'encontre d'une décision censée circuler conformément au règlement Bruxelles I *bis* – qui réserve la contrariété à l'ordre public national – reste une possibilité réelle [844]. L'intervention d'un ordre public national, fondée notamment sur les valeurs propres à une Constitution nationale, est évidemment un facteur irritant dans une lecture fédéralisante des principes de l'espace judiciaire européen. Elle doit néanmoins être tolérée même du point de vue du droit de l'Union, dans la mesure où telle est la décision du législateur européen [845]. Si en revanche, le règlement européen pertinent interdit le second contrôle par les juridictions de l'Etat membre d'exécution de la décision, la jurisprudence de la Cour de justice est fermement en ce sens qu'il n'est pas permis aux juridictions de cet Etat de faire prévaloir des principes se dégageant de leur Constitution nationale sur leurs obligations au

843. Arrêt du 16 juillet 2015, *Diageo Brands*, C-681/13, ECLI:EU:C:2015:471, point 42, et déjà l'arrêt du 28 mars 2000, *Krombach*, C-7/98, ECLI:EU:C:2000:164, points 22 et 23.

844. La possibilité d'une intervention de l'ordre public de fond a été démontrée par un récent arrêt de la Cour fédérale allemande (*BGH*, 19 juillet 2018, *NJW*, 2018, p. 3254). L'arrêt s'oppose à l'exequatur d'un jugement du tribunal de Cracovie qui avait ordonné à une chaîne de télévision allemande de publier sur son site Internet un texte, rédigé par le tribunal, par lequel elle s'excusait pour une publication antérieure qui avait fait inexactement référence à des « camps de concentration polonais », portant ainsi atteinte (selon le texte de l'excuse) aux « droits de la personnalité du demandeur, notamment à son identité nationale (son sentiment d'appartenance au peuple polonais) et à sa dignité nationale ». Pour la Cour fédérale allemande – qui ne nie pas que la publication originaire était inexacte et fautive –, cette condamnation porte atteinte au « droit négatif à la liberté d'expression » d'un organe de presse, au sens de la loi fondamentale allemande.

845. Voir en ce sens un discours de M. Koen Lenaerts, président de la Cour de justice, « The Principle of Mutual Recognition in the Area of Freedom, Security and Justice » (4th annual Sir Jeremy Lever Lecture, Oxford, 30 janvier 2015 publié sur www.law.ox.ac.uk), p. 28 :

> « Since the EU is governed by the principle of democracy, it is for the EU political process to draw the line between unity and diversity. As a court that upholds the rule of law, the ECJ may only ascertain that, when drawing that line, the EU political institutions have complied with primary EU law, notably with the Charter. »

regard du règlement européen [846]. Cependant, dans ce domaine comme dans d'autres, la primauté du droit de l'Union par rapport au droit constitutionnel national est plus aisément reconnue dans certains Etats membres que dans d'autres [847].

237. Les droits garantis par la Convention européenne des droits de l'homme représentent un cas à part. Ils sont en principe censés être protégés par les juridictions des Etat contractants à la Convention européenne, lorsqu'elles sont appelées à autoriser l'exécution d'une décision judiciaire étrangère dont il est allégué qu'elle aurait méconnu les droits garantis par la Convention [848]. Comme tous les Etats membres de l'Union européenne sont également Etats contractants à la Convention, les tribunaux de l'Etat membre d'exécution sont censés procéder à un second contrôle, par rapport aux critères de la Convention européenne, des décisions rendues à l'étranger – à moins que la Convention ne soit interprétée comme admettant une exception dans le contexte spécifique de l'exécution dans le cadre des règlements européens.

Le maintien de l'obligation de l'Etat d'exécution de la décision de procéder à un second contrôle ne serait a priori pas surprenant, précisément parce que l'Union européenne a certes « fédéralisé » le domaine de la reconnaissance et l'exécution des jugements à l'intérieur de l'espace judiciaire européen, mais à moitié seulement : elle a réaménagé les conditions de l'exécution des décisions, parfois même dans le sens de la force exécutoire automatique des décisions, mais sans que l'Union soit pour autant, au sens du droit international public, un Etat

---

846. Voir l'arrêt de principe en matière de mandat d'arrêt européen (régi par la décision-cadre 2002/584/JAI du Conseil) : arrêt du 26 février 2013, *Melloni*, C-399/11, ECLI :EU :C :2013 :107.

847. Ni en Espagne (Tribunal constitutionnel, 13 février 2014, STC 26/2014, suite de l'affaire *Melloni*, compte-rendu par A. Peyró Llopis à la *RTD eur.*, 2015, p. 230), ni en Allemagne (Tribunal constitutionnel fédéral, 15 décembre 2015, *BVerfGE*, volume 140, p. 317), les juridictions constitutionnelles n'ont été d'accord à subordonner entièrement, là où l'identité constitutionnelle nationale était en cause, les exigences de leur Constitution à celles de la décision-cadre sur le mandat d'arrêt européen.

848. L'arrêt de principe, rendu à propos de l'exequatur en Italie d'un jugement ecclésiastique (donc d'un jugement en provenance d'un ordre juridique non lié par la Convention européenne), est l'arrêt de la Cour européenne des droits de l'homme du 12 juillet 2001, *Pellegrini c. Italie*, n° 42527/98, affaire dans laquelle le droit au procès équitable de Mme Pellegrini avait été méconnu lors d'une procédure ecclésiastique en annulation de son mariage. D'autres arrêts, nombreux, concernent l'exécution, sur le fondement de la Convention de La Haye du 25 octobre 1980 sur les aspects civils de l'enlèvement international d'enfants, d'ordres de retour d'enfants dans des cas où le retour des enfants n'était pas compatible avec le droit à la vie familiale : voir seulement, dans une jurisprudence abondante, les arrêts de la Grande chambre de la Cour dans les affaires *Neulinger et Shuruk c. Suisse*, arrêt du 6 juillet 2010, n° 41615/07 et *X. c. Lettonie*, arrêt du 26 novembre 2013, n° 27853/09.

fédéral. Contrairement aux Etats membres d'une véritable fédération qui ont perdu leur personnalité internationale, les Etats membres de l'Union restent tenus de leurs obligations au regard de la Convention européenne. Cette situation est la conséquence d'un fédéralisme partiel et imparfait. C'est cette imperfection de la fédéralisation de l'exécution des décisions à l'intérieur de l'espace judiciaire européen – imperfection censée rester temporaire dans la vision du fédéralisme européen, mais qui pourrait en réalité s'avérer définitive – qui est à l'origine des tensions entre les règlements européens les plus conformes à l'idée fédéraliste et la Convention européenne des droits de l'homme.

238. L'idéal de l'unification européenne et la protection des droits de l'homme : une tension entre deux aspirations aussi importantes doit se résoudre, dans toute la mesure du possible, dans un compromis qui ménage l'essentiel des deux aspirations tout en les aménageant de manière à les concilier entre elles. Ce compromis implique la renonciation réciproque à une solution optimale, que ce soit pour la fédéralisation partielle du droit de la reconnaissance des jugements, ou pour le double contrôle du respect des droits de l'homme. A défaut, l'Etat membre d'exécution risque d'être pris entre deux obligations contradictoires. A l'obligation absolue, au regard du droit de l'Union, de reconnaître certaines décisions « sans qu'il soit possible de contester [leur] reconnaissance » risque de s'opposer une interdiction absolue, au regard de la Convention européenne, de reconnaître ces mêmes décisions dès lors qu'elles ont été rendues en méconnaissance des droits de l'homme du défendeur à l'exécution. Si ni la Cour de justice, ni la Cour européenne des droits de l'homme n'admettent une exception dans les obligations découlant des règlements de l'Union ou alors de la Convention européenne, le conflit qui en résultera ne pourra pas être définitivement résolu par voie d'autorité par l'une ou l'autre Cour. *Il sera résolu*, mais ce seront les juridictions de l'Etat membre de l'exécution de la décision qui le résoudront selon les préférences propres à cet Etat, en faisant prévaloir soit la loyauté à l'égard de l'Union et la confiance mutuelle telle qu'elle est exprimée dans le règlement applicable, soit la défense des droits de l'homme. Ce sera là un résultat paradoxal, compte tenu de la volonté de primauté par rapport au droit interne qu'expriment avec force à la fois le droit de l'Union et la Convention européenne des droits de l'homme, mais ce sera un résultat inévitable.

Un compromis est donc souhaitable. Reste à voir quel compromis sera possible.

2) *L'évolution jurisprudentielle: tensions et potentialités de compromis entre le droit de l'Union et le droit européen des droits de l'homme*

239. La décision *Sofia Povse et Doris Povse c. Autriche*[849] a été la première prise de position, à l'époque très nettement favorable à l'exceptionnalisme du droit de l'Union, d'une chambre de la Cour européenne des droits de l'homme sur la manière de résoudre le conflit potentiel entre les obligations des Etats membres. Elle concerne l'obligation absolue d'exécuter les ordres de retour d'enfants régis par l'article 42 du règlement Bruxelles II*bis*, et elle aboutit à valider ce mécanisme – alors pourtant que par ailleurs, la jurisprudence de la Cour européenne des droits de l'homme n'admet pas, s'agissant de l'exécution d'ordres de retour régis par la Convention de La Haye du 25 octobre 1980 sur les aspects civils de l'enlèvement international d'enfants, leur exécution «automatique ou mécanique» lorsqu'elle porte atteinte à l'intérêt supérieur de l'enfant et au droit à la vie familiale[850].

La décision *Povse* accepte, dans une affaire d'exécution en Autriche d'un ordre italien de retour d'un enfant enlevé par sa mère autrichienne, de tenir compte de la jurisprudence de la Cour de justice qui prévoit que le contrôle du respect des droits fondamentaux est assuré, dans le cadre de la mise en œuvre de l'article 42 du règlement Bruxelles II*bis*, par les seules juridictions de l'Etat membre d'origine et ne peut donner lieu à un second contrôle par les juridictions des Etats membres d'exécution[851]. A un stade antérieur de l'affaire *Povse* elle-même, la Cour de justice avait été saisie par la Cour suprême d'Autriche; elle avait estimé que

> «l'exécution d'une décision certifiée ne peut être refusée, dans l'Etat membre d'exécution, au motif que, en raison d'une modification des circonstances survenue après son adoption, elle serait susceptible de porter gravement atteinte à l'intérêt supérieur de l'enfant. Une telle modification doit être invoquée devant la juridiction compétente de l'Etat membre d'origine, laquelle

---

849. Décision du 18 juin 2013, n° 3890/11.

850. Voir le résumé de la jurisprudence de la Cour européenne dans sa décision du 15 mai 2012, *MR et LR c. Estonie*, n° 13420/12, paragraphe 37 (vi).

851. Arrêt du 22 décembre 2010, *Aguirre Zarraga*, C-491/10 PPU, ECLI:EU:C:2010:828.

> devrait être également saisie d'une demande éventuelle de sursis à l'exécution de sa décision » [852].

Sur le recours de la mère de l'enfant contre l'Autriche – à laquelle elle reprochait en substance d'avoir obéi au règlement Bruxelles II*bis*, tel qu'il venait d'être interprété par la Cour de justice, en renvoyant l'enfant en Italie –, la Cour européenne des droits de l'homme décida de rejeter la requête pour défaut manifeste de fondement [853]. Elle décida de faire application de la présomption *Bosphorus* [854], créée par la Cour européenne des droits de l'homme en 2005 dans le but spécifique d'éviter d'ériger des obstacles, en termes de protection des droits de l'homme, au projet d'unification de l'Union européenne – encore qu'elle soit formulée en des termes plus généraux : « transfert de pouvoirs souverains à une organisation internationale (y compris supranationale) à des fins de coopération dans certains domaines d'activité » [855]. A condition que l'organisation internationale ou supranationale offre, par les procédures qu'elle a créées et par les droits fondamentaux qu'elle met en œuvre, une protection équivalente (pas nécessairement identique) à celle qui découle du respect intégral de la Convention européenne des droits de l'homme, la Cour présume qu'un Etat contractant à la Convention et membre de l'organisation internationale ou supranationale « respecte les exigences de la Convention lorsqu'il ne fait qu'exécuter des obligations juridiques résultant de son adhésion à l'organisation ».

Pareille présomption, ajoute l'arrêt *Bosphorus*,

> « peut toutefois être renversée dans le cadre d'une affaire donnée si l'on estime que la protection des droits garantis par la Convention était entachée d'une insuffisance manifeste. Dans un tel cas, le rôle de la Convention en tant qu'« instrument constitutionnel de l'ordre public européen » dans le domaine des droits de l'homme l'emporterait sur l'intérêt de la coopération internationale » [856].

---

852. Arrêt du 1er juillet 2010, *Doris Povse c. Mauro Alpago*, C-211/10 PPU, ECLI :EU :C :2010 :400, point 83.

853. Une possibilité ouverte à la Cour européenne des droits de l'homme par l'article 35 de la Convention, et fréquemment mise en œuvre.

854. D'après l'affaire *Bosphorus Hava Yolları Turizm ve Ticaret Anonim Şirketi c. Irlande*, arrêt du 30 juin 2005 (GC), nº 45036/98, qui concernait la saisie en Irlande, en exécution d'un règlement européen en matière de sanctions contre la République fédérale de Yougoslavie, d'un aéronef appartenant à la compagnie aérienne nationale yougoslave, mais pris en location par une compagnie turque.

855. Arrêt *Bosphorus*, paragraphe 152.

856. Paragraphe 156.

240. Sur la base de la présomption *Bosphorus* (et sans mettre en œuvre la réserve de l'insuffisance manifeste de la protection des droits de l'homme), la chambre de la Cour européenne des droits de l'homme chargée de l'affaire *Povse* allait juger que, puisque les décisions prises par les juridictions autrichiennes n'avaient constitué qu'une exécution, sans pouvoir d'appréciation pour les autorités nationales, de leurs obligations au regard du droit de l'Union, la requête introduite contre l'Autriche était (manifestement) non fondée:

> «The Court is . . . not convinced by the applicants' argument that to accept that the Austrian courts must enforce the return order of 23 November 2011 without any scrutiny as to its merits would deprive them of any protection of their Convention rights. On the contrary, it follows from the considerations set out above that it is open to the applicants to rely on their Convention rights before the Italian Courts. . . .
>
> In sum, the Court cannot find any dysfunction in the control mechanisms for the observance of Convention rights. Consequently, the presumption that Austria, which did no more in the present case than fulfil its obligations as an EU Member State under the Brussels IIbis Regulation, has complied with the Convention has not been rebutted.» [857]

Jusqu'à ce stade, l'harmonie des vues entre les deux juridictions européennes était par conséquent parfaite [858].

241. Ce fut très vraisemblablement l'avis 2/13 de la Cour de justice, rejetant l'adhésion de l'Union européenne à la Convention européenne des droits de l'homme – une adhésion pourtant prévue par le Traité de Lisbonne –, qui a exacerbé les tensions entre les attitudes de la Cour de justice et de la Cour européenne des droits de l'homme. Dans cet avis, la Cour de justice décida de considérer l'adhésion de l'Union à la Convention européenne comme incompatible avec, entre autres, le principe d'ordre constitutionnel, propre au droit de l'Union, de la confiance mutuelle entre Etats membres:

> «Dans la mesure où la [Convention européenne des droits de l'homme], en imposant de considérer l'Union et les Etats

857. Décision du 18 juin 2013, précitée, paragraphes 86 et 87.

858. La Cour européenne des droits de l'homme allait même condamner l'Autriche, à la requête du père de l'enfant, pour avoir hésité et tardé à exécuter l'ordre de retour malgré les termes de l'article 42 du règlement Bruxelles II*bis*: arrêt du 15 janvier 2015, *M. A. c. Autriche*, nº 4097/13.

membres comme des Parties contractantes non seulement dans leurs relations avec celles qui ne sont pas des Etats membres de l'Union, mais également dans leurs relations réciproques, y compris lorsque ces relations sont régies par le droit de l'Union, exigerait d'un Etat membre la vérification du respect des droits fondamentaux par un autre Etat membre, alors même que le droit de l'Union impose la confiance mutuelle entre ces Etats membres, l'adhésion est susceptible de compromettre l'équilibre sur lequel l'Union est fondée ainsi que l'autonomie du droit de l'Union. » [859]

242. Le fait de voir ainsi la Cour de justice contraindre les Etats contractants à la Convention européenne des droits de l'homme qui sont également Etats membres de l'Union à préférer leurs obligations au regard d'un principe « constitutionnel » non écrit du droit de l'Union à leurs obligations internationales au regard de la Convention, combiné avec le rejet de l'adhésion à la Convention par l'Union, n'a pas pu susciter l'enthousiasme de la Cour européenne des droits de l'homme [860]. C'est l'affaire *Avotiņš c. Lettonie* [861], portée devant la Grande Chambre de la Cour européenne, qui lui permit de répondre indirectement à l'avis de la Cour de justice. L'arrêt *Avotiņš* concerne la mise en œuvre en Lettonie du règlement Bruxelles I, qui pourtant admet le refus de l'exécution d'une décision émanant d'un autre Etat membre pour incompatibilité avec l'ordre public de l'Etat d'exécution, y compris en cas de violation de la Convention européenne des droits de l'homme [862]. Néanmoins, cette occasion a été saisie par la Cour européenne des droits de l'homme pour définir des limites, d'application générale, aux effets de la « confiance mutuelle » entre Etats membres de l'Union. L'arrêt *Avotiņš* reste fidèle à la logique générale de la présomption *Bosphorus* [863], et la Cour se déclare

> « consciente de l'importance des mécanismes de reconnaissance mutuelle pour la construction de l'espace de liberté, de sécurité et de justice visé à l'article 67 du TFUE, et de la confiance mutuelle qu'ils nécessitent. ... La Cour a déjà indiqué à de nombreuses

859. Avis 2/13 du 18 décembre 2014, ECLI :EU :C :2014 :2454, point 194.
860. Voir la réaction de la Cour européenne, exprimée dans le discours de M. Dean Spielmann, président de la Cour, à l'occasion de la cérémonie d'ouverture de l'année judiciaire le 30 janvier 2015, *Rapport annuel 2015 de la Cour européenne des droits de l'homme*, Strasbourg, Conseil de l'Europe, 2016, p. 29 ss, spéc. p. 36.
861. Arrêt du 23 mai 2016, n° 17502/07.
862. Voir *supra* note 843 (arrêt *Krombach*) et note 844.
863. Paragraphe 115.

> reprises son attachement à la coopération internationale et européenne » [864].

Et pourtant, dit (ou rappelle) la Cour, l'arrêt *Bosphorus* avait réaffirmé que la Convention est un « instrument constitutionnel de l'ordre public européen ». Par conséquent, il appartient à la Cour européenne des droits de l'homme de « s'assurer que les dispositifs de reconnaissance mutuelle ne laissent subsister aucune lacune ou *situation particulière donnant lieu à une insuffisance manifeste* de la protection des droits de l'homme garantis par la Convention » [865].

Dans l'avis 2/13, la Cour de justice avait rappelé sa jurisprudence antérieure qui n'admettait une exception prétorienne à l'obligation d'exécuter les décisions d'autres Etats membres qu'en cas de « circonstances exceptionnelles », caractérisées par la défaillance « systémique » de la protection des droits fondamentaux dans l'Etat membre d'origine de la décision [866]. Le critère d'« insuffisance manifeste », au sens de l'arrêt *Avotiņš*, va plus loin que ce critère appliqué dans la jurisprudence de la Cour de justice, puisqu'il peut y avoir « insuffisance manifeste » même dans un cas *individuel*, dans un Etat qui assure en général une protection suffisante des droits de l'homme, par opposition aux défaillances « systémiques » dans un Etat membre de l'Union.

L'arrêt *Avotiņš* exige que le principe de reconnaissance mutuelle ne soit pas appliqué « de manière automatique et mécanique » [867] – ce qui, pourtant, est de l'essence du mécanisme particulier mis en place par l'article 42 du règlement Bruxelles II*bis* et par les autres règlements fonctionnant sur le modèle du « titre exécutoire européen ». Vient ensuite un appel final à la désobéissance civique à l'intention des juridictions des Etats membres de l'Union lorsque les obligations découlant d'un règlement européen les amènerait à méconnaître leurs obligations au regard de la Convention européenne des droits de l'homme :

> « Dans cet esprit, lorsque les juridictions des Etats qui sont à la fois partie à la Convention et membres de l'Union européenne

---

864. Point 113.

865. Point 116, mise en évidence ajoutée.

866. Voir l'affaire d'asyle *N. S.* et al., arrêt du 21 décembre 2011, C-411/10 et C-493/10, ECLI :EU :C :2011 :865, citée au point 191 de l'avis 2/13.

867. Point 116, renvoyant à un arrêt ayant trait à l'application de la Convention de La Haye de 1980, l'arrêt *X. c. Lettonie*, cité *supra* note 848 – et donc à un arrêt dans une affaire qui, précisément, était étrangère au contexte de la mise en œuvre du droit de l'Union (l'affaire *X.* concernait le renvoi d'un enfant en Australie par les juridictions lettones).

> sont appelées à appliquer un mécanisme de reconnaissance mutuelle établi par le droit de l'Union, c'est en l'absence de toute insuffisance manifeste des droits protégés par la Convention qu'elles donnent à ce mécanisme son plein effet.
>
> En revanche, s'il leur est soumis un grief sérieux et étayé dans le cadre duquel il est allégué que l'on se trouve en présence d'une insuffisance manifeste de protection d'un droit garanti par la Convention et que le droit de l'Union européenne ne permet pas de remédier à cette insuffisance, elles ne peuvent renoncer à examiner ce grief au seul motif qu'elles appliquent le droit de l'Union.» [868]

Dans l'affaire *Avotiņš* elle-même, la Cour conclut à la non-violation du droit conventionnel invoqué. L'important, après tout, était dans l'affirmation du principe, non dans son application au profit de M. Avotiņš. Le principe, quant à lui, s'applique aux règlements prévoyant une exécution automatique et sans discussion de certaines décisions beaucoup mieux qu'au règlement Bruxelles I ou au règlement Bruxelles I*bis*, comme allait d'ailleurs le confirmer la jurisprudence subséquente à la Cour européenne des droits de l'homme qui envisage son application aux procédures prévues par le règlement Bruxelles II*bis* [869] ou, en dehors du droit international privé, aux procédures d'exécution d'un mandat d'arrêt européen [870].

243. L'arrêt *Avotiņš* est par conséquent un revirement de jurisprudence majeur par rapport à l'arrêt *Povse c. Autriche*. C'est en même temps un revirement de jurisprudence prudent, qui reste ouvert au compromis entre les exigences de la Convention et celles de la confiance mutuelle entre Etats membres: il n'exige pas un respect parfait des exigences de la Convention dans l'Etat d'origine de la décision qu'il s'agit d'exécuter, mais l'absence d'insuffisance manifeste de protection d'un droit garanti par la Convention.

La question qui se pose – pour la Cour de justice – est celle de savoir si ce compromis ne mérite pas d'être également adopté par le droit de

868. Point 116.
869. Arrêt du 6 mars 2018, *Royer c. Hongrie*, n° 9114/16, paragraphe 50.
870. Arrêt du 17 avril 2018, *Pirozzi c Belgique*, n° 21055/11, qui applique lui aussi le critère de l'«insuffisance manifeste» (par. 63, 64 et 71), ou alors le critère, équivalent, du «déni de justice flagrant» (par. 57 et 71), familier en matière d'entraide judiciaire internationale et nettement moins exigeant que le critère du respect pur et simple de la Convention dans l'Etat membre d'origine de la décision (qui est le critère de l'arrêt *Pellegrini*, *supra* note 848).

l'Union européenne. Il suffirait, pour que tel soit le cas, que l'exception dès à présent admise dans la jurisprudence de la Cour de justice, celle de la « défaillance systémique » [871], soit étendue aux cas d'« insuffisance manifeste » dans des cas individuels. Ce n'est pas impossible : la Cour de justice a dès à présent admis, dans des cas relevant du droit pénal et du droit de l'asile, que les Etats membres acceptent de procéder à une double vérification de ce que l'exécution des décisions ne causerait pas une violation du droit à ne pas être soumis à un traitement « inhumain ou dégradant » dans des cas individuels [872]. L'admission d'une autre exception, pour des cas dans lesquels serait individuellement établie l'« insuffisance manifeste » de la protection des droits fondamentaux dans l'Etat membre d'origine de la décision, serait sans doute envisageable même du point de vue de l'Union [873].

Après tout, l'obligation d'exécuter les décisions en provenance des autres Etats membres ne correspond pas, en droit de l'Union, à un principe absolu : cet absolutisme n'existe même pas dans le plus important instrument du droit des conflits de juridictions en vigueur dans l'Union, le règlement Bruxelles I*bis*. On peut en déduire (contrairement, peut-être, aux convictions des architectes du modèle du « titre exécutoire européen ») que le respect inconditionnel de cette obligation ne peut

871. Dans l'arrêt *LM* du 25 juillet 2018, C- 216 PPU, ECLI :EU :C :2018 :586, la Cour de justice devait confirmer (en matière de mandat d'arrêt européen) l'applicabilité de l'exception en cas de « défaillances systémiques ou généralisées en ce qui concerne l'indépendance du pouvoir judiciaire de l'Etat membre d'émission » (sous-cas de violation systémique du droit au procès équitable), à la condition additionnelle qu'il soit établi que des atteintes à l'indépendance de la justice dans l'Etat membre d'émission du mandat d'arrêt entraînent un risque réel de violation de ce droit dans le cas concret de la personne visée.

872. Voir l'arrêt du 5 avril 2016, *Aranyosi et Căldăraru*, C404/15 et C659/15 PPU, ECLI :EU :C :2016 :198, points 85 et 86 et l'arrêt du 16 février 2017, *CK*, C-578/16 PPU, ECLI :EU :C :2017 :127, point 75. Evidemment, compte tenu de l'insistance de la Cour de justice sur l'autonomie du droit de l'Union, une violation du droit de ne pas être soumis à un traitement inhumain ou dégradant n'est pas considéré, par ces arrêts, sous l'angle d'une violation de la Convention européenne des droits de l'homme (art. 3), mais sous l'angle d'une violation de l'article 4 de de la Charte des droits fondamentaux de l'Union. Ceci est sans doute important en termes d'apparence quant à l'autonomie « constitutionnelle » de l'Union européenne, mais non en termes de substance.

873. Cf. K. Lenaerts, « La vie après l'avis : Exploring the Principle of Mutual (Yet Not Blind) Trust », *C. M. L. Rev.*, volume 54 (2017), p. 805 ss, spéc. p. 835, contribution dans laquelle le président de la Cour de justice considère comme envisageable le développement, en fonction de l'évolution future de la jurisprudence de l'Union, d'une exception à la confiance mutuelle dans des cas individuels de violation de droits fondamentaux autres que la violation du droit de ne pas être sujet à un traitement inhumain ou dégradant. Voir aussi D. Spielmann et P. Voyatzis, « L'étendue du contrôle du respect des droits fondamentaux à l'aune de l'expérience judiciaire comparée », *Rev. trim. dr. h.*, 2017, p. 897 ss, spéc. p. 921.

raisonnablement être considéré comme consubstantiel avec l'existence même de l'espace judiciaire européen, îlot d'une fédéralisation partielle et imparfaite et qui doit dès lors composer avec l'existence, et l'importance, de la Convention européenne des droits de l'homme.

CHAPITRE IX

DROIT INTERNATIONAL PRIVÉ ET POLITIQUE ÉTRANGÈRE

244. Dans cet ultime chapitre, il sera question des relations extérieures de l'Etat du for avec des Etats tiers, en dehors de toute relation privilégiée organisée dans le cadre du fédéralisme ou de la supranationalité. Ces relations extérieures seront caractérisées par la distance caractéristique des relations ordinaires entre Etats. Elles pourront même se caractériser par un degré plus ou moins profond de méfiance ou d'hostilité.

1. Divergences dans les objectifs et méthodes : le droit international privé face à la réglementation de la politique étrangère, entre droit international public, comity of nations, *droit et non-droit des relations extérieures*

245. Le droit qui organise ce qui fait l'objet de la politique étrangère, à savoir les relations extérieures de l'Etat, n'est évidemment pas le droit international privé. Selon les aspects considérés, c'est ou bien le droit international public, ou bien la branche mixte du droit dite « droit des relations extérieures », qui réalise un mélange particulier entre les règles du droit international public et d'autres règles qui relèvent du droit interne de l'Etat – notamment du droit constitutionnel, puisqu'il s'agit de régler les attributions des différents pouvoirs publics (pouvoir législatif, pouvoir exécutif, pouvoir judiciaire) susceptibles d'intervenir, de diverses manières et à des degrés divers, dans les relations extérieures de l'Etat. Le droit des relations extérieures a cependant des liens avec le droit international privé, même s'il ne s'agit que de liens ponctuels [874] ; nous en verrons quelques exemples.

874. Pour un point de vue différent, selon lequel les méthodes du droit international privé sont indirectement utiles pour la compréhension de la structure même du droit des relations extérieures, voir C. McLachlan, « The Allocative Function of Foreign Relations Law », *BYBIL*, volume 82 (2011), p. 349 ss ; *Foreign Relations Law*, Cambridge, Cambridge University Press, 2014, p. 89 ss ; en français, « Entre le conflit de lois, le droit international public et l'application internationale du droit public : le droit des relations externes des Etats », *Rev. crit.*, 2018, p. 191 ss, spéc. p. 205 ss. Sans vouloir nier la pertinence des analyses de Campbell McLachlan, elles ne nous semblent pas à proprement parler relever de la stricte application des méthodes réellement existantes du droit international privé.

Pour ce qui est du droit international public, l'histoire de ses relations avec le droit international privé est une histoire ancienne, compliquée et peu concluante, et dont le droit international privé a fini par s'émanciper [875], ne laissant subsister que l'obligation de respecter les règles du droit international public dans leur domaine propre [876].

Ce n'est que sous le rapport d'une notion très particulière, celle de *comitas gentium* ou «courtoisie internationale» [877], que le droit international public a pu laisser une empreinte durable sur les règles de droit international privé, et ce uniquement dans les ordres juridiques qui se rattachent à la tradition de *common law*, ceux pour lesquels la *comitas gentium* s'est traduite par *comity of nations*. La *comity* y reste un concept opérationnel en droit international privé. On connaît le troisième axiome du droit des conflits de lois formulés au dix-septième siècle par Ulrich Huber:

> «Les autorités des Etats, par courtoisie [*comiter*], font en sorte que les lois de chaque peuple, après avoir été appliquées dans les limites de son territoire, conservent leurs effets en tous lieux, sous la réserve que ni les autres Etats, ni leurs sujets, n'en subissent aucune atteinte dans leur pouvoir et dans leur droit.» [878]

Si la notion de courtoisie internationale ne joue aujourd'hui plus de rôle dans l'approche européenne continentale du droit international privé, il reste que l'école hollandaise «peut se targuer très légitimement d'avoir converti les pays de *common law* au droit international privé» [879], à

875. T. M. de Boer, «Living Apart Together: The Relationship Between Public and Private International Law», *NILR*, 2010, p. 183 ss. Des opinions contraires, marquées de nostalgie (ou alors d'un intérêt louable pour l'interdisciplinarité académique), se lisent de temps en temps: J. Verhoeven, «Droit international public et droit international privé: où est la différence?» *Arch. ph. dr.*, 1987, p. 23 ss; A. Mills, *The Confluence of Public and Private International Law*, Cambridge, Cambridge University Press, 2009; C. Whytock, «Towards a New Dialogue Between Conflict of Laws and International Law», *AJIL Unbound*, volume 110 (2016), p. 150 ss.

876. L'immunité des souverains étrangers et l'immunité diplomatique, susceptibles de mettre en échec la compétence des autorités du for, en sont les exemples les plus nets; voir par exemple CIJ, arrêt du 3 février 2012, *Immunités juridictionnelles de l'Etat (Allemagne c. Italie; Grèce (intervenant))*, *Recueil*, 2012, p. 99 ss.

877. Sur les origines historiques de cette notion, voir H. Yntema, «The Comity Doctrine», *Mich. L. Rev.*, volume 65 (1966), p. 9 ss.

878. *De conflictu legum diversarum in diversis imperiis*, n° 2, troisième axiome, traduction publiée par B. Ancel et H. Muir Watt sous le titre «Du conflit des lois différentes dans des Etats différents», dans *Mélanges Jacques Héron*, Paris, LGDJ, 2008, p. 1 ss (ou B. Ancel, *Eléments d'histoire du droit international privé*, Paris, Panthéon-Assas, 2017, p. 339 ss).

879. B. Ancel, *op. cit.*, p. 337; voir aussi T. Schultz et D. Holloway, «Retour sur la *comity*», *JDI*, 2011, p. 863 ss et 2012, p. 571 ss.

travers sa réception dans la jurisprudence anglaise (à partir du dix-huitième siècle) et américaine. C'est surtout dans l'œuvre de Joseph Story aux Etats-Unis que la *comity of nations* a assumé un rôle éminent [880].

Le rôle réel de la *comity*, en droit international privé contemporain dans les pays de *common law*, est incertain, fluctuant et changeant – ce qui n'est pas surprenant, étant donné le flou qui a toujours été inhérent à cette notion [881]. En droit anglais, les auteurs attachés à une approche rigoureuse du droit international privé ne lui concèdent pas de rôle important [882], alors que d'autres, plus attentifs aux précédents jurisprudentiels qu'à une approche systématique du droit international privé, notent qu'elle garde un certain rôle dans la pratique judiciaire [883]. Aux Etats-Unis en revanche, la référence à la *comity* est traditionnelle, y compris et surtout dans un domaine fondamental du droit international privé, la reconnaissance internationale des jugements [884].

246. Le problème réel des relations entre le droit international privé et la politique étrangère se situe toutefois ailleurs que dans l'application ponctuelle, en droit international privé, de règles du droit international public ou de la notion de *comity*. Elle tient au fait que la politique

---

880. J. Story, *Commentaries on the Conflict of Laws*, 1834 (3e édition, Boston, Charles C. Little and James Brown, 1846, par. 38, p. 47-48):

> «There is, then, not only no impropriety in the use of the phrase, "comity of nations", but it is the most appropriate phrase to express the true foundation and extent of the obligation of the laws of one nation within the territories of another. It is derived altogether from the voluntary consent of the latter; and is inadmissible, when it is contrary to its known policy, or prejudicial to its interests. In the silence of any positive rule, affirming, or denying, or restraining the operation of foreign laws, courts of justice presume the tacit adoption of them by their own government, unless they are repugnant to its policy, or prejudicial to its interests.»

881. Un auteur allemand contemporain de Story avait fait observer que la *comity* était un concept infiniment vague, ajuridique et purement politique: W. Schaeffner, *Entwicklung des internationalen Privatrechts*, Francfort, Sauerländer, 1841, p. 38.

882. F. A. Mann, *Foreign Affairs in English Courts*, Oxford, Oxford University Press, 1986, p. 135.

883. L. Collins, «Comity in Modern Private International Law», dans *Essays in Honour of Sir Peter North*, Oxford, Oxford University Press, 2003, p. 89 ss; A. Briggs, «The Principle of Comity in Private International Law», *Recueil des cours*, tome 354 (2011), p. 65 ss. Dans sa conclusion, Adrian Briggs donne une réponse très anglaise à la question «What is comity?»:

> «In the present submission, the answer is that comity is what the cases and principles examined above show it to be: its contribution is subtle and pervasive, and it is not necessarily helpful to seek to reduce it to a set of rules.» (p. 181)

884. Cf. *infra* no 285. Voir J. Paul, «Comity in International Law», *Harv. Int'l L.J.*, volume 32 (1991), p. 1 ss; voir également (très influencé par l'approche américaine) T. Dornis, «Comity», dans J. Basedow *et al.* (dir. publ.), *Encyclopedia of Private International Law*, Cheltenham, Edward Elgar, 2017, volume I, p. 382 ss.

étrangère n'obéit que très imparfaitement à des règles de droit tout court.

L'existence des règles de droit destinées à gouverner les relations internationales est indéniable, mais leur effectivité est à relativiser: parfois hautement effectives (mais ceci dépendra des Etats impliqués, ainsi que des domaines d'action étatique concernés), les règles du droit international public peuvent également n'être qu'un élément parmi d'autres, et un élément souvent plutôt mineur, dans les décisions que sont amenés à prendre les Etats. Les Etats militairement ou économiquement hégémoniques et leurs rivaux tendront à prendre leurs décisions suivant le modèle de la *realpolitik*, tenant compte des rapports de force, sans trop s'embarrasser de considérations juridiques. En ce qui les concerne, l'opinion de Raymond Aron garde son actualité:

> «La politique internationale a été, toujours par tous, reconnue pour ce qu'elle est, politique de puissance, sauf à notre époque par quelques juristes, ivres de concepts, ou quelques idéalistes qui confondaient leur rêve avec la réalité.» [885]

Sur le plan scientifique, cette approche des relations internationales a été théorisée essentiellement aux Etats-Unis d'Amérique – ce qui n'est pas en lui-même surprenant. Des spécialistes de la sociologie des relations internationales y ont élaboré une théorie «réaliste» qui distingue entre droits (qui relèvent du droit international public) et intérêts (qui relèvent des relations internationales), entre litiges internationaux et tensions internationales, et enseignent que les solutions de ces dernières ne dépendent en général pas des réponses du droit international [886].

L'influence de ce type de pensée est perceptible même dans l'enseignement du droit international public aux Etats-Unis [887]. Une école de droit international, plus modérée que l'école réaliste pure, l'école de New Haven, s'efforce depuis les temps de la guerre froide à conceptualiser les principes – cette notion de «principes» ne devant

885. R. Aron, *Paix et guerre entre les nations*, 1962, réédition 1984, Paris, Calmann-Lévy, p. 691.

886. Pour un classique de l'école réaliste, voir H. Morgenthau, *Politics Among Nations*, 5e édition, New York, Knopf, 1972. Voir l'analyse d'A.-M. Slaughter, «International Law and International Relations», *Recueil des cours*, tome 285 (2000), p. 9 ss, et A.-M. Slaughter, A. Tulumello et S. Wood, «International Law and International Relations Theory: A New Generation of Interdisciplinary Scholarship», *AJIL*, volume 92 (1998), p. 367 ss.

887. R. Steinberg et J. Zasloff, «Power and International Law», *AJIL*, volume 100 (2006), p. 64 ss.

pas être prise au sens conceptualiste traditionnel [888] – qui régissent le fonctionnement des relations extérieures, plus particulièrement dans la pratique et du point de vue des grandes puissances.

Evidemment, aucun consensus international n'existe autour des thèses de l'école réaliste américaine, qui ne représentent même pas l'unanimité des vues des auteurs américains et auxquelles des représentants de la science du droit international public européenne [889] (et soviétique [890]) se sont opposés. Il n'en reste pas moins qu'en tant que schéma explicatif de la réalité des relations internationales et des discours tendant à en justifier la légalité ou la légitimité (par opposition à une description à ambition normative), les analyses de l'école réaliste américaine ne sont pas dépourvues de mérite [891].

247. En même temps, le fait qu'une école réaliste des relations internationales puisse, avec une certaine plausibilité, revendiquer de décrire de manière scientifiquement exacte les réalités de la politique étrangère montre toute la difficulté de concilier cette politique étrangère

---

888. Cf., de la part de W. Michael Reisman, éminent représentant de l'école en question, « The Quest for World Order and Human Dignity in the Twenty-First Century : Constitutive Process and Individual Commitment (General Course on Public International Law) », *Recueil des cours*, tome 351 (2010), p. 9 ss, en particulier la section intitulée « Law's Myth Systems and Operational Codes » :

> « This is not to say that international law "is not law", that it cannot be enforced, or that it is a negligible factor in international politics. But those who would be effective in understanding and shaping international law must distinguish between its myth system and operational code. » (p. 94)

889. Voir ainsi la réaction très typique d'un représentant de la doctrine allemande, C. Tomuschat, « International Law : Ensuring the Survival of Mankind on the Eve of a New Century (General Course on Public International Law) », *Recueil des cours*, tome 281 (1999), spéc. p. 53-55 ; ainsi que les observations de M. Koskenniemi, « Carl Schmitt, Hans Morgenthau and the Image of Law in International Relations », dans M. Byers (dir. publ.), *The Role of Law in International Politics*, Oxford, Oxford University Press, 2000, p. 17 ss (ou le chapitre final de l'impressionnant ouvrage du même auteur, *The Gentle Civilizer of Nations : The Rise and Fall of International Law 1870-1960*, Cambridge, Cambridge University Press, 2001 : cf. *supra* note 87). Rappr. la réaction d'un auteur suisse, R. Kolb (*Réflexions sur les politiques juridiques extérieures*, Paris, Pedone, 2018) à l'analyse, assez proche du réalisme américain, de *La politique juridique extérieure* par G. de Lacharrière (Paris, Economica, 1983).

890. G. Tunkin, « Politics, Law and Force in the Interstate System », *Recueil des cours*, tome 219 (1989), spéc. p. 291 ss.

891. En revanche, la tentative de quelques théoriciens américains d'introduire la *rational choice theory* de l'analyse économique du droit dans l'analyse du droit international public est beaucoup moins convaincante : J. Goldsmith et E. Posner, *The Limits of International Law*, New York, Oxford University Press, 2007 ; A. Guzman, *How International Law Works : A Rational Choice Theory*, New York, Oxford University Press, 2008. Ces deux ouvrages donnent l'impression d'être des exercices académiques se rattachant au néoconservatisme dans les relations internationales, qui essayent de révolutionner la compréhension du droit des relations internationales sans s'intéresser réellement à son fonctionnement.

et les méthodes du droit international privé. Les préoccupations de la politique étrangère ne sont pas celles du modèle classique du droit international privé. Elles n'ont assurément aucun point commun avec les méthodes des jurisconsultes romains, dont Savigny disait admirer l'« algèbre des concepts » [892]; pour rester dans les métaphores antiques, elles ressemblent plutôt à la méthode de Pompée qui, comme général au cours de la seconde guerre civile romaine, eut une réaction beaucoup plus proche de l'« école réaliste » des relations internationales : Plutarque nous rapporte que les habitants de Messine

> « voulurent décliner son tribunal et sa juridiction, alléguant qu'ils en avaient privilège exprès et ancienne ordonnance du peuple romain, et il leur répondit en colère : « Nous alléguerez-vous à présent les lois, à nous qui avons les épées au côté ? » [893].

Mais en droit international privé, il n'est pas possible de faire comme si la politique étrangère n'existait pas. Elle existe, et parfois ses exigences infléchissent les résultats de l'application des règles du droit international privé. La véritable difficulté se situe sur le plan de la divergence, potentiellement profonde, qui a trait aux objectifs poursuivis. Les objectifs du droit international privé (tel qu'il est défendu dans ce cours, sans prétendre engager la communauté scientifique du monde entier) consistent à contribuer à la justice entre particuliers tout en permettant à des politiques adoptées dans un cadre démocratique de se réaliser pleinement dans un contexte international. Les objectifs de la politique étrangère en revanche, qui ne se déroule typiquement pas dans un cadre international de nature démocratique [894], consistent pour les Etats à poursuivre – soit de manière unilatérale, soit de manière multilatérale – leurs intérêts nationaux définis en termes de pouvoir [895].

248. Cette différence des objectifs entraîne nécessairement une différence de méthodes. Là où des questions de politique étrangère se présentent à titre incident devant les tribunaux, le droit international privé traditionnel a beaucoup de mal à s'accommoder des exigences de la politique étrangère, et peut-être ne fait-il que leur résister à juste titre ;

---

892. *Supra* nº 26.

893. Plutarque, *Vie de Pompée*, XV, dans *Vies des hommes illustres* (traduction de Jacques Amyot, ici modernisée en substituant « à présent » à « meshui »), Paris, Gallimard (Pléiade), volume II, 1951, p. 232.

894. Les espoirs de démocratisation de la vie internationale qui avaient présidé à la création de la Sociétés des Nations, puis des Nations Unies, ont été déçus dans l'immédiat et font depuis lors des progrès difficiles, partiels et insuffisants.

895. « Interest defined as power » : H. Morgenthau, *op. cit.*, *supra* note 886, p. 5.

les techniques fonctionnelles américaines sont à cet égard, comme on le verra, plus flexibles que le droit international privé traditionnel, et aussi potentiellement plus opportunistes et plus ouvertes à la prise en compte des buts de la politique étrangère (des Etats-Unis) que les techniques traditionnelles (section 2 ci-après). Par ailleurs, et par exception, une question de politique étrangère est – si telle est la solution adoptée par le droit de l'Etat du for – inhérente au droit international privé lui-même : il s'agit de la subordination des mécanismes de conflit de lois ou de juridictions à une exigence de réciprocité (section 3).

2. Des questions de politique étrangère incidentes aux litiges internationaux privés

249. Une première difficulté tient au fait que les organes de l'Etat en charge des questions de droit international privé sont des autorités très différentes de celles investies du soin des relations extérieures. Nous commencerons par l'exposé de ce problème, qui est celui de la compétence institutionnelle. Ensuite, nous aborderons la question de la dépendance ou de l'indépendance des règles du droit international privé par rapport aux choix effectués par la politique étrangère de l'Etat du for.

a) *Une question de compétence institutionnelle*

1) Introduction à un problème institutionnel

250. Le traitement des affaires de droit international privé n'est pas attribué, dans les différents Etats, à des institutions particulières ; ces affaires sont attribuées aux mêmes autorités qui ont également à traiter les affaires purement internes similaires : juridictions civiles et commerciales, officiers de l'état civil, notaires. La décision définitive est en principe entre les mains des tribunaux, qui sont les tribunaux ordinaires appelés à trancher les litiges civils et commerciaux.

Dès lors cependant qu'une affaire déterminée touche, de manière incidente, à une question ayant trait à la politique étrangère de l'Etat du for, un autre principe peut venir en concurrence avec l'attribution de compétence à l'autorité judiciaire. Les compétences respectives de l'autorité judiciaire et du pouvoir exécutif, chargé des relations extérieures de l'Etat, dépendront dans chaque Etat des conceptions que le droit (constitutionnel) national se fait de la séparation des pouvoirs. De manière générale – non spécifique aux matières de droit international privé –, on peut observer des variations : il y a l'approche anglaise qui reste basée sur le principe selon lequel l'Etat doit parler, en matière de relations extérieures, d'« une même voix », cette voix étant celle du seul pouvoir exécutif [896], ou celle du droit américain, qui fera volontiers intervenir la théorie des « questions politiques » *(political question doctrine)* pour limiter en la matière la liberté d'appréciation des tribunaux [897], et les approches différentes qui sont en vigueur dans d'autres Etats. Dans ces derniers, sera admise la possibilité d'un contrôle juridictionnel de l'action internationale du pouvoir exécutif, ou des déclarations des titulaires de ce pouvoir sur des faits internationaux pertinents pour le jugement des litiges portés devant les tribunaux [898].

Ces différentes attitudes des droits nationaux ont également leur reflet dans le contentieux international de droit privé, où les questions de politique étrangère sont susceptibles d'intervenir à titre incident (par opposition à des contentieux de droit public qui auront trait directement au contrôle juridictionnel de l'action internationale du pouvoir exécutif). Du moins en matière de contentieux privé, la séparation des pouvoirs joue dans les deux sens, et il paraît souhaitable de sauvegarder la mission naturelle des tribunaux dans la protection des droits individuels qui sont en cause à titre principal [899], au lieu de privilégier des solutions trop axées sur le seul respect des prérogatives du pouvoir exécutif dans la conduite des affaires étrangères. Les réponses des droits nationaux n'en varient pas moins, entre des solutions très confortables pour les prérogatives de l'exécutif et des solutions protégeant les intérêts individuels presque comme si les données de la politique étrangère

896. Sur le « one voice principle », voir L. Collins, « Foreign Relations and the Judiciary », *ICLQ*, volume 51 (2002), p. 485 ss, spéc. p. 487 ss ; sur l'allocation des compétences entre l'exécutif et le pouvoir judiciaire, voir aussi C. McLachlan, *Foreign Relations Law*, *op. cit.*, *supra* note 874, p. 219 ss et du même auteur « Speaking With One Voice on the Recognition of States », *AJIL Unbound*, volume 109 (2015), p. 61 ss. Une vision critique à l'égard de certains excès de l'approche anglaise, telle qu'elle existait au moment de la rédaction de son ouvrage, est celle de l'ouvrage *Foreign Affairs in English Courts* de F. A. Mann, *supra* note 882.

897. L. Henkin, *Foreign Affairs and the United States Constitution*, 2e édition, Oxford, Clarendon Press, 1996, p. 141 ss ; *Restatement Third, Foreign Relations Law of the United States*, Saint Paul, American Law Institute Publishers, 1987, paragraphe 1, *Reporters' Note* 4.

898. Pour une comparaison entre le droit américain et le droit allemand, voir T. Frank, *Political Questions/Judicial Answers* : *Does the Rule of Law Apply to Foreign Affairs* ?, Princeton, Princeton University Press, 1992 ; voir aussi, du point de vue de la compétence du juge (administratif) français, E. Zoller, *Droit des relations extérieures*, Paris, PUF, 1992, p. 298 ss.

899. En ce sens, à propos des procédures d'entraide judiciaire internationale, O. Knöfel, « Außenpolitik im Zivilprozess », dans *Festschrift Rolf A. Schütze*, Munich, C.H. Beck, 2014, p. 243 ss, spéc. p. 253.

n'existaient pas. Comme nous le verrons, même à l'intérieur d'un ordre juridique donné, l'attitude peut dépendre de la question précise en cause ; ces hésitations illustrent la difficulté de ces problèmes.

*2) Une première illustration : la théorie de l'*Act of State [900]

251. Aux Etats-Unis, cette théorie joue un rôle de premier plan depuis un arrêt de la Cour suprême de 1897 refusant de connaître d'une demande en dommages-intérêts dirigée contre un général vénézuélien par un citoyen américain qui lui reprochait de l'avoir illégalement emprisonné [901]. Elle a été invoquée avec succès dans des litiges – y compris des litiges entre des entreprises américaines [902] – ayant trait à des expropriations à l'étranger [903] ou encore, dans un contexte du droit des obligations, à l'expropriation de créances [904] ou au refus de banques mexicaines, motivé par le contrôle mexicain des changes, de rembourser des certificats de dépôt achetés auprès d'elles par des investisseurs américains [905].

Dans chacune de ces affaires, l'attitude adoptée à l'égard du procès par le gouvernement américain a été considérée comme très importante ; une intervention du département d'Etat qui déclare que la politique étrangère des Etats-Unis n'est *pas* susceptible d'être compromise par un jugement conformément aux règles de droit ordinaires sera normalement décisive [906]. Cette attitude de déférence du pouvoir judiciaire à l'égard

900. Pour les développements de droit comparé, voir P. Weil, « Le contrôle par les tribunaux nationaux de la licéité des actes des gouvernements étrangers », *AFDI*, 1977, p. 9 ss ; S. Salama, *L'acte de gouvernement*, Bruxelles, Bruylant, 2002, n°s 276 ss.

901. *Underhill c. Hernandez*, 168 U. S. 250 (1897).

902. *American Banana Co. c. United Fruit Co.*, 213 U. S. 347 (1909).

903. *Oetjen c. Central Leather Co.*, 246 U. S. 297 (1918) ; *Banco Nacional de Cuba c. Sabbatino*, 376 U. S. 398 (1964). L'application peut-être la plus extraordinaire de la théorie de l'*Act of State* a eu lieu en 1947 devant la Cour d'Appel pour le Second Circuit, accueillant l'exception d'*Act of State* dans un litige impliquant la confiscation des biens d'une entreprise en Allemagne en 1937 par des fonctionnaires nazis, suivie de sa revente à une société anonyme belge entre les mains de laquelle l'ancien propriétaire exproprié avait revendiqué leur restitution : *Bernstein c. Van Heyghen Frères Société Anonyme*, 163 F.2d 246 (2nd Cir. 1947), où il fut jugé que la théorie de l'*Act of State* restait applicable malgré la chute du régime nazi.

904. *Perez c. Chase Manhattan Bank*, N.A., 463 N.E.2d 5 (N.Y. 1984). Pour le rejet du moyen tiré de l'*Act of State* (au motif que la créance expropriée par les autorités cubaines était localisée aux Etats-Unis), voir toutefois *Garcia c. Chase Manhattan Bank, N.A.*, 735 F.2d 645 (2nd Cir. 1984).

905. *Braka c. Bancomer, S.N.C.*, 762 F.2d 222 (2nd Cir. 1985) ; *Callejo c. Bancomer, S.A.*, 764 F.2d 1101 (5th Cir. 1985).

906. Ainsi, dans une autre affaire *Bernstein* (cf. *supra* note 903), le demandeur Bernstein fut autorisé à poursuivre une société néerlandaise qu'il accusait d'avoir aidé les nazis à vendre des valeurs mobilières qui lui avaient appartenu, mais cette

des choix de politique étrangère du pouvoir exécutif est explicitée dans l'arrêt *Banco Nacional de Cuba c. Sabbatino* de 1964. La Cour suprême y reconnaît que ce n'est pas le droit international public qui interdirait aux tribunaux américains de connaître à titre incident de la validité d'un acte de souveraineté étranger, et que la théorie de l'*Act of State* n'est pas non plus imposée par la Constitution des Etats-Unis ; cependant, elle a un « arrière-plan constitutionnel » :

> « The act of state doctrine does, however, have "constitutional" underpinnings. It arises out of the basic relationship between branches of government in a system of separation of powers. It concerns the competency of dissimilar institutions to make and implement particular kinds of decisions in the area of international relations. The doctrine, as formulated in past decisions, expresses the strong sense of the Judicial Branch that its engagement in the task of passing on the validity of foreign acts of state may hinder, rather than further, this country's pursuit of goals both for itself and for the community of nations as a whole in the international sphere. » [907]

Ainsi, selon les tribunaux américains, certaines questions, celles ayant trait à des actes de puissance publique étrangers, même lorsqu'elles apparaissent dans le cadre d'un litige de droit privé, touchent de si près aux relations extérieures de l'Etat qu'il vaut mieux en laisser la solution à la diplomatie et au pouvoir exécutif.

252. Ailleurs qu'aux Etats-Unis, cette forme de déférence des juridictions à l'égard du pouvoir exécutif, face à un acte de souveraineté étranger interférant dans des relations de droit privé, ne se rencontre pas au même degré, et les préoccupations qui sont derrière la théorie de l'*Act of State* empêcheront moins systématiquement, ou n'empêcheront même pas du tout, les tribunaux d'exercer leurs fonctions normales.

Le droit anglais est sans doute le plus proche du droit américain [908], même s'il s'en distingue par une plus grande flexibilité, par la non-

---

autorisation n'intervint qu'après que le département d'Etat ait fait publier une lettre définissant (très raisonnablement) l'attitude du gouvernement comme suit :

> « The policy of the Executive . . . is to relieve American courts from any restraint upon the exercise of their jurisdiction to pass upon the validity of the acts of Nazi officials. »

La lettre est reproduite dans l'arrêt *Bernstein c. N.V. Nederlandsche-Amerikaansche Stoomvaart-Maatschappij*, 210 F.2d 375 (2nd Cir. 1954), spéc. p. 376.

907. 376 U. S., p. 423.

908. C. McLachlan, *Foreign Relations Law*, *op. cit.*, *supra* note 874, p. 523-538.

application de la doctrine de l'*Act of State* en matière de droit des obligations contractuelles et par le moindre rôle (ou même le rôle inexistant) du poids donné par les tribunaux à l'attitude du ministère des Affaires étrangères dans des cas particuliers. Le droit allemand, sans reprendre à son compte la théorie de l'*Act of State*, est néanmoins très favorable à la reconnaissance des expropriations de biens situés sur le territoire d'un Etat étranger nationalisateur et applique en matière d'expropriations de créances, voire de contrôle des changes, des solutions qui ne sont pas sans analogie avec la jurisprudence américaine. Le droit français en revanche a fait prévaloir, assez systématiquement, le principe du jugement des affaires portées devant les tribunaux civils suivant les méthodes classiques du droit privé et du droit international privé ; le fait qu'un acte de puissance publique étranger soit en cause n'a pas amené les tribunaux à renoncer à l'application de ces méthodes, lesquelles tendent naturellement à faire prévaloir, dans les litiges civils, l'intérêt des particuliers sur des considérations d'ordre diplomatique ou géostratégique [909].

3) Autre illustration : l'appréciation, par les tribunaux du for, de la qualité de la justice étrangère

253. Dans différents cas les tribunaux du for peuvent être amenés à apprécier – ou alors peuvent refuser d'être amenés à apprécier – l'efficacité de la justice d'un Etat étranger, mais aussi le degré de son indépendance ou alors de sa dépendance du pouvoir politique, ou encore l'absence ou la présence d'éléments de corruption dans la justice étrangère. Ces appréciations, si elles sont négatives, sont susceptibles d'être mal prises par les autorités des Etats étrangers et d'être considérées, dans le langage de la diplomatie, comme un « acte inamical » de la part des autorités publiques du for. Elles peuvent néanmoins être indispensables pour juger correctement certains types de litiges : ainsi pour apprécier une exception de *forum non conveniens* avec invitation de renvoi devant la justice étrangère, ou juger une demande en reconnaissance d'un jugement rendu par le système judiciaire étranger. Appartient-il aux tribunaux de connaître de ce type de questions ou convient-il de considérer que des intérêts de politique

909. Pour les références de ces différentes solutions, voir P. Kinsch, *Le fait du prince étranger*, Paris, LGDJ, 1994, p. 402-412. Pour un exemple en matière d'expropriation, voir l'affaire *La Ropit*, discutée *supra* n° 52.

étrangère, qui auraient la primauté par rapport aux intérêts d'une bonne administration de la justice nationale, s'y opposent ?

254. Première réponse possible : celle que donne un arrêt de la Cour de cassation française de 1935. Selon cet arrêt, la Cour d'appel de Nancy avait excédé ses pouvoirs en estimant qu'il ne convenait pas d'admettre l'entraide judiciaire internationale avec la justice polonaise dans un litige en matière d'accident de travail entre un ouvrier polonais et son employeur français, au motif que l'on ne saurait contraindre l'employeur à suivre, pour la défense de ses intérêts, en Pologne « une procédure lointaine et coûteuse, et d'où toutes garanties de compétence et d'impartialité seraient nécessairement absentes ». Pour la Cour de cassation, la Cour d'appel

> « a commis un excès de pouvoir en portant dans ce motif une appréciation sur le fonctionnement des services judiciaires dans un pays étranger » [910].

Il est parfaitement possible que l'appréciation de la Cour d'appel de Nancy ait été injustifiée et ait reposé sur un ensemble de préjugés, plutôt que sur une appréciation réelle de la qualité de la justice polonaise. Il n'en reste pas moins qu'une interdiction absolue de connaître de ce type de problème, sous peine d'annulation pour « excès de pouvoir », est excessive.

255. La même attitude ne se rencontre pas, en tout cas, dans la jurisprudence anglaise et américaine actuelle. Là, on verra les tribunaux américains se prononcer dans l'affaire du désastre industriel de Bhopal, dans le cadre d'une exception fondée sur le *forum non conveniens*, sur la possibilité pratique pour la justice indienne de traiter les demandes de plus de 200 000 demandeurs en justice lésés par une installation industrielle qui se trouvait sous le contrôle d'une société américaine [911]. Dans le même contexte juridique de *forum non conveniens*, on verra les tribunaux anglais ou britanniques, très prisés par les demandeurs en justice ayant fait fortune lors des privatisations dans les Etats de l'ancienne Union soviétique, avoir à trancher et trancher effectivement

910. Req., 18 mars 1935, *Gaz. Pal.*, 1935, I, p. 715.

911. *In re Union Carbide Corporation Gas Plan Disaster at Bhopal, India in December, 1984*, 634 F. Supp. 842 (SDNY 1986) et sur appel 809 F.2d 195 (2nd Cir. 1987). Une particularité de cette affaire : parmi les demandeurs devant le tribunal américain figurait le gouvernement de l'Inde lui-même, qui demanda au tribunal de retenir sa compétence au regard du fait que la justice indienne ne serait pas en mesure de traiter ce contentieux de masse. Néanmoins, le tribunal fit droit à l'exception de *forum non conveniens* soulevée par la société défenderesse américaine, à laquelle il imposa un certain nombre d'obligations pour la poursuite de l'affaire en Inde.

les questions de savoir si ces demandeurs individuels seront en mesure de trouver une véritable justice en Russie [912], en Ukraine [913] ou au Kirghizistan [914], ou encore – s'agissant de demandes introduites par un tout autre type de demandeurs, victimes de faits de pollution ou d'autres *torts* – en Zambie [915] ou au Kenya [916].

Ils le font tout en étant conscients du fait qu'ils s'exposent à des critiques, mais en restant convaincus que l'exercice de leur pouvoir d'appréciation judiciaire est nécessaire pour éviter des injustices concrètes :

> « I would like to add this. I am conscious that some of the foregoing paragraphs could be seen as a criticism of the Zambian legal system. I might even be accused of colonial condescension. But that is not the intention or purpose of this part of the Judgment. I am not being asked to review the Zambian legal system. I simply have to reach a conclusion on a specific issue, based on the evidence before me. And it seems to me that, doing my best to assess that evidence, I am bound to conclude . . . that the claimants would almost certainly not get access to justice if these claims were pursued in Zambia. » [917]

256. Les tribunaux américains sont tenus, dans les Etats fédérés ayant adopté la loi-modèle uniforme en matière de reconnaissance des jugements étrangers élaborée en 1962, le *Uniform Foreign Money-Judgment Recognition Act*, d'apprécier la qualité de la justice étrangère :

> « A foreign judgment is not conclusive if
>
> (1) the judgment was rendered under a system which does not provide impartial tribunals or procedures compatible with the requirements of due process of law » [918],

912. *Berezovsky c. Michaels* (2000) UKHL 25; *VTB Capital plc c. Nutritek International Corp.* (2013) UKSC 5. Cf. également *Yukos Capital Sarl c. OJSC Rosneft Oil Co. (No. 2)* (2012) EWCA Civ. 855, cité *infra* note 920.
913. *Ferrexpo AG c. Gilson Investments Ltd.* (2012) EWHC 721 (Comm).
914. *AK Investments CJSC c. Kyrgyz Mobil Tel Ltd.* (2011) UKPC 7 (arrêt du Conseil privé, sur appel de la *High Court of Justice of the Isle of Man*).
915. *Lungowe c. Vedanta Resources plc* (2017) EWCA Civ 1528, confirmé (2019) UKSC 20.
916. *AAA c. Unilever plc* (2017) EWHC 371 (QB).
917. *Lungowe c. Vedanta Resources plc* (2016) EWHC 975 (TCC), paragraphe 198, appréciation (fondée sur le manque de moyens à la disposition de la justice en Zambie) confirmée en appel : (2017) EWCA Civ 1528, paragraphe 133 et par la Cour suprême : (2019) UKSC 20, paragraphe 97.
918. Section 4 *(a)* (1).

ou alors de le faire conformément aux critères de la nouvelle loi uniforme, le *Uniform Foreign-Country Money Judgments Recognition Act* de 2005 qui reprend ce texte en y ajoutant, comme cas «facultatif» de refus de la reconnaissance, l'hypothèse où dans la procédure concrète ayant mené au jugement étranger qu'il s'agit de reconnaître, les droits de la défense auraient été méconnus [919].

L'accent ainsi mis sur les garanties que peut offrir le *système* judiciaire étranger conduira les tribunaux américains à examiner celui-ci et à refuser, le cas échéant, la reconnaissance aux jugements émanant d'Etats dont le système judiciaire n'est pas conforme aux principes d'un Etat de droit [920]. Il est vrai, cela dit, que pour les tribunaux américains – toujours soucieux des prérogatives de l'exécutif en matière de relations extérieures – , les rapports officiels du Département d'Etat sur la qualité de la justice dans les Etats étrangers en question revêtiront (s'il en existe) une grande importance dans le jugement de cette question [921].

b) *Dépendance et indépendance: les règles du droit international privé face la politique étrangère*

257. Au-delà de cette première série de questions, se posera également la question de la mesure dans laquelle les règles applicables sont, lorsque des réalités internationales sont susceptibles de devenir pertinentes pour leur application, dans la dépendance des choix de politique étrangère de l'Etat du for.

1) Le cas des Etats (ou des gouvernements, ou des situations) non reconnus

258. Il est concevable de faire dépendre l'application d'une loi déterminée de la reconnaissance sur le plan diplomatique, par l'exécutif de l'Etat du for, des autorités ayant promulgué cette loi. Si on le fait,

919. Section 4 *(b)* (1) et Sect. 4 *(c)* (7) et (8).

920. Comp., en jurisprudence anglaise, la réponse affirmative à la question de savoir s'il est possible aux juridictions anglaises de retenir que la justice de la Russie (une «*foreign friendly nation*») ne respecte pas les principes d'un Etat de droit, que ce soit dans des cas individuels ou de manière systémique, à propos de l'annulation en Russie d'une sentence arbitrale: *Yukos Capital Sarl c. OJSC Rosneft Oil Co. (No. 2)* (2012) EWCA Civ. 855, spéc. paragraphe 125 («that is a matter of evidence and argument, not a matter of any immunity or doctrine of non-justiciability»).

921. Voir ainsi, dans la motivation du refus de la reconnaissance à des jugements étrangers, *Bank Melli Iran c. Pahlavi*, 58 F.3d 1406 (9th Cir. 1995) (à propos d'un jugement iranien rendu par défaut contre la sœur du Shah); *Bridgeway Corp. c. Citibank*, 201 F.3d 134 (2nd Civ. 2000) (jugement libérien).

on fait prévaloir le principe de « légitimité » (officiellement reconnue par l'Etat du for) des autorités étrangères sur l'idée de l'effectivité de la loi qui sera en vigueur à l'étranger et qui s'imposera, en fait, aux particuliers. Le problème est classique, en particulier depuis la non-reconnaissance initiale, par les Etats occidentaux, du gouvernement soviétique après la révolution russe. Il donne lieu à des solutions diverses, parmi lesquelles la plus fréquemment adoptée consiste à se référer, dans le jugement des litiges de droit privé, à l'effectivité d'un régime plutôt qu'au critère de sa reconnaissance par la diplomatie du for [922].

Il suffit, pour justifier cette attitude des tribunaux au regard des prérogatives du pouvoir exécutif dans la reconnaissance d'Etats ou de gouvernements étrangers, de faire observer que précisément, une appréciation réaliste d'un tribunal sur l'existence d'une situation de fait n'est pas l'équivalent de la reconnaissance *de jure* d'un Etat ou d'un gouvernement, qui restera réservée au pouvoir exécutif [923]. Si on adopte une autre approche, estimant – avec la jurisprudence anglaise – qu'il est essentiel qu'en la matière, les pouvoirs publics d'un Etat parlent d'une même voix [924], on se condamne – à moins de vouloir abandonner toute appréciation réaliste des litiges – à avoir recours à des subterfuges pour donner effet à des lois d'une autorité non reconnue par le gouvernement britannique, par exemple en jugeant très artificiellement (en 1967) que la République démocratique d'Allemagne exerce en réalité ses pouvoirs par délégation de l'Union soviétique, un Etat reconnu par la diplomatie du Royaume-Uni [925].

---

922. J. Verhoeven, « Relations internationales de droit privé en l'absence de reconnaissance d'un Etat, d'un gouvernement ou d'une situation », *Recueil des cours*, tome 192 (1985), p. 9 ss. L'auteur fait observer (p. 181) que :

> « Si l'effectivité a « vaincu » la non-reconnaissance, c'est sans doute d'abord parce qu'il s'est avéré impossible de substituer à la loi effective quelque autre loi qui fût pleinement crédible. »

Voir aussi Batiffol et Lagarde, *Traité de droit international privé*, tome I, 8e édition, Paris, LGDJ, 1993, n°s 256 et (à propos de l'hypothèse d'une annexion territoriale non reconnue) 257.

923. De même, le droit international public ne s'oppose pas à pareille appréciation réaliste de situations de droit privé : voir CIJ, avis consultatif du 21 juin 1971, *Conséquences juridiques pour les Etats de la présence continue de l'Afrique du Sud en Namibie (Sud-Ouest africain) nonobstant la résolution 276 (1970) du Conseil de sécurité*, *Rec. CIJ*, 1971, p. 16 ss, par. 125 ; CEDH, arrêt du 10 mai 2001, *Chypre c. Turquie* (GC), n° 25781/94, par. 96.

924. Voir *supra* n° 250 et note 896.

925. *Carl Zeiss Stiftung c. Rayner & Keeler Ltd. (No. 2)* (1967) 1 A.C. 853. Il a été jugé de même, à propos de droits revendiqués par l'autorité étrangère elle-même,

259. De même, en matière de conflits de juridictions, il est préférable d'admettre la reconnaissance de jugements émanant des tribunaux d'un Etat non reconnu sur le plan diplomatique, ou la coopération avec les autorités judiciaires d'un Etat qui exerce *de facto* la souveraineté sur un territoire, même si l'occupation de ce territoire n'est pas reconnue sur le plan diplomatique [926]. C'est dans cet esprit que la *Court of Final Appeal* de Hong Kong, région administrative spéciale de la République populaire de Chine, a décidé de reconnaître les effets d'un jugement déclaratif de faillite des juridictions taïwanaises, en notant que sa décision sur la reconnaissance de la faillite ne valait pas reconnaissance du «régime usurpatoire ou des juridictions de Taïwan» [927]. L'opinion d'un juge néozélandais, membre de cette juridiction particulière, exprime l'idée que la reconnaissance du jugement taïwanais est à la fois dans l'intérêt de la République populaire de Chine, qui a pour politique de chercher une réunification des territoires chinois, et dans l'intérêt des particuliers :

> «I think that reunification will tend to be promoted rather than impeded if people resident in Taiwan, one part of China, are able to enforce in Hong Kong, another part of China, bankruptcy orders made in Taiwan. . . . It is in the interests of the People's Republic of China, and necessary as a matter of common sense and justice, that bankruptcy orders made in one of these parts should be enforceable in the other.
>
> . . . [The issue] is not an issue with which national politics have any natural connection. They should not be allowed to obtrude into or overshadow a question of the private rights and day-to-day affairs of ordinary people. The ordinary principles of private international law should be applied without importing extraneous high-level public controversy.» [928]

non reconnue par le gouvernement britannique, que la «République de Ciskei» pouvait être considérée comme agent de la République d'Afrique du Sud, un Etat reconnu par le Royaume-Uni : *Gur Corp. c. Trust Bank of Africa Ltd.* (1987) 1 Q.B. 599.

926. *Contra* cependant : OLG Munich, 18 décembre 2015, *IPRax*, 2017, p. 395, pour le refus de la coopération, en application de la Convention de La Haye du 25 octobre 1980 sur les aspects civils de l'enlèvement international d'enfants, avec les autorités israéliennes s'agissant d'enfants résidant à Jérusalem-Est; voir les observations critiques de P. Mankowski, p. 347.

927. *Chen Li Hung c. Ting Lei Miao* (2000) HKFCA 69, paragraphe 39.

928. Paragraphes 53 et 54 (Lord Cooke of Thorndon).

2) Le jugement des violations des droits de l'homme intervenues à l'étranger

260. Le contentieux de la violation des droits de l'homme, qu'elle soit le fait de personnages officiels d'un Etat étranger ou d'entreprises multinationales (ou «transnationales») donne lieu à des problèmes, de compétence internationale comme de détermination du droit applicable, complexes – trop complexes pour qu'on les aborde dans le cadre du présent cours [929]. Qu'il nous suffise de mettre l'accent sur le rôle qu'a joué une loi américaine, l'*Alien Tort Statute* de 1789. Cette loi existait de manière discrète jusqu'à sa redécouverte en 1980 dans l'affaire *Filartiga c. Pena-Irala* [930] dans laquelle elle fut interprétée en ce sens qu'elle autorise les tribunaux fédéraux américains à connaître d'un contentieux lié à la violation des normes (ou au moins de certaines des normes) en matière de droits de l'homme protégés par le droit international public [931]. Selon l'arrêt *Sosa c. Alvarez-Machain* de 2004, cette loi – qui ne concerne, a priori, qu'une question d'ordre technique propre au droit américain, celle de la compétence *ratione materiae* des juridictions fédérales, par opposition aux juridictions des Etats fédérés – doit néanmoins être lue en même temps comme impliquant le pouvoir des juridictions fédérales de développer un droit jurisprudentiel (une *common law* fédérale) par lequel le droit fédéral américain, sanctionnant la violation de certaines règles préexistantes du droit des gens, vient à s'appliquer à ces faits [932].

261. En définitive cependant, la Cour suprême des Etats-Unis a pratiquement mis fin à l'utilisation de l'*Alien Tort Statute* à des fins de poursuite de violation des droits de l'homme en dehors du territoire des Etats-Unis. Elle l'a fait en invoquant la présomption interprétative, qui

929. Les étudiants ayant assisté au cours ont pu suivre, dans la même session de l'Académie de droit international, le cours du professeur F. Marrella, «Protection internationale des droits de l'homme et activités des sociétés transnationales», qui a été publié au *Recueil des cours*, tome 385 (2017), p. 33 ss.

930. 630 F.2d 876 (2nd Cir. 1980).

931. Pour une appréciation enthousiaste, on peut lire A.-M. Burley, «The Alien Tort Statute and the Judiciary Act of 1789: A Badge of Honor», *AJIL*, volume 83 (1989), p. 461 ss; et pour un récit de la saga de l'*Alien Tort Statute* et des controverses, inspirées par des intérêts de politique étrangère et des intérêts économiques, à laquelle elle donna lieu, voir B. Stephens, «The Curious History of the Alien Tort Statute», *Notre Dame L. Rev.*, volume 89 (2014), p. 1467 ss. Pour une vue réservée sur ce contentieux, exprimée non par des auteurs proches de la communauté des affaires, mais par des auteurs qui se revendiquent d'une analyse gramscienne, voir U. Mattei et J. Lena, «U.S. Jurisdiction Over Conflicts Arising Outside of the United States: Some Hegemonic Implications», *Hastings Int'l & Comp. L. Rev.*, volume 24 (2001), p. 381 ss.

932. 542 U. S. 692.

existe en droit fédéral, contre l'extraterritorialité des lois et en jugeant qu'il n'y avait pas de raison de penser que l'*Alien Tort Statute* aurait été passé en 1789 pour faire des Etats-Unis «un for exceptionnellement accueillant pour la mise en œuvre de normes de droit international»[933]. Si on acceptait la thèse selon laquelle l'*Alien Tort Statute* a une portée extraterritoriale, explique la Cour, le risque existerait que d'autres nations, appliquant elles aussi le droit des gens, attrairaient des citoyens américains devant leurs tribunaux pour des violations du droit international qui se seraient passées sur le territoire américain, ou dans n'importe quel autre lieu du monde. Ceci n'est pas acceptable :

> «The presumption against extraterritoriality guards against our courts triggering such serious foreign policy consequences, and instead defers such decisions, quite appropriately, to the political branches.»[934]

Ainsi, le jugement de violations des droits de l'homme à l'étranger est perçu, par la Cour suprême des Etats-Unis, comme un acte à portée essentiellement politique ayant potentiellement des implications pour les relations extérieures des Etats-Unis. Si, et dans la mesure où, on suit la Cour dans cette assimilation (que l'on peut aussi, au contraire, choisir de répudier), on comprendra qu'elle aura voulu mettre fin à l'application extraterritoriale d'une loi à portée générale comme l'*Alien Tort Statute*. Ce n'est, semble-t-il, que lorsque les «branches politiques» du gouvernement, c'est-à-dire le Président et le Congrès, décident que ce genre de procès sera considéré comme désirable qu'il peut avoir lieu[935].

---

933. «[T]here is no indication that the ATS was passed to make the United States a uniquely hospitable forum for the enforcement of international norms» : *Kiobel c. Royal Dutch Petroleum Co.*, 569 U. S. 108 (2013), spéc. p. 123.

934. P. 124. Pour une application de la même idée dans un arrêt postérieur de la même Cour, qui décide que l'*Alien Tort Statute* n'est pas susceptible d'être appliqué à des sociétés commerciales étrangères, même pour des actions qui ne sont pas extraterritoriales au sens de la présomption contre l'extraterritorialité des lois, voir *Jesner c. Arab Bank, PLC*, 584 U. S. (2018). On ajoutera que l'*Alien Tort Statute* ne s'applique qu'aux juridictions fédérales et à l'application du droit fédéral sanctionnant des violations du droit international. Mais pour la transposition, dans un contentieux devant les juridictions appliquant le droit des Etats fédérés, de l'idée qu'il faut éviter d'affecter les relations extérieures, voir *Mujica c. Airscan, Inc.*, 771 F.3d 580 (9th Cir. 2014), qui se réfère au concept passe-partout d'*« adjudicatory comity »* pour rejeter la demande.

935. Pour un exemple, extrême, d'intervention du Congrès, voir *infra* n° 266.

3) Les sanctions adoptées à l'égard d'un Etat étranger

262. Ces sanctions étant l'expression juridique typique des « tensions » internationales [936], on se demandera qui est compétent pour les adopter, au risque de déroger aux règles normales qui s'appliquent aux relations de droit privé.

i) *Sanctions adoptées par les tribunaux ?*

263. Il est envisageable que les tribunaux, agissant prétoriennement, prennent eux-mêmes l'initiative de définir des sanctions à l'égard des ressortissants d'un Etat considéré comme hostile par les autorités en charge de la politique étrangère de l'Etat.

On en a vu des exemples, au cours de la guerre froide, lorsque des tribunaux américains en charge de l'administration des successions *(probate courts)* refusèrent l'autorisation de transférer des biens à des héritiers résidant en Union soviétique ou dans d'autres Etats du « bloc de l'Est ». Cette pratique (il est difficile de parler de jurisprudence) était fondée sur des conceptions qui semblent avoir été factuellement inexactes, comme la conception selon laquelle l'Etat soviétique empêcherait les héritiers de jouir effectivement des biens dont ils auraient hérité ; ou alors elle se fondait sur une interprétation aventureuse de la réglementation en matière de transfert de fonds entre les Etats-Unis et les pays communistes [937], ou sur la condition de réciprocité parfois formulée dans les lois des Etats américains, combinée avec une tendance à la dénaturation pure et simple du droit soviétique, soupçonné de ne pas assurer la réciprocité à l'égard d'héritiers américains. En somme, l'attitude des *probate courts* était inspirée par des sentiments anti-communistes bon teint, plutôt que fondée sur l'application de règles de droit réellement existantes [938].

264. Mais il est clair que par une attitude de ce type, les tribunaux se ridiculisent eux-mêmes, du moins en rétrospective. C'est ce qu'a plus récemment compris, dans un autre contexte de politique étrangère, une Cour d'appel de Louisiane : elle décide de réformer une décision de première instance qui avait refusé de reconnaître la validité d'un

---

936. Cf. *supra* nº 246.
937. Cf. *In re Braier's Estate*, 111 N.E.2d 424 (N. Y. 1953).
938. H. Berman, « Soviet Heirs in American Courts », *Colum. L. Rev.*, volume 62 (1962), p. 257 ss. L'auteur cite (à la première page de son article) un juge américain qui, saisi d'un litige de ce type, se vantait en audience publique d'être un « anti-communiste fanatique », ou d'autres juges qui estimaient contribuer à l'effort de défense du monde libre en refusant le transfert d'actifs successoraux dans des pays communistes.

mariage conclu en Iran entre deux citoyens iraniens et qui avait prononcé ce refus après une vague analyse, en termes de *comity*, de l'état déplorable des relations diplomatiques entre l'Iran et les Etats-Unis d'Amérique. L'arrêt de la Cour d'appel relève que la décision de première instance n'a pas appliqué correctement le droit existant (qui l'aurait amenée, tout simplement, à vérifier si le mariage avait été valablement conclu en Iran et si la loi iranienne était ou non contraire à l'ordre public américain) ; et il ajoute, dans une note en bas de page, une appréciation manifestement sensée :

> « It would be a questionable policy indeed to base the status of private individuals on the fluctuation of international relations. » [939]

ii) *Sanctions adoptées par les autorités en charge de la politique étrangère de l'Etat*

265. L'exemple-type de sanctions officiellement adoptées contre les Etats étrangers est l'embargo commercial, qui sera soit décrété par le pouvoir exécutif, soit fera l'objet d'une loi prohibant le commerce avec l'Etat étranger en cause [940]. Sur le plan du droit international privé, les lois d'embargos relèvent du régime des lois de police de droit public : elles lient, de manière absolue, les tribunaux de l'Etat qui les a décrétés, mais les embargos étrangers sont soumis au régime, complexe, des lois de police étrangères [941].

Sur le plan du droit constitutionnel, étant donné qu'une loi d'embargo est l'expression juridique la plus évidente d'une réglementation ayant trait aux relations extérieures de l'Etat, il est clair que dans un Etat fédéral (qui se caractérise par la centralisation de la politique étrangère), une loi d'embargo est de la compétence exclusive des autorités fédérales. Cette répartition des compétences produit des effets également à propos d'autres lois, intervenant dans des matières qui sont normalement de la compétence du législateur des Etats fédérés, mais qui sont soustraites à sa compétence du fait qu'elles ont pour objet d'exprimer la politique

939. *Ghassemi c. Ghassemi*, 998 So.2d 731 (La. App. 1 Cir. 2008), spéc. p. 739, note 16.

940. Voir (essentiellement d'un point de vue américain), A. Lowenfeld, *Trade Controls for Political Ends*, 2e édition, New York/San Francisco, Matthew Bender, 1983 ; du même auteur, *International Economic Law*, 2e édition, New York, Oxford University Press, 2008, p. 890 ss. Mais l'embargo est un instrument de contrôle du commerce à des fins politiques pratiqué universellement et depuis toujours (voir aussi *supra* n° 195).

941. *Supra* n°s 191 ss (prise en considération) et 201 ss (application des lois de police).

étrangère de l'Etat, qui dans un Etat fédéral ne peut être que la politique étrangère de la fédération [942].

266. S'il s'agit de lois qui expriment directement la politique étrangère de l'Etat, le rôle des tribunaux sera celui d'exécutants de cette politique [943]. Bien qu'un contrôle de constitutionnalité (là où ce type de contrôle existe) ne soit théoriquement pas exclu, on constate que les tribunaux sont extrêmement réticents à l'exercer effectivement. Cette réticence est particulièrement bien démontrée par la jurisprudence américaine, où les tribunaux ne considéreront même pas comme inconstitutionnelle une intervention, motivée par la politique étrangère, du pouvoir législatif dans un procès individuel en cours : un arrêt de la Cour suprême de 2016 a jugé que l'intervention législative dans un procès est un exercice de l'autorité du Congrès dans un domaine dans lequel « le rôle de contrôle des branches politiques du gouvernement est à la fois nécessaire et approprié », et ne viole par conséquent pas la séparation des pouvoirs [944].

---

942. Voir la jurisprudence américaine sur la *federal preemption* en matière d'affaires étrangères : *Zschernig c. Miller*, 389 U. S. 429 (1968) (inconstitutionnalité d'une loi de l'Oregon prévoyant des restrictions au transfert dans un pays communiste de la part successorale d'un héritier d'un résident américain décédé – cette loi d'un Etat fédéré tendant à donner une base légale à la pratique judiciaire mentionnée *supra* n° 263 ; *adde* W. Wong, « Iron Curtain Statutes, Communist China, and the Right to Devise », *UCLA L. Rev.*, volume 32 (1985), p. 643 ss) ; *American Insurance Association c. Garamendi*, 539 U. S. 396 (2003) (inconstitutionnalité d'une loi californienne, le *Holocaust Victim Insurance Relief Act*, qui prescrivait à tous les assureurs, même étrangers, ayant des activités commerciales en Californie, de déclarer au commissariat californien des assurances quelles polices d'assurance ils avaient placées en Europe en 1920 et 1945) ; *Von Saher c. Norton Simon Museum of Art at Pasadena*, 578 F.3d 1016 (9th Cir. 2009) (inconstitutionnalité d'une loi californienne prolongeant le délai de prescription d'une action en revendication d'œuvres d'art confisqués par les nazis) ; *Movsesian c. Victoria Versicherung AG*, 578 F.3d 1052 (9th Cir. 2009) (même solution à propos d'une loi californienne prolongeant le délai de prescription pour des actions fondées sur des polices d'assurance émises pour des victimes du génocide arménien de 1915 à 1923) ; *In re Assicurazioni Generali, SpA*, 592 F.3d 113 (2nd Cir. 2010) (application de la solution de l'arrêt *Garamendi* aux compagnies d'assurances italiennes). En revanche, il a été jugé que l'application des règles *normales* de prescription d'un Etat fédéré à la prescription d'une action en revendication d'œuvres d'art confisquées par les nazis n'est pas couverte par la *federal preemption* : *Dunbar c. Seger-Thomschitz*, 615 F.3d 574 (5th Cir. 2010) ; *Museum of Fine Arts, Boston c. Seger-Thomschitz*, 623 F.3d 1 (1st Cir. 2010).

943. Voir J. Yoo, « Federal Courts as Weapons of Foreign Policy : The Case of the Helms-Burton Act », *Hastings Int'l & Comp. L. Rev.*, volume 20 (1997), p. 747 ss.

944. *Bank Markazi c. Peterson*, 578 U. S. – (2016), à propos d'une loi (l'*Iran Threat Reduction and Syria Human Rights Act* de 2012) qui avait choisi d'intervenir dans un procès déterminé, identifié dans cette loi par le nom des parties et par le numéro du rôle du Tribunal fédéral de district pour le district sud de New York, afin de faciliter l'exécution d'un jugement américain par les victimes d'un acte de terrorisme dont l'Iran serait responsable. L'affaire a donné lieu à saisine de la Cour internationale de justice

3. *Une question de politique étrangère inhérente au droit international privé ? L'exigence de réciprocité*

267. Les règles qui formulent une exigence de réciprocité en droit international privé, et plus précisément en matière de conflits de lois ou de juridictions, sont l'expression du souhait d'obtenir, en contrepartie de l'application des lois d'un Etat étranger ou de la reconnaissance de ses jugements, l'application à l'étranger de la loi de l'Etat du for ou la reconnaissance des jugements de ses tribunaux. Caractéristiques, à des degrés divers, de certains systèmes nationaux de droit international privé, elles sont complètement absentes dans d'autres systèmes.

Est-il juste de poser ainsi une exigence de réciprocité comme condition de l'application des règles de conflit de lois et de juridictions ? Est-il réaliste de se passer de cette exigence ?

a) *La vision sous-jacente du droit international privé : droit fondé sur les relations entre Etats ou droit fondé sur les droits individuels*

268. La réciprocité est un principe fondamental des relations internationales : elle est un élément qui est automatiquement inhérent aux relations relevant de la diplomatie et des négociations internationales ; elle intervient également dans les relations organisées par les règles générales du droit international public, dont la réciprocité constitue un principe structurant, conformément auquel des contre-mesures peuvent être décidées unilatéralement par les Etats qui estiment que leurs droits ont été méconnus [945]. Si, par conséquent, on perçoit le droit international privé comme faisant partie essentiellement du droit organisant les relations internationales de l'Etat du for, la même logique de réciprocité peut s'appliquer à lui. Elle prendra soit la forme d'une condition préalable de réciprocité mise à l'application des règles de conflit de lois ou de juridictions, soit la forme de mesures de rétorsion « en réaction contre des mesures étrangères qui ont déçu l'espoir que la *comitas* avait fait naître d'un comportement libéral des Etats étrangers » [946].

---

par l'Iran : *Certains actifs iraniens*, R. G. nº 164, arrêt sur les exceptions préliminaires du 13 février 2019.

945. Voir M. Virally, « Le principe de réciprocité dans le droit international contemporain », *Recueil des cours*, tome 122 (1967), p. 1 ss. Il s'ensuit également qu'au sein d'un ordre juridique constitutionnalisé comme l'est celui de l'Union européenne, la logique de la réciprocité et de la licéité des mesures de rétorsion ne s'applique plus : CJCE, 13 novembre 1964, *Commission c. Luxembourg et Belgique*, affaires jointes 90/63 et 91/63, ECLI :EU :C :1964 :80.

946. P. Lagarde, « La réciprocité en droit international privé », *Recueil des cours*, tome 154 (1977), p. 103 ss, spéc. p. 120. Ce cours reste la référence la plus complète

Mais le droit international privé doit-il ainsi être considéré comme relevant des relations interétatiques? La réponse est certainement négative pour les conflits de lois dans les litiges et transactions entre personnes privées, où l'explication du fondement des règles de conflit en termes de *comitas gentium* ou de *comity* est abandonnée et où il est reconnu que les règles de conflit de lois ne trouvent pas leur fondement dans le respect de la souveraineté étrangère ni dans le souci des relations entre Etats. Dans les conflits de juridictions en revanche, et plus particulièrement dans le droit de la reconnaissance et de l'exécution des jugements étrangers, il n'est pas vrai que personne n'invoque plus la *comity* – nous verrons en particulier qu'elle reste présente, dans le droit des Etats-Unis d'Amérique, comme référence théorique à l'appui de la reconnaissance des jugements d'Etats étrangers [947]. Mais il s'agit d'une référence essentiellement formelle qui n'occulte pas, même aux yeux de la doctrine américaine, que l'enjeu le plus important de la reconnaissance des jugements se situe sur le plan des relations entre les parties au litige et en particulier dans la protection des droits de celui qui a obtenu gain de cause à l'étranger. Dans d'autres traditions juridiques, la référence à l'intérêt privé des parties est encore plus évidente: ce qui y est censé justifier la reconnaissance des jugements étrangers est l'intérêt de ceux qui les ont obtenus à l'exécution effective des jugements qui leur ont reconnu des droits et leur intérêt à ne pas voir rouvrir des litiges définitivement tranchés à l'étranger [948].

269. Compte tenu du relatif accord sur les impasses de la *comitas gentium*, comment la question de la réciprocité peut-elle se maintenir, fût-ce furtivement, dans ces matières? Deux facteurs peuvent l'expliquer. D'une part, la force de l'inertie et des traditions historiques (il ne faut jamais sous-estimer les traditions historiques, surtout lorsqu'elles sont liées à des perceptions du rôle qui revient, qui est revenu ou qui devrait revenir à l'Etat du for dans le monde). De l'autre, une réflexion d'ordre «stratégique» des autorités publiques qui préféreraient que, quitte à ce que les tribunaux du for appliquent des lois étrangères et reconnaissent des jugements étrangers, cela ne se fît pas sans contrepartie pour l'ordre juridique du for, et que des garanties leur fussent données que réciproquement, la loi du for sera appliquée

---

sur tous les aspects classiques de la théorie de la réciprocité en matière de conflits de lois et de juridictions.

947. *Infra* n° 285.

948. Voir J. van de Velden, *Finality of Litigation*, Groningen, Ulrik Huber Institute for Private International Law, 2014, spéc. p. 240, 360-361 («Recognition rationale: Finality and justice»), et *infra* n°s 280 ss.

dans des cas symétriques à l'étranger et que les jugements rendus dans l'Etat du for y seront reconnus. Que ce soit par méditation du passé, ou par un calcul stratégique que les Etats prennent au sérieux quel que soit le caractère réel ou irréel de ses enjeux, la tentation de soumettre la reconnaissance des jugements, voire l'application des lois étrangères, à une condition de réciprocité peut par conséquent exister. L'exigence de réciprocité, lorsqu'elle est ainsi introduite dans les règles du droit international privé, devient donc l'instrument d'une politique étrangère propre au droit international privé, qui a pour objet d'obtenir des avantages pour l'Etat du for – des avantages sous forme de satisfaction purement symbolique en ce qui concerne l'application de sa loi à l'étranger, et des avantages plus concrets, calculés pour bénéficier à des ressortissants du for, en termes d'exécution de ses jugements.

b) *Aspects de droit positif: la réciprocité et les conflits de lois*

270. Les règles de conflit de lois peuvent être uniformisées par voie de conventions internationales, ou relever de normes de droit national. La question de la réciprocité se présentera sous des aspects différents, selon le cas.

1) La « réciprocité » dans les conventions internationales en matière de conflit de lois

271. Lorsqu'ils concluent une convention internationale d'uniformisation des règles de conflit, les Etats contractants peuvent décider que le régime conventionnel ne s'appliquera qu'à l'intérieur de leur cercle : la convention prévoira dans ce cas que son champ d'application est limité aux ressortissants des Etats contractants, ou alors que la convention ne s'applique que lorsqu'elle désigne le droit d'un autre Etat contractant. Ce type de disposition conventionnelle applique aux règles de conflit formulées par une convention très précisément la logique d'une convention internationale classique qui n'est destinée qu'à bénéficier aux Etats contractants dans leurs relations réciproques, d'une manière ou d'une autre – à travers leurs ressortissants ou, plus problématiquement car de manière essentiellement symbolique, à travers leurs lois.

Le principal exemple de conventions internationales prévoyant que les règles de conflit qu'elles formulaient ne s'appliquaient qu'à titre de réciprocité entre les Etats contractants, étaient les premières Conventions de La Haye, conclues en 1902 et en 1905 dans différentes matières de statut personnel (mariage, divorce, tutelle, effets du mariage, interdiction)[949]. Prenons le cas, particulièrement net, de la Convention du 12 juin 1902 pour régler les conflits de lois en matière de mariage qui, dans son article 8, précise que :

> « La présente Convention ne s'applique qu'aux mariages célébrés sur le territoire des Etats contractants entre personnes dont une au moins est ressortissante d'un de ces Etats.
>
> Aucun Etat ne s'oblige, par la présente Convention, à appliquer une loi qui ne serait pas celle d'un Etat contractant. »

Ce choix de la Convention de 1902 s'explique, outre par l'influence des idées qui avaient cours au moment de son adoption [950], par la stricte limitation des cas dans lesquels l'ordre public d'un Etat contractant pourrait intervenir contre un empêchement matrimonial prévu par la loi applicable. Cette limitation, qui privilégiait l'harmonie internationale des solutions au détriment de la liberté matrimoniale (selon le principe : l'impossibilité de se marier vaut mieux qu'un mariage boiteux), avait été convenue au vu d'une étude préalable de droit comparé portant sur le droit matériel des différents Etats membres de la Conférence de La Haye, qui faisait apparaître que seuls les empêchements matrimoniaux fondés sur des motifs d'ordre religieux, tels qu'il existaient dans le droit de certains Etats traditionnalistes (Autriche, Russie), heurterait l'ordre public de certains autres Etats membres de la Conférence, plus libéraux (Belgique, France, Suisse) [951]. La limitation de l'intervention de l'ordre public aux empêchements religieux n'était pas la meilleure idée que des auteurs de Conventions de La Haye aient jamais eue. Elle devait en fait s'avérer fatale à la Convention, lorsqu'il apparut que d'autres empêchements étaient *eux aussi* contraires à l'ordre public des Etats libéraux, notamment (au cours de la période précédant la Première Guerre mondiale) la subordination, en droit allemand, du droit de se

949. Sur les conventions en matière matrimoniale, voir C. von Bar, « Die eherechtlichen Konventionen der Haager Konferenz(en) », *RabelsZ*, 1993, p. 63 ss.

950. H. van Houtte, « La réciprocité des règles de conflit dans les conventions de La Haye », *Rev. b. dr. int.*, 1991, p. 490 ss, spéc. p. 493 : « L'application d'une règle de conflit qui désigne le droit d'un Etat étranger était d'ailleurs perçue comme une concession politique à cette puissance étrangère. »

951. Voir les *Actes et documents de la troisième Conférence de La Haye*, La Haye, Imprimerie nationale, 1900, p. 5 ss (dispositions légales relatives aux empêchements matrimoniaux dans les Etats contractants), 167-168 (rapport sur l'art. 3 de la Convention) ; et aussi F. Kahn, *Abhandlungen zum internationalen Privatrecht*, München/Leipzig, Duncker & Humblot, 1928, volume II, p. 112 ss (sur l'art. 3), 171 ss (sur la délimitation du champ d'application de la Convention par l'art. 8).

marier à l'accomplissement du service militaire, puis, à partir de 1935, le *Blutschutzgesetz* de l'Allemagne nazie[952]. Or les empêchements d'inspiration militaire ou «raciale» n'avaient pas été prévus dans le *numerus clausus* des cas d'intervention de l'ordre public selon la Convention de 1902.

272. Les Conventions de La Haye actuelles ont abandonné cette approche et sont passées de règles de conflit *inter partes* à des règles de conflit *erga omnes*, dont l'adoption ne prétend plus reposer sur un examen préalable des dispositions de droit matériel susceptibles d'être désignées par la Convention[953]. En contrepartie, l'exception d'ordre public peut être invoquée sans limitation.

Pour une convention en matière de conflits de lois, la solution normale consiste désormais à préciser que la convention est applicable même si la loi qu'elle désigne est celle d'un Etat non contractant[954]. La solution qui correspond au standard actuel consiste donc à conférer un caractère «universel»[955] aux règles de conflit résultant de la convention internationale, comme s'il s'agissait de règles de conflit ordinaires, formulées par une loi nationale.

2) *Réciprocité et mesures de rétorsion en droit international privé étatique*

273. Les conditions de réciprocité ou mesures de rétorsion spécifiques, telles qu'elles se rencontrent effectivement dans le droit international privé des différents Etats, ne viseront pas, du moins en pratique, les règles de conflit de lois elles-mêmes[956]. Même une législation aussi favorable à la condition de réciprocité que la législation russe actuelle prévoit, dans le nouvel article 1189 du Code civil russe («Réciprocité»), ceci:

---

952. Pour des références, voir von Bar, article précité, note 949.

953. H. van Houtte, article précité *supra* note 950, p. 496. Par ailleurs, la réciprocité a également disparu des réserves que les Etats contractants peuvent formuler lors de la ratification des Conventions de La Haye, ceci par dérogation à la règle normale du droit international des traités représentée par l'article 21, paragraphe 1er de la Convention de Vienne du 23 mai 1969 sur le droit des traités (van Houtte, p. 502).

954. C'est ce que prévoit, par exemple, l'article 2 de la Convention de La Haye du 1er août 1989 sur la loi applicable aux successions à cause de mort.

955. «Caractère universel» est le titre de l'article 2 de la Convention de Rome du 19 juin 1980 sur la loi applicable aux obligations contractuelles, actuellement remplacée par le règlement Rome I dont l'article 2 reprend sa substance et son titre.

956. Qu'une exigence de réciprocité accompagne la formulation d'une règle de conflit est, *de facto*, un phénomène exceptionnel et pathologique: voir les exemples cités *infra* n° 277.

« 1. Le droit étranger est applicable dans la Fédération de Russie même si le droit russe n'est pas appliqué aux rapports analogues dans l'Etat étranger concerné, sauf les cas où l'application du droit étranger n'est prescrite par la loi qu'à titre de réciprocité.

2. Lorsque l'application du droit étranger est subordonné à une condition de réciprocité, cette condition est présumée remplie jusqu'à preuve contraire. »[957]

274. Le domaine dans lequel des mesures de ce type sont parfois observées en pratique sera, plutôt que le droit des conflits de lois au sens strict, celui de la *condition des étrangers au regard du droit civil*, c'est-à-dire des avantages de droit matériel qui pourront soit être concédés sans discrimination aux nationaux comme aux étrangers, soit au contraire être réservés aux nationaux ainsi qu'aux ressortissants d'Etats qui assurent les mêmes droits aux ressortissants de l'Etat du for[958].

La formulation d'une exigence de réciprocité comme condition générale d'accès des étrangers aux droits civils caractérise les codifications française et italienne de droit international privé. L'article 11 du Code civil français de 1804 n'a toujours pas été abrogé :

> « L'étranger jouira en France des mêmes droits civils que ceux qui sont ou seront accordés aux Français par les traités de la nation à laquelle cet étranger appartiendra »,

mais il s'est avéré dès le début extrêmement gênant pour les autorités françaises : il ne se contentait pas d'une réciprocité législative (résultant de ce qu'en fait, la législation étrangère ouvrait l'accès à un certain droit civil aux Français), mais exigeait une réciprocité diplomatique découlant d'un traité entre la France et le pays étranger. Or ce type de traité était pratiquement inexistant, en dehors du domaine particulier des traités garantissant le droit de succession des étrangers[959]. Le texte était si gênant qu'il donna lieu, au dix-neuvième siècle, à plusieurs interprétations successives, de plus en plus favorables à l'égalité entre

---

957. Texte à la *Rev. crit.*, 2013, p. 1055.

958. A. Ernst, *Gegenseitigkeit und Vergeltung im internationalen Privatrecht*, Pfäffikon, Walter Kunz, 1950 ; J. Basedow, « Gegenseitigkeit im Kollisionsrecht », *Festschrift Dagmar Coester-Waltjen*, Bielefeld, Gieseking, 2015, p. 335 ss, spéc. p. 337.

959. Pour un état de ces traités conclus par la France, tels qu'ils existaient à l'époque, voir J. Guichard, *Traité des droits civils*, Paris, chez Nève, chez Delaunay et chez Plée, 1821.

les étrangers et les Français, et aussi de plus en plus audacieuses [960] – jusqu'à un arrêt de la Cour de cassation qui finit par décider, en 1948, que l'article 11 devait être interprété, à l'encontre de son texte mais en harmonie semble-t-il avec son esprit, en ce sens qu'

> « il est de principe que les étrangers jouissent en France des droits qui ne leur sont pas spécialement refusés » [961].

275. Sous l'impulsion du libéralisme de Mancini, le premier Code civil italien de 1865 avait renoncé à reprendre l'équivalent de l'article 11 du Code civil français et avait au contraire mis les étrangers sur le même plan que les citoyens italiens en ce qui concerne la jouissance des droits civils (article 3 des dispositions préliminaires). Depuis la recodification de 1942 cependant, les dispositions préliminaires au nouveau Code civil italien prévoient un article 16 aux termes duquel l'étranger « est admis à jouir des droits civils attribués aux citoyens sous condition de réciprocité » ; ce texte continue lui aussi à donner lieu à des difficultés d'interprétation et d'application et a été interprété progressivement de manière plus libérale pour tenir compte de l'incidence du droit constitutionnel et du droit européen sur le statut des étrangers [962].

On peut ajouter que certaines dispositions (très spécifiques) du droit de l'Union européenne prévoient occasionnellement une condition de réciprocité pour ce qui est de la situation de ressortissants d'Etats tiers [963].

276. A côté des conditions de réciprocité, la référence à la possibilité de mesures de rétorsion proprement dites, consistant en des réactions ponctuelles à l'égard des ressortissants d'un Etat étranger déterminé, apparaît parfois parmi les règles générales des législations nationales.

Ainsi, et alors même qu'un principe général de réciprocité, sur le modèle de l'article 11 du Code Napoléon, a été rejeté dès le début par le droit allemand [964], la loi d'introduction au Code civil de 1896 reprit

---

960. Batiffol et Lagarde, *Traité de droit international privé*, tome I, 8e édition, Paris, LGDJ, 1993, nos 172 ss.

961. Civ. 27 juillet 1948, *Rev. crit.*, 1949, p. 75, note Batiffol ; *Grands arrêts*, no 20.

962. F. Marrella, « Lo straniero, l'art. 16 delle preleggi e la condizione di reciprocità », *Commentario del codice civile – Delle persone – Leggi collegate*, Turin, UTET, 2013, p. 1 ss.

963. Par exemple l'article 7 de la directive 2001/84/CE du Parlement européen et du Conseil du 27 septembre 2001 relative au droit de suite au profit de l'auteur d'une œuvre d'art originale.

964. C. L. von Bar, *Theorie und Praxis des internationalen Privatrechts*, 2e édition, volume I, Hannovre, Hahn, 1889, p. 286 ss ; en jurisprudence RG, 9 février 1900, *RGZ*, volume 45, p. 276.

l'institution de la rétorsion ponctuelle [965] sous forme d'un article qui réservait au chancelier du Reich la possibilité d'ordonner, par décret, «qu'un droit de rétorsion sera applicable à l'égard d'un Etat étranger ainsi qu'à l'égard de ses ressortissants». Subordonné à un décret de l'exécutif, le droit de rétorsion ne fut jamais exercé, et il a été aboli lors de la réforme du droit international privé allemand en 1986 [966].

La possibilité de rétorsion continue de caractériser la pensée russe en matière de droit international privé où elle est présente depuis, au moins, l'époque de l'Union soviétique [967]. Un exemple récent d'utilisation effective de cette possibilité est la loi fédérale n° 272FZ promulguée en 2012, instituant l'interdiction de l'adoption d'enfants russes par des ressortissants américains, au titre de «mesures à l'égard des personnes impliquées dans la violation des droits et libertés fondamentales de l'homme, ainsi que des droits et des libertés de nationaux de la Fédération russe» – en réalité comme réaction aux sanctions financières antérieurement imposées par les Etats-Unis d'Amérique, dans un tout autre contexte, à l'encontre de hauts fonctionnaires russes. Cette mesure de rétorsion a fini par être déclarée contraire au principe de la non-discrimination en raison de la nationalité par un arrêt de la Cour européenne des droits de l'homme de 2017 [968]. Décidément, la rétorsion ne fait pas bon ménage avec les droits individuels.

---

965. Sur l'histoire de cette institution voir M. Gutzwiller, «Die Retorsion, ein verschollenes Institut des Internationalprivatrechts», dans *Festschrift F. A. Mann*, Munich, C. H. Beck, 1977, p. 169 ss.

966. D. Blumenwitz, «Das Vergeltungsrecht nach der Streichung von Art. 31 EGBGB aF», dans *Festschrift Murad Ferid*, Francfort, Verlag für Standesamtswesen, 1988, p. 39 ss.

967. *Supra* n° 178 (2). Selon l'article 1194 du Code civil russe, tel qu'il a été modifié en 2013 (*Rev. crit.*, 2013, p. 1056),

> «Le Gouvernement de la Fédération de Russie peut établir à titre de rétorsion des restrictions aux droits patrimoniaux et extrapatrimoniaux des personnes physiques et morales des Etats dans lesquels existent des restrictions spéciales aux droits patrimoniaux et extrapatrimoniaux des personnes physiques et morales russes.»

968. Arrêt du 17 janvier 2017, *A. H.* et al. *c. Russie*, n° 6033/13 et autres. L'arrière-plan politique se trouve exposé dans l'arrêt (par. 15 ss) et surtout dans l'opinion individuelle du juge russe Dmitry Dedov («Political background», p. 82 ss de l'arrêt). Selon le juge russe, il est possible de caractériser les relations entre les Etats-Unis et la Russie, du point de vue politique, comme une nouvelle «guerre froide» (p. 83). Son opinion séparée fait appel, à trois reprises, à la notion de «tensions» politiques (cf. *supra*, n° 246), par exemple (p. 80) :

> «Obviously, the blanket ban on adoption by US citizens was a message (rather than a measure) sent by the Russian authorities to the US authorities owing to the political tensions between them. The message was not addressed to individuals, but seriously affected them.»

3) Bismarck et Niboyet

277. Les exemples précités de lois restrictives ne relèvent pas des règles de conflit de lois proprement dites, mais de la condition des étrangers. Néanmoins l'exigence de réciprocité, comme condition d'application de règles de conflit de lois, n'est pas inconcevable. Les cas les plus typiques relèvent du domaine des successions (domaine dans lequel existent ou existaient également de nombreuses normes restrictives relevant de la condition des étrangers); une règle de conflit typique de cette tendance n'admettra l'application de la loi nationale d'un étranger à sa succession qu'après vérification que la loi du for serait également appliquée, dans le pays en question, à la succession d'un national du for [969]. Autrement, ce sera la loi du for qui s'appliquera. Ce type de clause de réciprocité implique qu'afin de pouvoir essayer d'obtenir la promulgation à l'étranger de règles de conflits qui ressemblent aux siennes, l'Etat du for adopte un comportement curieux: il renonce volontairement à réglementer une partie de la matière considérée (les successions, en tant qu'il s'agit de successions d'étrangers) de la manière qui lui paraît la plus adéquate, qui consisterait à y appliquer la loi étrangère; et il impose une réglementation qui lui semble de moindre qualité (spécifiquement, la soumission à la loi du for de situations qui devraient normalement être régies par des lois étrangères), dans l'espoir que tout s'arrangera lorsque les Etats étrangers s'accorderont avec lui sur les mêmes règles de conflit...

C'est là une approche inconciliable avec celle du droit international privé classique, et aussi (à supposer que les règles que cet Etat soumet à une condition de réciprocité soient, objectivement, de bonnes règles) avec les intérêts des particuliers impliqués. C'est, en d'autres termes, une attitude absurde, compte tenu du caractère abstrait des règles de conflits bilatérales. Ce type de clauses de réciprocité semble passer de mode.

278. La diplomatie spécifique au droit international privé peut également avoir pour objet de favoriser, par l'institution d'une exigence de réciprocité en matière de conflits de lois, la conclusion de conventions diplomatiques entre l'Etat du for et d'autres Etats. L'exercice risque d'être tout aussi absurde que celui qui précède. Il a néanmoins été

---

969. E. Vitta, «Le clausole di reciprocità nelle norme di conflitto», dans *Festschrift Wilhelm Wengler*, volume II, Berlin, Inter-Recht, 1973, p. 849 ss, spéc. p. 856-857.

poursuivi avec un grand sérieux au moment des travaux préparatoires à la première loi d'introduction au Code civil allemand, l'*EGBGB* de 1896. Ces travaux préparatoires, montrant la prise d'influence du ministère des Affaires étrangères sur le travail législatif, ont eux-mêmes été longtemps couverts par le secret diplomatique, avant leur publication par deux chercheurs en 1973 [970].

L'avant-projet de l'*EGBGB* contenait des règles de conflit bilatérales classiques, qui prévoyaient par conséquent l'application des lois d'Etats étrangers au même titre que l'application de la loi du for. Dans une lettre au ministère de la Justice du 30 septembre 1887, marquée «Confidentiel!», le ministère des Affaires étrangères fit cependant connaître l'attitude du chancelier Bismarck:

> «Comme la fin des délibérations de deuxième lecture du projet du Code civil de la part de la commission qui en a été chargée est imminente, Monsieur le Chancelier de l'Empire croit devoir attirer l'attention de votre Excellence sur une éventuelle réglementation concernant le droit international privé.
>
> Votre Excellence sait, de par d'autres occasions, que son Altesse [le chancelier Bismarck] juge une telle réglementation inopportune dans les relations entre Etats. Le prince Bismarck est d'avis que la réglementation du droit international privé ne trouve pas sa place dans un Code, mais doit être laissée au droit international public tel qu'il est appelé à évoluer. Il est politiquement préoccupant de nous voir fixer des normes ayant trait au jugement des questions de droit international privé dans une codification allemande et de nous lier ainsi à perpétuité. Son Altesse ne serait, pour ces raisons, pas en mesure de donner son accord à l'insertion de dispositions de ce type [dans le Code civil].» [971]

---

970. O. Hartwieg et F. Korkisch, édition, *Die geheimen Materialien zur Kodifikation des deutschen Internationalen Privatrechts 1881-1896*, Tübingen, J. C. B. Mohr, 1973. Sur le secret dont étaient entourés à l'époque les travaux préparatoires sur le droit international privé dans l'*EGBGB*, voir encore O. Hartwieg, «Der Gesetzgeber des EGBGB zwischen den Fronten heutiger Kollisionsrechts-Theorien», *RabelsZ*, 1978, p. 431 ss, spéc. p. 450-453; on y trouvera également la citation d'une note du ministère des Affaires étrangères à l'appui du refus de communiquer (en 1928!) les travaux préparatoires à Arthur Nussbaum qui avait demandé à pouvoir les consulter dans le cadre des travaux sur son traité de droit international privé qui allait être publié en 1932.

971. *Die geheimen Materialien zur Kodifikation des deutschen Internationalen Privatrechts 1881-1896*, *op. cit.*, p. 159-160 (notre traduction). Le signataire de la lettre était Herbert von Bismarck, fils du chancelier et secrétaire d'Etat au ministère des Affaires étrangères.

Cette lettre fut immédiatement transmise, avec la mention « Secret », par le ministère de la Justice au président de la commission parlementaire chargée de l'élaboration d'un projet de Code civil [972].

Le ministère des Affaires étrangères devait revenir inlassablement, en correspondance avec le ministère de la Justice, sur ce thème : si le droit international privé était codifié sous forme de règles de conflit bilatérales, l'Empire allemand se trouverait dès le départ dans une situation de position défavorable lors des négociations diplomatiques sur la conclusion de conventions internationales en matière de droit international privé [973], en particulier lors de négociations imminentes sur une série de conventions internationales à La Haye [974].

Pour cette raison, le ministère des Affaires étrangères favorisait un contre-projet soumis au Parlement par les villes hanséatiques qui proposait de ne pas introduire dans le Code des règles de conflit bilatérales, mais de se borner à formuler des règles de conflit unilatérales qui ne définiraient que le champ d'application international du droit allemand [975]. Cette solution, un peu atténuée pour tenir compte des besoins de la pratique, fut retenue au terme d'une conférence interministérielle [976].

Le texte définitivement voté de l'*EGBGB* était largement conforme à l'optique unilatéraliste ainsi promue. Le texte ne prévoyait pas expressément de condition de réciprocité, celle-ci étant un présupposé des négociations diplomatiques que l'on espérait [977]. Mais quel était le résultat de tous ces efforts bismarckiens ? Ce ne fut ni la conclusion de conventions bilatérales en matière de droit international privé, ni même un succès extraordinaire des premières conventions de La Haye. En même temps, la particularité d'un texte qui ne formulait que des règles de conflit unilatérales le fit paraître immédiatement incomplet et peu scientifique à la doctrine allemande, qui avait de surcroît entendu parler de l'intervention du gouvernement, malgré les efforts de la tenir secrète [978]. Et en définitive le résultat était que les tribunaux, devant

---

972. *Die geheimen Materialien zur Kodifikation des deutschen Internationalen Privatrechts 1881-1896*, *op. cit.*, p. 160.

973. Lettre du 31 mars 1891, *ibid.*, p. 197.

974. Lettre du 4 mars 1895, *ibid.*, p. 207.

975. Proposition au nom de Lübeck, de Brême et de Hambourg, *ibid.*, p. 297 ss.

976. Procès-verbal de la conférence interministérielle, avec la participation de représentants des villes hanséatiques, du 29 novembre 1895, *ibid.*, p. 340 ss.

977. Sur la réciprocité dans les premières conventions de La Haye, voir *supra* nº 271.

978. T. Niemeyer, *Das internationale Privatrecht des Bürgerlichen Gesetzbuchs*, Berlin, Guttentag, 1901, p. 4 (parlant de l'avant-projet : « Der Reichskanzler hat diesen

trouver une solution à la question du statut personnel des étrangers, se mirent immédiatement à bilatéraliser les règles de conflit unilatérales de l'*EGBG* et à recréer ainsi une réglementation bilatérale des conflits de lois [979].

279. Les grandes manœuvres diplomatiques du chancelier Bismarck, appliquées au droit des conflits de lois, devaient ainsi échouer. Il en est allé de même, mais cette fois-ci au stade de l'élaboration des textes et non seulement au stade de leur application, de la stratégie lancée par Niboyet dans la France de la fin des années 1940 et du début des années 1950. Cette stratégie se manifesta lors des travaux de la commission de réforme du Code civil qui travaillait, sans résultat en définitive, à une recodification du droit civil et du droit international privé.

Scientifique éminent, mais aussi personnalité complexe, Niboyet avait évolué d'une position relativement libérale vers des positions de plus en plus nationalistes ou même obsidionales, favorables à une exigence de réciprocité au titre d'un droit international privé «politique» [980]. «Parvenu au sommet vertigineux de son nationalisme juridique» [981], Niboyet proposa, dans le volume III de son *Traité de droit international privé français*, un système dans lequel une loi étrangère ne pouvait être appliquée que si, «dans le pays étranger, et dans le même cas, la compétence française était reconnue». Il estimait que «notre règle de conflit trouverait là une garantie non négligeable», et qu'en tout état de cause, à supposer que la clause de réciprocité du droit français n'incite pas les Etats étrangers à modifier leurs propres règles de conflit, «nous y gagnerions de pouvoir diminuer la consommation du droit étranger faite en France»[982]. Dans cet esprit, une proposition d'«avant-projet de loi relatif au droit international privé», présentée par Niboyet lors

---

Entwurf nicht an die Öffentlichkeit gelangen lassen. Ein Gerücht sagt, Fürst Bismarck habe ihn durch einen Kassationsstrich mit dem Blaustift abgetan»).

979. RG, 15 février 1906, *RGZ*, volume 62, p. 400. La motivation de l'arrêt fait preuve d'une réelle indépendance d'esprit des juges à l'égard des considérations politiques qui avaient motivé l'adoption de règles de conflit unilatérales par le législateur: lors de la recherche de la solution à adopter au regard du droit allemand, expose l'arrêt (p. 403), on aura égard à la conviction générale de ce qui est conforme au droit, «car des principes généraux du droit sont à suivre aussi en Allemagne, à moins qu'il y ait des raisons particulières de ne pas les suivre». Et donc les règles de conflit bilatérales, dont le gouvernement n'avait pas voulu, se retrouvèrent dès cette époque en droit international privé allemand.

980. J.-P. Niboyet, «La notion de réciprocité dans les traités diplomatiques de droit international privé», *Recueil des cours*, tome 52 (1935), spéc. p. 273-274; *Traité de droit international privé français*, tome III, Paris, Sirey, 1944, n° 930.

981. B. Goldman, «Réflexions sur la réciprocité en droit international», *Trav. Com. fr.*, 1962-1964, p. 61 ss, spéc. p. 65.

982. *Op. cit.*, p. 238.

des travaux de la commission de réforme du Code civil, prévoyait la disposition suivante :

> « Article 29. – Le Gouvernement peut, par décret pris en Conseil d'Etat, décider que les tribunaux français ne feront pas application des lois d'un pays qui ne fait pas lui-même application des lois françaises dans les mêmes matières. » [983]

Discuté en commission plénière, ce texte, vaillamment défendu par Niboyet, fut rejeté. Le verbatim des discussions mérite qu'on s'y arrête :

> « M. Niboyet. – C'est un texte de rétorsion.
>
> M. Mazeaud. – Il est contraire au fondement même des solutions de conflits de lois. Si nous décidons qu'une loi étrangère s'applique en matière de capacité c'est parce que nous pensons qu'elle est la meilleure.
>
> M. Niboyet. – Divers pays étrangers admettent le système de la réciprocité, la possibilité d'une rétorsion.
>
> M. le Président [Julliot de la Morandière]. – Cela me paraît contraire à nos traditions.
>
> …
>
> M. de Lapanouse. – La conception de M. Niboyet me paraît aller contre l'idée d'un droit international privé qui s'imposerait, ou qui tendrait à s'imposer à toutes les nations.
>
> M. Niboyet. – Le jour où il existera est loin !
>
> M. Mazeaud. – Il ne pourra exister que si nous n'admettons pas de mesures qui le contrecarrent.
>
> M. le Président. – Est-il vraiment besoin de faire ici une entorse à nos principes traditionnels ? La pratique le demande-t-elle ? Notre Gouvernement le désire-t-il ?
>
> …
>
> M. Niboyet. – C'est une mesure de rétorsion.

983. Sur la mise au point de ce texte, voir les *Travaux de la commission de réforme du Code civil*, année 1948-1949, Paris, Sirey, 1950, p. 768. Le procès-verbal de la réunion de la sous-commission indique que « M. Niboyet estime cette solution contestable », mais ne précise pas où se situaient les objections de Niboyet. Compte tenu de sa position personnelle, publiée en 1944, ce ne peut pas avoir été une objection au principe même de la réciprocité.

M. le Président. – Une mesure de rétorsion ne peut pas être permise au Gouvernement pour empêcher l'application des lois.

...

M. Niboyet. – Peut-être notre texte est-il mal rédigé, mais devez-vous appliquer leur loi nationale à des Anglais ou à des Américains, alors que jamais les Anglais et les Américains ne l'appliqueront quand il s'agira de Français domiciliés chez eux ?

M. le Président. – Nous ne choisissons pas la loi étrangère pour assurer la défense des intérêts des étrangers, nous la choisissons parce que c'est elle qui convient le mieux aux intérêts français, dans les rapports internationaux.

M. Niboyet. – Non. Nous le faisons parce que cette solution nous paraît juste.

M. le Président. – Parce qu'elle est à la fois juste et conforme à ce que nous estimons être l'intérêt international.

...

M. Jousselin. – Nous avons cependant sur un point particulier une solution analogue, la loi du 14 juillet 1819 sur les prélèvements en matière successorale.

M. Niboyet. – Toutes les fois qu'en matière successorale, la loi étrangère est différente de la loi française, on applique la loi successorale française. Voilà le système de la loi de 1819.

M. le Président. – Faut-il généraliser et faire du droit international privé l'enjeu des querelles internationales ?

M. Niboyet. – Soit. Supprimons ce texte.

...

M. le Président. – Le texte est repoussé. Passons à l'article suivant. » [984]

Exit par conséquent la condition de réciprocité accompagnant les règles de conflits de lois. Cela fait subsister un domaine du droit international privé dans lequel la réciprocité joue (dans un certain nombre d'Etats) traditionnellement un rôle important ; il s'agit de la reconnaissance des jugements étrangers.

---

984. *Travaux de la commission de réforme du Code civil*, année 1948-1949, Paris, Sirey, 1951, p. 555-558.

c) *La réciprocité comme condition de la reconnaissance des jugements étrangers*

1) Question préalable: pourquoi reconnaître les jugements étrangers du tout?[985]

280. On peut essayer de voir dans les relations entre Etats la raison de la reconnaissance des jugements étrangers. Nous reconnaissons vos jugements et espérons que vous reconnaîtrez, réciproquement, les nôtres: *comity of nations*. Mais même aux Etats-Unis, où ce genre d'explication continue à être donné par les tribunaux[986], la doctrine reconnaît que la raison de la reconnaissance des jugements n'est pas inhérente aux relations interétatiques, mais que c'est l'idée de respect de l'autorité de la chose jugée, que ce soit au for ou à l'étranger, qui explique le mieux la reconnaissance des jugements étrangers sans révision au fond[987].

Convient-il de respecter l'autorité de la chose jugée à l'étranger, et convient-il de la prolonger en acceptant d'exécuter dans l'Etat du for les jugements étrangers? La réponse, dans certains ordres juridiques, est négative; ils n'admettent pas, ou pas sans restrictions, la reconnaissance et l'exécution des jugements étrangers en dehors des cas couverts par un traité[988]. Dans d'autres ordres juridiques, plus ouverts sur cette forme de coopération judiciaire, la question qui subsiste est celle-ci: *pourquoi* convient-il de respecter l'autorité de la chose jugée à l'étranger?

Une explication qui a cours en droit anglais fait référence à l'idée d'«obligation», à la charge de la partie qui a été condamnée à l'étranger, d'exécuter la condamnation, obligation qui pourra être mise en œuvre devant le juge du for par celui qui a obtenu la condamnation à l'étranger[989]; mais il paraît clair que cette explication purement

---

985. Le cours de G. Cuniberti, «Le fondement de l'effet des jugements étrangers», *Recueil des cours*, tome 394 (2017), p. 87 ss, étudie la question à fond. Il a paru en 2019, après l'achèvement du présent texte.

986. La référence à l'arrêt *Hilton c. Guyot* de la Cour suprême, qui s'était exprimé en termes de *comity* en 1895, y reste traditionnelle (cf. *infra* n° 285).

987. Un article classique est celui de W. Reese, «The Status in this Country of Judgments Rendered Abroad», *Colum. L. J.*, volume 50 (1950), p. 783 ss; voir déjà J. Beale, *A Treatise on the Conflict of Laws*, New York, Baker, Voorhis & Co., volume II, 1935, p. 1389, note 1.

988. Voir l'aperçu de droit comparé dans H. Schack, *Internationales Zivilverfahrensrecht*, 7e édition, Munich, C. H. Beck, 2017, n° 999, qui cite les cas de la Suède, de la Norvège et de la Finlande ainsi que la solution prévue par la législation (sinon par la jurisprudence) aux Pays-Bas.

989. Cf. A. Briggs, «Recognition of Foreign Judgments: A Matter of Obligation», *LQR*, volume 129 (2013), p. 87 ss.

conceptuelle n'explique en réalité rien : elle n'explique ni pourquoi une « obligation » résulte du jugement étranger, ni pourquoi le juge du for est censé prêter assistance à la mise en œuvre de cette « obligation » [990].

En fait il vaut mieux raisonner de manière moins conceptuelle. La reconnaissance des jugements étrangers présuppose une condition qui peut être donnée ou ne pas être donnée, selon la vision du monde des auteurs de la règle en matière de reconnaissance : il faut que l'on accepte de considérer comme en principe comparable la qualité de la justice à l'étranger et dans le for. Si la justice du for est considérée – par nationalisme ou par méfiance à l'égard des autres Etats du monde – comme incommensurablement supérieure à la justice étrangère, la reconnaissance des jugements étrangers, qui les ferait pénétrer dans l'ordre juridique du for, est logiquement exclue – ou alors elle sera subordonnée à la révision au fond, qui seule sera censée garantir cette équivalence ponctuelle pour un jugement déterminé [991]. Si en revanche, une saine dose de relativisme vient modérer cette vision du monde, faisant apparaître comme possible qu'à l'étranger, la cause ait été aussi bien jugée qu'elle aurait pu l'être par les tribunaux du for, alors la reconnaissance de l'autorité de la chose jugée à l'étranger devient possible. Elle pourra ainsi s'imposer par respect de ce qu'on a pu appeler les « solides prévisions des parties » [992].

281. Dès lors que l'on renonce à l'explication artificielle par la *comitas gentium*, la réciprocité n'est pas une condition naturelle de la reconnaissance : elle est sans lien avec les intérêts et les prévisions des parties au jugement étranger. Néanmoins, l'exigence de réciprocité se rencontre en droit positif. Elle s'explique alors exclusivement par

---

990. W. Reese, article cité *supra* note 987, p. 784. Une tentative d'explication plus poussée de la théorie de l'« obligation » a été avancée par Adrian Briggs (note précédente) qui se fait l'interprète de la tradition jurisprudentielle de la *common law* : « adjudication is a sovereign act », et la souveraineté est essentiellement territoriale, si bien qu'une personne condamnée par le juge possédant la compétence territoriale selon les critères très particuliers du droit anglais est obligée d'exécuter le jugement. Mais ces développements ne constituent pas une explication non plus, à moins de considérer (avec l'auteur ?) que l'existence d'une tradition est sa propre explication.

991. Ce modèle était celui du droit français, de l'arrêt *Parker* de 1819 à l'arrêt *Munzer* de 1964 : Ancel et Lequette, *Les grands arrêts de la jurisprudence française de droit international privé*, 5e édition, Paris, Dalloz, 2006, no 2 et no41.

992. P. Mayer, « Le phénomène de la coordination des ordres juridiques étatiques en droit privé », *Recueil des cours*, tome 327 (2007), p. 301. Selon Pierre Mayer, les prévisions des parties s'agissant des jugements sont plus solides

> « que celles fondées sur des règles, car elles ne sont pas affectées par une incertitude relative au critère de rattachement. Le jugement identifie lui-même ses destinataires, il est connu d'eux, les prévisions se forment spontanément sans qu'il y ait à s'interroger sur le contenu d'une règle de droit international privé ».

une stratégie du législateur du for (ou alors, là où cette question n'est pas réglementée par des textes précis, par une stratégie analogue de ses juridictions) fondée sur l'espoir de favoriser, en formulant une condition de réciprocité, la reconnaissance de jugements rendus dans d'autres causes, entre d'autres parties, par les tribunaux du for. Des auteurs favorables à ce type de raisonnement stratégique convoqueront des arguments élaborés dans le cadre de la théorie des jeux, version pas tellement ludique de la théorie du choix rationnel : les jeux théoriques en question seront le «dilemme du prisonnier» ou la «chasse au cerf», censés démontrer rationnellement qu'une coopération sur base de réciprocité constitue toujours la manière la plus sûre de maximiser les gains des deux joueurs [993]. Sur la base de la théorie des jeux, ou sur la base de quelques exemples historiques épars, censés démontrer que cette condition est susceptible d'influencer le comportement des gouvernants et législateurs étrangers [994], les auteurs favorables à la réciprocité démontreront l'utilité de l'introduction d'une exigence de réciprocité dans la reconnaissance des jugements étrangers. Tel est le cas, selon eux, au moins aussi longtemps que l'Etat du for n'exige pas des Etats étrangers qu'ils fassent le premier pas dans la reconnaissance : la réciprocité doit donc être présumée jusqu'à preuve contraire, et l'exigence de réciprocité ne devrait jouer (selon la théorie des jeux) que pour sanctionner le jeu non coopératif des Etats étrangers, démontré par leur jurisprudence refusant effectivement la reconnaissance à des jugements du for [995].

282. Il y a toutefois un problème fondamental, et bien connu, avec ces réflexions d'ordre stratégique : tout en visant l'attitude des autorités d'Etats étrangers, la sanction en termes de non-reconnaissance frappe des individus qui chercheront à pouvoir se prévaloir de la chose jugée à l'étranger ou à exécuter des jugements, et qui n'ont en général aucun moyen de faire changer d'avis leur gouvernement ou leur parlement

---

993. *Prisoner's dilemma* et *stag hunt*, pour donner les noms de ces exercices de la *game theory* en version originale : voir les diagrammes reproduits dans l'article de M. Rosen, «Should "Un-American" Foreign Judgments Be Enforced ?», *Minn. L. Rev.*, volume 88 (2004), p. 783 ss, spéc. p. 807 *(prisoner's dilemma)* et 810 *(stag hunt)* ; l'article est au demeurant équilibré entre l'approche stratégique des *game theorists*, qu'il décrit objectivement, et une approche libérale de la reconnaissance des jugements.

994. Pour ces exemples historiques, voir J. Coyle, «Rethinking Judgments Reciprocity», *N. C. Law Rev.*, volume 92 (2014), p. 1109 ss.

995. T. Pfeiffer, «Kooperative Reziprozität : § 328 I Nr. 5 ZPO neu besichtigt», *RabelsZ*, 1991, p. 734 ss ; conclusions similaires chez M. Whincop, «The Recognition Scene : Game Theoretic Issues in the Recognition of Foreign Judgments», *Melbourne U. L. Rev.*, volume 23 (1999), p. 416 ss.

s'il s'agit de ressortissants d'Etats étrangers, et encore moins de faire changer d'attitude les autorités d'un Etat étranger lorsqu'ils n'en sont pas ressortissants. La «stratégie» des théoriciens de la réciprocité en matière de droit international privé devient dès lors ce qu'on a appelé une «politique de cour de récré» [996], qui devient irrationnelle précisément parce qu'elle est poursuivie avec une rationalité implacable.

L'exigence de réciprocité s'expose ainsi à des objections d'ordre philosophique [997] (ce qui est peut-être indifférent aux «stratèges»), à des critiques au regard des objectifs traditionnels du droit international privé (même observation), et potentiellement à des critiques au regard du droit positif, lorsque celui-ci comporte des garanties sérieuses des droits fondamentaux en matière de procès équitable qui peuvent venir appuyer l'invocation de l'autorité de la chose jugée à l'étranger.

Tel est le cas, en Europe, de la Convention européenne des droits de l'homme. La Convention a pour effet de transformer en droits fondamentaux, revendiquant une position hiérarchiquement supérieure au droit interne, certains droits individuels qui ne seront dès lors plus à la disposition des Etats contractants à la Convention. C'est le cas notamment du droit à l'exécution d'un jugement, même obtenu à l'étranger: en vertu de la jurisprudence de la Cour européenne des droits de l'homme, la position de celui qui a obtenu un jugement et qui souhaite l'exécuter, même dans un autre Etat que celui que l'Etat d'origine du jugement, est protégé par plusieurs dispositions substantielles de la Convention (selon le cas, le droit au respect des biens de l'article 1er du 1er Protocole additionnel à la Convention, ou le droit au respect de la vie familiale de l'article 8 de la Convention), et même par le droit purement procédural, garanti par

---

996. «Playground politics»: voir l'avis, rigoureusement critique à l'égard de la proposition de l'introduction en droit américain d'une condition de réciprocité en matière de reconnaissance des jugements étrangers, de K. Miller, «Playground Politics: Assessing the Wisdom of Writing a Reciprocity Requirement Into U. S. International Recognition and Enforcement Law», *Geo. J. Int'l L.*, volume 35 (2004), p. 239 ss.

997. Pour une analyse au regard de la théorie rawlsienne de l'égalité des peuples (J. Rawls, *The Law of Peoples*, 1993 et 1999, traduction française, *Le droit des gens*, 1998), voir M. Rosen, *op. cit.*, *supra* note 993. Comme le résume l'auteur (p. 824),

> «Ultimately, the choice between a game theoretic approach and a Rawlsian analysis boils down to this question: Should foreign relations be determined solely on the basis of what is in the interest of the United States, or in view of what is fairest from the perspective of all countries? It seems unlikely that the choice between the two is governed by logic. The choice instead would seem to reflect value judgments about which people of good will can disagree.»

l'article 6 de la Convention, à l'effectivité des décisions de justice obtenues [998].

Ces droits étant protégés par la Convention, une ingérence, ou le manquement de l'Etat à son «obligation positive» de veiller à leur effectivité, ne peuvent être justifiés que pour des raisons jugées légitimes au regard de la Convention, et dans le respect du principe de la proportionnalité. Des raisons légitimes peuvent évidemment exister: les plus importantes sont l'incompétence objective du tribunal ayant prononcé le jugement, ou l'incompatibilité du jugement avec des principes que l'Etat du for considère légitimement comme protégés par son ordre public. Cependant, étant inspirée de considérations d'un tout autre ordre que la protection de droits individuels, la condition de réciprocité ne sera que difficilement jugée constitutive d'une raison légitime de ne pas reconnaître les droits individuels invoqués par les individus. Même s'il faut reconnaître que la jurisprudence existante de la Cour européenne des droits de l'homme – qui a trait à des questions de conditions des étrangers, aucun arrêt ne tranchant la question de la réciprocité en matière de reconnaissance des jugements étrangers – n'est pas absolument constante sur ce point [999], elle n'est en général pas favorable à la subordination de droits individuels, protégés par la Convention, à une condition de réciprocité [1000].

---

998. Pour le détail (et pour quelques interrogations sur l'utilisation dans ce contexte de la référence au droit d'ordre procédural de l'article 6), voir notre contribution, «Enforcement as a fundamental right», *NIPR*, 2014, p. 540 ss.

999. Une décision de la Cour, la décision du 22 mars 2012, *Granos Organicos Nacionales S. A. c. Allemagne*, n° 19508/07, paragraphe 57, a accepté l'imposition par le droit allemand d'une condition de réciprocité dans l'accès d'une société de droit péruvien à l'aide judiciaire pour un procès qu'elle se proposait d'introduire devant une juridiction allemande.

1000. En matière de protection sociale, voir l'arrêt *Koua Poirrez c. France* du 30 septembre 2003, n° 40892/09, paragraphe 49 qui retient que la législation française, en tant qu'elle réservait l'allocation non contributive pour adultes handicapés aux ressortissants de pays ayant conclu des accords de réciprocité avec la France, ne reposait

> «sur aucune «justification objective et raisonnable» (voir, a contrario, *Moustaquim c. Belgique*, arrêt du 18 février 1991, série A n° 193, p. 20, par. 49). Même si, à l'époque des faits, la France n'était pas liée par des accords de réciprocité avec la Côte d'Ivoire, elle s'est engagée, en ratifiant la Convention, à reconnaître «à toute personne relevant de [sa] juridiction», ce qui était sans aucun doute possible le cas du requérant, les droits et libertés définis au titre I de la Convention (Gaygusuz, précité, p. 1143, par. 51)».

Cependant, il a été jugé que rien n'interdit aux Etats contractants à la Convention européenne de conclure des conventions bilatérales en matière de sécurité sociale avec des Etats cocontractants déterminés, sans pour autant être obligés à étendre le bénéfice des avantages conventionnels à toutes les personnes résidant dans des pays tiers: arrêt 16 mars 2010, *Carson et autres c. Royaume-Uni* (GC), n° 42184/05, p. 407 ss). Dans l'arrêt *Ağnidis c. Turquie* du 23 février 2010, n° 21668/02, qui a trait à l'application

Cette argumentation critique à l'égard de la conception de réciprocité n'est par conséquent pas dépourvue de tout mérite juridique.

Ce sont là les données de base, qui permettent de présenter les solutions très variées du droit positif.

2) La position du droit anglais et du droit français : absence de condition de réciprocité

283. Parmi les systèmes juridiques qui n'ont jamais imposé de condition de réciprocité à la reconnaissance ou à l'exécution des jugements étrangers, figurent le système juridique anglais [1001] et le système juridique français [1002] et avec eux tous les systèmes juridiques, nombreux dans le monde, qui s'inspirent d'eux. L'absence de condition de réciprocité est par conséquent incontestablement une solution répandue en droit comparé.

284. L'Union européenne n'a pas (ou n'a pas encore) adopté de règles relatives à la reconnaissance et à l'exécution dans les Etats membres de jugements émanant d'Etats tiers. Néanmoins, on rappellera la suggestion faite en 2009 dans un rapport de la Commission européenne au Parlement européen, au Conseil et au Comité économique et social européen de prévoir des règles uniformes de reconnaissance et d'exécution des jugements d'Etats tiers, sans exigence de réciprocité [1003]. Aucune suite ne fut, il est vrai, donnée à cette suggestion dans le cadre de la refonte du règlement Bruxelles I, le Parlement ayant estimé qu'eu égard aux « questions de réciprocité et de courtoisie internationale », il valait

---

par les juridictions turques d'une condition de réciprocité, dépourvue de véritable base dans la loi turque, comme restriction à l'acquisition par des ressortissants grecs de biens immeubles en Turquie par voie de succession, la Cour énonce :

> « Puisque les juridictions internes ont annulé le certificat d'héritier se référant au principe de réciprocité, la Cour rappelle qu'à la différence des traités internationaux de type classique, la Convention déborde le cadre de la simple réciprocité entre Etats contractants. Au-delà d'un réseau d'engagements synallagmatiques bilatéraux, elle crée des obligations objectives qui, aux termes de son préambule, bénéficient d'une « garantie collective. » (par. 40)

Elle a toutefois jugé qu'il était inutile, compte tenu des circonstances concrètes, « d'examiner in abstracto si l'application du principe de réciprocité en droit turc est compatible avec la Convention » (par. 41).

1001. Dicey, Morris and Collins, *The Conflict of Laws*, volume I, 15e édition, Londres, Sweet & Maxwell, 2012, paragraphes 14-087.

1002. B. Audit et L. d'Avout, *Droit international privé*, 8e édition, Paris, LGDJ, 2018, n°s 554 et 555 ; voir aussi, regrettant cette solution dont il reconnaît cependant la conformité au droit positif français, J.-P. Niboyet, *Traité de droit international privé français*, tome VI, Paris, Sirey, 1950, p. 31.

1003. Rapport du 21 avril 2009, COM(2009) 174 final, p. 6.

mieux étudier la manière de régler cette question par une convention multilatérale [1004]. Parmi les observateurs académiques de l'évolution du droit international privé européen, le consensus des membres du Groupe européen de droit international privé a été de se prononcer contre une exigence de réciprocité dans sa proposition d'élargissement du règlement Bruxelles I aux décisions rendues dans des Etats tiers [1005]. Mais ce n'est pas là un élément de droit positif.

3) Les hésitations du droit américain

285. La question de l'existence, en droit américain, d'une condition de réciprocité à la reconnaissance et à l'exécution de jugements étrangers reste posée [1006]. Elle prend son origine dans un arrêt de la Cour suprême de 1895, *Hilton c. Guyot* [1007]. Il s'agissait d'une demande en exécution d'un arrêt de la Cour d'appel de Paris contre deux citoyens américains, Hilton et Libbey. La Cour suprême décida de refuser l'exécution à l'arrêt parisien au motif qu'en France, un jugement rendu aux Etats-Unis ne serait pas reconnu comme définitif, ceci en raison du système de la révision au fond des jugements étrangers tel qu'il existait à l'époque en droit français.

L'arrêt commence son raisonnement en voyant dans la *comity of nations* le fondement du droit international privé, et les motifs en question continuent d'être systématiquement cités, jusqu'à ce jour, par la jurisprudence américaine :

> « "Comity," in the legal sense, is neither a matter of absolute obligation, on the one hand, nor of mere courtesy and goodwill, upon the other. But it is the recognition which one nation allows within its territory to the legislative, executive, or judicial acts of another nation, having due regard both to international duty

1004. Résolution adoptée par le Parlement européen le 7 septembre 2010, P7_TA(2010)0304, point 15 ; selon la résolution, le succès des négociations relatives à une Convention de La Haye « sur les jugements internationaux » représenterait « le Graal du droit international privé ».

1005. Voir en particulier le compte-rendu de la dix-neuvième réunion à Padoue en 2009, dans Fallon *et al.* (dir. publ.), *Le droit international privé européen en construction – Vingt ans de travaux du GEDIP*, Cambridge, Anvers, Portland, Intersentia, 2011, p. 754, qui représente la conclusion de plusieurs années de travaux.

1006. Cf. C. Kessedjian, *La reconnaissance et l'exécution des jugements en droit international privé aux Etats-Unis*, Paris, Economica, 1987, spéc. p. 159 ss (sur la doctrine de la *comity* en général) et p. 309 ss (pour la discussion de l'exigence de réciprocité).

1007. 159 U. S. 113 (1895).

and convenience and to the rights of its own citizens or of other persons who are under the protection of its laws. » [1008]

La *comity* est, pour l'arrêt *Hilton c. Guyot*, liée à la réciprocité entre Etats ; l'arrêt s'efforce de l'établir en examinant les règles relatives à la reconnaissance internationale des jugements étrangers telles qu'elles étaient à l'époque en vigueur dans de nombreux Etats, et qui prouveraient que la condition de réciprocité est généralement acceptée en droit comparé [1009]. La conclusion en est la suivante :

> « In holding such a judgment, for want of reciprocity, not to be conclusive evidence of the merits of the claim, we do not proceed upon any theory of retaliation upon one person by reason of injustice done to another, but upon the broad ground that international law is founded upon mutuality and reciprocity, and that by the principles of international law recognized in most civilized nations, and by the comity of our own country, which it is our judicial duty to know and to declare, the judgment is not entitled to be considered conclusive. » [1010]

En somme, pour l'arrêt *Hilton c. Guyot*, la condition de réciprocité s'impose en droit international privé parce qu'elle s'impose en droit international public, et que l'exécution internationale des jugements relève des relations entre Etats au même titre que les autres questions de droit international. Du moins était-ce là l'opinion de cinq parmi les neuf juges. L'opinion dissidente des quatre autres juges était diamétralement opposée ; elle était fondée sur les considérations que les droits acquis en vertu d'un jugement étranger appartiennent à la catégorie des droits individuels acquis conformément aux lois étrangères, qui ne relèvent pas d'une condition de réciprocité [1011], et que, s'il convenait réellement d'exercer des mesures de rétorsion contre la France en raison de son système de révision au fond des jugements étrangers, cette décision devrait être prise par le gouvernement des Etats-Unis et non pas par leurs tribunaux [1012].

1008. P. 163-164, avec référence à Story.
1009. P. 217-227. La principale source des informations contenues dans ce long passage de l'arrêt est constituée par des articles et des décisions de jurisprudence publiés dans les premiers numéros du *Clunet*.
1010. P. 228.
1011. Opinion dissidente du *Chief Justice* Fuller, p. 233.
1012. P. 234.

286. Bien qu'il ait été rendu par la plus haute juridiction des Etats-Unis, l'arrêt *Hilton c. Guyot* est loin d'avoir été généralement suivi en jurisprudence américaine. La raison en a été donnée dans un des premiers arrêts dissidents, l'arrêt de la Cour d'appel de New York (qui est la juridiction suprême de cet Etat) dans l'affaire *Johnston c. Compagnie Générale Transatlantique*, jugée en 1926. La juridiction new-yorkaise fait observer qu'une décision de la Cour suprême fédérale portant sur les conditions sous lesquelles des jugements étrangers peuvent être reconnus n'est pas de nature à lier une juridiction new-yorkaise, étant donné que la question relève en réalité de la compétence des Etats fédérés et non pas de celle de l'Etat fédéral. Ceci découle de l'analyse donnée par la Cour d'appel du fondement de la reconnaissance internationale des jugements, qui n'est selon elle pas une question de droit international public, mais une question de droit privé et donc de droit international privé au sens strict :

> « But the question is one of private rather than public international law, of private right rather than public relations, and our courts will recognize private rights acquired under foreign laws and the sufficiency of the evidence establishing such rights. » [1013]

287. En droit américain, l'arrêt *Hilton c. Guyot* n'est aujourd'hui cité que pour sa définition (en elle-même très imprécise) de la *comity*, mais non pour la condition de réciprocité que cet arrêt de 1895 estimait inhérente à la reconnaissance des jugements étrangers. Cette dernière question relève actuellement de la compétence individuelle de chaque Etat membre de la fédération américaine, qui peut la régler de la manière qui semblera opportune à son parlement ou à ses tribunaux. Le plus souvent, les juridictions des Etats (ou les juridictions fédérales, qui sont censées appliquer le droit des Etats [1014]) considèrent que la réciprocité ne fait *pas* partie des conditions de reconnaissance d'un jugement étranger [1015]. On peut affirmer par conséquent qu'en général et le plus souvent, le droit américain est

1013. 152 N.E. 121 (1926), spéc. p. 123.
1014. Cf. *supra* n° 222.
1015. Pour un exemple dans la jurisprudence des cours suprêmes des Etats, voir *Nicol c. Tanner*, 256 N.W.2d 796 (Minn. 1976) (« It thus appears that the most enlightened thinking in American law has rejected the doctrine of reciprocity », p. 801) ; ou encore, pour un arrêt d'une cour d'appel fédérale appliquant le droit de la Pennsylvanie, *Somportex Ltd. c. Philadelphia Chewing Gum Corp.*, 453 F.2d 435 (3rd Cir. 1972).

favorable à la reconnaissance internationale des jugements sans condition de réciprocité [1016].

Il en va de même des lois-modèles préparées par la *Uniform Law Commission*, chargée de préparer des textes de lois qui sont censés être adoptés, sur une base volontaire, par les parlements des différents Etats fédérés. La Commission a préparé, au fil des années, deux lois uniformes, le *Uniform Foreign Money-Judgment Recognition Act* de 1962, qui a été adopté par un grand nombre d'Etats fédérés, et le *Uniform Foreign-Country Money Judgments Recognition Act* de 2005, dont le succès est jusqu'à présent moins important. Ni l'un ni l'autre ne contient une condition de réciprocité, et l'absence de pareille condition correspond à une décision consciente des membres de la Commission [1017]. Cependant, quelques Etats ont ajouté une condition de réciprocité lors du vote de leur loi basée sur le modèle préparé par la Commission [1018].

288. Une autre institution américaine, non officielle mais néanmoins influente, l'*American Law Institute*, s'est ralliée dans plusieurs de ses *Restatements* à l'approche qui consiste à ne pas exiger la réciprocité [1019].

1016. P. Hay, «On Comity, Reciprocity and Public Policy in U. S. and German Judgments Recognition Practice», dans *Liber Amicorum Kurt Siehr*, La Haye, T. M. C. Asser Press, 2000, p. 237 ss, spéc. p. 242: «It is rather remarkable how recognition-friendly American courts are.»

1017. Voir les explications fournies dans la «prefatory note» au *Uniform Foreign-Country Money Judgments Recognition Act* de 2005 :

> «In the course of drafting this Act, the drafters revisited the decision made in the 1962 Act not to require reciprocity as a condition to recognition of the foreign-country money judgments covered by the Act. After much discussion, the drafters decided that the approach of the 1962 Act continues to be the wisest course with regard to this issue. While recognition of U. S. judgments continues to be problematic in a number of foreign countries, there was insufficient evidence to establish that a reciprocity requirement would have a greater effect on encouraging foreign recognition of U. S. judgments than does the approach taken by the Act.»

1018. Le Massachusetts exige la réciprocité comme condition de la reconnaissance des jugements étrangers; le New Hampshire ne l'exige, par bizarrerie historique, qu'à l'égard des jugements canadiens (cf. J. Coyle, article cité *supra* note 994, p. 1112, note 5). Quelques autres Etats en font une condition discrétionnaire de refus de la reconnaissance: voir, pour l'analyse de la loi texane, l'arrêt *Banque Libanaise pour le Commerce c. Khreich*, 915 F.2d 1000 (5th Cir. 1990); en Floride, *Chabert c. Bacquié*, 694 So.2d 805 (Fla. 1997). Il en va différemment, par exemple, en Californie: *Bank of Montreal c. Kough*, 612 F.2d 467 (9th Cir. 1980) («no basis in the [California] Act for barring recognition of the Canadian judgment for lack of reciprocity», p. 472).

1019. Voir en particulier le rejet très clair de la condition de réciprocité dans le *Restatement Third, Foreign Relations Law of the United States*, Saint Paul, American Law Institute Publishers, 1987, paragraphe 481, commentaire *d)* (l'approche du *Restatement Fourth, Foreign Relations Law of the United States*, 2018, paragraphe 484, commentaire *k)* est plus neutre); cf. également le *Restatement Second, Conflict of Laws*, Saint Paul, American Law Institute Publishers, 1971, paragraphe 98, commentaire *e)*.

Cette attitude de l'*American Law Institute* ne s'est cependant pas maintenue à l'occasion des discussions, au début des années 2000, autour d'une possible loi fédérale sur la reconnaissance et l'exécution des jugements étrangers. Les discussions étaient stimulées par ce qui apparaissait à l'époque être des négociations prometteuses sur le «Projet sur les jugements» à la Conférence de La Haye, et l'*American Law Institute* entreprit, avec le soutien du Département d'Etat, des études sur une loi fédérale pouvant accompagner une éventuelle ratification par les Etats-Unis de la convention alors négociée [1020]. On y vit l'*Institute* proposer un revirement important par rapport à l'état du droit américain: la section 7 du document allait proposer d'insérer, dans la loi fédérale, une condition de réciprocité:

> «§ 7. Reciprocal Recognition and Enforcement of Foreign Judgments
>
> *(a)* A foreign judgment shall not be recognized or enforced in a court in the United States if the court finds that comparable judgments of courts in the United States would not be recognized or enforced in the courts of the state of origin.
>
> ...» [1021]

Mais en fait, au moment où la proposition de loi fédérale fut définitivement adoptée par l'*American Law Institute*, l'échec des négociations à La Haye était déjà patent, et la *Uniform Law Commission* venait d'adopter son *Uniform Foreign-Country Money Judgments Recognition Act* de 2005 qui écarte la condition de réciprocité. Que l'*Institute* ait néanmoins considéré comme opportun d'apporter ce changement au droit américain de la reconnaissance des jugements étrangers [1022], changement qui serait imposé par voie d'une législation fédérale applicable dans tous les Etats, a dès lors pu étonner des commentateurs du projet [1023]. Incidemment, on peut constater que le succès très hypothétique de négociations à La Haye constitue depuis

---

1020. Cf. *supra* n° 57. Sur le fait que le département d'Etat avait encouragé l'*Institute* à inclure une condition de réciprocité dans le cadre des négociations autour du projet de La Haye, voir K. Miller, «Playground Politics», article cité *supra* note 996, p. 291.

1021. *Recognition and Enforcement of Foreign judgments: Analysis and Proposed Federal Statute* (2005), Philadelphia, American Law Institute, 2006, p. 92.

1022. Voir la *Reporters' Note* 1, p. 98 ss. Les éminents *reporters* étaient Andreas F. Lowenfeld et Linda J. Silberman de l'Université de New York.

1023. K. Miller, article cité; S. I. Strong, «Recognition and Enforcement of Foreign Judgments in U.S. Courts: Problems and Possibilities», *Rev. Litig.*, volume 33 (2014), p. 45 ss, spéc. p. 128.

toujours un argument fréquent des partisans de la réciprocité, de Bismarck [1024] à des membres du Parlement européen [1025] ou (comme on vient de le voir) des membres de l'*American Law Institute* et des représentants du Département d'Etat.

En tout cas : la loi fédérale proposée par l'*American Law Institute* ne fut pas adoptée. On pourra en conclure qu'en droit positif américain il reste vrai que, comme l'a écrit F. K. Juenger :

> « Today, reciprocity no longer enjoys the popularity it did in the nationalistic nineteenth century. » [1026]

Cela dit, des ordres juridiques qui s'inspirent de cette idée « nationaliste » (ou « stratégique »), mais indifférente aux intérêts des parties aux jugements étrangers dont la reconnaissance échouera faute de réciprocité, existent. Nous en présenterons trois.

4) Des droits nationaux imposant une condition de réciprocité

i) *Le droit allemand*

289. La codification allemande de la procédure civile date de la même époque – l'époque bismarckienne – que la première codification allemande du droit international privé [1027]. La mentalité qui caractérise les deux codifications est la même : l'accent est mis sur les relations d'Etat à Etat et non sur les intérêts des particuliers, d'où l'insistance sur la réciprocité comme condition de reconnaissance des jugements étrangers. Cette orientation reste caractéristique de la législation allemande en matière de reconnaissance des jugements étrangers jusqu'à l'heure actuelle [1028]. Le paragraphe 328 du Code de procédure civile *(ZPO)* continue de prévoir, comme cinquième et dernière raison de la non-reconnaissance d'un jugement étranger : « si la réciprocité n'est pas garantie ».

1024. *Supra* n° 278.
1025. *Supra* note 284.
1026. F. K. Juenger, « The Recognition of Money Judgments in Civil and Commercial Matters », *Am. J. Comp. L.*, volume 36 (1988), p. 1 ss, spéc. p. 33.
1027. Sur celle-ci, voir *supra* n° 278.
1028. O. Knöfel, « Bismarcks Blaustift und das gesetzliche Internationale Zivilverfahrensrecht », *ZfRV*, 2008, p. 272 ss, pour l'arrière-plan historique du droit de la procédure civile internationale, y compris l'entraide judiciaire (p. 280 : « Außenpolitisch motivierte Rechtsskepsis, wie sie für das frühe Kaiserreich typisch war … prägt das deutsche Gesetzrecht zum IZVR bis heute »).

Cette condition de réciprocité est prise très au sérieux dans la pratique judiciaire allemande [1029], dans la pratique des consultations demandées par les tribunaux aux différents instituts de droit comparé et par la doctrine allemande. En doctrine, il existe une espèce d'équilibre entre l'opinion de ceux qui estiment que la condition de réciprocité est douteuse, contre-productive et inéquitable à l'égard des individus ayant obtenu à l'étranger des jugements qui sont, objectivement, parfaitement acceptables [1030], et l'opinion contraire des enthousiastes de la réciprocité, qui jugent cette condition indispensable pour la protection des « intérêts allemands dans le commerce international » et de l'« équité procédurale » [1031].

300. Fortement influencés par le droit allemand de la procédure civile, le droit japonais [1032] et le droit sud-coréen [1033] ont repris la même condition de réciprocité.

ii) *Le droit russe*

301. La Russie est, depuis toujours, un Etat particulièrement attentif aux aspects interétatiques, réels ou imaginaires, des relations privées internationales. Dès l'époque tsariste, l'exécution des jugements étrangers en Russie a en principe été subordonnée à l'existence d'un traité entre la Russie et le pays d'origine du jugement [1034]. Cette exigence de réciprocité diplomatique a été maintenue pendant l'époque

1029. Un arrêt de la Cour d'appel de Berlin, KG, 18 mai 2006, *IPRax*, 2011, p. 592 est relativement libéral en admettant – solution importante en pratique – qu'en l'absence d'une jurisprudence chinoise se prononçant contre la reconnaissance des jugements allemands, il est possible de se baser sur les données générales disponibles sur le droit chinois et, puisque celui-ci contient lui-même une condition de réciprocité, il est possible aux tribunaux allemands de faire le premier pas.

1030. Voir par exemple H. Schack, *Internationales Zivilverfahrensrecht*, 7e édition, Munich, C. H. Beck, 2017, nos 963 ss.

1031. R. Schütze, « Probleme der Verbürgung der Gegenseitigkeit bei der Anerkennung ausländischer Zivilurteile », *Festschrift Dieter Martiny*, Tübingen, Mohr Siebeck, 2014, p. 825 ss.

1032. Y. Okuda, « Recognition and Enforcement of Foreign Judgments in Japan », *YbPIL*, volume 15 (2013-2014), p. 411 ss, spéc. p. 417-418.

1033. K. H. Suk, « Recognition and Enforcement of Foreign Judgments in the Republic of Corea », *YbPIL*, volume 15 (2013-2014), p. 421 ss, spéc. p. 433-434.

1034. J. Engelmann, « De l'exécution des jugements étrangers en Russie », *JDI*, 1884, p. 113 ss. L'auteur, professeur à l'Université de Dorpat, rapporte les motifs d'un arrêt du Sénat dirigeant (la juridiction suprême de Russie à l'époque) de 1882 dans une affaire *Adam c. Chipoff*, selon laquelle la preuve de la réciprocité par un autre moyen que par la production d'une convention réciproque est exclue « parce que l'admettre serait une lésion de l'idée de la souveraineté de l'Etat » (p. 137).

soviétique [1035] et au-delà ; ses contours exacts sont à présent discutés en jurisprudence russe.

La question ne concerne que les jugements en matière patrimoniale, les jugements en matière de statut personnel étant traditionnellement soumis à un régime plus libéral, de reconnaissance de plein droit. Il s'agit de savoir si les dispositions du Code de procédure civile d'une part, du Code de procédure commerciale (destiné à la procédure devant les tribunaux d'*arbitrazh*) de l'autre, doivent continuer à être interprétées dans le sens de l'exigence d'une stricte réciprocité diplomatique, ou s'il est possible de libéraliser (quelque peu) la pratique de la reconnaissance des jugements étrangers en se contentant de la réciprocité de fait, démontrée par l'existence de décisions de tribunaux de l'Etat d'origine d'un jugement qui reconnaissent des jugements russes. Des considérations diverses – tirées du droit constitutionnel, de la Convention européenne des droits de l'homme, ou même des principes de la *comitas gentium* – sont invoquées à l'appui de la jurisprudence favorable à l'assouplissement de l'appréciation de la condition de réciprocité, jurisprudence qui n'est toutefois pas incontestée [1036]. Selon une auteure, l'accent mis sur la souveraineté et l'insistance sur la réciprocité sont des traces, qui restent actuelles et prennent la forme d'une attitude protectionniste, de l'isolement qui était celui de la Russie soviétique [1037].

iii) *Le droit chinois*

302. Le droit international privé de la République populaire de Chine a en partage avec le droit international privé russe de mettre l'accent sur la réciprocité comme condition fondamentale de la reconnaissance et de l'exécution des jugements étrangers. Il se peut que ce consensus entre les deux Etats s'explique par le relatif isolement dans lequel ils se trouvaient dans le commerce international pendant la période de la guerre froide ; plus vraisemblablement toutefois, c'est l'expression

1035. M. M. Boguslavkii, *Private International Law: The Soviet Approach*, Dordrecht, Martinus Nijhoff, 1988, p. 234.

1036. E. Kurzynsky-Singer, « Anerkennung ausländischer Urteile durch russische Gerichte », *RabelsZ*, 2010, p. 493 ss ; A. Grishchenkova, « Recognition and Enforcement of Foreign Judgments in Russia », *YbPIL*, volume 15 (2013-2014), p. 439 ss, spéc. p. 441-442. Pour un exemple de jurisprudence libérale, voir Cour commerciale fédérale du District de Moscou, 22 février et 2 mars 2006, *Rev. crit.*, 2006, p. 642, note Litvinski.

1037. E. Kurzynsky-Singer, article cité, p. 518 (l'auteure parle d'une « auto-isolation »).

d'une constante commune dans l'approche des relations internationales, auxquelles sont assimilées dans la pensée russe et chinoise les relations internationales de droit privé, et qui les amène à percevoir dans la reconnaissance de jugements étrangers un problème de souveraineté nationale à défendre [1038]. Il peut s'y ajouter, concernant la Chine, le souvenir de l'humiliation de la nation chinoise par la défiance à l'égard de sa justice qu'ont montrée les « traités inégaux » qui, au dix-neuvième siècle, prévoyaient la compétence extraterritoriale des juridictions consulaires étrangères [1039]. Ce souvenir peut, *de facto*, motiver la Chine à chercher à être reconnue comme l'égale, sur ce plan aussi, des autres nations avant de consentir à exécuter leurs jugements, même rendus entre personnes privées et même au profit d'un demandeur chinois.

Le principe, codifié à l'article 282 du Code chinois de procédure civile, est que l'examen par les tribunaux populaires des demandes en reconnaissance ou en exécution de jugements étrangers se fait « conformément aux traités internationaux que la République populaire de Chine a signés et auxquels elle a accédé, ou sur le fondement du principe de réciprocité » [1040]. Il résulte de directives données par la Cour populaire suprême de Chine que la « réciprocité » au sens de ce texte suppose la production de jugements de l'Etat étranger d'origine du jugement qui ont dès à présent reconnu des jugements chinois [1041]. Les directives sont donc inspirées par une méfiance certaine à l'égard des ordres juridiques étrangers. L'Etat d'origine du jugement doit dès à présent avoir fait le premier pas – encore qu'une évolution des directives ne semble pas exclue ; elle est susceptible de se faire dans le sens de la prise en considération des principes qui s'appliquent dans l'Etat d'origine du jugement à la reconnaissance des jugements

---

1038. Voir en ce sens pour la Chine, W. Zhang, « Recognition of Foreign Judgments in China : The Essentials and Strategies », *YbPIL*, volume 15 (2013-2014), p. 319 ss, spéc. p. 335. L'auteur cite un arrêt de la Cour populaire intermédiaire de Shanghai de 1996 qui avait constaté (à l'époque) l'absence de réciprocité en matière d'exécution des jugements entre la Chine et l'Allemagne, et qui avait refusé en conséquence l'exécution d'un jugement rendu par le Tribunal de Francfort au motif spécifique qu'elle porterait atteinte à la souveraineté de la Chine.

1039. Cf. Ting-Pi Chen, « Private International Law of the Peoples' Republic of China : An Overview », *Am. J. Comp. L.*, volume 35 (1987), p. 445 ; Z. S. Tang, Y. P. Xiao et Z. H. Huo, *Conflict of Laws in the People's Republic of China*, Cheltenham, Edward Elgar, 2016, p. 162 ss.

1040. W. Zhang, « Recognition and Enforcement of Foreign Judgments in China : A Call for Special Attention to Both the "Due Service Requirement" and the "Principle of Reciprocity" », *Chinese JIL*, volume 12 (2013), paragraphe 8.

1041. W. Zhang, article précité *supra* note 1038, *YbPIL*, volume 15 (2013-2014), spéc. p. 336.

étrangers en général, et qui sont donc susceptibles d'être dans le futur également étendus à des jugements chinois [1042].

303. Dans les directives publiées par la Cour populaire suprême de Chine, un lien d'ordre politique (ou plus exactement géoéconomique) très net est fait entre la reconnaissance des jugements d'autres Etats et la mise en œuvre de la «grande stratégie nationale chinoise» dite «Nouvelle route de la soie», censée relier la Chine, en passant par le Kazakhstan et par la Russie, avec l'Europe, et avec l'initiative «la Ceinture et la Route» qui doit faire de la Chine le centre d'un réseau économique englobant soixante-quatre Etats d'Asie, d'Europe et d'Afrique [1043]. Selon les directives, les tribunaux chinois devraient particulièrement renforcer l'entraide judiciaire internationale et la reconnaissance des jugements émanant des Etats concernés par ces initiatives. L'exigence de réciprocité devient ainsi, dans le cas de la Chine, un instrument au service d'une politique étrangère résolument pragmatique et orientée sur la planification économique. Les intérêts privés à la reconnaissance internationale d'un jugement déterminé ne jouent pas de rôle déterminant dans cette conception, face aux enjeux de politique économique globale supposés être en jeu.

*

304. Au terme d'un cours qui nous a menés de Savigny à des aspects, marqués d'un tout autre esprit, du droit international privé chinois contemporain, notre conclusion sera celle-ci.

L'insistance sur la réciprocité comme condition fondamentale de la reconnaissance internationale des jugements est une politique de l'existence de laquelle on ne peut que prendre acte. Mais le fait que, dans certaines limites [1044], chaque Etat soit libre de se positionner

---

1042. W. Zhang, «Sino-Foreign Recognition and Enforcement of Judgments: A Promising "Follow-Suit" Model?», *Chinese JIL*, volume 16 (2017), p. 515 ss, spéc. paragraphe 43 et note 107, fait état d'un projet de directives modifiées en ce sens. L'auteur est assez critique à l'égard de la Cour populaire suprême, à laquelle il reproche son conservatisme, et sa responsabilité dans le «cercle vicieux» de la non-reconnaissance réciproque des jugements entre la Chine et le Japon, deux Etats adeptes de la condition de réciprocité (voir la référence *supra* n° 300 à propos du Japon, et la discussion, dans le même article, d'un jugement du tribunal japonais d'Osaka qui, en 2003, avait estimé, sur la base des directives chinoises alors existantes, qu'il n'y avait pas de réciprocité entre les deux Etats).

1043. W. Zhang, art. préc., *Chinese JIL*, volume 16 (2017), paragraphe 33 ; Q. Heng et Y. Wang, «Resolving the Dilemma of Judgment Reciprocity», *Yearbook PIL*, volume 19 (2017-2018), p. 83 ss, spéc. p. 97-98 ; L. Lacamp, «La circulation des jugements étrangers en Chine : la route de l'*exequatur*», *Rev. crit.*, 2018, p. 229 ss, spéc. p. 239.

1044. Sous réserve, le cas échéant, de ses engagements en matière de droits de l'homme, cf. *supra* n° 282.

à cet égard comme il l'entend ne signifie pas que chacune de ces positions soit équivalente et également conforme à un idéal de progrès en droit international privé. Au contraire, les différentes attitudes seront révélatrices de conceptions différentes du sens que l'on donne, en matière de conflits de juridictions et au-delà, aux règles du droit international privé : à un droit international privé fondé sur des intérêts nationaux étroitement compris, que l'on cherche à atteindre par des comportements stratégiques, s'oppose ainsi un autre droit international privé, inspiré d'un esprit non nationaliste, qui privilégie l'intérêt d'un règlement adéquat des relations internationales de droit privé et qui reste respectueux des droits individuels [1045]. Entre ces possibilités, nous préférons la seconde. Mais sans pour autant prétendre lier le monde entier.

1045. Voir une contribution de K. Siehr, « Kant and Private International Law », dans *Liber Amicorum Ernst-Joachim Mestmäcker*, La Haye, T. M. C. Asser Press, 2003, p. 339 ss, qui montre – non sans humour, et en choisissant l'impératif catégorique kantien comme catégorie de référence – qu'une orientation du droit sur des principes éthiques n'est pas compatible avec un droit international privé poursuivant des buts étroitement nationalistes (cf., pour le rejet de l'exigence de réciprocité, les p. 344-346). Pour une approche kantienne du droit international privé, voir aussi G. P. Romano, « Le droit international privé à l'épreuve de la théorie kantiennne de la justice », dans *Festschrift Ivo Schwander*, Zurich, Dike, 2011, p. 613 ss.

BIBLIOGRAPHIE

Amati, R., « Les nouvelles règles italiennes de droit international privé », *Nouvelle Revue de dr. int. pr.*, 1942, p. 33 ss.

Ancel, B., « Destinées de l'article 3 du Code civil », dans *Mélanges Paul Lagarde*, Paris, Dalloz, 2005, p. 1 ss.

–, « Le commentaire de Bartole *Ad legem cunctos populos* sur la glose *Quod si Bononiensis* mis en français », dans *Mélanges Anne Lefebvre-Teillard*, Paris, Panthéon-Assas, 2009, p. 53 ss.

–, *Eléments d'histoire du droit international privé*, Paris, Panthéon-Assas, 2017.

Ancel, B., et H. Muir Watt, « Du conflit des lois différentes dans des Etats différents », dans *Mélanges Jacques Héron*, Paris, LGDJ, 2008, p. 1 ss.

Ancel, B., et Y. Lequette, *Les grands arrêts de la jurisprudence française de droit international privé*, 5e édition, Paris, Dalloz, 2006.

Ancel, M.-E., « La protection internationale des sous-traitants », *Trav. com. fr. dr. int. pr.*, 2008-2010, p. 225 ss.

Arendt, H., *The Origins of Totalitarianism*, New York, Schocken, 2004, traduction française *Les origines du totalitarisme*, Gallimard, 2002.

Arminjon, P., « Les lois politiques et le droit international privé », *Rev. dr. int.*, 1930, p. 330 ss.

Aron, R., *Paix et guerre entre les nations*, 1962, réédition, Paris, Calmann-Lévy, 1984.

–, *Démocratie et totalitarisme*, Paris, Gallimard, 1965.

Atiyah, P., *The Rise and Fall of Freedom of Contract*, Oxford, Clarendon Press, 1979.

Audier, S., *Néolibéralisme(s), une archéologie intellectuelle*, Paris, Grasset, 2012.

Audit, B., « Le caractère fonctionnel de la règle de conflits (sur la crise des conflits de lois », *Recueil des cours*, tome 186 (1984).

–, « Le droit international privé en quête d'universalité », *Recueil des cours*, tome 305 (2003).

–, « Les avatars de la loi personnelle en droit international privé contemporain », dans *Mélanges Jacques Foyer*, Paris, Economica, 2008, p. 48 ss.

Audit, B., et L. d'Avout, *Droit international privé,* 8e édition, Paris, LGDJ, 2018.

Baade, H., compte-rendu bibliographique, *Am. J. Comp. L.*, volume 11 (1962), p. 464 ss.

–, « Operation of Foreign Public Law », dans *International Encyclopaedia of Comparative Law*, volume III : Private International Law, Part 1, Tübingen, Mohr Siebeck, Leyde/Boston, Martinus Nijhoff, chapitre 12, 1990.

Baldoni, C., « La législation corporative en Italie et le droit international privé », *Rev. crit.*, 1936, p. 21 ss.

Bar, C. von, « The Modernization of Private International Law After World War II », dans C. von Bar (dir. publ.), *Perspektiven des Internationalen Privatrechts nach dem Ende der Spaltung Europas*, 1993, Cologne, Berlin, Bonn, Munich, Carl Heyman, p. 14 ss.

–, « Die eherechtlichen Konventionen der Haager Konferenz(en) », *RabelsZ*, 1993, p. 63 ss.

Bar, C. von, et P. Mankowski, *Internationales Privatrecht*, volume I, 2e édition, Munich, C. H. Beck, 2003.

Bar, C. L. von, *Theorie und Praxis des internationalen Privatrechts*, 2e édition, volume I, Hanovre, Hahn, 1889.

Bartin, E., « De l'impossibilité d'arriver à la suppression définitive des conflits de lois », *JDI*, 1887, p. 225 ss.

–, *Etudes de droit international privé*, Paris, Chevalier-Marescq, 1899.

–, « Le jugement étranger considéré comme un fait », *JDI*, 1924, p. 857 ss.

–, « La doctrine des qualifications et ses rapports avec le caractère national du conflit des lois », *Recueil des cours*, tome 31 (1930).
–, *Principes de droit international privé*, tome I, Paris, Domat-Montchrestien, 1930.
Bartlett, L., « Full Faith and Credit Comes to the Common Market : An Analysis of the Provisions of the Convention on Jurisdiction and Enforcement of Judgments in Civil and Commercial Matters », *ICLQ*, volume 24 (1975), p. 44 ss.
Bartolini, G., « The Impact of Fascism on the Italian Doctrine of International Law », *JHIL*, volume 14 (2012), p. 237 ss.
Basedow, J., « Wirtschaftskollisionsrecht – Theoretischer Versuch über die ordnungspolitischen Normen des Forumsstaates », *RabelsZ*, 1988, p. 8 ss.
–, « Das kollisionsrechtliche Gehalt der Produktionsfreiheiten im europäischen Binnenmarkt : *favor offerentis* », *RabelsZ*, 1995, p. 1 ss.
–, « The State's Private Law and the Economy – Commercial Law as an Amalgam of Public and Private Rule-Making », *Am. J. Comp. L.*, volume 56 (2008), p. 703 ss.
–, « Internal and External Conflicts, Federalism, and Market Regulation », *Tul. L. Rev.*, volume 82 (2008), p. 2119 ss.
–, « Le rattachement à la nationalité et les conflits de nationalité en droit de l'Union européenne », *Rev. crit.*, 2010, p. 427 ss.
–, « Theorie der Rechtswahl, oder Parteiautonomie als Grundlage des Internationalen Privatrechts », *RabelsZ*, 2011, p. 32 ss.
–, « Exclusive Jurisdiction Agreements as a Derogation from Imperative Norms », *Essays in Honour of Michael Bogdan*, Lund, Juristförlaget, 2013, p. 15 ss.
–, *The Law of Open Societies – Private Ordering and Public Regulation in the Conflict of Laws*, Leyde, Brill Nijhoff, 2015.
–, « Gegenseitigkeit im Kollisionsrecht », dans *Festschrift Dagmar Coester-Waltjen*, Bielefeld, Gieseking, 2015, p. 335 ss.
–, « Blocking Statutes », dans J. Basedow *et al.* (dir. publ.), *Encyclopedia of Private International Law*, Cheltenham, Edward Elgar, 2017, volume I, p. 209 ss.
Basedow, J., et B. Diehl-Leistner, « Das Staatsangehörigkeitsprinzip im Einwanderungsland », dans E. Jayme et H.-P. Mansel (dir. publ.), *Nation und Staat im Internationalen Privatrecht*, Heidelberg, C. F. Müller, 1990, p. 13 ss.
Basedow, J., J. von Hein, D. Janzen et H.-J. Puttfarken, « Foreign Revenue Claims in European Courts » *YbPIL*, volume 6 (2004), p. 1 ss.
Batiffol, H., *Les conflits de lois en matière de contrats. Etude de droit international privé comparé*, Paris, Sirey, 1938.
–, *Traité élémentaire de droit international privé*, 1re édition, Paris, LGDJ, 1949.
–, *Aspects philosophiques du droit international privé*, Paris, Dalloz, 1956.
–, compte-rendus bibliographiques, *Rev. crit.*, 1964, p. 838 ss ; *Rev. crit.* 1974, p. 868 ss ; 1976, p. 254 ss ; 1977, p. 443 ss.
–, « Les intérêts de droit international privé », dans *Festschrift für Gerhard Kegel*, Francfort, Alfred Metzner 1977, p. 11 ss.
Batiffol, H., et P. Lagarde, *Droit international privé*, Paris, LGDJ, tome I, 8e édition, 1993 ; tome II, 7e édition, 1983.
Baxter, W., « Choice of Law and the Federal System », *Stan. L. Rev.*, volume 16 (1963), p. 1 ss.
Beale, J., « The Proximate Consequences of an Act », *Harv. L. Rev.*, volume 33 (1920), p. 633 ss.
–, *A Treatise on the Conflict of Laws*, New York, Baker, Voorhis & Co., 1935.
Beatson, J., et R. Zimmermann (dir. publ.), *Jurists Uprooted. German-speaking émigré lawyers in Twentieth Century Britain*, Oxford, Oxford University Press, 2004.
Beaud, O., *Théorie de la fédération*, Paris, PUF, 2007.
Beaumont, P., « The Revived Judgments Project in The Hague », *NIPR*, 2014, p. 532 ss.
Behn, J., *Auswirkungen der Rasseschutzgesetzgebung auf das zwischenstaatliche Recht*, thèse Greifswald, 1936.

Beitzke, G., « Probleme der Enteignung im Internationalprivatrecht », dans *Festschrift für Leo Raape*, Hambourg, Rechts- und Staatswissenschaftlicher Verlag, 1948, p. 93 ss.
Berman, H., « Soviet Heirs in American Courts », *Colum. L. Rev.*, volume 62 (1962), p. 257 ss.
Berman, P. S., *Global Legal Pluralism*, New York, Cambridge University Press, 2012.
Bermann, G., « Regulatory Federalism : European Union and United States », *Recueil des cours*, tome 263 (1997).
–, « International Arbitration and Private International Law », *Recueil des cours*, tome 381 (2016).
Bernstein, L., « Opting Out of the Legal System : Extralegal Contractual Relations in the Diamond Industry », *J. Legal Stud.*, volume 21 (1992), p. 115 ss.
Blake, N., *The Road to Reno. A History of Divorce in the United States*, New York, Macmillan, 1962.
Blumenwitz, D., « Das Vergeltungsrecht nach der Streichung von Art. 31 EGBGB aF », dans *Festschrift Murad Ferid*, Francfort, Verlag für Standesamtswesen, 1988, p. 39 ss.
Bobbio, N., « Teoria e ideologia nella dottrina di Santi Romano », *Amministrare*, 1975, p. 447 ss.
Boden, D., *L'ordre public : limite et condition de la tolérance*, thèse Paris-I, 2002.
–, « Les effets en droit international privé français de l'appartenance d'une personne à un prétendu groupe ethnique ou d'une appartenance comparable », dans E. Pataut et S. Bollée (dir. publ.), *L'identité à l'épreuve de la mondialisation*, Paris, IRJS, 2016, p. 247 ss.
Bogdan, M., « Foreign Public Law and Article 7(1) of the Rome Convention : Some Reflections from Sweden », dans *Mélanges Hélène Gaudemet-Tallon*, Paris, Dalloz, 2008, p. 671 ss.
–, « Private International Law as Component of the Law of the Forum », *Recueil des cours*, tome 348 (2010).
–, « On the So-Called Deficit in Social Values in Private International Law », dans *Mélanges Spiridon Vrellis*, Athènes, Nomiki Bibliothiki, 2014, p. 31 ss.
Bogdandy, A. von, et S. Dellavalle, « Die Lex Mercatoria der Systemtheorie », dans *Festschrift Gunther Teubner*, Berlin, De Gruyter, 2009, p. 695 ss.
Boguslavkii, M. M., *Private International Law : The Soviet Approach*, Dordrecht, Martinus Nijhoff, 1988.
Bomhoff, J., et A. Meuwese, « The Meta-Regulation of Transnational Private Regulation », *Journal of Law and Society*, volume 38 (2011), p. 138 ss.
Bonomi, A., « Successions internationales : conflits de lois et de juridictions », *Recueil des cours*, tome 350 (2011).
–, Commentaire de l'art. 120 LDIP, *Commentaire romand, Loi sur le droit international privé*, Bâle, Helbing Lichtenhahn, 2011.
Borchove, L. M. van, « Overriding Mandatory Rules as a Vehicle for Weaker Party Protection in European Private International Law », *Erasmus L. Rev.*, 2014, n° 3, p. 147 ss.
Borrillo, D., *La famille par contrat*, Paris, PUF, coll. Génération Libre, 2018.
Bredin, J.-D., note, *JDI*, 1966, p. 631 ss.
Brière, C., note, *JDI*, 2018, p. 125 ss.
Briggs, A., « The Principle of Comity in Private International Law », *Recueil des cours*, tome 354 (2011).
–, « Recognition of Foreign Judgments : A Matter of Obligation », *LQR*, volume 129 (2013), p. 87 ss.
Brilmayer, L., « Interest Analysis and the Myth of Legislative Intent », *Mich. L. Rev.*, volume 78 (1980), p. 392 ss.
–, « The Role of Substantive and Choice of Law Policies in the Formation and Application of Choice of Law Rules », *Recueil des cours*, tome 252 (1995).

Bucher, A., *Grundfragen der Anknüpfungsgerechtigkeit im internationalen Privatrecht (aus kontinentaleuropäischer Sicht)*, Bâle, Stuttgart, Helbing & Lichtenhan, 1975.
–, « L'ordre public et le but social des lois en droit international privé », *Recueil des cours*, tome 239 (1993).
–, « Vers l'adoption de la méthode des intérêts ? », *Trav. Com. fr.*, 1994-1995, p. 209 ss.
–, « La dimension sociale du droit international privé », *Recueil des cours*, tome 341 (2009).
–, Commentaire de l'article 19, *Commentaire romand, Loi sur le droit international privé*, Bâle, Helbing Lichtenhahn, 2011.
Bureau, D., et H. Muir Watt, *Droit international privé*, 4e édition, Paris, PUF, 2017.
Burley, A.-M., « The Alien Tort Statute and the Judiciary Act of 1789 : A Badge of Honor », *AJIL*, volume 83 (1989), p. 461 ss.
Cachard, O., « La nouvelle *Lex maritima* », dans *Mélanges Bertrand Ancel,* Paris, LGDJ, Madrid, Iprolex, 2018, p. 335 ss.
Camus, C., *La distinction du droit public et du droit privé et le conflit de lois*, Paris, LGDJ, 2015.
Carey, W., « Federalism and Corporate Law : Reflections on Delaware », *Yale L. J.*, volume 83 (1974), p. 663 ss.
Cavers, D., « A Critique of the Choice-of-Law Problem », *Harv. L. Rev.*, volume 47 (1932), p. 173 ss.
Cerqueira, G., « Libre circulation des sociétés en Europe : concurrence ou convergence des modèles juridiques ? », *RTD eur.*, 2014, p. 7 ss.
Chapoutot, J., *La révolution culturelle nazie*, Paris, Gallimard, 2017.
Chen, Ting-Pi, « Private International Law of the Peoples' Republic of China : An Overview », *Am. J. Comp. L.*, volume 35 (1987), p. 445 ss.
Cohen, Y., « Recognition and Non-recognition of Foreign Civil Marriages in Israel », *Yearbook PIL*, volume 18 (2016-2017), p. 321 ss.
Collins, L., « Foreign Relations and the Judiciary », *ICLQ*, volume 51 (2002), p. 485 ss.
–, « Comity in Modern Private International Law », *Essays in Honour of Sir Peter North*, Oxford, Oxford University Press, 2003, p. 89 ss.
–, note, *LQR*, volume 130 (2014), p. 353 ss.
Compain, A., *La cohérence du droit judiciaire européen en matière civile et commerciale*, thèse Nantes, 2012.
Constantinesco, V., « Europe fédérale ou fédération d'Etats-nations ? », dans R. Dehousse (dir. publ.), *Une Constitution pour l'Europe ?*, Paris, Fondation nationale des sciences politiques, 2002, p. 115 ss.
Corneloup, S., note, *Rev. crit.*, 2012, p. 590 ss.
Cour de cassation, étude annuelle 2017, dans N. Blanc (dir. publ.), *Le juge et la mondialisation*, Paris, La documentation française, 2017.
Coyle, J., « Rethinking Judgments Reciprocity », *N. C. Law Rev.*, volume 92 (2014), p. 1109 ss.
Cuniberti, G., « Three Theories of *Lex Mercatoria* », *Col. J. Transn'l L.*, volume 52 (2014), p. 369 ss.
–, « The Merchant Who Would Not Be King : Unreasoned Fears about Private Lawmaking », dans H. Muir Watt et D. Fernández Arroyo (dir. publ.), *Private International Law and Global Governance*, Oxford, Oxford University Press, 2014, p. 141 ss.
–, « La *Lex Mercatoria* au XXIe siècle », *JDI*, 2016, p. 765 ss.
–, *Conflict of Laws, A Comparative Approach*, Cheltenham, Edward Elgar, 2017.
–, « Le fondement de l'effet des jugements étrangers », *Recueil des cours*, tome 394 (2017).
Currie, B., *Selected Essays on the Conflict of Laws*, Durham, Duke University Press, 1963.
Dannemann, G., « Sachrechtliche Gründe für die Berücksichtigung nicht anwend-

baren Rechts», dans *Festschrift Hans Stoll*, Tübingen, Mohr Siebeck, 2001, p. 417 ss.
Davì, A., «Le renvoi en droit international privé contemporain», *Recueil des cours*, tome 352 (2012).
d'Avout, L., «Le sort des règles impératives dans le règlement Rome I», *D.*, 2008, p. 2165 ss.
–, note, *JDI*, 2008, p. 127 ss.
–, «La *lex personalis* entre nationalité, domicile et résidence habituelle», dans *Mélanges Bernard Audit*, Paris, LGDJ, 2014, p. 15 ss.
–, «Les directives européennes, les lois de police de transposition et leur application aux contrats internationaux», *D.*, 2014, p. 60 ss.
–, «Les lois de police», dans T. Azzi et O. Boskovic (dir. publ.), *Quel avenir pour la théorie générale des conflits de lois?*, Bruxelles, Bruylant, 2015, p. 90 ss.
de Boer, T. M., «Living Apart Together: The Relationship Between Public and Private International Law», *NILR*, 2010, p. 183 ss.
Delaume, G., «L'influence de la nationalité française sur la solution des conflits de lois en matière de droit des personnes», *Rev. crit.*, 1949, p. 5 ss.
De Nova, R., «La jurisprudence italienne en matière de conflits de lois de 1935 à 1949», *Rev. crit.*, 1950, p. 159 ss.
Dicey, Morris and Collins, *The Conflict of Laws*, 15e édition, Londres, Sweet & Maxwell, 2012.
Dodd, E. M., «The Power of the Supreme Court to Review State Decisions in the Field of Conflicts of Laws», *Harv. L. Rev.*, volume 39 (1926), p. 533 ss.
Dornis, T., «Comity» dans J. Basedow *et al.* (dir. publ.), *Encyclopedia of Private International Law*, Cheltenham, Edward Elgar, 2017, volume I, p. 382 ss.
Drexl, J., *Die wirtschaftliche Selbstbestimmung des Verbrauchers*, Tübingen, Mohr Siebeck, 1998.
Drucker, A., «Soviet Views on Private International Law» *ICLQ*, volume 4 (1955), p. 884 ss.
Dutta, A., *Die Durchsetzung öffentlichrechtlicher Forderungen ausländischer Staaten durch deutsche Gerichte*, Tübingen, Mohr Siebeck, 2006.
–, «Die Pflicht der Mitgliedstaaten zur gegenseitigen Durchsetzung ihrer öffentlichrechtlichen Forderungen», *EuR*, 2007, p. 744 ss.
Ehrenzweig, A., compte-rendu bibliographique, *AJIL*, volume 57 (1963), p. 685 ss.
–, «Local and Moral Data in the Conflict of Laws: Terra Incognita», *Buffalo L. Rev.*, volume 18 (1966), p. 55 ss.
–, *Private International Law*, volume I, Leyde, Sijthoff et Dobbs Ferry, Oceana Publications, 1967.
Ehrlich, E., *Grundlegung der Soziologie des Rechts*, Munich, Duncker & Humblot, 1913.
Einhorn, T., «Israeli International Family Law – the Liberalization of Israeli Substantive Family Law», dans *Festschrift Peter Hay*, Francfort, Verlag Recht und Wirtschaft, 2005, p. 141 ss.
Engelmann, J., «De l'exécution des jugements étrangers en Russie», *JDI*, 1884, p. 113 ss.
Ernst, A., *Gegenseitigkeit und Vergeltung im internationalen Privatrecht*, Pfäffikon, Walter Kunz, 1950.
Ewald, F., *L'Etat providence*, Paris, Grasset, 1986.
Fabre-Magnan, M., *La gestation pour autrui: Fictions et réalités*, Paris, Fayard, 2013.
Fahey, E., *Introduction to Law and Global Governance*, Cheltenham, Edward Elgar, 2018.
Fallon, M., «La délocalisation comme instrument de fraude lié à la circulation des biens et des personnes», dans *Mélanges Etienne Cerexhe*, Bruxelles, Bruylant, 1997, p. 165 ss.
Fallon, M., *et al.* (dir. publ.), *Le droit international privé européen en construction – Vingt ans de travaux du GEDIP*, Cambridge, Anvers, Portland, Intersentia, 2011.

Fallon, M., et J. Meeusen, « Le commerce électronique, la directive 2000/31/CE et le droit international privé », *Rev. crit.*, 2002, p. 435 ss.
Fallon, M., et S. Francq, « L'incidence de l'entrée en vigueur de la Convention de La Haye de 2005 sur les accords d'élection de for sur l'article 25 du règlement Bruxelles I*bis* », *JT*, 2016, p. 169 ss.
Fellmeth, A., « U.S. State Legislation to Limit Use of International and Foreign Law », *AJIL*, volume 106 (2012), p. 107 ss.
Flessner, A., *Interessenjurisprudenz im Internationalen Privatrecht*, Tübingen, Mohr, 1990.
Fohrer, E., *La prise en considération des normes étrangères*, Paris, LGDJ, 2008.
Forsthoff, E., *Der totale Staat*, Hambourg, Hanseatische Verlagsanstalt, 1933.
– ,*Der Staat der Industriegesellschaft*, Munich, C. H. Beck, 1971.
Foyer, J., « Tournant et retour aux sources en droit international privé (l'article 310 nouveau du Code civil) », *JCP*, 1976, I, 2762.
Fraenkel, E., *The Dual State. A Contribution to the Theory of Dictatorship*, New York, Oxford University Press, 1940.
Frackowiak-Adamska, A., « Time for a European "Full Faith and Credit Clause" », *CML Rev.*, volume 52 (2015), p. 191 ss.
Francescakis, Ph., *La théorie du renvoi et les conflits de systèmes en droit international privé*, Paris, Sirey, 1958.
–, « Y a-t-il du nouveau en matière d'ordre public ? », *Trav. Com. fr.*, 1966-1969, p. 149 ss.
–, « Quelques précisions sur les « lois d'application immédiate » et leurs rapports avec les règles de conflits de lois », *Rev. crit.*, 1966, p. 1 ss.
–, *Rép. Dalloz droit international*, 1968, v° Conflits de lois (principes généraux).
Francq, S., *L'applicabilité du droit communautaire dérivé au regard des méthodes du droit international privé*, Bruxelles, Bruylant, 2005, *passim.*
–, « Unilatéralisme *versus* bilatéralisme » dans T. Azzi et O. Boskovic (dir. publ.), *Quel avenir pour la théorie générale des conflits de lois ?*, Bruxelles, Bruylant, 2015, p. 49 ss.
Francq, S., et F. Jault-Seseke, « Les lois de police, approche de droit comparé », dans S. Corneloup et N. Joubert (dir. publ.), *Le règlement communautaire « Rome I » et le choix de loi dans les contrats internationaux*, Paris, Litec, 2011, p. 357 ss.
Frank, T., *Political Questions/Judicial Answers : Does the Rule of Law Apply to Foreign Affairs ?*, Princeton, Princeton University Press, 1992.
Frankenstein, E., *Internationales Privatrecht*, volume I, Berlin-Grunewald, 1926.
Freund, J., *L'essence du politique*, Paris, Sirey, 1965.
Friedman, D., « Private Creation and Enforcement of Law : A Historical Case », *J. Legal Stud.*, volume 8 (1979), p. 399 ss.
Friedrich, C., et Z. Brzezinski, *Totalitarian Dictatorship and Autocracy*, 2e édition, New York, Praeger Publishers, 1965 (édition de poche 1966).
Gaillard, E., « Aspects philosophiques du droit de l'arbitrage international », *Recueil des cours*, tome 329 (2007).
Gan, Y., « Mandatory Rules in Private International Law in the Peoples' Republic of China », *Yearbook PIL*, volume 14 (2012-2013), p. 305 ss.
Gannagé, L., « Les méthodes du droit international privé à l'épreuve des conflits des cultures », *Recueil des cours* 357 (2011).
Gannagé, P., « La pénétration de l'autonomie de la volonté dans le droit international privé de la famille », *Rev. crit.*, 1992, p. 425 ss.
Garcimartín, F., « Consumer Protection From a Conflict of Laws Perspective : The Rome Regulation Approach », dans *Liber amicorum Alegría Borrás*, Madrid, Barcelone, Marcial Pons, 2013, p. 445 ss.
Gauchet, M., *L'avènement de la démocratie*, tome IV : *Le nouveau monde*, Paris, Gallimard, 2017.
Gaudemet-Tallon, H., « La clause attributive de juridiction, un moyen d'échapper aux lois de police ? », *Liber Amicorum Kurt Siehr*, La Haye, Eleven, Zurich, Schulthess, 2010, p. 707 ss.

–, « Individualisme et mondialisation : Aspects de droit international privé de la famille », *Mélanges Hans van Loon,* Cambridge, Anvers, Intersentia, 2013, p. 181 ss.
Gaudemet-Tallon, H., et M.-E. Ancel, *Compétence et exécution des jugements en Europe*, 6ᵉ édition, Paris, LGDJ, Lextenso, 2018.
Gebauer, M., « Zum Stand des Internationalen Privatrechts im Nationalsozialismus », *Liber amicorum Christian Kohler*, Bielefeld, Giesking, 2018, p. 103 ss.
Gentile, E., *Fascismo – Storia e interpretazione*, Rome/Bari, Laterza, 2002, traduction française *Qu'est-ce que le fascisme ? Histoire et interprétation*, Paris, Gallimard (folio histoire), 2004.
Girard, C., et A. Le Goff *La démocratie délibérative,* Paris, Hermann, 2010.
Giraud, E., « Le droit international public et la politique », *Recueil des cours*, tome 110 (1963).
Goldman, B., « Réflexions sur la réciprocité en droit international », *Trav. Com. fr.*, 1962-1964, p. 61 ss.
Goldsmith, J., et E. Posner, *The Limits of International Law*, New York, Oxford University Press, 2007.
González Campos, J. D., « Diversification, spécialisation, flexibilisation et matérialisation des règles du droit international privé », *Recueil des cours*, tome 287 (2000).
Gothot, P., « Le renouveau de la tendance unilatéraliste en droit international privé », *Rev. crit.*, 1971, p. 1 ss, 209 ss, 415 ss.
–, « Simples réflexions à propos de la saga du conflit des lois », *Mélanges Paul Lagarde*, Paris, Dalloz, 2005, p. 323 ss.
Graham, K., « The Refugee Jurist and American Law Schools », *Am. J. Comp. L.*, volume 50 (2002), p. 777 ss.
Grishchenkova, A., « Recognition and Enforcement of Foreign Judgments in Russia », *YbPIL*, volume 15 (2013-2014), p. 439 ss.
Grundmann, S., « Binnenmarktkollisionsrecht – vom klassischen IPR zur Integrationsordnung », *RabelsZ*, 2000, p. 457 ss.
Guedj, T.,« The Theory of the Lois de Police, A Functional Trend in Continental Private International Law – A Comparative Analysis with Modern American Theories », *Am. J. Comp. L.*, volume 39 (1991), p. 239 ss.
Guichard, J., *Traité des droits civils*, Paris, chez Nève, chez Delaunay et chez Plée, 1821.
Guillaumé, J., *L'affaiblissement de l'Etat-nation et le droit international privé*, Paris, LGDJ, 2011
–, note, *JDI*, 2014, p. 1265 ss.
Gusy, C. « Considérations sur le « droit politique », *Jus politicum*, nᵒ 1 (2008), p. 2.
Gutzwiller, M., « Le développement historique du droit international privé », *Recueil des cours*, tome 29 (1929).
–, « Die Retorsion, ein verschollenes Institut des Internationalprivatrechts », dans *Festschrift F.A. Mann*, Munich, C. H. Beck, 1977, p. 169 ss.
Guzman, A., *How International Law Works : A Rational Choice Theory*, New York, Oxford University Press, 2008.
Habermas, J., *Faktizität und Geltung : Beiträge zur Diskurstheorie des Rechts und des demokratischen Rechtsstaats*, 4ᵉ édition, Francfort, 1994, traduction française *Droit en démocratie. Entre faits et normes*, Paris, Gallimard, 1997.
Halpérin, J.-L., *Entre nationalisme juridique et communauté de droit*, Paris, PUF, 1999.
Harris, J., « Mandatory Rules and Public Policy under the Rome I Regulation », dans F. Ferrari et S. Leible (dir. publ.), *Rome I Regulation*, Munich, Sellier, 2009, p. 269 ss.
Hartley, T. « Mandatory Rules in International Contracts : The Common Law Approach », *Recueil des cours*, tome 266 (1997).
–, « Choice of Law Regarding the Voluntary Assignment of Contractual Obligations Under the Rome I Regulation », *ICLQ*, volume 60 (2011), p. 29 ss.

Hartwieg, O., «Der Gesetzgeber des EGBGB zwischen den Fronten heutiger Kollisionsrechts-Theorien», *RabelsZ*, 1978, p. 431 ss.

Hartwieg, O., et F. Korkisch (dir. publ.), *Die geheimen Materialien zur Kodifikation des deutschen Internationalen Privatrechts 1881-1896*, Tübingen, J. C. B. Mohr, 1973.

Hay, P., «On Comity, Reciprocity and Public Policy in U.S. and German Judgments Recognition Practice», dans *Liber Amicorum Kurt Siehr*, La Haye, T. M. C. Asser Press, 2000, p. 237 ss.

–, «Comments on Public Policy in Current American Conflicts Law», dans *Festschrift Jan Kropholler*, Tübingen, Mohr Siebeck, 2008, p. 89 ss.

Hay, P., O. Lando et R. Rotunda, «Conflict of Laws as a Technique for Legal Integration», dans M. Cappelletti, M. Seccombe et J. Weiler (dir. publ.), *Integration Through Law – Europe and the American Federal Experience*, volume 1, livre 2, Berlin, Walter de Gruyter, 1986, p. 160 ss.

Hay, P., P. Borchers, S. Symeonides et C. Whytock, *Conflict of Laws*, 6e édition, St. Paul, West, 2018.

Hayek, F.A., «The Use of Knowledge in Society», *American Economic Review*, volume 35 (1945), p. 519 ss.

–, *Law, Legislation and Liberty*, volume I: *Rules and Order*, Londres, Routledge & Kegan Paul, 1973; traduction française: *Droit, législation et liberté*, volume I: *Règles et ordre*, Paris, PUF, 1992.

–, *Denationalisation of Money: The Argument Refined*, Londres, Institute of Economic Affairs, 1976.

Hellgardt, A., «Das Verbot der kollisionsrechtlichen Wahl nichtstaatlichen Rechts und das Unionsgrundrecht der Privatautonomie», *RabelsZ*, 2018, p. 654 ss.

Heng, Q. et Y. Wang, «Resolving the Dilemma of Judgment Reciprocity», *Yearbook PIL*, volume 19 (2017-2018), p. 83 ss.

Henkin, L., «Is There a "Political Question" Doctrine?», *Yale L. J.*, volume 85 (1976), p. 597 ss.

–, *Foreign Affairs and the United States Constitution*, 2e édition, Oxford, Clarendon Press, 1996.

Hess, B., *Europäisches Zivilprozessrecht*, Heidelberg, C. F. Müller, 2010.

–, «The Private-Public Divide in International Dispute Resolution», *Recueil des cours*, tome 388 (2017).

Hesselink, M., «Democratic Contract Law», *ERCL*, volume 11 (2015), p. 81 ss.

Heymann, J., *Le droit international privé à l'épreuve du fédéralisme européen*, Paris, Economica, 2010.

Hirte, H., et A. Schall, «La société d'entrepreneur en droit allemand», *Rev. soc.*, 2013, p. 198 ss.

Ho-Dac, M., *La loi du pays d'origine en droit de l'Union européenne. Analyse sous l'angle du droit international privé*, Bruxelles, Bruylant, 2012.

Hoffmann, B. von, «Über den Schutz des Schwächeren bei internationalen Schuldverträgen», *RabelsZ*, 1974, p. 396 ss.

Horwitz, M., *The Transformation of American Law, 1870-1960: The Crisis of Legal Orthodoxy*, New York, Oxford University Press, 1992.

Houtte, H. van, «La réciprocité des règles de conflit dans les Conventions de La Haye», *Rev. b. dr. int.*, 1991, p. 490 ss.

Hovenkamp, H., *The Opening of American Law*, New York, Oxford University Press, 2015.

Huang, J., «Creation and Perfection of China's Law Applicable to Foreign-Related Civil Relations», *Yearbook PIL*, volume 14 (2102/2013), p. 269 ss.

Huet, A., «Clause attributive de juridiction à un tribunal étranger et loi française de police et de sûreté (étude du droit commun)», *D.*, 2009, p. 684 ss.

Hume, D., «Of the Original Contract», *Essays and Treatises on Several Subjects*, Londres, Cadell, 1777, volume I, p. 471 ss.

Jault-Seseke, F., «Loi applicable au contrat de travail, la pertinence du critère du lieu d'exécution habituelle du travail relativisée», *RDT*, 2013, p. 785 ss.

–, note, *Rev. crit.*, 2003, p. 450 ss.
Jault-Seseke, F., S. Corneloup et S. Barbou des Places, *Droit de la nationalité et des étrangers*, Paris, PUF, 2015.
Jayme, E., *Pasquale Stanislao Mancini – Internationales Privatrecht zwischen Risorgimento und praktischer Jurisprudenz*, Ebelsbach, Rolf Greimer, 1980.
–, « Zur Anwendung ausländischer Verbotsgesetze durch den Supreme Court von Kalifornien », *IPRax*, 1986, p. 46 ss.
–, « Identité culturelle et intégration. Le droit international privé postmoderne », *Recueil des cours*, tome 251 (1995).
–, « Kulturelle Identität und Internationales Privatrecht », exposé introductif dans E. Jayme (dir. publ.), *Kulturelle Identität und Internationales Privatrecht*, Heidelberg, C. F. Müller, 2003, p. 5 ss.
–, « Internationales Privatrecht als Lebensform », *Gesammelte Schriften*, volume IV, Heidelberg, C. F. Müller, 2009, p. 407 ss.
–, *Zugehörigkeit und kulturelle Identität*, Göttingen, Wallstein Verlag, 2012.
–, « Giambattista Vico und Pasquale Stanislao Mancini : das Nationalitätsprinzip », dans P. König (dir. publ.), *Vico in Europa zwischen 1800 und 1950*, Heidelberg, Winter, 2013, p. 97 ss.
–, « Kritische Betrachtungen zum Entwurf eines Gesetzes zur Bekämpfung der Mehrehe », *IPRax*, 2018, p. 473 ss.
Jessurun d'Oliveira, H. U., « Characteristic Obligation in the Draft EEC Obligation Convention », *Am. J. Comp. L.*, volume 25 (1977), p. 303 ss.
Jobard-Bachellier, M.-N., « Une impérativité active des règles de droit dans l'ordre international », dans *Mélanges Pierre Mayer*, Paris, LGDJ, 2015, p. 345 ss.
Joerges, C., *Zum Funktionswandel des Kollisionsrechts*, Berlin, Walter de Gruyter, Tübingen, J. C. B. Mohr, 1971.
Jouanjan, O., *Une histoire de la pensée juridique en Allemagne (1800-1918)*, Paris, PUF, 2005.
Juenger, F., « Conflict of Laws : A Critique of Interest Analysis », *Am. J. Comp. L.*, volume 32 (1984), p. 1 ss.
–, « The Recognition of Money Judgments in Civil and Commercial Matters », *Am. J. Comp. L.*, volume 36 (1988), p. 1 ss.
–, *Choice of Law and Multistate Justice*, Dordrecht, Martinus Nijhoff, 1993.
–, « The National Law Principle », dans *Mélanges Fritz Sturm*, Liège, Editions juridiques de l'Université de Liège, 1999, volume II, p. 1519 ss.
Kahn, F. *Abhandlungen zum internationalen Privatrecht*, München, Leipzig, Duncker & Humblot, 1928.
Kay, H.H. « A Defense of Currie's Governmental Interest Analysis », *Recueil des cours*, tome 215 (1989).
Kegel, G., « Begriffs- und Interessenjurisprudenz im internationalen Privatrecht », *Festschrift Hans Lewald*, Bâle, Helbing & Lichtenhahn 1953, p. 259 ss.
–, « The Crisis of Conflict of Laws », *Recueil des cours*, tome 112 (1964).
–, « Vaterhaus und Traumhaus : Herkömmliches internationales Privatrecht und Hauptthesen der amerikanischen Reformer », dans *Festschrift für Günther Beitzke*, Berlin, Walter de Gruyter, 1979, p. 551 ss.
Kegel, G., et K. Schurig, *Internationales Privatrecht*, Munich, C. H. Beck, 9e édition, 2004.
Kelsen, H., « Eine Grundlegung der Rechtssoziologie », *Archiv für Sozialwissenschaft und Sozialpolitik*, 1915, p. 839 ss.
–, « Les rapports de système entre le droit interne et le droit international public », *Recueil des* cours, tome 14 (1926).
Kessedjian, C., *La reconnaissance et l'exécution des jugements en droit international privé aux Etats-Unis*, Paris, Economica, 1987.
–, « Codification du droit commercial international et droit international privé », *Recueil des cours*, tome 300 (2002).
–, « Les effets pervers du caractère savant du droit international privé », dans *Etudes à la mémoire du professeur Bruno Oppetit*, Paris, Litec, 2009, p. 379 ss.

–, « Reconnaissance et *common law* », dans P. Lagarde (dir. publ.), *La reconnaissance des situations en droit international privé*, Paris, Pedone, 2013, p. 97 ss.
Kingsbury, B., *et al.*, « The Emergence of Global Administrative Law », *Law and Contemporary Problems*, volume 68 (2005), p. 15 ss.
Kinsch, P., *Le fait du prince étranger*, Paris, LGDJ, 1994.
–, « Droits de l'homme, droits fondamentaux et droit international privé, *Recueil des cours*, tome 318 (2005).
–, « La « sauvegarde de certaines politiques législatives », cas d'intervention de l'ordre public international ? », dans *Mélanges Hélène Gaudemet-Tallon*, Paris, Dalloz, 2008, p. 447 ss.
–, « Sur la question de la discrimination inhérente aux règles de conflit de lois. Développements récents et interrogations permanentes », dans *Studi in onore di Laura Picchio Forlati*, Turin, Giappichelli, 2014, p. 195 ss.
–, « Enforcement as a fundamental right », *NIPR*, 2014, p. 540 ss.
–, « Les fondements de l'autonomie de la volonté en droit national et en droit européen », dans A. Panet, H. Fulchiron et P. Wautelet (dir. publ.), *L'autonomie de la volonté dans les relations familiales internationales*, Bruxelles, Bruylant, 2017, p. 13 ss.
Kiralfy, A. K. R., « A Soviet Approach to Private International Law », *Int. LQ*, volume 4 (1951), p. 120 ss.
Kirkpatrick, J., « Dictatorship and Double Standards », *Commentary*, novembre 1979.
Klein, P., note, *JW*, 1918, col. 611.
Knöfel, O., « Bismarcks Blaustift und das gesetzliche Internationale Zivilverfahrensrecht », *ZfRV*, 2008, p. 272 ss.
–, « Außenpolitik im Zivilprozess », dans *Festschrift Rolf A. Schütze*, Munich, C. H. Beck, 2014, p. 243 ss.
Koeppel, K., *Die deutsche Devisengesetzgebung im internationalen Privatrecht*, Berlin, Junker und Dünnhaupt, 1938.
Kohler, C., « Interrogations sur les sources du droit international privé européen après le Traité d'Amsterdam », *Rev. crit.*, 1999, p. 1 ss.
–, « L'autonomie de la volonté en droit international privé : un principe universel entre libéralisme et étatisme », *Recueil des cours*, tome 359 (2013).
–, note, *IPRax*, 2015, p. 52 ss.
–, « Wilhelm Wengler (1907-1995) – Biographisch-zeitgeschichtliche Aspekte », *ZaöRV*, 2016, p. 613 ss.
–, « Vertrauen und Kontrolle im europäischen Justizraum für Zivilsachen », *ZeuS*, 2016, p. 135 ss.
–, « La nouvelle législation allemande sur le mariage et le droit international privé », *Rev. crit.*, 2018, p. 51 ss.
Kokott, J., « Der EuGH – eine neoliberale Institution ? », dans *Festschrift Renate Jaeger*, Kehl, N. P. Engel, 2010, p. 115 ss.
Kolb, R., *Réflexions sur les politiques juridiques extérieures*, Paris, Pedone, 2018.
Koskenniemi, M., « Carl Schmitt, Hans Morgenthau and the Image of Law in International Relations », dans M. Byers (dir. publ.), *The Role of Law in International Politics*, Oxford, Oxford University Press, 2000, p. 17 ss.
–, *The Gentle Civilizer of Nations : The Rise and Fall of International Law 1870-1960*, Cambridge, Cambridge University Press, 2001.
Kreuzer, K., dans *Münchener Kommentar zum Bürgerlichen Gesetzbuch*, volume 10, 3e édition, Munich, C. H. Beck, 1998.
Kruger, T., « The Quest for Legal Certainty in International Civil Cases », *Recueil des cours*, tome 380 (2015).
Kuckein, M., *Die « Berücksichtigung » von Eingriffsnormen im deutschen und englischen Vertragsrecht*, Tübingen, Mohr Siebeck, 2008.
Kuipers, J.-J., et S. Migliorini, « Qu'est-ce que sont les « lois de police » ? – Une querelle franco-allemande après la communautarisation de la Convention de Rome », *Rev. eur. dr. pr.*, 2011, p. 187 ss.

Külper, R. U., *Die Gesetzgebung zum deutschen Internationalen Privatrecht im «Dritten Reich»*, Francfort, Alfred Metzner, 1976.
Kurzynsky-Singer, E., «Anerkennung ausländischer Urteile durch russische Gerichte», *RabelsZ*, 2010, p. 493 ss.
Labica, G. et G. Bensussan, *Dictionnaire critique du marxisme*, Paris, PUF, 1982, réédition «Quadrige», 1999.
Lacamp, L., «La circulation des jugements étrangers en Chine: la route de l'*exequatur*», *Rev. crit.*, 2018, p. 229 ss.
Lacharrière, G. de, *La politique juridique extérieure*, Paris, Economica, 1983.
Lagarde, P., «La réciprocité en droit international privé», *Recueil des cours*, tome 154 (1977).
–, compte-rendu bibliographique, *Rev. crit.*, 1978, p. 247 ss.
–, «Le principe de proximité dans le droit international privé contemporain», *Recueil des cours*, tome 196 (1986).
–, «Sur le contrat de travail international: analyse rétrospective d'une évolution mal maîtrisée», dans *Mélanges Gérard Lyon-Caen*, Paris, Dalloz, 1989, p. 83 ss.
–, «Heurs et malheurs de la protection internationale du consommateur dans l'Union européenne», dans *Mélanges Jacques Ghestin*, Paris, LGDJ, 2001, p. 511 ss.
Lainé, A., *Introduction au droit international privé*, t. II, Paris, Cotillon, 1892.
–, «La rédaction du Code civil et le sens de ses dispositions en matière de droit international privé», *Rev. dr. int. pr.*, 1905, p. 21 ss.
Lalive, P., «Le droit public étranger et le droit international privé», *Trav. Com. fr.*, 193-1975, p. 218 ss.
Lange, F., «Wilhelm Wengler – Kolonialrecht und Gestapo-Haft», *ZaöRV*, 2016, p. 633 ss.
Laurent, A., et V. Valentin, *Les penseurs libéraux*, Paris, Les Belles Lettres, 2012, p. 863.
Laurent, F., *Droit civil international*, Bruxelles, Bruylant-Christophe, Paris, Marescq, volume II, 1880.
Lauterpacht, H., *The Function of Law in the International Community*, 1933, Oxford University Press, 2011.
Le Bos, Y.-E., *Renouvellement de la théorie du conflit de lois dans un contexte fédéral*, Paris, Dalloz, 2010.
Leclerc, F., *La protection de la partie faible dans les contrats internationaux*, Bruxelles, Bruylant, 1995.
Leflar, R., «Extrastate Enforcement of Penal and Governmental Claims», *Harv. L. Rev.*, volume 46 (1932), p. 193 ss.
Leibholz, G., *Die Auflösung der liberalen Demokratie in Deutschland und das autoritäre Staatsbild*, Munich et Leipzig, Duncker & Humblot, 1933.
Lemontey, J., ««Le volontarisme en jurisprudence: L'exemple des répudiations musulmanes devant la Cour de cassation», *Trav. com. fr.*, 2004-2006, p. 63 ss.
Lenaerts, K., «Constitutionalism and the Many Faces of Federalism», *Am. J. Comp. L.*, volume 38 (1990), p. 205 ss.
–, «The Principle of Mutual Recognition in the Area of Freedom, Security and Justice», *4th annual Sir Jeremy Lever Lecture*, Oxford, 30 janvier 2015.
–, «La vie après l'avis: Exploring the Principle of Mutual (Yet Not Blind) Trust», *C. M. L. Rev.*, volume 54 (2017), p. 805 ss.
Lequette, Y., «Ensembles législatifs et droit international privé des successions», *Trav. com. fr. dr. int. pr.*, 1983-1984, p. 163 ss.
–, «De la «proximité» au «fait accompli», dans *Mélanges Pierre Mayer*, Paris, LGDJ, 2015, p. 481 ss.
–, «Les mutations du droit international privé: vers un changement de paradigme?», *Recueil des cours*, tome 387 (2016).
Lewald, H., «Règles générales des conflits de lois. Contribution à la technique du droit international privé», *Recueil des cours*, tome 69 (1939).
Lhuilier, G., *Le droit transnational*, Paris, Dalloz, 2016.

Loewenstein, K., « Law in the Third Reich », *Yale L. J.*, volume 45 (1936), p. 779 ss.
Löning, G., « Deutsches Rasseschutzgesetz und Internationales Privatrecht », *ZAkdR*, 1936, p. 299 ss.
Looschelders, D., *Die Anpassung im internationalen Privatrecht*, Heidelberg, C. F. Müller, 1995.
López de Tejada, M., La disparition de l'exequatur dans l'espace judiciaire européen, Paris, LGDJ, 2013.
Loussouarn, Y., note, *D.*, 1966, p. 391 ss.
–, « La règle de conflit est-elle une règle neutre ? », *Trav. com. fr.*, 1980-1981, tome II, p. 43 ss.
Lowenfeld, A., *Trade Controls for Political Ends*, 2e édition, New York/San Francisco, Matthew Bender, 1983.
–, « International Litigation and the Quest for Reasonableness », *Recueil des cours*, tome 245 (1994).
–, *International Economic Law*, 2e édition, New York, Oxford University Press, 2008.
Lunz, L. A., *Internationales Privatrecht*, Berlin-Est, Staatsverlag der Deutschen Demokratischen Republik, volume I, 1961 ; volume II, 1964.
–, « L'objet et les principes fondamentaux du droit international privé en URSS et dans les autres pays socialistes européens », *JDI*, 1973, p. 97 ss.
Lyon-Caen, G. et A., *Droit social international et européen*, 7e édition, Paris, Dalloz, 1991.
MacCallum, S., « The Rule of Law Without the State », Mises Institute, 2007.
Makarov, A. N., *Précis de droit international privé d'après la législation et la doctrine russes*, Paris, Marcel Giard, 1932.
Lord Mance, « Justiciability », *ICLQ*, volume 67 (2018), p. 739 ss.
Mancini, P. S., *Diritto internazionale – Prelezioni*, Naples, Giuseppe Marghieri, 1873.
–, « De l'utilité de rendre obligatoires pour tous les Etats, sous la forme d'un ou de plusieurs traités internationaux, un certain nombre de règles générales du droit international privé pour assurer la décision uniforme des conflits entre les différentes législations civiles et criminelles », *JDI*, 1874, p. 221 ss.
Mankowski, P., *Seerechtliche Vertragsverhältnisse im IPR*, Tübingen, J. C. B. Mohr (Siebeck), 1995.
–, *Interessenpolitik und europäisches Kollisionsrecht*, Baden-Baden, Nomos, 2011.
–, note, *IPRax*, 2015, p. 309 ss.
–, note, *IPRax*, 2017, p. 347 ss.
Mann, F. A., compte-rendu bibliographique, *ICLQ*, volume 11 (1962), p. 305 ss.
–, « Conflict of Laws and Public Law », *Recueil des cours*, tome 132 (1971).
–, « Eingriffsgesetze und internationales Privatrecht », dans *Festschrift Eduard Wahl*, Heidelberg, Carl Winter, 1973, p. 139 ss.
–, « Sonderanknüpfung und zwingendes Recht im internationalen Privatrecht », *Festschrift Günther Beitzke*, Berlin, New York, Walter de Gruyter, 1979, p. 607 ss.
–, *Foreign Affairs in English Courts*, Oxford, Oxford University Press, 1986.
–, « The International Enforcement of Public Rights », dans *Further Studies in International Law*, Oxford, Clarendon Press, 1990, p. 355 ss, en traduction française « L'exécution internationale des droits publics », *Rev. crit.*, 1988, p. 1 ss.
–, *The Legal Aspect of Money*, 5e édition, Oxford, Clarendon Press, 1992.
Mansel, H.-P., « Die kulturelle Identität im Internationalen Privatrecht », dans *Berichte der Deutschen Gesellschaft für Völkerrecht,* volume 43 (2008), p. 137 ss.
–, *Internationales Privatrecht im 20. Jahrhundert*, édité par H.-P. Mansel, Tübingen, Mohr Siebeck, 2014.
Marrella, F., « Lo straniero, l'art. 16 delle preleggi e la condizione di reciprocità », dans *Commentario del codice civile – Delle persone – Leggi collegate*, Turin, UTET, 2013, p. 1 ss.

–, « Protection internationale des droits de l'homme et activités des sociétés transnationales », *Recueil des cours*, tome 385 (2017).
Martiny, D., in *Münchener Kommentar zum BGB*, volume 10, 6e édition, Munich, C. H. Beck, 2015.
Marzal Yetano, T., « The Constitutionalisation of Party Autonomy in European Private International Law », *J. Priv. Int'l L.*, volume 6 (2010), p. 155 ss.
Maßfeller, F., « Das Reichsbürgergesetz und das Gesetz zum Schutze des deutschen Blutes und der deutschen Ehre », *JW*, 1935, p. 3417 ss.
Mattei, U., et J. Lena, « U. S. Jurisdiction Over Conflicts Arising Outside of the United States : Some Hegemonic Implications », *Hastings Int'l & Comp. L. Rev.*, volume 24 (2001), p. 381 ss.
Maurer, A., « Lex Maritima », dans J. Basedow *et al.* (dir. publ.), *Encyclopedia of Private International Law*, Cheltenham, Edward Elgar, 2017, volume II, p. 1113 ss.
Maurer, A., et A. Beckers, « Lex Maritima », dans *Festschrift Gunther Teubner*, Berlin, De Gruyter, 2009, p. 811 ss.
Maury, J., « Règles générales des conflits de lois », *Recueil des cours*, tome 57 (1937), p. 325 ss.
Mayer, O., *Deutsches Verwaltungsrecht*, t. I, 3e édition, 1924, réédition 2004, Berlin, Duncker und Humblot.
Mayer, P., *La distinction entre règles et décisions et le droit international privé*, Paris, Dalloz, 1973.
–, « Le mouvement des idées dans le droit des conflits de lois », *Droits*, 2 (1985), p. 129 ss.
–, « La protection de la partie faible en droit international privé », dans *La protection de la partie faible dans les rapports contractuels. Comparaisons franco-belges*, Paris, LGDJ, 1996, p. 153 ss.
–, « Actualité du contrat international », *Petites affiches*, no 90, 5 mai 2000.
–, « Le phénomène de la coordination des ordres juridiques étatiques en droit privé », *Recueil des cours*, tome 327 (2007).
Mayer, P., et V. Heuzé, *Droit international privé*, 11e édition, Paris, Montchrestien, 2014.
McConnaughay, Ph., « Reviving the "Public Law Taboo" in International Conflicts of Laws », *Stan. J. Int'l L.*, volume 35 (1999), p. 255 ss.
McLachlan, C., « The Allocative Function of Foreign Relations Law », *BYBIL*, volume 82 (2011), p. 349 ss.
–, *Foreign Relations Law*, Cambridge, Cambridge University Press, 2014.
–, « Speaking With One Voice on the Recognition of States », *AJIL Unbound*, volume 109 (2015), p. 61 ss.
–, « Entre le conflit de lois, le droit international public et l'application internationale du droit public : le droit des relations externes des Etats », *Rev. crit.*, 2018, p. 191 ss.
Meeusen, J., *Nationalisme en internationalisme in het internationaal privaatrecht*, Anvers, Intersentia, 1997.
Mehren, A. T. von, « Conflict of Laws in a Federal System : Some Perspectives », ICLQ, volume 18 (1969) p. 681 ss.
Mercadal, B., « Ordre public et contrat international », *DPCI*, 1977, p. 457 ss.
Mezghani, A., « Méthodes de droit international privé et contrat illicite », *Recueil des cours*, tome 303 (2003).
Michaels, R., « The New European Choice-of-Law Revolution », *Tul. L. Rev.*, volume 82 (2008), p. 1607 ss.
–, « Globalisation and Law : Law Beyond the State », dans R. Banakar et M. Travers (dir. publ.), *Law and Social Theory*, Oxford, Hart Publishing, 2013, p. 287 ss.
–, « Post-critical Private International Law », dans H. Muir Watt et D. Fernández Arroyo (dir. publ.), *Private International Law and Global Governance*, Oxford, Oxford University Press, 2014, p. 54 ss.

–, « Non-State Law in the Hague Principles on Choice of Law in International Commercial Contracts », dans *Liber amicorum Hans Micklitz*, Cham, Springer, 2014, p. 43 ss.

Micklitz, H.-W., « The Expulsion of the Concept of Protection from the Consumer Law and the Return of Social Elements in the Civil Law : A Bittersweet Polemic », *Journal of Consumer Policy*, 2012, p. 283 ss.

–, « Bürgerstatus und Privatrecht », dans S. Grundmann, H.-W. Micklitz et M. Renner (dir. publ.), *Privatrechtstheorie*, Tübingen, Mohr Siebeck, 2015, volume II, p. 1381 ss.

Miller, K., « Playground Politics : Assessing the Wisdom of Writing a Reciprocity Requirement Into U. S. International Recognition and Enforcement Law », *Geo. J. Int'l L.*, volume 35 (2004), p. 239 ss.

Mills, A., *The Confluence of Public and Private International Law*, Cambridge, Cambridge University Press, 2009.

Minc, A., *La mondialisation heureuse*, Paris, Plon, 1998.

Mischo, J., « Libre circulation des services et dumping social », dans *Mélanges Philippe Léger*, Paris, Pedone, 2006, p. 435 ss.

Morgenthau, H., *Politics Among Nations*, 5e édition, New York, Knopf, 1972.

Motoc, I., « Law and Real Legitimacy in Eastern Communist Countries », dans E. Jouannet et I. Motoc (dir. publ.), *Les doctrines internationalistes durant les années du communisme réel en Europe/Internationalist Doctrines During the Years of Real Communism in Europe*, Paris, Société de législation comparée, 2012, p. 23 ss.

Muir Watt, H., « Droit public et droit privé dans les rapports internationaux (Vers la publicisation des conflits de lois ?) », *Archives de philosophie du droit*, tome 41 (1997), p. 207 ss.

–, « L'affaire Lloyd's : globalisation des marchés et contentieux contractuel », *Rev. crit.*, 2002, p. 509 ss.

–, « European Federalism and the "New Unilateralism" », *Tul. L. Rev.*, volume 82 (2008), p. 1983 ss.

–, « Le principe d'autonomie entre libéralisme et néolibéralisme », dans *La matière civile et commerciale, socle d'un Code européen de droit international privé ?*, Paris, Dalloz, 2009, p. 77 ss.

–, « La globalisation et le droit international privé », dans *Mélanges Pierre Mayer*, Paris, LGDJ, 2015, p. 591 ss.

–, « Jurisprudence Without Confines : Private International Law as Global Legal Pluralism », *Cambridge J. Int'l and Comp. L.*, volume 5 (2016), p. 388 ss.

Müller, H., « Gedanken zur Neugestaltung des Internationalen Privatrechts », *DJZ* 1936, p. 1067 ss.

Nadelmann, K., « Full Faith and Credit to Judgments and Public Acts », *Mich. L. Rev.*, volume 56 (1957), p. 33 ss.

Nafziger, J., « Democratic Values in the Choice of Law Process », dans *Liber amicorum Kurt Siehr*, La Haye, Eleven et Zurich, Schulthess, 2010, p. 71 ss.

Najm, M.-C., *Principes directeurs du droit international privé et conflits de civilisation*, Dalloz, 2005.

Nascimbene, B., « Le droit de la nationalité et le droit des organisations régionales. Vers de nouveaux statuts de résidents ? », *Recueil des cours*, tome 367 (2013).

Neubecker, F. K., *Der Ehe- und Erbvertrag im internationalen Verkehr*, Leipzig, 1914.

Neuhaus, P. H., « Das internationale Privatrecht im italienischen Zivilgesetzbuch von 1942 », *RabelsZ*, 1949/50, p. 22 ss.

–, *Die Grundbegriffe des internationalen Privatrechts*, 2e édition, Tübingen, Mohr, 1976.

Niboyet, J.-P., « La notion de réciprocité dans les traités diplomatiques de droit international privé », *Recueil des cours*, tome 52 (1935).

–, « Projet tendant à la modification de l'article 3 du Code civil », *Trav. Com. fr.*, 1938-1939, p. 67 ss.

–, « Le Code civil en préparation et les règles de solution des conflits de lois », *Trav. Com. fr.*, 1945-1946, p. 13 ss.
–, *Traité de droit international privé français*, Paris, Sirey, volume III, 1944 ; volume V, 1948 ; volume VI, 1950.
–, « Avant-projet de loi relative au droit international privé », *Travaux de la Commission de réforme du Code civil*, années 1948-1949, Paris, Sirey, p. 711 ss.
Niemeyer, T., *Zur Vorgeschichte des Internationalen Privatrechts im Deutschen Bürgerlichen Gesetzbuch (« Die Gebhardschen Materialien »)*, Munich, Leipzig, Duncker & Humblot, 1915.
–, *Das internationale Privatrecht des Bürgerlichen Gesetzbuchs*, Berlin, Guttentag, 1901.
Nishitani, Y., « Mancini e l'autonomia della volontà nel diritto internazionale privato », *RDIIP*, 2001, p. 23 ss.
–, « Global Citizens and Family Relations », *Erasmus Law Review*, 2014, p. 134 ss.
Nord, N., *Ordre public et lois de police*, thèse Strasbourg, 2003.
–, « La nécessaire refonte du système de conflit de lois en matière de contrat de travail international », *Rev. crit.*, 2016, p. 309 ss.
Nuyts, A., « L'application des lois de police dans l'espace (Réflexions à partir du droit belge de la distribution commerciale et du droit communautaire) », *Rev. crit.*, 1999, p. 31 ss, 245 ss.
O'Hara, E., et L. Ribstein, « From Politics to Efficiency in Choice of Law », *U. Chi. L. Rev.*, volume 67 (2000), p. 1151 ss.
–, *The Law Market*, New York, Oxford University Press, 2009.
Okuda, Y., « Recognition and Enforcement of Foreign Judgments in Japan », *YbPIL*, volume 15 (2013-2014), p. 411 ss.
Olivi, B., et A. Giacone, *L'Europe difficile. Histoire politique de la construction européenne*, Paris, Gallimard (coll. folio histoire), 2007.
Oppetit, B., « Le droit international privé, droit savant », *Recueil des cours*, tome 234 (1992).
Ortolani, P., « The Three Challenges of Stateless Justice », *J. Int'l Dispute Settlement*, volume 7 (2016), p. 596 ss.
–, « Self-Enforcing Online Dispute Resolution : Lessons from Bitcoin », *Oxford J. Legal Studies*, volume 36 (2016), p. 595 ss.
–, « The Judicialisation of the Blockchain », dans Ph. Hacker *et al.* (dir. publ.), *Regulating Blockchain : Techno-Social and Legal Challenges*, Oxford, Oxford University Press, 2019.
Panet, A., *Le statut personnel à l'épreuve de la citoyenneté européenne*, thèse Lyon 3, 2014.
Papier, H.-J., et B.-D. Olschewski, « Vollziehung ausländischer Hoheitsakte », *DVBl*, 1976, p. 475 ss.
Park, W., *International Forum Selection*, Boston, Kluwer, 1995.
Pataut, E., note, *Rev. crit.*, 2012, p. 657 ss.
–, *La nationalité en déclin*, Paris, Odile Jacob, 2014.
–, note, *RTD eur.*, 2018, p. 673 ss.
Pauknerová, M., « Private International Law in the Czech Republic », *Journ. PIL*, 2008, p. 83 ss.
Paul, J., « Comity in International Law », *Harv. Int'l L.J.*, volume 32 (1991), p. 1 ss.
Pereterski, I. S., et S. B. Krylov, *Lehrbuch des internationalen Privatrechts*, Berlin (-Est), VEB Deutscher Zentralverlag, 1962.
Perkins, J., « A Question of Priorities : Choice of Law and Proprietary Aspects of the Assignment of Debts », *Law and Financial Markets Review*, 2008, p. 238 ss.
Pescatore, P., *Le droit de l'intégration*, Leyde, Sijthoff, 1972, réédition Bruxelles, Bruylant, 2005.
Peyró Llopis, A., note, *RTD eur.*, 2015, p. 230 ss.
Pfeiff, S., *La portabilité du statut personnel dans l'espace européen*, Bruxelles, Bruylant, 2017.

Pfeiffer, T., « Kooperative Reziprozität : § 328 I Nr. 5 ZPO neu besichtigt », *RabelsZ*, 1991, p. 734 ss.
Picone, P., « Les méthodes de coordination entre ordres juridiques en droit international privé », *Recueil des cours*, tome 276 (1999).
Plessix, B., *Droit administratif général*, 2e édition, Paris, LexisNexis, 2018.
Pocar, F., « Norme di applicazione necessaria e conflitti di leggi in tema di rapporti di lavoro », *RDIPP*, 1967, p. 733 ss.
–, « La protection de la partie faible en droit international privé », *Recueil des cours*, tome 188 (1984).
Pontavice, E. du, « Eloge d'Etienne Bartin », *Annales de la Faculté de droit et des sciences économiques de Clermont*, 1966, p. 189 ss.
–, « L'œuvre d'Etienne Bartin », *Annales de la Faculté de droit et des sciences économiques de Clermont*, 1968, p. 48 ss.
Popper, K. R., *The Poverty of Historicism*, Londres, Routledge & Kegan Paul, 1957 (traduction française, *Misère de l'historicisme*, Paris, Plon, 1956).
Posenato, N., *Autonomia della volontà e scelta della legge applicabile ai contratti nei sistemi giuridici latino-americani*, Milan, Cedam, 2010.
Pretelli, I., « Cross-Border Credit Protection Against Fraudulent Transfers of Assets : *Actio Pauliana* in the Conflict of Laws », *Yearbook PIL*, volume 13 (2011), p. 589 ss.
Raape, L., *Staudinger, Kommentar zum BGB*, Munich, Berlin et Leipzig, J. Schweitzer, volume VI/2, 9e édition, 1931.
–, « Les rapports juridiques entre parents et enfants comme point de départ d'une explication pratique d'anciens et de nouveaux problèmes du droit international privé », *Recueil des cours*, tome 50 (1934).
–, *Deutsches internationales Privatrecht*, 1re édition, Berlin, Franz Vahlen, 1938/1939 ; 2e édition, Berlin, Franz Vahlen, 1945.
Rabel, E., « Das Problem der Qualifikation », *RabelsZ*, 1931.
–, *The Conflict of Laws : A Comparative Study*, 2e édition, Ann Arbor, University of Michigan, 1958.
Radicati di Brozolo, L., « L'influence sur les conflits de lois des principes de droit communautaire en matière de liberté de circulation », *Rev. crit.*, 1993, p. 401 ss.
–, « Mondialisation, juridiction, arbitrage: vers des règles d'application semi-nécessaire ? », *Rev. crit.*, 2003, p. 1 ss.
–, « Arbitrage commercial international et lois de police », *Recueil des cours*, tome 315 (2005).
–, « Règles transnationales et conflits de lois », dans *Mélanges Jean-Michel Jacquet*, Paris, LexisNexis, 2013, p. 275 ss.
Rahdert, M., « Exceptionalism Unbound: Appraising American Resistance to Foreign Law », *Cath. U.L. Rev.*, volume 65 (2016), p. 537 ss.
Raiser, B., *Die Rechtsprechung zum deutschen internationalen Eherecht im « Dritten Reich »*, Francfort, Alfred Metzner, 1980.
Rawls, J., *The Law of Peoples*, 1993 et 1999, trad. fr., *Le droit des gens*, 1998.
Reese, W., « The Status in this Country of Judgments Rendered Abroad », *Colum. L. J.*, volume 50 (1950), p. 783 ss.
–, « Discussion of Major Areas of Choice of Law », *Recueil des cours*, tome 111 (1964).
–, « General Course on Private International Law », *Recueil des cours*, tome 150 (1976).
Rehbinder, E., « Zur Politisierung des Internationalen Privatrechts », *JZ*, 1973, p. 151 ss.
Reimann, M., « Better Law Approach », dans J. Basedow *et al.* (dir. publ.), *Encyclopedia of Private International Law*, Cheltenham, Edward Elgar, 2017, volume I, p. 179 ss.
Reisman, W. M., « The Quest for World Order and Human Dignity in the Twenty-First Century : Constitutive Process and Individual Commitment », *Recueil des cours*, tome 351 (2010).

Reu, F., *Anwendung fremden Rechts. Eine Einführung*, Berlin, Junker und Dünnhaupt, 1938.
–, «Zum Neubau des Internationalen Privatrechts», *DR*, 1939, p. 228 ss.
–, «Von den nationalen Grundlagen des internationalen Privatrechts», dans *Mélanges Streit*, volume II, 1940, Athènes, Pyrsos, p. 299 ss.
Reynolds, W., «The Iron Law of Full Faith and Credit», *Md. L. Rev.*, volume 53 (1994), p. 412 ss.
Richman, W. et D. Riley, «The First Restatement of Conflicts of Laws on the Twenty-Fifth Anniversary of its Successor: Contemporary Practice in Traditional Courts», *Md. L. Rev.*, volume 56 (1997), p. 1196 ss.
Rigaux, F., *La théorie des qualifications en droit international privé*, Bruxelles, Larcier, 1956.
–, *Droit public et droit privé dans les relations internationales*, Paris, Pedone, 1977.
Ripert, G., *Les forces créatrices du droit*, Paris, LGDJ, 1955.
Robertson, C., et C. Rhodes, «The Business of Personal Jurisdiction», *Case W. Res. L. Rev.*, volume 67 (2017), p. 775 ss.
Robertson, D., *The Judge as Political Theorist*, Princeton, Princeton University Press, 2010.
Rochfeld, J., *Les grandes notions du droit privé*, Paris, PUF, 2011.
Rodière, R., *Droit social de l'Union européenne*, 2e édition, Paris, LGDJ, 2014.
Romano, G.P., «Le droit international privé à l'épreuve de la théorie kantiennne de la justice», dans *Festschrift Ivo Schwander*, Zurich, Dike, 2011, p. 613 ss.
–, Le dilemme du renvoi en droit international privé, Genève, Zurich et Bâle, Schulthess, 2014.
Romano, S., «Lo stato moderno e la sua crisi», *Riv. dir. pubbl.*, 1910, p. 97 ss, traduction française «L'Etat moderne et sa crise», *Jus politicum*, nº 14 (2015).
–, *L'ordinamento giuridico*, 2e édition, Florence, Sansoni, 1946, traduction française, *L'ordre juridique*, réédition Paris, Dalloz, 2002, introduction de Ph. Francescakis, présentation par P. Mayer.
Rosen, M., «Should "Un-American" Foreign Judgments Be Enforced?», *Minn. L. Rev.*, volume 88 (2004), p. 783 ss.
Roth, W.-H., «Der Einfluss des Europäischen Gemeinschaftsrechts auf das Internationale Privatrecht», *RabelsZ*, 1991, p. 623 ss.
Rückert, J., «Das "gesunde Volksempfinden" – eine Erbschaft Savignys?», *SZGerm*, volume 103 (1986), p. 199 ss.
Rühl, G., *Statut und Effizienz*, Tübingen, Mohr Siebeck, 2011.
–, «Consumer Protection in Choice of Law», *Cornell Int'l L. J.*, volume 44 (2011), p. 569 ss.
–, «Commercial Agents, Minimum Harmonisation and Overriding Mandatory Provisions in the European Union: The Unamar Case», *CMLR*, volume 53 (2016), p. 209 ss.
Rüthers, B., *Die unbegrenzte Auslegung*, 8e édition, Tübingen, Mohr Siebeck, 2017.
Salama, S., *L'acte de gouvernement*, Bruxelles, Bruylant, 2002.
Salerno, F., «La costituzionalizzazione dell'ordine pubblico internazionale», *RDIPP*, 2018, p. 259 ss.
Salmon, J., *Cours de droit international public*, 21e édition (revue par E. David), Presses de l'Université libre de Bruxelles, 2008-2009.
–, «Quelle place pour l'Etat dans le droit international d'aujourd'hui?», *Recueil des cours*, tome 347 (2010).
Savigny, F. C. von, *Vom Beruf unsrer Zeit für Gesetzgebung und Rechtswissenschaft*, Heidelberg, Mohr und Zimmer, 1814, réimpression in *Thibaut und Savigny, Ihre programmatischen Schriften*, édition par H. Hattenhauer, München, Franz Vahlen, 2002.
–, *System des heutigen Römischen Rechts*, Berlin, Veit, volume I, 1840, volume VIII, 1849 (traduction française par C. Guenoux sous le titre *Traité de droit*

romain, Paris, Firmin Didot, 1860, volume VIII réédition avec une préface de H. Synvet, Paris, Panthéon-Assas, 2002).
Schack, H., *Internationales Zivilverfahrensrecht*, 7e édition, Munich, C. H. Beck, 2017.
Schaeffner, W., *Entwicklung des internationalen Privatrechts*, Francfort, Sauerländer, 1841.
Schlegelberger, F., « Wege und Ziele des deutschen internationalen, interterritorialen und interpersonalen Familienrechts », *ZAIP*, 1942, p. 1 ss.
Schmitt, C., *Der Begriff des Politischen*, Berlin, 1932 (8e édition, Duncker & Humblot, 2009).
–, *Politische Theologie*, Berlin, Duncker & Humblot, 2e édition, 1933 (9e édition, 2009).
–, *Über die drei Arten des rechtswissenschaftlichen Denkens*, Hambourg, 1934, 3e édition, Berlin, Duncker & Humblot, 2006.
–, « Die nationalsozialistische Gesetzgebung und der Vorbehalt des "ordre public" im Internationalen Privatrecht » *ZAkdR*, 1936, p. 204 ss.
–, « Totaler Feind, totaler Krieg, totaler Staat », dans *Positionen und Begriffe im Kampf mit Weimar – Genf – Versailles*, Hambourg, 1940 (3e édition, Berlin, Duncker & Humblot, 1994), p. 268 ss.
–, *Theorie des Partisanen – Zwischenbemerkung zum Begriff des Politischen*, Berlin, 1963 (7e édition, Duncker & Humblot, 2010).
Schmitthoff, C., « Der Einfluss außerrechtlicher Elemente auf die Prinzipiengestaltung des englischen Internationalen Privatrechts », *ZvglRW*, 1970, p. 81 ss.
Schmitz-Berning, C., *Vokabular des Nationalsozialismus*, Berlin, Walter de Gruyter, 2e édition, 2007.
Schnitzer, A., « Das überforderte Kollisionsrecht », *SJZ*, 1985, p. 105 ss.
Schnyder, A., *Wirtschaftskollisionsrecht*, Zurich, Schulthess, 1990.
Schockweiler, F., Les conflits de lois et les conflits de juridictions en droit international privé luxembourgeois, 2e édition, Luxembourg, Paul Bauler, 1996.
Schröder, J., *Recht als Wissenschaft*, 2e édition, Munich, C. H. Beck, 2012.
Schultz, T., *Transnational Legality*, Oxford, Oxford University Press, 2014.
Schultz, T., et D. Holloway, « Retour sur la *comity* », *JDI*, 2011, p. 863 ss ; 2012, p. 571 ss.
Schurig, K., *Kollisionsnorm und Sachrecht*, Berlin, Duncker & Humblot, 1981.
Schütze, R., « Probleme der Verbürgung der Gegenseitigkeit bei der Anerkennung ausländischer Zivilurteile », dans *Festschrift Dieter Martiny*, Tübingen, Mohr Siebeck, 2014, p. 825 ss.
–, « Internationales Zivilprozessrecht und Politik », dans *Ausgewählte Probleme des Internationalen Zivilprozessrechts*, Berlin, De Gruyter, 2006, p. 27 ss.
Seidl-Hohenveldern, I., *Internationales Konfiskations- und Enteignungsrecht*, Berlin, Walter de Gruyter, Tübingen, J. C. B. Mohr (Paul Siebeck), 1952.
Seif, U., « Savigny und das IPR des 19. Jahrhunderts », *RabelsZ*, 2001, p. 492 ss.
Seraglini, C., et J. Ortscheidt, *Droit de l'arbitrage interne et international*, Paris, Montchrestien, 2013.
Siehr, K., « German Jewish Scholars of Private International Law and Comparative Law – Especially Ernst Frankenstein and His Research », dans *Mélanges Fritz Sturm*, Liège, Editions juridiques de l'Université de Liège, 1999, p. 1671 ss.
–, « Kant and Private International Law », dans *Liber Amicorum Ernst-Joachim Mestmäcker*, La Haye, T. M. C. Asser Press, 2003, p. 339 ss.
–, « *Fraude à la Loi* and European Private International Law », dans *Essays in Honour of Michael Bogdan*, Lund, Juristförlaget i Lund, 2013, p. 521 ss.
Sisson, E., « The Future of Sharia Law in American Arbitration », *Vand. J. Transnat'l L.*, volume 48 (2015), p. 891 ss.
Slaughter, A.-M., « International Law and International Relations », *Recueil des cours*, tome 285 (2000).
Slaughter, A.-M., A. Tulumello et S. Wood, « International Law and International

Relations Theory: A New Generation of Interdisciplinary Scholarship», *AJIL*, volume 92 (1998), p. 367 ss.
Soldini, D., «Santi Romano, penseur pluraliste et étatiste», *Jus politicum* nº 14, 2015.
Sperduti, G., «Les lois d'application nécessaire en tant que lois d'ordre public», *Rev. crit.*, 1977, p. 257 ss.
Spielmann, D., et P. Voyatzis, «L'étendue du contrôle du respect des droits fondamentaux à l'aune de l'expérience judiciaire comparée», *Rev. trim. dr. h.*, 2017, p. 897 ss.
Steinberg, R., et J. Zasloff, «Power and International Law», *AJIL*, volume 100 (2006), p. 64 ss.
Stephens, B., «The Curious History of the Alien Tort Statute», *Notre Dame L. Rev.*, volume 89 (2014), p. 1467 ss.
Stiefel, E., et F. Mecklenburg, *Deutsche Juristen im amerikanischen Exil (1933-1950)*, Tübingen, Mohr Siebeck, 1991.
Stolleis, M., *Recht im Unrecht*, Francfort, Suhrkamp, 1994.
Story, J., *Commentaries on the Conflict of Laws*, 1834, 3e édition, Boston, Charles C. Little and James Brown, 1846.
Stoupnitsky, A., vº Droit international privé soviétique, dans Lapradelle et Niboyet, dans *Répertoire de droit international*, volume VII (1930).
Streit, M., «Der Neoliberalismus – Ein fragwürdiges Ideensystem?», *Ordo* 57 (2006), p. 91 ss.
Strong, S. I., «Recognition and Enforcement of Foreign Judgments in U. S. Courts: Problems and Possibilities», *Rev. Litig.*, volume 33 (2014), p. 45 ss.
Struycken, A. V. M., «Co-ordination and Co-operation in Respectful Disagreement», *Recueil des cours*, tome 311 (2004).
Study Group on Social Justice in European Private Law, «Social Justice in European Contract Law: A Manifesto», *ELJ*, volume 10 (2004), p. 653 ss.
Suk, K. H., «Recognition and Enforcement of Foreign Judgments in the Republic of Corea», *YbPIL*, volume 15 (2013-2014), p. 421 ss.
Supiot, A., «Le droit du travail bradé sur le «marché des normes», *Droit social*, 2005, p. 1087 ss.
–, «L'Europe gagnée par l'«économie communiste de marché», www.journal dumauss.net, janvier 2008.
–, «L'inscription territoriale des lois», *Esprit*, novembre 2008, p. 151 ss.
–, *Grandeur et misère de l'Etat social*, Paris, Collège de France, Fayard, 2012.
–, *La Gouvernance par les nombres*, Nantes, Institut d'Etudes avancées de Nantes, Paris, Fayard, 2015.
Symeonides, S., «Accommodative Unilateralism as a Starting Premise in Choice of Law», dans *Liber Amicorum Peter Hay*, Francfort, Verlag Recht und Wirtschaft, 2005, p. 417 ss.
–, *The American Choice-of-Law Revolution: Past, Present and Future*, Leiden, Boston, Martinus Nijhoff, 2006.
–, «The First Conflicts Restatement Through the Eyes of Old: As Bad as its Reputation?», *S. Ill. U. L.J.*, volume 32 (2007), p. 39 ss.
–, «Choice of Law in the American Courts in 2007», *Am. J. Comp. L.* 56 (2008), p. 243 ss.
–, «American Federalism and Private International Law», *Rev. hell. dr. int.*, 2010, p. 537 ss.
–, *Codifying Choice-of-Law Around the World*, New York, Oxford University Press, 2014.
–, *Choice of Law*, New York, Oxford University Press, 2016.
–, «Private International Law: Idealism, Pragmatism, Ecclecticism», *Recueil des cours*, tome 384 (2016).
Szabados, T., «The New Hungarian Private International Law Act: New Rules, New Questions», *RabelsZ*, 2018, p. 972 ss.

Tang, Z. S., Y. P. Xiao et Z. H. Huo, *Conflict of Laws in the People's Republic of China*, Cheltenham, Edward Elgar, 2016.
Teubner, G., «Globale Bukowina: Zur Emergenz eines transnationalen Rechtspluralismus», *Rechtshistorisches Journal*, volume 15 (1996), p. 255 ss.
–, *Verfassungsfragmente. Gesellschaftlicher Konstitutionalismus in der Globalisierung*, Francfort, Suhrkamp, 2012 (traduction française, *Fragments constitutionnels: Le constitutionnalisme sociétal à l'ère de la globalisation*, Paris, Garnier, 2016)
–, «*Quod omnes tangit*: Transnationale Verfassungen ohne Demokratie?», *Der Staat*, 2018, p. 1 ss.
Tomuschat, C., «International Law: Ensuring the Survival of Mankind on the Eve of a New Century (General Course on Public International Law)», *Recueil des cours*, tome 281 (1999).
Tunkin, G., «Politics, Law and Force in the Interstate System», *Recueil des cours*, tome 219 (1989).
Valentin, V., *Les conceptions néo-libérales du droit*, Paris, Economica, 2002.
van de Velden, J., *Finality of Litigation*, Groningen, Ulrik Huber Institute for Private International Law, 2014.
Van Middelaar, L., *Le passage à l'Europe. Histoire d'un commencement*, Paris, Gallimard, 2012.
Vander Elst, R., *Les lois de police et de sûreté en droit international privé français et belge*, Paris, Sirey, Bruxelles, Parthenon, deux volumes, 1956 et 1963.
–, Droit international privé belge, t. I, Conflits de lois, Bruxelles, Bruylant, 1983, p. 344 ss.
Vareilles-Sommières, P. de, «Lois de police et politique législative», *Rev. crit.*, 2011, p. 207 ss.
–, «La sentence arbitrale étrangère contraire à une loi d'ordre public du for», *JDI*, 2014, p. 813 ss.
–, «L'exception d'ordre public et la régularité substantielle internationale de la loi étrangère», *Recueil des cours*, tome 371 (2014).
Vedel, G., et P. Delvolvé, *Droit administratif*, tome 1, 12e édition, Paris, PUF, 1992.
Verhoeven, J., «Relations internationales de droit privé en l'absence de reconnaissance d'un Etat, d'un gouvernement ou d'une situation», *Recueil des cours*, tome 192 (1985).
–, «Droit international public et droit international privé: où est la différence?» *Arch. ph. dr.*, 1987, p. 23 ss.
Virally, M., «Le principe de réciprocité dans le droit international contemporain», *Recueil des cours*, tome 122 (1967).
Vischer, F., «*Lois d'application immédiate* als Schranken von Gerichtsstands- und Schiedsvereinbarungen», dans *Collisio legum, Etudes pour Gerardo Broggini*, Milan, Giuffrè, 1997, p. 577 ss.
–, «New Tendencies in European Conflict of Laws and the Influence of the US Doctrine – A Short Survey», dans *Essays in Honor of Arthur T. von Mehren*, Ardsley, Transnational Publishers, 2002, p. 577 ss.
Vitta, E., «Le clausole di reciprocità nelle norme di conflitto», dans *Festschrift Wilhelm Wengler*, volume II, Berlin, Inter-Recht, 1973, p. 849 ss.
Vogel, K., *Der räumliche Anwendungsbereicht der Verwaltungsrechtsnorm*, Francfort, Alfred Metzner, 1965.
Vrellis, S., «Conflit ou coordination de valeurs en droit international privé. A la recherche de la justice», *Recueil des cours*, tome 328 (2007).
–, «Abus» et «fraude» dans la jurisprudence de la Cour de justice des Communautés européennes», dans *Mélanges Hélène Gaudemet-Tallon*, Paris, Dalloz, 2008, p. 633 ss.
Vychinski, A., *The Law of the Soviet State*, New York, Macmillan, 1948.
Wächter, C.G., «Über die Collision der Privatrechtsgesetze verschiedener Staaten», *Archiv für die civilistische Praxis*, 1841, p. 230 ss.

Wagner, R., «Der Grundsatz der Rechtswahl und das mangels Rechtswahl anwendbare Recht (Rom I–Verordnung)», *IPRax* 2008, p. 378 ss.
Wautelet, P., «Autonomie de la volonté et concurrence régulatoire – le cas des relations familiales internationales», dans *Vers un statut européen de la famille*, Paris, Dalloz, 2014, p. 313 ss.
Weber, M., *Politik als Beruf*, réédition par W. Mommsen et W. Schlichter, Tübingen, J. C. B. Mohr (Paul Siebeck), 1992 ; traduction française, *Le métier et la vocation d'homme politique* dans *Le savant et le politique*, Paris, 10/18, 1963.
Weil, P., «Le contrôle par les tribunaux nationaux de la licéité des actes des gouvernements étrangers», *AFDI*, 1977, p. 9 ss.
Weiler, J. H. H., «The Transformation of Europe», *Yale L. J.*, volume 100 (1991), p. 2403 ss.
Weintraub R., «Interest Analysis in the Conflict of Laws as an Application of Sound Legal Reasoning», *Mercer L. Rev.*, volume 35 (1984), p. 629 ss.
–, «Functional Developments in Choice of Law for Contracts», *Recueil des cours*, tome 187 (1984).
Weiss, A., *Traité de droit international privé*, volume III, 2e édition, Paris, Sirey, 1912.
Weller, M.-Ph., «Der "gewöhnliche Aufenthalt" – Plädoyer für einen willenszentrierten Aufenthaltsbegriff», dans S. Leible et H. Unberath (dir. publ.), *Brauchen wir eine Rom 0-Verordnung ?*, Iéna, JWV, 2013, p. 293 ss.
–, «Die *lex personalis* im 21. Jahrhundert : Paradigmenwechsel von der *lex patriae* zur *lex fori*», dans *Festschrift für Dagmar Coester-Waltjen*, Bielefeld, Gieseking, 2015, p. 897 ss.
–, «Vom Staat zum Menschen – Die Methodentrias des Internationalen Privatrechts unserer Zeit», *RabelsZ*, 2017, p. 747 ss.
–, «Das Personalstatut in Zeiten der Massenmigration», *BerGesIntR*, *Migrationsbewegungen*, 2018, p. 247 ss.
Weller, M.-Ph., *et al.*, «Das Gesetz zur Bekämpfung von Kinderehen – eine kritische Würdigung», *FamRZ*, 2018, p. 1289.
Wengler, W., «Die Anknüpfung des zwingenden Schuldrechts im internationalen Privatrecht», *ZvglRW*, 1941, p. 168 ss.
–, *Der Begriff des Politischen im internationalen Recht*, Tübingen, J. C. B. Mohr (Paul Siebeck), 1956.
–, «The General Principles of Private International Law», *Recueil des cours*, tome 104 (1961).
–, note, *JZ*, 1978, p. 64 ss.
–, «Zur kollisionsrechtlichen Behandlung von Fluchthelferverträgen», *IPRax*, 1981, p. 220 ss.
–, *Internationales Privatrecht*, volume I, Berlin, Walter de Gruyter, 1981.
Wesel, U., *Geschichte des Rechts*, 4e édition, Munich, C. H. Beck, 2014.
Whincop, M., «The Recognition Scene : Game Theoretic Issues in the Recognition of Foreign Judgments», *Melbourne U. L. Rev.*, volume 23 (1999), p. 416 ss.
White, M., *Social Thought in America : The Revolt Against Formalism*, New York, Viking, 1949.
Whytock, C., «Towards a New Dialogue Between Conflict of Laws and International Law», *AJIL Unbound*, volume 110 (2016), p. 150 ss.
Wieacker, F., *Gründer und Bewahrer : Rechtslehrer der neueren deutschen Privatrechtsgeschichte*, Göttingen, Vandenhoeck & Ruprecht, 1959.
–, *Das Sozialmodell der klassischen Privatrechtsbücher und die Entwicklung der modernen Gesellschaft*, Karlsruhe, C. F. Müller, 1963.
Wigny, P., *Essai sur le droit international privé américain*, Paris, Sirey, 1932.
Wilderspin, M., «Que reste-t-il du principe du pays d'origine ? Le regard des internationalistes», *Europe*, juin 2007, p. 26 ss.
Wilderspin, M., et X. Lewis, «Les relations entre le droit communautaire et les règles de conflits de lois des Etats membres», *Rev. crit.*, 2002, p. 1 ss.

Willgerodt, H., « Der Neoliberalismus – Entstehung, Kampfbegriff und Meinungsstreit », *Ordo*, volume 57 (2006), p. 47 ss.
Wilhelmsson, T., « Varieties of Welfarism in European Contract Law », *ELJ*, volume 10 (2004), p. 712 ss.
Wolff, M., « A New Doctrine on Private International Law », *Law Quarterly Review*, volume 63 (1947), p. 323 ss.
Wolgast, E., « Nationalsozialismus und internationales Recht », *DR*, 1934, p. 196 ss.
Wong, W., « Iron Curtain Statutes, Communist China, and the Right to Devise », *UCLA L. Rev.*, volume 32 (1985), p. 643 ss.
Wood, Ph., « How the Greek Debt Reorganisation of 2012 Changed the Rules of Sovereign Insolvency », *Business Law International*, volume 14 (2013), p. 3 ss.
Xifaras, M., « Après les théories générales de l'Etat : le droit global ? », *Jus Politicum*, n° 8 (2012).
Yntema, H., « The Comity Doctrine », *Mich. L. Rev.*, volume 65 (1966), p. 9 ss.
Yoo, J., « Federal Courts as Weapons of Foreign Policy : The Case of the Helms-Burton Act », *Hastings Int'l & Comp. L. Rev.*, volume 20 (1997), p. 747 ss.
Zhang, W., « Recognition of Foreign Judgments in China : The Essentials and Strategies », *YbPIL*, volume 15 (2013-2014), p. 319 ss.
–, « Recognition and Enforcement of Foreign Judgments in China : A Call for Special Attention to Both the "Due Service Requirement" and the "Principle of Reciprocity" », *Chinese JIL*, volume 12 (2013).
–, « Sino-Foreign Recognition and Enforcement of Judgments : A Promising "Follow-Suit" Model ? », *Chinese JIL*, volume 16 (2017), p. 515 ss.
Zimmermann, A., « Rechtswissenschaft in Zeiten von Diktatur und Demokratie am Beispiel Wilhelm Wenglers », dans *Gedächtnisschrift für Jörn Eckert*, Baden-Baden, Nomos, 2008, p. 1005 ss.
Zoller, E., *Droit des relations extérieures*, Paris, PUF, 1992.
–, « Aspects internationaux du droit constitutionnel. Contribution à la théorie de la fédération d'Etats », *Recueil des cours*, tome 294 (2002).

"SOFT LAW" IN INTERNATIONAL COMMERCIAL ARBITRATION

by

FELIX DASSER

F. DASSER

TABLE OF CONTENTS

BIOGRAPHICAL NOTE

Felix J. Dasser, born 1958 in Zurich, Switzerland.

Adjunct Professor *("Titularprofessor")*, University of Zurich Faculty of Law (since 2005; *"Privatdozent"* since 1999); Attorney-at-Law (Zurich and Swiss bars); LL.M., Harvard Law School (1990); Dr. iur. (s.c.l.), University of Zurich (1989); Lic. iur. (m.c.l.), University of Zurich (1985).

Teaching courses also at the University of Berne, Switzerland, and the China University of Political Studies and Law, Beijing; delivering the 6th Bergsten Lecture, Vienna (2018); lecturing at numerous academic and professional conferences on dispute resolution, transnational and Swiss commercial law, and conflicts of law.

Partner at Homburger, former head of dispute resolution team; Vice-President of the Swiss Arbitration Association (since 2019); Vice-Chair of the Dispute Resolution and Arbitration Committee of the Inter-Pacific Bar Association (since 2018); member of the steering committee and lecturer of the University of Zurich Executive Master in Arts Administration (since 2002); advisor to the Swiss Government on the revision of the Swiss international arbitration law (2015-2018); member of a communal real estate tax commission (1994-2014).

Counsel, chairman, sole arbitrator, and party-appointed arbitrator in numerous mostly commercial arbitration cases in various jurisdictions; counsel and advisor in numerous litigation and investigation cases; expert witness on Swiss substantive and arbitration law in various jurisdictions.

PRINCIPAL PUBLICATIONS

Books

The Liechtenstein Rules of Arbitration (Liechtenstein Rules). A Commentary including the French Version and Model Clauses, Weblaw, Bern, 2015 (with N. W. Reithner).

Kommentar zum Lugano-Übereinkommen [Commentary of the Lugano Convention], 2nd ed., Stämpfli, Berne, 2011, editor, with P. Oberhammer.

Vertragstypenrecht im Wandel – Konsequenzen mangelnder Abgrenzbarkeit der Typen [Changing Law of Specific Contract Types – Consequences of Lacking Distinctions between Contract Types], Habilitation, Schulthess/Nomos Zurich/Baden-Baden, 2000.

Internationale Schiedsgerichte und lex mercatoria. Rechtsvergleichender Beitrag zur Diskussion über ein nicht-staatliches Handelsrecht [International Commercial Arbitration and Lex Mercatoria: Comparative Legal Contribution to the Discussion about a Non-national Commercial Law], Doctoral Thesis, Schweizer Studien zum internationalen Recht, Vol. 59, Schulthess, Zurich, 1989.

Commentaries

Dasser, F., and P. Oberhammer (eds.), *Kommentar zum Lugano-Übereinkommen (LugÜ) [Commentary of the Lugano Convention]*, 2nd ed., Stämpfli, Berne, 2011 (commentary of articles 1-4 and 27-30).

Honsell, H., *et al.* (eds.), *Kommentar zum schweizerischen Privatrecht – Internationales Privatrecht [Commentary of Swiss Private International Law Act]*, 3rd ed., Helbing Lichtenhahn, Basle, 2013 (commentary of articles 136-139, 143-148.

Müller, Th., and M. Wirth (eds.), *Kommentar zum Gerichtsstandsgesetz [Commentary on Swiss Act on Jurisdiction]*, Schulthess, Zurich, 2001 (commentary of articles 1, 3, 35, 36, 38, 39).

Oberhammer, P., *et al.* (eds.), *Kurzkommentar ZPO [Commentary in Federal Code of Civil Procedure]*, 2nd ed., Helbing Lichtenhahn, Basle, 2014 (commentary of Part 3, articles 353-399, on domestic arbitration).

Articles and Book Chapters

"Soft Law in International Commercial Arbitration – A Critical Approach (6th Bergsten Lecture)", in Chr. Klausegger *et al.*, *Austrian Yearbook on International Arbitration 2019*, Manz, 2019, pp. 111-127.

"Rechtshängigkeit international – neue Spielregeln für *forum running*" [International *lis pendens* – New Rules of the Game for Forum Running]", in A. Markus and R. Rodriguez (eds.), *Rechtshängigkeit – national und international*, CIVPRO, Vol. 12, Stämpfli, 2018, pp. 79-103.

"Challenges of Swiss Arbitral Awards. Updated Statistical Data as of 2017", *ASA Bulletin*, Vol. 36 (2), 2018, pp. 276-294 (with Piotr Wójtowicz).

"Gerichtsstandsvereinbarungen nach dem Lugano-Übereinkommen (Schweiz)" [Forum Selection Clauses under the Lugano Convention (Switzerland)], in R. Geimer and D. Czernich (eds.), *Handbuch der Streitbeilegungsklauseln*, Beck, Munich, 2017, pp. 301-326.

"Equality of Arms in International Arbitration: Do Rules and Guidelines Level the Playing Field and Properly Regulate Conduct? – Can They? Will They? Should They? The Example of the IBA Guidelines on Party Representation", in A. Menaker (ed.), *International Arbitration and the Rule of Law*, ICCA Congress Series No. 19, Wolters Kluwer, 2017, pp. 634-672.

"Bern, Lugano, Brüssel oder doch lieber Den Haag? – Ein Ausflug zu den Rechtsquellen für Gerichtsstandsvereinbarungen" [Berne, Lugano, Brussels or Rather The Hague? – A Trip to the Sources of Law for Forum Selection Clauses], in

P. Breitschmid *et al.* (eds.), *Tatsachen, Verfahren, Vollstreckung, Festschrift für Isaak Meier*, Schulthess, Zurich, 2015, pp. 89-101.

"A Critical Analysis of the IBA Guidelines on Party Representation", in D. Favalli (eds.), *The Sense and Non-sense of Guidelines, Rules and Other Para-regulatory Texts in International Arbitration*, ASA Special Series No. 37, New York 2015, pp. 33-62.

"La bonne foi dans l'arbitrage", *ASA Bulletin,* Vol. 33 (2), 2015, pp. 239-273 (with D. Gauthey).

"Ausgewählte prozessuale Aspekte bei gesellschaftsrechtlichen Verantwortlichkeitsklagen" [Selected Procedural Aspects of Personal Liability in Company Law], in R. Sethe and P. Isler (eds.), *Verantwortlichkeit im Unternehmensrecht VII*, Zurich, 2014, pp. 247-296.

"Schiedsgerichte und staatliche Gerichte: Nebeneinander, nacheinander, miteinander, gegeneinander – ein Durcheinander?" [Arbitration Tribunals and State Courts: In Parallel, One after the Other, Together, against Each Other – a Mess?], in H. Schumacher and W. Zimmermann (eds.), *90 Jahre Fürstlicher Oberster Gerichtshof. Festschrift für Gert Delle Karth*, Vienna, 2013, pp. 109-125.

"That Rare Bird: Non-National Legal Standards as Applicable Law in International Commercial Arbitration", *World Arbitration & Mediation Review (WAMR)*, Vol. 5 (2), 2011, pp. 143-160.

"Die Rechtshängigkeit gemäss ZPO und revidiertem Lugano-Übereinkommen" [*Lis Pendens* Pursuant to the Swiss Code of Civil Procedure and the Revised Lugano Convention], in Kren Kostkiewicz *et al.* (eds.), *Internationaler Zivilprozess 2011*, Berne, 2010, pp. 95-119.

"Mouse or Monster? Some Facts and Figures on the Lex Mercatoria", in R. Zimmermann (ed.), *Globalisierung und Entstaatlichung des Rechts, Teilband II Nichtstaatliches Privatrecht: Geltung und Genese*, Rechtsvergleichung und Rechtsvereinheitlichung Bd. 12, Mohr Siebeck, Tübingen, 2008, pp. 129-158.

"International Arbitration and Setting Aside Proceedings in Switzerland: A Statistical Analysis", *ASA Bulletin,* Vol. 25 (3), 2007, pp. 444-472.

"Der Durchgriff im Internationalen Privatrecht – Ein Beitrag zur Diskussion über den positiven und den negativen Ordre public" [Piercing the Corporate Veil in Conflicts of Law – a Contribution to the Discussion about the Positive and the Negative Public Policy], in P. Breitschmid *et al.* (eds.), *Grundfragen der juristischen Person. Festschrift für Hans Michael Riemer zum 65. Geburtstag*, Stämpfli, Berne, 2007, pp. 35-49.

"Alle gegen einen – Der Schutz des Einzelnen vor der Internet-Gemeinschaft" [All against One – the Protection of the Individual against the Internet Community], in R. Zäch *et al.* (eds.), *Individuum und Verband. Festgabe zum Schweizerischen Juristentag 2006*, Schulthess, Zurich, 2006, pp. 137-150.

"Rechtswahl im Schweizer Recht – Möglichkeiten, Grenzen, Tipps" [Choice of Law under Swiss Law – Options, Limits, Tips], in DACH (ed.), *Rechtswahlklauseln, 30. Tagung der DACH in Berlin vom 6. bis 8. Mai 2004*, Schulthess, Zurich, 2005, pp. 39-67.

"Gerichtsstand und anwendbares Recht bei Haftung aus Internetdelikten" [Jurisdiction and Applicable Law concerning Liability for Tort over the Internet], in O. Arter and F. S. Jörg (eds.), *Internet-Recht und Electronic Commerce Law*, Stämpfli, Berne, 2003, pp. 127-158

"Vertragsrecht ohne Vertragstypenrecht?" [Contract Law without Law for Contract Types?], in H. Honsell *et al.* (eds.), *Aktuelle Aspekte des Schuld- und Sachenrechts. Festschrift für Heinz Rey zum 60. Geburtstag*, Schulthess, Zurich, 2003, pp. 207-216.

"Forum Shopping. Prozessplanung unter dem GestG" [Litigation Planning under the Swiss Jurisdiction Act], in P. Gauch and D. Thürer (eds.), *Zum Gerichtsstand in Zivilsachen*, Symposien zum schweizerischen Recht, Schulthess, Zurich, 2002, pp. 23-38.

"Lex Mercatoria – Critical Comments on a Tricky Topic", in R. P. Applebaum *et al.* (eds.), *Rules and Networks. The Legal Culture of Global Business Transactions*,

Oñati International Series in Law and Society, Hart Publ., Oxford, 2001, pp. 189-200.
"Anwendbares Recht: Wertung möglicher Anknüpfungskriterien" [Applicable Law: Evaluation of Possible Conflict-of-Law Criteria], in R. Weber *et al.* (eds.), *Geschäftsplattform Internet II*, Schulthess, Zurich, 2001, pp. 253-281.
"Der Kampf ums Gericht" [Fighting for the Forum], *Zeitschrift für Schweizer Recht*, Vol. 119, I, 2000, pp. 253-272.
"Punitive Damages: Vom 'fremden Fötzel' zum 'Miteidgenoss'?" [Punitive Damages: Once "Foreign Bastard", Now "Friendly Compatriot"?], *Schweizerische Juristen-Zeitung*, 2000, pp. 101-111.
"Unfallverhütung bei Rechtskollisionen: Ergebnisorientierte Flexibilität im schweizerischen IPRG" [Accident Prevention in Case of Collisions of Laws: Result-oriented Flexibility in the Swiss Private International Law Act], in I. Meier and K. Siehr (eds.), *Rechtskollisionen, Liber Amicorum Anton Heini*, Schulthess, Zurich, 1995, pp. 103-122.

CHAPTER I

SETTING THE STAGE *

A. General Introduction

1. "Soft law" is an oxymoron. If it is "soft", if it cannot hurt, it is not law. If it is law, it is not soft, it can be enforced, and enforcement may hurt. If it were as simple as that, there would not be a whole course on Soft Law in International Commercial Arbitration. In fact, soft law has become a buzzword in commercial arbitration. Barely an arbitration conference passes without a generous sprinkle of references to soft law, either as a matter-of-course description of a particular instrument or as a panacea to be thrown at any perceived problem in arbitration. So there must be something to it, but, as has been said already ages ago, *"things are not always what they seem"* [1]. This course will explore what the concept of soft law is about, where it comes from, what it is said to contain, and where it might be headed.

2. The focus of the course will be on current developments in international commercial arbitration. However, given the content of discussion we will first need to take a step back and look into public international law. This is because the concept of soft law originated in public international law to explain new and disruptive legal phenomena. From there it migrated also into commercial arbitration, along the way morphing into something different, something even more amorphous, more difficult to define and more delicate to handle; altogether something more unruly.

3. This course will not provide all the answers, it merely intends to raise awareness – and to do so on two levels: (i) how the term "soft

---

* The author would like to thank his research assistant Emmanuel O. Igbokwe, MLaw (m.c.l.), PhD Candidate, University of Zurich Law School, LL.M. (MIDS) Candidate (2018-2019), University of Geneva Law School and The Graduate Institute of International and Development Studies Geneva (IHEID) for his invaluable contribution to the research for this book and the editing of the manuscript. The author would further like to thank his research assistant Piotr Wójtowicz, MLaw, LL.M. (Cardozo), Attorney-at-Law, PhD Candidate, University of Zurich Law School, for his contribution to the research, my personal assistant Jessica Wiederhold for her editing work, and last but not least my family for the indispensable home-base support.

1. Greek-Roman fabulist Gaius Julius Phaedrus (approx. 15 BC-50 CE), *Fabula IV, II Poeta* (*"non semper ea sunt quae videntur"*).

law" is used and (ii) what generally acknowledged soft law instruments and phenomena do or do not, can or cannot achieve. One striking aspect of the soft law discussion in arbitration is the widespread reliance on anecdotal evidence and personal impressions. We will, therefore, spend the most part of the course on taking a close look at specific so-called soft law instruments and phenomena and, in particular, taking a deep dive into the three currently most prominent instruments of one of the most prominent soft law formulating agencies, the International Bar Association (IBA).

4. We will see that (i), yes, there is a lot of grey area between law and non-law that escapes easy characterization but that (ii) the term "soft law" should be handled with care and used more cautiously as it is currently too often used in a delusive rather than elucidating way, and that (iii) instruments that typically carry the label of soft law often do not keep what the label might appear to promise. Reliance on soft law or what is labelled as such is common and unavoidable in practice, but requires care – or as was also said ages ago in a slightly different context: *caveat emptor*. In essence, so-called "soft law" instruments are best understood as tools, not as some kind of law with relative normativity [2].

5. First things first, however. The concept of soft law flourishes in a particular landscape. It behooves to start with a quick glance at that landscape.

B. Arbitration: A Creature of Contract and a Font of Freedom

6. In commercial arbitration, party autonomy is core. The parties can do almost anything. As long as the parties agree, they can determine the rules pursuant to which they intend to have their disputes settled. They can agree on specific rules or sets of rules to govern their dispute on the merits or the dispute settlement process as such. To the extent that the parties validly agree on such a set of substantive or procedural rules, these rules are binding within the framework of the specific dispute. Such rules are hard law, contractually agreed-on hard law [3]. Any discussion about whether or not such rules may be part of a body

---

2. For an overview, see F. Dasser, "Soft Law in International Commercial Arbitration – A Critical Approach (6th Bergsten Lecture, 2018)", *Austrian Yearbook on International Arbitration 2019*, Manz, 2019, pp. 111 *et seq*.

3. See also G. Kaufmann-Kohler, "Soft Law in International Arbitration", p. 295.

of soft law becomes moot for these parties and the particular dispute. Contractually binding rules are not the topic of this course.

7. Of course, party autonomy is not unlimited. State laws provide a framework, if often only a very loose one. Arbitration as we know it is the product of government policy and only exists as a viable alternative to the State judiciary by leave of the State legislators [4]. Compared with parties that are subject to the rigours and formalities of State court jurisdiction, however, parties to arbitration may be excused for feeling like birds flying out of a cage. Arbitration is justice spiced with a hefty dose of freedom.

8. Freedom is not easy to handle, though. We humans tend to find freedom frightening once it dawns on us that we actually are exposed to it. Freedom forces us to take our own decisions, to make up our own mind, also about issues that we may not be familiar with or do not feel comfortable about. Too much freedom is too much of a good thing. This might sound trivial, but it goes a long way towards explaining what soft law is about. It is about taking the fright out of freewheeling arbitration.

C. International Commercial Arbitration (ICA)

1. Favoured dispute resolution mechanism in international trade

9. ICA has grown to become the dispute resolution of choice in international trade. It is a common feature and it is indeed considered state-of-the-art to introduce a dispute resolution provision in a commercial contract or relationship. These provisions are often, if not mostly, arbitration clauses. Some have even claimed that an arbitration clause is a "veritable necessity" in every transnational commercial contract, and that a lawyer who fails to point this out to his clients during the negotiation of such contracts "has indeed rendered a disservice to

---

4. Except, of course, for the concept of autonomous, transnational arbitration not rooted in any legal order as espoused by parts of the French doctrine and pre-1981 case law (see, e.g., B. Goldman, "Les conflits de lois dans l'arbitrage international de droit privé", *Recueil des cours*, Vol. 109, 1963, p. 351); since the revision of French arbitration law in 1981, all awards rendered in France are subject to setting-aside proceedings in France and thus to French legislation (see E. Gaillard and J. Savage (eds.), *Fouchard, Gaillard, Goldman, On International Commercial Arbitration*, p. 903 n. 1589); cf. the partly sympathetic, but also sober view from the English perspective by R. Goode, "The Role of the *Lex Loci Arbitri* in International Commercial Arbitration", in F. Rose (ed.), *Lex Mercatoria. Essays on International Commercial Law in Honour of Francis Reynolds*, LLP, 2000, pp. 247 *et seq.*, pp. 252 *et seq.*

them" [5]. According to a recent global survey, 92 per cent of in-house counsel prefer international arbitration for resolving cross-border disputes [6].

10. A crucial reason for the resounding success of ICA is the fact that an arbitral award is much easier to enforce in other countries than a court decision [7], due to the Convention on the Recognition and Enforcement of Foreign Arbitral Awards, 1958 (known as the "New York Convention"), which has been adopted by about 159 States [8]. The success of the New York Convention has to be seen on the background of the Cold War between the 1950s and 1980s, when the clash of ideologies and powers did not prevent trade between political blocs but required a neutral, non-State dispute resolution mechanism. Private dispute resolution through arbitration is at first sight an unlikely proposition given the crucial role of the judiciary as one of the three traditional powers of a State governed by the rule law, but it was preferred to the judicature of an ideologically alien, if not inimical, State. It was a simple matter of trust. After the end of the Cold War, ICA was well established and well trusted and could benefit from the upswing in world trade.

Although this course focuses on ICA, it is worthy of note that arbitration has many different flavours which share some similarities with ICA, but also have their own special characteristics.

2. *Other types of arbitration*

12. *Domestic arbitration.* Some countries, such as Austria, Brazil, England, Germany, Hong Kong, Japan, Korea, the Netherlands, Sweden, and the United States, have a monistic system, subjecting both domestic and international arbitration to the same, or almost the same, regime. Other countries, such as Canada, China, France, Singapore, and Switzerland, have a dualistic system, with different regimes applicable to international and domestic arbitration. There are pros and cons for either system. The monistic system has the advantage that it is not necessary to distinguish between domestic and international cases. As with many distinctions in law, this one is often surprisingly difficult to apply predictably and fairly. The advantage of the dualistic

5. E. J. Cohn, "The Rules of Arbitration of the International Chamber of Commerce", *International and Comparative Law Quarterly*, Vol. 14 (2), 1965, p. 133.
6. See Queen Mary, *2018 Survey*, p. 6.
7. Exceptions apply, e.g., within the European judicial area, see the 2012 Brussels Ia Regulation and the Lugano Convention.
8. See http ://www.newyorkconvention.org/ (last visited 20 April 2019).

system is that it can offer a more liberal system to the more experienced players in international trade. It is an open secret that the quality of service provided by counsel and arbitrators alike in domestic arbitration is often not on a par with the usual standards of international arbitration, particularly given that the practitioners tend to be less experienced and trained, thus requiring stricter regulation and closer supervision.

13. *Investor-State arbitration*. Investor-State arbitration is typically based on a multilateral or bilateral investment treaty and thus on public international law. Also known as investor-State dispute settlement (ISDS), it pits investors as claimants against States as defendants in cases where a foreign investor feels wronged by the host State in a way that allows for recourse under an investment protection treaty or agreement. The interests involved are quite different compared to ICA: ISDS concerns the body politic, State policies, the public and, not least, the taxpayers of the defendant State. Political consideration can therefore play a much more prominent role than in ICA as the current crisis of ISDS exemplifies [9]. In ISDS, transparency is a major issue [10]. In commercial arbitration, the opposite applies: the absence of publicity is one of the preponderant reasons why parties resort to ICA [11] and hence one of the reasons why this dispute settlement mechanism has been so successful.

14. *Sports, labour and consumer arbitrations*. These special types of arbitration are similar but not quite the same as commercial arbitration, although the distinction is often a bit artificial and arbitrary. On the international level, there are few special provisions [12]. The UNCITRAL Model Law, for one, does not contain any. Switzerland, which did not adopt the UNCITRAL Model Law, does not contain any either. This is not least noteworthy as Switzerland is the global hub of sports arbitration and sports-related arbitration cases make up a substantial part of Swiss

9. See the mostly critical discussions of the UNCITRAL Working Group III on ISDS (https://uncitral.un.org/en/working_groups/3/investor-state, last visited 20 April 2019).

10. Cf. the Mauritius Convention on Transparency (United Nations Convention on Transparency in Treaty-based Investor-State Arbitration, New York, 2014 (https://uncitral.un.org/en/texts/arbitration/conventions/transparency, last visited 20 April 2019) and the UNCITRAL Rules on Transparency in Treaty-based Investor-State Arbitration, 2014 (https://uncitral.un.org/en/texts/arbitration/contractualtexts/transparency, last visited 20 April 2019).

11. Queen Mary, *2018 Survey*, pp. 3, 7 and 27.

12. For a comparative law overview on consumer arbitration in Europe see G. Zeiler and N. Zenz, "Consumer Arbitration in Europe", *Austrian Yearbook on International Arbitration 2019*, Manz, 2019, pp. 3 *et seq.*

arbitration [13]. Some countries have added protective provisions even while adopting the Model Law, but have had mixed experience [14]. Austria, for example, adopted the UNCITRAL Model Law in 2006. At the time it inserted a very restrictive § 617 of the Austrian Code of Civil Procedure (ACCP) protecting consumers against arbitration clauses. § 617, ACCP, not just practically excluded consumer related arbitration as such, but also impacted corporate and shareholder disputes because of a wide definition of consumers in Austrian law. The provision was revised and relaxed in 2013 but is still considered to be overreaching [15].

15. *Statutory arbitration.* Some jurisdictions provide for mandatory so-called arbitration in matters that pertain to administrative law where special courts might be called arbitral tribunals [16] because of the co-operative manner in which members of the adjudicatory panels are selected.

16. All of these shades of non-commercial arbitration will not be particularly addressed in this course, although many of the general considerations are valid beyond the strict confines of ICA.

3. Current challenges facing ICA

3.1. Challenges ? What challenges ?

17. ICA has proven enormously successful over the last decades. The unparalleled growth of international trade since the Second World War was accompanied by an equally impressive growth of alternative private dispute resolution mechanisms or ADR. Among those mechanisms, arbitration is by far the most important so that today the term ADR is

---

13. The most important Swiss arbitration institution is the Court of Arbitration for Sport, CAS, in Lausanne, which handles more than 500 cases per year (https://www.tas-cas.org/en/general-information/statistics.html, last visited 20 April 2019). Sport-related cases make up 45 per cent of all arbitration cases decided by the Swiss Federal Supreme Court between 2008 and 2017, see F. Dasser and P. Wójtowicz, "Challenges of Swiss Arbitral Awards : Updated Statistical Data as of 2017", *ASA Bulletin*, Vol. 36 (2), 2018, p. 278.

14. Generally see Chr. R. Drahozal and R. J. Friel, "Consumer Arbitration in the European Union and the United States", *North Carolina Journal of International Law and Commercial Regulation*, Vol. 28 (2), 2002, pp. 357 *et seq*.

15. M. Nueber, *ZPO Schiedsverfahren. Taschenkommentar*, LexisNexis, 2019, pp. 179 *et seq.* ; Chr. Stippl, in Chr. Liescher, P. Oberhammer, W. H. Rechberger (eds.), *Schiedsverfahrensrecht*, Vol. I, Springer, 2012, pp. 343 *et seq*. For an overview of consumer arbitration legislation in Europe, see G. Zeiler and N. Zenz, "Consumer Arbitration in Europe", in Chr. Klausegger *et al.*, *Austrian Yearbook on International Arbitration 2019,* Manz, 2019, pp. 3 *et seq*.

16. See, e.g., mandatory administrative arbitration pursuant to Article 89 of the Swiss Federal Act on Health Insurance, 1994 (SR 832.10).

mostly used for mechanisms other than arbitration, such as mediation, dispute resolution panels, ombudsmen, and the like. If arbitration is by far the favourite dispute resolution mechanism in international trade, what challenges could there be?

18. At first sight the challenge rather seems to be on the State judiciary: the progress of arbitration even caused alarm within the common law. The case law system of common law relies on published court decisions. The flight into arbitration, where decisions are not usually published, may be seen to threaten the development of common law. In 2016, Lord Thomas, the then Lord Chief Justice of England and Wales, delivered a widely noted lecture in which he expressed concern that the increased use of arbitration combined with diminished grounds of appeal before State courts against arbitral awards risks "transforming the common law from a living instrument into . . . 'an ossiary' " [17].

19. So everything seems just fine in the world of ICA. Still, there are challenges. Addressing the 2016 Mauritius Congress of the International Council for Commercial Arbitration, Nobel Peace Prize Laureate Mohammed ElBaradei talked of the "dawn of this golden age" of arbitration only to warn against complacency [18]. Also recently, Gary Born, who has a fine feeling for developments in arbitration as well as for apt metaphors, even took to repeatedly warn the arbitration community that "winter is coming", a reference to the popular TV series "Game of Thrones", where winter meant nothing less than an onslaught of the "white walkers", the undead from the icy North [19]. The arbitration community might not quite need to fear the undead, but there are several challenges ahead.

3.2. Clash of cultures

20. A global market of dispute resolution provokes a clash of different ways how to arbitrate. Currently the most obvious and incessantly discussed clash is between common law and civil law. Most litigators

17. Lord Thomas of Cwmgiedd, "Developing Commercial Law through the Courts: Rebalancing the Relationship between the Courts and Arbitration", The Bailii Lecture 2016, 9 March 2016, para. 22 (https://www.judiciary.uk/announcements/speech-by-the-lord-chief-justice-the-bailii-lecture-2016/, last visited 20 April 2019).

18. M. ElBaradei, "International Arbitration: The Big Picture", in A. Menaker (ed.), *International Arbitration and the Rule of Law: Contribution and Conformity*, ICCA Congress Series No. 19, Wolters Kluwer, 2017, p. 3.

19. " 'Game of Tribunals' – Winter Is Coming, Warns Born", *Global Arbitration Review*, 15 July 2016; "Born Takes 'Game of Thrones' Message to Freshfields", *Global Arbitration Review*, 16 November 2018.

do not realize how fundamentally different the two systems of civil litigation can be, until they engage with lawyers from the other side in arbitration. Both sides believe in the superiority of their respective systems – which is never a good omen for a pragmatic compromise. We will encounter this clash again and again during this course.

21. This is not to say that there are no clashes *within* the two systems: arbitration as it is understood from an English law perspective is not the same as an American approach to arbitration, just as the views of a Chinese practitioner on how arbitration should work will not be the same as that of, for example, a Swiss arbitrator.

3.3. Expansion into "new" regions

22. The expansion of ICA into jurisdictions that do not have a long tradition of arbitration has brought with it many advantages as well as challenges.

23. Arbitration in the modern sense may have taken off in Europe and other Western countries, but today has become truly global, with a large focus on East and South-East Asia, but also Latin America, where it was almost non-existent in the past due to statutory prohibitions. It is also becoming increasingly popular in Africa. All of these regions have their own traditions and expectations in dispute resolution. Thus, while the expansion of ICA into these regions has added different flavours to the traditional recipes, it also has the potential of bringing about further clashes of cultures.

3.4. Perceived lack of ethics

24. Few people would stand up against ethical behaviour and few arbitration practitioners would consider themselves to behave unethically. In apparent contradiction, discussions about lack of ethics and what to do about it have become louder over the last years and are by now a fixture of arbitration conferences and one of the most conspicuous battlegrounds.

25. The challenge already starts with the analysis of the status quo. Catherine Rogers coined the often quoted phrase of international arbitration dwelling in an "ethical no-man's land", perceiving only an "abyss" and a "void" where ethical regulation should be, in other words an "alarming absence of any ethical regulation" [20]. Gary Born

---

20. C. A. Rogers, "Fit and Function in Legal Ethics", pp. 342, 343, 344; C. A. Rogers, *Ethics in International Arbitration*, Chapter 1, "From an Invisible College to an Ethical No-Man's Land".

memorably countered by comparing the ethical landscape with a cluttered, noisy "teenager's bedroom" [21]. This cluttering is more prosaically described as the problem of "double deontology" – the problem of two or more sets of deontological rules applying to different or even the same counsel in the same case [22]. Both Rogers and Born may have a point – which indicates how much perception matters in this area. We will explore the issue further in Chapter VII, *infra*, on the IBA Guidelines on Party Representation in International Arbitration.

3.5. Increasing judicialization

26. For a long time arbitration was perceived as a rather informal, less intrusive and less aggressive method of dispute resolution compared to litigation in State courts. Not anymore. Arbitration has increasingly become the spitting image of litigation, with many lawyers – as counsel or arbitrators – importing their litigation experiences, practices, and expectations into arbitration [23]. The transformation was noticed already more than 20 years ago [24] and the process has accelerated ever since. It is often deplored but it is essentially the flip-side of the increased use of arbitration as the mechanism to finally decide disputes [25]. Losing in a formalized process after one had every opportunity to present one's case is generally easier to accept than losing in an informal process where one felt to have been at the complete mercy of the arbitrators.

---

21. D. Thomson, "From a No Man's Land to a Teenager's Bedroom", *Global Arbitration Review*, 17 September 2014.

22. See, e.g., D. Hochstrasser and A.-F. Bock, "The Arbitral Tribunal's Duties to Ensure Fair and 'Ethical' Proceedings", in W. F. Ebke *et al.* (eds.), *Festschrift für Siegfried H. Elsing zum 65. Geburtstag*, Frankfurt a.M. 2015, pp. 198/9; see also the apt description of conflicting ethical rules by Catherine Rogers herself, C. A. Rogers, "Lawyers without Borders", *University of Pennsylvania Journal of International Law*, Vol. 30, 2009, pp. 1038 *et seq.*

23. See *infra* paras. 255 *et seq.*; see also G. J. Horvath, "The Judicialization of International Arbitration: Does the Increasing Introduction of Litigation-Style Practices, Regulations, Norms and Structures into International Arbitration Risk a Denial of Justice in International Business Disputes?", in St. M. Kröll and L. A. Mistelis (eds.), *International Arbitration and International Commercial Law: Synergy, Convergences and Evolution*, Kluwer Law Int'l, 2011, pp. 251 *et seq.*

24. See R. Lillich and Ch. Brower (eds.), *International Arbitration in the 21st Century: Towards "Judicialization" and Uniformity?*, New York, Transnational Publishers, 1994, publishing the proceedings of the 12th Sokol Colloquium 1992; G. F. Phillips, "Is Creeping Legalism Infecting Arbitration?", *Dispute Resolution Journal*, Vol. 58 (1), 2003, pp. 37 *et seq.*

25. See, e.g., B. Hanotiau, "International Arbitration in a Global Economy: The Challenges of the Future", *Journal of International Arbitration*, Vol. 28 (2), 2011, p. 100.

27. The result is formalized arbitration proceedings with detailed procedural directives, ever more intrusive document production and a growing obsession with due process and the right to be heard. The perceived "due process paranoia" of arbitrators has become one of the main concerns of users, who are faced with increasing costs and decreasing efficiency of arbitration [26]. The users wished for some formality but are now often getting too much of a good thing.

3.6. Duration and costs

28. Once upon a time arbitration was swift and reasonably inexpensive. Today, users consider that typical commercial arbitration proceedings take too long and cost too much [27]. It is a problem that the arbitration community finds surprisingly difficult to tackle and many practitioners do not even seem willing to tackle if only because of the "due process paranoia" just mentioned. A survey by the World Intellectual Property Organization (WIPO) of 2013 indicated that costs and time were the two most important considerations when negotiating dispute resolution clauses in technology transactions [28].

3.7. Lack of transparency

29. Transparency is one of the current buzzwords, but, as explained [29], is confined mostly to ISDS where transparency is justified from a political perspective in particular. In ICA, users still cherish confidentiality [30]. There is a marked tendency, however, to shed some light into the black box of arbitration, even while maintaining confidentiality [31].

---

26. See Queen Mary, *2015 Survey*, pp. 2, 5, 10; similarly, Queen Mary, *2018 Survey*, pp. 3, 27, see also p. 8 showing costs as the worst characteristic of arbitration according to users; K. P. Berger and J. O. Jensen, "Due Process Paranoia and the Procedural Judgment Rule: A Safe Harbour for Procedural Management Decisions by International Arbitrators", *Arbitration International*, Vol. 32 (3), 2016, pp. 415-435.

27. Queen Mary, *2018 Survey*, p. 8; Queen Mary, *2015 Survey*, p. 3.

28. WIPO, *Results of the WIPO Arbitration and Mediation Center International Survey on Dispute Resolution in Technology Transactions*, March 2013, p. 5 (https://www.wipo.int/amc/en/center/survey/results.html, last visited 20 April 2019).

29. *Supra* para. 13.

30. Queen Mary, *2018 Survey*, p. 7; Queen Mary, *2015 Survey*, p. 6.

31. See, in particular, the traditional publication of excerpts of awards by the ICC and the ICC's new publication strategy outlined in paragraphs 40-49 of the *Note to Parties and Arbitral Tribunals on the Conduct of the Arbitration under the ICC Rules of Arbitration*, 1 January 2019; B. Jolley and O. Cook, "Revised ICC Note to Parties and Tribunals: Will Publication of Awards Become the New Normal?", *Kluwer Arbitration Blog*, 7 March 2019.

3.8. Lack of published arbitration case law

30. Connected to the lack of transparency is the dearth of arbitration case law. Confidentiality is one of the characteristics of arbitration and, as we have seen [32], one that is cherished by its users. It is also one of its weaknesses as it prevents the development of a publicly available body of arbitration case law. The *lex arbitri*, i.e. the State law at the seat of the arbitration, defines the outermost limit of the arbitrator's discretion, but leaves a lot of room for trial and error. Arbitrators and counsel develop their own practice and hone their skills at conferences and through hearing from others, an obviously rather haphazard process and one where the cultural and legal background, and thus to a considerable extent, the home jurisdiction of the practitioner plays a crucial role. The global practice of arbitration is more theory than actual practice. What many practitioners consider to be the global standard is often just a watered-down version of one's home practice.

31. Some arbitral institutions are trying to address this issue. Most notably, the International Court of Arbitration of the International Chamber of Commerce (ICC) in Paris has a tradition of publishing excerpts of awards on a range of mostly procedural issues for the benefit of the arbitration users [33]. Such endeavours are commendable and helpful, but cannot by themselves correct the disparity and unpredictability of global arbitration practice.

3.9. Lack of trust in the arbitration process by State actors

32. Last but not least, some State actors have started taking a dim view of arbitration. While the decades since the 1960s were marked by at least partial liberalization, not just in arbitration, there has been an increase in government regulations since the financial crisis of 2008. Lack of trust in private self-regulation induced thorough regulation in the finance markets. While international arbitration may not yet be under a scrutiny comparable to that which the banking sector was subjected to after the 2008 financial crisis, it has been observed that government regulation may not fully spare private dispute resolution. In his keynote address to the 2012 ICCA Congress in Singapore, the then Attorney-General (and current Chief Justice) of Singapore,

32. *Supra* para. 13.
33. See the periodical ICC Dispute Resolution (http://library.iccwbo.org/dr-bulletins.html; last visited 20 April 2019).

Sundaresh Menon, chastised the arbitration community and called for a strict regulatory framework, including "a code of conduct and practice to guide international arbitrations and international arbitration counsel", which he considered as a first step towards "a more robust regulatory system" that would allow arbitration to remain sustainable for further generations [34]. Others have since chimed in [35]. There is growing awareness within the arbitration community that State actors are taking arbitration in their sights and will not hesitate to intervene in the form of measures if they do not like what they see [36].

4. *Soft law as the answer?*

33. Rules, guidelines, standards and other informal instruments are being proposed as responses if not a cure-all for these challenges. There is an increasing number of instruments that are promoted as global solutions [37]. Soft law instruments tend to be proposed whenever a problem is discerned. The idea is to develop a comprehensive and generally accepted body of arbitral soft law as the basis for the legitimacy of arbitration, a legitimacy that is increasingly being threatened or perceived to be threatened.

34. Are rules and guidelines the answer? The debate is ongoing, with emotions sometimes running high even in the usually sober and diplomatic world of arbitration. While some rules and guidelines have proven to be extremely helpful to practitioners, they may not be the panacea they are sometimes held to be. Already today, some observers

34. S. Menon, "Keynote Address", in A. J. van den Berg (ed.), *International Arbitration: The Coming of a New Age?,* ICCA Congress Series No. 17, Wolters Kluwer 2013, pp. 23, 27.

35. See, e.g., Menon's successor as Attorney General, V. K. Rajah, quoted in "Singapore AG Shares Vision of a Less Adversarial Future", *Global Arbitration Review*, 24 June 2015, calling for a transnational code of ethics enforced by the arbitral institutions but also built into the UNCITRAL Arbitration Rules for *ad hoc* proceedings; M. ElBaradei, "International Arbitration: The Big Picture", in A. Menaker (ed.), *International Arbitration and the Rule of Law: Contribution and Conformity*, ICCA Congress Series No. 19, Wolters Kluwer, 2017; "Welcome to AfrICCA", *Global Arbitration Review*, 9 May 2016; see also Hong Kong Chief Justice Geoffrey Ma's exhortation to arbitrators not to be complacent in the face of an issue of confidence by the public in the arbitral system, D. Thomson, "Hong Kong Chief Justice Calls on Arbitrators to Build Public Confidence", *Global Arbitration Review*, 15 October 2014.

36. A. Mourre, "Soft Law as a Condition for the Development of Trust in International Arbitration", *Revista Brasileira de Arbitragem*, Vol. 13, 2016, p. 83; J. Paulsson, *The Idea of Arbitration*, pp. 146 *et seq.* (ethical behaviour of arbitrators and arbitral institutions as arbitration's "Achilles heel"); L. Szolnoki, "Veeder Backs Paulsson's Call to Self-regulate", *Global Arbitration Review*, 27 March 2014.

37. For a satirical but apposite description of typical promotion techniques see M. Schneider, "Essential Guidelines", p. 567.

fret that there are "numerous" guidelines and rules [38], an "abundance of soft law", a "vast variety of instruments" [39], even a "bewildering web of arbitral soft law norms" [40] and rather critically, "a thicket of continuously growing density" [41]. As is often the case, the answer might not be black or white, but require a delicate balancing of the pros and cons [42].

D. Soft Law: A Preliminary Definition

35. What is commonly labelled as "soft law" is situated somewhere in the twilight zone [43] between binding, enforceable law and merely moral obligations. It is based on a concept of relative normativity [44], where normativity can take on various shades of grey. A typical description in the field of international commercial arbitration is the following: "Soft law is generally established legal rules that are not positive and therefore not judicially binding." [45] Michael Bonell, who oversaw the creation of one of the best known soft law instruments, the UNIDROIT Principles of International Commercial Contracts (UNIDROIT Principles), similarly suggested that: "'soft law' is understood as generally referring to instruments of a normative nature with no legally binding force, and which are applied only through voluntary acceptance" and concludes therefrom that "party autonomy is the very raison d'être and limit of soft law" [46].

36. To date, there is no agreed definition, nor is there even much of a debate about such a definition. Soft law is basically a buzzword that essentially transports a vague idea of a global commonality of certain

---

38. P. Hodges, "The Proliferation of 'Soft Laws'", p. 205.
39. D. Arias, "Soft Law in International Arbitration: Positive Effects and Legitimation of the IBA as a Rule-Maker", *Indian Journal of Arbitration Law,* Vol. 6 (2), 2018, p. 30.
40. T. Landau and J. R. Weeramantry, "A Pause for Thought", p. 496.
41. M. Schneider, "President's Message. The Sense and Non-sense of 'Para-regulatory Texts' in International Arbitration", *ASA Bulletin*, Vol. 28 (2), 2010, p. 201.
42. For a particularly level-headed approach see W. W. Park, "Procedural Soft Law", pp. 142 *et seq.*
43. D. Thürer, "Soft Law – Norms in the Twilight between Law and Politics", p. 159.
44. See P. Weil, "Towards Relative Normativity in International Law?", *The American Journal of International Law*, Vol. 77 (3), 1983, pp. 413-442; W. M. Reisman, *The Quest for World Order and Human Dignity in the Twenty-first Century: Constitutive Process and Individual Commitment. General Course on Public International Law*, Pocketbooks of the Hague Academy of International Law, 2013, p. 151.
45. H. D. Gabriel, "Advantages of Soft Law", p. 658.
46. M. J. Bonell, "Soft Law and Party Autonomy: The Case of the UNIDROIT Principles", *Loyola Law Review*, Vol. 51 (2), 2005, pp. 229, 251.

rules with some relative normativity into practice based on widespread acceptance by users.

37. In this course the focus will be on procedural soft law. This is where the main discussion currently is. As the example of the UNIDROIT Principles indicates, there are also, however, important alleged phenomena of "soft law" in the area of substantive law, which also need to be addressed [47].

47. *Infra*, Chapter IV.C.

CHAPTER II

THE ORIGIN: SOFT LAW IN PUBLIC INTERNATIONAL LAW

A. Introduction

38. This course is not about public international law nor would I be competent to teach it if it were. The point I am trying to make here is simply that the notion of soft law in international commercial arbitration is based on a misconception. To explain this we need take a step back and look at the emergence of the concept of soft law in public international law.

B. The Traditional Sources of Public International Law

39. The traditional sources of public international law are reflected in Article 38 (1) of the Statute of the International Court of Justice (ICJ), which reads as follows:

> "1. The Court, whose function is to decide in accordance with international law such disputes as are submitted to it, shall apply:
> *(a)* international conventions, whether general or particular, establishing rules expressly recognized by the contesting States;
> *(b)* international custom, as evidence of a general practice accepted as law;
> *(c)* the general principles of law recognized by civilized nations;
> *(d)* subject to the provisions of Article 59 [48], judicial decisions and the teachings of the most highly qualified publicists of the various nations, as subsidiary means for the determination of rules of law."

40. The ICJ was established in 1945 under the umbrella of the newly founded United Nations. It replaced the Permanent Court of

48. Article 59, ICJ Statute: "The decision of the Court has no binding force except between the parties and in respect of that particular case."

International Justice (PCIJ) which was instituted in 1920 by the League of Nations and was accommodated in the same building as currently the ICJ, the Peace Palace in The Hague, the Netherlands. Article 38 (1) was copied verbatim from the same article in the Statute of the PCIJ.

41. Article 38 (1) is recognized as summarizing the sources of public international law: conventions, custom, general principles of law, plus, as a secondary source, case law and legal doctrine. Soft law is not part of this list [49].

C. The Emergence of Soft Law

1. "The crumbling of the columns of the temple"

42. The "columns of the temple" referred to in this quote by René-Jean Dupuy are the sources of public international law listed in Article 38 of the ICJ Statute [50]. The post-Second-World-War era witnessed pivotal developments that shook the historic foundations of public international law: technological advance and the advent of a growing number of new and developing States, both of which occurred on the background of the Cold War that split the world.

43. Technology "shrank" the globe, rendering co-ordination amongst States much more relevant. It led to an explosion of international trade and exchange, but at the same time to cross-border risk exposures that were previously unknown: nuclear energy and the nuclear bomb, huge dams, water and air pollution, exploitation of natural resources. All of this led to a need to co-ordinate State actions and to prevent States from damaging or jeopardizing other States.

44. Furthermore, decolonization spawned a huge number of new and active subjects of public international law. Developing countries that entered the stage of public international law had their own, new and urgent priorities and were critical of traditional public international law concepts that had been formed by their former colonial masters [51].

45. Finally, the horrors of Nazism and the Second World War and the call for equality by developing countries led to a moralization of the world order.

---

49. See R.-J. Dupuy, "Declaratory Law and Programmatory Law", p. 247.

50. *Loc. cit.* At the time, Prof. Dupuy was Secretary-General of The Hague Academy (1966-1984).

51. On the impact of decolonization see also I. Seidl-Hohenveldern, "International Economic 'Soft Law'", *Recueil des cours*, Vol. 163, 1979, pp. 173 *et seq*.

46. These new forces rattled the traditional structure of public international law. Custom, one of its traditional sources, being defined by slow development of general conviction, could not quickly enough reflect and respond to these developments. Treaties, on the other hand, were difficult to achieve in a climate of mistrust between the different ideological blocks. At this stage, the international community of States had ruptured, weakening the traditional fundaments of public international law and calling for creative work-arounds [52].

47. Just 30 years after the ICJ had been established and Article 38 (1) set up, it became clear to Dupuy that this old system was crumbling.

2. "Plan B": Declaratory and progammatory soft law

> "In this sphere of struggle, the affirmation of new principles could not easily be achieved through treaties, through the development of customs or through general principles recognized by all states. . . . As a result, we are witnessing the development of vehicles for formulating norms, the juridical scope of which is not as rigorous as that of the sources set out in Article 36 [recte: 38] of the Statute [of the ICJ]." [53]

48. What are these new phenomena Dupuy was witnessing? He identified two different developments: declaratory law and programmatory law.

49. He notes that declarations act as a collective affirmation of what he calls "revolutionary custom", i.e. custom that grows much more rapidly than traditional or "classical" custom due to the fact that it is being carried by voluntary adherence and being pushed by a large number of countries, particularly developing countries. As examples he mentions certain resolutions of the UN General Assembly, such as the Declarations of Santiago of 1952 on the Maritime Zone or those of Montevideo and Lima of 1970 on the law of the sea [54].

50. On the other hand, Dupuy observed the emergence of resolutions that have programmatic character, but are not binding or at least not binding at the initial stage. Such rules are in a "transitional stage in

52. D. Thürer, "'Soft Law' – eine neue Form von Völkerrecht?", p. 431.
53. R.-J. Dupuy, "Declaratory Law and Programmatory Law", p. 247.
54. *Ibid.*, p. 251.

the development of norms where their content is vague and their scope imprecise" [55]. They have legitimacy but not legality. They "anticipate the legality of tomorrow" [56].

51. Some of these instruments are conventions in form, but too vague to be more than simple recommendations. This was, for example, the case with several parts of the General Agreement on Tariffs and Trade (GATT), first established in 1947 and ultimately replaced by the considerably more specific and binding rules of the Marrakesh Agreement of 1994, which established the World Trade Organization (WTO). Other international instruments are mere recommendations from the outset. The degree of legitimacy is based on three criteria: (i) conditions governing the vote by the States, (ii) the precision of the terms [57], and (iii) the kind of pressure that could support the recommendations [58].

52. Soft law instruments may not only be adopted by States but also by intergovernmental organizations, particularly by those that are not authorized by a treaty to adopt binding resolutions. In any case, soft law always takes the form of a text, an instrument. There is no unwritten soft law in public international law [59].

53. The most typical and obvious examples are declarations that are clearly, maybe even explicitly, non-binding and adopted exactly because they are merely non-binding. They may contain new principles that are supported by a large majority of States but with other States unwilling to explicitly accept them as binding and enforceable. As observed by Dupuy, new principles proposed by the developing countries could sometimes be adopted in the form of a non-binding declaration by "consensus" with, for example, Western States abstaining, but not objecting, and then potentially gain general recognition over time. On a more general level, soft law is considered a useful instrument to facilitate compromise and efficiently deal with uncertainty, allowing

---

55. *Op. cit. supra* footnote 52, p. 252.

56. *Ibid.*, p. 254.

57. Whether precision of terms is a useful criterion is disputed, though. Modern doctrine focuses on whether an instrument is intended to create binding or non-binding norms, without regard to the specificity of the rules, see A. T. Guzman and T. L. Meyer, "International Soft Law", *Journal of Legal Analysis*, Vol. 2 (1), 2010, p. 174.

58. R.-J. Dupuy, "Declaratory Law and Programmatory Law", pp. 254-256.

59. F. A. Cárdenas Castañeda, "A Call for Rethinking the Sources of International Law: *Soft Law* and the Other Side of the Coin", *Anuario mexicano de Derecho Internacional*, Vol. 13, 2013, pp. 379-380, 394.

"superior institutional arrangements" compared to what would be feasible by hard law [60].

54. The most famous non-binding instrument is the Universal Declaration of Human Rights which was unanimously adopted by the UN General Assembly on 10 December 1948 and, according to the website of the United Nations, has since been translated into over 500 languages [61]. It is a cornerstone of the modern public international order, but it did not create any obligations on the States, and would likely not have been adopted if it had created enforceable obligations.

55. Another famous and successful soft law instrument is the Final Act of Helsinki of 1 August 1975 [62]. It established the basis for the Organization for Security and Co-operation in Europe (OSCE), which eased the dangerous Cold War tensions between the West and the East, although the Final Act was nothing more than a legally non-binding agreement, a mere "moral commitment" [63]. The signatory States merely declared "their determination to act in accordance with the provisions contained in the above texts" [64], throwing the Final Act into what was then described as a "twilight existence" [65]. For Thürer, the Final Act is the textbook case of a not legally binding agreement and, thus, not an international law treaty [66].

A popular area of public international law for such soft law instruments is the environment [67]. Ecological development had to occur faster than the community of States could form either classical custom or jointly

60. K. W. Abbott and D. Snidal, "Hard and Soft Law in International Governance", *International Organization*, Vol. 54 (3), 2000, p. 423.

61. http://www.un.org/en/universal-declaration-human-rights/ (last visited 20 April 2019).

62. Conference on Security and Co-operation in Europe, Final Act, Helsinki, 1975.

63. Th. Schweisfurth, "Zur Frage der Rechtsnatur, Verbindlichkeit und völkerrechtlichen Relevanz der KSZE-Schlussakte", *Zeitschrift für ausländisches öffentliches Recht und Völkerrecht*, Vol. 36, 1976, p. 726; see also K. J. Partsch, "The Final Act of Helsinki and Non-discrimination in International Economic Relations", *Zeitschrift für ausländisches öffentliches Recht und Völkerrecht*, Vol. 45, 1985, p. 3.

64. Final Act, last paragraph, p. 59.

65. O. Schachter, "The Twilight Existence of Non-Binding International Agreements", *American Journal of International Law*, Vol. 71 (2), 1977, p. 296.

66. D. Thürer, "Grauzonen zwischen rechtlicher und ausserrechtlicher Normierung im Bereich der internationalen Beziehungen: die rechtlich unverbindlichen zwischenstaatlichen Abkommen als Beispiel", *Annuaire suisse de science politique*, Vol. 24, 1984, pp. 265-266.

67. M. Fitzmaurice, "Legitimacy of International Environment Law. The Sovereign States Overwhelmed by Obligations: Responsibility to React to Problems beyond National Jurisdictions?", *Zeitschrift für ausländisches öffentliches Recht und Völkerrecht – Heidelberg Journal of International Law*, Vol. 77 (2), 2017, pp. 339-370, pp. 342 *et seq.*; M. Fitzmaurice, "International Protection of the Environment", *Recueil des cours*, Vol. 293, 2001.

agree on treaties. Hard and soft law instruments both play an important role in the protection of the environment [68]. The influential 1992 Rio Declaration on Environment and Development [69] was drafted in a non-binding form as a soft law instrument [70]. The 2015 Paris Agreement [71] is described by the United Nations as a "hybrid of legally binding and nonbinding provisions" [72].

57. Another area that spawned a number of soft law instruments, and continues to do so, is international investment. There, the involvement and actions of a multitude of interested parties – States, investors, international organizations, non-governmental organizations (NGOs), and others – and lack of sufficient international consensus required for a treaty led to an array of various instruments with opaque normative relevance [73]. In this area, various instruments on corporate social responsibility have aspired "to address shortcomings in the existing legal architecture" [74]. Some of them reach beyond the traditional scope of States, attempting to also include private entities. The most prominent amongst these instruments is probably the UN Global Compact of 1999, a non-binding list of ten principles in the areas of human rights, labour rights, protection of the environment, and the fight against corruption,

---

68. J. Friedrich, *International Environmental "Soft Law". The Functions and Limits of Nonbinding Instruments in International Environmental Governance and Law*, Springer, 2013 ; A. Thompson, "The Soft Law Future of the Global Climate Regime", APSA 2011 Annual Meeting Paper, https://ssrn.com/abstract=1900273 (last visited 20 April 2019) ; P.-M. Dupuy, "Soft Law and the International Law of the Environment", *Michigan Journal of International Law*, Vol. 12 (2), 1991, pp. 420 *et seq.*

69. www.unesco.org/education/pdf/RIO_E.PDF (last visited 20 April 2019).

70. M. Fitzmaurice and O. Elias, *Contemporary Issues in the Law of Treaties*, Eleven International Publishing, 2005, p. 43.

71. Paris Agreement, 12 December 2015 ; https://unfccc.int/process/conferences/pastconferences/paris-climate-change-conference-november-2015/paris-agreement (last visited 20 April 2019).

72. https://www.un.org/sustainabledevelopment/blog/2016/09/the-paris-agreement-faqs/ (last visited 20 April 2019).

73. M. Jacob and S. W. Schill, "Going Soft : Towards a New Age of Soft Law in International Investment Law?", *World Arbitration & Mediation Review*, Vol. 8 (1), 2014, p. 2 ; A. K. Bjorklund and A. Reinisch (eds.), *International Investment Law and Soft Law*, Edward Elgar Publ., 2012 ; A. K. Bjorklund and A. Reinisch, "Study Group on the Role of Soft-Law Instruments in International Investment Law, Report", *International Law Association Reports of Conferences*, Vol. 76, 2014, pp. 986 *et seq.* ; N. Horn, "Die Entwicklung des internationalen Wirtschaftsrechts durch Verhaltensrichtlinien : Neue Elemente eines internationalen ordre public", *The Rabel Journal of Comparative and International Private Law,* Vol. 44 (3), 1980, p. 426 : codes of conduct as a first step to traditional international law possibly later on ; F. Roessler, "Law, De Facto Agreements and Declarations of Principle in International Economic Relations", *German Yearbook of International Law*, Vol. 21, 1978, p. 58.

74. M. Jacob and S. W. Schill, "Going Soft", p. 15.

that has been signed by 13,500 participants[75]. Other such instruments include the UN Norms on the Responsibilities of Transnational Corporations and Other Business Enterprises with Regard to Human Rights (2003), the UN Guiding Principles on Business and Human Rights (2011), and last but not least the influential OECD Guidelines for Multinational Enterprises (first issued 1976, last edition 2011)[76].

3. A new label for new concepts : "soft law"

Dupuy, and in his wake, other authors, have credited Lord McNair[77], one of the most renowned jurists of his time, President of the International Court of Justice (1952-1955) and first President of the European Court of Human Rights (1959-1965), for the term "soft law". According to Dupuy, Lord McNair coined the term to describe programmatory law that has not yet fully developed into (hard) law[78]. Dupuy does not cite any source, however. Later research has failed to identify a quote from Lord McNair with regard to the term "soft law". He may have used the term in his lectures on public international law at Cambridge University, though, but may have done so merely to distinguish between public international law *de lege lata* and *de lege ferenda*[79]. The origin of the phrase therefore remains shrouded in mystery – which may explain its vagueness and malleability, and, by extension, its enduring popularity.

59. It may go beyond the scope of this course to define soft law in public international law. It may even be a futile exercise. There is

---

75. https://www.unglobalcompact.org/what-is-gc/participants (last visited 20 April 2019).

76. See the discussion of the instruments by M. Jacob and S. W. Schill, "Going Soft", pp. 17 *et seq.*; N. Horn (ed.), *Legal Problems of Codes of Conduct for Multinational Enterprises*, Deventer, 1980; K. Nowrot, *Normative Ordnungsstruktur und private Wirkungsmacht*, Berliner Wissenschafts-Verlag, 2006, pp. 203 *et seq.*; according to Daniel Thürer, though, codes of conduct for companies do not qualify as soft law, as soft law only relates to subjects of international law: D. Thürer, "Soft Law – Norms in the Twilight between Law and Politics", pp. 162-163; T. W. Wälde, International Standards in Transnational Investment & Commercial Disputes: The Role of International Standards, Soft Law, Guidelines, Voluntary and Self-regulation in International Arbitration, Negotiation and Other Forms of Dispute Management", *Transnational Dispute Management*, Vol. 1 (4), 2004, pp. 1 *et seq.*

77. R.-J. Dupuy, "Declaratory Law and Programmatory Law", p. 252.

78. *Ibid.*, p. 252.

79. C. Giersch, *Das internationale Soft Law: eine völkerrechtsdogmatische und völkerrechtssoziologische Bestandsaufnahme,* Berlin, LIT, 2015, p. 25; J. Klabbers, "The Redundancy of Soft Law", *Nordic Journal of International Law*, Vol. 65 (2), 1996, p. 173; J. d'Aspremont, "Softness in International Law: A Self-Serving Quest for New Legal Materials", *The European Journal of International Law*, Vol. 19 (5), 2008, p. 1081.

no unanimous view, but rather a general expression of resignation [80]. "Soft law means different things to different people." [81] Some authors confine themselves to a phenomenological approach, some focus on the transitory nature of some instruments that prepare future hard law and may already have some vague legal effects in a "grey zone" [82], others in turn use the term "soft law" to describe all rules that transcend the boundaries of Article 38 (1) of the ICJ Statute and whose legal effect is, therefore, at least in doubt [83].

60. Soft law in a broad sense may be divided into three sections, according to what it lacks as compared to hard law: (i) lack of obligation (non-binding rules), (ii) lack of precision (binding rules that are so vague that they provide almost total discretion to the States as to their implementation), and (iii) lack of delegation (binding rules without any delegation of authority to a third party to monitor their implementation, i.e. in particular not being readily enforceable through a binding dispute

80. E.g., M. Goldmann, "We Need to Cut off the Head of the King", pp. 335-368; T. Davenport, and B. Keller, "The Role of Soft Law Instruments in International Law, Working Session, Report", *International Law Association Reports of Conferences*, Vol. 76, 2014, p. 990, reporting of A. Bjorklund as chair explaining why the Study Group of the ILA on soft law instruments in international investment law consciously did not adopt a definition of soft law at the group level: "the debate about soft law definitions could fill volumes". See also D. Thürer, "'Soft Law' – eine neue Form von Völkerrecht?", p. 433, observing that "soft law" is not a legal term that may be defined, but rather a provocative catchword ("Schlagwort"); A. T. Guzman, "The Design of International Agreements", *The European Journal of International Law*, Vol. 16 (4), 2005, pp. 583, 610; M. Knauff, *Der Regelungsverbund: Recht und Soft Law im Mehrebenensystem*, Mohr Siebeck, 2010, p. 212 (definition of soft law as a "scientific minefield"). See also the overviews by D. Shelton (ed.), *Commitment and Compliance: The Role of Non-binding Norms in the International Legal System*, Oxford, 2003; J. J. Kirton and M. J. Trebilcock (eds.), *Hard Choices, Soft Law*, Ashgate Publ., New York, 2004 (reprint by Routledge 2016).

81. G. F. Handl, "A Hard Look at Soft Law: Remarks", *Proceedings of the Annual Meeting (American Society of International Law)*, Vol. 82, 1988, p. 371.

82. E.g., K. Zemanek, "Is the Term 'Soft Law' Convenient?", in G. Hafner *et al.* (eds.), *Liber Amicorum Prof. Ignaz Seidl-Hohenveldern*, Kluwer Law International, 1998, pp. 858, 859 ("evidence of a step in a norm-creating process"), p. 861; G. Abi-Saab, "Éloge du 'droit assourdi'. Quelques réflexions sur le rôle de la *soft law* en doit international contemporains", in *Nouveaux itinéraires en droit: hommage à François Rigaux*, Brussels, Bruylant, 1993, pp. 63-64: "les règles en formation, qui se trouvent dans la zone grise" and which "produisent des effets juridiques immédiats bien que de manière indirecte et par ricochet".

83. C. Giersch, *Das internationale Soft Law*, pp. 41-42 with references, cf. also pp. 399 *et seq.* on the various potential functions of soft law; similarly G. Abi-Saab, "Éloge du 'droit assourdi'. Quelques réflexions sur le rôle de la *soft law* en doit international contemporains", in *Nouveaux itinéraires en droit: hommage à François Rigaux*, Brussels, Bruylant, 1993, p. 60; F. Dasser, "The Challenge of Soft Law: Development and Change in International Law", *International and Comparative Law Quarterly*, Vol. 38, 1989, pp. 850-851; D. Thürer, "Soft Law – Norms in the Twilight between Law and Politics", p. 161.

resolution mechanism)[84]. For the purpose of this course, the focus will be on the first group, which is also the one that is most discussed among public international law scholars.

61. Daniel Thürer probably speaks for many, and may come closest to describing how soft law is used today, by defining soft law as all kinds of "instruments and arrangements used in international relations to express commitments which are more than just policy statements but less than law in its strict sense"[85].

4. Critique of "soft law" in public international law

62. The notion of a soft law beyond the classical sources of public international law met considerable resistance. At the very least, the subject is an "awkward one"[86]. In his Hague Academy course in 1979, Ignaz Seidl-Hohenveldern decried the lack of consensus between North and South in the wake of decolonization and the ensuing lack of hard rules on international economic relations; he considered soft law as a less than ideal gap-filler and regretted not to be able to conclude his lectures "on a more optimistic note"[87]. Christine Chinkin regretted the "normative confusion and uncertainty in terms of the traditional sources of international law", but called it "probably the inevitable consequence of unresolved pressures for change in international law"[88].

63. Prosper Weil referred to any relative normativity as a "pathological phenomenon of international normativity", even a "perversion" of public international law[89]. Michael Reisman doubted the political justification of soft law by dismissing it as "politically and economically obstructive"[90] and, on the legal level, compared the notion of a soft law

---

84. G. C. Shaffer and M. A. Pollack, "Hard vs. Soft Law: Alternatives, Complements, and Antagonists in International Governance", *Minnesota Law Review*, Vol. 94, 2010, p. 715; A. E. Boyle, "Some Reflections on the Relationship of Treaties and Soft Law", *The International and Comparative Law Quarterly*, Vol. 48 (4), 1999, pp. 901 *et seq*.

85. D. Thürer, "Soft Law – Norms in the Twilight between Law and Politics", p. 160.

86. A. T. Guzman and T. L. Meyer, "International Soft Law", p. 172.

87. I. Seidl-Hohenveldern, "International Economic 'Soft Law'", *Recueil des cours*, Vol. 163, 1979, p. 225.

88. F. Dasser, "The Challenge of Soft Law: Development and Change in International Law", *International and Comparative Law Quarterly*, Vol. 38 (4), 1989, p. 866.

89. P. Weil, "Towards Relative Normativity in International Law?", p. 442.

90. W. M. Reisman, "Soft Law and Law Jobs", p. 26, caustically observing that the "cultivation of uncertainty is a favoured technique of intimidation by authoritarian regimes".

as akin to being "slightly pregnant" [91]. Kal Raustiala simply declared it non-existent: "There is no such thing as 'soft law'." [92] Others note that soft law implies a "gliding bindingness", which runs counter to the need for legal certainty and is simply "superfluous" [93] or "redundant", and called for the notion to be discarded [94]. Jean d'Aspremont even suggested that many theories of soft law only serve "to extend the material studied by scholars with a view to providing more room for international legal scholarship" [95].

64. Daniel Thürer argued that it is juridically inconceivable to split and quantify the term "law". There is no gradual law [96]. Thürer, therefore, considers the idea of a *tertium* between law and non-law to be just wishful thinking [97], noting that non-binding instruments are normally non-binding by intention of the authors [98]. A prime example is the Universal Declaration of Human Rights: Some States would never have adopted it had they envisaged a creeping legalization that could one day find them in some court because of alleged violations of human rights. Thürer acknowledges the existence of non-binding norms as an important phenomenon in international relations, but considers the term "soft law" to be "to some extent misleading" [99], it "does not – legally speaking – make any sense" [100] as it wrongly suggests relative normativity.

---

91. *Op. cit. supra* footnote 90, p. 26; also T. Landau and J. R. Weeramantry, "A Pause for Thought", p. 514; less critical, however: W. M. Reisman, "A Hard Look at Soft Law: Remarks", pp. 373 *et seq*.

92. K. Raustiala, "Form and Substance in International Agreements", *The American Journal of International Law*, Vol. 99 (3), 2005, p. 586: "There is no such thing as 'soft law'. The concept of soft law purports to identify something between binding law and no law. Yet as an analytic or practical matter no meaningful intermediate category exists." See also P. Weil, "Towards Relative Normativity in International Law?", pp. 414-417.

93. C. Ingelse, "Soft Law?", *Polish Yearbook of International Law,* Vol. 20, 1993, pp. 75, 77, 88.

94. J. Klabbers, "The Redundancy of Soft Law", p. 182: "it is not even necessary to resort to the soft law thesis to do justice to political considerations. Isn't it about time to discard the thesis altogether and proclaim the redundancy of soft law?" See also J. Klabbers, "The Undesirability of Soft Law".

95. J. d'Aspremont, "Softness in International Law", p. 1093.

96. D. Thürer, "Grauzonen zwischen rechtlicher und ausserrechtlicher Normierung im Bereich der internationalen Beziehungen: die rechtlich unverbindlichen zwischenstaatlichen Abkommen als Beispiel", *Annuaire suisse de science politique*, Vol. 24, 1984, p. 275.

97. D. Thürer, "Soft Law – Norms in the Twilight between Law and Politics", p. 171; D. Thürer, "'Soft Law' – eine neue Form von Völkerrecht?", p. 452.

98. D. Thürer, "Soft Law – Norms in the Twilight between Law and Politics", p. 170.

99. *Ibid.*, p. 177.

100. *Ibid.*, pp. 169-170.

5. Binding effect of non-binding instruments?

65. Moving beyond the dispute about whether soft law is law in the traditional sense, the question arises as to whether and why these non-binding instruments might have at least some binding effect. A good part of the answer might lie in the concept of good faith as summarized by Daniel Thürer:

> "Soft law may have immediate legal effects in the field of good faith; they can also contribute to shaping and developing binding norms; and soft law may prove helpful as a means of a purposive interpretation of international law. . . .
>
> The principle of good faith requires relevant actors not to contradict their own conduct." [101]

66. Similarly, Ulrich Ehricke stated that the binding effect is created by the principle of good faith [102]. In his view, the core idea of soft law lies in the expectation that there will be a binding effect through transformation of the soft law into (hard) national law, a transformation that is only in the hands of State legislators. He concludes therefrom that only States may produce soft law [103]. Although without using the civil-law term good faith, Andrew Guzman considers soft law as a "weaker form of commitment", with States "trading off the credibility of their commitments against the cost of a violation" [104].

67. In essence, therefore, soft law is about good faith, and, more specifically, about expectations of future behaviour, akin to the principle of *non venire contra factum proprium* or estoppel: the prohibition to contradict one's own previous behaviour [105], which rises even to the

---

101. *Op. cit. supra* footnote 98, p. 172.

102. U. Ehricke, " 'Soft law' – Aspekte einer neuen Rechtsquelle", p. 1907; see also Giersch, *Das internationale Soft Law*, pp. 187 *et seq.*

103. U. Ehricke, " 'Soft law' – Aspekte einer neuen Rechtsquelle", p. 1907. Not necessarily between heads of States, but also on lower bureaucratic levels: J. Galbraith and David Zaring, "Soft Law as Foreign Relations Law", *Cornell Law Review*, Vol. 99, 2014, p. 740.

104. A. T. Guzman, "The Design of International Agreements", *The European Journal of International Law*, Vol. 16 (4), 2005, p. 611.

105. N. Horn, "Die Entwicklung des internationalen Wirtschaftsrechts durch Verhaltensrichtlinien: Neue Elemente eines internationalen ordre public", *The Rabel Journal of Comparative and International Private Law*, Vol. 44 (3), 1980, pp. 447-448; I. Seidl-Hohenveldern, "International Economic 'Soft Law'", p. 196; Ch. Brummer, "Why Soft Law Dominates International Finance – And Not Trade", *Journal of International Economic Law*, Vol. 13 (3), 2010, p. 638; M. Fitzmaurice and O. Elias, *Contemporary Issues in the Law of Treaties*, Eleven International Publishing, 2005, p. 37; D. Thürer, "Soft Law – Norms in the Twilight between Law and Politics", p. 172.

level of a general principle of law within the meaning of Article 38 (1) of the ICJ Statute. To the extent, however, that an instrument is explicitly or implicitly adopted as a non-binding instrument, recourse to a legal principle to explain any binding effect is not appropriate [106]. And, indeed, the International Court of Justice considered that the principle of good faith "is not in itself a source of obligation where none would otherwise exist" [107].

68. The binding effect created by the principle of good faith is, thus, not, or not primarily, a legal one [108], but a *political* one: States are expected to *walk the talk*. The States are both the drafters and the addressees of legally non-binding instruments [109] and may be politically held to their commitments, however couched in vague and non-binding terms. The distinction between legally binding and purely politically binding international texts that are subject to the general obligation of good faith was recognized by the Institute of International Law in a resolution of 1983 [110].

69. The Swiss Federal Supreme Court recently adopted this view with regard to the (non-binding) recommendations by the Financial Action Task Force (FATF) [111]:

---

106. M. Bothe, "Legal and Non-Legal Norms – A Meaningful Distinction in International Relations?", *Netherlands Yearbook of International Law*, Vol. 11, 1980, p. 95; according to some, reliance on the legal principle of estoppel is theoretically possible, although this has never been tested: M. Fitzmaurice and O. Elias, *Contemporary Issues in the Law of Treaties*, Eleven International Publishing, 2005, p. 46.

107. *Border and Transborder Armed Actions (Nicaragua* v. *Honduras)*, ICJ Judgment, 20 December 1988, n. 94; cf. Giersch *op. cit.*, pp. 187 *et seq.*; see, however, attempts to create legal effects of voluntary codes of conduct through the vague and malleable notion of an "international public policy": N. Horn, *op. cit.* footnote 105, pp. 448-453.

108. It should be noted that soft law instruments are often credited with quasi-legal or indirect effects as they may prepare legal instruments or assist in the interpretation of traditional public international law, most obviously to the extent that also the case law of the ICJ is considered to be soft law (see A. T. Guzman and T. L. Meyer, "International Soft Law", p. 172). See also the limited legal effects described by Daniel Thürer (D. Thürer, "Soft Law – Norms in the Twilight between Law and Politics", pp. 171 *et seq.*).

109. U. Ehricke, "'Soft law" – Aspekte einer neuen Rechtsquelle", p. 1907: "Folglich sind die Produzenten von "soft law" gleichzeitig ihre Rezipienten".

110. Resolution on "International Texts of Legal Import in the Mutual Relations of Their Authors and Texts Devoid of Such Import", *Annuaire de l'Institut de droit international*, Vol. 60-II, 1984, pp. 285 *et seq.*, in particular points 4 and 6 (p. 289).

111. The FATF is an inter-governmental body established in 1989 by member States. It describes itself as "a 'policy-making body' which works to generate the necessary political will to bring about national legislative and regulatory reforms" in the areas of "combating money laundering, terrorist financing and other related threats to the integrity of the international financial system". It issues recommendations that are recognized as the international standard in these areas (see http://www.fatf-gafi.org/about/, last visited 3 February 2019).

"3.2.6. It must be agreed with the complainant that *the GAFI/FATF Recommendations have to be legally considered international soft law*; they do not constitute directly binding rules such as a ratified international convention; *politically*, however, *any State that has declared its participation in their implementation is obliged to* ensure this in its own law and thereby *comply with its corresponding international – political – obligations* . . ." (Emphasis added.) [112]

70. The FATF Recommendations are a prime example of the force of soft law: although non-binding, lack of implementation exposes a State to unilateral measures by other States. Blacklisting is in today's globalized world at least as effective as a claim lodged with the International Court of Justice. Therefore, most States would rather not take the risk.

71. The fine line between non-binding soft law and binding hard law may still be noted, and played with, by diplomats, but less so by politicians and the wider public. A case in point is the current commotion about the Global Compact for Safe, Orderly and Regular Migration. After it was adopted by world leaders in Marrakesh on 10 December 2018, it was endorsed by the General Assembly of the United Nations on 19 December 2018 with 152 votes in favour, 5 against and 12 abstentions [113]. Migration is one of those topics where there is insufficient consensus for a treaty today, but soft law might pave the way for future hard law. The Migration Compact is drafted as a soft-law instrument, as made explicit in its Preamble:

"7. This Global Compact presents a non-legally binding, cooperative framework that builds on the commitments agreed upon by Member States in the New York Declaration for Refugees

---

112. ATF 143 (2016) II 162, c. 3.2.6: Author's translation. Original in German:

"3.2.6. Dem Beschwerdeführer ist insofern zuzustimmen, dass die GAFI/FATF-Empfehlungen rechtlich als internationales 'soft law' zu gelten haben; sie stellen keine direkt verbindlichen Regeln wie etwa ein ratifiziertes internationales Übereinkommen dar; politisch ist jeder Staat, der erklärt hat, sich an ihrer Umsetzung zu beteiligen, indessen gehalten, hierfür im eigenen Recht zu sorgen und dadurch seinen entsprechenden internationalen – politischen – Verpflichtungen nachzukommen . . ."

113. See https://www.un.org/press/en/2018/ga12113.doc.htm (last visited 20 April 2019). See also the similar discussions about the parallel Global Compact on Refugees, https://www.unhcr.org/events/conferences/5b3295167/official-version-final-draft-global-compact-refugees.html (last visited 20 April 2019).

and Migrants. It fosters international cooperation among all relevant actors on migration, acknowledging that no State can address migration alone, and upholds the sovereignty of States and their obligations under international law."

72. The drafting of the instrument mostly occurred through diplomatic discussions, below the radar of politicians and the public. The Swiss Government, whose representative was one of the two main drafters, supported the Compact, but explicitly acknowledged that the Migration Compact is "so called soft law, i.e. legally non-binding, but politically binding" [114]. When the draft finally reached the public awareness in preparation for the meeting of the State representatives in Marrakesh, there was a public outcry in countries where immigration is a politically charged issue [115]. Even in Switzerland, a traditional immigration country [116], the Compact created a stir, as it was quickly realized that it may well be *legally* non-binding [117], but may implicate *political* obligations which are, almost by definition, hard to pin down [118]. As a consequence of the political push-back, the Swiss Government decided not to participate at the conference in Marrakesh, where the Migration Compact, in the drafting of which it had played a substantial role, was adopted, and instead opted to wait for the Swiss Parliament to debate on an adoption [119].

114. Media release of Swiss Government, "Bundesrat beschliesst Zustimmung zu UNO-Migrationspakt", 10 October 2018, https://www.admin.ch/gov/de/start/dokumentation/medienmitteilungen.msg-id-72452.html, last visited 20 April 2019).

115. In Belgium, the Migration Compact even caused the break-down of the government coalition, see https://www.nzz.ch/international/uno-migrationspakt-belgiens-koalition-zerbricht-wegen-streit-ld.1443297 (last visited 20 April 2019).

116. In 2018, foreigners accounted for 25 per cent of the Swiss population (https://www.bfs.admin.ch/bfs/de/home/statistiken/bevoelkerung.assetdetail.6866259.html, last visited 20 April 2019); almost 30 per cent of the population was born abroad (https://www.bfs.admin.ch/bfs/de/home/statistiken/bevoelkerung/migration-integration/nach-geburtsort.html, last visited 20 April 2019).

117. Although it is held that signing the Migration Compact might not be legally irrelevant as the Compact might serve as a guideline for the interpretation of existing treaties, cf. A. Peters, "The Global Compact for Migration: To Sign or Not to Sign?", *EJIL: Talk!*, 21 November 2018 (https://www.ejiltalk.org/the-global-compact-for-migration-to-sign-or-not-to-sign/, last visited 20 April 2019).

118. It may be left open for the purpose of this course whether the Migration Compact contained or suggested anything that went beyond existing obligations and could one day become hard law or whether any opposition was just populist politics as the *Economist* suggested (Charlemagne, "UNbelievable", *The Economist*, 8 December 2018, p. 27.).

119. Seehttps://www.nzz.ch/schweiz/migrationspakt-der-bundesrat-wartet-auf-das-parlament-ld.1438364 (last visited 20 April 2019).

D. Lessons Learned

73. The notion of non-binding rules of public international law was basically the result of the convulsion of the world order by and in the wake of the Second World War. The horrors of the war, the emergence of a multitude of new States during decolonization, the ideological rift of the Cold War, and the risk to the environment by technological advances all laid bare the boundaries of what classical sources of public international law could achieve and called for more flexible approaches.

74. The answer to these "crisis symptoms" [120] were instruments that were legally non-binding, but "hortatory" [121], intended to change the attitudes of the States, if only over time, and may later harden into enforceable rules by means of an international treaty that might be eventually achievable [122]. Legally non-binding, these instruments still have a political impact. Adoption by a State rendered such State politically liable to implement the principles codified by the instrument, to walk the talk. An instrument thus becomes politically binding once a State signs up to it. A non-binding instrument is a "promise" by the signatories that "may create expectations about what constitutes appropriate behavior" [123]. A State breaching such a promise might not incur legal liability, but would lose political credibility and could even be exposed to political sanctions that could be more harmful, as States which risk ending up on a black list of the FATF [124] might testify. In that respect, many "soft law" instruments should rather be regarded as "hard non-law".

75. The term "soft law" might be a misnomer. The origin of the term and what it meant to those who may have coined it remain murky. It gained a life of its own as a description of non-traditional sources of public international law, but is, for that very reason, vigorously disputed. "Soft law" covers a whole "continuum, or spectrum, running between fully binding treaties and fully political positions" [125]. Such

---

120. J. H. H. Weiler, in A. Cassese and J. H. H. Weiler (eds.), *Change and Stability in International Law-Making*, De Gruyter, 1986, p. 63 ; see also O. Elias and C. Lim, "General Principles of Law : 'Soft' Law and the Identification of International Law", p. 4.

121. A. T. Guzman and T. L. Meyer, "International Soft Law", p. 172.

122. Cf. H. Hillgenberg, "A Fresh Look at Soft Law", *European Journal of International Law*, Vol. 10 (3), 1999, p. 515 : soft law as a "tool" "where, for various reasons, a treaty is not an option".

123. A. T. Guzman and T. L. Meyer, "International Soft Law", p. 174.

124. See http ://www.fatf-gafi.org/countries/#high-risk (last visited 20 April 2019).

125. A. T. Guzman and T. L. Meyer, "International Soft Law", p. 173 ; see also R. Bierzanek, "Some Remarks on Soft International Law", *Polish Yearbook of International Law*, Vol. 17, 1988, pp. 39-40.

a "sliding scale" [126] in law is notoriously a slippery slope and fiercely fought against by many scholars. The term "soft law" pastes over such spectrum. It has thus been described as "uncanny" and a "most dangerous term" [127], "a paradoxical term for defining an ambiguous phenomenon" and a "trouble maker because it is either not yet or not only law" [128]. Any weakening of the boundary between politics and law is considered dangerous for both systems [129]. As the German Professor Klaus Vogel once remarked in a discussion, "I would very much ask that this term be used with caution, to be touched only with the fingertips so to speak, and to make it very clear in each case what one wants to say with it." [130]

76. There might be very little, if any, "law" in "soft law" instruments. In any case, even to the extent that there is law in such an instrument, it is not because somebody drafted an instrument and put it on the internet (or, in earlier times, in a newspaper or on a flyer), but because a State explicitly or implicitly adopted it or signed up to it. Soft law is a tool employed by States as an alternative, complement or antagonist to hard law instruments as they deem fit, it is not a tool imposed upon them [131]. There are exceptions, and the FATF is an example: countries do not really have the option not to participate if they do not want to risk being blacklisted and cut out of international finance. By and large, however, it is the signature by an addressee that puts the "law", if any, into public international "soft law".

77. In sum, and generously simplified, soft law in public international law

(i) consists of written instruments
(ii) that politically, but not legally bind the signatories

---

126. M. Goldmann, "We Need to Cut off the Head of the King", p. 337; G. Kaufmann-Kohler, "Soft Law in International Arbitration", p. 285.

127. K. Vogel, "Aussprache: Der Verfassungsstaat im Geflecht der internationalen Beziehungen", *Veröffentlichungen der Vereinigung der Deutschen Staatsrechtslehrer*, Vol. 36, 1978, p. 145.

128. P.-M. Dupuy, "Soft Law and the International Law of the Environment", p. 420.

129. J. Ellis, "Shades of Grey: Soft Law and the Validity of Public International Law", *Leiden Journal of International Law*, Vol. 25, 2012, pp. 313-334.

130. K. Vogel, *op. cit.*, p. 145 (author's translation. Original in German: "im übrigen würde ich sehr darum bitten, diesen Begriff mit Vorsicht, gewissermaßen nur mit den Fingerspitzen anzufassen und jeweils ganz klar herauszustellen, was man damit sagen möchte").

131. See G. C. Shaffer and M. A. Pollack, "Hard vs. Soft Law", pp. 706 *et seq.*

(iii) in situations where countries want to co-operate but to retain freedom of action, and as such
(iv) constitutes an uncomfortable, ill-defined and highly controversial "plan B" where traditional sources of public international law fail.

CHAPTER III

THE TRANSFER: THE RISE OF THE CONCEPT IN ICA

A. An Analogy in Private Law?

78. For several decades, the debate about soft law was limited to the community of public international law specialists. Eventually, as observed by Anna Di Robilant, the notion of soft law "has spread to other fields, becoming a buzz word in the professional vocabulary of private international lawyers, E.U. lawyers and sociologists of law" [132]. Not surprisingly, given the substantial overlap between the international commercial arbitration and the international public law communities, over time it also seeped into the international commercial arbitration community. Once there, it was embraced with fervour, although, as will be discussed below, not in its original form. Something was lost in translation, something crucial.

B. First Came the Instruments

79. During the 1950s to 1980s, arbitration flourished under the benevolent guidance of what were later called the "Grand Old Men" (indeed almost exclusively men) of ICA, who did not need to rely on rules and guidelines as they entered the field with high personal credibility at the outset [133]. The 1980s and 1990s witnessed a steady growth in the number of arbitration practitioners, many of them new to the field, eager to learn and master the technicalities of arbitration, the so-called "Technocrats" [134]. That period proved prosperous for rules and guidelines:

> "In the 1990s, the expansion of arbitration, and especially the proliferation of symposia and working groups, led to the drafting of codes of conduct or guidelines, under the auspices of various organizations: National Bars, IBA, Arbitration Centers . . ." [135]

---

132. A. Di Robilant, "Genealogies of Soft Law", pp. 499 *et seq.*
133. Y. Dezalay and B. G. Garth, *Dealing in Virtue*, pp. 20 *et seq.*; pp. 34 *et seq.*
134. *Ibid.*, pp. 34 *et seq.*
135. Matthieu de Boisséson, "La 'Soft Law' dans l'arbitrage", p. 520 (author's translation. Original in French:

80. This development led to a fundamental shift of focus. Before, the discussion was about substantive law, about the relevance and validity of general principles of law, trade customs, standard terms, and other types of non-national substantive legal standards. The usual monikers were "transnational law" and *"lex mercatoria"* [136]. As we will see, by the late 1990s it transpired that such non-national legal standards were not as relevant in practice as had first been predicted and then persistently held [137]. The publication of the UNIDROIT Principles of International Commercial Contracts in 1994, with later amended versions, rekindled the enthusiasm for a while [138]. Although the debate about the *lex mercatoria* continued, it slowly receded into the background.

81. Instead, procedure moved centre stage. While arbitration in the early days may be characterized as an art, with "Grand Old Men" largely improvising as they went along, the new generation of "Technocrats" wanted, and was expected to rely on, rules, standards, best practices. Interest in the "how to" of arbitration exploded. By sheer growth in numbers, arbitration morphed from an art into an industry. Industrial production requires standards. The arbitration community responded to this new challenge by churning out guidelines, notes, rules, lists of best practices, and conferences devoted to arbitration procedure.

82. Among the early and widely used instruments were the 1996 UNCITRAL Notes on Organizing Arbitral Proceedings, later revised in 2016 [139]. A turning point was the publication of the 1999 IBA Rules on the Taking of Evidence in International Arbitration [140]. While an earlier version of 1983 remained rather obscure, the 1999 expanded version shaped international arbitration and became widely regarded as a global standard. Instruments such as the IBA Rules could be adopted by the parties, thus becoming binding on the basis of party autonomy. This was not, however, what usually happened. Rather, such

---

> "Dans les années 1990, l'expansion de l'arbitrage, et surtout la prolifération des colloques et des groupes de travail, ont donné lieu à la rédaction de codes de bonne conduite ou de directives, ('Guidelines'), sous l'égide d'organismes divers : Barreaux nationaux, IBA, Centres d'arbitrage . . .");

further, J. H. Carter, "The International Commercial Arbitration Explosion: More Rules, More Laws, More Books, So What?", *Michigan Journal of International Law*, Vol. 15 (3), 1994, pp. 785-786.

136. *Infra*, Chapter IV.C.3.
137. *Infra*, Chapter IV.C.3.3.
138. *Infra*, Chapter IV.C.2.
139. *Infra*, Chapter IV.B.4.
140. *Infra*, Chapter V.B.

instruments were informally taken into consideration by, and taken guidance from parties, their counsel, and arbitrators alike as roadmaps to guide them through an arbitration landscape that was largely devoid of any statutory guidance.

C. Then Came the Label

83. There was always an interface between public international law and international commercial law, both with eminent lawyers being active in both areas and with international economic law and international commercial law interfacing to a certain extent.

84. In his 1979 Hague Academy course on international economic soft law, the public international law specialist Seidl-Hohenveldern noted the parallelism, stating that arbitral tribunals might be influenced by private instruments such as documents drafted by the ICC and that even State courts could rely on such instruments as evidence of the customs of the trade [141]. The term "soft law" remained confined to public international law though. Indeed, numerous earlier publications on transnational economic law, general principles of law, the *lex mercatoria* and other fields and phenomena of law in a broad sense do not mention the term at all. It seems that the cross-over from public international law to private law only occurred around the turn of the millennium. It is interesting to compare different editions of books on what is today known as soft law.

85. One example is the book by Michael Bonell on the UNIDROIT Principles. Its first and second editions, published in 1994 and 1997, respectively, do not seem to mention "soft law". As the title already indicates, at the time, the UNIDROIT Principles were not yet promoted as "soft law", but as a "restatement" in the US tradition [142] – a characterization that is not wholly appropriate [143]. Conversely, in the introduction to the third edition of 2005, Bonell writes about a proliferation of "'soft law' instruments" in the 1980s and counts the UNIDROIT Principles as "[d]efinitely one of the most important 'soft law' instruments in the field of international trade law" [144]. Similarly, Klaus Peter Berger used the term "soft law" in his seminal 1999 book on

141. I. Seidl-Hohenveldern, "International Economic 'Soft Law'", pp. 197-198.

142. M. J. Bonell, *An International Restatement of Contract Law*, Transnational Publishers, 1994; 2nd ed., 1997.

143. *Infra*, Chapter IV.C.2.

144. M. J. Bonell, *An International Restatement of Contract Law*, 3rd ed., Transnational Publishers, 2005, pp. 5-6.

the "creeping codification of the new lex mercatoria", but merely in the traditional sense to describe public international law instruments [145]. It was only in the second edition of 2010 that he cautiously used the term more broadly to include private instruments such as IBA guidelines or the UNIDROIT Principles [146].

86. The authoritative French treatise on arbitration by the well-known proponents of non-national legal standards, Goldman, Fouchard, Gaillard, in its 1996 version mentions "soft law", but apparently only in the traditional (i.e. public international law) sense to describe non-binding instruments formulated by public international organizations. The authors, however, did not refer to instruments by private organizations such as the IBA as soft law [147].

87. Already in 1994, Philippe Fouchard used the term to describe guidelines being prepared by UNCITRAL, thus texts at the interface between public international law and commercial arbitration [148]. In 1999, Gabrielle Kaufmann-Kohler once casually mentioned instruments that she considered to be "both hard and soft law as to their nature", referring to international conventions, arbitration rules, and a resolution of the Institute of International Law [149]. However, she did not elaborate what exactly she considered to be the soft law aspects. An early reference to "soft law" in the context of private instruments appeared in an article by Ulrich Drobnig of 2001 [150]. In 2002, Loukas A. Mistelis described general principles of contract law as "soft law principles" and the *lex mercatoria* and international arbitration as "less

145. K. P. Berger, *The Creeping Codification of the New Lex Mercatoria*, Kluwer Law International, 1999, pp. 77, 138, 183.

146. K. P. Berger, *The Creeping Codification of the New Lex Mercatoria*, 2nd ed., Walters Kluwer, 2010, pp. 45, 223, 248, 274.

147. Ph. Fouchard, E. Gaillard and B. Goldman, *Traité de l'arbitrage commercial international*, Litec, Paris, 1996, p. 113 n. 192; see pp. 151 *et seq.* on "private sources", where the term "soft law" is not used; instead, widely accepted rules may qualify as "expression d'usages ou principles de l'arbitrage international" (p. 196 n. 362). See also the English version, E. Gaillard and J. Savage (eds.), *Fouchard Gaillard Goldman on International Commercial Arbitration*, Kluwer Law Int'l, 1999, p. 103 n. 192, p. 180 n. 362.

148. Ph. Fouchard, "Une initiative contestable de la CNUDCI", *ASA Bulletin*, Vol. 12 (3/4), 1994, p. 381 n. 35.

149. G. Kaufmann-Kohler, "Identifying and Applying the Law Governing the Arbitration Procedure – The Role of the Law of the Place of Arbitration", in A. J. van den Berg (ed.), *Improving the Efficiency of Arbitration Agreements and Awards: 40 Years of Application of the New York Convention,*, ICCA Congress Series, Vol. 9, Kluwer Law International, 1999, p. 361.

150. U. Drobnig, "Vereinheitlichung von Zivilrecht durch soft law: neuere Erfahrungen und Einsichten", in J. Basedow *et al.* (eds.), *Aufbruch nach Europa. 75 Jahre Max-Planck-Institut für Privatrecht*, Mohr Siebeck, 2001, p. 745.

formal mechanisms (soft law)" in a review of a book on a conference mainly of sociologists of law that was held in 1999 in Oñati, Spain [151]. The book itself does not seem to contain the term "soft law" [152], nor do I, as a participant at the conference, remember having heard the term being used at the conference. An electronic search suggests that these two references to "soft law" by Mistelis are the first ones that appeared in the well-respected *Arbitration International* journal.

88. Indeed, having spent considerable time since 1985 conducting research on the *lex mercatoria* and non-national legal standards in international commercial arbitration [153], I do not recall having encountered the term "soft law" in this context in the 1980s and early 1990s and only very occasionally until the later 2000s. Learning now that I studied soft law for years without knowing reminds me of Molière‘s *bourgeois gentilhomme* who was surprised to learn that he had unwittingly spoken prose all his life.

89. It may be futile to pin down the exact point in time when the term "soft law" migrated from public international law to private law for the first time. Anecdotal evidence and my own recollection suggest that it was not very long before the turn of the millennium. Even after the year 2000, the use of the term was limited and most often confined to ennoble substantive law instruments [154]. Twenty years ago, The Hague Academy would probably not have invited me to teach a course on soft law in arbitration.

90. The use of the term picked up steam only over the last 10 to 15 years. By 2009, the authoritative English book *Redfern and Hunter on International Arbitration* noted "the proliferating professional and non-national rules and guidelines that one author has entitled the 'procedural soft law' of international arbitration" [155]. The author mentioned was William W. Park, who had described the new phenomenon at a conference in 2005, having been asked by the organizers to explore the

151. L. A. Mistelis, "Book Review", *Arbitration International*, Vol. 18 (4), 2002, pp. 468-469.

152. R. P. Appelbaum *et al.* (eds.), *Rules and Networks*.

153. E.g., F. Dasser, *Internationale Schiedsgerichte und lex mercatoria*; F. Dasser, "Lex Mercatoria – Critical Comments on a Tricky Topic", pp. 189 *et seq.*; F. Dasser, "That Rare Bird: Non-National Legal Standards as Applicable Law in International Commercial Arbitration", *World Arbitration & Mediation Review*, Vol. 5 (2), 2011, pp. 143 *et seq.*

154. E.g., O. Lando, "Book Review", *Uniform Law Review*, 2006, pp. 466-467.

155. N. Blackaby and Constantine Partasides, *Redfern and Hunter on International Arbitration*, Oxford University Press, 2009, p. 237.

various guidelines that form arbitration's "non-national instruments" [156]. Park noted that these guidelines

> "represent what might be called 'soft law', in distinction to the harder norms imposed by arbitration statutes and treaties as well as the procedural framework adopted by the parties through choice of pre-established arbitration rules".

By the next edition, 2015, the book contained a short subchapter on "'hard law' and 'soft law'" [157].

91. Not everybody adopted the term, though. The sweeping three-volume *opus magnum* of Gary Born on *International Commercial Arbitration* contains the term "soft law" only in a footnote, in the title of Park's article [158]. The term still cannot usually be found in indexes of arbitration treatises.

D. Something Lost in Translation

92. In the popular Hollywood movie *Lost in Translation* an aging American movie star came to Tokyo to shoot a Japanese whiskey commercial [159]. In an early scene, the actor received extensive instructions from the wildly gesturing Japanese film director. The translator turned that into "he wants you to turn, look in camera. O.K. ?". The actor reasonably suspected that a lot of content had gone missing.

93. Similarly here: in public international law, the term "soft law" was used in a much more narrowly defined way than in international commercial arbitration. In the previous chapter, I characterized public international soft law as consisting of four elements [160]:

(i) written instruments, i.e. not just usage or practice;
(ii) that politically, but not legally, bind the signatories, i.e. the "walk the talk"-issue;
(iii) in situations where countries want to co-operate but still want to retain freedom of action; and only
(iv) if no legally binding agreement can be achieved.

---

156. W. W. Park, "Procedural Soft", p. 141.
157. N. Blackaby, C. Partasides and A. Redfern, M. Hunter, *Redfern and Hunter on International Arbitration*, 6th ed., Oxford University Press, 2015, pp. 66 *et seq*., n. 1.233-1.237.
158. G. B. Born, *International Commercial Arbitration*, 2nd ed., Wolters Kluwer, 2014, p. 199 (unchanged from first ed., 2009, p. 159).
159. A 2003 movie by Sofia Coppola with Bill Murray as aging actor Bob Harris.
160. *Supra* para. 77.

94. This description does not fit the use of the term in arbitration. First and foremost, arbitration users and practitioners are very numerous and diverse. The arbitration community is not comparable to the community of States. The usual term "arbitration community" is just a convenient shorthand for those uncounted practitioners who are involved in arbitration, some obviously more than others. Many may have been involved in arbitration only once or twice. No arbitration soft law instrument is ever drafted by, or with the consent of, all of these practitioners. It is always a small group within this disparate arbitration community that does the drafting and maybe some larger group that formally adopts the draft after some, typically rather superficial, review. Even the IBA Arbitration Committee, with its several thousand members, cannot validly represent the whole arbitration community – not even if, as never happens anyway, all the committee members are actively involved in the drafting process [161].

95. There is, therefore, no good-faith obligation of all arbitration practitioners to feel bound by any such instrument. Neither can there be any reasonable expectation that the whole world is going to apply an instrument drafted by a few, not even if the few are numerous delegates at the UNCITRAL. The crucial notion of a good-faith obligation to walk the talk went missing in the process, lost in translation. In the absence of this requirement, there is no binding element whatsoever, whether legal, political, or otherwise.

96. When the requirement of "walking the talk" was lost, also the requirement of "talk" itself receded: not just written instruments are comprised under the label "soft law" in arbitration, but also, as we will see, best practices and the vague concept of a new *lex mercatoria* [162].

97. Thus, by expanding into international commercial arbitration, the term "soft law" adopted a new identity, although a precarious one.

---

161. For an example of rather secretive drafting process within the IBA, see Chapter VII.B, *infra*.

162. *Infra* paras. 138 *et seq*. and Chapter IV.C.3.

CHAPTER IV

PHENOMENOLOGY : THE MOST OFTEN MENTIONED "SOFT LAW" SOURCES AND INSTRUMENTS

A. Introduction

98. In this chapter, we will encounter the instruments and sources that are most often labelled as "soft law". The idea of soft law in ICA encompasses both procedural and substantive instruments.

99. As mentioned at the outset, to the extent that any of these instruments has been validly adopted by the parties, their normativity is no longer in doubt as they are contractually binding. The question is whether these instruments may have increased normativity [163] *per se*, even in the absence of party consent. When an instrument is labelled as "soft law", it is to convey the message that this instrument is generally approved, carried by the *communis opinio* if not of the whole disparate arbitration community then at least by the core constituency of such community, however defined. We will, therefore, particularly address the acceptance of the instruments in practice.

100. Three instruments will be separately examined in Chapters V to VII, i.e. the three most prominent procedural instruments adopted by the International Bar Association (IBA), the most important global organization of lawyers. This chapter will first provide an overview of other notable procedural instruments and, in Section C, the most prominent sources of substantive soft law, the UNIDROIT Principles of International Commercial Contracts (UNIDROIT Principles) and the so-called new *lex mercatoria*.

B. Procedural "Soft Law"

1. UNCITRAL Model Law on International Commercial Arbitration (1985/2006)

101. The UNCITRAL Model Law (Model Law) is often mentioned as the most prominent [164], even as "paradigm example" [165] of a soft

163. Normativity understood in a juridical, not just psychological or moral sense.

164. G. Kaufmann-Kohler, "Soft Law in International Arbitration ", p. 291 ("the UNCITRAL Model Law is one of the most influential instruments in this field of law").

165. P. Hodges, "The Proliferation of 'Soft Laws'", p. 208.

law [166]. It is indeed very successful, having been adopted by 80 countries, including Australia, Austria, Germany, Hong Kong, Japan, Russia, and some states in the United States, e.g., California [167]. It has been described as one of the "principal pillars in the worldwide system of arbitral justice" [168].

102. As this broad adoption proves, the Model Law enjoys an excellent reputation. Although already more than 30 years old, it is still perceived to be modern. It was slightly amended in 2006 to accommodate a few recent trends. Its ongoing success is illustrated, amongst others, by its adoption in the important arbitration venue Hong Kong in 2011 [169] and by various Australian jurisdictions in 2010 to 2017 [170] as well as by its recent adoption in 2017 in such diverse jurisdictions as Fiji, Jamaica, Mongolia, Qatar, and South Africa. The scope of adoption varies, however [171].

103. This worldwide success suggests that the Model Law represents global best practice at least to a large extent. But does it? Strikingly, many of the best known arbitration jurisdictions such as England, France, New York, Singapore or Switzerland have not adopted the Model Law and would, thus, not be following best practices. The differences between the Model Law and the arbitration laws of some of these jurisdictions are sometimes quite stark. A mere look at the length of statutes is revealing: while the Model Law counts 36 articles, the Swiss Chapter 12 on International Arbitration of the Private International Law Act (Swiss PILA) counts just half, 18 [172], while the 1996 English Arbitration Act contains three times as many provisions as the Model Law, namely 110.

166. See also D. Lewis, *The Interpretation and Uniformity of the UNCITRAL Model Law on International Commercial Arbitration: Australia, Hong Kong and Singapore*, Kluwer Law International, 2016, p. 9; H. Wang, "Multidimensional Thinking", p. 616.

167. https://uncitral.un.org/en/texts/arbitration/modellaw/commercial_arbitration/status (last visited 20 April 2018).

168. T. Lemay and C. Montineri, "Review of the Model Law's Implementation after Twenty-Five Years", in F. Bachand and F. Gélinas (eds.), *The UNCITRAL Model Law after 25 Years*, Juris, 2013, p. 4.

169. Cap. 609 Arbitration Ordinance, https://www.elegislation.gov.hk/hk/cap609 (last visited 20 April 2019).

170. Federal Act, 2010. The various territories followed with their own arbitration legislation between 2010 and 2017 (https://uncitral.un.org/en/texts/arbitration/modellaw/commercial_arbitration/status; last visited 20 April 2019).

171. See P. Binder, *International Commercial Arbitration and Conciliation in UNCITRAL Model Law Jurisdictions*, 3rd ed., Sweet & Maxwell, 2010.

172. Articles 176-193, PILA (with a 19th Article, Article 194, on the enforcement of foreign arbitral awards).

104. The current Swiss arbitration law was drafted in the early 1980s [173] and was eventually passed by the Swiss Parliament in 1987 [174], i.e. two years after the Model Law was adopted by UNCITRAL. While the draft by the Swiss Government was issued before the UNCITRAL deliberations on the Model Law took place, the Swiss Parliament could still have taken the Model Law into account, but did not. At the time, Switzerland, thus, deliberately decided not to adopt the Model Law or even to change the Swiss draft to reflect the provisions of the Model Law. In particular, the general view was that Switzerland had a well-established arbitration tradition with experienced practitioners and judges and, thus, needed only a minimal framework. Eighteen rather short Articles were deemed sufficient. Of course, at the time it was not clear whether, and to what extent, the Model Law might become a benchmark for arbitration laws.

105. Would the Swiss legislator act differently today? The answer seems to be "No". The Swiss arbitration law, i.e. Chapter 12 of the Swiss PILA, is currently undergoing a revision, with a bill pending in Parliament [175]. There are very few references to specific provisions of the Model Law, as well as to legislations in some jurisdictions in the context of comparing certain proposed amendments with developments abroad [176]. The aim of the revision was not to align Swiss law with the Model Law. The irrelevance of the Model Law for the revision was even starker in the consultation period. In Switzerland, draft bills are first published for public consultation, mainly by political parties, cantons, universities, trade associations, but also interested individuals. According to the summary provided by the Federal Office of Justice, the Model Law was only referenced once, i.e. with regard to the formal requirements of an arbitration agreement [177]. In essence, during

173. See accompanying report by the Federal Government to the Private International Law Bill, "Botschaft zum Bundesgesetz über das international Privatrecht (IPR-Gesetz)" of 10 November 1982, *Bundesblatt*, 1983 I, pp. 263 *et seq*.

174. Federal law No. SR 291 (https://www.admin.ch); in force since 1 January 1989.

175. "Botschaft zur Änderung des Bundesgesetzes über das Internationale Privatrecht (12. Kapitel: Internationale Schiedsgerichtsbarkeit)", *Bundesblatt*, 2018, pp. 7163 *et seq*., https://www.admin.ch/opc/de/federal-gazette/2018/7163.pdf (last visited 20 April 2019).

176. References to the UNCITRAL Model Law as an expression of current standards: Article 28 (1) (p. 7200, fn. 121), Article 33 (1) (p. 7201, fn. 128); as not being in line with current standards: Article 13 (2) (p. 7196, fn. 109).

177. Bundesamt für Justiz, Änderung des Bundesgesetzes über das Internationale Privatrecht (Internationale Schiedsgerichtsbarkeit) – Vernehmlassungsbericht, 8 August 2018, pp. 8-9: Proposal by the University of Lucerne (https://www.ejpd.admin.ch/ejpd/de/home/aktuell/news/2018/2018-10-24.html, last visited 20 April 2019).

the preparatory work, the fact that the Swiss arbitration law was not aligned with the Model Law was simply not perceived to be an issue. The revision will not touch upon the principles of the existing law, but basically consists of a brush-up, with codification of certain case law of the Swiss Federal Supreme Court, the inclusion of provisions that today otherwise need to be looked up in other Swiss laws, and a few additional modernizations. The two chambers of Parliament will debate the bill in 2019 but are not expected to make any substantial changes.

106. In England, the 1996 Arbitration Act was drafted with limited regard to the UNCITRAL Model Law. An advisory committee chaired by Lord Mustill recommended that the content of the Model Law not be adopted, although the English legislators should follow, so far as possible, the structure and language of the Model Law to render the new act more accessible to foreign users who might be familiar with the Model Law [178]. And Parliament followed that advice [179]. Nonetheless, the legislator also considered the content of the Model Law, which exerted a substantial influence on the 1996 Arbitration Act as "a yardstick by which to judge the quality of . . . existing arbitration legislation and to improve it" [180].

107. In France, the arbitration law was revised in 2011, 30 years after the last revision of 1981 [181]. Although the UNCITRAL Model Law had been adopted, and even revised, in the meantime, the official report of the Justice Ministry does not even mention the Model Law [182]. The reform was intended to render the French arbitration law even more liberal and arbitration-friendly than the 1981 law – which in turn was already more liberal and arbitration-friendlier than the later UNCITRAL

178. Departmental Advisory Committee on Arbitration Law, *A Report on the UNCITRAL Model Law on International Commercial Arbitration*, HMSO, London, 1989; S. Lembo, *The 1996 UK Arbitration Act and the UNCITRAL Model Law – A Contemporary Analysis*, Rome, 2010, pp. 34 *et seq.*; J. Steyn, "England's Response to the UNCITRAL Model Law of Arbitration", *Arbitration International*, Vol. 10 (1), 1994, p. 2.

179. R. Goode, "The Role of the *Lex Loci Arbitri* in International Commercial Arbitration", in F. Rose (ed.), *Lex Mercatoria. Essays on International Commercial Law in Honour of Francis Reynolds*, LLP, 2000, p. 247 fn. 5.

180. J. Steyn, *op. cit.*, p. 1.

181. "Décret n° 2011-48 du 13 janvier 2011 portant réforme de l'arbitrage", *Journal officiel de la République Française*, 14 janvier 2011, texte 9 sur 177.

182. Ministère de la justice et des libertés, "Rapport au Premier ministre relatif au décret n° 2011-48 du 13 janvier 2011 portant réforme de l'arbitrage", *Journal officiel de la République Française*, 14 janvier 2011, texte 8 sur 177; see also E. Gaillard and P. de Lapasse, "Le nouveau droit français de l'arbitrage interne et international", *Recueil Dalloz*, 20 January 2011, No. 3.

Model Law [183]. The reform moved French law even farther away from the Model Law.

108. In the United States, only eight states adopted the Model Law in some form [184]. The by far most important international arbitration venue, New York, however, did not and does not seem to intend to do so. Indeed, the Model Law seems to have limited weight among arbitration practitioners in the United States.

109. What does this say about the stature of the Model Law as soft law? The response may depend upon one's perspective. For established arbitration jurisdictions, the adoption of the Model Law is obviously not necessary, although legislators have taken the Model Law into consideration at least on a comparative law basis. These jurisdictions feel free, however, to keep their own traditions if they consider them more appropriate.

110. To the extent that the Model Law may be regarded as best practice, it may be so for aspiring arbitration jurisdictions and, in particular, jurisdictions without an international arbitration tradition. The adoption of the Model Law has also become a convenient marketing tool for jurisdictions that want to promote and attract international arbitration. By adopting the Model Law, a jurisdiction signals that foreigners should not face (too many) unfamiliar characteristics if they conducted their arbitration in these jurisdictions. Does that imbue the Model Law with increased normativity and make it soft law? In my view, it is a model law and a very successful and influential one at that, but that is it. The Model Law cannot replace the national *lex arbitri* at the seat of the arbitral tribunal. There is no normativity involved, neither legal no political.

2. UNCITRAL Arbitration Rules (1976/2010/(2013))

111. The UNCITRAL Arbitration Rules were first adopted in 1976 and significantly revised in 2010, with a small amendment added in 2013 [185]. They are designed for *ad hoc* arbitration proceedings, and are

183. E. Gaillard, "France Adopts New Law on Arbitration", *New York Law Journal*, Vol. 245, No. 15, 24 January 2011, p. 1.

184. California, Connecticut, Florida, Georgia, Illinois, Louisiana, Oregon, and Texas.

185. In 2013, a paragraph 4 was added to Article 1 referring to the UNCITRAL Rules on Transparency in Investor-State Arbitration for investment treaty cases. On the qualification of these and any other arbitration rules as soft law see D. Arias, "Soft Law Rules in International Arbitration", p. 32.

used both in commercial and, increasingly, in investment cases. They ambitiously aim to provide a stable framework that is acceptable in a common law and a civil law environment [186]. At the time of the first release they filled a gap, giving new impetus to *ad hoc* arbitration [187]. The Rules received a major early boost through their use by the Iran-United States Claims Tribunal [188].

112. As *ad hoc* arbitration proceedings rarely become public, their share of the international commercial arbitration market is difficult to assess. My own research of all setting aside proceedings before the Swiss Federal Supreme Court found that, where we could identify the applicable arbitration rules, the UNCITRAL Arbitration Rules were applicable in only two dozen cases out of about 530 cases we reviewed, i.e. less than 5 per cent of all the cases with known arbitration rules [189]. Out of these two dozen cases, almost half, mostly the more recent ones, concerned investment disputes. In fact, while the UNCITRAL Arbitration Rules were primarily aimed at commercial disputes [190], they are increasingly applied in investor-State disputes [191], while the number of commercial cases seem to be stagnant.

113. To the extent that these isolated statistics are more than merely anecdotal, they suggest a significant, but by no means dominant, position of the UNCITRAL Arbitration Rules in commercial cases. An additional impact is less visible, but still of high relevance: the UNCITRAL Arbitration Rules are not just sometimes chosen by the parties; they also served as a model for many other, mostly institutional rules, such as the various sets of rules of the Permanent Court of Arbitration (PCA), the Iran-United States. Claims Tribunal, the ICDR International Dispute Resolution Procedures (ICDR Rules),

186. G. Born, *International Commercial Arbitration*, Vol. 1, p. 172.

187. J. Paulsson and G. Petrochilos, *UNCITRAL Arbitration*, Kluwer Law Int'l, 2018, p. v.

188. *Ibid.*, p. 5.

189. Current research by F. Dasser and P. Wójtowicz covering the time period 1989 to January 2019. In addition there are about 30 additional *ad hoc* proceedings where there is no indication of the UNCITRAL Arbitral Rules. These 53 total *ad hoc* cases together amount to 9.9 per cent of the sample, which is slightly lower than the 11 per cent combined ratio I calculated in 2007 based on a considerably smaller sample of 172 cases covering the years 1989-2005 (F. Dasser, "International Arbitration and Setting Aside Proceedings in Switzerland: A Statistical Analysis", *ASA Bulletin*, Vol. 25 (3), 2007, p. 465).

190. D. C. Caron and L. M. Caplan, *The UNCITRAL Arbitration Rules*, 2nd ed., Oxford University Press, 2013, p. 3 *et seq*.

191. Many bilateral investment treaties and free trade agreements refer to the UNCITRAL Arbitration Rules, often as an alternative to ICSID arbitration, see D. C. Caron and L. M. Caplan, *op. cit.*, p. 7.

the Arbitration Rules of the Swiss Chambers' Institution (Swiss Rules)[192] and the 2012 Liechtenstein Rules[193] and are sometimes accepted by institutions as a whole, with an institutional framework added[194]. On its website, UNCITRAL listed 20 institutional rules that are based on or inspired by the UNCITRAL Arbitration Rules and 28 arbitral institutions that administer proceedings under the UNCITRAL Arbitration Rules[195].

114. In sum, the UNCITRAL Arbitration Rules, therefore, exerted and are still exerting significant influence. Does this confer them increased normativity? I suggest that it does not. There are probably hundreds of arbitration rules, some are obviously more prominent than others. Whether any one of them is applicable to a specific procedure depends upon whether the parties have so chosen. This freedom of contract cannot be undermined by a claim of increased normativity of a set of rules that was *not* chosen by the parties.

115. This still leaves the possibility of arbitral tribunals relying on the UNCITRAL Arbitration Rules in the absence of a choice of arbitration rules by the parties within the procedural discretion vested in the arbitral tribunal by the *lex arbitri*. No normativity of the UNCITRAL Arbitration Rules is required for such an adoption, though[196]. Nor can any normativity be inferred from such adoptions even assuming there is a significant number of them. A review of a database on arbitration in Switzerland suggests that formal adoption by arbitral tribunals very

---

192. C. Brunner, "Introduction to the Swiss Rules of International Arbitration", in M. Arroyo (ed.), *Arbitration in Switzerland. The Practitioner's Guide*, 2nd ed., Wolters Kluwer, 2018, Vol. I, p. 438; see also https://www.swissarbitration.org/ (last visited 7 March 2019).

193. F. Dasser and N. W. Reithner, *The Liechtenstein Rules of Arbitration (Liechtenstein Rules)*, Editions Weblaw, Berne, 2015, p. 7; see http://www.lis.li/en/liechtenstein-rules (last visited 20 April 2019).

194. See, e.g., Permanent Court of Arbitration (PCA), https://pca-cpa.org/en/services/arbitration-services/uncitral-arbitration-rules/ (last visited 20 April 2019); Hong Kong International Arbitration Centre Procedures for the Administration of Arbitration under the UNCITRAL Arbitration Rules (2015), http://www.hkiac.org/arbitration/rules-practice-notes/procedures-administration-international-1#2 (last visited 20 April 2019); International Centre for Dispute Resolution (ICDR); G. Born, *International Commercial Arbitration*, Vol. I, pp. 172 *et seq*.

195. http://www.uncitral.org/uncitral/en/uncitral_texts/arbitration/2010Arbitration_rules_status.html (last visited 7 March 2019; currently apparently not available).

196. Noting that arbitration rules, even though not chosen by the parties, may have an "impact on other players, including other institutions, legislators and courts", Gabrielle Kaufmann-Kohler considers at least institutional arbitration rules as soft law (G. Kaufmann-Kohler, "Soft Law in International Commercial Arbitration", p. 288).

rarely occurs, if at all [197]. The UNCITRAL Arbitration Rules on their own may be persuasive, but not generally binding.

3. *UNCITRAL Notes on Organizing Arbitral Proceedings (1996/2012/2016)*

116. The UNCITRAL Notes are a helpful booklet with suggestions on how to conduct proceedings in both *ad hoc* and institutional arbitrations. They are considered to be a typical soft law instrument [198].

117. First issued in 1996, the Notes were revised in 2012 and again in 2016. On the UNCITRAL website they are described as follows:

> "[T]he Notes are designed to assist arbitration practitioners by providing an annotated list of matters on which an arbitral tribunal may wish to formulate decisions during the course of arbitral proceedings, including deciding on a set of arbitration rules, the language and place of an arbitration and questions relating to confidentiality, as well as other matters such as conduct of hearings and the taking of evidence and possible requirements for the filing or delivering of an award."

118. Thus, from the outset the Notes were designed as a list of matters. They are not a list of solutions, nor a list of rules. UNCITRAL made it very explicit that the Notes had no normativity and were not intended to have or develop any normativity. In its description of the Notes, UNCITRAL stated, *inter alia*, that the Notes "do not seek to promote any practice as best practice given that procedural styles and practices in arbitration do vary and that each of them has its own merit" [199].

119. The text itself goes out of its way to affirm the non-binding character. In the Introduction, sections 3-5 are under the heading "Non-binding character of the Notes" and state, *inter alia*:

---

197. Database of F. Dasser of all decisions of the Swiss Federal Tribunal on challenges of international arbitral awards since 1989. All decisions since 2000 are published on the Federal Tribunal's website, www.bger.ch. Review of the decisions with regard to the basis for the application of specific arbitration rules is ongoing.

198. E.g., W. W. Park, "The Procedural Soft Law", p. 142; T. J. Stipanowich, "Soft Law in the Organization and General Conduct of Commercial Arbitration Proceedings", in L. W. Newman and M. J. Radine (eds.), *Soft Law in International Arbitration*, Juris, 2014, pp. 73-237, pp. 205 *et seq.*

199. Decision by the United Nations Commission on International Trade Law adopting the 2016 UNCITRAL Notes on Organizing Arbitral Proceedings, published in UNCITRAL, *UNCITRAL Notes on Organizing Arbitral Proceedings*, New York, 2016, p. vii.

"3. The Notes do not impose any legal requirement binding on the parties or the arbitral tribunal. The parties and the arbitral tribunal may use or refer to the Notes at their discretion and to the extent they see fit and need not adopt or provide reasons for not adopting any particular element of the Notes.

4. The Notes are not suitable to be used as arbitration rules, since they do not oblige the parties or the arbitral tribunal to act in any particular manner . . ."

120. Such caveats on their own might easily be dismissed as mere downplaying of an otherwise domineering text. Not so in this case. The text is carefully drafted in order not to qualify any practice as good or bad. The Notes list 20 steps or issues that arise or may arise in arbitral proceedings, covering consultation between the parties and the arbitral tribunal regarding the organization, language, place of arbitration, administrative support, cost, confidentiality/transparency, means of communication, interim measures, witness statements/ expert reports, form and method of submissions, list of points at issue, amicable settlement, documentary evidence, witnesses of fact, experts, inspections, hearings, multiparty arbitration, joinder/consolidation and possible requirements for the award.

121. The list is followed by "Annotations" to each of the issues listed, describing what might be "usual" at a certain step of arbitral proceedings, what the arbitral tribunal "may consider", or, even more openly, that the parties and the arbitral tribunal "may wish to consider whether . . .".

122. The Notes are not an authoritative set of rules or guidelines. They are rightly labelled "notes", although some practitioners find little difference between such "notes" and actual guidelines [200]. In fact, a first, more regulating, draft was labelled "Guidelines" and provoked a fierce and effective backlash by mostly French [201] arbitration specialists, such as Philippe Fouchard or Pierre Lalive against such patronization [202].

200. H. van Houtte, "Arbitration Guidelines: Straitjacket or Compass?", pp. 524-525; W. W. Park, "Arbitration's Protean Nature", p. 286.

201. See the account by Pierre Karrer, noting that the French translation of Guidelines, "directives", may have caused the furore, P. Karrer, "Predictability or Fureur Reglementaire", p. 295.

202. Ph. Fouchard, "Une initiative contestable de la CNUDCI? A propos de project de 'Directives pour les Conférences préparatoires dans le cadre des procedures arbitrales'", *Revue de l'arbitrage*, 1994, pp. 461 *et seq.*; excerpts reprinted in *ASA Bulletin*, Vol. 12 (3/4), 1994, pp. 369 *et seq.*; P. Lalive, "De la fureur réglementaire", pp. 213 *et seq.*; see also H. van Houtte, "Arbitration Guidelines: Straitjacket or Compass?", p. 519; P.-Y. Gunter, "Transnational Rules on the Taking of Evidence", in

123. However, the absence of any regulatory aspiration does not diminish the usefulness of the Notes. Parties and arbitral tribunals, particularly if they are not very experienced, will draw very helpful inspiration from the Notes. But do they have any normativity ? I suggest not.

4. *ICC Arbitration Rules*

124. The ICC Arbitration Rules are sometimes labelled as soft law [203]. They are widely used due to the high number of cases that are conducted under these rules, involving parties from all over the world. They are also widely discussed among practitioners and often referenced in arguments also outside of the ICC. However, Gabrielle Kaufmann-Kohler rightly observed that they contain too many particularities in order to serve as a general guideline for arbitration proceedings [204]. Two aspects are particularly typical for the ICC Arbitration Rules : the Terms of Reference and the scrutiny of the award.

125. The Terms of Reference (ToR) provide the framework for the proceedings [205]. The tribunal should draft them shortly after constitution and discuss them with the parties, who are then expected to sign them. The signature by the parties sets the ToR apart from the usual constitutional and procedural orders. In the absence of signature, the ToR need to be approved by the ICC's International Court of Arbitration. They contain the core information about the case, i.e. the data of the parties, counsel and the arbitrators as well as a summary of the claims, the prayers for relief, the value in dispute, the place of arbitration, the applicable procedural rules and, if appropriate, a list of issues to be determined by the tribunal. The ToR should "anchor the arbitration and serve as a guide" forcing the parties and the tribunal to focus on the goals and the issues of the proceedings early on, allowing them to develop a better understanding of the case and rendering the further submissions more focused ; the process of establishing the ToR should also create a "collaborative and cooperative atmosphere" [206].

A.-V. Schlaepfer *et al.* (eds.), *Towards a Uniform International Arbitration Law ?*, Juris Publ., 2005, p. 141.

203. G. Kaufmann-Kohler, "Soft Law in International Arbitration", p. 288 ; F. Lüth and Ph. K. Wagner, "Soft Law in International Arbitration", p. 412.

204. G. Kaufmann-Kohler, "Soft Law in International Arbitration", pp. *293 et seq*.

205. See Article 23 of the ICC Arbitration Rules 2017.

206. J. Fry, S. Greenberg and F. Mazza, *The Secretariat's Guide to ICC Arbitration*, ICC Publ. No. 729, 2012, n. 3-827, p. 240.

126. In practice, the ToR may not be living up to their promise. A lot of time and expense is spent on drafting and negotiating a document that has limited actual impact, if any, on the remainder of the proceedings and the relevant parts of which could easily be covered in a much shorter constitutional order by the arbitral tribunal. It is telling that other major institutions have refrained from copying this instrument; it remains a "distinctive feature of ICC arbitration" [207]. Conversely, many arbitral tribunals take inspiration from the issues covered by the ToR for first procedural orders, which are issued by the tribunal without formal consent and signature of the parties [208].

127. Before an award is issued and dispatched to the parties, it must be submitted in draft form to the ICC's International Court of Arbitration for review [209]. In practice, the scrutiny of the draft award is undertaken by specialized counsel at the ICC with review by members of the ICC International Court of Arbitration. It is rightly heralded as a means of ensuring that arbitral awards rendered under ICC Rules meet certain quality standards. The global reach of the ICC implicates that members of arbitral tribunals may hail from very different cultural and legal backgrounds. Scrutiny helps to achieve a minimal uniformity, not least in view of the enforceability of the award. Nonetheless, scrutiny remains largely an idiosyncratic feature of ICC arbitration as it is often a cumbersome process that inevitably leads to an increase in costs and time. Given the users' typical complaints that arbitration already takes too much time and is too expensive as it is, most other institutions provide only minimal scrutiny of the award, if any.

128. Other features may not be unique to the ICC Arbitration Rules but are still not common enough as to represent a general standard, such as expedited procedure, emergency arbitration or joinder of proceedings, which are also found in various other arbitration rules, albeit with varying procedural details or requirements.

129. It is not evident why and to what extent, if at all, the ICC Arbitration Rules may have intrinsic normativity. Either the parties have chosen the Rules, and then they apply as the parties' law on the basis of party autonomy, or they have not, in which case they are just not applicable. Of course, they might and do serve as guidance for other institutions who intend to draft or revise their arbitration rules, and also

---

207. *Op. cit. supra* footnote 206, n. 3-826, p. 240.

208. See also Y. Derains and E. A. Schwartz, *A Guide to the ICC Rules of Arbitration*, Kluwer Law Int'l, 2005, p. 247.

209. Article 34 of the ICC Arbitration Rules.

for *ad hoc* arbitration proceedings. Still, as the two examples referred to above, i.e. of the Terms of Reference and the scrutiny of arbitral awards, show, the ICC Arbitration Rules have not become a role model as such. Rather, some features might be recognized as time-proven practice.

130. There is, therefore, little intrinsic value in describing the ICC Arbitration Rules as "soft law".

5. *ICC Guide for In-House Counsel and Other Party Representatives on Effective Management of Arbitration*

131. In 2014 and 2017, the ICC published a guide on effective management of arbitration with the ICC Arbitration Rules in mind [210]. It is a useful and popular instrument that is sometimes considered "soft law" [211]. The document itself is more modest as its preamble states:

> "The purpose of this guide is to provide in-house counsel and other party representatives, such as managers and government officials, with a practical toolkit for making decisions on how to conduct an arbitration in a time- and cost-effective manner, having regard to the complexity and value of the dispute. The guide can also assist outside counsel in working with party representatives to that effect."

132. The idea is to provide in-house and outside counsel with the necessary information and advice to allow them to tailor the proceedings to their needs, thereby decreasing time and expense. The instrument lists a number of considerations, grouped under various headings that reflect different aspects and phases of proceedings, starting from how to draft a request for arbitration and ending with post-hearing briefs. The instrument does not say how counsel should decide, merely on what issues they might wish to take decisions. It does not define a right way and a wrong way, its purpose is to raise awareness on issues and offers a menu of possible solutions, or as stated in the preamble, a toolkit.

6. *Guidelines of the International Bar Association (IBA)*

133. The IBA Guidelines are perhaps the most widely recognized "soft law" instruments, the most prominent of which we shall examine

---

210. https://iccwbo.org/publication/effective-management-of-arbitration-a-guide-for-in-house-counsel-and-other-party-representatives/ (last visited 20 April 2019): published as ICC Publication 866-3 ENG, Paris 2018.

211. See also D. Greineder, "The Limitations of Soft Law Instruments and Good Practice Protocols", pp. 910 *et seq.*

in greater detail below [212]. Suffice it to mention at this juncture that the IBA Guidelines are part of the so-called "procedural soft law".

7. Guidelines of the Chartered Institute of Arbitrators (CIArb)

134. The Chartered Institute of Arbitrators is a venerable British institution that provides arbitration services and training. It is promoting itself as "[t]he world's leading qualifications and professional body for dispute avoidance and dispute management" [213]. CIArb is indeed an impressive institution with 16,000 members in more than 100 countries, a global organization, although one with a distinctly British touch.

135. CIArb drafted guidelines to assist practitioners in the understanding and implementation of the 1996 Arbitration Act. Since 2012 CIArb has revised and expanded the Guidelines with the aim of reflecting international best practice [214]. Currently CIArb is offering 40 "Guidance Notes", "Protocols", "Guidelines" and similar documents on its website, mostly on arbitration, but several also on mediation as well as on general topics; some are also limited to arbitration in the United Kingdom [215]. Some are very specific, for example, the 14-page "Practice Guideline 13 : Guidelines for Arbitrators on how to approach the making of awards on interest", the 8-page "Practice Guideline 14 : Guidelines for Arbitrators on how to approach an application for a Peremptory and 'Unless' Orders and related matters" or the 12-page "Practice Guideline on Party Non-Participation".

136. In the words of Tim Hardy, the then Chair of the CIArb's Practice and Standards Committee [216],

> "[t]he new Guidelines identify best practice as to how arbitrators should respond to procedural issues and challenges that commonly arise. However, the Guidelines are not prescriptive and do not contain any legal advice. Rather they contain suggestions and recommendations aimed at promoting a consistent approach to decision-making. Ultimately, arbitrators' decisions should always take into account due consideration of the arbitration agreement,

---

212. *Infra*, Chapters V-VII.

213. https ://www.ciarb.org/# (last visited 20 April 2019).

214. See CIArb Guideline *Introduction to the International Arbitration Practice Guidelines*, 2 October 2015. On some of the revisions see A. Ross, "CIArb Revises Guidelines on Practice", *Global Arbitration Review*, 14 October 2015.

215. https ://www.ciarb.org/resources/guidelines-ethics/ (last visited 20 April 2019).

216. CIArb Guideline *Introduction to the International Arbitration Practice Guidelines*, 2 October 2015, p. 1.

including any applicable law(s) and/or any rules, regardless of what the Guidelines may suggest."

137. The CIArb Guidelines are not just addressed to CIArb's members or users of its arbitration rules, but to the arbitration community as a whole as they purport to "reflect international best practice" [217]. To the extent that they live up to this aspiration they may contain more than mere suggestions. Consciously ignoring best practice is difficult to justify and could even jeopardize the validity and enforceability of an award, although the notion of "best practice" in itself raises questions which we will address in the following.

8. "Best practice"

138. Discussion of "soft law" instruments invariably revert to the notion of "best practice". "Soft law" instruments are largely identified with best practice and draw therefrom much of their aspired authority [218]. Best practice is seen as the yet uncodified form of soft law [219]. Not everyone would agree, though, as this approach stretches the concept of soft law very far indeed [220]. Question marks are in order already with regard to the existence as such. How to determine what constitutes best practice?

139. Every arbitrator will have a view of what the best practices are, at least on certain issues. It is, however, a typical case of "I know it when I see it", to borrow the famous words of Justice Potter Stewart [221]. Different arbitrators might see different things, though. Indeed, although there is a lot of talk about increasing convergence of arbitration practices, there are still not only distinctly different styles and approaches between different regions and jurisdictions, but also

217. *Op. cit. supra* footnote 216, p. 2.

218. See, e.g., D. Favalli, "An Overview of Existing Para-regulatory Texts", pp. 4, 6.

219. See generally I. Welser and G. de Berti, "The Arbitrator and the Arbitration Procedure – Best Practices in Arbitration: A Selection of Established and Possible Future Best Practices", in Chr. Klausegger *et al.*, *Austrian Yearbook on International Arbitration 2010*, Manz, 2010, pp. 79 *et seq.*; W. W. Park, "Explaining Arbitration Law", in J. C. Betancourt (ed.), *Defining Issues in International Arbitration: Celebrating 100 Years of the Chartered Institute of Arbitrators*, Oxford Univ. Press 2016, p. 10 n. 1.11; also W. W. Park, "Arbitrators and Accuracy", *Journal of International Dispute Settlement*, Vol. 1 (1), 2010, p. 36 on "arbitration lore" as basis of the procedural soft law.

220. I. Hanefeld and J. Hombeck, "Client's Perspective", p. 20.

221. *Jacobellis* v. *Ohio*, 378 US 184 (1964). There, the issue was how to define "obscenity", which is admittedly not akin to arbitral soft law.

between individual arbitrators within the same legal culture. There is a reason that new and costly services that sell access to information about individual arbitrators are coming on the market, in particular to help counsel increase predictability of the arbitrator's procedural preferences.

140. As long as there are individual approaches, the very notion of best practice remains questionable. My personal experience is that every arbitrator strives to apply best practices. At the same time, the actual approaches are quite different. There are two possible explanations: either many arbitrators fail to apply best practices without realizing it or there are many different and equally valid perceptions of what best practices might be.

141. The first situation would call for education. This can be addressed, for example, by codifications by groups of practitioners who, by personal or institutional authority, can validate certain practices as "best". Typical examples are the Practice Guidelines issued by CIArb [222] and the compendium by the American College of Commercial Arbitration on best practices issued in 2005 [223]. Experienced practitioners sometimes also set up checklists of what they consider to be best practices [224]. Rules and guidelines are generally based on the explicit or implicit claim that they codify such best practices, often combined with additional rules to fill gaps and thus add benefit to the product.

142. In the second situation, one should abandon the term "best practices" and accept that there are various ways with equal or comparable right to existence. One or the other approach will be better suited in an arbitration case, but only as a consequence of the specific circumstances of that case, not because of abstract reasoning. As William Park once remarked,

> "the term 'due process' has no sacramental value in itself, but takes meaning from usage. Since one person's delay is often another's due process, notions of arbitral fairness evolve as they are incarnated into flesh and blood responses to specific problems, whose merit often depends on culturally conditioned baseline expectations." [225]

---

222. *Supra* paras. 134 *et seq.*
223. College of Commercial Arbitrators, *Guide to Best Practices in Commercial Arbitration*, Juris, 2005, now in its 4th edition, 2017.
224. See, e.g., B. Hanotiau, "Document Production", pp. 113-119.
225. W. W. Park, "Procedural Soft Law", p. 145.

143. It is with these varying traditions and styles in mind that UNCITRAL issued flexible "Notes" and not strict guidelines on arbitration. Likewise, the Swiss Arbitration Association (ASA), in association with UNCITRAL, is currently setting up an online tool box, that aims at explaining the various options available at the various stages of the proceedings and how they interrelate, without trying to impose a best practice.

144. Thus, to elevate "best practices" to the status of "soft law" may not be much more than an attempt at objectivizing one's own subjective take on due process and other vague principles. It furthers mutual incomprehension, adding to the culture clashes within global arbitration, and may thus not be very helpful. This is not to suggest that arbitrators should not strive to follow best practices or what one perceives as such. One should just not expect that there is an objective global standard that divides right from wrong for all practitioners. After all: who is to judge?

9. *Other procedural instruments*

145. It is important to keep in mind that these are just a few examples. There are countless instruments that do or could purport to be or may be labelled by some as soft law. A recent source book on soft law in international commercial arbitration presents a variety of instruments organized into five topics [226]:

- (i) Drafting arbitration clauses
  - (1) American Arbitration Association (AAA): Drafting Dispute Resolution Clauses: A Practical Guide
  - (2) International Bar Association (IBA): Guidelines for Drafting International Arbitration Clauses
- (ii) Organization and general conduct of commercial arbitration proceedings
  - (1) College of Commercial Arbitrators Protocols for Expeditious, Cost-Effective Commercial Arbitration
  - (2) ICC Techniques for Controlling Time and Costs in Arbitration [227]

226. L. W. Newman and M. J. Radine (eds.), *Soft Law in International Arbitration*, Juris, 2014.

227. http://library.iccwbo.org/content/dr/COMMISSION_REPORTS/CR_0033.htm?l1=Commission%20Reports&l2= (last visited 20 April 2019).

(3) International Institute for Conflict Prevention & Resolution (CPR)[228]: Guidelines on Early Disposition of Issues in Arbitral Proceedings
(4) UNCITRAL Notes on Organizing Arbitral Proceedings[229]
(5) ICC Notes on the Appointment, Duties, and Remuneration of Administrative Secretaries

(iii) Ethics
(1) IBA Guidelines on Conflicts of Interest in International Arbitration[230]
(2) IBA Rules of Ethics for International Arbitrators
(3) Code of Ethics for Arbitrators in Commercial Disputes of the American Bar Association and the American Arbitration Association
(4) IBA Guidelines on Party Representation in International Arbitration[231]

(iv) Taking and presentation of evidence
(1) CPR Protocol on Disclosure of Documents and Presentation of Witnesses in Commercial Arbitration
(2) International Centre for Dispute Resolution (ICDR): Guidelines for Arbitrators Concerning Exchanges of Information
(3) IBA Rules on the Taking of Evidence in International Arbitration[232]
(4) ICC Techniques for Managing Electronic Document Production When it is Permitted or Required in International Arbitration (2011)[233]

(v) Drafting awards
(1) CPR Guidelines for Arbitrators Conducting Complex Arbitrations
(2) ICC Issues Checklist for Arbitrators Drafting Awards
(3) CPR Protocol on Determination of Damages in Arbitration

---

228. For the various instruments issued by CPR see https://www.cpradr.org/resource-center/protocols-guidelines (last visited 20 April 2019).
229. *Supra*, Chapter IV.B.3.
230. *Infra*, Chapter VI.
231. *Infra*, Chapter VII.
232. *Infra*, Chapter V.
233. Report of the ICC Commission on Arbitration Task Force on the Production of Electronic Documents in International Arbitration, ICC Publication 860; http://library.iccwbo.org/content/dr/COMMISSION_REPORTS/CR_0043.htm?l1=Commission+Reports (last visited 20 April 2019).

146. This source book focuses on international commercial arbitration from an American perspective. It, therefore, lists instruments issued by US organizations such as AAA, CPR, and ICDR (the international arm of the AAA) as well as those issued by the major global arbitration organizations. There are many more such procedural instruments by non-US formulating agencies in Europe, but also in Asia and elsewhere.

147. In the wake of a conference on para-regulatory texts organized by the Swiss Arbitration Association in 2010, Daniele Favalli drew up a list of 46 such texts issued by just seven formulating agencies [234]:

(i) CIArb: 20 (plus 5 on mediation)
(ii) IBA: 9
(iii) ICC: 4 (plus another 6 that might also qualify as para-regulatory texts, i.e. containing non-binding rules)
(iv) Centro de Mediación y Arbitraje Mexico: 4
(v) ICDR: 3
(vi) JAMS: 3
(vii) Singapore International Arbitration Centre ("SIAC"): 3

148. Analysing these 46 texts, he found that 24 related to ethics, 13 concerned the organization of the proceedings, 7 related to fact finding, 6 dealt with billing, another 6 pertained to the drafting of an award, 4 treated the subject of the appointment of arbitrators, and 3 addressed the drafting of arbitration clauses. 6 texts dealt with other issues [235].

C. Substantive "Soft Law"

1. Overview

> "The various soft law instruments in international commercial law include model laws, a codification of custom and usage promulgated by an international nongovernmental organization, the promulgation of international trade terms, model forms, contracts, restatements by leading scholars and experts, or international conventions." [236]

234. D. Favalli, "An Overview of Existing Para-regulatory Texts", pp. 6 *et seq*.
235. *Ibid.*, p. 10.
236. H. D. Gabriel, "Advantages of Soft Law", pp. 658 *et seq*. (citations omitted); see also A. Di Robilant, "Genealogies of Soft Law", p. 500; R. Goode, "Rule, Practice, and Pragmatism", p. 541.

149. At first sight, these instruments that purport to govern the substance of the dispute are not linked to arbitration. Arbitration is mainly about procedure, but not, however, solely about procedure. Party autonomy and the discretion of the adjudicators is wider than in State court litigation, also with regard to substantive law. What is sometimes labelled as substantive soft law are, first and foremost, legal phenomena that are typical for, or even unique to, international commercial arbitration. One is an instrument, the UNIDROIT Principles of International Commercial Contracts, which is generally recognized as a foremost substantive soft law instrument, even labelled a "paradigmatic source of non-national law" [237], or "a synonym for soft law" [238]. Another is a vaguely defined set of mostly unwritten rules called the *lex mercatoria*, which will be discussed in more detail below. It is the paradigmatic unwritten substantive soft law [239]. In fact, before the label "soft law" had migrated to commercial arbitration and private law, the UNIDROIT Principles were not described as soft law but as a codification of the *lex mercatoria* [240].

150. Apart from these two phenomena that are largely tied to arbitration, there are other instruments that are counted as substantive soft law, namely various kinds of standard contracts and clauses. Their common denominator is that they are available for parties who may choose to adopt them, but they have no intrinsic normativity. They are virtual law, meaning they may become law if, and only if, parties agree on them.

---

237. Luca G. Radicati di Brozolo, "Non-National Rules and Conflicts of Laws: Reflections in Light of the UNIDROIT and Hague Principles", *Rivista di diritto internazionale privato e prozessuale*, Vol. 48 (3), 2012, p. 841; see also K. P. Berger, "The Role of the UNIDROIT Principles of International Commercial Contracts in International Contract Practice: The UNIDROIT Model Clauses", *Uniform Law Review*, Vol. 19 (4), 2014, p. 520: G. Kaufmann-Kohler, "Soft Law in International Arbitration", p. 285 ("by far the most relied-upon soft law instrument when it comes to the substance of the dispute").

238. H. Kronke, "Principles Based Law and Rule Based Law: The Relevance of Legislative Strategies for International Commercial Arbitration", in H. Kronke and K. Thorn (eds.), *Grenzen überwinden – Prinzipien bewahren, Festschrift für Bernd von Hoffmann*, Bielefeld, 2011, p. 1005.

239. See K. P. Berger, "A 21st Century View", p. 6, referencing G. Teubner.

240. See, e.g., M. J. Bonell, "Die UNIDROIT-Prinzipien der internationalen Handelsverträge: Eine neue Lex Mercatoria?", *ZfRV*, 1996, p. 152; K. P. Berger, "The *Lex Mercatoria* Doctrine and the UNIDROIT Principles of International Commercial Contracts", *Law and Policy in International Business*, Vol. 28 (4), 1997, pp. 943 *et seq.*; G. Baron, "Do the UNIDROIT Principles of International Commercial Contracts Form a New *Lex Mercatoria*?", *Arbitration International*, Vol. 15 (2), 1999, pp. 115 *et seq.*

151. An example that is sometimes mentioned are the INCOTERMS [241]. The INCOTERMS (short for "international commercial trade terms") are very convenient and very common. They define standards for international delivery obligations and thereby help harmonize international practice and avoid misunderstandings or gaps in contracts. They define issues connected to the obligation of the parties in a sales contract, for example, which party, seller or buyer, is responsible for and/or has to bear the costs of various aspects of delivery, such as packaging, various legs of transportation, export and import customs, and insurance.

152. The history of the INCOTERMS goes back to the nineteenth century. The International Chamber of Commerce first provided a list of definitions in 1936 and repeatedly issued revised editions, currently every 10 years [242]. The current edition of the ICC INCOTERMS contains 11 terms, two less than the 2000 edition, as four terms that were not often used had been replaced by two new ones.

153. An INCOTERM only applies when it has been chosen by the parties. The mere fact that there are currently 11 different terms proves that there are no trade usages or soft law of any sort concerning who is responsible for taking out freight insurance or who has to pay export duties. If the parties simply wrote, for example, "CIF" into their contract, it is a matter of construction whether they meant the INCOTERM CIF, thus incorporating the pertinent definition into their contract [243].

154. Another such non-binding but successful instrument are the ICC Uniform Customs and Practice for Documentary Credits (UCP 500) [244]. They are described as

---

241. See, e.g., D. Arias, "Soft Law Rules in International Arbitration", p. 30; H. D. Gabriel, "Advantages of Soft Law", p. 659, fn. 10; G. Cordero-Moss, "Soft Law Codification", p. 114; L. A. DiMatteo, "Soft Law and the Principle of Fair and Equitable Decision Making", p. 22; M. J. Bonell, "Towards a Legislative Codification of the UNIDROIT Principles?", p. 233.

242. 1953, 1967, 1976, 1980, 1990, 2000, and 2010. The next revision is scheduled for 2020.

243. See also, e.g., the list of trade terms provided by the US Government, https://www.export.gov/article?id=Glossary-of-Trade-Terms (last visited 20 April 2019). F. Dasser, *INCOTERMS and Lex Mercatoria. Applicability of INCOTERMS in the Absence of Express Party Consent?*, LL.M. Thesis, 1990, Harvard Law School Library.

244. ICC Publication No. 500, 1993 (6th edition); H. D. Gabriel, "Advantages of Soft Law", p. 658, fn. 9, p. 667; G. Cordero-Moss, "Soft Law Codification in the Area of Commercial Law", p. 115; L. A. DiMatteo, "Soft law and the Principle of Fair and Equitable Decision Making", p. 22; M. J. Bonell, "Towards a Legislative Codification of the UNIDROIT Principles?", p. 233.

> "as a set of guidelines derived from and consistent with bank practice, drafted by private parties who happen to be members of the ICC; it is not binding international law, for it does not fit into the technical international law categories. For lack of a better term, scholars have lumped these bodies of rules into the catch-all category of soft law." [245]

155. Consciously excluded from consideration is the United Nations Convention on Contracts for the International Sale of Goods of 1 April 1980 (CISG). While the CISG is sometimes included in lists of soft law instruments [246], such an inclusion is difficult to sustain. First of all, it is an international convention that is either applicable or not. As such, it is hard law. Second, while more than 30 years have passed since the CISG became effective and although the CISG is hailed as an "extraordinary achievement" [247] it has still not been fully embraced by the international business community. Parties still tend to explicitly exclude the application of CISG when making the choice of the law that will govern the substance of their contract. The CISG does not enjoy any normativity based on international consensus. Suggestions to truly transnationalize a contract by including a choice of the CISG combined with the UNIDROIT Principles for the purposes of gap-filling make a lot of sense on a theoretical level [248], but such a combined choice seems to be exceedingly rare in practice [249].

---

245. Janet K. Levit, "A Bottom-Up Approach to International Lawmaking: The Tale of Three Trade Finance Instruments", *Yale Journal of International Law*, Vol. 30 (1), 2005, p. 172; see also R. A. Pate, "The Future of Harmonization: Soft Law Instruments and the Principled Advance of International Lawmaking", *Touro International Law Review*, Vol. 13 (2), 2010, pp. 148 *et seq.*

246. E.g., G. Cordero-Moss, "Soft Law Codification in the Area of Commercial Law", p. 116 (referencing Ole Lando); L. A. DiMatteo, "Soft Law and the Principle of Fair and Equitable Decision Making", pp. 22 *et seq.*, referring, *inter alia*, to the practice of Chinese arbitral tribunals.

247. A. Veneziano, "The Soft Law Approach to Unification of International Commercial Contract Law", p. 522.

248. See, e.g., one of three choice of law clauses suggested by the Chinese European Arbitration Centre (CEAC):

> "The contract shall be governed by . . . the United Nations Convention on Contracts for the International Sale of Goods of 1980 (CISG) without regard to any national reservation, supplemented for matters which are not governed by the CISG, by the UNIDROIT Principles of International Commercial Contracts and these supplemented by the otherwise applicable national law."

Further, E. Brödermann, "The Impact of the UNIDROIT Principles on International Contract and Arbitration Practice: The Experience of a German Lawyer", *Uniform Law Review*, Vol. 16 (3), 2011, pp. 607 *et seq.*

249. *Infra* para. 188.

2. *UNIDROIT Principles of International Commercial Contracts*

2.1. *Background and history*

156. The explosion of global trade after the Second World War was not mirrored by a corresponding emergence of international trade law, which remained fragmentary. Legislative activities could simply not keep up. International transactions remained by and large subject to domestic laws. By the 1960s an increasing number of trade law specialists perceived this situation as undesirable [250].

157. Under the umbrella of UNIDROIT, in the late 1960s the idea was hatched to address the glaring disconnect between international trade and still mostly domestic commercial law by non-legislative means of harmonization or even unification. The International Institute for the Unification of Private Law (UNIDROIT) in Rome is an independent intergovernmental organization established in 1926 as an auxiliary organ of the League of Nations and, after the demise of the League of Nations, re-established in 1940 by a multilateral treaty [251].

158. In 1971, the Governing Council of UNIDROIT, with approval by the member States, decided on a work programme concerning general contract law "with a view to a progressive codification of the law of contractual obligations" [252]. In the 1980s, an international working group under the leadership of Michael Joachim Bonell drafted a first version of a general part of contract law. The drafter consciously chose the model of US restatements of law that are non-binding sets of black letter rules and commentaries and solely rely on a persuasive authority [253]. The first edition was published in 1994 as the UNIDROIT Principles of International Commercial Contracts and comprised 119 articles [254]. Several gaps remained, which were progressively closed over the next 20 years, with amended versions issued in 2004 (including, for example, provisions on set-off, assignment, and limitation periods), 2010 (including provisions on illegality), and 2016 (including provisions

---

250. S. Vogenauer, "Introduction", in S. Vogenauer, *Commentary on the UNIDROIT Principles*, nn. 2 *et seq*.

251. See https://www.unidroit.org/about-unidroit/overview (last visited 20 April 2019).

252. See S. Vogenauer, "Introduction", in S. Vogenauer, *Commentary on the UNIDROIT Principles*, n. 16.

253. E. A. Farnsworth, "Closing Remarks", *American Journal of Comp L.*, Vol. 40, 1992, p. 699; M. J. Bonell, *An International Restatement of Contract Law*, 3rd ed., Transnational Publishers, 2005, pp. 9 *et seq*.

254. UNIDROIT, *Principles of International Commercial Contracts*, Rome, 1994.

on long-term contracts). Over that time, the number of articles grew to 211 [255].

159. In the words of the Governing Council of UNIDROIT,

> "[t]he objective of the UNIDROIT Principles is to establish a balanced set of rules designed for use throughout the world irrespective of the legal traditions and economic and political conditions of the countries in which they are to be applied"

and thus to go into the direction of "an international restatement of general principles of contract law" [256].

160. From the outset, the project was therefore firmly rooted in the comparison of existing legal systems. At the same time it was understood that comparative law alone could not provide a comprehensive set of solutions:

> "For the most part the UNIDROIT Principles reflect concepts to be found in many, if not all, legal systems. Since however the Principles are intended to provide a system of rules especially tailored to the needs of international commercial transactions, they also embody what are perceived to be the best solutions, even if not yet generally adopted." [257]

2.2. Scope of application

161. The Preamble defines the scope of application in a manner that is at the same time sweeping but also confirming the non-binding nature of the Principles:

> "PREAMBLE
>
> (Purpose of the Principles)
>
> These Principles set forth general rules for international commercial contracts.
>
> They shall be applied when the parties have agreed that their contract be governed by them.
>
> They may be applied when the parties have agreed that their contract be governed by general principles of law, the lex mercatoria or the like.

---

255. Governing Council, "Introduction to the 2016 Edition", UNIDROIT, *Principles of International Commercial Contracts 2016*, Rome, 2016, p. viii.
256. The Governing Council of UNIDROIT, "Introduction", UNIDROIT, *Principles of International Commercial Contracts*, Rome, 1994, pp. vii-viii.
257. *Ibid.*, p. viii.

They may be applied when the parties have not chosen any law to govern their contract.

They may be used to interpret or supplement international uniform law instruments.

They may be used to interpret or supplement domestic law.

They may serve as a model for national and international legislators."

162. Although the UNIDROIT Principles resemble a codification, they are not conceived as a binding instrument. In particular, they have not been adopted by an international conference of States nor does the Governing Council of UNIDROIT have the statutory power to issue binding instruments. The UNIDROIT Principles are an instrument put at the disposition of the private business community without the endorsement of State Governments [258].

163. The Preamble is based on this premise. The conflict of law provisions contained therein consider the instrument only as binding if the parties have agreed on it within their party autonomy. There are cases, typically in connection with an arbitration clause, of parties declaring the Principles applicable as *lex contractus*. Most arbitration laws allow parties to choose "rules of law", i.e. also sets of rules that are not State law [259]. Some jurisdictions also allow the arbitral tribunal to apply such "rules of law" in the absence of a choice by the parties [260], although this is not provided for by the UNCITRAL Model Law [261].

164. In State courts, such a choice of a non-national legal standard is generally not allowed to replace the State law determined as *lex contractus* by the applicable national conflicts of law rules and would, thus, only be able to replace dispositive domestic law, not mandatory

---

258. Governing Council, "Introduction", UNIDROIT, *Principles of International Commercial Contracts*, Rome 1994, p. ix.

259. E.g., Article 28 (1), UNCITRAL Model Law, Article 187 (1), Swiss Private International Law Act, Article 1511, French Code of Civil Procedure, Section 46 (1) *(b)*, English Arbitration Act 1990, Section 64, Arbitration Ordinance of Singapore (Cap. 609); see E. Gaillard and J. Savage (eds.), *Fouchard Gaillard Goldman on International Commercial Arbitration*, pp. 802 *et seq.*, n. 1444.

260. E.g., Article 187 (1), Swiss Private International Law Act; Article 1511, French Code of Civil Procedure.

261. Article 28 (2) UNCITRAL Model Law, which requires that arbitral tribunal determine the [State] "law" applicable in the absence of a choice of the "rules of law" by the parties; generally see the comparative overview of European jurisdictions by F. Dasser, "Mouse or Monster", pp. 147 *et seq.*; L. G. Radicati di Brozolo, "Party Autonomy and the Rules Governing the Merits of the Dispute in Commercial Arbitration", in F. Ferrari (ed.), *Limits to Party Autonomy in International Commercial Arbitration*, Juris, 2016, pp. 344 *et seq.*

rules[262]. Contrary to what is often reported[263], the Swiss Federal Supreme Court did *not* hold that the UNIDROIT Principles could be chosen by parties as applicable law[264].

165. The new Hague Principles on Choice of Law in International Commercial Contracts (2015), themselves a non-binding, "soft law" instrument, may nudge States to loosen this reticence over time, however. Article 3 of the Hague Principles provides that

> "[t]he law chosen by the parties may be rules of law that are generally accepted on an international, supranational or regional level as a neutral and balanced set of rules, unless the law of the forum provides otherwise".

According to the official commentary of the Hague Principles, the CISG, the UNIDROIT Principles and the similar Principles of European Contract Law (PECL) would qualify under that provision[265].

166. Although rare[266] in practice, situations are sometimes encountered where parties want to avoid the application of a particular domestic law. Indeed, before the advent of the UNIDROIT Principles, the parties had little choice but to make do with the notoriously vague choices of general principles of law or the even vaguer and ambiguous notion of *lex mercatoria*[267]. The UNIDROIT Principles provide parties with a real and suitable alternative to domestic laws[268]. In 2013, UNIDROIT published model clauses for the choice of the Principles as applicable rules of law[269].

---

262. It could be different under the Inter-American Convention on the Law Applicable to International Contracts, 1994, see R. Michaels, "Privatautonomie und Privatkodifikation: Zur Anwendbarkeit und Geltung allgemeiner Vertragsrechtsprinzipien", *The Rabel Journal of Comparative and International Private Law*, Vol. 62 (4) 1998, pp. 596-598.

263. E.g., E. Finazzi Agrò, "The Impact of the UNIDROIT Principles in International Dispute Resolution in Figures", *Uniform Law Review*, Vol. 16 (3), 2011, p. 722.

264. In the decision BGE 132 (2005) III 285, cons. 1.2, concerning the quality of FIFA regulations, the Court merely referenced a dispute among legal scholars, some of whom argued in favour of recognition of non-national rules of law. In cons. 1.3 the Court held instead that sets of rules of private organizations such as FIFA cannot replace the (State) *lex contractus* and cannot, thus, be a *"lex sportiva transnationalis"* as was sometimes argued.

265. https://www.hcch.net/de/instruments/conventions/full-text/?cid=135#text (last visited 20 April 2019); see, however, the justified critique of this provision by P. Mankowski, "Article 3 of the Hague Principles: The Final Breakthrough for the Choice of Non-State Law?", *Uniform Law Review*, Vol. 22 (2), 2017, pp. 369 *et seq.*

266. See *infra* paras. 178 *et seq.*

267. See *infra*, Chapter IV.C.3.

268. M. J. Bonell, *Recueil des cours*, p. 27.

269. https://www.unidroit.org/instruments/commercial-contracts/upicc-model-clauses (last visited 20 April 2019); K. P. Berger, "The Role of the UNIDROIT

167. The Preamble lists several other situations where the instrument *may* be applied, by arbitrators or by courts, but also taken as a model by legislators. In these situations, the application is no longer based on the normative principle of party autonomy. It thus solely relies on the intrinsic value of the Principles [270]. To the extent that the applicable *lex arbitri* authorizes arbitrators to apply "rules of law" in the absence of a choice of law by the parties, arbitral tribunals may indeed apply the UNIDROIT Principles in lieu of a State law. Whether they may also do so when the parties have agreed on a choice of "general principles of law", *"lex mercatoria"* or the like, is more questionable, however, even though the Principles were early on hailed as a "codification of basic rules of the *lex mercatoria*, as their restatement" [271].

168. First, as the UNIDROIT Principles are (i) not just a restatement of a common core of global legal systems but mostly contain compromises between legal systems or even new solutions and (ii) not just principles, but relatively detailed rules, it is a stretch to equate a choice of general principles with a choice of the UNIDROIT Principles.

169. Second, the *lex mercatoria* is, if anything, a vague body of general principles and trade usages that is – at least in the usual sense – a set of rules generated bottom up by the international business community, i.e., rules *by* the merchants as compared to rules *for* the merchants [272]. The UNIDROIT Principles are drafted by a select group of outstanding academics chosen by the member States of the UNIDROIT. Thus the UNIDROIT Principles represent a top down, rather than a bottom up, rule drafting [273]. In addition, the notion of codification is alien to the concept of a *lex mercatoria*, which is based on ever-

Principles of International Commercial Contracts in International Contract Practice: The UNIDROIT Model Clauses", *Uniform Law Review*, Vol. 19 (4), 2014, pp. 519 *et seq*.

270. A. Veneziano, "The Soft Law Approach to Unification of International Commercial Contract Law", pp. 524-525.

271. D. Maskow, "Die Prinzipien des internationalen Handelsrechts vor der Vollendung", *ASA Bulletin*, 1994, p. 102: "Die Prinzipien verstehen sich also als Kodifizierung von Basisregeln der Lex mercatoria, als deren Restatement." See also the various contributions in ICC Institute of International Business Law and Practice (ed.), *The UNIDROIT Principles for International Commercial Contracts: A New Lex Mercatoria?*, ICC Publ. No. 490/1, 1995; G. Baron, "Do the UNIDROIT Principles of International Commercial Contracts Form a New *Lex Mercatoria*?", *Arbitration International*, Vol. 15 (2), 1999, pp. 115 *et seq*.

272. On the *lex mercatoria* see *infra*, 3.

273. Apparently *contra*: K. P. Berger, "The Role of the UNIDROIT Principles of International Commercial Contracts in International Contract Practice: The UNIDROIT Model Clauses", *Uniform Law Review*, Vol. 19 (4), 2014, p. 520.

changing practices of international commerce[274]. A codification could at best create a presumption that the rules contained therein reflect the autonomous customs of international trade[275]. The term *lex mercatoria* has, however, no authoritative definition, allowing, for example, an arbitral tribunal to declare the *"lex mercatoria"* applicable to a contract that lacked a choice of law clause and the UNIDROIT Principles to be part of such a *lex mercatoria*[276].

170. Furthermore, the UNIDROIT Principles are not the only set of general contract law. The Principles of European Contract Law (PECL) are similar, but not identical[277]. Having been published in three parts in 1995, 1999, and 2002, they also state general rules for contracts. Their focus is on European legal traditions, both civil and common law, but not fundamentally different from the UNIDROIT approach that is also largely based on Western (civil and common law) traditions. The PECL themselves prepared the ground for a revised and expanded version in the form of the Draft Common Frame of Reference (DCFR), an ambitious European instrument as a first step towards a European civil code[278].

---

274. R. Michaels, "Privatautonomie und Privatkodifikation: Zur Anwendbarkeit und Geltung allgemeiner Vertragsrechtsprinzipien", *The Rabel Journal of Comparative and International Private Law*. Vol. 62 (4), 1998, p. 616.

275. Similarly K. P. Berger, *The Lex Mercatoria (Old and New) and the TransLex-Principles*, n. 59-60. K. P. Berger, "The Relationship between the UNIDROIT Principles of International Commercial Contracts and the New *Lex Mercatoria*", *Uniform Law Review*, Vol. 5 (1), 2000, p. 169 ("In order to be considered part of the lex mercatoria, every rule or principle they contain needs to be verified by international contract and arbitration practice"). Noting differences between the UNIDROIT Principles and actual trade practices: R. Hill, "A Businessman's View of the UNIDROIT Principles", *Journal of International Arbitration*, 1996 (2), pp. 163 *et seq*.

276. ICC Case No. 9875, partial award, January 1999, *ICC International Court of Arbitration Bulletin*, Vol. 12 (2), 2001, p. 97. A Brazilian court apparently decided to apply the CISG together with the UNIDROIT Principles as expression of the "new *lex mercatoria*", but this decision should be taken as one of a very few outliers (see the reference in M. J. Bonell, *Recueil des cours*, p. 31).

277. https://www.jus.uio.no/lm/eu.contract.principles.parts.1.to.3.2002/ (last visited 20 April 2019); O. Lando and H. Beale (eds.), *Principles of European Contract Law, Parts I and II. Prepared by the Commission on European Contract Law*, Kluwer Law Int'l, 2000; O. Lando, E. Clive, A. Prüm and R. Zimmermann (eds.), *Principles of European Contract Law, Part III. Prepared by the Commission on European Contract Law*, Kluwer Law Int'l, 2003; R. Zimmermann, *Die Principles of European Contract Law als Ausdruck und Gegenstand europäischer Rechtswissenschaft*, Schriftenreihe des Zentrums für Europäisches Wirtschaftsrecht, Vorträge und Berichte, Vol. 138, 2003.

278. Chr. von Bar and E. Clive (eds.), *Principles, Definitions and Model Rules of European Private Law. Draft Common Frame of Reference (DCFR)*, 6 vols., Oxford Univ. Press, 2010; Chr. von Bar, E. Clive and H. Schulte-Nölke, *Principles, Definitions and Model Rules of European Private Law. Draft Common Frame of Reference (DCFR). Outline Edition*, Verlag Dr. Otto Schmidt, 2009. See D. Arias, "Soft Law Rules in International Arbitration", p. 30, on the DCFR as soft law.

171. This competition of sorts requires parties and arbitrators to compare and choose [279]. There is no automatic prevalence of the UNIDROIT Principles. Whether parties choose one or the other instrument always depends upon how one or the other set of rules better fits the specific case [280].

2.3. Content

172. The UNIDROIT Principles provide a substantial number of general contract rules. The label "Principles" is actually a misnomer and was decried as "misleading" and "regrettable" [281]. The Principles represent a general part of contract law. The main difference to usual national codifications of contract law is the absence of chapters on specific types of contracts [282].

173. The Principles represent a "mixture of both tradition and innovation" [283]. While some provisions are part of a "common core" of contract law in various (mostly Western) jurisdictions and thus amenable to a "restatement", in most cases the drafters were confronted with diverse rules and had to decide between conflicting concepts, by taking into account the view of a majority of States but even more so the persuasive value of a rule and its suitability for cross-border transactions ("pre-statement" approach) [284].

174. One aspect deserves to be highlighted: at closer inspection many rules contained in the UNIDROIT Principles are rather vague.

279. F. Marrella, "The Unidroit Principles of International Commercial Contracts in ICC Arbitration 1999-2001", *ICC International Court of Arbitration Bulletin*, Vol. 12 (2), 2001, pp. 51, 53; R. Michaels, "Privatautonomie und Privatkodifikation: Zur Anwendbarkeit und Geltung allgemeiner Vertragsrechtsprinzipien", *The Rabel Journal of Comparative and International Private Law*. Vol. 62 (4), 1998, p. 603; see also the aspiration of the Commission on European Contract Law to have the PECL applied as *lex mercatoria* if only as a *European lex mercatoria*, O. Lando and H. Beale (eds.), *Principles of European Contract Law, Parts I and II. Prepared by the Commission on European Contract Law*, Kluwer Law Int'l, 2000, p. xxiv.

280. O. Meyer, *Principles of Contract Law und nationales Vertragsrecht. Chancen und Wege für eine Internationalisierung der Rechtsanwendung*, Nomos, Baden-Baden, 2007, pp. 138-139.

281. U. Drobnig, "Vereinheitlichung von Zivilrecht durch soft law", p. 747.

282. For a critique of rules on specific types of contracts see F. Dasser, "Vertragsrecht ohne Vertragstypenrecht?", in H. Honsell *et al.* (eds.), *Aktuelle Aspekte des Schuld- und Sachenrechts, Festschrift Heinz Rey zum 60. Geburtstag*, Schulthess, 2003, pp. 207 *et seq.*

283. M. J. Bonell, *Recueil des cours*, p. 24.

284. *Ibid.*, further: M. J. Bonell, *An International Restatement of Contract Law. The UNIDROIT Principles of International Commercial Contracts*, 3rd ed., Martinus Nijhoff Publ., 2005, pp. 48 *et seq.*; S. Vogenauer, "The UNIDROIT Principles at Twenty", p. 485.

An analysis of the original 1994 version showed that 30 per cent of the almost 200 paragraphs of the Principles contained references to specific circumstances, reasonableness, good faith, or the "nature" of the contract[285]. This is several times what would be usual for a national contract law codification[286]. There is limited commonality in understanding what might be reasonable and fair under specific circumstances, particularly in a cross-cultural context. Such terms basically denote a blank, authorizing the arbitral tribunal to decide within its discretion.

175. A particularly vague provision is Article 5.1.2, which deals with implied obligations. Taken *verbatim*, it grants an arbitral tribunal wide discretion to read into the contract whatever it needs in order to reach a certain result:

> "Article 5.1.2 (Implied obligations)
>
> Implied obligations stem from
>
> *(a)* the nature and purpose of the contract;
> *(b)* practices established between the parties and usages;
> *(c)* good faith and fair dealing;
> *(d)* reasonableness."

176. This provision is almost identical to Article 4.8 on supplying an omitted term which also refers to the nature and purpose of the contract, good faith and fair dealing, and reasonableness. The two provisions are often held to be overlapping or even interchangeable, and Article 5.1.2 may, therefore, arguably "simply be disregarded"[287]. It may be left open for the purpose of the present analysis whether one should rely on Article 4.8 or 5.1.2 when adding provisions to a contract. The point is that concepts such as "nature", "good faith", "fairness" or "reasonableness" are essentially empty shells, particularly in an international, cross-cultural context where there is little commonality of concepts. Therefore, relying on such ambiguous concepts provides a free pass to arbitral tribunals to add clauses to a contract.

177. Such provisions make sense in theory, but may raise concerns with practitioners, who tend to value predictability of contractual rights

285. F. Dasser, *Vertragstypenrecht im Wandel, Konsequenzen mangelnder Abgrenzbarkeit der Typen*, Schulthess/Nomos Zurich/Baden-Baden 2000, pp. 208 *et seq.*

286. Corresponding figures would be about 10 per cent for the Swiss Code of Obligations or about 8 per cent for the German BGB (as of 2000), see Dasser, *ibid.*, p. 209.

287. S. Vogenauer, *Commentary,* Article 4.8, nn. 1 *et seq.*, n. 8.

and obligations above all[288]. Whether vague principles indeed render decisions less predictable compared to more detailed codifications may not be entirely clear[289]. Yet, perception counts and vague principles, including references to fairness and reasonableness, are generally perceived not to sufficiently allow for a determination of one‘s rights and duties. It is a challenge for a practising lawyer to provide a party with a clear legal opinion on the content and consequences of a contract that is subject to the UNIDROIT Principles.

2.4. Prevalence in practice

178. Officially, the UNIDROIT Principles are hugely successful, having "surpassed the most optimistic expectations" already within their first ten years[290]. By 2016, the Governing Council noted that they "continue to be well received generally" "as amply demonstrated by the extensive body of case law and bibliographical references"[291]. There is indeed a considerable number of publications as well as court decisions and arbitral awards that mention the UNIDROIT Principles[292]. They have achieved an extraordinary level of awareness in the international legal community, particularly when compared to other international uniform law instruments[293].

179. From a viewpoint of normativity, however, the reception in practice looks much less impressive. In particular, there is very little evidence of parties choosing the UNIDROIT Principles as the applicable substantive law. While it is difficult to quantify the choices

288. Similarly: G. Cordero-Moss, "Soft Law Codification in the Area of Commercial Law", pp. 117 *et seq.*, doubting that the UNIDROIT Principles foster predictability ("uniformity is not always achievable if the rules are so general that they need to be interpreted – because the interpreter's legal tradition will impact on the effects of the rules", pp. 129 *et seq.*).

289. F. Ellinghaus and T. Wright, "The Common Law of Contracts: Are Broad Principles Better than Detailed Rules? An Empirical Investigation", *U. of Melbourne Legal Studies Research Paper No. 122* (https://papers.ssrn.com/sol3/papers.cfm?abstract_id=771204; last visited 13 January 2019), also *Texas Wesleyan LR*, Vol. 11 (2), 2005, p. 420; Vogenauer, "Introduction", *op. cit.*, n. 31.

290. Governing Council of UNIDROIT, "Introduction to the 2004 Edition", UNIDROIT, *UNIDROIT Principles of International Commercial Contracts 2016*, Rome, 2016, p. xxiii.

291. Governing Council, "Introduction to the 2016 Edition", UNIDROIT, *UNIDROIT Principles of International Commercial Contracts 2016*, Rome, 2016, p. vii. At the same time, however, M. J. Bonell, editor-in-chief of UNIDROIT's UNILEX database, summarized the performance of the UNIDROIT Principles as "not too exciting" (M. J. Bonell, *Recueil des cours*, p. 45).

292. See the lists of publications and cases on www.unilex.info.

293. A. Veneziano, "The Soft Law Approach to Unification of International Commercial Contract Law", p. 525.

of law in international contracts in which arbitration was chosen as the dispute settlement mechanism due to the confidentiality usually involved in such transactions, there are some windows into this world, most notably at the International Chamber of Commerce (ICC).

180. The ICC has been promoting the UNIDROIT Principles for more than 15 years now [294]. The numerous model contracts offered by the ICC typically contain two options for the choice of law clause, the first option referring, amongst others, to the UNIDROIT Principles [295]. For example, the choice of law clause in the ICC Model International Franchising Contract of 2000 reads as follows:

> "32. A This Agreement is governed by the rules and principles of law generally recognized in international trade together with the UNIDROIT principles *[sic]* on *[sic]* International Commercial Contracts." [296]

181. The ICC continued to promote the UNIDROIT Principles ever since, albeit with little modifications. The revised model contract 2011 for international franchising reads:

> "31.A. Unless otherwise agreed any questions relating to this Contract which are not expressly or implicitly settled by the provisions contained in this Contract shall be governed, in the following order:
> (a) by the principles of law generally recognized in international trade as applicable to franchise contracts,
> *(b)* by the relevant trade usages, and
> *(c)* by the Unidroit Principles of International Commercial Contracts." [297]

---

294. See ICC, *Developing Neutral Legal Standards for International Contracts. A-national Rules as the Applicable Law in International Commercial Contracts with Particular Reference to the ICC Model Contracts*, ICC paper, undated, https://iccwbo.org/publication/developing-neutral-legal-standards-international-contracts/ (last visited 15 March 2019).

295. See also F. Bortolotti, "The UNIDROIT Principles as a Basis for Alternative Choice-of-Law Clauses, with Particular Reference to the ICC Model Contracts", *Uniform Law Review*, Vol. 19 (3), 2014, pp. 542 *et seq*. Also, other model contracts sometimes contain a choice of the UNIDROIT Principles as an option, see, e.g., some of the model contracts of the International Trade Centre (http://www.intracen.org/itc/exporters/model-contracts/, last visited 20 April 2019).

296. ICC, *The ICC Model International Franchising Contract*, ICC Publication No. 557E, Paris, 2000, p. 67; similarly: ICC, *The ICC Model Occasional Intermediary Contract*, ICC Publication No. 619E, Paris, 2000, p. 33.

297. ICC, *ICC Model International Franchising Contract*, ICC Publication No. 712E, Paris, 2011, p. 43.

182. Option A in the ICC Model Contract International Consulting Services of 2017[298] reads:

> "13.1. Any questions relating to this Contract which are not expressly or implicitly settled by the provisions contained in this Contract shall be governed, in the following order:
>
> *(a)* by the Principles of law generally recognized in international trade as applicable to international contracts with consultants,
>
> *(b)* by the relevant trade usages, and
>
> *(c)* by the UNIDROIT Principles of International Commercial Contracts,
>
> with the exclusion – subject to Article 13.2 hereunder – of national laws."

183. These model contracts provide for arbitration under the ICC Arbitration Rules. Disputes arising under such model contracts are therefore likely to show up in the yearly statistics of the ICC. Since 2000, the ICC International Court of Arbitration publishes detailed statistical analyses of its case load, including statistics on the choice of law clauses contained in the contracts that are in dispute. According to these statistics, there were about six instances in which the UNIDROIT Principles were chosen as applicable law in the years 2000-2009, i.e. less than once per year. In the years 2010 to 2017 there were 17 such choice of law clauses, typically two per year, with a conspicuous spike of six cases in 2016, namely: 2010: 0; 2011: 2; 2012: 3; 2013: 2; 2014: 1; 2015: 2; 2016: 6; 2017: 1[299].

184. These absolute figures remain stubbornly small and are even more sobering in view of the substantial increase in the total number of

298. ICC, *ICC Model Contract International Consulting Services*, ICC Publication No. 787E, Paris, 2017, p. 17.

299. See F. Dasser, "Anwendung nichtstaatlichen materiellen Rechts in der internationalen Handelsschiedsgerichtsbarkeit", in R. Wilhelmi and M. Stürner (eds.), *Post-M&A-Schiedsverfahren. Recht und Rechtsfindung jenseits gesetzlichen Rechts*, Springer, 2019, pp. 161-162. There, I left open whether the spike in 2016 was finally a sign of increasing success or a one-off. In the meantime, the data for 2017 have been published: there was again only one case in 2017 in which the UNIDROIT Principles applied (ICC, "2017 ICC Dispute Resolution Statistics", *ICC Dispute Resolution Bulletin 2018*, Issue 1, under heading "choice of law", no pagination. As indicated in the same article under heading "Caseload", 2016 was a peculiar year with a record 966 cases due to 135 cases related to very small claims in a collective dispute. It is not clear whether this might explain the relatively high number of choice of law clauses referring to the UNIDROIT Principles.).

cases over the years, i.e. from 541 in the year 2000 to 810 in 2017 [300]. Typically, much less than half a per cent of the choice of law clauses that come up in ICC arbitration proceedings refer to the UNIDROIT Principles. This result does not suggest a broad acceptance of the UNIDROIT Principles in commercial practice, and not even a marked increase in acceptance over the years if we assume that 2016 was an outlier involving groups of related contracts.

185. Analyses of ICC awards show a similar picture, with a few additional cases where the arbitral tribunal either successfully convinced the parties to agree to the application of the UNIDROIT Principles in the absence of a choice of law clause in the contract or applied them otherwise as an expression of general principles of law [301].

186. Even more starkly, recent statistics from the London Court of International Arbitration (LCIA) suggest total absence of the UNIDROIT Principles in LCIA arbitration. Since 2016, when data on the law chosen by the parties were first published, there has not been a single reported case [302]. The only reported choice of a non-national legal standard are the INCOTERMS – which do not even purport to be a *lex contractus* [303].

187. So far, an ongoing review of all international arbitral awards that were challenged before the Swiss Federal Supreme Court between 1989 and 2018 did not yield a single case where the parties had chosen the UNIDROIT Principles as the applicable law [304]. However, in at least on case the arbitral tribunal decided to apply them in the absence of a choice by the parties.

188. Another window into the world of arbitration is provided by UNIDROIT itself. On www.unilex.info, known cases are systematically gathered with helpful abstracts. The website lists a considerable

300. ICC, "2017 ICC Dispute Resolution Statistics", *ICC Dispute Resolution Bulletin*, 2018 (1), no pagination.

301. F. Marrella and F. Gélinas, "The Unidroit Principles of International Commercial Contracts in ICC Arbitration", *ICC International Court of Arbitration Bulletin*, Vol. 10 (2), 1999, pp. 26 *et seq.*; F. Marrella, "The Unidroit Principles of International Commercial Contracts in ICC Arbitration 1999-2001", *ICC International Court of Arbitration Bulletin*, Vol. 12 (2), 2001, pp. 49 *et seq.*; F. Marrella, *La nuova lex mercatoria. Principi e usi dei contratti del commercio internazionale*, Padua, CERAM, 2002.

302. LCIA Statistics 2016, p. 16, 2017, p. 9 and 2018, p. 11 (https://www.lcia.org/LCIA/reports.aspx; last visited 20 April 2019).

303. LCIA Statistics 2016, p. 16; as to the status of the INCOTERMS see *supra* para. 151.

304. Current research project by F. Dasser and P. Wójtowicz. Not all decisions of the Federal Tribunal indicate the *lex causae*, though.

number of decisions under Preamble "2.1. As rules of law governing the contract" and, in particular, about 30 listings concerning an express choice by the parties of the UNIDROIT Principles as the applicable law [305]. Less than a dozen of them, however, concern a choice of the UNIDROIT Principles in the contract (either as a stand-alone choice or in combination with a domestic law, the CISG, or general principles). Some of them relate to contracts with a Russian party, confirming an observation by A. S. Komarov that Russian parties often include references to the UNIDROIT Principles into their contracts with foreign partners [306].

189. Some cases concern clauses that provide for a national law, to be supplemented by the UNIDROIT Principles. On the face of it, such clauses do not make much sense as national laws are essentially self-sufficient: unlike the CISG, for example, national laws do not contain substantial gaps that should not and cannot be filled from within. A supplementary reference to the UNIDROIT Principles might serve a psychological purpose rather than a legal one, but it may also provide the arbitral tribunal with an attractive alternative if faced with an obscure issue of domestic law, especially if legal experts for the parties submit conflicting evidence on the national law.

190. In most of the other cases, the parties agreed on the application (stand-alone or in combination) during the arbitral proceedings, mostly where the contract was silent on the applicable law or contained references to two different domestic laws. In these situations, a choice of the UNIDROIT Principles may serve to avoid a decision by the arbitral tribunal on whether one or the other national law is applicable. The UNIDROIT Principles might be considered to be "neutral" and to contain fewer surprises than whatever national law the arbitral tribunal otherwise might decide to apply.

191. The UNIDROIT website also lists a few dozen cases where the arbitral tribunal applied or discussed the application of the UNIDROIT Principles in the absence of an express choice by the parties.

---

305. www.unilex.info; the total number includes some double listings (the very first three entries under Preamble Section 2.1 concern the same Russian decision of the Arbitrazh Court of Tyumen region of 7 August 2012). Many cases are only reported by means of an abstract so that the actual circumstances cannot be considered.

306. A. S. Komarov, "Reference to the UNIDROIT Principles in International Commercial Arbitration Practice in the Russian Federation", *Uniform Law Review*, Vol. 16 (3), 2011, p. 658.

192. Several other analyses of the available databases also provided rather "sobering data" [307], not least because the majority of references to the UNIDROIT Principles appear as "merely gratuitous, decorative, or ornamental" [308].

193. Bonell seems to interpret the data from the UNILEX database somewhat differently. According to him, out of a total of 424 decisions in the database as of August 2017 "107 decisions – precisely 10 court decisions and 97 arbitral awards, including 8 ICSID Awards . . . – applied the UNIDROIT Principles as the rules of law governing the substance of the dispute" [309]. The data do not appear to bear this out. Today the database contains 459 listings (including multiple listings of the same cases). The sections concerning the Principles as law chosen by the parties (Section 2.1.1) and as rules of law that the arbitrators determine to be appropriate (Section 2.1.5.1) together contain only 55 listings (including multiple listings), and a quick review shows that they include many decisions where the issue of the application of the UNIDROIT Principles as such was not or only marginally addressed or the UNIDROIT Principles were even explicitly excluded as not applicable. Bonell may have also included decisions where the courts or arbitral tribunals merely made a passing reference to a specific article of the UNIDROIT Principles or applied such an article either as an expression of a general principle of law or in acting within their powers as *amiable compositeurs*.

194. Indeed, both State courts and arbitral tribunals repeatedly refer to provisions in the UNIDROIT Principles (i) as expressions of international standards and thus as a source for the recognition of law ("Rechtserkenntnisquelle") where other means fail, but also (ii) to be able to rely on an international instrument they may be more familiar with instead of a domestic law of a foreign jurisdiction. This approach is often applied by these adjudicative bodies for their own comfort but also for the benefit of the parties who may not be fully familiar or comfortable with the applicable domestic law either.

---

307. See S. Vogenauer, "Introduction", in S. Vogenauer, *Commentary*, n. 48, with summaries of empirical studies by A. Metzger (*Extra legem, intra ius: Allgemeine Rechtsgrundsätze im europäischen Privatrecht*, 2009), E. Finazzi Agrò, "The Impact of the UNIDROIT Principles in International Dispute Resolution in Figures", *Uniform Law Review*, Vol. 16 (3), 2011, pp. 719 *et seq.*; see also F. Dasser, "Mouse or Monster?", pp. 139 *et seq.*

308. S. Vogenauer, *ibid.*, n. 48 at p. 22.

309. M. J. Bonell, "The Law Governing", *Recueil des cours,* p. 34.

195. Another potential, albeit even less reliable[310], window into actual practice is provided by surveys among practitioners. As a commentator concluded on the basis of several such surveys, "[b]usiness people and practitioners have also been slow to embrace the PICC", it therefore "seems premature to speak of an unqualified success story with regard to the use of the PICC in transnational contracting and the resolution of international commercial disputes"[311].

196. It is unclear why acceptance remains so low. One reason might well be that lawyers still do not know the UNIDROIT Principles well enough in order to recommend them to parties[312]. Given the many years of promotion and awareness creation, one would have expected a broader acceptance as appears to currently be the case. Available data do not seem to provide evidence of increasing acceptance[313]. Anecdotal experience suggests that even today parties negotiate over the application of their own domestic laws or, alternatively, a neutral law such as English or Swiss law. A non-national legal standard such as the UNIDROIT Principles is rarely mentioned, let alone seriously discussed.

197. This seems to be confirmed by a worldwide study among in-house lawyers of mostly major corporations conducted in 2010 by the Queen Mary International School of Arbitration. Asked what law corporations most frequently choose when they are free to do so, almost all of the respondents opted for either the laws of their home jurisdiction or one of the five most popular domestic laws (English, Swiss, New York, French, other US law), with only 3 per cent listing "other" laws. The respondents cited familiarity, predictability, foreseeability, or

---

310. Concerning surveys see *infra* paras. 483 *et seq.*; critical about a survey conducted by Bonell himself: R. Michaels, "Privatautonomie und Privatkodifikation: Zur Anwendbarkeit und Geltung allgemeiner Vertragsrechtsprinzipien", *The Rabel Journal of Comparative and International Private Law*, Vol. 62 (4), 1998, p. 583, fn. 10 ("wenig aussagekräftig").

311. S. Vogenauer, "Introduction", in S. Vogenauer, *Commentary*, n. 49. For a more upbeat assessment cf. E. Brödermann, *UNIDROIT Principles of International Commercial Contracts. An Article-by-Article Commentary*, Nomos, 2018, Introduction, n. 19.

312. M. J. Bonell blames "the inherent conservatism, coupled with a good deal of provincialism, of the legal profession" as "the principal reason" for the rather disappointing acceptance (M. J. Bonell, "The Law Governing", p. 45).

313. Out of the 21 cases listed under Preamble, 2.1.1.2 (Principles explicitly chosen by the parties; cases before an arbitral tribunal) 15 cases dated between 1996 and 2005. Since 2006 only five cases have been added (www.unilex.org; last visited 13 January 2019). See also the data of the ICC listed in the chart above.

certainty as main reasons for choosing these national laws [314]. Similarly, a 2013 survey by WIPO on the choice of law most often utilized in technology transactions lists 17 different national laws, with New York and English laws leading (15 per cent each) before German law (14 per cent), Californian law (11 per cent), and Swiss law (10 per cent), but does not even mention any non-national legal standards such as the UNIDROIT Principles [315].

198. It might be too early to judge whether the UNIDROIT Principles will share the fate of Esperanto – a well conceived, logically-structured artificial language that failed to be embraced in practice. English became the *lingua franca* of the world, not Esperanto; and English law is well on course to become the favourite law of international commerce, not the UNIDROIT Principles.

199. On the other hand, the glass is also half full: substantial numbers of references to the Principles by arbitral tribunals, even if only "ornamental", indicate that the Principles are on the mind of practitioners and are regarded to be authoritative although rather as persuasive *ratio scripta*, not as law [316]. And there is no doubt about the embrace of the UNIDROIT Principles by the academic community and as a global "background law" for the general law of contract [317] – non-binding but influential in shaping legal thinking.

---

314. Queen Mary, *2010 Survey*, p. 13. The survey also inquired how often corporations use certain transnational laws or rules to govern their disputes. One of the options that respondents could click were the UNIDROIT Principles and/or the INCOTERMS. 14 per cent responded that they used the UNIDROIT Principles and/or the INCOTERMS often, 48 per cent sometimes, 39 per cent never (p. 15). Since the INCOTERMS are basically ubiquitous in international delivery context, this data does unfortunately not allow for any conclusions to be drawn about the use of the UNIDROIT Principles.

315. WIPO, *Results of the WIPO Arbitration and Mediation Center International Survey on Dispute Resolution in Technology Transactions*, March 2013, pp. 15 *et seq.* The results of the WIPO survey may not be fully transferable to commercial cases in general due to their focus on patent-, copyright- and know how-related transactions.

316. See also the recent comparative law reference to the "UNIDROIT model code" by Lord Sumption of the UK Supreme Court in *Rock Advertising Limited* v. *MWB Business Exchange Centres Limited* [2018] UKSC 24 n. 16 (apparently referring to UNIDROIT Principle 2.1.18 on no-oral-modification clauses).

317. S. Vogenauer, "The UNIDROIT Principles of International Commercial Contracts at Twenty: Experiences to Date, the 2000 Edition, and Future Prospects", *Uniform Law Review*, Vol. 19 (4), 2014, pp. 481-518, pp. 488 *et seq.*; R. Michaels, "The UNIDROIT Principles as Global Background Law", *Uniform Law Review*, Vol. 19 (4), 2014, pp. 643 *et seq.*

2.5. Assessment

200. The UNIDROIT Principles are considered to be by far the most important soft law instrument concerning substantive law [318]. They are indeed an impressive product that deserves attention not least for representing "an authentic paradigm shift in the field of soft law instruments" by addressing not just particular issues of contract law, but also the general law of contracts, and thus offer, at least after the initial gaps had been closed by later versions, a sufficiently comprehensive legal regime for commercial transactions [319]. The title "Principles" is actually an understatement. They are indeed (by now) a comprehensive set of mostly rather detailed general contract law rules [320], even though many rules retain a certain ambiguity due to the numerous references to vague terms such as "reasonableness". Unlike traditional soft law instruments in contract law, they do not just cover certain aspects of contract law within the confines of an applicable (State) law and may thus serve as a *lex contractus* replacing State law altogether [321]. Consequently, they elevated substantive soft law instruments to a new level.

201. At the outset, it was largely an academic exercise by specialists of comparative law and, as such, a *ratio scripta* rather than a restatement of practices of international commerce. Only at later stages were practitioners systematically involved in the drafting. The nature of the instrument has not changed, however. Their acceptance still depends "upon their persuasive authority", as the Governing Council predicted at the publication of the first version in 1994 [322]. They are not a codification of existing laws and trade practices, even though many laws

318. G. Kaufmann-Kohler, "Soft Law in International Arbitration", p. 285. With regard to the qualification as soft law generally, see St. Vogenauer, "The UNIDROIT Principles at Twenty", pp. 481, 518; M. J. Bonell, "Towards a Legislative Codification of the UNIDROIT Principles?", pp. 233, 245; M. Benedettelli, "Applying the UNIDROIT Principles in International Arbitration: An Exercise in Conflicts", *Journal of International Arbitration*, Vol. 33 (6), 2016, p. 653.

319. M. J. Bonell, "The Law Governing", *Recueil des cours*, Vol. 388, 2016, p. 21. Concerning the sufficiency of a general contract law, see F. Dasser, "Vertragsrecht ohne Vertragstypenrecht?", in H. Honsell *et al.* (eds.), *Aktuelle Aspekte des Schuld- und Sachenrechts, Festschrift für Heinz Rey*, Schulthess Zurich, 2003, pp. 212 *et seq.*; *contra*: R. Michaels, "Preamble I", in Vogenauer, *Commentary*, n. 49: "their rules on general contract law must always be supplemented with rules on specific contracts".

320. R. Michaels, "Privatautonomie und Privatkodifikation", p. 586.

321. M. J. Bonell, "Soft Law and Party Autonomy: The Case of the UNIDROIT Principles", *Loyola Law Review*, Vol. 51, 2005, p. 251.

322. Governing Council of UNIDROIT, "Introduction", UNIDROIT, *UNIDROIT Principles of International Commercial Contracts*, Rome, 1994, p. ix.

and some practices have flown into it. Recently, the International Bar Association (IBA) announced that it will collaborate with UNIDROIT to make the UNIDROIT Principles more business-friendly [323]. Over time, the balance might shift from a product that is mostly informed by a scholarly comparison of domestic laws to one where the addressees, the business persons [324], may also have a substantial say, although it is by no means clear whether the quite diverse global business community has a common understanding of what the rules should contain.

202. There is no intrinsic normativity in a *ratio scripta*. As such the UNIDROIT Principles are non-binding [325]. As one commentator rightly remarked, to the extent that the UNIDROIT Principles are an academic restatement of a common core of (mostly Western) legal systems, they are no different from publications by scholars in the *International Encyclopedia of Comparative Law*, except for the fact that they are cloaked in the form of a codification; they are "a source, not of law, but for the recognition of law" [326]. The form of codification indeed distinguishes the UNIDROIT Principles from other academic work and allows them to be chosen by parties or by arbitral tribunal (in theory also by State courts) as the "law" applicable to the substance of a contract. In that regard, they are "virtual law" [327]. Virtual law as such has no normativity, however.

203. In spite of all these caveats, the UNIDROIT Principles are an important and successful instrument. They are very well drafted and extremely valuable, not least (i) for parties or arbitral tribunals who for one reason or another want to avoid the application of a domestic law, (ii) as an indication, although not conclusive evidence, of general principles of law, which are otherwise almost impossible to identify, (iii) as a model for domestic laws, and also (iv) for the interpretation of

323. See the reference to the presentation on the UNIDROIT Principles project at the 2018 IBA Conference in Rome, https://www.unidroit.org/89-news-and-events/2491-unidroit-principles-at-annual-iba-conference (last visited 8 March 2019; currently not available); see also the media release of IBA, "IBA partners with UNIDROIT to harmonise global contract law", https://www.ibanet.org/news-analysis-august-september-2018.aspx (last visited 20 April 2019).

324. Keep in mind that they are not identical with arbitration specialists.

325. S. Vogenauer, "Introduction", in S. Vogenauer, *Commentary*, n. 62: "The PICC remain what they are: a set of non-binding rules for international commercial contracts that is still relatively rarely applied in practice."

326. R. Michaels, "Preamble I", in S. Vogenauer, *Commentary*, n. 3; see also C.-W. Canaris, "Die Stellung der 'UNIDRDOIT Principles' und der 'Principles of European Contract Law' im System der Rechtsquellen", in J. Basedow (ed.), *Europäische Vertragsrechtsvereinheitlichung und deutsches Recht*, Mohr Siebeck, 2000, p. 5.

327. R. Michaels, *ibid.*, n. 5.

domestic laws or international instruments where other sources such as case law and commentaries are absent or inconclusive [328].

3. *The "new* lex mercatoria*"*

204. The *lex mercatoria* has become a popular buzzword in international commercial arbitration. It owes its popularity not least to the vagueness of the term. On a very high level, *lex mercatoria* is the autonomous law of international trade. There, consensus ends, not least because there are many degrees of autonomy involved. The term *lex mercatoria* is a vessel that anybody can take and fill at liberty. This renders discussions about the *lex mercatoria* often fruitless or even frustrating. The confusion is paternal : the new *lex mercatoria* has two fathers, whose offspring was different at birth but over the years merged in various entwined ways.

3.1. *Historical development*

205. In the late 1950s and early 1960s, Clive Schmitthoff, but also others, including Aleksandar Goldstajn, observed the emergence of special rules for international trade that were being developed by various organizations involved in international commerce. Perceiving similarities with medieval customs of itinerant merchants, and thus with the old English law merchant or *lex mercatoria* that was purportedly derived from such customs [329], Schmitthoff and Goldstajn called this body of law a "new law merchant" [330]. These rules were autonomous

328. O. Meyer, "The UNIDROIT Principles as a Means to Interpret or Supplement Domestic Law", *Uniform Law Review*, Vol. 21 (4), 2016, pp. 599 *et seq.*; O. Meyer, *Principles of Contract Law und nationales Vertragsrecht. Chancen und Wege für eine Internationalisierung der Rechtsanwendung*, Nomos, Baden-Baden, 2007, pp. 193 *et seq.*

329. K. P. Berger, *The Lex Mercatoria (Old and New) and the TransLex-Principles*, n. 3-27 ; L. E. Trakman, *The Law Merchant : The Evolution of Commercial Law*, Littleton, 1983 ; W. A. Bewes, *The Romance of the Law Merchant*, London 1923 ; critical about the alleged similarities with medieval law : A. Di Robilant, "Genealogies of Soft Law", *The American Journal of Comparative Law*, Vol. 54 (3), 2006, pp. 522 *et seq.* Historians seem to agree by now, however, that a universal customary medieval *lex mercatoria* is a myth, with the possible exception of maritime law, see E. Kadens, "The Myth of the Customary Law Merchant", *Texas Law Review*, Vol. 90, 2012, pp. 1153 *et seq.*; R. Michaels, "Legal Medievalism in *Lex Mercatoria* Scholarship", *Texas Law Review*, Vol. 90, 2012, p. 260, with further references ; N. H. D. Foster, "Foundation Myth as Legal Formant : The Medieval Law Merchant and the New *Lex Mercatoria*", *Forum Historiae Juris*, 18 March 2005, https ://forhistiur.de/2005-03-foster/ (last visited 20 April 2019) ; see also Berger, *op. cit.*, n. 28-33 ; F. Dasser, "Mouse or Monster", p. 136.

330. C. M. Schmitthoff, "International Business Law" ; C. M. Schmitthoff, "Das neue Recht des Welthandels", pp. 47-77 ; A. Goldstajn, "The New Law Merchant" ;

in the sense that they were formulated by specialists of international commerce themselves within private trade organization but also within intergovernmental organizations, so-called "formulating agencies". The rules took the form of international conventions, standard contracts, trade terms, and the like. They owe their normativity to party autonomy and State law and their development to arbitrators, who "appear more ready to interpret rules freely, taking into account customs, usage and business practices" [331] and do "not always apply strict rules of municipal law" even though in any case "some national law . . . will be applicable to the substance of the dispute" [332].

206. The main concern of these jurists was not to develop a new legal theory but to support international commerce in a legal environment that was still essentially parochial. For that purpose they called for further "unification by international agreement" [333]. The "transnational law" they saw emerging as a new *lex mercatoria* still "derive[d] its authority from the sovereign power of national lawgivers" [334]. The vision was not a replacement of the national rules of conflict of laws, but merely the reduction of the practical impact by two means : (i) international legislation, such as conventions or model laws, and (ii) international commercial custom, consisting of commercial practices, usages or standards formulated by international agencies such as the International Chamber of Commerce, the UN Economic Commission for Europe, the International Law Associations and the like [335]. On this basis, Schmitthoff was instrumental in establishing UNCITRAL and in leading UNIDROIT – or Unidroit as it was known then – on a path to uniformization and harmonization of international trade law, while at the same time supporting a wide scope of party autonomy.

A. Goldstajn, "The New Law Merchant Reconsidered", in F. Fritz (ed.), *Law and International Trade : Recht und internationaler Handel, Festschrift für Clive M. Schmitthoff*, Frankfurt a. M., 1973, pp. 171 *et seq.*

331. A. Goldstajn, "The New Law Merchant", p. 12; C. Schmitthoff, "The Unification of the Law of International Trade", *Journal of Business Law*, 1968, pp. 113 *et seq*.

332. A. Goldstajn, "The New Law Merchant Reconsidered", *op. cit.* footnote 330, p. 182.

333. A. Goldstajn, "The New Law Merchant", p. 17.

334. C. M. Schmitthoff, "Nature and Evolution of the Transnational Law of Commercial Transactions", in N. Horn and C. M. Schmitthoff (eds.), *The Transnational Law of International Commercial Transactions*, p. 20. Similarly E. Langen, *Transnational Commercial Law*, Leiden, 1973. Roy Goode notes that it is often overlooked that Schmitthoff always considered that the parties' freedom depended upon the authority given by the States (R. Goode, "Rule, Practice, and Pragmatism", p. 548).

335. C. M. Schmitthoff, *op cit.*, pp. 21 *et seq*.

207. In the same time period, the French Professor Berthold Goldman published his seminal article "Frontières du droit et 'lex mercatoria'"[336]. He started his article by referring to the work of Schmitthoff and discussing the development of standard contracts, trade terms and international organizations with their own statutes[337], but then moved far beyond. He first argued that adherence to a standard contract was not the same as making use of party autonomy within the framework of the applicable contract law. This line of argument remained rather obscure. What made the article famous, however, was his second argument that international arbitral tribunals "frequently" ("fréquemment") did not apply State law or an international treaty, but rather a "droit coutumier" of international commerce that they either found or elaborated themselves[338]. For "illustration" he mentions four arbitral awards[339]. And here is the rub: all four awards concerned contracts between a private company and a State or international organization, such as disputes about oil concessions, and the rules applied were not commercial usages but rather general principles of law.

208. The first decision listed is the famous award rendered by Lord Asquith of Bishopstone in the case *Petroleum Development Ltd.* v. *Sheikh of Abu Dhabi* of September 1951[340]. The underlying contract did not contain a choice of law clause, but an Article 17 that read: "The Ruler and the Company both declare that they intend to execute this Agreement in a spirit of good intentions and integrity, and to interpret it in a reasonable manner . . .". Lord Asquith took this clause to refer to "a sort of 'modern law of nature'" and found it expressed in some rules of English law[341].

209. Indeed, none of these four awards really developed any legal theory, and all of them had an obvious link to public international law, most notably the 1958 decision in the case *Saudi Arabia* v. *Aramco*: there, the arbitral tribunal found that its own jurisdiction was based

336. B. Goldman, "Frontières du droit et 'lex mercatoria'" (1964).
337. Concerning the relevance of autonomous international organizations for the development of Goldman's theory, see K. P. Berger, *Creeping Codification of the New Lex Mercatoria*, pp. 1-2.
338. Goldman, "Frontières du droit et 'lex mercatoria'", p. 183.
339. *Ibid.*, p. 184.
340. *International Law Reports*, Vol. 18 (1951), pp. 144-160 (also *International & Comparative Law Quarterly*, 1952, pp. 247-261).
341. *International Law Reports*, Vol. 18 (1951), pp. 148 *et seq*. See F. Dasser, *Internationale Schiedsgerichte und lex merctoria*, pp. 180-182.

on public international law and that it would apply, apart from Saudi Arabian law, "the general principles of law" [342].

210. It was quite a stretch to base the alleged emergence of an autonomous commercial legal order, a *lex mercatoria*, which owed no allegiance to any particular State law, on these awards. These awards all related to so-called State contracts ("contrats d'Etat") [343], i.e. contracts between a (typically European or American) private company and a foreign State or State-owned or intergovernmental organization and concerning commodity exploration concessions or other government-related activities. Such contracts lived in the twilight zone between commercial law and public international law, providing arbitral tribunals with some flexibility to be inspired by the sources of law as defined in Article 38 of the Statute of the International Court of Justice (ICJ Statute). Pursuant to Article 38 (1) *(c)*, ICJ Statute, these sources include "the general principles of law recognized by civilized nations" and allowed arbitrators to apply what they considered to be principles of law common to major legal systems, such as *pacta sunt servanda* or the principle of good faith. Goldman's *lex mercatoria* came with a large pinch of public international law and comparative private law. It was a vision rather than an observation. It may not be a coincidence that Goldman's article was published in a philosophical journal while Schmitthoff's and Goldstajn's less speculative articles were published in journals devoted to the sociology of law and business law respectively.

211. However, in spite of this double foundation myth about an autonomous medieval *lex mercatoria* [344] and its modern resurrection in arbitration case law, Goldman's revolutionary theory struck a chord. This article is commonly regarded as the birth of the modern theory of a non-State legal order in international commerce [345].

212. French legal doctrine, in particular, took up this idea and Goldman's disciples, mainly Philippe Fouchard and Philippe Kahn,

---

342. *International Law Reports*, Vol. 27 (1963), pp. 117-233, in particular p. 168. See H. Batiffol, "La sentence Aramco et le droit international privé", *Revue critique*, 1964, pp. 647-662; F. Dasser, *Internationale Schiedsgerichte und lex mercatoria*, pp. 240 *et seq*.

343. See J.-F. Lalive, "Contrats entre Etats ou entreprises étatiques et personnes privéees. Développements récents", *Recueil des cours*, Vol. 181, 1983, pp. 9 *et seq.*; Ph. Leboulanger, *Les contrats entre États et entreprises étrangères*, Economica, Paris, 1985.

344. On the medieval *lex mercatoria* as a founding myth for modern mercatorists, see Foster, *op. cit.*, fn. 329.

345. See, e.g., E. Gaillard, "Trente ans de Lex Mercatoria. Pour une application sélective de la méthode des principes généraux du droit", *Journal du droit international : Clunet,* 1995, pp. 5 *et seq*.

further developed the notion of a non-national legal order for international merchants [346]. In his 1983 Hague Academy course on State contracts, Jean-Flavien Lalive proposed the idea of a third legal order between public international law and State law, the "transnational law of contract" ("droit transnational des contrats") consisting of (i) the *lex mercatoria* understood as comprising general principles of law, customs and usages of international commerce and "certain uniform law instruments" as well as laws and regulations relating to international organizations, public international administrative law, as well as case law – all in all a mixture of spontaneous law and law created deliberately by operators of international trade, international institutions, courts and arbitral tribunals [347].

213. The origin of the theory in State contracts was swiftly forgotten [348]. Any commercial contract could become subject to the *lex mercatoria* as a non-State legal order. There was a lot of excitement about the philosophical implications of a non-national legal system in the 1970s and 1980s. At the same time, some jurists explored the revolutionary notion of a contract without law ("contrat sans loi", "rechtsordnungsloser Vertrag") [349], which helped justify the application of autonomous rules of an international merchant community. The practical flexibility offered by ICA allowed for experiments beyond

346. Ph. Fouchard, *Arbitrage commercial international*, Paris, 1965; Ph. Kahn, "Lex mercatoria et pratique des contrats internationaux (l'expérience française)", in *Le contrat économique international. Stabilité et évolution*, Travaux des VIIes Journées d'études juridiques Jean Dabin, Brussels, Paris, 1975, pp. 171 *et seq.*; Ph. Kahn, "Vers la Quête de la Lex Mercatoria: L'apport de L'école de Dijon, 1957-1964", in K. P. Berger, *The Creeping Codification of the New Lex Mercatoria*, 2nd ed., Wolters Kluwer, 2010, pp. 357 *et seq.*; further, R. Schlesinger and H.-J. Gündisch, "Allgemeine Rechtsgrundsätze als Sachnormen in Schiedsgerichtsverfahren. Ein Beitrag zur Theorie der Entnationalisierung von Verträgen", *RabelsZ,* Vol. 28, 1964, pp. 4-46.

347. J.-F. Lalive, *op. cit.*, fn. 343, pp. 31, 47 *et seq.*

348. There is still an echo of it in E. Gaillard and J. Savage, *Fouchard Gaillard Goldman on International Commercial Arbitration*, p. 103 n. 191.

349. See, e.g., L. Peyrefitte, "Le problème du contrat dit 'sans loi'", *Chroniques Dalloz*, 1965, pp. 119 *et seq.*; critical presentation with ensuing discussion by the Comité français de droit international privé, by P. Level, "Le contrat dit sans loi", *Travaux du Comité français de droit international privé* (1964-1966), Dalloz, 1967, pp. 209-231; Th. Reimann, *Der rechtsordnungslose Vertrag*, Bonn 1970; M. J. Bonell, *Le regole oggettive del commercio internazionale,* Milan, 1976, pp. 190 *et seq.*; S. M. Carbone, "Il 'contratto senza legge'", *Riv. dir. int. priv. proc.*, 1983, pp. 279-287. See also G. Teubner, "Global Bukowina", pp. 3-28; also, albeit based on a liberal concept of (national) confict of laws principles, C. M. Schmitthoff, "The Law of International Trade, Its Growth, Formulation and Operation", in C. M. Schmitthoff (ed.), *The Sources of the Law of International Trade. With Special Reference to East-West Trade*, Stevens & Sons, 1964, pp. 2, 16.

traditional conflict of law theory[350]. The notion of a contract that was not subject to a State law but to some autonomous rules of international commerce struck other jurists as heresy, even as a "perverse idea"[351]. Paul Lagarde famously labelled the rather fruitless academic discussions of that time "trench warfare" ("guerre des tranchées")[352].

214. After the 1980s, the heated philosophical discussion about an autonomous law of international trade ebbed with the realization that by the 1980s most arbitration laws did not force arbitral tribunals to apply a State law as the *lex causae*[353]. The 1985 UNCITRAL Model Law already required the arbitral tribunals to apply any "rules of law" chosen by the parties, which included a *lex mercatoria*. It did not grant the arbitral tribunal the same freedom to apply non-State law in the absence of a choice of law, but neither did it provide a ground to challenge an award that violated such prohibition[354]. On this background, in the 1990s, Emmanuel Gaillard took the torch of the *lex mercatoria* in the name of a "universalist approach" and carried it further[355]. Others avoid the discussion about the existence of a *lex mercatoria*, declaring the debate "unnecessary" and pointing to a growing body of arbitral case law that states the law of the merchants[356].

215. Today, it is generally acknowledged that the parties are free to choose a non-State legal standard such as a *lex mercatoria* if they so wish. Opinions may differ on whether it is a wise choice, but that is another question. It is simply a matter of party autonomy provided for in the applicable *lex arbitri*, not a matter to be discussed on the level of philosophy of law.

216. Nonetheless, the discussions on the *lex mercatoria* is still ongoing, albeit with diminished intensity and with little impact on

---

350. See, e.g., B. Oppetit, *Droit du commerce international*, Thémis, Paris, 1977, p. 15.

351. K. Zweigert, "Verträge zwischen staatlichen und nichtstaatlichen Partnern", *Ber. Dt. Ges. VöR*, Vol. 5 (1964), p. 198.

352. P. Lagarde, "Approche critique de la *lex mercatoria*", in *Le droit des relations économiques internationales*. Études offertes à Berthold Goldman, Litec, Paris, 1982, p. 125.

353. F. Dasser, *Internationale Schiedsgerichte und lex mercatoria. Rechtsvergleichender Beitrag zur Diskussion über ein nicht-staatliches Handelsrecht*, Schulthess, Zurich, 1989, pp. 405 *et seq*.

354. See Articles 28 (1)/(2) and 34 UNCITRAL Model Law and *supra* para. 163.

355. E. Gaillard, "Trente ans de Lex Mercatoria – Pour une application sélective de la méthode des principes généraux du droit", *Journal du Droit International*, Vol. 122 (1), 1995, pp. 5 *et seq*., p. 30.

356. M. Henry, "The Contribution of Arbitral Case Law and National Laws", in A.-V. Schlaepfer, *Towards a Uniform International Arbitration Law?*, Juris Publ., 2005, p. 62.

practice [357]. The trench warfare has given way to a "dialogue of the deaf" [358].

3.2. The content

217. While the philosophical debate about whether a non-State law could even exist raged, on a more mundane level observers noted a glaring absence of specific rules. In 1987, Lord Mustill famously drew up a list of a mere 20 principles or rules that he had identified as representing the *lex mercatoria* [359]. This lack of discernible content did not daunt the proponents of the *lex mercatoria.* The following years saw however an increasing filling of the vessel with rules of diverse origin.

218. A crucial role was played by the notion of general principles of law that was introduced by State contracts. General principles are intrinsically vague. Principles such as *pacta sunt servanda* and the principle of good faith are so broad that they can be applied in almost any circumstance. Should a party be held to what it had signed? Apply the principle of *pacta sunt servanda.* Should it be allowed to escape an overly constrictive contract clause? Apply the principle of good faith or the *clausula rebus sic stantibus*. There is no case that cannot possibly be decided based on general principles of law – not least because arbitrators can also define what those principles are in the first place, given the dearth of comparative law sources and case law.

219. Another crucial element are international trade customs and usages [360] as they provide the link to a medieval *lex mercatoria* and

357. See, amongst many, R. Michaels, "The True Lex Mercatoria: Law beyond the State", *Indiana Journal of Global Legal Studies*, Vol. 14 (2), 2007, pp. 447-468; O. Toth, *The Lex Mercatoria in Theory and Practice*, Oxford UP, 2017, in particular pp. 84 *et seq.*; H. E. Hartnell, "Living La Vida Lex Mercatoria", *Uniform Law Review*, Vol. 12, 2007, pp. 733-760; J. H. Dalhuisen, *The Transnationalisation of Commercial and Financial Law and of Commercial, Financial and Investment Dispute Resolution. The New Lex Mercatoria and Its Sources*, 6th ed., Hart Publ., 2016; P. Mankowski, "Article 3 of the Hague Principles: The Final Breakthrough for the Choice of Non-State Law?", *Uniform Law Review*, Vol. 22 (2017), pp. 380 *et seq.* (with abundant bibliographical references in fn. 89); Th. Schultz, "The Concept of Law in Transnational Arbitral Legal Orders and Some of Its Consequences", *Journal of International Dispute Settlement*, Vol. 2 (1), 2011, pp. 59-85.

358. L. Y. Fortier, "The New, New *Lex Mercatoria*, or, Back to the Future", *Arbitration International*, Vol. 17 (2), 2001, p. 122.

359. M. Mustill, "The New Lex Mercatoria: The First Twenty-Five Years", in M. Bos and I. Brownlie (eds.), *Liber Amicorum Lord Wilberforce*, Oxford, Clarendon Press, 1987, pp. 174 *et seq.*; see also F. Dasser, *Internationale Schiedsgerichte*, pp. 126 *et seq.*

360. Roy Goode considers only international trade usage to constitute the *lex mercatoria* as the law spontaneously created by merchants, unlike general principles (R. Goode, "Rule, Practice and Pragmatism", p. 548).

thus the justification for the concept as a whole. Their application does not, however, depend upon a novel legal theory; they are applicable as a matter of course. Most laws and arbitration rules even *expressis verbis* require their application independent of the *lex contractus* [361]. In practice, they play little if any role as trade usages are fiendishly difficult to identify, let alone prove [362]. Especially in a civil law context, more often than not, industry knowhow or understanding is taken into account in the construction of a contract under the principle of good faith, but not as a separate legal rule beyond the confines of the contract.

220. While the two elements have little in common, both are indispensable for a theory of a new *lex mercatoria*: trade usages alone would be too isolated and rare to work as a legal order in practice, while general principles of law are not rules of or for international commerce – historically as well as dogmatically they are general principles of public international law and national legal orders, not merchant rules.

221. Lord Mustill's list of 20 rules has grown. A source which contains the best overview is the impressive TransLex database [363]. Under the leadership of Klaus Peter Berger, teams of the University of Münster and later the University of Cologne have drawn up a list of currently over 130 principles, together with case law, bibliography, and a commentary. Some of these TransLex Principles are procedural rather than substantive and some are perhaps too vague to be really useful in practice, but the list as a whole is an invaluable treasure trove of principles of law that have been acknowledged as such in international arbitration practice.

222. The merging of Goldman's revolutionary theory of a *lex mercatoria* as a nascent independent legal order with Schmitthoff's phenomenological new law merchant allowed to include further sources of rules: namely international instruments drafted by intergovernmental or also commercial organizations. Instruments such as the UNIDROIT Principles (which owe much more to comparative law than to merchant customs), the PECL, the CISG, the INCOTERMS, and all the standard

---

361. See, e.g., Article 28 (4), UNCITRAL Model Law ("In all cases, the arbitral tribunal shall decide in accordance with the terms of the contract and shall take into account the usages of the trade applicable to the transaction"); Article 21 (2), 2017 ICC Arbitration Rules; Article 35 (3), UNCITRAL Arbitration Rules; Article 33 (3), Swiss Rules; Article 31.3, SIAC Arbitration Rules 2016.

362. See O. Toth, *The Lex Mercatoria in Theory and Practice*, pp. 252 *et seq.*, addressing the substantive recognition of trade usages in detail.

363. https://www.trans-lex.org/ (last visited 20 April 2019). K. P. Berger, *The Creeping Codification of the New Lex Mercatoria*,.

contracts, together with the TransLex list initiated a "creeping codification" of the *lex mercatoria* [364]. Any rule or court decision that specifically addresses international transactions, whether spontaneous or legislative, domestic or international, would qualify [365]. Such codifications are not be confused with codifications by legislators; they have no binding force. With regard to his TransLex Principles, Berger noted that they "merely establish a presumption that the principles and rules reproduced in the list form part of the New Lex Mercatoria" [366].

223. The result resembles a double buffet: the parties can help themselves from the standard contracts and trade terms offered by trade organizations on the party autonomy part of the buffet, while the arbitrators can choose amongst the various arbitral precedents stating or creating general principles of law, the various lists or codifications of general principles, other non-binding instruments, any trade usage, or even create their own menu by elaborating a general principle of law *ad hoc*. Owing to a lack of a coherent theory, let alone a hierarchy of norms of the *lex mercatoria*, anything goes, a situation that may explain the popularity of the concept within some parts of the arbitration community. The bold Preamble of the UNIDROIT Principles of International Commercial Contracts is a case in point: The (non-governmental, non-merchant) drafters of the UNIDROIT Principles wrote that their work, which is partly a restatement, partly creative "pre-statement", "may be applied when the parties have agreed that their contract be governed by 'general principles of law', the *'lex mercatoria'* or the like" [367].

---

364. K. P. Berger, *The Creeping Codification of the New Lex Mercatoria*; K. P. Berger, *The Lex Mercatoria (Old and New) and the TransLex-Principles*, n. 52-60; K. P. Berger, "General Principles of Law in International Commercial Arbitration. How to Find Them – How to Apply Them", *World Arbitration & Mediation Review*, Vol. 5 (2), 2011, pp. 97 *et seq.*; St. Jagusch, "Recent Codification Efforts: An Assessment", in A.-V. Schlaepfer *et al.*, *Towards a Uniform International Arbitration Law?*, Juris Publ., 2005, pp. 63 *et seq.*

365. See B. Goldman, "La lex mercatoria dans les contrats et l'arbitrage internationaux: réalité et perspectives", *Clunet*, 1979, pp. 477 *et seq.*; F. Cafaggi, "The Many Features of Transnational Private Rule-Making: Unexplored Relationships between Custom, Jura Mercatorum and Global Private Regulation", *Univ. of Pennsylvania Journal of International Law*, Vol. 36, 2015, pp. 923 *et seq.*; cf. also the criticism of R. Goode against the mixing of (State) transnational commercial law and (a-national) *lex mercatoria*, R. Goode, "Usage and Its Reception in Transnational Commercial Law", *International & Comparative Law Quarterly*, Vol. 46, 1, 1997, pp. 1 *et seq.*

366. K. P. Berger, *The Lex Mercatoria (Old and New) and the TransLex-Principles*, *op. cit.*, n. 55.

367. On the Preamble of the UNIDROIT Principles see *supra* paras. 161 *et seq.* Further, G. Baron, "Do the UNIDROIT Principles of International Commercial Contracts Form a New Lex Mercatoria?", *Arbitration International*, Vol. 15 (2),

224. Finally, as a side note: the popularity of the term *"lex mercatoria"* and the convenient lack of an agreed definition led to its extension to procedural law. An example is the IBA Conflicts Guidelines, which are sometimes ennobled by being referred to as procedural *lex mercatoria* or *lex mercatoria arbitralis* [368].

3.3. Prevalence in practice

225. Having acquainted herself with the (mostly) European discussion on the *lex mercatoria*, an American scholar once noted that there is a "gap . . . between 'law in academic books' and 'law in action'" [369].

226. Indeed, to the extent that a new *lex mercatoria* is seen as an independent legal order that may act as *lex contractus* in lieu of State law, there is very little trace of any significance of the *lex mercatoria* in practice. What has been said about the UNIDROIT Principles [370] also applies to the *lex mercatoria*. Parties do not wish to choose non-national law. In the late 1950s and early 1960s, when the concept of a new *lex mercatoria* as an independent legal order was conceived, it was done as a reaction to the inadequacies of the national laws of the time to regulate the exploding international trade. The national laws and international conventions have since been catching up just as was the case with private rule-making within the confines of the autonomy granted by national contract laws. There is no real need for a non-national legal order. There is even less need for one with ill-defined content, no matter how eagerly such non-State rules of law might be promoted in academia.

1999, pp. 115 *et seq.*; A. M. López Rodríguez, *Lex Mercatoria and Harmonization of Contract Law in the EU*, Copenhagen, Djøf Publ., 2003. See also K. P. Berger, "The Relationship between the UNIDROIT Principles of International Commercial Contracts and the New *Lex Mercatoria*", *Uniform Law Review*, Vol. 5 (1), 2000, p. 269: "they should be called 'Pre-Statement' rather than a 'Re-Statement'").

368. P. Hodges, "The Proliferation of 'Soft Laws' ", p. 227; Sam Luttrell, *Bias Challenges*, pp. 187 *et seq.*; H.-P. Schroeder, *Die lex mercatoria arbitralis. Strukturelle Transnationalität und transnationale Rechtsstrukturen im Recht der internationalen Schiedsgerichtsbarkeit*, Contributions on International Commercial Law, Vol. 7, Sellier, 2007. See also G. Kaufmann-Kohler, "Identifying and Applying the Law Governing the Arbitration Procedure – The Role of the Law of the Place of Arbitration", in A. J. van den Berg (ed.), *Improving the Efficiency of Arbitration Agreements and Awards: 40 Years of Application of the New York Convention*, ICCA Congress Series, Vol. 9, Kluwer Law Int'l, 1999, p. 365, asking whether we are "moving towards a procedural lex mercatoria".

369. H. E. Hartnell, *op. cit.*, fn. 357, p. 744.

370. *Supra* paras. 180 *et seq.*

227. There are, thus, rarely any explicit choices of the *lex mercatoria* by parties. Users generally are neither familiar with the term nor with the concept in the first place. The few choice of law clauses that do not refer to a State law often mention "general principles of law", "international trade usages/custom", "international (trade/commercial) law" and the like, occasionally combined with the UNIDROIT Principles, as is the case in the ICC standard contracts [371].

228. Surveys conducted among practitioners indicate an interest in non-national rules of law, albeit a limited one. In 1999-2000, the Center for Transnational Law (CENTRAL) of the University of Münster, Germany, conducted an extensive survey on transnational law in a broad sense as "principles of law that are detached from domestic law", including soft law instruments, such as the UNIDROIT Principles [372]. This survey showed a certain awareness of transnational law, including the term *"lex mercatoria"*, but the results are difficult to extrapolate as only 23.4 per cent of the questionnaires sent out resulted in usable responses [373]. As the questionnaire was explicitly about the use of transnational law, addressees who were not interested in or not familiar with transnational law were likely not to respond. Still, acceptance among the respondents of transnational law in its various forms seemed to be considerable and indicates that the *lex mercatoria* met "practical needs of the business community" [374]. One conclusion drawn from this survey was, however, that knowledge about transnational law was limited and "marketing strategies" were needed to make the international business community aware of this concept [375].

229. A later survey taken by the Queen Mary University among corporate users and published in 2010 indicates that "general principles of law, commercial practices or fairness and equity" are sometimes used to govern a dispute: 16 per cent of the participants responded that they used such rules (or equity) "often", 26 per cent responded "sometimes",

---

371. See *supra* paras. 180 *et seq*. A special case is Article R58 of the CAS Code (the procedural rules of the Court of Arbitration for Sport in Lausanne, Switzerland), according to which "[t]he Panel shall decide the dispute according to the applicable regulations and, subsidiarily, to the rules of law chosen by the parties . . .".

372. K. P. Berger, H. Dubberstein, S. Lehmann and V. Petzold, "The CENTRAL Inquiry on the Use of Transnational Law in International Contract Law and Arbitration", in K. P. Berger (ed.), *The Practice of Transnational Law*, Kluwer Law International, 2001, p. 100.

373. *Ibid*., p. 101 ; on the limited validity of surveys see *infra* paras. 483 *et seq*.

374. *Ibid*., p. 109.

375. *Ibid*., p. 113.

but 58 per cent responded "never" [376]. These responses have to be seen in light of the main influences on the choice of law according to the same survey : (No. 1) *"neutrality and impartiality of the legal system"*, 66 per cent, (No. 2) *"appropriateness for type of contract"*, 60 per cent, (No. 3) "familiarity with and experience of the particular law", 58 per cent [377]. The top-rated influence factor of neutrality should strongly weigh in favour of transnational law, but the second and, in particular, the third factor, might well weigh against it due to the lack of defined content.

230. The 16 per cent very positive responses do not fit well, however, with the results of a question in the same survey. When asked, (i) which governing law corporations most frequently choose when they are free to do so, and (ii) which laws are most frequently imposed by counterparties, non-national law did not even register. The choice of non-national laws might be hidden in the 3 per cent or 1 per cent, respectively, of "other" laws, together with various national laws [378]. The choice of general principles of law might be a compromise option if neither party can impose its own favourite national law and the parties cannot agree on a traditionally neutral State law such as Swiss or English law.

231. Surveys tend to suffer from inherent weaknesses: what was the question, who was asked, who bothered to respond, and how were the questions framed? A different insight is provided by the hard data of the ICC.

232. An analysis of choice of law clauses found in the cases of the ICC International Court of Arbitration over the last almost 20 years yields only a sprinkle of choices of non-national laws. Typically, parties included a choice of a non-national legal standard in 1 to 3 per cent of the contracts. For the overview below I excluded choices of the CISG, EU law, "OHADA law", equity, *ex aequo et bono* and the like as these choices do not address a non-State law, but rather international conventions, supranational law, or non-law, in any case not soft law in any meaningful sense. What remained were a handful per year at best. Over the 18 years from 2000 to 2017, these choices may be aggregated as follows (approximate numbers) [379]:

376. Queen Mary, *2010 Survey*, p. 15.

377. *Ibid.*, p. 12. The other influences listed are markedly weaker, with 37 per cent and less.

378. *Ibid.*, p. 13. The listed laws are "home jurisdiction", English, Swiss, New York, French, and US (other than NY).

379. Data taken from the yearly ICC statistics published in the ICC International Court of Arbitration Bulletin. The data are not always broken down to individual

– "UNIDROIT Principles of International Commercial Contracts"	c. 24
– "general principles of law (and international trade)"	12
– "(ICC) Incoterms"	12
– "International (public) law"	11
– "International commercial/trade law"	6
– "Specific trade rules (agriculture/petroleum industry)"	6
– "Principles of international law"	6
– *"Lex mercatoria"*	5
– "International usages for distribution"	1
– "Customary international law"	1
– "UNCITRAL law"	1
– "International rules for the interpretation of trade terms"	1
– "International arbitration law"	1

233. This list calls for a few explanations: first, a few cases (less than 10) could not be allocated because the information provided on the choice of law was insufficient. Second, references to "Incoterms" cannot really count as a choice of law as Incoterms are just definitions of abbreviated trade terms, basically outsourced standard clauses, but not a *lex contractus* – a tribunal would still have to determine the applicable law, national or non-national. Third, what is meant by choices of international law, international trade law, international commercial law, UNCITRAL law, and the like is not clear and subject to interpretation by the competent arbitral tribunal under the circumstances of the specific case. Fourth, the choice of "principles of law generally recognized in international trade" has long been promoted by the ICC in its model contracts together with an ICC arbitration clause [380], apparently without leaving much trace in its arbitration cases [381,382].

choice of law clauses, but detailed enough to allow a differentiation with narrower than +/- 20 per cent precision.

380. See, e.g., ICC, *The ICC Model Distributorship Contract. Sole Importer – Distributor*, ICC Publication No. 518E, Paris 1993, p. 9: Option A on the applicable law:

> "222.2. Any questions relating to this contract which are not expressly or implicitly settled by the provisions contained in this contract shall be governed by the principles of law generally recognized in international trade as applicable to international distribution contracts, with the exclusion – subject to Article 22.3, hereunder – of national laws."

381. See also *supra* paras. 180 *et seq.* on the choice of the UNIDROIT Principles together with general principles of law in later ICC model contracts.

382. See also the support by an ICC Task Force of choice of law clauses combining the *lex mercatoria* with the UNIDROIT Principles: ICC, *Developing Neutral Legal*

234. In any case, the numbers show that there are few references to a *lex mercatoria* in general and almost none to the term *"lex mercatoria"* as such. General principles of law are time and again chosen by the parties, but on average still less than once per year. Given that the total number of contracts with a choice of law clause over the 18-year period is about 10,650, the frequency of a choice of general principles of law is in the area of a tenth of one per cent.

235. This finding is all the more sobering as the ICC International Court of Arbitration is traditionally the primary source for arbitral decisions based on a non-national legal standard [383]. This is, of course, partly due to the ICC's unusual transparency, but also to its particularly international reach.

236. An ongoing research of all international arbitral awards that were challenged before the Swiss Federal Supreme Court between 1989 and 2018 has so far not yielded a single commercial [384] arbitration case where the parties had chosen the *"lex mercatoria"* or "general principles of law" [385]. In the one case where the underlying contract executed in 1991 had provided for the application of the contract and the statutes and regulations of Andersen Worldwide Société Coopérative "taking into account the usages and customs of the profession", the parties had revised such provision to read "taking into account the general principles of equity" after just three years [386]. In two cases the arbitral tribunal decided on its own to apply the *lex mercatoria* and the general principles of law, respectively, although the contract actually provided for a decision based on equity [387].

Standards for International Contracts. A-national Rules as the Applicable Law in International Commercial Contracts with Particular Reference to the ICC Model Contracts, ICC paper, undated, https://iccwbo.org/publication/developing-neutral-legal-standards-international-contracts/ (last visited 20 April 2019).

383. See UNIDROIT's database, ww.unilex.info; K. P. Berger's Trans-Lex database, www.trans-lex.org; F. Dasser, "Mouse or Monster", Annex, pp. 157-158.

384. In sports cases, the situation is less clear as there are several cases that had been decided by the arbitral tribunal on the basis of sports regulations without explicit reference to a national law.

385. Current research project by F. Dasser and P. Wójtowicz.

386. Decision of the Swiss Federal Tribunal 4P.154/1999, 8 December 1999, *ASA Bulletin*, Vol. 18 (3), 2000, pp. 549 *et seq*. As reported by Bonell, the arbitral tribunal eventually decided to apply general principles of law and the UNIDROIT Principles, M. J. Bonell, "A 'Global' Arbitration Decided on the Basis of the Unidroit Principles", in J. Basedow *et al.*, *Aufbruch nach Europa. 75 Jahre Max-Planck Institut für Privatrecht*, Mohr Siebeck, 2001, p. 774.

387. Decisions of the Swiss Federal Tribunal 4P.183/1989, 19 February 1990, *ASA Bulletin,* Vol. 8, 1990, pp. 171 *et seq.*; 4P.260/2006, 30 March 2007, *ASA Bulletin*, Vol. 26 (1), 2008, p. 81.

237. Recent statistics from the London Court of International Arbitration (LCIA) show a similar picture: since 2016, when data on the law chosen by the parties were first published, there has not been a single reported case where a *lex mercatoria* was the governing law [388].

238. In the absence of any choice of law by the parties, arbitral tribunals sometimes opt for a non-national legal standard. Such a decision is authorized by several *leges arbitri*, such as Swiss or French law, but not the UNCITRAL Model Law, according to which the arbitral tribunal is required to apply a State law in the absence of a choice of law by the parties [389]. Article 34, UNCITRAL Model Law, does not, however, generally provide for a ground of setting aside an award that is based on such an unauthorized application of a *lex mercatoria*, rendering the prohibition toothless. Even so, few arbitral tribunals go down that path.

239. Long-term research of published arbitral awards yielded about 80 cases where either the parties had chosen or the arbitral tribunal had decided to apply a non-national legal standard, either alone or in combination with a national law, international law, or equity. These 80 cases covered a period of about 50 years [390]. While arbitral awards are typically not published, the perennial chase of awards that are based on a *lex mercatoria* makes it likely that many of those decisions somehow made it into publications if only as anonymized excerpts.

3.4. Assessment

240. The (new) *lex mercatoria* is different things to different people. The problem starts with the "new". It is doubtful whether there really was a medieval body of customary international trade law, with the exception of aspects of maritime law as a kind of *jus gentium* of the seas. To the extent that the *lex mercatoria* is merely understood as the

388. See *supra* para. 186.
389. Article 28 (2), UNCITRAL Model Law, and *supra* para. 163.
390. F. Dasser, "Mouse or Monster? Some Facts and Figures on the *Lex Mercatoria*", in U. Blaurock, Chr. Kirchner and U. Spellenberger (eds.), *Globalisierung und Entstaatlichung des Rechts, Teilband II Nichtstaatliches Private: Geltung und Genese*, Mohr Siebeck, 2008, pp. 142-146, and Annex, pp. 157-158. F. Dasser, "That Rare Bird: Non-National Legal Standards as Applicable Law in International Commercial Arbitration", *World Arbitration & Mediation Review*, Vol. 5 (2), 2011, p. 155. See also a few additional cases listed on www.unilex.info under Preamble, Sections 2.1.2/3/4 (cases where the arbitral tribunal referred to the UNIDROIT Principles as an expression of general principles of law, trade usages or other terms that may be considered to denote the *lex mercatoria*).

body of standards and rules created by merchants and formulating agencies and applied on the basis of party autonomy within the confines of a national *lex contractus*, there is nothing particular about it. What the parties agreed on is part of the contract and, as such, hard law. What they did not agree on is not applicable or, in the case of trade usages, merely based on a reference by the *lex contractus*, the *lex arbitri* or the arbitration rules chosen by the parties. It is Goldman's concept of the *lex mercatoria* as an autonomous legal order that is interesting from a legal perspective. This concept might have been based on a double founding myth – of a medieval predecessor and of an already existing arbitration practice –, but this did not prevent it from coming to life even though it has thrived more in academia than in practice.

241. The *lex mercatoria* is obviously not a proper soft law *instrument*, because it is simply not codified and, as such, is not an obvious candidate for soft law, although it is being touted as such [391]. Its major drawback is its indeterminacy [392]. A "creeping codification" is taking place, but has so far not resulted in any definite rules, just rules that, at best, may be presumed to reflect the actual autonomous customs of international trade. Codification has proved to be largely wishful thinking. It is not possible to codify what you do not know. Nobody knows the standards that apply around the globe. Business people know about their own practice, lawyers have anecdotal knowledge from their cases. Thus, task forces draw upon the aggregated knowledge of their own members, which is necessarily limited. Only recently have truly global task forces been set up, but even their aggregated knowledge remains necessarily anecdotal. Any attempts at codifications remain at best assertions of a *lex mercatoria,* not a restatement. The claim of the UNIDROIT Principles to qualify as a sort of codification of the *lex mercatoria* is aspirational and will remain so. *Lex mercatoria* is still essentially what anybody decides to make of it and, as such, not objectively defined and even less amenable to codification.

242. This may not really matter in practice. The *lex mercatoria* appears as an option for parties and also for arbitrators in hard cases: if the parties cannot agree on an applicable law and, as still happens way

391. See, e.g., P. Hodges, "The Proliferation of 'Soft Laws'", p. 208; P. Hodges, "Equality of Arms", p. 621; F. Lüth and Ph. K. Wagner, "Soft Law in International Arbitration", p. 412; D. Arias, "Soft Law Rules in International Arbitration", p. 33; L. A. DiMatteo, "Soft Law and the Principle of Fair and Equitable Decision Making", pp. 6 *et seq.*; H. Wang, "Multidimensional Thinking about the 'Soft Laws' Phenomena", p. 617.

392. R. Goode, "Rule, Practice, and Pragmatism", p. 552.

too often, late in the night during the final stages of the negotiation, resort to some pseudo-solution like "international commercial law" or "general principles of law" (the so-called "midnight clauses") that does not ruffle any nationalistic feathers, thereby basically delegating the determination of applicable legal rules relevant for the outcome of a dispute to the arbitrators. On the other hand, arbitrators sometimes interpret the absence of a choice of law provision as a "negative" choice, i.e. an agreement by the parties not to have a national law applied, and take it as leave to apply whatever non-national rules of law they deem appropriate – for example, the UNIDROIT Principles, or some general principle of law.

243. In essence, the discussion on the *lex mercatoria* is much ado about very little. The urge to push through the idiosyncratic narrow-mindedness of national laws to cater to the perceived needs of the international commerce that was taking off in the 1950s gave birth to the notion of a non-national *lex mercatoria*, but it also led to an opening up of national laws by various means, both on the international and the various national levels. Modernized national laws made experiments with ill-defined non-national legal standards redundant. Lists of rules are useful for counsel or arbitrators in search of additional arguments, but even after more than half a century of discussions, the *lex mercatoria* failed to replace national laws as *leges contractus*. One should expect that the *lex mercatoria* as an autonomous legal order will prominently live on in academia for quite some time. However, the caravan of international commerce may be moving on.

D. Concluding Remarks

244. Soft law is a "broad church": there are many different instruments, texts and practices that are or may be regarded or labelled as "soft law". A common denominator for these sources of "law" is that they are not State law. There, consensus stops. In my view, international conventions such as the CISG should not fall within the scope either, if only because there is no convention that enjoys global acceptance by practitioners, certainly not the CISG.

245. To the extent that model laws, arbitration rules, standard contracts, private guidelines, INCOTERMS, private codifications, best practices, a *lex mercatoria* and other phenomena of international arbitration and trade are all brought under a common umbrella term, such a term is too broadly used to be of substantial heuristic value. If

the term "soft law" is to be of any use it should be limited to procedural and substantive instruments that are intended to influence arbitration practice even in the absence of a formal adoption by the parties. This leaves guidelines and restatements issued by formulating agencies such as the IBA, ICC, CIArb, ICDR or the international law institutions UNIDROIT and UNCITRAL.

246. In the next chapters we will dive deeper into three such typical instruments.

CHAPTER V

DEEP DIVE I: THE IBA RULES ON THE TAKING OF EVIDENCE IN INTERNATIONAL ARBITRATION (2010)

A. Background: Filling a Huge Gap in Arbitration Rules and Laws

247. One of the foremost and noblest tasks of an arbitral tribunal is to take and weigh the evidence. It is also one of the least regulated. Arbitration laws provide little (if any) guidance. The UNCITRAL Model Law contains 10 articles on the conduct of arbitral proceedings, but basically grants the arbitral tribunal full discretion, provided the parties are treated equally and are given full opportunity to present their case, and absent any specific agreement by the parties on the taking of evidence [393]. National legislation typically follows the same pattern.

248. Parties very rarely address the taking of evidence in their arbitration agreement. However, the inclusion of a reference to arbitration rules indirectly serves as guidance for the arbitral tribunal. The 2017 ICC Arbitration Rules are typical in that respect. They include the grand total of one article on the taking of evidence:

"Article 25

Establishing the Facts of the Case

1. The arbitral tribunal shall proceed within as short a time as possible to establish the facts of the case by all appropriate means.
2. After studying the written submissions of the parties and all documents relied upon, the arbitral tribunal shall hear the parties together in person if any of them so requests or, failing such a request, it may of its own motion decide to hear them.
3. The arbitral tribunal may decide to hear witnesses, experts appointed by the parties or any other person, in the presence of the parties, or in their absence provided they have been duly summoned.
4. The arbitral tribunal, after having consulted the parties, may appoint one or more experts, define their terms of reference and

393. See Articles 18 and 19, UNCITRAL Model Law.

receive their reports. At the request of a party, the parties shall be given the opportunity to question at a hearing any such expert.

5. At any time during the proceedings, the arbitral tribunal may summon any party to provide additional evidence.

6. The arbitral tribunal may decide the case solely on the documents submitted by the parties unless any of the parties requests a hearing."

249. This brevity is obviously not an oversight but rather an acknowledgment of (i) how difficult it is to cast the manifold aspects of the taking of evidence in an international context into a few rules and (ii) that one size might not fit all, given the different expectations that parties from various legal backgrounds might have and the potential diversity of disputes. The idea is to allow for utmost flexibility, which is one of the key advantages of arbitration.

250. Arbitrators thus face the task of defining the most appropriate ways and means of establishing the facts of the case: whether to hear witnesses and, if so, whether to require written witness statements followed by cross-examination at a hearing or question the witnesses themselves, whether to order all document production requests directed at the opposing party and if so, how extensively, the manner in which issues of professional secrecy and privilege should be dealt with etc.

251. In the background lurks the probably greatest culture clash in international commercial arbitration: between common law and civil law traditions in the taking of the evidence. While there are countless differences between the procedural rules of the various jurisdictions, experience shows that there are two camps with typically very different approaches to the taking of evidence.

252. Common law rules are geared towards establishing the truth, in particular by ensuring that all parties have broadest possible access to potentially relevant evidence. In essence, everything should be on the table in plain view. Only at that point in time may the parties be expected to fully argue their case. This approach favours broad document production by both parties, especially when one party, as is often the case, has more readily available access to the facts underlying some parts of the dispute [394]. Further, judges in common law courts adopt a rather passive role, leaving the establishment of the facts primarily to

394. R. D. Bishop and M. Stevens, "Document Exchanges and the Collision of Ethical Duties of Counsel from Different Legal Systems", in B. Hanotiau (ed.), *Players' Interaction in International Arbitration*, ICC Publication, 2012, p. 26.

counsel: counsel submit written statements of the witnesses and conduct the taking of oral testimony through direct and cross-examination. The American jury system adds its own flavour to this by providing for elaborate formal rules on the preparation and examination of witnesses by counsel. This approach is supposed to help in finding a "smoking gun" or exposing the lack of credibility of a witness statement, but also contributes to the ever-increasing costs of arbitration.

253. Civil law traditions generally tend to favour efficiency over the search for truth. In principle, each party is expected to plead and prove its case with the information at its own disposal. If a party does not know what really happened, it is its problem. Only rarely is an opposing party required to produce documents. Broad document production requests, a matter of justice in common law jurisdictions, are disparaged in civil law jurisdictions as inadmissible "fishing expeditions". A party may not even be allowed to ask potential witnesses about their knowledge, forcing it to blindly nominate witnesses who are then questioned by the court in an inquisitorial manner. Generally, the court takes a much more active role in admitting evidence. This approach leads to much simpler, leaner and thus more efficient proceedings, but comes at the expense of finding the truth. In practice, even though not in theory, the inquisitorial approach of civil law jurisdictions leads to less information being laid bare for all to see than the adversarial approach of common law jurisdictions. A party may easily get away with hiding crucial evidence that would otherwise help to disprove its case. The aim is to settle the dispute and create peace under law. It is more about peace than about finding the truth, more about formal rather than substantive justice.

254. These characterizations are admittedly simplistic. The life of the law is much more complex than that, but they go a long way in explaining the typically much higher costs of litigation in common law jurisdictions compared to civil law jurisdictions. Extremely broad document production is crucial to US litigation, while all but inexistent in civil law jurisdictions. Witnesses and experts are orally examined in excruciating detail, while rarely even summoned in civil law jurisdictions. In arbitration, the differences are much smaller but still often obvious, although they are shrinking. Evidentiary hearings can take weeks in common law proceedings, but normally take only a few days in a civil law environment.

255. Experience shows that arbitral proceedings in the various jurisdictions mimic to a certain extent the local procedural traditions. Arbitrators tend to bring the "bag and baggage" from their national

legal systems [395]. A standard commercial arbitration in New York between two North American parties before three arbitrators from New York will very likely involve extensive document production and extensive cross-examination of witnesses and party-appointed experts, sometimes even deposition of witnesses and experts ahead of the hearing. A similar arbitration in continental Europe, at least in the past, likely involved little (if any) document production, no depositions and rather short cross-examinations, if any.

256. Parties and arbitrators carry the expectations based on their domestic experience and training with them when they enter the arena of international commercial arbitration. Especially in a case between a common law party and a civil law party, each with their local counsel, the arbitral tribunal finds itself in an uncomfortable situation, being confronted with widely diverging expectations. In addition, the arbitral tribunal itself is likely composed of arbitrators with different legal backgrounds and might find it hard to reach consensus on what the best approach is or should be.

257. In today's global environment, experienced arbitrators are well aware of these issues and have developed means through which such issues can be dealt with within their broad discretion. Exposure to different practices in proceedings and exchange of ideas at conferences and through publications have led to a certain degree of convergence of practices. This is, however, a time-consuming and very inefficient process.

258. In addition, experience also shows that the losing party will likely seize upon any procedural decision in the taking of the evidence it considers questionable to challenge the award. In most jurisdictions it is difficult or even impossible to challenge the award on its merits, at least in the absence of a manifest violation of public policy. Hence it is easier to assert unequal treatment or a violation of the right to be heard and to present one's case, i.e., a violation of due process [396]. Arbitrators are typically apprehensive of such challenges and often go out of their way to accommodate a party's requests in the taking of

---

395. G. Aguilar-Alvarez, "To What Extent Do Arbitrators in International Arbitration Disregard the Bag and Baggage of National Systems?", in A. J. van den Berg (ed.), *International Dispute Resolution: Towards an International Arbitration Culture* (Kluwer Law International, The Hague), ICCA Congress Series No. 8 (1998), p. 139; R. D. Bishop and M. Stevens, *op. cit.*, p. 23; G. J. Horvath and St. Wilske, "The 'Bag and Baggage' of National Systems", p. 117.

396. See, e.g., Article 34 (2), UNCITRAL Model Law; Article V (1), New York Convention.

evidence. One of the main reasons for the increasing time and cost of arbitral proceedings is the fear of the arbitrators to curtail the parties' right to be heard and to present their case. Many arbitrators, therefore, seek guidance for justification towards the parties and to avoid the risk of a violation of due process. Such a "due process paranoia" might well be misplaced as courts rarely uphold allegations of due process violations, but it has developed into a bane of arbitration [397].

259. These issues exposed a substantial gap that called to be filled. One of the formulating agencies that are best positioned to provide guidance is the IBA Arbitration Committee, with the largest membership of any global arbitration organization and its reach across the common law/civil law divide in the taking of evidence.

B. The Making of the IBA Rules

260. In 1983, the IBA adopted "Supplementary Rules Governing the Presentations and Reception of Evidence in International Commercial Arbitration" (the "1983 IBA Rules of Evidence"). The 1983 IBA Rules of Evidence contained seven articles, covered in less than five pages. According to the Introduction, the Rules are

> "recommended . . . for incorporation in, or adoption together with, institutional and other general rules or procedures governing international commercial arbitrations"

and

> "[e]ven if not specifically adopted by agreement between the parties, they can serve as a guide to arbitrators conducting such arbitrations when the parties in contention come from law areas having rules of procedures derived from different systems".

261. They were, thus, particularly aimed at proceedings involving parties hailing from common law jurisdictions on the one side and civil law jurisdictions on the other.

262. With regard to production of documents, Article 4 (1)-(3) addressed the production of own documents, and only Article 4 (4)-(6)

397. See *supra* para. 27; also F. Dasser and P. Wójtowicz, "Challenges of Swiss Arbitral Awards. Updated Statistical Data as of 2017", *ASA Bulletin*, Vol. 36 (2), 2018, pp. 276-294, p. 281; between 1989 and 2017, only 5.5 per cent of all challenges against Swiss arbitral awards based on violations of equal treatment and the right to be heard were successful.

addressed requests for production of documents in possession, custody or control of the other party. Any document thus requested had to be identified "with reasonable particularity" and only if it was a document passed between the other party and a third party [398]. Internal documents were, thus, excluded, as were whole classes of documents.

263. A much longer Article 5 was devoted to witnesses. It contained very detailed provisions about the simultaneous submission and exchange of witness statements, strict deadlines for supplementary witness statements and requests for oral examination, and the oral examination, including cross-examination, at the hearing.

264. The 1983 IBA Rules of Evidence represented a compromise between common law and civil law traditions, although it was more informed by the common law traditions, in particular with regard to witness testimony. They were rarely used in practice, however, and, thus, remained ultimately unsuccessful [399].

265. By the end of the 1990s arbitration had further evolved in several ways. This evolution was demonstrated, for example, by the development of new procedures, through shifting perceptions of appropriate procedure, and by spreading into many additional jurisdictions that were traditionally inimical to private justice [400]. A Working Party of the Committee D of the IBA (today the Arbitration Committee) started the drafting process. Drafts were widely circulated and discussed at IBA conferences in 1997 and 1998 and at other arbitration conferences, and a final version was adopted on 1 June 1999 [401]. These "IBA Rules on the Taking of Evidence in International Commercial Arbitration" (the "1999 IBA Rules of Evidence") replaced the 1983 version. It had doubled in size, expanding to 9 Articles and 10 pages.

266. In particular, Article 3 on Documents trebled in size, with a clear focus on document production requests. It explicitly allowed for requests covering not just specified documents but also a "narrow

398. Article 4 (4), 1983 IBA Rules of Evidence.

399. Chr. Müller, "Importance and Impact of the First IBA Evidence Rules", in D. Favalli (ed.), *Sense and Non-sense*, p. 66, with further references; P. Karrer, "Predictability or Fureur Reglementaire?", p. 291; G. B. Born, *International Commercial Arbitration*, p. 2210; H. van Houtte, "Arbitration Guidelines: Straitjacket or Compass?", p. 518.

400. Commentary on the revised text of the 2010 IBA Rules on the Taking of Evidence in International Arbitration, undated, available on the website of the IBA Arbitration Committee (https://www.ibanet.org/Publications/publications_IBA_guides_and_free_materials.aspx; last visited 20 April 2019), p. 2.

401. *Ibid.*, p. 2.

and specific requested category of documents that are reasonably believed to exist", as long as the requesting party can describe how the documents are "relevant and material to the outcome of the case". The restriction to documents communicated with third parties was dropped. Furthermore, Article 3 (8) also addressed requests for production of documents by third parties.

267. Article 4 on witnesses of fact was substantially rewritten, not least to provide more flexibility. In recognition of the ever-increasing use of experts, a new Article 5 covered party-appointed experts and Article 6 tribunal-appointed experts.

268. An important addendum was Article 9 on "Admissibility and Assessment of Evidence". It is largely a necessary consequence of the extended production of documents, by (i) excluding request for evidence on various grounds, such as privilege, confidentiality or unreasonable burden to produce and (ii) defining the consequences of refusal to produce.

269. The 1999 version proved very successful. They were commonly consulted, particularly in proceedings between parties with different legal backgrounds, and were often referenced in procedural orders, normally not as a binding document but as a source of inspiration.

270. In 2008, the Arbitration Committee initiated a new round of revision. After extensive consultations and discussions within, but also beyond, the IBA arbitration community, the IBA Council adopted a revised version on 29 May 2010, now titled "IBA Rules on the Taking of Evidence in International Arbitration", i.e., dropping the previous restriction to commercial arbitration (the "IBA Rules of Evidence", also often referred to as "IBA Rules *on* Evidence"). The structure and concept remained the same, but the content had increased by another 50 per cent. A new article on consultations between the arbitral tribunal and the parties [402] and on matters of evidence was introduced, and the other articles were amended to include more details. On the general level, references to fairness of the proceedings and a duty of the parties to act in good faith were added [403].

402. Article 2. The previous Article 2 of the 1999 version is now Article 1, while the previous Article 1 on definitions is now merely headed "Definitions". This allowed the relevant Articles 3-9 to retain their familiar numbering.

403. See Preamble, n. 1 and 3; Articles 2 (1), 9 (3) *(e)*, 9 (7).

C. The Concept

271. The IBA Rules of Evidence are designed to fill the gap in arbitration laws and rules on evidentiary matters and "intended to provide an efficient, economical and fair process for the taking of evidence in international arbitrations, particularly those between Parties from different legal systems" [404] by providing "mechanisms for the presentation of documents, witnesses of fact and expert witnesses, inspections, as well as the conduct of evidentiary hearings" [405].

272. What is often overlooked is the second part of the first sentence of the Preamble quoted above : the IBA Rules of Evidence are primarily intended for application in cross-cultural arbitrations. In a purely civil law or purely common law context, the IBA Rules of Evidence carry less weight and are much less often used.

273. The instrument is designed to be available for application as binding rules by the parties or the arbitral tribunal within its discretion. This is reflected in Article 1 (1) which reads as follows :

> "Whenever the Parties have agreed or the Arbitral Tribunal has determined to apply the IBA Rules of Evidence, the Rules shall govern the taking of evidence, except to the extent that any specific provision of them may be found to be in conflict with any mandatory provision of law determined to be applicable to the case by the Parties or by the Arbitral Tribunal."

274. According to the Preamble No. 2, parties and arbitral tribunals might also "use them as guidelines in developing their own procedures" and remain in any case "free to adapt them to the particular circumstances of each arbitration". The IBA Rules of Evidence, thus, do not purport to be applicable *per se*, and, in particular, they do not purport to codify best practices. The IBA presented them to parties and arbitral tribunals as an option they are free to fully or partially accept – or to ignore.

D. Document Production in Particular

275. Article 3 on document production is the most often cited provision of the IBA Rules of Evidence [406]. It also contains the probably most controversial ones in Article 3 (3) *(a)* and *(b)* :

---

404. Preamble, n. 1.
405. Foreword, p. 2.
406. The IBA Arbitration Guidelines and Rules Subcommittee, *Report on the Reception of the IBA Arbitration Soft Law Products*, September 2016, p. 9, n. 15, and p. 15, n. 44.

"A Request to Produce shall contain:

(a) (i) a description of each requested Document sufficient to identify it, or (ii) a description in sufficient detail (including subject matter) of a narrow and specific requested category of Documents that are reasonably believed to exist; in the case of Documents maintained in electronic form, the requesting Party may, or the Arbitral Tribunal may order that it shall be required to, identify specific files, search terms, individuals or other means of searching for such Documents in an efficient and economical manner;

(b) a statement as to how the Documents requested are relevant to the case and material to its outcome."

276. These provisions are similar to the 1999 version, but with an added reference to electronically stored documents that have become much more numerous and important in the meantime. On the face of it, there is little to be criticized. In practice, however, these provisions have turned out to be less helpful than expected. At least three difficulties have arisen.

277. First, the phrase "narrow and specific category" is a compromise wording that everybody could agree on. This provision tries to hit middle ground between US-style discovery and civil law restraint [407]. The problem lies in the lack of precision: "narrow and specific" can basically mean anything. In practice, the application of this provision varies widely, depending upon the background of the parties and the arbitrators and the circumstances of the case. While commentators usually tend to take a restrictive view [408], under the subtle influence of the IBA Rules of Evidence even some civil law arbitral tribunals today readily admit requests for "any and all documents, notes, e-mails and other communications" concerning, for example, certain negotiations.

278. Second, the added text on electronic documents is drafted with US-style discovery in mind, which requires the extensive use of search terms to sift through gigabytes of data. The idea was to avoid the horrors of such US discovery [409]. The 2010 version, therefore, merely added a second sentence explaining how the search for a "narrow and

---

407. See N. D. O'Malley, "Document Production under Article 3 of the 2010 IBA Rules of Evidence", *International Arbitration Law Review*, Vol. 13 (5), 2010, p. 187.

408. See, e.g., the overview by R. Marghitola, *Document Production in International Arbitration*, Kluwer Law International, 2015, pp. 39 *et seq.*

409. See T. Zuberbühler, D. Hofmann, Chr. Oetiker and Th. Rohner, *IBA Rules of Evidence*, Sellier/Schulthess, 2012, Article 3, n. 49 *et seq.*

specific category of Documents" may work "with the sheer volume and dispersion of electronic documents"[410]. But by doing so, it may have inadvertently given a spin to the first sentence. Most conspicuously, search terms provided by the requesting party are not needed for a clearly defined narrow and specific category of documents. The requested party will know where to look for, say, the drafts of a contract or the board decisions on a certain project. Search terms provided by the requesting party may, however, be necessary for the requested party (i) to identify any and all responsive external and internal emails over a lengthy period of time or from several email custodians and (ii) to be able to later justify any missed emails. The addendum thus shifts the balance towards more comprehensive discovery that is alien to European-style arbitration even though the text was meant to be neutral with regard to the admission of e-discovery in a specific case[411]. Of course, arbitral tribunals are not required to follow that shift. The mere mentioning of search terms as an option does not require arbitrators to be more permissive. It does reinforce, however, an impression by many arbitration practitioners of a creeping Americanization of arbitration.

279. Third, the backstop provided by subparagraph *(b)* does not always work as it should. In case of a dispute between the parties about the scope of document production, the arbitral tribunal has to decide whether the documents requested are relevant and material to the outcome of the case. Relevancy means that the documents relate to the dispute. Many documents could. Materiality should narrow the scope, because the Tribunal may decide that certain issues in dispute do not require further documentation or are in fact irrelevant for its decision. However, document production issues generally come up for decision at a rather early stage of the proceedings, i.e. typically after the first exchange of memorials when the Tribunal may not yet have a good grasp of the issues and may find it difficult to apply the materiality test in particular[412].

---

410. R. H. Smit, "E-Disclosure under the Revised IBA Rules on the Taking of Evidence in International Arbitration", *International Arbitration Law Review*, Vol. 13 (5), 2010, pp. 204-205.

411. IBA Rules of Evidence Review Subcommittee, *Commentary on the Revised Text of the 2010 IBA Rules on the Taking of Evidence in International Arbitration*, undated, p. 9, https://www.ibanet.org/Document/Default.aspx?DocumentUid=DD240932-0E08-40D4-9866-309A635487C0 (last visited 20 April 2019).

412. Paul Friedland argues with some justification that the often criticized Americanization of document production has less to do with the wording of Article 3 than with its application in practice (P. D. Friedland, "Soft Law and Power", p. 344).

280. The last few years have, for this and other reasons, witnessed a steady increase in document production that is contributing to the increase in time and cost to arbitration proceedings at a time when users already complain about increasing inefficiency and cost.

281. Article 9 (2) provides some safeguards against excessive document production and witness testimony. Article 9 is probably the second most often referenced article after Article 3 [413]. Subparagraph (2) allows the exclusion of evidence, in particular documents that are not sufficiently relevant or material, privileged, subject to a compelling commercial or technical confidentiality, government secrets or simply unreasonably burdensome to produce.

282. Practically relevant are legal impediments, i.e. privilege and attorney secrecy. Privilege is the flipside of discovery: the more extensive document production becomes the more important it is to protect legitimate interests, such as legal advice by counsel to the client. Since civil law jurisdictions do not know extensive document production (as a sword), they typically neither know the concept of privilege (as a shield). Conversely, they know an attorney secrecy that protects at least the files of counsel although typically not the files of the party and thus not even attorney work products contained in such file or work products of in-house counsel. A vexing issue, therefore, is which privilege and attorney secrecy rules should apply in an international context. Subparagraph (3) provides some guidance on how to deal with issues of privilege, but does so in a vague manner that does not fully satisfy the need for legal certainty [414].

283. This gap in the IBA Rules of Evidence may be about to be filled by another instrument on privilege and attorney secrecy currently being drafted by the Inter-Pacific Bar Association (IPBA). This instrument is intended to provide rules on the application of conflicting privilege rules.

284. Document production, largely blamed for the ever increasing time and costs, is currently the hot spot in ICA. The IBA Rules of Evidence are only partly to blame for that. The provisions are vague enough to also allow a very restrictive approach. The fact that they clearly also allow a very permissive approach informed by a US tradition of documentary discovery together with a due process apprehension, exerts a powerful psychological pull. Arbitrators increasingly take the

413. R. H. Smit, *loc. cit.*
414. IBA Subcommittee *Report on Reception*, p. 29, n. 92.

right of parties to document production for granted, although there is no such right in the first place, as an ICC task force noted in 2012 [415].

E. Prevalence in Practice

285. In 2015-2016 the Arbitration Guidelines and Rules Subcommittee of the IBA Arbitration Committee conducted a broadly conceived survey on the use of the three most prominent current IBA instruments: the Rules of Evidence, the Conflicts of Interest Guidelines and the Party Representation Guidelines. The survey yielded 845 meaningful responses from all over the world and 55 Country Reports on the practice in individual countries [416]. Its report does not state the number and composition of the recipients of the survey, but merely asserts that the number of responses "statistically represents a reasonable collection of data from which to draw observations" [417]. Studies that rely on voluntary participation always have to be taken with a pinch of salt, and indeed the authors themselves warn against taking the exact numbers too seriously [418]. The overall set-up, with its global reach and careful organization, should, however, at least allow for reliable impressions and the responses do indeed, as the authors claim, "provide a meaningful reference point" [419].

286. According to this survey, in 48 per cent of the arbitrations known to the respondents, the IBA Rules of Evidence had been referenced. Elevated percentages are reported from some common law jurisdictions, such as Australia (90 per cent), Singapore (78 per cent), and England (72 per cent), but also from civil law jurisdictions such as Argentina (more than 70 per cent) and, to a lesser extent, France and Switzerland (62 per cent each) [420].

287. In 79 per cent of those arbitrations, the arbitral tribunal consulted them as non-binding guidelines. In the remaining 21 per cent,

415. ICC Commission on Arbitration and ADR, *ICC Commission Report. Managing E-Document Production*, ICC Publication 860-1 ENG, Paris 2012, p. 2:

> "There is no automatic duty to disclose documents, or right to request or obtain document production, in international arbitration, and the advent of electronic documents should not lead to any expansion of the traditional and prevailing approach to document production."

416. IBA Subcommittee *Report on Reception*, pp. 6 *et seq.*, n. 1 *et seq.* Unfortunately, the survey and the Country Reports are not available on the IBA website.

417. *Ibid.*, p. 6, n. 5.

418. *Ibid.*, p. 8, n. 10.

419. *Ibid.*, p. 8, n. 11.

420. *Ibid.*, pp. 9 *et seq.*, n. 19-40.

the arbitral tribunal considered them as binding, with particularly high percentages in some Latin American countries and particularly low percentages of around 10 per cent in some European countries such as Austria, England (13 per cent), Germany, Spain, and Switzerland (8-9 per cent)[421]. In the cases where the Rules had been considered as binding, they had either been agreed on by the parties at the beginning of the proceedings in the Terms of Reference or declared binding by the Arbitral Tribunal in a first procedural order. Only in 8 per cent of cases had the Rules been included in the arbitration agreement before the dispute arose[422].

288. To the extent that the Rules were not considered to be binding but voluntarily consulted, they were almost always followed[423]. The authors emphasize this:

> "58. Finally, it is notable that when the parties and/or tribunals chose to consult the Rules on Evidence as guidelines, they almost always (93 per cent) followed them. This is perhaps the best evidence of the real force of the Rules on Evidence: they are widely accepted and voluntarily complied with even when the parties choose not to make them binding."

289. These positive findings correspond to the results of the 2015 survey of the Queen Mary University of London, according to which the IBA Rules, together with the IBA Conflicts Guidelines, are "by far the most widely known and the most frequently used instrument" (with 77 per cent and 71 per cent, respectively of respondents having "seen it used in practice"), compared to the other three instruments covered by the survey, namely the 2013 IBA Party Representation Guidelines (24 per cent), the 1999 UNCITRAL Notes on Organizing Arbitral Proceedings (29 per cent) and the 2014 ICC In-House Guide to Effective Management of Arbitration (22 per cent)[424].

290. According to this same survey, the IBA Rules are also considered to be the most effective ones, with 69 per cent of respondents qualifying them as "effective" against 12 per cent "neutral" and 19 per cent "not effective", beating the IBA Conflicts Guidelines with 60 per

421. *Op. cit. supra* footnote 416, pp. 17 *et seq.*, n. 47 *et seq.*
422. *Ibid.*, pp. 19-20, n. 57.
423. Of course, one would not often voluntarily reference a rule that one does not consider following anyway.
424. Queen Mary, *2015 Survey*, p. 35.

cent "effective" ratings. The other three instruments trailed with around 30 per cent "effective" ratings each [425].

291. Beyond such surveys [426], there is very little available and reliable data. Case law, in particular, is almost inexistent, as also confirmed by the IBA's report, with the notable exception of US court decisions in the context of Title 28, USC, Section 1782, on discovery in support of foreign proceedings [427].

292. Personal experience and anecdotal evidence confirms that the IBA Rules of Evidence are rarely adopted as binding by parties or arbitral tribunals, but that arbitral tribunals often include a provision in a first procedural order stating that they would be.

293. Finally, according to the Report, only 8 per cent of all respondents expressed a need to revise the Rules of Evidence. This number was even lower (6 per cent) with regard to respondents in Europe [428]. Some suggestions were mooted. The most frequent one, from civil law jurisdictions, but partly also from common law jurisdictions, was to make the rules on discovery less "American" [429].

294. Even though few practitioners will ever have read the whole IBA Rules of Evidence from beginning to end, most will regularly refer to particular provisions. Already in 2010, i.e. shortly after the adoption of the revised 2010 version, one commentator noted that "[e]ven the critics of the IBA Rules of Evidence grudgingly admit that they have become an unavoidable tool for international arbitration tribunals and counsel alike" [430]. This does not mean, however, that they are viewed as binding: "One has the impression that everyone wants to cite the IBA Evidence Rules when it suits them, but few want them to apply as strict rules." [431]

F. Competition for the IBA Rules? The Prague Rules

295. For a long time, the IBA Rules of Evidence were the only global set of rules on the taking of evidence. During that same time, however,

---

425. *Op. cit. supra* footnote 424, p. 36.

426. See also Chr. Lau, "Do Rules and Guidelines Level the Playing Field and Properly Regulate Conduct?", pp. 559 *et seq.* on the similar results of his own survey among arbitrators known to him.

427. IBA Subcommittee *Report on Reception*, pp. 21-22, n. 60 *et seq.*

428. *Ibid.*, pp. 24-25, n. 77-80.

429. *Ibid.*, pp. 8-9, n. 13 *et seq.*, pp. 26 *et seq.*, n. 84 *et seq.*

430. Matthias Scherer, "The Limits of the IBA Rules on the Taking of Evidence in International Arbitration: Document Production Based on Contractual or Statutory Rights", *International Arbitration Law Review*, Vol. 13 (5), 2010, p. 195.

431. Chr. Müller, "Importance and Impact of the First PRT, the IBA Evidence Rules", p. 79.

users increasingly started to complain about the time and cost of arbitration [432]. For smaller claims, in particular, the standard procedure as exemplified by the IBA Rules, were held to be too cumbersome. In the 2015 survey by the Queen Mary University of London, a staggering 92 per cent of respondents wanted simplified procedures for small claims to be included in arbitration rules [433]. Larger claims that are beyond the usual scope of expedited procedures under institutional arbitration rules may also be simple and straightforward and would thus not require the extensive burden imposed upon the parties by arbitral tribunals that are guided by the IBA Rules of Evidence [434].

296. Guidelines on how to save time and costs were published [435]. However, they did not reverse the trend towards (i) broad document production and extensive witness testimony and (ii) passive arbitrators who shy away from indicating early on what issues and what evidence might be relevant and helpful for the adjudication of the dispute, and what could as well be ignored. Thus, the impression of a creeping Americanization and passive arbitrators being responsible for the ever increasing time and cost of arbitration has recently led to calls for an alternative to the IBA Rules of Evidence that were perceived as one of the causes of or at least to have failed to respond to the problem of time and cost [436]. It started at an international conference organized by the Russian Arbitration Association [437], but over time picked up steam all over continental Europe and beyond as it struck a chord with arbitration practitioners hailing from civil law jurisdictions.

297. A Working Group was set up, initially composed of arbitration practitioners mostly from Russia, Eastern European and Central Asian countries, but increasing drawing in eminent arbitrators also from Western Europe. In January 2018, it published a first of several

---

432. *Supra*, Chapter I.C.3.6.

433. Queen Mary, *2015 Survey*, p. 26.

434. A. Panov, "Why the Prague Rules May Be Needed?", *Arbitration.ru*, December 2018, No. 4, p. 19.

435. See, in particular, ICC, *Techniques for Controlling Time and Costs in Arbitration*, ICC Publication No. 843, Paris, 2007; ICC, *Effective Management of Arbitration*, *supra*, Chapter IV.B.5.

436. See, e.g., A. Rombach and H. Shalbanava, "The Prague Rules: A New Era of Procedure in Arbitration or Much Ado about Nothing?", *German Arbitration Journal*, Vol. 17 (2), 2019, p. 54.

437. "Creeping Americanization of International Arbitration: Is It the Right Time to Develop Inquisitorial Rules of Evidence?", Session title at a Russian Arbitration Association conference in Moscow on 20 April 2017, https://praguerules.com/events/debates-creeping-americanization-of-international-arbitration-is-it-the-right-time-to-develop-inquis/ (last visited 20 April 2019).

drafts of "Inquisitorial Rules of Taking of Evidence in International Arbitration"[438] as an alternative or supplement to the IBA Rules of Evidence. During the drafting stage, the Working Group commented, amongst others:

> "The drafter of the IBA Rules . . . bridged a gap between the common law and civil law traditions of taking evidence. . . . However, from a civil law perspective, the IBA Rules are still closer to the common law traditions, as they follow a more adversarial approach with document production, fact witnesses and party-appointed experts. In addition, the party's entitlement to cross-examine witnesses is almost being taken for granted."[439]

298. The drafts met with very mixed reactions, as was to be expected[440]. In the end, the scope of the rules was broadened to cover the arbitration proceedings as a whole, with the main focus on efficiency. The word "inquisitorial" was dropped from the title as was any mentioning of the IBA to make the opposition to the more adversarial approach of the IBA Rules of Evidence less conspicuous. On 14 December 2018, the "Rules on the Efficient Conduct of Proceedings in International Arbitration (Prague Rules)" were officially launched at an international conference in Prague[441]. They were initially aimed at users from civil law countries who would prefer arbitration based on a civil law tradition with a more active role of the arbitral tribunal that would render the proceedings and the taking of evidence in particular more efficient. However, based on feedback from arbitration events around the world, the Working Group concluded that

438. See the versions dated 14 February 2018 and 11 March 2018 on https://praguerules.com/publications/ (last visited 20 April 2019).

439. *Note from the Working Group, Draft Prague Rules*, 14 February 2018, p. 2 (http://praguerules.com/publications/; last visited 4 January 2019).

440. See, e.g., the critical comments by L. W. Newman and D. Zaslowsky, "The Russians Are Coming, and They Want to Change How We Conduct International Arbitration", *New York Law Journal* 23 May 2018 (https://www.law.com/newyorklawjournal/2018/05/23/, last visited 12 June 2018): "a more paternalistic or authoritarian approach with which the drafters, most of them from Central and Eastern Europe, may be comfortable, but others may not"; M. Kocur, *Why Civil Law Lawyers Do Not Need the Prague Rules* (http://praguerules.com/publications/, last visited 4 January 2019): "Wrong premises, wrong conclusions", "The Prague Rules throw out the baby with the bathwater" and "will not increase efficiency"; C. Tevendale, "Are the Prague Rules the Answer?", *Global Arbitration Review*, 7 January 2019; L. Hoder, "Prague Rules vs. IBA Rules: Taking Evidence in International Arbitration", in Chr. Klausegger *et al.*, *Austrian Yearbook on International Arbitration 2019*, Manz, 2019, pp. 157 *et seq.*, pp. 176 *et seq.*

441. See http://praguerules.com; J. Ballantyne, "Prague Rules Premiere in Czech Republic", *Global Arbitration Review*, 7 January 2019.

> "the Rules, initially intended to be used in disputes between companies from civil law countries, could in fact be used in any arbitration proceedings where the nature of the dispute or its amount justifies a more streamlined procedure actively driven by the tribunal, a practice which is generally welcomed by arbitration users" [442].

299. The Prague rules are

> "intended to provide a framework and/or guidance for arbitral tribunals and parties on how to increase efficiency of arbitration by encouraging a more active role for arbitral tribunals in managing proceedings" [443].

300. The Prague Rules provide for a much more active role of arbitral tribunals as has become usual in recent times. With regard to fact finding, the arbitral tribunal "is entitled and encouraged to take a proactive role" (Article 3.1), for example, by directing the parties to the evidence the arbitral tribunal deems helpful.

301. With regard to document production in particular, the Prague Rules take a clear position: "4.2. Generally, the arbitral tribunal and the parties are encouraged to avoid any form of document production, including e-discovery." If a party can convince the arbitral tribunal that document production is still needed, it may request production of "certain documents", "a specific document", but not whole categories as under the IBA Rules.

302. It is too early to assess the impact of the Prague Rules [444]. So far, it is questionable whether the Prague Rules will gain global recognition. They will likely have an impact on low-value disputes in Eastern Europe, where the IBA Rules of Evidence never took hold in the first place. Statistical data from arbitral awards that were presented to Russian courts for recognition and enforcement from 2008 to 2017 showed that, in the vast majority of cases, the amount awarded

---

442. *Note from the Working Group*, *op. cit.*, p. 2.

443. *The Prague Rules*, Preamble, p. 3; A. Doudko and O. Golovtchouk, "Introducing the Young Contender – The Prague Rules", *Arbitration.ru*, December 2018, No. 4, p. 15.

444. See also, P. Goldsmith, *Essential Rules for Counsel in Preparation for an International Commercial Arbitration. Address to the 11th Annual International Conference of the Nani Palkhivala Arbitration Centre*, 16 February 2019, p. 15 (https://www.debevoise.com/~/media/files/news/2019/essential_rules_for_counsel_in_preparing_for_an_international_commercial_arbitration.pdf; last visited 13 April 2019): "It is difficult at this stage to evaluate the potential success of the Prague Rules but they may find traction with clients and lawyers from civil law backgrounds."

was below 1 million euos, with more than 50 per cent even below 50,000 euros, and most of them originating from Ukraine and Belarus [445]. Outside of that niche, the IBA Rules of Evidence will likely hold sway.

303. Even if the Prague Rules will remain marginal, they might help remind arbitrators that there are merits in a more inquisitorial approach and limited document production and witness testimony. That way, they might influence the practical application of the IBA Rules of Evidence by slowing or even breaking the current trend towards broader and broader document production orders even in arbitrations involving only parties and arbitrators from civil law jurisdictions and by reminding arbitrators that they can take a more active role in the taking of evidence instead of the passive approach that has become the norm due to the influence of common law traditions.

304. In any case, they expose the IBA Rules of Evidence as what they have always been : a tool for parties and arbitrators of which they can avail themselves.

> "[A] very important effect of the Prague Rules is that they introduce more diversity into the box of legal rules on case management and the taking of evidence. While parties in the past may have believed that the IBA Rules are essentially their only possible choice, the Prague Rules now put an end to this perceived monopoly." [446]

In short, as Hilary Heilbronn QC is reported to have mentioned at the official launch : "Prague rules add an additional tool in the armoury of the parties." [447]

---

445. V. Khvalei, "The Prague Rules – Dispelling Misconceptions", *Global Arbitration Review*, 22 November 2018 ; V. Khvalei, "The Prague Rules – Spirit and Scope of Application", *Arbitration.ru*, December 2018, No. 4, pp. 22 *et seq*.

446. A. Rombach and H. Shalbanava, *op. cit.*, fn. 436, p. 59.

447. http ://praguerules.com/news/report-from-the-prague-rules-inaugural-conference/ (last visited 20 April 2019). See also D. G. Henriques, "The Prague Rules : Competitor, Alternative or Addition to the IBA Rules on the Taking of Evidence in International Arbitration ?" *ASA Bulletin*, Vol. 36 (2), 2018, p. 355 : "they play a fundamental role in according the parties with more options". Similarly, after criticizing the concept of the Prague Rules, M. A. Cymrot, "Prague Rules : Common Law and Civil Law Advocates Talking Past Each Other", *Mealey's International Arbitration Report*, Vol. 34 (2), 2019, 3 : "Perhaps the answer is to use the rules as advisory guidelines and frame the procedure that most efficiently resolves the dispute" ; B. Van Tornhout, "Lunch Debate with Pascal Hollander and Christoph Liebscher on the 'Prague Rules'", *CEPANI Newsletter*, No. 129, March 2019, p. 2 ("the Prague Rules as yet another soft-law tool to add to the arbitrator's toolkit").

G. Assessment

305. The IBA Rules of Evidence may well be the most widely acknowledged and accepted set of procedural arbitration rules [448], setting a global standard. They do so in a particularly treacherous area of the arbitration procedure. There are few, if any, areas of arbitration law where views between cultures and jurisdictions vary so widely. The IBA Arbitration Committee, with its global reach, is to be commended for building a bridge between archetypical common law and civil law traditions. If a "certain creeping normalization in the field of taking of evidence is undeniable" as has been argued [449], it is mainly due to this instrument.

306. When the same authors muse that the IBA Rules of Evidence may merely be a step towards an international law of evidence [450], the emergence of the Prague Rules suggests, however, that the arbitration community is not yet ready for globally binding rules, but rather cherishes the flexibility that comes with the availability of competing tools. While experienced arbitrators always used their discretion as they deemed fit, less experienced and weaker ones might be under some psychological pressure to follow the flow of the IBA Rules of Evidence as sole global instrument and adopt a rather passive, permissive role. The Prague Rules are, therefore, intended to "send a message to the international arbitration community that there is a different way of conducting arbitration proceedings" [451].

307. In spite of the broad recognition of the IBA Rules of Evidence, there was never a unanimous acceptance of the Rules as a binding instrument. In practice, they are used as a source of inspiration and as means to justify a request by a party or an order by the arbitral tribunal. Consensus could not have been expected given the fact that it is a compromise between different traditions, not just a codification of current best practices. Compromises tend to leave both sides somewhat unhappy. In the case of the IBA Rules of Evidence, the IBA's own survey indicated that the provisions might be perceived to be a bit too close to the US tradition, even for some respondents from other common

---

448. See, e.g., J. Commission and R. Moloo, *Procedural Issues in International Investment Arbitration*, Oxford University Press, 2018, p. 11 : "the most well-known" of the "soft-law protocols".

449. Chr. Müller, "Importance and Impact of the First PRT, the IBA Evidence Rules", p. 81.

450. *Ibid.*, p. 83.

451. V. Khvalei, "The Prague Rules – Dispelling Misconceptions", *op. cit.*, p. 4.

law jurisdictions[452]. This finding might go a long way to explaining the existence of the Prague Rules.

308. Do the IBA Rules of Evidence nonetheless possess any normativity? Do arbitration practitioners feel bound by them? The question is moot to a certain extent as the IBA Rules of Evidence rightly leave a lot of discretion to the Arbitral Tribunal. One reason of the Rules' popularity is their flexibility. Vastly differing orders may all be equally justified by reference to the Rules[453]. The issue whether the Rules are binding rarely ever arises. To the extent that it may arise, the answer is stated by the Rules themselves: they apply when the parties have so agreed or the Arbitral Tribunal has so ordered within its procedural discretion[454]. Beyond that, they may be used as non-binding guidelines, based on their "intrinsic merit and persuasive value rather than from their binding character"[455]. And that is how they are actually used in practice. An eminent arbitrator summed it up as follows at the occasion of the 2010 revision:

> "The IBA Rules on the Taking of Evidence should thus continue to be considered helpful suggestions in finding the right path. Attention must be paid, however, that they do not develop into a voluntarily-accepted global straightjacket . . ."[456]

309. In sum, while the IBA Rules of Evidence had been drafted as rules for adoption by the parties and arbitral tribunals, they have instead succeeded as "mere" non-binding guidelines, furthering an international harmonization of evidentiary proceedings, but retaining a crucial characteristic of arbitration: flexibility.

---

452. IBA Subcommittee *Report on Reception*, pp. 26-27, n. 84-85.

453. See, e.g., M. McIlwrath, "The Prague Rules: The Real Cultural War Isn't over Civil vs Common Law", *Kluwer Arbitration Blog*, 12 December 2018:

> "In 20 years of representing my company in disputes around the world, I have experienced international arbitrations firmly rooted in the extremes of civil and common law procedural approaches, all with tribunals purportedly referring to the IBA Rules." Also P. Hodges, "Equality of Arms", p. 611: "The IBA Rules are often broadly drafted."

454. See Article 1 (1), IBA Rules of Evidence.

455. *Railroad Development Corporation* v. *Republic of Guatemala*, ICSID Case No. ARB/07/23, Decision on Provisional Measures (October 2008), para. 32.

456. M. Wirth, "Fact Witnesses", *International Arbitration Law Review*, Vol. 13 (5), 2010, p. 211; see also N. D. O'Malley, *Rules of Evidence in International Arbitration*, Informa Law, London, 2012, p. 6.

CHAPTER VI

DEEP DIVE II : THE IBA GUIDELINES ON CONFLICTS OF INTERESTS IN INTERNATIONAL ARBITRATION (2014)

A. Background: Tackling One of the Trickiest Issues in Arbitration

310. Who shall decide? Commercial arbitration is private justice by definition. It is not justice by elected judges. It is justice dispensed by appointed persons: lawyers, engineers, tradespeople, also judges in their spare time, at least in theory anybody. This is the beauty of arbitration, but at the same time its bane. It is arbitration's Janus face. Parties constantly list the ability to nominate an arbitrator of their preference as one of the top reasons why they choose arbitration in the first place [457]. And even to the extent that the parties cannot themselves choose an arbitrator, for example because they cannot agree on the sole arbitrator or a chairperson, they often trust an arbitration institution of their choice to appoint a person with the right profile. Some arbitration institutions keep lists of eligible persons, but most do not, as users of arbitration services do not want to be restricted in their freedom of choice.

311. The inseparable downside of this freedom is the twin risk of carelessness and abuse : parties may not be careful in their choice or they might outright abuse their freedom. Careless or abusive appointments call into question the twin fundaments of arbitration : trust by the parties and trust by the States.

312. On the one hand, private parties agree to arbitration as long as they can reasonably expect to get a fair hearing, due process. Incompetent or partial arbitrators undermine that trust [458]. State courts might then appear as the lesser of two evils. There are ways through which the issue of arbitrators who obviously lack independence and

---

457. Queen Mary, *2018 Survey,* p. 7 : ability of the parties to select arbitrators as fourth most valuable characteristic of international arbitration.

458. Exception has to be made for some jurisdictions where wing arbitrators did not need to be neutral, such as in the United States, where it was common that each party has its partial arbitrator and the two of them appointed "the neutral" as chairperson, see *infra* footnote 461. Even in this set-up the idea was to have on balance a neutral and impartial tribunal.

impartiality can be dealt with, but they are time-consuming, costly and often unreliable.

313. On the other hand, arbitration in essence only exists by leave of State Governments. Today, State Governments generously allow private arbitration to compete with the State court system. This is not a matter of course and should not be taken for granted. What the State has given, the State can take away. States generally expect arbitrators to meet at least similar standards of independence and impartiality as State court judges. For the occasional mishap, States usually offer, in their arbitration laws, the assistance of State courts to remove wayward arbitrators or to vacate an award rendered by such arbitrators. If mishaps become endemic or are so perceived, the trust that States have placed in arbitration could wither, and with it State support for arbitration.

314. Thus, the constitution of the arbitral tribunal is a crucial, if not the most crucial, point in the arbitration process. In practice, it generally takes several months for an arbitral tribunal to be constituted. Two to four months is rather standard for a three-member tribunal. If an arbitrator is challenged, proceedings may be blocked for many months. A challenge might even remain hovering like a sword of Damocles over the arbitral proceedings up to setting aside or enforcement proceedings against an award [459].

315. It is therefore of paramount importance to get the appointment of arbitrators and thus the constitution of the arbitral tribunal right. The question then is what "right" means. Today, it is generally accepted and codified in most arbitration laws and arbitration rules that all arbitrators have to be independent and impartial, and that the same standard applies to party-appointed as well as presiding arbitrators [460]. This was not always the case. In the United States, for example, it was quite standard until not too long ago to have two partisan party-appointed arbitrators and a "neutral" appointee as presiding arbitrator [461]. The 2004 version

459. See, e.g., Article V (1) *(d)*, New York Convention.

460. See, e.g., Article 12, UNCITRAL Model Law, according to which "an arbitrator may be challenged only if circumstances exist that give rise to justifiable doubts as to his impartiality or independence"; Article 180 (1) *(c)*, Swiss PILA; Article 24 (1) *(a)*, Arbitration Act, 1996; O. L. O. de Witt Wijnen, N. Voser and N. Rao, "Background Information", p. 443; Swiss Federal Tribunal, DFT 136 (2010) III 605 cons. 3.3.1. Certain differences between party-appointed arbitrators and chairpersons remain, but do not change the principle (see G. Born, *International Commercial Arbitration*, Vol. II, § 12.05 (B), pp. 1800 *et seq.*

461. See G. Born, *International Commercial Arbitration*, Vol. II, § 12.05 (B), pp. 1797-1798. It is still permissible today under the AAA 2013 Commercial Arbitration Rules if the parties so agree:

of the Conflicts of Interest Guidelines still contained a carve-out for such "non-neutral arbitrators" in General Standard 5 to accommodate certain arbitration rules and domestic laws that still provided for non-neutrals. This carve-out was deleted in the 2014 version.

316. While it is easy to agree that arbitrators have to be independent and impartial, this may be of little help in specific circumstances where impartiality, like the proverbial beauty, might lie in the eye of the beholder [462]. There exists various codes of conduct that provide some guidance on disclosure by arbitrators. However, it was considered helpful to have an instrument that specifically sets a global standard. This is where the IBA stepped in.

B. The Making of the IBA Guidelines on Conflicts of Interest in International Arbitration

317. The current version of the Conflicts of Interest Guidelines was adopted by the IBA Council on 23 October 2014. It was preceded by a first version of 2004, which in turn was partly preceded by an earlier, much more concise, IBA instrument, namely the 1987 IBA Rules of Ethics for International Arbitrators (the 1987 Rules of Ethics) [463].

318. The 1987 Rules of Ethics were explicitly declared binding only if they had been "adopted by agreement" and were, in particular "not intended to create grounds for the setting aside of awards by national courts" [464]. It turned out that the provisions of the Rules of Ethics on conflicts of interest were broader and more stringent than the requirements in various jurisdictions. They, therefore, did not have to be taken as a minimum standard for the Guidelines [465].

319. Both versions of the Conflicts of Interest Guidelines had been drafted by a working groups of eminent experts from various jurisdictions. Drafts of the 2004 version had been presented and discussed at two IBA conferences (Durban, in 2002, and San Francisco, in 2003) and also

---

"R-13 *(b)*. Where the parties have agreed that each party is to name one arbitrator, the arbitrators so named must meet the standards of Section R-18 with respect to impartiality and independence unless the parties have specifically agreed pursuant to Section R-18 *(b)* that the party-appointed arbitrators are to be non-neutral and need not meet those standards."

462. See Ch. N. Brower, "Keynote Address : The Ethics of Arbitration : Perspectives from a Practicing International Arbitrator", *Berkeley Journal of International Law Publicist*, Vol. 5, 2010, pp. 1-31, pp. 4-5.

463. See E. Sussman, "Ethics in International Arbitration", pp. 244 *et seq*.

464. 1987 IBA Rules of Ethics for International Arbitrators, Introduction.

465. O. L. O. de Witt Wijnen, N. Voser and N. Rao, "Background Information", pp. 456-458.

submitted to a review by a separate prominent group of practitioners. This led to substantial revisions during the drafting process. The 2004 Working Group drew on existing standards in national jurisdictions but also sought to "suggest a general best international practice that might influence the approach of local courts and legislatures" [466].

320. The 2014 version includes a few additional issues and situations, and is generally stricter. Some provisions have been slightly rephrased without changing the content. The provisions that were newly added concern, for example, advance waivers, administrative secretaries, joint membership in barristers' chambers, and third-party funders/insurers, partly to clarify and partly to broaden the scope of the Guidelines [467]. The overall concept remained untouched, however, due to the broad acceptance of the Guidelines in practice. In particular, as emphasized by the IBA, the Guidelines do not purport to be creative but rather to codify existing case law and best practices – although any attempt at codifying "best practices" necessarily involves subjectivity given the difficulty of objectively determining such best practices:

> "The Guidelines reflect the understanding of the IBA Arbitration Committee as to the best current international practice, firmly rooted in the principles expressed in the General Standards below. The General Standards and the Application Lists are based upon statutes and case law in a cross-section of jurisdictions, and upon the judgement and experience of practitioners involved in international arbitration." [468]

C. The Concept

321. At the outset, the Conflicts of Interest Guidelines are not intended to replace or override national law, but merely to assist:

> "These Guidelines are not legal provisions and do not override any applicable national law or arbitral rules chosen by the parties. However, it is hoped that, as was the case for the 2004 Guidelines

466. On the history of the 2004 version see O. L. O. de Witt Wijnen, N. Voser and N. Rao, "Background Information", pp. 437 *et seq*.

467. See, e.g., General Standards 2 *(d)*, 3 *(b)*, (5 *(a)*/*(b)*, 6 *(a)*/*(b)*, 7 *(a)*/*(b)*, Part II, Articles 1.2, 1.4, 2.3.2, 3.2.2, 3.3.7, 3.3.9, 3.4.4, 3.4.5, 4.3.3, 4.3.4, 4.4.4; generally; Conflicts of Interest Guidelines, pp. ii-iii.

468. Conflicts of Interest Guidelines, Introduction, p. 2, n. 4. See also O. L. O. de Witt Wijnen, N. Voser and N. Rao, "Background Information", p. 439, describing the "normative" aspect of the Guidelines concerning "best international practice".

and other sets of rules and guidelines of the IBA Arbitration Committee, the revised Guidelines will find broad acceptance within the international arbitration community, and that they will assist parties, practitioners, arbitrators, institutions and courts in dealing with these important questions of impartiality and independence. The IBA Arbitration Committee trusts that the Guidelines will be applied with robust common sense and without unduly formalistic interpretation." [469]

322. While the 1987 Rules of Ethics only contained general principles, the Conflicts of Interest Guidelines distinguish themselves by a novel combination of general standards and lists of examples for illustration.

323. The general standards are derived from existing national legislation and case law as well as arbitration practice. The General Standard 1, called "General Principle", states that "[e]very arbitrator shall be impartial and independent" at all stages of the proceedings. The General Standard 2 on "Conflicts of Interest" defines the applicable tests in two ways, from the subjective perspective of an arbitrator and from the objective perspective of a reasonable third party: an arbitrator shall decline to accept a nomination or resign "if he or she has any doubts as to his or her ability to be impartial or independent" and, likewise, potentially subject to a waiver by the parties, if facts or circumstances "from the point of view of a reasonable third person having knowledge of the relevant facts and circumstances would give rise to justifiable doubts as to the arbitrator's impartiality or independence" [470].

324. A slightly different test is suggested for disclosure by the arbitrator. It is generally accepted that arbitrators are under a duty to disclose critical facts and circumstances. There is no consensus, however, on whether the relevant test is the same as for conflicts of interests or whether it should be wider to provide for some room of error. General Standard 3 *(a)* provides for a potentially wider subjective test, according to which an arbitrator has to disclose "facts or circumstances that may, in the eyes of the parties, give rise to doubts". In his or her deliberations about disclosure, an arbitrator has, therefore, to put himself or herself in the shoes of the parties, and not those of a reasonable third party. This is obviously an even more delicate task and is intended to

469. Conflicts of Interest Guidelines, Introduction, p. 3, n. 6.
470. General Standard 2 *(a)* and *(b)*.

cause a (potential) arbitrator to err on the side of caution and to make a disclosure in case of doubt.

325. The novel and most popular part are the Application Lists. These are lists of examples for illustration of the general standards, organized in a traffic light system: red, orange, green. The examples are derived from national case laws and the combined experience of the drafting committees [471]. After the first draft was criticized for the (non-waivable) Red List being too strict, the Red List was split into a non-waivable and a waivable sub-list [472], in effect creating a four-list system that no longer really fitted the traffic light concept. According to General Standard 2 *(d)*, the Non-Waivable Red List covers situations where justifiable doubts "necessarily" exist. The Waivable Red List covers situations that are also serious, but less severe and where the conflicts may thus be waived by the parties without jeopardizing the legitimacy of the process. The Orange List covers situations where a conflict of interest is not necessarily given but where the parties, depending upon the specific facts, may have justifiable doubts and the arbitrator, therefore, has a duty to disclose. Finally, the Green List covers situations "where no appearance and no actual conflict of interest exists from an objective point of view" and therefore "could never lead to disqualification" [473].

326. Thereby, the lists cover both aspects of conflicts of interest: disqualification and disclosure. With regard to disqualification, the Red List concerns situations where justifiable doubts are supposed to prevent an arbitrator from acting, at least as long the parties do not consciously waive the conflict. Conversely, the Green List contains situations where no justifiable doubts may possibly exist, not even from the subjective standpoint of the parties. The situations on the Orange List, in turn, are in a grey area for the purpose of disqualification, and would require an individual analysis in view of the specific facts and circumstances of the case in order to decide whether there may be justifiable doubts.

327. With regard to disclosure, the lists do not contain grey areas: no disclosure is required for situations on the Green List as well as on the Non-Waivable Red List (as the arbitrator necessarily has to withdraw), while disclosure is required in situations covered by the

471. Concerning the 2004 version see O. L. O. de Witt Wijnen, N. Voser and N. Rao, "Background Information", p. 453.

472. *Ibid.*

473. Conflicts of Interest Guidelines, Part II, n. 7, and Explanation *(a)* to General Standard 3.

Waivable Red List and the Orange List, unless the arbitrator voluntarily withdraws.

D. Prevalence in Practice

328. The Conflicts of Interest Guidelines are generally acknowledged as being highly influential. It has become common practice for arbitrators to consult them before accepting a nomination or deciding whether to disclose certain facts or circumstances. Likewise, parties commonly consult them to assess the likelihood of a successful challenge.

1. References by State legislators

329. In the area of investor-State dispute settlement, the Conflicts of Interest Guidelines recently gained noteworthy relevance. Several recent free trade agreements refer to the Guidelines in the context of their ISDS chapters, namely

- the Comprehensive Economic and Trade Agreement between the European Union and Canada (CETA) of 30 October 2016 in Article 8.30 (1) [474];
- the Agreement between the United States of America, the United Mexican States, and Canada (USMCA) of 30 November 2018 in Article 14.D.6 [475];
- the Comprehensive and Progressive Agreement for Trans-Pacific Partnership of 8 March 2018, in Article 3 *(e)* of the Code of Conduct for Investor-State Dispute Settlement under Chapter 9, Section B [476].

---

474. "The Members of the Tribunal shall be independent. They shall not be affiliated with any government. They shall not take instructions from any organisation, or government with regard to matters related to the dispute. They shall not participate in the consideration of any disputes that would create a direct or indirect conflict of interest. They shall comply with the International Bar Association Guidelines on Conflicts of Interest in International Arbitration or any supplemental rules adopted pursuant to Article 8.44.2. In addition, upon appointment, they shall refrain from acting as counsel or as party-appointed expert or witness in any pending or new investment dispute under this or any other international agreement."

This provision is subject to subsequent replacement or supplementation by a code of conduct, see Article 8.44 (2) and the Code of Conduct in Annex 29-B.

475. "5. Arbitrators appointed to a tribunal for claims submitted under Article 14.D.3.1 shall: *(a)* comply with the International Bar Association Guidelines on Conflicts of Interest in International Arbitration, including guidelines regarding direct or indirect conflicts of interest, or any supplemental guidelines or rules adopted by the Annex Parties; . . .".

476. "*(e)* An arbitrator shall comply with internationally recognised standards or guidelines regarding direct or indirect conflicts of interest, such as the International Bar Association Guidelines on Conflicts of Interest in International Arbitration."

330. Other free trade agreements contain their own codes of conduct for arbitrators, covering also conflicts of interest issues. This is, for example, the case in the free trade agreements between the European Union and the Republic of Singapore [477] and Vietnam [478] respectively.

331. Moreover, in the current discussions of the UNCITRAL Working Group III on ISDS Reform, delegates repeatedly refer to the Conflicts of Interest Guidelines, further proof of the high esteem in which States hold the Guidelines.

332. On the national level, legislators generally do not specify in what situations independence and impartiality of the arbitrators might be at risk. However, a recent amendment to the Indian Arbitration and Conciliation Act, 1996 took a different approach [479]. A Fifth Schedule lists grounds that give rise to justifiable doubts, thereby requiring disclosure by the (potential) arbitrator. These grounds do not mention the Conflicts of Interest Guidelines but copy most of the situations on the Red and Orange lists *verbatim*. The situations on the Red Lists are fully included with only very minor changes, while a number of situations on the Orange List, such as the more controversial provisions about enmity or the situations concerning current services for one of the parties [480], had been left out. In addition, a Seventh Schedule lists 19 grounds that render a person ineligible as arbitrator; these are the same 19 grounds of the Fifth Schedule that are taken from the Red Lists. This approach by an important legislator bears witness to the authority and influence of the Conflicts of Interest Guidelines, but at the same time indicates that not all of the provisions contained therein may command the same level of authority.

2. *References by practitioners and arbitral institutions*

333. According to the survey on the reception of the IBA soft law instruments undertaken by the IBA, the Conflicts of Interest Guidelines were referenced in 57 per cent of arbitrations where issues of conflicts of interests arose at the start of the arbitration and in 67 per cent of the decisions by arbitral institutions, tribunals or courts concerning such a conflict of interests, with 69 per cent of decisions following the

477. FTA between the EU and the Republic of Singapore of 19 October 2018, Annex 14-B, "Code of Conduct for Arbitrators and Mediators".

478. FTA between the EU and Vietnam (draft), Annex 15-B.

479. The Arbitration and Conciliation (Amendment) Act, 2015.

480. See Articles 3.2, 3.4.3 and 3.4.4.

Guidelines and only 6 per cent declining to follow them[481]. According to this report (the IBA Report), they were, thus, the most commonly referenced instrument of the IBA[482].

334. The 2015 survey of the Queen Mary University of London essentially confirms the eminence of the Guidelines. According to this survey, they trailed only behind the IBA Rules of Evidence, with 71 per cent of respondents having "seen it used in practice", compared to 77 per cent for the IBA Rules of Evidence. Further, 60 per cent of respondents qualified them as "effective", with 20 per cent each considering them as "neutral" or "ineffective"[483].

335. The authors of the IBA Report caution that "the survey has no data on whether or to what extent the Conflicts of Interest Guidelines have been used with a binding nature, or only as guidelines (non-binding nature)"[484]. Additionally, and crucially, the survey does not indicate to what extent the Conflicts of Interest Guidelines were merely taken at their own words, namely that they represent "best current international practice" as understood by the 4,000-member-strong IBA Arbitration Committee[485]. It is in essence a chicken or egg dilemma: are the Conflicts of Interest Guidelines commonly referenced because they have some normativity or because they conveniently summarize existing best practice? In other words, do the Guidelines primarily express pre-existing rules or generate new rules?

336. Arbitral institutions have not, so far, fully subscribed to the Conflicts of Interest Guidelines, though. Most do not explicitly define their standards on impartiality and independence. According to the IBA Report,

> "certain arbitral institutions either recommended the incorporation of the Conflicts of Interest Guidelines into the terms of reference . . . or routinely applied [them] when deciding on issues of conflicts of interest (thereby making them binding at the decision stage)"[486].

---

481. IBA Subcommittee, *Report on Reception*, p. 31, n. 99, 101, p. 36, n. 115. See *supra* para. 285 concerning the survey.

482. IBA Subcommittee, *Report on Reception*, p. 31, n. 99.

483. Queen Mary, *2015 Survey*, pp. 35-36. See also Chr. Lau, "Do Rules and Guidelines Level the Playing Field and Properly Regulate Conduct? An Arbitrator's Perspective", pp. 559 *et seq.* on the similar results of his own survey among arbitrators known to him.

484. IBA Subcommittee, *Report on Reception*. p. 88, n. 158, similarly p. 31, n. 104.

485. Conflicts of Interest Guidelines, Introduction, n. 4.

486. IBA Subcommittee *Report on Reception*, p. 56, n. 159.

337. There is little published data to support this assertion, however. The only examples listed in this section of the report are the Cámara de Comercio de Lima in Peru and the Centro de Arbitragem Comercial da Câmara de Comércio e Indústria Portuguesa in Portugal [487]. Three other institutions are reported to have issued rules that are "largely consistent with" (Korean Commercial Arbitration Board) or "inspired by" (two institutions in Costa Rica) the Conflicts of Interest Guidelines [488]. In other sections of the IBA Report references are made to practices of arbitral institutions in some countries such as Peru, Brazil or Costa Rica, but mostly couched in vague terms such as "appeared to" or "tended to" that allow little, if any, empirical analysis of normativity [489]. The New Zealand International Arbitration Centre (NZIAC) Rules for International Commercial Arbitration provides that the institution "will have regard to, but is not bound to apply", the Conflicts of Interest Guidelines [490].

338. Some additional information is provided, however, in another report of the IBA Conflicts of Interest Subcommittee on the first five years of the Guidelines [491]. According to this report, arbitral institutions often refer to the Guidelines when an arbitrator is challenged. In the case of the Stockholm Chambers of Commerce (SCC), this was reported to always be the case [492]. In cases before the International Centre for Settlement of Investment Disputes (ICSID), the Guidelines have also been repeatedly relied upon [493].

339. Apart from these instances mentioned above, the mere fact that an arbitral institution references (alone or amongst others) the Conflicts of Interest Guidelines in a decision does not make these Guidelines binding. Court decisions also often reference treatises and academic papers, but hardly would anybody argue that such publications thereby become "binding". At any event, given that the IBA Report does not identify the pertinent decisions, it is difficult to assess the legal basis of the decisions.

---

487. Concerning the Portuguese Chamber, see D. G. Henriques, "Incorporating IBA Guidelines into a 'Code of Ethics': A Step Too Far?", *Kluwer Arbitration Blog*, 31 January 2014.

488. IBA Subcommittee *Report on Reception*, p. 56, n. 159.

489. *Ibid.*, pp. 43 *et seq.*, n. 130-131.

490. *Ibid.*, p. 45, n. 134.

491. M. Scherer, "The First Five Years 2004-2009", pp. 28 *et seq.*

492. *Ibid.*, p. 33.

493. *Ibid.*, pp. 37 *et seq.*

340. Interestingly, the foremost international commercial arbitral institution, the ICC, has developed its own standards. The ICC made clear that "with respect to the standard for disclosure, prospective ICC arbitrators are bound by the [ICC] Rules and not the IBA Guidelines" [494]. The ICC issued their own guidance on disclosure shortly after the IBA published the revised 2014 Guidelines [495]. The ICC's standards are similar and take into account the IBA Guidelines, but are generally stricter than the IBA's [496]. For example, the list of circumstances that require disclosure of past professional relationships with one of the parties and of any professional relationship with counsel to one of the parties or the counsel's law firm comes without any limitation in time [497]. Under the IBA Conflicts of Guidelines, relationships generally need not be disclosed if they terminated more than three years ago [498]. In addition, the ICC's test for disclosure is a double test: an objective one ("circumstances that could give rise to reasonable doubts"), but, in addition, also a subjective one (circumstances that might call into question the arbitrator's independence "in the eyes of the parties") [499]. The ICC considers this difference to lead to a "fundamental incompatibility" with the IBA Guidelines: the ICC could not, for example, accept a Green List that would never require disclosure as such a list does not take into consideration the parties' subjective views [500].

341. A study by the ICC of 299 challenges filed with the ICC International Court of Arbitration in the years 2010-2015 showed that reference was made to the IBA Guidelines by the parties, the Secretariat

494. A. Carlevaris and R. Digón, "Arbitrator Challenges under the ICC Rules and Practice", *ICC Dispute Resolution Bulletin*, 2016 (1), p. 26.

495. *Ibid.*, p. 27.

496. IBA Subcommittee *Report on Reception*, pp. 40-41, n. 124:

> "many [ICC] arbitrators have been challenged successfully or denied confirmation as a result of situations not contemplated by the Conflicts of Interest Guidelines, or as a result of situations where the Guidelines indicated that no disclosure would be necessary".

497. ICC, Note to Parties and Arbitral Tribunals on the Conduct of the Arbitration under the ICC Rules of Arbitration, 1 January 2019, para. 23 (https://iccwbo.org/publication/note-parties-arbitral-tribunals-conduct-arbitration/ last visited 10 March 2019).

498. See p. 19 and Articles 3.1.1-5, 3.3.3, 3.3.8-9, 3.4.5.

499. Article 11 (2), ICC Arbitration Rules; IBA Subcommittee, *Report on Reception*, p. 41; Carlevaris and Digón, *op. cit.*, p. 27. See IBA Conflicts of Interest Guideline, General Standard 2 *(b)*, which only contains the objective standard of a "reasonable third person", see also Explanation to General Standard 2 *(b)* on p. 6.

500. A. M. Whitesell, "Independence in ICC Arbitration: ICC Court Practice concerning the Appointment, Confirmation, Challenge and Replacement of Arbitrators", in *Independence of Arbitrators, ICC International Court of Arbitration Bulletin, 2007 Special Supplement*, p. 36.

or the Court in 85 (28.4 per cent) cases [501]. A previous study by the ICC of 187 challenges between mid-2004 and mid-2009 yielded just one case where the Court's decision clearly deviated from the IBA Guidelines [502]. This suggests that the differences between the ICC and the IBA standards are more on the conceptual than on the practical level.

342. In sum, it seems indisputable that the Conflicts of Interest Guidelines exert substantial influence also on the practice of arbitral institutions, although probably in an indirect way, given that the Guidelines are often only taken into consideration rather than being applied directly.

3. References by courts

3.1. Overview

343. Courts in several countries have repeatedly referenced the Conflicts Guidelines. The picture that emerges from case law is not uniform. A useful overview is provided by the IBA in its 2016 report [503].

344. Two jurisdictions, Switzerland and England, merit closer review as their courts have had several occasions to reflect on the Conflicts of Interest Guidelines while being able to draw from a long and rich arbitration tradition. In addition, they represent common law and civil law traditions respectively.

3.2. Swiss Federal Tribunal (Swiss Supreme Court)

345. The Federal Tribunal, the highest Swiss court and the only instance that hears challenges of arbitral awards in Switzerland, had several occasions to consider the Conflicts of Interest Guidelines, given that they are commonly referred to by one or the other party in cases involving potential conflicts of interest [504].

501. Carlevaris and Digón, *op. cit.*, fn. 496, p. 28.

502. S. Greenberg and J. R. Feris, "References to the IBA Guidelines on Conflicts of Interest in International Arbitration ('IBA Guidelines') when Deciding on Arbitrator Independence in ICC Cases", *ICC International Court of Arbitration Bulletin*, Vol. 20 (2), 2009, p. 40.

503. IBA Subcommittee, *Report on Reception*, pp. 57 *et seq.*, n. 160-175; further: M. Scherer, "The IBA Guidelines on Conflicts of Interest in International Arbitration", pp. 5 *et seq.*; P. Hodges, "Equality of Arms", p. 604 *et seq.*

504. See also M. Leemann, "Challenging International Arbitration Awards in Switzerland on the Ground of a Lack of Independence and Impartiality of an Arbitrator", *ASA Bulletin*, Vol. 29 (1), 2011, pp. 10 *et seq.*

346. A first decision was rendered in 2007 [505]. The appellant had challenged a decision of the Court of Arbitration for Sports (CAS), *inter alia*, on the ground that two of the three arbitrators were not independent and impartial. These two arbitrators were members of the same sports-related association, Rex Sport, as was the counsel of the opposing party. Rex Sport had only 26 members at the time [506].

347. The Federal Tribunal first called to mind that, under Swiss law, an arbitrator has, in principle, to meet the same criteria of independence and impartiality as a State court judge, thereby referring to the extensive body of Swiss jurisprudence in this regard:

> "3.1.1. An arbitral tribunal must, like a State court, provide sufficient guarantees of independence and impartiality . . . To determine whether an arbitral tribunal offers such guarantees, reference must be made to the constitutional principles developed with regard to State courts (DFT 125 I 389, point 4a; 118 II 359, point 3c, p. 361). However, the specificities of arbitration, and in particular international arbitration, must be taken into account when examining the circumstances of the specific case . . ." [507]

348. After summarizing the core principles of Swiss law and having discussed certain separate issues, the Federal Tribunal then addressed the question "whether the joint membership of two of the three arbitrators and the respondent's representative in the same association was such as to raise an objective doubt as to the Panel's impartiality" [508]. It immediately turned to the Conflicts of Interest Guidelines:

> "To verify the independence of their arbitrators, the parties may also refer to the guidelines on conflicts of interest in international arbitration issued by the International Bar Association . . . While these guidelines are certainly not legally binding . . ., they are a valuable working tool that can contribute to the harmonization and unification of standards applied in the field of international arbitration for the settlement of conflicts of interest . . ., which should have an influence on the practice of arbitration institutions

505. Decision of the Federal Tribunal 4A_506/2007, 20 March 2008. Leading decisions of the Federal Tribunal are reported in the official reporter, DFT (ATF and BGE in French and German, respectively), while all other decisions, like the one here, are merely made available on the Tribunal's website (www.bger.ch).

506. See M. Scherer, "The First Five Years 2004-2009", p. 19.

507. The decisions of the Federal Tribunal are rendered in French, German, or Italian. The English translations are by the author.

508. *Ibid.*, c. 3.3.2.2.

and courts . . . These guidelines set out general principles. They also contain an enumeration, in the form of non-exhaustive lists, of special circumstances: a red list, divided into two parts (situations in which there is a legitimate doubt as to independence and impartiality, the parties cannot renounce the most serious of them); an orange list (intermediate situations which must be disclosed, but do not necessarily justify a challenge); a green list (specific situations which objectively do not generate a conflict of interest and which arbitrators are not required to disclose). It goes without saying that, notwithstanding the existence of such lists, the circumstances of the specific case will always remain decisive in deciding the question of conflict of interest [509] . . ."

349. The Federal Tribunal then argued that the current situation would correspond to Article 4.4.1 of the Green List and thus could neither be a ground for a challenge nor require disclosure. Thus, the Court concluded that "[o]n this point, the guidelines merely express, in other words, the principles laid down by the Federal Court's case-law in view of the specific features of international arbitration in sports matters . . ." [510].

350. With only minor variations in the wording, the core principles set out in this decision were repeated in the subsequent decisions. The next decision where the Federal Tribunal had the opportunity to address the Guidelines, concerned the challenge of an award of the CAS by a professional soccer player, Adrian Mutu, who had been ordered to pay about 17 million euros to Chelsea Football Club due to a positive drug test [511]. In the case 4A_458/2009, the appellant argued, *inter alia*, that two arbitrators were not independent and impartial. The Federal

509. Sometimes this decision is cited in a potentially misleading manner, by ending the quote after "These Guidelines state general principles" (see A. Mourre, "About Procedural Soft Law", p. 245, at fn. 19). Taken out of context, this sentence might be misunderstood that the Federal Tribunal considered the Guidelines to reflect general principles of law, suggesting normativity. However, the Federal Tribunal merely summarized the structure of the Guidelines, which consists of (i) general standards or principles and (ii) lists.

510. *Ibid.*

511. Decision of the Federal Tribunal 4A_458/2009, 10 June 2010. Mutu unsuccessfully challenged this decision before the European Court of Human Rights (*Affaire Mutu et Pechstein c. Suisse*, Requêtes Nos. 40575/10 et 67474/10, 2 October 2018). In two earlier parallel decisions, the Federal Tribunal did not need to discuss the relevance of the Conflicts of Interest Guidelines that were referred to by the appellant, as it considered the pertinent assertions to be too vague and, with regard to the one assertion that was specific enough, to be belated (Decisions 4A_256/2009 and 4A_258/2009 of 11 January 2010, cons. 3.1; likewise Decision 4A_110/2012, 9 October 2012).

Tribunal dismissed the challenges. With regard to at least one of the arbitrators, the appellant referred to Articles 2.1.2 (Waivable Red List) and 3.1.5 (Orange List) of the Conflicts of Interest Guidelines.

351. In its decision of 10 June 2010, the Federal Tribunal again first recapitulated the principles of Swiss law on independence and impartiality of arbitrators [512]. It then turned to the accusations grounded on the Guidelines, stating first that it was not even sure whether the two situations referenced by the appellant were applicable. It did not reach a final conclusion, though, thereby leaving open which conclusions the Guidelines would lead to. Instead, the Court held as follows:

> "This being so, we must not overestimate the weight of these arguments of a formal nature. It is necessary, indeed, not to forget that the guidelines, if they certainly constitute a valuable working tool, do not have the force of law. The circumstances of the case, as well as the case law of the Federal Court in this respect, will always be decisive in deciding the question of conflict of interest (decision 4A_506/2007, cited above, *op. cit.*)." [513]

352. Having established the above, the Federal Tribunal then left aside the Guidelines and analysed the specific case on the basis of Swiss case law.

353. In a leading decision handed down the same year [514], the Federal Tribunal had to consider whether a unanimously rendered decision of the CAS should be set aside due to previous contacts between one of the arbitrators, a professor of law at the University of Zurich, and the World Anti-Doping Association (WADA) as one of several claimants in the arbitration proceedings against a Spanish cyclist. The Federal Tribunal found that there was no lack of independence from a Swiss law perspective, adding "moreover" that the reference by the cyclist to Article 3.4.2 of the Orange List of the Conflicts of Interest Guidelines [515] is "erroneous" as the arbitrator's earlier contacts with WADA were never comparable to the situation of an employee or partner as required by Article 3.4.2. The Federal Tribunal recalled, for good measure, that

512. *Op. cit. supra* footnote 511, cons. 3.1.
513. *Ibid.*, cons. 3.3.3.1.
514. DFT 136 (2010) III 605 (decision 4A_234/2010 of 29 October 2010).
515. The IBA Report erroneously states that the Federal Tribunal considered the Guidelines on its own motion (IBA Subcommittee *Report on Reception*, p. 58, n. 164 with fn. 92).

the Orange List envisaged "intermediate situations that need to be disclosed but that do not necessarily justify a challenge" [516].

354. In a recent leading decision of 2016, the Federal Tribunal once again confirmed its generally benevolent view of the Conflicts of Interest Guidelines [517]. In this case, the ICC had nominated a sole arbitrator in a dispute between an Italian and a Dutch party. The sole arbitrator was a partner of CMS von Erlach Poncet, a Swiss law firm belonging to the international CMS network. On 23 April 2015, the arbitrator issued his award ordering the Italian respondent to pay an amount of 2,272,500 euros to the Dutch claimant. On 4 August 2015, i.e. after the deadline for the challenge of the award had lapsed, the Italian respondent filed a request for revision of the award with the Federal Tribunal, arguing that it had just recently discovered that the arbitrator had failed to disclose that the German firm of the CMS network had acted for the German affiliate of the Dutch party in an unrelated matter [518]. In support of its request, the appellant referred to various situations on the Red and Orange Lists of the Conflicts of Interest Guidelines.

355. The Federal Tribunal almost *verbatim* repeated the principles stated already in the first decision, i.e., that an arbitrator has, in principle, to meet the same criteria of independence and impartiality as a state judge and that the Guidelines are certainly not legally binding but a "useful working tool" ("instrument de travail utile"):

> "3.1.2. To verify the independence of the sole arbitrator or members of an arbitral panel, the parties may also refer to the guidelines on conflicts of interest in international arbitration issued by the International Bar Association . . . These guidelines, which could be compared to the ethical rules used to interpret and clarify professional rules (DFT 140 III 6 c. 3.1 p. 9; DFT 136 III 296 c. 2.1 p. 300), are of course not legally binding; nevertheless, they are a useful working tool that can contribute to the harmonization and unification of standards applied in the field of international arbitration for the settlement of conflicts of interest, which tool should likely exert an influence on the practice

516. DFT 136 (2010) III 605, cons. 3.4.4 (decision 4A_234/2010 of 29 October 2010).

517. DFT 142 (2016) III 521, cons. 3.1.2.

518. See S. Perry, "CMS Arbitrator Cleared of Law Firm Network Conflict", *Global Arbitration Review*, 4 October 2016.

> of arbitration institutions and courts. . . . It goes without saying that, notwithstanding the existence of such lists, the circumstances of the specific case will always remain decisive in deciding the question of conflict of interest." (References to case law omitted.)

356. The Federal Tribunal analysed the various Red and Orange List situations referenced by the appellant, concluding that none of them was pertinent given the specificities of the CMS network, in particular the lack of profit sharing among member firms. It concluded that if one was intent on finding "at all cost" a situation in the Guidelines, it would be one on the Green List:

> "3.3.2. . . . If one wanted at all costs to find an element of these guidelines that would make it possible to understand A.-A's intervention in favor of Z. and the relationship between this intervention and the arbitrator's office, it would be to section 4.2.1 of these guidelines that one would have to turn."

357. The Federal Tribunal then turned back to Swiss law, emphasizing that the only relevant factors are the circumstances of the specific case:

> "3.3.3. Making abstraction of the guidelines, it must be admitted that, considered from the point of view of a reasonable third party with knowledge, the circumstances of the specific case, which are the only decisive factors, are not in any case of such gravity that maintaining the sentence which is the subject of the application for review would appear incompatible with a sense of justice and equity."

358. The Federal Tribunal thereby acknowledged once more the practical importance of the Conflicts of Interest Guidelines, primarily as a tool for the parties and the arbitrators, but also for arbitral institutions and courts, and thus its influence on the shaping of views. At the same time the Court also confirmed that its own jurisprudence is based solely on Swiss law and the circumstances of the specific case, but not on the Conflicts of Interest Guidelines. In sum, the Federal Tribunal did reach the same result based on Swiss law as its reading of the Guidelines, but there is no indication that it was in any way influenced by the Guidelines.

359. Whether this case law proves the normativity of the Conflicts of Interest Guidelines, as is sometimes argued [519], is doubtful given the manner in which the Federal Tribunal always carefully distinguishes between the application of Swiss law and a parallel analysis under the Guidelines referenced by the parties, mostly by dealing with the two issues in separately numbered considerations. While the Federal Tribunal mostly does not find a discrepancy between Swiss law and the Guidelines and, thus, never explicitly had to decide a hard case where the Guidelines conflicted with existing Swiss jurisprudence, it, however, once left the question open whether the Guidelines could lead to a different assessment, thereby implicitly declining normativity [520].

360. Thus, and in the words of a law clerk of the Supreme Court, the Conflicts of Interest Guidelines

> "provide practical guidance not only on relevant situations of conflicts of interest, but also on what has to be disclosed by the arbitrators. Although the IBA Guidelines are not legal provisions, they can nevertheless be useful tools also for the courts when assessing whether a disclosure should have been made." [521]

3.3. The High Court of Justice of England and Wales

361. The High Court of Justice of England and Wales has also repeatedly discussed the Conflicts of Interest Guidelines.

362. A first decision in 2005 only made a fleeting reference. In the case *A.S.M.* [522], an application under Section 28 of the 1996 English Arbitration Act (Arbitration Act, 1996), the issue arose whether one member of the arbitral tribunal should have recused himself pursuant to English law. Apart from arguing English case law, counsel for defendant also made a short reference to the Conflicts of Interest Guidelines for "further guidance", pointing out that none of the lists covered the situation at hand, in particular not the relevant Red List [523]. Morison J. dismissed the argument, reasoning that the Lists were not meant to be comprehensive:

---

519. G. Kaufmann-Kohler, "Soft Law in International Arbitration", p. 297, asserting that the Federal Tribunal "recognized the normativity of the IBA Guidelines in no uncertain terms".

520. Decision of the Federal Tribunal 4A_458/2009, *supra* para. 351.

521. M. Leemann, *op. cit.*, fn. 504, p. 14.

522. *A.S.M Shipping Ltd of India* v. *T.T.M.I. Ltd of England*, 19 October 2005, [2005] EWHC 2238 (Comm), *per* Morison J.

523. *Ibid.*, n. 32.

> "The IBA guidelines do not purport to be comprehensive and as the Working Party added 'nor could they be'. The Guidelines are to be 'applied with robust common sense and without pedantic and unduly formulaic interpretation'. I am not impressed by the points Mr Croall made on these lists. They come close to the point in issue. The question at issue is not whether what happened fell within the red list or not. Barristers in practice who take up part-time judicial appointments are not, as Mr Croall submitted, mentioned in the lists at all. But that says nothing about the true answer to the questions in this case." [524]

363. There was no further discussion of the Guidelines and there is no indication that they had any influence on the decision.

364. This short comment by Morison J. was taken up, however, by counsel in the subsequent case, *A* v. *B*, of 2011 before Flaux J. [525] This case concerned an application under Section 24 (1) *(a)* of the Arbitration Act, 1996 to remove a sole arbitrator and to challenge a partial award for serious irregularity under Section 68 (1) of the Act. The arbitrator, a QC, "X", had previously taken instructions from counsel to both parties. In one such instruction the case before the Commercial Court had been stayed under a Tomlin order due to a settlement and remained so at the time of X's appointment as arbitrator. Apparently there was no reason to assume that the litigation would eventually be revived. He did not disclose the circumstances at the time of appointment. However, at a later stage of the arbitral proceedings, the litigation stay was lifted and X was again instructed by counsel. About a year later, the litigation proceeded to trial, which took place between 29 November and 8 December 2010. At the same time, X was drafting the award. On December 2010, he disclosed the instruction in the litigation to the parties. There was no reaction by the parties. On 20 December 2010, the award was forwarded to the parties. The next day the unsuccessful party challenged the arbitrator.

365. One argument raised by claimants was unconscious bias. In that context, counsel also relied on the Conflicts of Interest Guidelines,

> "not because he suggests they are mandatorily applicable, but because their spirit shows what the international arbitration

524. *Op. cit. supra* footnote 522, n. 39 (4).
525. *A and Others* v. *B and X*, 15 September 2011, [2011] EWHC 2345 (Comm), *per* Flaux J.

> community considers does give rise or may give rise to a real risk of bias",

thus arguing for an analogous application of the Waivable Red List as Morison J. allegedly did in the *A.S.M.* case [526].

366. Flaux J. dismissed the submission on unconscious bias based on English jurisprudence and the specific circumstances of the case. He explicitly stated the priority of mandatory national law over the Guidelines [527]:

> "73. Furthermore, in my judgment that conclusion is not altered in any way by the IBA Guidelines, which do not assist the claimants for a number of reasons. First, as paragraph 6 of the Introduction to the Guidelines makes clear, the Guidelines are not intended to override the national law. It necessarily follows that if, applying the common law test, there is no apparent or unconscious bias, the Guidelines cannot alter that conclusion."

367. He also dismissed the arguments based on the Guidelines on the merits by distinguishing the referenced Article 2.3.2 of the Waivable Red List from the case at hand. Conversely, there was no discussion of the Guidelines with regard to the separate issue whether the failure to timely disclose amounted to a serious irregularity.

368. In a 2015 case, *Sierra Fishing* v. *Farran* [528], Popplewell J. had to decide on a challenge of a sole arbitrator under Section 24 (1) *(a)* of the Arbitration Act, 1996. Due to close, substantial, and ongoing commercial contacts between the arbitrator and his law firm and one of the parties, he concluded that "I have little hesitation in concluding that these connections would give rise to justifiable doubts as to Mr Ali Zbeeb's ability to act impartially in a dispute to which Dr Farran was a party" [529]. He then added:

> "58. In this respect assistance is derived from the International Bar Association Guidelines on Conflicts of Interest in International Arbitration ('the IBA Guidelines'), which provide illustrations of what the international arbitral community considers to be cases of conflicts of interest or apparent bias."

526. *Op. cit. supra* footnote 525, n. 37-39.

527. See also the comments by T. Landau and J. R. Weeramantry, "A Pause for Thought", p. 509.

528. *Sierra Fishing Company and Others* v. *Farran and Others*, 30 January 2015, [2015] EWHC 140 (Comm), *per* Popplewell J.

529. *Ibid.*, n. 57.

369. He noted several situations of the lists in this regard, Article 1.4 of the Non-Waivable Red List, Articles 2.3.1 and 2.3.6 of the Waivable Red List and Article 3.1.4 of the Orange List, as well as Mr. Zbeeb's failure to disclose the relationship as required by General Standard 3 of the Guidelines [530].

370. With regard to the separate issue that Mr. Zbeeb had, as a lawyer, advised Dr. Farran on the drafting of the contractual clause that was later at stake in the arbitration, Popplewell J. referred to Articles 2.1.1 "and/or" 2.1.2 of the Waivable Red List [531].

371. It appears from the decision that Popplewell J. had little doubt about the outcome of the case under English law. His references to the Conflicts of Interest Guidelines might primarily have been for the benefit of the parties, none of which was English and might better understand the removal of the arbitrator if it was (also) based on the understanding of the international arbitration community. In any case, it is noteworthy that he explicitly declares the Guidelines to be of "assistance".

372. A year later, in *Cofely* [532], Hamblen J. had to decide on the removal of a sole arbitrator under Section 24 (1) *(a)* of the Arbitration Act, 1996. The arbitrator, Mr. Bingham, had been appointed by the Chartered Institute of Arbitrators based on the request by Knowles as claimant in the arbitration and in spite of respondent's objection against Mr. Bingham. It later turned out that Mr. Bingham had been appointed 25 times in three years in matters involving Knowles either as referring party or acting for the referring party. This amounted to 18 per cent of the total of his appointments as an arbitrator and 25 per cent of his income [533]. When Cofely requested information from Mr. Bingham on the scope of his relationship with Knowles, he reacted evasively and even aggressively. In the challenge, Cofely, amongst others, relied upon a number of rules and guidelines, namely the CIArb Code of Professional and Ethical Conduct for Members (October 2000) and the Conflict of Interest Guidelines, namely General Standards 2 and 3 and Articles 3.1.3 and 3.1.5 of the Orange List.

373. Hamblen J. noted that Mr. Bingham should have disclosed the relationship with Knowles "under both the [CIArb] acceptance of nomination form and under the Orange List guidance" [534]. He did not

530. *Op. cit. supra* footnote 528, n. 59-60.
531. *Ibid.*, n. 61.
532. *Cofely Limited* v. *Anthony Bingham and Knowles Limited*, 17 February 2016, [2016] EWHC 240 (Comm), *per* Hamblen J.
533. *Ibid.*, n. 91, 104.
534. *Ibid.*, n. 109.

further mention the Guidelines and decided to remove the arbitrator based on real possibility of apparent bias due to inappropriate behaviour in several instances.

374. The most important decision on the Conflicts of Interest Guidelines was handed down by Knowles J. in 2015 in the matter *W Limited* v. *M SDN BHD* [535]. The case concerned a challenge of an award under Section 68 of the Arbitration Act, 1996. The challenge was grounded on apparent bias due to conflict of interest of the sole arbitrator, David Haigh QC, a very senior Canadian lawyer and full-time arbitrator. Haigh QC was a member of a medium-size Canadian law firm, but essentially acted as sole practitioner. Apparently unbeknownst to him, a company, Q, was an important client of the firm and this company was acquired by company P, the parent company of one of the parties, shortly after Haigh QC had been nominated and had made his clean statement of independence. The law firm continued to provide substantial legal services to Q, now an affiliate of one of the parties.

375. In its challenge, the claimant relied on Article 1.4 of the Non-Waivable Red List of the Guidelines, which reads: "The arbitrator or his or her firm regularly advises the party, or an affiliate of the party, and the arbitrator or his or her firm derives significant financial income therefrom."

376. Knowles J. decided the case based on English law, dismissing the challenge in light of the specific facts and circumstances. He noted that the Guidelines did not cause him to take a different view, adding:

> "44. Of course I decide the outcome of the present case under English law. It would be possible simply to say that the 2014 IBA Guidelines are not a statement of English law and then not enter into any examination of them. However the present arbitration is international, and parties often choose English Law in an international context. Thus the role of this Court has an international dimension. I therefore prefer to consider the 2014 IBA Guidelines, as I have done, and explain why I do not, with respect, think they can yet be correct."

377. What made him think the Guidelines were not "correct"? His analysis is thorough and made with "diffidence" [536]. He starts by noting that the outcome of the case under English law was clear:

---

535. *W Limited* v. *M SDN BHD*, 2 March 2016, [2016] EWHC 422 (Comm), *per* Knowles CBE J.

536. *Ibid.*, n. 34.

> "25. In the event, in the present case any uncertainty in the matter comes, not in applying the test, but from the 2014 IBA Guidelines that are put, understandably, at the forefront of the Claimant's case."

He then confirms the value of the Guidelines as assistance:

> "26. The Guidelines do not bind the Court, but they can be of assistance [references omitted], and it is valuable and appropriate to examine them at least as a check."
>
> "33. The 2014 IBA Guidelines make a distinguished contribution in the field of international arbitration. Their objective, to assist in assessing impartiality and independence, is to be commended."

He continues, however, criticizing the Guidelines:

> "34. It is therefore with diffidence that I say that the present case suggests there are weaknesses in the 2014 IBA Guidelines in two inter-connected respects. First, in treating compendiously *(a)* the arbitrator and his or her firm, and *(b)* a party and any affiliate of the party, in the context of the provision of regular advice from which significant financial income is derived. Second, in this treatment occurring without reference to the question whether the particular facts could realistically have any effect on impartiality or independence (including where the facts were not known to the arbitrator)."

378. Knowles takes issue with the very idea of a list because, under English law, the circumstances of the specific case are decisive. He notes that the 2014 version of Article 1.4 markedly differs from the 2004 version, with the words "or his or her firm" added before "regularly advises". The effect is that a situation where another member of the law firm, without any involvement or even knowledge of the arbitrator, advises an affiliate of a party automatically qualifies as a non-waivable conflict. Knowles J. calls this "hard to understand" as "this situation is classically appropriate for a case-specific judgment" [537].

379. Crucially, he points out a contradiction in the Guidelines. Paragraph 2 of Part II of the Guidelines states that the Red Lists "detail specific situations that, depending on the facts of a given case, give

537. *Op. cit. supra* footnote 535, n. 36.

rise to justifiable doubts", thus granting priority to a case-by-case analysis. Similarly, General Standard 6 provides that "the activities of an arbitrator's law firm, if any, and the relationship of the arbitrator with the law firm, should be considered in each individual case" and

> "if one of the parties is a member of a group with which the arbitrator's firm has a relationship, such fact should be considered in each individual case, but shall not necessarily constitute by itself a source of a conflict of interest, or a reason for disclosure".

Conversely, General Standard 2 *(d)* states that "[j]ustifiable doubts necessarily exist … in any of the situations described in the Non-Waivable Red List" and Explanation *(d)* confirms that "[t]he Non-Waivable Red List describes circumstances that necessarily raise justifiable doubts".

380. Knowles J. notes this "tension" and also points out that the current situation falls within the scope of Article 1.4 but is less serious than situations that are covered by the Waivable Red List, concluding that "the circumstances of the present case do not sit well within a 'Non-Waivable Red List'" [538].

381. Knowles J. not only disagrees with the outcome suggested by Article 1.4 of the Non-Waivable Red List, but implicitly criticized the list system as such because it shifts the focus of the parties away from the particular circumstances of the case to abstract rules:

> "37. The present case illustrates to me that the 2014 IBA Guidelines in the respects under examination may, where the facts fit Paragraph 1.4, cause a party to be led to focus more on assumptions derived from that fact, and to focus less on a case-specific judgment."

382. This decision was widely noticed in, and taken seriously by the arbitration community [539]. Taken together, these decisions indicate that English courts acknowledge the importance of the Conflicts of Interest Guidelines in international arbitration practice, but do not treat them as determinative [540].

---

538. *Op. cit. supra* footnote 535, n. 38-41.

539. See A. Ross, "IBA Conflict Guidelines Criticized, as Canadian Arbitrator Cleared of Bias", *Global Arbitration Review*, 4 March 2016.

540. N. Beale, J. Lancaster and St. Geesink, "Removing an Arbitrator: Recent Decisions of the English Court on Apparent Bias in International Arbitration", *ASA Bulletin*, Vol. 34 (2), 2016, pp. 340 *et seq.*

3.4. Other courts

383. Courts in other countries have also occasionally referred to the Conflicts of Interest Guidelines and generally took guidance therefrom without, however, feeling bound by them [541].

384. The Austrian Supreme Court mentioned the Guidelines in several decisions. The Court almost identically characterized the Guidelines in all of those decisions as a non-binding "orientation guide", "interpretation aid", "guideline" [542]. A decision in 2016 is not only typical for this approach of the Austrian Supreme Court, but also reflects the approach of State courts generally:

> "The IBA Guidelines on Conflicts of Interest in International Arbitration of 2004 ('IBA Guidelines') can also serve as an orientation aid in the assessment of grounds of bias, irrespective of the fact that they are not normative in nature and require agreement by the parties in order to be directly effective." [543]

E. Assessment

385. Today, the Conflicts of Interest Guidelines are generally acknowledged as a primary source of inspiration in cases of potential conflicts. The opinion that was already expressed five years after the adoption of the 2004 version is even more pertinent today:

> "Five years after the dissemination of the Guidelines, most international arbitrators consult the Guidelines whenever they must exercise their judgment on whether to disclose circumstances

541. See IBA Subcommittee, *Report on Reception*, pp. 57 *et seq.*; M. Scherer, "The IBA Guidelines on Conflicts of Interest in International Arbitration: The First Five Years 2004-2009", *Dispute Resolution International*, Vol. 4 (1), 2010, pp. 6 *et seq.*; Chr. Armbrüster and V. Wächter, "Ablehnung von Schiedsrichtern wegen Befangenheit im Verfahren", *German Arbitration Journal*, Vol. 15 (5), 2017), p. 216 (contrary to the suggestion by the authors at footnote 34, the Oberlandesgericht Frankfurt in 26 Sch 08/07 (4 October 2007) did not consult the IBA Guidelines in order to specify German law, but merely noted for good measure that the Guidelines, on which the claimant relied amongst others, did not lead to a different result than German law, without discussing the legal relevance of the Guidelines as such). For case law in ISDS cases under ICSID see M. N. Cleis, *The Independence and Impartiality of ICSID Arbitrators. Current Case Law, Alternative Approaches, and Improvement Suggestions*, Brill Nijhoff, 2017, pp. 164 *et seq.*

542. Austrian Supreme Court, Cases Nos. 2 Ob 112/12b, 17 June 2013, cons. 5.2.1 ("Auslegungshilfe"); 18 ONc 1/14p, 5 August 2014, cons. 4.1 ("rientierungshilfe"); 18 ONc 2/14k, 5 August 2014, cons. 4.1 ("Orientierungshilfe"); 18 ONc 3/15h, 19 April 2016, cons. III.1 ("Orientierungshilfe"), cons. III.4 ("Richtschnur").

543. Austrian Supreme Court, Case No. 18 ONc 3/15h, 19 April 2016, cons. III.1.

that might be viewed as conflicts. Whilst the courts in most cases rightly do not directly apply the IBA Guidelines, . . . courts called on to decide on challenges to arbitrators are increasingly referring to the IBA Guidelines." [544]

386. The Guidelines are rarely, if ever, agreed on by parties as binding and only rarely declared binding by arbitral tribunals. They are, however, taken into consideration as an assistance in the application of national principles on independence and impartiality to specific facts and circumstances. This should not come as a surprise given that they are based on truly global attempts at gathering local case law and international best practice and thus enjoy the persuasive authority of a *ratio scripta*.

387. As the analysis of both Swiss and English case law has shown, there are, however, limits to the reliance on the Guidelines. In both jurisdictions, the courts criticized the novel element of the Guidelines, the Application Lists, for detracting the user from the circumstances of the specific case, which alone are deemed relevant.

388. There is less criticism of the General Standards, which largely reflect common sense and practice, although the English High Court rightly noted a tension, if not contradiction, between General Standards 2 *(d)* and 6 *(a)*, with the first one requiring an automatism in case of the Non-Waivable Red List, the other a case-by-case analysis. Maybe it is not by chance that the High Court's criticism was sparked by a change in the 2014 version of Article 1.4 that rendered a common-sense 2004 provision much more stringent and controversial if combined with the automatism required by General Standard 2 *(d)*. Some authors also noted that the General Standard 2 *(c)* very broadly defines doubts as justifiable if "there is a likelihood that the arbitrator may be influenced by factors other than the merits of the case as presented by the parties" [545]. Taken *verbatim*, this provision would indeed probably disqualify everybody if only because an arbitrator is hopefully influenced by her legal training and her experience in the industry concerned.

389. Other provisions of the 2014 version may also have slightly overshot the target of staying within the bounds of national jurisprudence and best current international practice. Articles 3.3.7 and 3.4.4 on enmity might count among them – tellingly, India has not incorporated them

544. M. Scherer, "The First Five Years 2004-2009", p. 6.

545. G. Born, *International Commercial Arbitration*, Vol. II, § 12.05 (J), pp. 1843-1844.

(and a few others) in its recent amendment of the Indian Arbitration Act [546]. In addition, the inclusion of third-party funders, insurers and other economically interested parties might be a step ahead of a general consensus.

390. Confusingly so, the greatest strength of the Guidelines is also its weakest point: if the Guidelines only consisted of the General Standards, they would be rather uncontroversial and generally commended, but rarely consulted. The Guidelines owe their vast popularity to the Application Lists that provide a quick and easy first impression of which situations might be problematic and which not. Unfortunately, the Application Lists cannot do more than provide such a first impression. Courts look beyond such first impressions and instead examine the specific circumstances of the case. Even more unfortunately, the Guidelines do not fully take this into account: they explicitly exclude the Red Lists and the Green List from a case-by-case analysis by affirmatively stating that, in the situations on the Red Lists, "an objective conflict of interest exists from the point of view of a reasonable third party having knowledge of the relevant facts and circumstances" and, at the other end of the spectrum, the Green List covers situations "where no appearance and no actual conflict of interest exists from an objective point of view" and thus "the arbitrator has no duty to disclose" [547]. This is, of course, the logical conundrum of any attempt to specify general standards outside of formal legislation and cannot be blamed on the drafters [548].

391. In addition, there are question marks about whether the Guidelines succeeded in providing more predictability and certainty about the relevant standards. Gary Born doubts it, noting that the frequency of challenges of arbitrators and also of successful challenges at least at the ICC, but anecdotally also at other institutions, increased rather than decreased since the adoption of the Guidelines in 2004 [549]. Correlation is not causation, as Born is the first to acknowledge.

546. *Supra* para. 332.

547. Conflicts of Interest Guidelines, Part II, n. 2 and 7.

548. See J. Klabbers, "The Virtues of Expertise", in M. Ambruss *et al.* (eds.), *The Role of "Experts" in International and European Decision-Making Processes – Advisors, Decision-Makers or Irrelevant Actors?*, Cambridge, 2014, p. 90:

> "codes of ethics or conduct come with inherent limitations – limitations that apply to all sets of rules. For one thing, by relying on language, rules tend to be both over-inclusive and under-inclusive: they capture acts we might not want them to capture and they fail to capture some of the acts we might want to capture."

549. G. Born, *International Commercial Arbitration*, Vol. II, § 12.05 (J), pp. 1855 *et seq.*; see also M. N. Cleis, *op. cit.* fn. 541, p. 167, with regard to ISDS cases: "it is

He notes, however, amongst others, that the Guidelines do provide additional arguments for challenges, on top of arguments taken from the applicable national and institutional rules [550]. This observation cuts to the core of a procedural soft law instrument: soft law provides arguments for a party that wants to disrupt proceedings. Particularly if a soft law instrument contains some broad language (as most typically do), it is fairly easy at least to argue that one or the other provision is breached and if it is soft *law*, there must be a remedy, right? Born concludes by largely dismissing the Guidelines:

> "The Guidelines have not accomplished their stated objectives, of providing clarity and certainty and reducing the number of challenges. On the contrary, the Guidelines may have inhibited progress towards these objectives, arguably producing greater uncertainty, more challenges and more inappropriate disqualifications than previously was the case." [551]

392. These reservations did not prevent the resounding success of the Conflicts of Interest Guidelines, but they prevent them from claiming any normativity. The Guidelines are widely consulted, not blindly followed. Some provisions are more convincing than others. Counsel refer to them if they are expedient for their case and courts refer to them if they are expedient to justify their decision, or if expected to do so by one or both of the parties. So far, thus, there is no evidence of any normativity.

393. On a side note, it is interesting that the Conflicts of Interest *Guidelines* largely replace the 1987 IBA *Rules* of Ethics. In practice, there is little difference in the use of the terms "rules" and "guidelines" and they are sometimes used interchangeably: the 1987 IBA Rules of Ethics for International Arbitrators even use "rules" and "guidelines" to describe themselves in the same paragraph [552]. Generally, the term "guidelines" should be used if the instruments purports to reflect good practice or even best practices if any can be determined, while the term "rules" should be reserved for instruments with a creative content that requires consent by the parties.

---

questionable whether the IBA Guidelines would enhance the predictability of challenge decisions in the investment arbitration context".

550. *Op. cit. supra* footnote 549, pp. 1857 *et seq*.

551. *Ibid.*, p. 1864.

552. "Introduction", second paragraph.

CHAPTER VII

DEEP DIVE III : THE IBA GUIDELINES ON PARTY REPRESENTATION IN INTERNATIONAL ARBITRATION

A. Background

394. The Party Representation Guidelines is the third instrument of the IBA that is claimed to qualify as soft law in international arbitration. They were adopted by the IBA Council in May 2013 and have so far proved to be much less successful than the other two instruments discussed above. They are also much more contentious. They offer a cautionary tale on the making of an aspiring soft law instrument.

395. The shortcomings of this instrument were unexpected. At the outset, the project seemed uncontroversial. Party representatives in international arbitration often hail from different legal backgrounds. Their behaviour may be subject to the bar rules of their home jurisdictions, but not all representatives are members of a bar and not all bar rules are applicable to private arbitration proceedings in some foreign country. Thus, counsel acting in the same case might not be subject to the same rules of conduct, potentially creating an unlevel playing field. There is broad consensus that this situation needs somehow to be addressed.

396. In addition, many counsel were unsure what, if any, bar rules applied to them in the first place. A survey conducted by the IBA "revealed a high degree of uncertainty among respondents regarding what rules govern party representation in international arbitration" [553]. Do members of a national bar acting as counsel in arbitration have to observe their own national bar rules, or rather the bar rules at the seat of the arbitral proceedings, at the venue of a hearing, some international ethical or deontological rules or no rules at all? What applies when counsel teams are composed of lawyers from different jurisdictions with conflicting deontological or ethical regulations?

397. The lack of clarity about applicable deontological rules was not just an issue for counsel themselves, but was increasingly perceived as a threat to the legitimacy of arbitration as such:

553. Party Representation Guidelines, Preamble, pp. 1-2.

"The lack of clarity as to which ethical rules apply, the existence of conflicting rules and obligations, the non-transparency and the increased size of many proceedings, combined with greater public scrutiny, creates a certain instability in the system that could result in a future crisis of confidence. It only takes one highly visible, public spectacle to shake confidence in the entire system. There are already critics of arbitration in various countries, and if a public spectacle does occur involving counsel, what easier target than to point to the fact that international arbitration does not even have a Code of Ethics for counsel." [554]

398. Over the last few years, arbitration has come under increasing scrutiny, down to hitherto unheard of street protests against investment treaty arbitration in supposedly arbitration-friendly countries like Germany or headline-grabbing criminal proceedings against arbitrators in the notorious *Tapie* case in France, an alleged sham arbitration with possible involvement of then French minister and current Chair of the International Monetary Fund, Christine Lagarde [555]. Catherine Rogers's thesis that "international arbitration dwells in an ethical no-man's land" [556] was a bold simplification [557], but it struck a chord within an increasingly rattled arbitration community. Doak Bishop quoted her at the beginning of his key note address to the ICCA Conference 2010 in Rio de Janeiro as proof of "a current compelling need for the development of a Code of Ethics in International Arbitration" [558]. The president of the ICC Court of International Arbitration, Alexis Mourre, recently even compared the situation in which international arbitration currently finds itself to the financial crisis of 2008 that led to a precipitous loss of trust in the financial situation and the ensuing sweeping State regulation [559].

---

554. Doak R. Bishop, "Advocacy and Ethics", p. 388; D. Bishop and I. F. de la Cuesta, "A Defense of the IBA Guidelines on Party Representation", pp. 111-112.
555. See, e.g., "Arbitrage Tapie: le grand récit d'une affaire tentaculaire", *Le Figaro*, 10 March 2019; "Christine Lagarde reconnue coupable mais pas condamnée dans l'affaire de l'arbitrage Tapie", *Huffington Post*, Edition FR, 19 December 2016; J.-D. Le Brusq, "The Tapie Saga: Paris Successfully Passed the Test", *Kluwer Arbitration Blog*, 1 September 2016.
556. C. Rogers, "Fit and Function in Legal Ethics", p. 342.
557. Gary Born responded by observing that the ethical landscape looked more like a cluttered teenage bedroom ("From No Man's Land to a Teenager's Bedroom", *Global Arbitration Review*, 17 September 2014).
558. D. Bishop, "Advocacy and Ethics in International Arbitration", p. 383.
559. A. Mourre, "Soft Law as a Condition for the Development of Trust", pp. 83 *et seq.*; A. Mourre, "About Procedural Soft Law", p. 239.

399. The idea of drafting a code of ethics for counsel was not new. There had been previous instruments that set out guiding principles of behaviour, namely the IBA International Code of Ethics (1956/1988), the Code of Conduct for European Lawyers of the Council of Bars and Law Societies of Europe (CCBE, 2006), and later the IBA International Principles on Conduct for the Legal Profession (2011). Only few arbitration practitioners were aware of these instruments, though.

400. Two specific concerns fed into the discussion within the arbitration community on counsel conduct and ethical rules. First, a perception mainly of US lawyers that they were subject to very stringent deontological rules that hampered them in arbitration cases where opposing counsel hailed from other jurisdictions with more relaxed rules or no rules at all. Their battle cry was "levelling the playing field" by ensuring equality of arms [560].

401. Second, there was growing concern about arbitration "guerrilla" tactics. Many practitioners had the impression that some representatives increasingly engaged in bad faith procedural warfare that needed to be reined in by additional rules [561]. "Guerrilla" tactics may be in the eyes of the beholder, though, and many tactics that one party might consider to amount to guerrilla warfare are just zealous representation for the other party.

402. Whether or not these specific concerns are valid and could not have been addressed by existing means is disputed [562]. An informal

560. D. Bishop and I. F. de la Cuesta, "A Defense of the IBA Guidelines on Party Representation", p. 112; T. Cummins, "The IBA Guidelines on Party Representation", pp. 429 *et seq*.

561. See G. J. Horvath and St. Wilske (eds.), *Guerrilla Tactics in International Arbitration*; G. J. Horvath, "Guerrilla Tactics in Arbitration, an Ethical Battle: Is There Need for a Universal Code of Ethics?", in Chr. Klausegger *et al.* (eds.), *Austrian Yearbook on International Arbitration 2011*, Manz, 2011, pp. 297 *et seq.*; G. J. Horvath, "Subtle Ways of Addressing Guerrilla Tactics"; St. Wilske, "Arbitration Guerillas at the Gate"; St. Wilske, International Arbitration and the Infamous 'Ethical No Man's Land'", in Chr. Klausegger *et al.*, *Austrian Yearbook on International Arbitration* 2019, Manz, 2019, pp. 191-213, pp. 195 *et seq.*; E. Sussman and S. Ebere, "All's Fair in Love and War – Or Is It?", pp. 611 *et seq.*; E. Sussman, "Can Counsel Ethics Beat Guerrilla Tactics?: Background and Impact of the New IBA Guidelines on Party Representation in International Arbitration", *New York Dispute Resolution Lawyer*, Vol. 6 (2), 2013, p. 48; T. Cummins, "The IBA Guidelines on Party Representation", pp. 438 *et seq.*; G. Schima and B. Sesser, "Die von Parteivertretern in internationalen Schiedsverfahren zu beachtenden Ethikstandard", *German Arbitration Journal,* Vol. 14 (2), 2016, pp. 61 *et seq.*; D. Bishop and I. F. de la Cuesta, "A Defense of the IBA Guidelines on Party Representation", pp. 114-115, 126.

562. See, e.g., C. Benson, "Can Professional Ethics Wait?", p. 81: noting lack of data on the frequency of uneven playing fields due to differing ethical standards; F. Dasser, "Equality of Arms in International Arbitration", pp. 634 *et seq.*; F. Dasser, "A

survey by Edna Sussman and Solomon Ebere yielded one out of three respondents, including many well-known international arbitration practitioners, who had never seen such tactics deployed[563]. The problem seems to be a national, rather than an international one: "[t]he international bar is perhaps, generally speaking, a quite civilized and ethical bar. Indeed, several respondents volunteered that they saw guerrilla tactics employed to a much greater extent in litigation."[564]

403. In 2015-2016, the Swiss Arbitration Association conducted workshops with representatives from major arbitration institutions and associations such as CIArb, CPR, DIS, IBA, ICC, NAI, SCC, SCIA, VIAC, and WIPO, to identify "guerrilla" cases and to discuss on how best to address them. The exercise was basically shelved after the second workshop as the institutions failed to identify any problems in practice that called for additional regulation[565]. What the working group found was not a lack of ethical rules, but a reluctance of arbitrators to exercise the powers they already have[566]. By that time the concerns about the purported abundance of guerrilla tactics had already long fed into calls for self-regulation by means of a code of ethics to enhance legitimacy of the arbitration process[567].

B. The Making of the IBA Party Representation Guidelines in International Arbitration

404. In 2008, the IBA established a "Task Force in Counsel Conduct in International Arbitration". In 2010, the Task Force conducted a survey among the members of the IBA to determine whether and to what extent the diversity of existing rules may undermine the integrity

Critical Analysis", pp. 33 *et seq.*; see also G. J. Horvath, "Subtle Ways of Addressing Guerrilla Tactics", pp. 223 *et seq.* on the tools available to arbitrators.

563. E. Sussman and S. Ebere, "All's Fair in Love and War – Or Is It?", p. 612.

564. *Ibid.*

565. "ASA to Hold Global Ethics Summit in Geneva", *Global Arbitration Review*, 10 July 2015; D. Thomson, "No Agreement Yet on Global Ethics Council", *Global Arbitration Review*, 27 November 2015; "Time Has Not Yet Come for Global Ethics Council, Says ASA", *Global Arbitration Review*, 4 October 2016; Swiss Arbitration Association, *ASA Working Group on Counsel Ethics Releases Latest Findings*, 3 October 2016, https://www.arbitration-ch.org/en/asa/asa-news/details/993.asa-working-group-on-counsel-ethics-releases-latest-findings.html (last visited 20 April 2019).

566. Swiss Arbitration Association, *op. cit.*

567. See, e.g., D. Bishop and M. Stevens, "The Compelling Need for a Code of Ethics in International Arbitration", p. 391; C. N. Brower and S. W. Schill, "Regulating Counsel Conduct before International Arbitral Tribunals", in P. H. F. Bekker *et al.* (eds.), *Making Transnational Law Work in the Global Economy: Essays in Honour of Detlev Vagts*, Cambridge Univ. Press, 2010, p. 495; C. N. Brower, "The Ethics of Arbitration", p. 1; C. Rogers, "Fit and Function", p. 378.

of arbitration [568]. The survey is still available on the Internet [569]. Unfortunately, the results are not published. The questions focused on whether the IBA should provide "further guidance" on ethical issues, in particular to fill potential gaps [570], thereby correcting "unfairness and an unlevel playing field" [571]. Unsurprisingly, given these suggestive questions, "[r]espondents to the Survey expressed support for the development of international guidelines for party representation" [572].

405. The same year, Doak Bishop and Margrete Stevens presented a draft code of ethics at the 2010 Congress of the International Council for Commercial Arbitration (ICCA) in Rio (the "Rio Code") based on earlier codes. The Rio Code essentially contained minimum standards that were not contentious and were intended to form the starting point for the elaboration of a broadly-based code of ethics [573].

406. The Task Force included this idea in its work. After discussions at IBA conferences about a code of ethics, it presented, in October 2012, a draft guideline to the officers of the IBA Arbitration Committee, who then contacted selected arbitration specialists and institutions towards the end of the year. Shortly thereafter, on 14 January 2013, the then Co-Chairs of the IBA Arbitration Committee, Alexis Mourre and Eduardo Zuleta, sent a short email with a link to the final draft to the worldwide members of the Arbitration Committee for comments, if any, "at your earliest convenience and in any event prior to 4 February 2013", i.e., within less than three weeks. There was no indication that the attached draft contained anything potentially controversial. Not surprisingly, few practitioners became aware of or bothered to read the draft [574]. In spite of scathing criticisms, in particular by the Board of the Swiss Arbitration Association, the Task Force only slightly amended the draft, which was then adopted by the IBA Council on 25 May 2013 without any prior

568. Party Representation Guidelines, Preamble, p. 1.

569. http://www.surveygizmo.com/s3/331908/IBA-Arbitration-Committee-Counsel-Ethics-in-International-Arbitration-Survey (last visited 20 April 2019).

570. See, e.g., Q 16: "Do you believe further guidance may be useful . . . In other words, would guidance from international professional organizations such as the IBA be useful also to fill potential gaps on counsel ethics in international arbitration?"

571. See, e.g., Qs 46, 49, 52, 55.

572. Party Representation Guidelines, Preamble, p. 1.

573. D. Bishop and M. Stevens, "The Compelling Need for a Code of Ethics in International Arbitration"; with attachment: International Code of Ethics for Lawyers Practicing before International Arbitral Tribunals, pp. 408-420.

574. See F. Dasser, "Soft Law in International Commercial Arbitration", p. 117: none of the international arbitration practitioners that attended the 6th Bergsten Lecture at the Vis Moot in Vienna on 25 March 2018 raised their hand when asked who had opened the attachment to the short email; this is consistent with my experiences from other conferences and meeting with arbitration practitioners.

discussion of the draft at an IBA conference as was usually the case before a new instrument is adopted. While the draft guidelines were indeed "submitted to all members of the IBA Arbitration Committee for consideration", as the Preamble states, they should have been brought to the *attention* of the members and discussed with them. A casual email does not qualify as a global consultation for an instrument that should reflect global consensus.

C. The Concept

407. The Party Representation Guidelines consist of 27 Guidelines supplemented with explanatory comments. The Guidelines are grouped under different topics: Application of Guidelines (1-3), Party Representation (4-6), Communications with Arbitrators (7-8), Submissions to the Arbitral Tribunal (9-11), Information Exchange and Disclosure (12-17), Witnesses and Experts (18-25), and Remedies for Misconduct (26-27).

408. The concept had evolved over time. What remained unchanged was the focus on counsel. The Guidelines do not address the parties, the arbitrators or arbitral institutions. The idea was a code on the ethical behaviour of counsel.

409. Crucially, the Guidelines did not address the question as to which bar rules might be applicable, but added an additional layer of rules on top of existing, mostly mandatory, deontological rules. Guideline 3 merely reserves otherwise applicable laws and rules. It thus remains each counsel's duty to determine whether applicable mandatory rules may overrule a certain provision of the Guidelines. In that respect, the Guidelines failed to respond to the demand of practitioners for clarity on applicable bar rules [575]. This failure is often glossed over by proponents of the Guidelines [576].

575. See also G. Born, *International Commercial Arbitration*, Vol. II, § 21.03 (A) (2), p. 2856; G. Schima and B. Sesser, *op. cit.*, fn. 561, p. 68; T. Cummins, "The IBA Guidelines on Party Representation", p. 455.

576. See, e.g., D. Bishop and I. F. de la Cuesta, "A Defense of the IBA Guidelines on Party Representation", pp. 111-112, 117-121, arguing that the Guidelines were indeed the response to the call for more guidance on the applicable national ethical rules. Benson suggests that counsel needs to identify those rules in the Guidelines that may conflict with their ethical obligations and exclude them by agreement (C. Benson, "The IBA Guidelines on Party Representation: An Important Step in Overcoming the Taboo of Ethics in International Arbitration", *Les Cahiers de l'Arbitrage*, 2014 (1), p. 53). This is little comfort for the numerous practitioners who do not even know what ethical rules apply to them, as the survey by the Task Force showed.

410. This superimposition of rules is not problematic as long as the superimposed rules are of a rather general nature, i.e., if they basically provide minimum ethical standards that are likely not in conflict with national laws and regulations. This was the case of the previous codes of ethics, including the Rio Code. And this is where the Party Representation Guidelines unexpectedly broke new ground: they do not just contain general ethical principles or matters of common sense, but also very detailed prescriptions, such as the scope of document production or the preparation of witness statements. These prescriptions are mostly borrowed from US litigation practices, including the so-called "Upjohn warning" in Guideline 19, which was hitherto unknown in international arbitration:

> "19. A Party Representative should make any potential Witness aware that he or she has the right to inform or instruct his or her own counsel about the contact and to discontinue the communication with the Party Representative."

411. Upjohn (or corporate Miranda) warnings are required in investigations in the United States and increasingly also in other countries: before counsel of a company can question a person, for example an employee of the company, in the context of an internal investigation of some potential wrongdoing, they have to warn the interviewee that they are counsel to the company and not to the interviewee and that the interviewee is entitled to remain silent or take his or her own counsel [577]. It is about protecting a person's constitutional right to remain silent if there is a risk of self-incrimination. It has nothing to do with international commercial arbitration, except in the rare cases where criminal acts like corruption or sanctions-busting might be involved.

412. Other US-inspired Guidelines are Guideline 12 which presumes a duty to preserve documents (so-called litigation or legal hold) [578] or

577. *Upjohn Co.* v. *United States*, 449 US 383 (1981).

578. "12. When the arbitral proceedings involve or are likely to involve Document production, a Party Representative should inform the client of the need to preserve, so far as reasonably possible, Documents, including electronic Documents that would otherwise be deleted in accordance with a Document retention policy or in the ordinary course of business, which are potentially relevant to the arbitration."

See also the critique by D. Baizeau, "Party Representation in Arbitration", p. 349. Contrary to A. Mourre, "About Procedural Soft Law", p. 249, the first part of the sentence does not substantially limit the ordained "need to preserve" (which, in most companies, involves an expensive and disruptive exercise), as nowadays only very few arbitration proceedings are unlikely to involve at least some document production. Only

Guideline 24 on the preparation of witnesses before a hearing [579]. A legal hold is generally held to be alien to arbitration, unless specifically ordered by the arbitral tribunal. The drafters of the 2010 IBA Rules of Evidence that were adopted just three years prior to the Party Representation Guidelines and would have been the proper instrument to provide for document preservation, consciously stayed clear [580]. The drafters of an ICC instrument on e-document production went even further by explicitly stating that there is no duty to preserve documents in international arbitration [581].

---

a first procedural order, often a few months after commencement of the arbitration proceedings might shed some light on the extent of document production. In practice, the scope of document production remains open until much later. See also A. Mourre and E. Zuleta Jaramillo, "The IBA Guidelines on Party Representation", pp. 114 *et seq.*, stressing that Guideline 12 does not introduce a legal hold, but only a "duty of counsel to advise his or her client" about the need to preserve documents. This is like suggesting that clients should not heed their counsel's advice.

579. "24. A Party Representative may, consistent with the principle that the evidence given should reflect the Witness's own account of relevant facts, events or circumstances, or the Expert's own analysis or opinion, meet or interact with Witnesses and Experts in order to discuss and prepare their prospective testimony."

According to the Comments,

> "a Party Representative may assist a Witness in preparing for their testimony in direct and crossexamination, including through practise questions and answers (Guideline 24). This preparation may include a review of the procedures through which testimony will be elicited and preparation of both direct testimony and cross-examination."

For a comparative law perspective, see F. von Schlabrendorff, "Interviewing and Preparing Witnesses for Testimony in International Arbitration Proceedings : The Quest for Developing Transnational Standards of Lawyers' Conduct", in M. A. Fernández-Ballesteros and D. Arias (eds.), *Liber Amicorum Bernardo Cremades*, Wolters Kluwer, 2010, pp. 1161-1182.

580. See R. Kreindler, "The 2010 Revision to the IBA Rules on the Taking of Evidence in International Commercial Arbitration : A Study in Both Consistency and Progress", *International Arbitration Law Review*, Vol. 13 (5), 2010, pp. 157-159, p. 158 ; A. Bouchenaki, "The IBA Rules Lay the Ground for Solutions to Address Electronic Document Production Disputes", *International Arbitration Law Review*, Vol. 13 (5), 2010, pp. 180-185, p. 182.

581. ICC Commission on Arbitration and ADR, *ICC Commission Report. Managing E-Document Production*, ICC Publication 860-1 ENG, Paris 2012, p. 14 :

> "5.31. . . . whilst a party may wish, for its own benefit, to take steps to preserve relevant evidence, it is under no automatic duty to do so. Nor should a tribunal consider imposing such a duty absent a specific reason to do so, such as credible allegations of fraud, forgery or deliberate tampering with evidence",

also p. 4,

> "3.4. . . . unlike the case in litigation before some courts, a party is not placed under a duty to preserve paper or electronic documents, or other evidence, for the purposes of the arbitration. These features of the ICC Rules reflect the general practice in international arbitration."

413. Preparation of witnesses is also standard procedure in the United States but may well conflict with deontological rules in civil law jurisdictions where contacts between counsel and witnesses are restricted or prohibited with the aim of preserving the integrity of the witness testimony. Guideline 24 allows for preparation of witness testimony. The Comments to Guidelines 18-25 make clear that the drafters had the liberal US approach in mind [582]:

> "a Party Representative may assist a Witness in preparing for their testimony in direct and crossexamination, including through practise questions and answers (Guideline 24). This preparation may include a review of the procedures through which testimony will be elicited and preparation of both direct testimony and cross-examination."

Gary Born notes the potential incompatibility of these guidelines with national bar rules and advises to retain co-counsel from a jurisdiction that is more liberal [583], i.e. US counsel.

414. Such provisions led to the perception by many practitioners that the Guidelines do not reflect best international practices but rather regional standards, not all of which are appropriate in international arbitration and some of which go well beyond merely safeguarding good faith behaviour of counsel.

415. A truly novel and, particularly, contentious conceptual element of the Guidelines is the possibility to sanction counsel for misbehaviour. Guideline 26 provides for remedies if an arbitral tribunal finds – after having heard the parties – that a party representative has breached any of the Guidelines or committed any other conduct that the arbitral tribunal determines to be contrary to his or her duties. It is quite unclear, however, how a private arbitral tribunal could possibly have jurisdiction over a party representative, who is not a party to the arbitration agreement and does not have to be personally consulted before the parties or the arbitral tribunal declare the Guidelines applicable [584]. Indeed, the draft

582. G. Born, *International Commercial Arbitration*, p. 2862; D. Baizeau, "Party Representation in Arbitration", p. 350.

583. G. Born, *International Commercial Arbitration*, p. 2861.

584. See also G. Schima and B. Sesser, *op. cit.*, fn. 563, p. 67. Guideline 1 on the application of the Guidelines does not even mention party representatives. The crucial issue of jurisdiction is often ignored by proponents of sanctions against party representatives that go beyond mere safeguarding of the integrity of the proceedings (see, e.g., St. Wilske, "Sanctions against Counsel in International Arbitration – Possible, Desirable or Conceptual Confusion?", *Contemporary Asia Arbitration Journal*, Vol. 8 (2), 2015, pp. 156 *et seq.*

that was sent to the members of the IBA Arbitration Committee for consultation included a comment that read [585]:

> "These Guidelines do not state whether Arbitral Tribunals have the power to rule on the misconduct of a Party Representative. Such power is neither established nor excluded by the Guidelines. This is a matter that may depend, in particular, upon the arbitration agreement, the relevant procedural rules or the law applicable to the arbitration . . .
>
> If the Arbitral Tribunal establishes that it has the power to sanction misconduct . . ."

416. For unexplained reasons, this text was deleted in the final version, which is based on the implicit premise that the Guidelines do confer this power to the arbitral tribunal. Without clear jurisdictional basis, any attempt at sanctioning counsel risks doing more harm than good to the arbitration proceedings. It is often argued that the Guidelines are "contractual in nature" and, thus, inherently unproblematic [586]. This is not just contrary to the wording of Guideline 1, which envisages application by the arbitral tribunal on its own [587], but definitely not true with regard to the very addressees of the Guidelines, the party representatives, whose consent is not even required. A counsel that does engage in over-zealous bad faith conduct is likely to respond to sanctions or already to investigations of his personal conduct and knowledge with challenges of the arbitrators or other attempts aimed at derailing the proceedings.

417. The sanctioning mechanism is not just novel and based on flimsy jurisdictional ground, but it also changes the whole impact of a code of ethics by opening up ways to possibly disrupt arbitration proceedings through dilatory requests for sanctions. It also drags the privileged relationship between counsel and their client into the limelight. Pursuant to Guideline 27, the arbitral tribunal, in addressing issues of misconduct, has, for example, to take into account (i.e., to investigate) "*(f)* the extent to which the Party represented by the Party Representative knew of, condoned, directed, or participated in, the Misconduct". Conversely, the drafters of the IBA Rules of Evidence

585. Draft Guidelines, attached to email dated 14 January 2013, comment to Guidelines 27-28.

586. A. Mourre and E. Zuleta, "The IBA Guidelines on Party Representation", p. 110. See also Preamble, p. 2: "contractual nature".

587. G. Born, *International Commercial Arbitration*, p. 2855.

wisely eschewed to pit a party against its counsel: Article 9 (7) of the IBA Rules of Evidence provided for monetary sanctions by means of tailored allocation of costs in case a party fails to conduct itself in good faith, without requiring an investigation into who exactly knew what.

418. The concept thus went far beyond a mere programmatic code of ethics as was originally expected. The shift seems to have occurred gradually and thus escaped notice for too long. It is obvious, however, that the Party Representation Guidelines are not built on international consensus and do not reflect current best international practice. They remain a highly contentious instrument that seems to be popular particularly in the United States, but mostly shunned in civil law jurisdictions such as Switzerland, Austria, and Germany.

D. Prevalence in Practice

419. As the youngest of the three IBA instruments reviewed, it is no surprise that the Party Representation Guidelines are not yet well established in international arbitral practice. The ICC International Court of Arbitration, however, included a reference to the Guidelines in its guidance note:

> "48. Parties and arbitral tribunals are encouraged to draw inspiration from and, where appropriate, to adopt the IBA Guidelines on Party Representation in International Arbitration." [588]

420. The survey conducted by the IBA in 2016 [589] suggests rather limited application, although one must take into consideration the lack of reliable data at the time of the survey. According to the report, there had been no published decisions across the jurisdictions covered. Consequently, most respondents simply skipped the questions concerning the relevance on the Guidelines [590]. The statistical analysis has, therefore, to be taken with a large pinch of salt as the data may primarily be based on anecdotal experience of those respondents who did not skip the relevant questions. This alone may have skewed the result as respondents with an interest in and experience with these Guidelines may be more likely to answer the questions about their

588. ICC, *Note to Parties and Arbitral Tribunals on the Conduct of the Arbitration under the ICC Rules of Arbitration*, 1 January 2019 (https://iccwbo.org/publication/note-parties-arbitral-tribunals-conduct-arbitration/, last visited 20 April 2019), unchanged from the 2017 version.

589. See *supra* para. 285.

590. IBA Subcommittee, *Report on Reception*, p. 74, n. 207-208.

relevance than others. With that important caveat, the following data at least provide first impressions.

421. In only 16 per cent of arbitrations involving counsel conduct have the Guidelines been referenced. The number is generally much lower in civil law countries; in France, Germany and Switzerland 6-7 per cent as compared to 22 per cent in England, 34 per cent in the United States, and 38 per cent in Singapore [591].

422. To the extent that arbitral tribunals did reference the Guidelines, they usually only consulted them but did not feel bound by them. Only in 19 per cent of those cases did the arbitral tribunal feel bound by the Guidelines. This was mostly (83 per cent) because the Guidelines had been incorporated in the terms of reference or the first procedural order, and in the remaining 17 per cent of cases, because they were referred to in the arbitration agreement, although the absolute numbers were apparently too small to allow a reliable statistical analysis or even to split the data territorially [592]. These arbitral tribunals followed the Guidelines in 72 per cent of the cases, although, again, the statistical basis is apparently not strong [593]. Nor is it clear from the report what "followed" actually means. As with the other two instruments, it is highly likely that arbitral tribunals would develop a tendency to reference this instrument as an argument or, rather, one of several arguments justifying a certain decision that may have been taken independently of the Guidelines.

423. The 2015 Queen Mary Survey showed that 24 per cent of respondents "have seen [the Guidelines] used in practice" [594], while 61 per cent were "aware of [them] but have not seen [them] used in practice" and the other 15 per cent not having been aware of their existence. 31 per cent found that the Guidelines are "not effective" against only 28 per cent which found them "effective" [595].

424. The mixed results of these two surveys [596] do not fully fit the impressions from my own experience, particularly within Switzerland,

591. IBA Subcommittee, *Report on Reception*, p. 75, n. 209.

592. *Ibid.*, pp. 73-75, n. 202-208.

593. *Ibid.*, p. 78, n. 214.

594. The term "use" has broad meaning, including, e.g., the use by counsel as one of several arguments in the pleadings.

595. Queen Mary, *2015 Survey*, pp. 35-36.

596. See also Chr. Lau, "Do Rules and Guidelines Level the Playing Field and Properly Regulate Conduct? An Arbitrator's Perspective", pp. 559 *et seq.*, on the similar results of his own survey among arbitrators known to him: 13 (31 per cent) have used the Guidelines before, 29 (69 per cent) have not. Another survey that promoters of the Guidelines specifically rely on to "suggest widespread support" showed that 3.2 per cent of respondents always use the Guidelines and 11.1 per cent use them regularly (D. Bishop and I. F. de la Cuesta, "A Defense", p. 123). What they did not mention is

Austria and other civil law jurisdictions. At conferences or in personal contacts, only very few practitioners ever confirmed to have applied the Guidelines and the vast majority of lawyers from civil law jurisdictions strongly distanced themselves from them. Also, some early supporters have since changed their mind after becoming more familiar with the content. I have noticed a clear divide between US practitioners, who tend to strongly support the Guidelines, and civil law practitioners, who mostly reject them once they had become aware of the content, with English practitioners being found on both sides of the divide.

425. While the first wave of reviews in legal publications was generally positive, commentators have recently become increasingly critical. Most prominent of the critics of is the Board of the Swiss Arbitration Association, which recommends not to apply the Guidelines due to serious misconceptions and shortcomings that may even jeopardize arbitration proceedings [597].

426. On the other hand, at least one arbitration institution has adopted the Guidelines: the Australian Centre for International Commercial Arbitration inserted a provision in its ACICA Rules 2016, referring to the Guidelines [598].

E. Assessment

427. The Party Representation Guidelines showcase the risks inherent in the drafting of soft law instruments. Well meant, the process started innocuously enough with the idea of a code of ethics

---

that only 63 out of an unknown number of addressees responded to the survey, mostly younger readers of the Kluwer Arbitration Blog (45 were younger than 40 and only 7 were older than 60). The 3.2 per cent constant users amount to two persons, the 11.1 per cent of regular users to seven. It is courageous and definitely not scientific to extrapolate from these eleven voluntary respondents of unknown background to the global community of arbitration practitioners (see E. Mereminskaya, "Results of the Survey on the Use of Soft Law Instruments in International Arbitration", *Kluwer Arbitration Blog*, 6 June 2014).

597. Board of the Swiss Arbitration Association, *IBA Guidelines on Party Representation in International Arbitration – Comments and Recommendations*, 4 April 2014 (https://www.arbitration-ch.org/en/publications/asa-position-papers/index.html, last visited 20 April 2019). Further: F. Dasser, "Equality of Arms in International Arbitration"; D. Baizeau, "Party Representation in Arbitration", p. 355 ("It may be best to hope that the Guidelines will remain unused and fall into oblivion, gradually replaced by core ethical standards incorporated in arbitration rules").

598. Article 8.2:

> "Each party shall use its best endeavours to ensure that its legal representatives comply with the International Bar Association Guidelines on Party Representation in International Arbitration in the version current at the commencement of the arbitration."

for arbitration counsel. It is difficult to envisage anyone arguing against ethics in general. Over the last few years, ethics has moved front and centre of any discussion about the legitimacy of arbitration as a global dispute resolution mechanism. Today, there is broad consensus that something has to be done and has to be seen to be done with regard to fostering ethical behaviour. There is a fine line, however, between ethics in the usual sense of the term and procedure. Legitimacy requires a certain minimal standard of ethical behaviour, but not a specific procedure. It does not depend upon, for example, how exactly a witness may be prepared for testimony. Levelling the playing field, on the other hand, requires specific standards of procedure independent of their ethical content, including, for example, clear criteria for the preparation of witnesses.

428. The Guidelines unfortunately fail to clarify this crucial distinction between ethics and procedure. They also suffer from a conflation of ethics in the common sense and technical bar rules that in some jurisdictions are also known as ethics. Not every rule of a local bar reaches the level of general ethics in an international context.

429. At the outset, and seen with perfect hindsight, both the arbitration community and some members of the Task Force did, however, not pay sufficient attention to the project. At some point the project took a turn away from standard practice towards an American approach to ethics that is different from a civil law understanding, more procedural and informed by the duties of counsel in American courts, and, therefore, not necessarily appropriate for international arbitration. Examples are the legal hold and preparation of witnesses mentioned above [599]. Also, the notion of sanctioning counsel misconduct comes more natural to common law lawyers who are used to judges sanctioning counsel based on their statutory powers. Interestingly, the main promotors concede that the Guidelines are more about procedure than ethics:

> "The Guidelines do not intend to regulate the lawyers' ethical duties. Their scope is more limited. They are good practice aimed at preserving the fairness and the integrity of the arbitral proceedings." [600]

599. *Supra* paras. 412 *et seq*. See also the particularly American *Upjohn* warning of Guideline 19, *supra* footnotes 410 *et seq*. See also generally G. Stephens-Chu and J. Spinelli, "The Gathering and Taking of Evidence under the IBA Guidelines on Party Representation in International Arbitration: Civil and Common Law Perspectives", *Dispute Resolution International*, Vol. 8 (1), 2014, p. 49.

600. A. Mourre and E. Zuleta, "The IBA Guidelines on Party Representation", p. 118.

430. It is obvious that the Guidelines are not just largely informed by a US concept of ethical rules, but also generally disregard sometimes stricter deontological rules in other jurisdictions. The Comments somewhat blithely refer counsel, who consider to be under a higher ethical (or rather deontological) standard, to the tribunal for guidance [601]. They thereby delegate the crucial task of identifying the applicable mandatory rules to counsel, although the basis for the Guidelines was precisely a call by practitioners for more guidance on which rules are applicable on them in the first place. This instrument thus failed this purpose. They thus also fail to provide a level playing field: some counsel will remain subject to stricter rules; the Guidelines do not guarantee equality of arms, they in essence extended US rules to the rest of the world [602].

431. A truly global level playing field can only be achieved if no counsel in any proceedings anywhere is subject to more stringent or even contrary mandatory rules of, for example, the home jurisdiction. As a consequence, all mandatory rules of all jurisdictions would have had to be stacked on top of each other and be applicable simultaneously. This would obviously be an impossible and also nonsensical exercise. Instead, the Guidelines basically rely on the mandatory provisions similar to those found in bar regulations in the United States.

432. Furthermore, the Guidelines overshoot on the purpose of levelling the playing field. It may indeed be problematic to have counsel in a case who are subject to different deontological rules. This problem, if it is a problem, only calls for levelling the playing field for these particular arbitration proceedings. There is no need for global harmonization. Global rules might be attractive for global arbitrators and counsel, but of little interest for users. It suffices to have similar rules apply to parties and their representatives in a specific case – which could mean a legal hold in a North American case and the prohibition of witness preparation in a Continental European case. It is not obvious that parties would lose trust in arbitration if the same rules do not apply all over the world, as has been argued, particularly not if the proposed

601. Comments to Guidelines 18-25:

> "If a Party Representative determines that he or she is subject to a higher standard than the standard prescribed in these Guidelines, he or she may address the situation with the other Party and/or the Arbitral Tribunal."

602. At a conference in New York, a local partner wondered why I argued against the Guidelines, since they, as he said, simply require what he has to observe before the New York courts all the time. I answered that this was exactly the problem.

rules are rather detailed and, as is the case with the Guidelines, partly more procedural than ethical in character [603].

433. Unfortunately, a real and thorough discussion and debate did not take place before the adoption, *inter alia*, due to lack of transparency. For unclear reasons, the IBA failed to apply the careful procedure that it had followed with regard to the Rules of Evidence and Conflicts of Interest Guidelines, with discussions of published drafts at conferences and review by separate groups of eminent practitioners. An instrument that is not carried by broad consensus of the community of arbitration practitioners and users based on thorough review is unlikely to succeed. An eminent arbitrator from Singapore commented that "in my opinion, the IBA Guidelines will go nowhere" [604]. Even within the Task Force there is no unanimous support, although criticism by members is rarely public and often muted [605].

434. At a minimum, the Guidelines would need to be thoroughly revised to gain broader acceptance especially in civil law countries [606]. Views also differ even in common law countries. The Hong Kong International Arbitration Court decided against including rules giving arbitral tribunals the power to discipline counsel because, contrary to the London Court of International Arbitration [607], it did not consider that the job of arbitral tribunal is to discipline counsel. Lord Goldsmith QC dryly commented that "the LCIA will live to regret it" [608]. Toby Landau

---

603. D. Bishop and I. F. de la Cuesta, "A Defense", p. 127.

604. M. Hwang and J. Hon, "A New Approach to Regulating Counsel Conduct", p. 658; see also M Schneider, "Yet Another Opportunity to Waste Time and Money on Procedural Skirmishes", p. 500: "one can only hope that the IBA Guidelines on Party Representation quickly fall into oblivion or, better, never are applied"; similarly, D. Baizeau, "The IBA Guidelines on Party Representation", p. 355.

605. One member, Torsten Lörcher, expressed some reservations at a DIS conference in 2014, doubting that the Guidelines offered the best solution, see J. Grothaus, "DIS Autumn Conference 2014: 'Global Pond or Single Playing Field: How International Should International Arbitration Really Be?'", *German Arbitration Journal*, Vol. 13 (1), 2015, p. 35. I am aware of non-public reservations by other members.

606. See, e.g., Carlos Alberto Carmona, calling for a revision of the Guidelines, which in their present state "cause more perplexity than comfort, more doubt than harmony, more concern then *[sic]* relief" (C. A. Carmona, "Consideration on the IBA Guidelines on Party Representation in Internatonal Arbitration: A Brazilian Point of View", *Les Cahiers de l'Arbitrage*, 2014 (1), pp. 30, 45 *et seq.*).

607. See Annex to the LCIA Rules 2014, "General Guidelines for the Parties' Legal Representatives"; M. Scherer, L. Richman, and R. Gerbay, *Arbitrating under the 2014 LCIA Rules: A User's Guide*, Kluwer Law International, 2015; P. Hodges, "Equality of Arms", pp. 617 *et seq.*; R. Gerbay, "Neither Savile Row nor Quite Vivienne Westwood: The Verdict on the 2014 LCIA Arbitration Rules", *Les Cahiers de l'Arbitrage*, 2014 (4), pp. 681 *et seq.*

608. Oral comment by Lord Goldsmith on the difference between the HKIAC and the LCIA Rules at a GAR Live event in Hong Kong (D. Thomson, "Is Asia Ahead of the Game?", *Global Arbitration Review*, 20 October 2014).

and J. Romesh Weeramantry dismissed the very idea of codifying ethical rules because "[t]he formalization of these rules in a code invites bad faith lawyers to submit that their opponent has acted in breach". The authors conclude that "[t]he scope for nuisance is obvious" [609].

435. In any case, there is currently no consensus behind the Guidelines [610]. There are strong opinions for and against them, on several levels: there is no consensus on (i) whether there are problems that urgently need to be addressed by new rules, (ii) whether a soft law instrument can address these problems, i.e. assuming such problems exist, (iii) whether the sanctioning of counsel is even possible without prior consent of counsel, and (iv) whether all of the specific provisions of the Guidelines are appropriate in arbitration.

436. One reason is that "ethical norms are not easy to hybridize" [611]. While it is possible to compromise on the extent of document production, it is more difficult to compromise on witness preparation. The IBA Rules of Evidence are a successful compromise; the Party Representation Guidelines are not a compromise and therefore not as successful. As a whole [612], they do not reflect "best practices", although they were immediately promoted as such [613].

---

609. T. Landau and J. R. Weeramantry, "A Pause for Thought", p. 504.

610. M. Schneider, "Yet Another Opportunity to Waste Time and Money on Procedural Skirmishes", pp. 497 *et seq.*; M. Olechowski, "The IBA Guidelines on Party Representation in International Arbitration – A Case of Paving Hell with Good Intentions?", *Revista Româna de Arbitraj*, Vol. 10 (1), 2016, pp. 58 *et seq.*; M. Hwang and J. Hon, "A New Approach to Regulating Counsel Conduct", pp. 658 *et seq.* See, e.g., the vigorous criticism by T. Landau and J. R. Weeramantry, "A Pause for Thought" of the concept of regulating ethics as such. At the ICCA Conference 2018, Alexis Mourre, one of the main promoters of the Guidelines as soft law, admitted that consensus in the arbitration community is required for an instrument to qualify as "soft law" and that the community is holding profoundly divided views about these Guidelines. See also, P. Key and J. Wells, "Ethic Standards for Counsel in International Arbitration: The Debate Continues", *ICCA Newsletter*, August 2013 (3), p. 8: these Guidelines "sit somewhere between the two extremes of anodyne and highly controversial". Cf. *contra*: D. Bishop and I. F. de la Cuesta, "A Defense of the IBA Guidelines on Party Representation", p. 110: "What is most important about the Guidelines is that they represent an international consensus . . ."

611. D. Bishop and M. Stevens, *op. cit.*, footnote 394, p. 25.

612. To be clear: the broad criticism is generally not directed against ethical rules as such, but against some of the content of this particular instrument that render it impracticable or even counterproductive. As has been written, the rules sit somewhere between the "anodyne and the highly controversial" (P. Key and J. Wells, in ICCA *Newsletter*, August 2013, quoted by M. Schneider, *op. cit.*, p. 498).

613. O. Caprasse, "The IBA Guidelines on Party Representation in International Arbitration", *Revue de la Faculté de droit de l'Université de Liège*, 2013 (3-4), p. 307, n. 8, p. 313, n. 43; C. Benson, "The IBA Guidelines on Party Representation", p. 47; A. Mourre and E. Zuleta Jaramillo, "The IBA Guidelines on Party Representation in

437. Another reason is that ethical norms might look fine on paper but do not by themselves instil counsel with good faith. Good faith and fair dealing is a matter of legal culture not of bar rules. It is no contradiction that, for example, the United States have strict bar rules but are also known for aggressive lawyering and for exporting that culture into international arbitration [614]. Today's aggressivity in some arbitration cases is less due to a lack of rules than due to an intrusion of a litigious culture in the bag and baggage of certain litigators-turned-arbitration-practitioners.

438. Guidelines and sanctions might not be the right remedy against an engrained culture; they might even feed that culture by providing tools to distract from the merits of the case [615]. V. V. Veeder rightly noted that the English bar developed for centuries without any formal code of conduct until rather recently and, while advocating the search for a harmonized solution for international arbitration, also warned against a "grand project" "leading perhaps only to moralistic and impractical solutions" [616].

439. Speaking for many, the Board of the Swiss Arbitration Association advised against using the Guidelines, concluding [617]:

> "1. It is not the role of arbitrators to enforce standards and ethical rules of professional conduct. No responsibility for the enforcement of such standards should be placed on the arbitrator.

International Arbitration", pp. 111 and 115; *Arbitration Trends*, Newsletter of Quinn Emanuel Urquhart & Sullivan, LLP (Winter 2013-2014), p. 1: "the Guidelines are intended as an expression of international arbitration's best practices". Similarly E. Sussman, "Can Counsel Ethics Beat Guerrilla Tactics?: Background and Impact of the New IBA Guidelines on Party Representation in International Arbitration", *New York Dispute Resolution Lawyer*, Vol. 6 (2), 2013, p. 50: "The Guidelines are likely to be accepted over time as a source of soft law with at least as much influence as has been achieved by the IBA Guidelines on Conflicts of Interest . . ."

614. For a telling anecdote, see the *Lao Holdings* case, *The Government of the Lao People's Democratic Republic* v. *Lao Holdings and Sanum Investments*, SIAC Arb. Case No. 143/2014 (see also S. Perry, "Debevoise Censured over 'Fraud' in Casino Dispute", *Global Arbitration Review*, 2 February 2018).

615. D. Baizeau, "The IBA Guidelines on Party Representation", p. 352; M. Hwang and J. Hon, "A New Approach to Regulating Counsel Conduct", pp. 658 *et seq.*

616. V. V. Veeder, "The 2001 Goff Lecture – The Lawyer's Duty to Arbitrate in Good Faith", *Arbitration International*, Vol. 18 (4), 2002, p. 450 with fn. 34.

617. E. Geisinger, M. E. Schneider and F. Dasser, on behalf of the Board of the Swiss Arbitration Association, *IBA Guidelines on Party Representation in International Arbitration: Comments and Recommendations by the Board of the Swiss Arbitration Association (ASA)*, 4 April 2014, (https://www.arbitration-ch.org/en/publications/asa-position-papers/index.html, last visited 20 April 2019).

2. By prescribing what in effect amounts to rules of professional conduct (even if in the form of 'guidelines') and allowing recourse to the arbitral tribunal in case of 'misconduct', the Guidelines place on the arbitral tribunal a new responsibility which is alien to its mandate.

3. The responsibility of arbitral tribunals to ensure procedural fairness and efficiency should be met in the framework of existing rules of procedure and does not require new rules on party representation.

4. The Guidelines risk provoking further procedural requests, causing additional loss of time and money and distracting from the main function of the proceedings.

5. It is therefore not advisable to adopt the Guidelines for application in specific arbitration proceedings. Arbitral tribunals should not apply the Remedies for 5 Misconduct of Party Representatives especially in the absence of express consent by both parties. Their power to sanction misconduct of any of the parties (without distinguishing between the party and its counsel) would remain unaffected.

6. To the extent that differences exist in practices of party representation and ethical rules relating to them, it appears preferable to recognise the differences and respect diversity rather than seeking uniformity by promoting 'guidelines'. The first step for professional arbitration practitioners is to seek to understand the differences and to work with them. Remaining concerns about the 'level playing field' are not best addressed by injecting into the arbitral process a set of detailed guidelines which are in part rooted in procedural institutions that are unwelcome in arbitration. ASA finds that fair and equal treatment for the parties is best ensured by way of minimum standards or, if this were found to be necessary, in the context of arbitration rules and their application. ASA is eager to cooperate constructively in efforts to foster this approach."

440. The main bone of contention is the sanctions regime in Guidelines 26/27. When the Singapore Institute of Arbitrators followed up on Singapore's former attorney-general V. K. Rajah's call to take the lead in forging an international ethics code for arbitration, they considered the IBA Guidelines and ASA's critique of them as well as the LCIA Guidelines and decided to draft their own guidelines without sanctions, arguing:

"There is clearly no consensus on if or how ethical norms with respect to international arbitration should be legally enforced. The Working Group has not therefore proposed any enforcement mechanism in the draft Guidelines. The Working Group considers that, while the Tribunal may have certain indirect powers to encourage good behavior, the regulation of counsel is largely a matter for the professional body or home jurisdiction to which a counsel belongs. . . ." [618]

441. The working group of international institutions and associations convened by ASA reached a similar conclusion: "there was a general consensus that it is highly undesirable for an arbitral tribunal to take decisions on such matters against counsel before it" [619].

442. In sum, the Party Representation Guidelines remain "a matter of considerable debate" [620] and for many reasons. This course is not the place to discuss all of those reasons. As William W. Park noted, the issue of counsel conduct is not solved yet, it must be put "into a box labelled 'Awaiting Further Light'" [621]. Although the Guidelines had soon been labelled "soft law" [622], there is no perceptible norma-

618. Singapore Institute of Arbitrators, *Guidelines on Party-Representative Ethics Consultation Paper*, 2 November 2017, https://www.siarb.org.sg/images/documents/SIArb-Consultation-Paper-on-Party-Rep-Ethics_2-11-2017_time-extended.pdf (last visited 20 April 2019); K. C. Vijayan, "S'pore Urged to the Lead in Ethics Code for Arbitration", *The Straits Times*, 12 December 2017. See the final guidelines of SIArb of April 2018: https://www.siarb.org.sg/images/SIARB_Party-Rep-Ethics_Guidelines_Aprl18.pdf (last visited 20 April 2019).

619. Swiss Arbitration Association, *op. cit.*, footnote 565. On the working group see *supra* para. 403. The one outlier seems to be the ICC International Court of Arbitration that "encourages" parties and arbitral tribunals to adopt the Guidelines (ICC Note to Parties and Arbitral Tribunals on the Conduct of the Arbitration under the ICC Rules of Arbitration, https://cdn.iccwbo.org/content/uploads/sites/3/2017/03/icc-note-to-parties-and-arbitral-tribunals-on-the-conduct-of-arbitration.pdf, last visited 20 April 2019). The reason is the identity between the current President of the ICC International Court of Arbitration and a Co-Chair of the IBA Arbitration Committee at the time of adoption of the Guidelines.

620. Th. H. Webster, *Handbook UNCITRAL Arbitration*, 2nd ed., Sweet & Maxwell, 2015, p. 7.

621. W. W. Park, "A Fair Fight", p. 426; also W. W. Park, "Equality of Arms in Arbitration", p. 660; similarly D. Baizeau, "Party Representation in Arbitration", p. 356.

622. A. Mourre, "Soft Law as a Condition for the Development of Trust", p. 82 ("maybe one of the most important – and true metaphor – of international arbitration soft law"); see also *supra* footnote 613. More cautiously: E. Sussman, "Can Counsel Ethics Beat Guerilla Tactics?: Background and Impact of the New IBA Guidelines on Party Representation in International Arbitration", *New York Dispute Resolution Lawyer*, Vol. 6 (2), 2013, p. 50: "The Guidelines are likely to be accepted over time as a source of soft law."

tivity. This is not to say that counsel conduct is not an issue to be addressed[623]. This instrument, although providing some useful guidance on several issues[624], might simply not yet be the right response.

623. See, e.g., the following suggestion by one of the critics of the Guidelines: E. Geisinger, "Counsel Ethics", pp. 453 *et seq.*: E. Geisinger, "'Soft Law' and Hard Questions", pp. 17 *et seq.*, proposing a global ethics council; see also "ASA Proposes Global Body to Police Counsel Conduct", *Global Arbitration Review*, 12 September 2014, reporting on a Queen Mary University conference in London of 11 September 2014; D. Waldek, "The Quest for Uniformity in Ethical Standards for Party Representatives in International Arbitration", *Kluwer Arbitration Blog*, 26 December 2017. This initiative was derided by Alexis Mourre as a "380° *[sic]* degree U-turn" and as an acknowledgment by ASA that there is a need to regulate counsel conduct (A. Mourre, "Soft Law as a Condition for the Development of Trust", p. 95). In fact, the ASA proposal was explicitly based on the hypothesis that there is indeed a need; when that hypothesis turned out to be wrong (*supra* para. 403), the proposal was shelved.

624. See P. Hodges, "Equality of Arms", p. 616.

CHAPTER VIII

SYNTHESIS

A. What Can "Soft Law" Instruments Achieve? What Not?

443. There is currently a considerable hype about soft law in arbitration. This course so far obviously not only served to introduce the phenomenon as such and the main instruments and manifestations in particular, but also to demystify them at the same time. The debate about "soft law" is often informed by personal experience, anecdotal evidence and even emotions. Typically, little serious research is involved. This course cannot correct this deficit. It can at best provide a fuller picture.

444. Demystifying does not mean destroying. To the contrary, it means trying to shed light on the real existence and the real potential of guidelines and the like. What emerges from such an exercise is nothing to disparage. Such instruments achieve a lot. The point is that there is no black and white. It is matter of subjective assessment whether this glass is half empty of half full.

1. Filling gaps

445. Arbitration was and still is lightly regulated by State laws. When the 1958 New York Convention paved the way for the success of arbitration, there was little legal infrastructure to rely on. Arbitration mostly existed locally or even not at all. This was the age of the "Grand Old Men" described by Dezalay and Garth [625], who creatively acted in a kind of legal vacuum. In the long run, improvization, even if masterful, cannot suffice. It is even argued that in the absence of regulation by State laws, "soft law" instruments are required to ensure due process in international commercial arbitration [626].

446. The 1976 UNCITRAL Arbitration Rules, therefore, filled a real gap for *ad hoc* arbitration proceedings by offering parties rules they could subscribe to and arbitrators at least some guidance even if the parties had not chosen the Arbitration Rules.

---

625. Y. Dezalay and B. G. Garth, *Dealing in Virtue*, pp. 20 *et seq.*; *supra* para. 79.
626. E. Picanyol, "Due Process and Soft Law in International Arbitration", p. 59.

447. Similarly, the IBA Rules on Taking of Evidence provided a more than welcome framework for the crucial evidence phase of the proceedings, a phase that is only lightly regulated by institutional arbitration rules or the UNCITRAL Arbitration Rules if at all. Nowadays, it is a matter of course to consult and draw inspiration from the IBA Rules of Evidence. They might not be followed, but more often than not the analysis will start there. Some authors suggest, however, that the Rules on Evidence are a "codification of generally accepted principles" [627]. If so, and to a certain extent this might well be correct, then these principles were at least difficult to discern before they were written down. A codification that at the same time cuts an appropriate compromise between common law and civil law traditions was at least helpful.

448. Maybe even more so, the IBA Conflicts of Interest Guidelines filled a gap, in this case the gap with regard to the standard of disclosure by prospective arbitrators. It is common today, in case of doubt, for candidates to check the Guidelines before deciding on whether to immediately accept a nomination or to first disclose certain information to the parties. Again, the analysis will not usually end with the Guidelines, but it will very often start there. National laws more often than not merely state the principle of independence and impartiality and require a case-by-case analysis, which is a tricky process and provides little guidance upfront.

449. As far as other instruments are concerned, the question is, however, whether there are really any gaps that need to be filled. The more prolific in issuing instrument the arbitration community becomes, the higher the risk that gaps are perceived even though they may not actually exist. Anecdotal experience and personal preconceptions might create *fata morganas* like the idea of an "ethical no-man's land" that provided the basis for the IBA Party Representation Guidelines [628]. A *fata morgana* is of course not fiction, it is a reflection of facts, but a distorted and potentially misguiding one.

450. Identifying gaps in international commercial arbitration can be challenging as it might require extensive exercises of comparative law. Identifying, for example, an ethical no-man's land is a difficult task when practitioners are potentially subject to one or more of dozens

627. See J.-F. Poudret and S. Besson, *Comparative Law of International Arbitration*, p. 552, n. 646.
628. *Supra*, Chapter VII.

or even hundreds of different regional, national and self-governing regimes.

451. And even where a plausible gap exists, such a gap might close over time, rendering the need for an instrument obsolete. This explains the underwhelming success of the *lex mercatoria* and the UNIDROIT Principles. The theory of a new *lex mercatoria* as well as the UNIDROIT Principles project owe their existence to the state of legal orders between the Second World War and the 1980s, when international trade rushed ahead and national legislation and case law lagged behind, creating a widening gap or at least the perception of a gap and calling for novel approaches. Today, practitioners obviously do not perceive a gap anymore. International conventions such as the CISG, and national laws, for example, English law, Swiss law, French law, and many other legal systems have all caught up and proved capable of providing appropriate regulations for international commerce. Not everyone needs to consider the CISG or any of the various national laws appropriate for a specific situation, though. There are alternatives available. In many areas, English law has established itself as the law of choice for international business transactions, filling the slot that was earmarked for the UNIDROIT Principles, just as the English language has crowded out Esperanto as global *lingua franca*.

2. Providing harmonization and predictability

452. Arbitration rules usually provide only a very general framework for the conduct of the proceedings, leaving the arbitrators essentially at their own devices. This should not be a problem with experienced arbitrators, but not all arbitrators are experienced, endowed with sound judgment, and "cut from the same mould" [629] as counsel. Rules and guidelines provide orientation and, thus, at least some legal certainty, where there would otherwise be very little, if any [630]. By extension, proceedings may also appear fairer if the arbitrators followed pre-established rules rather than decide issues on the go [631] and should also be more efficient.

453. For counsel it is notoriously difficult to predict how an arbitral tribunal might exercise its procedural discretion. Guidelines increase

629. W. W. Park, "The Procedural Soft Law", p. 148.

630. Ph. Landolt, "What Remains to Be Done?", p. 156.

631. W. W. Park, "The Procedural Soft Law", p. 149; W. W. Park, "Arbitration's Protean Nature", pp. 297 *et seq.*; Ph. Landolt, "What Remains to Be Done?", p. 157.

predictability even if they are non-binding. Chances are that arbitrators would not veer too far from such an international benchmark.

454. At closer inspection, the advantage is not so clear-cut: in public international law, one of the strongest criticism levelled against the concept of soft law is that it actually jeopardizes legal certainty, by blurring the distinction between law and non-law [632]. Also, a proliferation of instruments may lead to overlapping and conflicting regulations without an authoritative method to determine which instrument should take precedence [633]. To the extent that an instrument overlaps with State mandatory law – for example, with regard to conflicts of interest and deontological rules – it risks creating false expectations and thus undermining, rather than furthering, predictability, as we have seen with regard to the IBA Conflicts of Interest Guidelines and the IBA Party Representation Guidelines [634].

455. Another risk is what Philippe Fouchard already in 1994 called the "normalization of guidelines" [635], i.e. the risk that non-binding guidelines over time evolve into standards and an international procedural custom. Fouchard acknowledged that such standardization was frequent and perfectly admissible in international business relationships as it allowed an "harmonisation en douceur" [636], a creeping harmonization that does not seem to hurt anybody, like the metaphorical frog in the slowly boiling water that does not realize the hazard until it is too late [637].

456. Even short of normalization, guidelines create expectations that reduce flexibility. Flexibility is traditionally regarded as one of the key advantages of arbitration. Unlike proceedings before State courts, arbitration proceedings can be tailored to the particular needs of the case, taking into account the nature of the dispute, the expectations of the parties and their counsel and the need for efficiency. Standardization through guidelines reduces such flexibility and leads to bureaucratization [638] even if the instruments are non-binding. Arbitrators are more likely to just follow the standard instead of analysing the

632. *Supra* paras. 62 *et seq*.

633. T. Landau and J. R. Weeramantry, "A Pause for Thought", p. 513.

634. *Supra*, Chapter VI.E and Chapter VII.E; generally: T. Landau and J. R. Weeramantry, "A Pause for Thought", pp. 508-509.

635. Ph. Fouchard, "Une initiative contestable de la CNUDCI", *ASA Bulletin*, Vol. 12 (3/4), 1994, pp. 379 *et seq*.

636. *Ibid*., p. 381, n. 36.

637. Luckily for frogs, this tale is only a fable. Frogs apparently do jump out eventually (https://en.wikipedia.org/wiki/Boiling_frog, last visited 20 April 2019).

638. U. Draetta, "Transnational Procedural Rules", pp. 327 *et seq*.

specifics of the case and parties and their counsel may expect them to follow the instruments and even hold them to such standards.

457. Reducing flexibility is not negative *per se*. Too much flexibility harbours the germ of arbitrariness. Once the generation of the "Grand Old Men" was superseded by the "Technocrats" – in the terminology of Dezalay and Garth [639] – and arbitration came under increased scrutiny due to its global success, unfettered flexibility became unsustainable. Since then, there has been a constant struggle to find the right balance. William Park addressed this tension in his 2002 Freshfields Lecture [640]. In 2014, a conference of the German Institution of Arbitration (DIS) was essentially dedicated to this area of tension [641]. As was rightly pointed out at the conference, predictability and flexibility are not mutually exclusive [642], but it is a dilemma that needs to be carefully managed by the arbitrator. The question "how much flexibility does arbitration need?" is exercising the arbitration community and is bound to do so for quite a while.

458. Further, harmonizing guidelines do not just reduce flexibility, they also lead to increased judicialization, which is anathema for arbitration users [643]. It is difficult to draft guidelines without keeping the standards of due process as defined and refined over decades in the State courts in the back of one's mind. It is even more difficult, although not impossible, to write into a guideline a standard of due process that obviously falls short of the standards required in State courts. It is easier to be pragmatic or to even take a "short cut" in a particular proceeding if there is no relevant issue of due process under the circumstances. It is much more difficult to write a short cut into a guideline. Guidelines will thus be oriented towards a Rolls Royce approach even though most proceedings could still do with a simpler framework.

459. Once written down and published, guidelines tend to be treated as minimal standards even though they might not have been meant that way. Hans van Houtte rightly pointed out this risk of "creeping

---

639. Y. Dezalay and B. G. Garth, *Dealing in Virtue*, pp. 20 *et seq.*; see also *supra* para. 79.

640. W. W. Park, "Arbitration's Protean Nature", pp. 279 *et seq.*

641. J. Grothaus, "DIS Autumn Conference 2014: 'Global Pond or Single Playing Field: How International Should International Arbitration Really Be?'", *German Arbitration Journal*, Vol. 13 (1), 2015, pp. 32 *et seq.*; I. Hanefeld and J. Hombeck, "Client's Perspective", pp. 20 *et seq.*

642. Grothaus, *op. cit.*, p. 34.

643. On the concerns about judicialization see Queen Mary, *2013 Survey*, p. 22.

normalization" with guidelines becoming "straitjackets for the arbitration process" [644].

460. The mere existence of a soft law instrument may thus lead to more motions, challenges and other side proceedings. There is an increased risk of challenges of arbitrators and/or awards if an arbitral tribunal deviates from a "soft law" instrument. One of the criticisms levelled by the Board of the Swiss Arbitration Association against the IBA Party Representation Guidelines is the risk that they backfire by providing an obstructive counsel with a pretext for disruptive motions directed against opposing counsel [645] or, if sanctioned, for challenges of the arbitrators and of any ensuing award [646].

461. Finally, harmonization may stifle competition. Users may not be comfortable with a "one-size-fits-all" approach of arbitration. The Prague Rules owe their existence to a certain yearning for an alternative to the omnipresent IBA Rules of Evidence. Competition between instruments forces practitioners to think and choose the best solution for a specific case.

3. *Educating newcomers*

462. Arbitration is becoming popular in more and more parts of the world. Although many new practitioners and users embrace arbitration, they may not yet be fully familiar with its inner workings and complexities. Guidelines lower the entry threshold and help counsel and arbitrators get up to speed, thus reducing conflicts, misunderstandings, and also potential feelings of inequality towards more experienced opposing counsel or other members of the tribunal [647].

463. Most managers are confronted with arbitral proceedings only once in their career; few companies are serial users of arbitration. For them to be able to read a few instruments instead of having to stare at a

---

644. H. van Houtte, "Arbitration Guidelines: Straitjacket or Compass?", pp. 527 *et seq.*

645. Accusing opposing counsel of misconduct is a tactic often deployed by obstructive counsel because of their disruptive potential and because any counter-attack, even if fully justified, can be easily dismissed as mere "tit-for-tat".

646. Board of the Swiss Arbitration Association, *IBA Guidelines on Party Representation, supra* footnote 617; see also, generally, T. Landau and J. R. Weeramantry, "A Pause for Thought", p. 504.

647. See, e.g., P. D. Friedland, "Soft Law and Power", p. 342 ("one rarely hears criticism of soft law from those who are less experienced"). For the educational purpose of the IBA Party Representation Guidelines in particular, see A. Mourre, "Soft Law as a Condition for the Development of Trust", pp. 95, 97.

black box of arbitration might also be comforting and hence could lower their threshold for accepting an arbitration clause in the first place.

464. Of course, a treatise may also educate; guidelines do not enjoy a monopoly. Many instruments are, however, much more concise and may come with the comforting authority of having been adopted by a recognized organization.

4. Levelling the playing field

465. Levelling the playing field is particularly important in a cross-cultural context where one might be confronted with different expectations, different litigation traditions, or different ethical and bar rules. Guidelines provide a common solution, ideally a compromise, with which everybody can live.

466. In a narrow sense it puts counsel of both parties on the same level. This is particularly important with regard to deontological rules. The aim of levelling the playing field was a major driver for the IBA Party Representation Guidelines. These Guidelines, however, also show the fallacy of the argument if taken too far. Fairness of proceedings only requires levelling the playing field for a particular case. There is no need for globally harmonized guidelines just to prevent that one counsel enjoys some advantage over opposing counsel in, for example, an ICC arbitration in Geneva or a CIETAC arbitration in Beijing. A judiciously drafted procedural order suffices.

467. Conversely, globally harmonized guidelines allow counsel to move from one jurisdiction and one case to another with little risk of making mistakes. This benefits major law firms which have teams that act globally, but also, for example, small firms that may wish or be asked to accompany clients also in the odd proceedings in a different legal environment. It also definitely simplifies the teaching of arbitration law and practice. In such a wider sense levelling the playing field has obvious advantages. Again, whether this justifies the reduction of competition between different approaches is another matter.

5. Preventing State intervention by self-regulation

468. The increased popularity of arbitration is drawing the attention of Governments, the media, and even the wider public as a whole. A few anecdotes gave arbitration in general a bad reputation. Politicians have taken notice. The Justice Minister of Singapore, Sundaresh Menon,

a former partner of a top tier local law firm and then Attorney General, knows arbitration well and threatened to regulate arbitrators, but also counsel, if the community did not sufficiently self-regulate [648]. Menon is one example of an increasing number of influential persons who consider legitimacy as a core requirement of arbitration and self-regulation as crucial to maintain legitimacy. Some self-regulation is unavoidable in an industry that has become increasingly influential and public but does not want to provoke state regulation [649].

469. Prime examples of such self-regulation are the IBA Party Representation Guidelines and the IBA Conflicts of Interest Guidelines. While the former are a direct response to calls for self-regulation, the latter are a defence against accusations that arbitrators are structurally not sufficiently independent – an accusation that is often heard in the current debate on investor-State arbitration [650].

470. Self-regulation has its limits, though : abuse cannot be regulated by guidelines. Guerrilla tactics cannot be combated by guidelines, not even if those guidelines are fitted with sanctions. Any guideline intended to protect the integrity of the proceedings may itself be abused [651]. As has been pointed out in the context of the IBA Party Representation Guidelines, guerrilla tactics are largely a matter of culture, not of deontological rules [652].

471. Self-regulation also needs to be well calibrated. International commercial arbitration is still extremely successful, with numerous States providing an ever more flexible framework. It makes little sense to put oneself into a global straitjacket merely to avoid a potential but maybe rather far-fetched risk of an even stricter straitjacket administered by some States.

B. Minimum Requirements for an Instrument Aspiring to Gain a Superior Status as "Soft Law"

472. We will shortly come back to the term "soft law" and what meaning it comports. Independent of that discussion we still need to consider what it is that makes an instrument stand out and gain the

---

648. *Supra* para. 32.

649. See, e.g., J. Paulsson, *The Idea of Arbitration*, p. 291 ("Arbitral self-regulation is plainly the best hope to avoid imposed dystopias").

650. S. H. Elsing, "Schiedsrichterliche Unabhängigkeit – Vorurteile und Wirklichkeit", *German Arbitration Journal*, Vol. 17 (1), 2019, p. 20.

651. A. Dautaj, "The Ethical Paradox Put to Play by Guerilla Tactics", *Kluwer Arbitration Blog*, 4 November 2018.

652. *Supra*, Chapter VII.

persuasive authority inherent in a purported "soft law" instrument. There is a lot of discussion about "soft law", but little discussion about what the requirements might be for such a status, i.e. if such a status is believed to exist. If, hypothetically, all rules, guidelines, notes, protocols, and the like that have been produced by more or less well-known or totally obscure organizations could be ranked by a simple score, what score would be required for "soft law"? On a scale from 1 to 10, would an instrument need to reach 5 to qualify? Or rather 7? There is no defined threshold. And there is no simple scale that would allow to give each instrument a single score in the first place.

473. The practical impossibility of calculating scores and rating instruments alone should argue against a concept of a "soft law" status. If one wishes nonetheless to adhere to such a concept, one needs to define criteria. While there are no official criteria, if only because there is no official definition of a "soft law" instrument anyway and a simple score cannot be attributed to an instrument, I suggest that at least three criteria have to be assessed if an instrument is to claim increased legitimacy: (i) institutional legitimacy, (ii) procedural legitimacy, and, most importantly, (iii) general acceptance by the arbitral community [653].

1. Institutional legitimacy

474. The quality of an instrument does not necessarily depend upon the organization that formulated it. There is, however, at least a correlation between the quality of the organization and that of its instruments. There are exceptions, as we have seen with the IBA Arbitration Committee, which is generally considered to be one of the most reliable institutions in arbitration but could still not guarantee a constant quality of its instruments. The ICC also produced instruments of varying quality. Still, authorship of a generally recognized formulating agency such as the IBA [654], the ICC, and even more so UNCITRAL or

653. See also the three questions proposed by Gabrielle Kaufmann-Kohler: "Who prepared these instruments? Why were they prepared? How were they prepared?" (G. Kaufmann-Kohler, "Soft Law in International Arbitration", p. 287). Alexis Mourre suggests the following three criteria: (i) an organization with sufficient representativity and experience, (ii) wide consultation of the arbitral community, and (iii) wide cultural diversity of such community (A. Mourre, "Soft Law as a Condition for the Development of Trust", p. 89); seconded by D. Arias, "Soft Law Rules in International Arbitration", p. 38.

654. On the IBA as a "legitimate soft law maker in international arbitration", see D. Arias, "Soft Law Rules in International Arbitration", pp. 37 *et seq.*; see also Ph. Landolt. "Future Para-regulatory Text Projects", p. 30.

UNIDROIT, generates a necessary minimum of trust in an instrument. Trust is important. Practitioners mostly neither have the time nor the means to assess the quality of an instrument. An UNCITRAL product enjoys a presumption of persuasive authority. Such a presumption is valid until disproved.

475. Conversely, most organizations are too obscure to enjoy such a presumption on a global level, while they might still be authoritative regionally or within a specific industry. The Chartered Institute of Arbitrators (CIArb), which is a prolific producer of guidelines, is a borderline case, being very influential within the United Kingdom, but many practitioners consider it to be too British to gain legitimacy outside of the United Kingdom in spite of its global presence.

476. Institutional legitimacy is not a condition *sine qua non*. Indeed, an *ad hoc* task force can also produce an instrument that can achieve persuasive authority, but then the two other requirements are all the more important. At the extreme end, there might not even need to be an instrument: the *lex mercatoria* is widely regarded as "soft law" by many but is not even an instrument and does not have an author.

2. *Procedural legitimacy*

477. The procedure through which soft law instruments are created might not strike as an obvious criterion. There is, however, no predefined standard of procedure. In State legislation, the procedure is set by law, often at least to a certain extent by constitution. It is clear who the legislators are, how they became legislators; it is often clear how laws are drafted, deliberations in parliament are often even public, drafts are published, some States provide for public consultation, the whole process could take years. We all know that, in practice, things are messier than that, but there is still some transparency of procedure.

478. With regard to private instruments, there is no established procedure. There is no soft law on how to draft soft law – with the notable exception of a satirical article by Michael Schneider[655]. Consequently, the procedures differ and do so starkly. An instrument drafted by UNCITRAL or UNIDROIT will be based on several rounds of discussions between often very knowledgable delegates and with

655. M. Schneider, "The Essential Guidelines", pp. 563 *et seq.*; see also C. R. Reetz, "How Should Para-regulatory Texts be Drafted?", in D. Favalli (ed.), *Sense and Nonsense*, pp. 87 *et seq.*; Ph. Landolt, "Future Para-regulatory Text Projects", pp. 159 *et seq.* on "recommendations for the optimisation of para-regulatory texts".

input from all interested groups. At the other end of the spectrum, an instrument drafted by an informal task force of a private organization might not be much more than a text drafted by a single person, with little input from busy task force members [656] and without ever appearing on the radar of a wider public before being published as a final product.

479. In this regard, one should beware of vague self-declarations. A typical example are the IBA Guidelines on Party Representation that were, pursuant to its Preamble, broadly reviewed by specialists and had been considered by the whole IBA Arbitration Committee: I indicated above that this description of the procedure is highly misleading [657]. It appears that few people outside of a small group was aware of the content of the draft before it was adopted. Almost everybody I talked to in several countries and at several conferences was surprised and mostly puzzled by some of the content. The lesson to be drawn from this is that all the relevant steps have to be traceable, preferably on the Internet. If they are not, the resulting instrument cannot be trusted.

---

656. Michael Schneider rightly indicated that a large number of task force members from many different jurisdictions does not guarantee that such diversity could actually influence the work product (M. Schneider, *op. cit.*, p. 565). This reflects my own personal experience with some task forces of major formulating agencies. Sometimes it is the chair or somebody designated by him or her who takes charge of drafting, expects little if any input from others, and is not really inclined to consider any such input if it is more than cosmetic.

657. *Supra* para. 406. *Contra*: A. Mourre, "About Procedural Soft Law", p. 242 (likewise A. Mourre, "Soft Law as a Condition for the Development of Trust", p. 88). Alexis Mourre was the then Co-Chair of the Arbitration Committee and was and still is a strong proponent of the Guidelines. He criticized my account of the history as "pure fantasy", vaguely referring to two alleged public consultations of the draft Guidelines (see also *ibid.*, p. 240: "After a remarkably open and transparent consultation process"). I am not aware of any such public consultation, nor did I find any trace of them, in particular not in the description of the drafting process in the Preamble of the Guidelines (p. 1), and in A. Mourre and E. Zuleta, "IBA Guidelines on Party Representation", p. 110). If he meant the consultations at the outset of the project, then there is no disagreement. These consultations were about ethics and deontological rules in general. They were, however, not about any draft of the Guidelines. The only consultation on the draft beyond the one shortly before the end of 2012 with a very small circle of specialists, at least some of whom were advised to keep the draft confidential, was the three-week consultation in January/February 2013 with the IBA Arbitration Committee. At that crucial stage, Alexis Mourre told representatives of the Swiss Arbitration Association that no major changes would be considered as the Guidelines were about to be launched. It is also telling that the draft was not a topic at the IBA Arbitration Day in Bogotá on 21 and 22 February 2013. No instrument can be said to rely on widespread consensus if pushed through in such haste. The idea might have been to show self-regulation as quickly as possible to prevent possibly impending State regulation (as indicated by A. Mourre, "About Procedural Soft Law". pp. 239 *et seq.*; A. Mourre, "Soft Law as a Condition for the Development of Trust", p. 86). Tactical considerations may *in extremis* justify alibi exercises but cannot replace missing consensus.

480. Once the procedure is transparent, the credibility of an instrument is considerably easier to assess. The better the wider community was involved, the more likely the result will reflect a general consensus or at least a majority opinion without adamant opposition by a sizable minority. The IBA itself had shown, in its earlier instruments, how it can be done properly: before issuing the 2004 Conflicts Guidelines, the designated Working Group repeatedly sought comments from outside. "Throughout the process of drafting the Guidelines, the Working Group sought comments from arbitration institutions, practitioners and corporate general counsels" – leading to "numerous changes" and "to a reconsideration of many principal areas"[658]. Thus, the Working Group apparently presented a first draft report at the IBA Conference in Durban, South Africa, in October 2002 for open discussion and then a second draft report at the IBA Annual Conference in San Francisco in September 2003, again with an open discussion. According to a report by members of the Working Group, several suggestions from the floor had been taken up, including the suggestion to have a "hazardous operation review" "to consider the different ways in which the Guidelines might be used in later challenges to an arbitration" and to involve a separate group of distinguished practitioners to review the draft[659].

481. While such a hazardous operation review might not yet be standard, broad consultation of drafts at an early stage (and not just at the last minute when no major changes will be considered) is increasingly usual. Instruments exclusively drafted by a task force consisting of volunteers and chaired by a person with a very distinct idea of the final product cannot claim to be based on a broader consensus and to carry persuasive authority even if they are published by a major organization.

3. *Acceptance by the community*

482. As we have seen, in public international law, consensus is a condition precedent for any instrument that could qualify as some kind of "soft law"[660]. In principle, an instrument has to be adopted by consensus in order to be at least politically binding. Therefore, as far as soft law in public international law is concerned, consensus can be achieved and easily measured at an international conference, where all States are invited to and the large majority is present in the room.

---

658. O. L. O. De Witt Wijnen, N. Voser and N. Rao, "Background Information", p. 436.

659. *Ibid.*, pp. 438 *et seq.*

660. *Supra*, Chapter II.D.

483. In international commercial arbitration, there is no conference room for the arbitration community. A new instrument is first adopted by some institution, let loose into the wilderness of arbitration practice, and then has to gain "wide acceptance by the arbitral community" [661]. How can acceptance by an unorganized global community be measured? And how is that community defined in the first place? An increasingly popular way is by means of online surveys sent out to larger numbers of users, institutions, arbitrators, and counsel. However, surveys are difficult to devise. There is a substantial risk that soft law meets soft science.

484. One typical weakness is indeed that surveys are done in a decidedly non-scientific manner. Emails are sent out to all members on an email list and whoever responds will be taken into the evaluation. First of all, there is no common standard for inclusion in a sample; in most cases there is little transparency about who exactly was contacted. For instance, it is one thing whether a survey covers all members of the Arbitration Committee of the IBA – all of whom are actual or aspiring counsel or arbitrators – or also in-house counsel of major companies and organizations, or simply the readers of an arbitration blog. It is also important whether a survey is done regionally or whether the taker of the survey just uses his or her own address book as was done for a rather light-hearted survey for an ICCA conference [662], or whether the original addressees of a questionnaire were simply not made transparent. So there is little or no control whatsoever over whether the original sample was representative of the whole community. Second, there is little or no control over whether the voluntary respondents are representative of the original sample. Surveys among arbitration users usually yield a low response rate. Addressees, who are particularly interested in a specific topic, might take the time to respond, others just delete the email.

485. Third, it also matters how the questions are phrased. One survey on the Kluwer Arbitration Blog inquired about the "use" of soft law instruments. Only 63 individuals from all over the world responded [663]. The responses indicated that soft law instruments, including the *lex mercatoria*, the UNIDROIT Principles and the IBA

---

661. P. Hodges, "Equality of Arms", p. 622.

662. Chr. Lau, "Do Rules and Guidelines Level the Playing Field and Properly Regulate Conduct? An Arbitrator's Perspective", p. 560.

663. E. Mereminskaya, "Results of the Survey on the Use of Soft Law Instruments in International Arbitration", *Kluwer Arbitration Blog*, 6 June 2014. On this survey see also *supra* footnote 596.

Party Representation Guidelines were widely used. For example, 12.7 per cent of the respondents regularly "use" the UNIDROIT Principles and 15.9 per cent regularly "use" the *lex mercatoria*. Not only is the number of random respondents too small, but the term "use" does not carry a clear meaning. "Use" can mean anything from "apply as applicable law or standard", to "cite as authoritative source" or simply to "look up in search of any possible argument when everything else fails". The latter type of use applies to any widespread arbitration treatise and does not, in particular, require that the user believes in the quality of the instrument: counsel does not need to be convinced of the source that she relies on for argument. Such surveys may support general findings of which instruments are best known, but provide little insight into the question as to how much an instrument is accepted as a persuasive authority by the arbitration community as a whole.

486. In 2015-2016, the IBA undertook a major survey about the reception of what it itself called "IBA arbitration soft law products". The survey was well structured, but is still far from scientific. The IBA is aware of the limits of such surveys but rightly considers that its survey at least allows for some useful observations about the acceptance of the instruments and any potential need for changes [664].

487. A generally underestimated further issue concerns the interpretation of the responses: general acceptance of an instrument by the arbitration community, even if such acceptance is shown to exist, does not mean that everybody agrees with every rule within that instrument. Surveys usually gauge the acceptance of an instrument as such. It would be a stretch to argue that a specific rule within that instrument necessarily enjoys persuasive authority. We have seen that even the well-accepted IBA Conflicts of Interest Guidelines contain questionable provisions [665]. Most people are aware of the best-known instruments, but few people are aware of the full content. Even if there is broad consensus on the IBA Rules of Evidence, there might be limited consensus on a specific provision.

488. Furthermore, as the sudden appearance of the Prague Rules, which are launched to compete against the IBA Evidence Rules, shows, even where consensus might finally appear to be achieved, it might be just a mirage. The Prague Rules are a sign of life from a hitherto silent part of the arbitration community that for one reason or another

664. IBA Subcommittee *Report on Reception*, pp. 83 et *seq*.
665. *Supra*, Chapter VI.E.

did not show up in a previous survey. Considering the many thousands of practitioners in international commercial arbitration, it follows that consensus is impossible to achieve, let alone to prove. Some fragmentation is bound to remain.

489. This is not to say that surveys should not be taken into consideration. They are helpful, but have to be analysed with prudence. Carefully designed surveys can provide sufficiently reliable data. The surveys undertaken by the Queen Mary University School of International Arbitration are clearly above average and generally treated as reliable and are, therefore, also repeatedly referred to in this course [666].

490. Another approach to gauge acceptance consists in analysing published decisions, either arbitral awards to the extent that they are exceptionally rendered public or court decisions that concern arbitration and directly or indirectly shed light on the acceptance of purported "soft law" instruments. We have seen, for example, that case law indicates less support for the IBA Conflicts of Interest Guidelines, the UNIDROIT Principles or the *lex mercatoria* than one would expect from surveys [667].

4. Conclusion

491. Very few, if any, instruments meet all three requirements. Among the procedural instruments – leaving aside the UNCITRAL Model Law – the IBA Rules of Evidence and the IBA Conflicts of Interest Guidelines might possibly make the cut even though neither is carried by universal consensus.

492. In any case, any soft law instrument has to be handled with care. While it may be a useful indicator of what others have thought about a specific problem and what solutions they have arrived at, some questions should always be raised, but often are not:

- Who were these "others"? A few? Many? A whole community? Does this include individuals or groups with special knowledge and expertise or just casual volunteers? What is their legal, commercial and cultural background and, thus, the "bag and baggage" that they brought with them?

---

666. Even these surveys are not always easy to interpret, see an example of apparently contradictory results, *supra* para. 230.

667. *Supra*, Chapter VI.D, Chapter IV.C.2.4 and Chapter IV.C.3.3.

- What factual and legal circumstances did they have in mind when they drafted the instrument? Even arbitration specialists largely rely on their own specific experience which might not appropriately reflect all potential situations.
- Did they intend to state the law as they saw it or did they intend to change it, and if so, why? Is the instrument a reliable and harmless restatement or a courageous "pre-statement"? [668]
- And finally, has anything changed in the meantime? Laws age, some better, some worse, and any persuasive authority an instrument might have had at the outset might erode over time as the legal, commercial and cultural environment slowly evolves.

493. There is law in the books and law in action. There is also soft law in the books and soft law in action. We have seen that there are a lot of procedural instruments, quite a number of which are also successful in practice even if not as universally accepted as is sometimes thought. There are also substantive law phenomena (an instrument, the UNIDROIT Principles, and an interesting unwritten phenomenon, the *lex mercatoria*), which are prominent in the books but almost non-existent in practice.

494. In essence, it is all about arguments. Counsel rely on arguments that they draw from whatever sources available: comparative law, awards, guidelines, treatises, articles in journals and arbitration blogs, ancient history, whatever fits. Counsel might refer to the IBA Rules of Evidence to argue in favour of production of whole categories of documents ("any and all documents, emails and other communications concerning . . .") and opposing counsel might refer to the Prague Rules to argue against. Both will also refer to previous awards and publications. The arbitral tribunal will do the same when deciding on the request to underline that it does not decide in a purely arbitrary manner.

C. The Verdict: Soft Law Is Not Law

495. Having been asked to teach a course on soft law, I have implicitly been asked to second guess the topic given the long raging dispute about the "law" in "soft law". After having laid out the most prominent phenomena that are generally understood to make up the body of the "soft law", and having analysed some of the most prominent

668. See the UNIDROIT Principles that are alternatingly called one or the other, leaving the users wondering what they really are (*supra*, Chapter IV.C.2).

ones in more detail, it is now time to draw conclusions. Are soft law instruments somehow law? Do they possess any normativity, if only a relative, "soft" one?

496. Others have asked that question before and reached rather critical conclusions. For instance, on the usefulness of the term in the first place, William Michael Reisman observed that:

> "While soft law is a useful notion for students and scholars seeking to understand and to manipulate the sequential processes of international law-making and for non-governmental organizations trying to make new law, it is not a useful notion for the appliers of law and especially for participants in the international arbitral process." [669]

497. In a similar manner, Matthieu de Boisséson states as follows on the legal nature of "soft law":

> "These recommendations, suggestions or guidelines are mere instruments available to the parties involved in the arbitration. They are not binding in themselves, they only bind the parties or the arbitrators to the extent that these instruments have been incorporated into the will of the parties. The arbitrators may be inspired by them, but not impose them on the parties." [670]

498. Gabrielle Kaufmann-Kohler expresses more sympathy for soft law, but also agrees that soft law has no binding force. In her definition, "soft law" consists of "norms that cannot be enforced through public force". On the other hand, she still credits "soft law" instruments with some normativity, because addressees perceive it as binding or even if they do not, they may still choose to abide by it on their own accord, for psychological, rather than legal reasons [671]. In a similar vein, Bryan H. Druzin explains the power of "soft law" instruments with network effects: the more agents rely upon such instruments, the more power they acquire [672]. Such approaches invite ambiguities that in essence leave everything open, such as in the following observation by Alexis Mourre:

---

669. W. M. Reisman, "Soft Law and Law Jobs", p. 30.

670. M. de Boisséson, "La 'Soft Law' dans l'arbitrage", p. 520 (translated). He concludes that "ces recommendations demeurent à la disposition des parties et les arbitres, déliés d'avance de toute obligation de se référer à elles".

671. G. Kaufmann-Kohler, "Soft Law in International Arbitration", p. 284.

672. B. H. Druzin, "Why Does Soft Law Have Any Power Anyway?", p. 378.

> "the starting point remains that notes and guidelines do not have normative value, or at least that they do not have full normative value. They are no more than tools that arbitrators and parties – precisely by exercising their liberty – may decide to use or not." [673]

499. Such descriptive approaches appropriately reflect the practice of arbitration and the psychology of many arbitrators, but they introduce a subjectivity that is alien to the concept of normativity. As has been pointed out by Ralf Michaels with regard to the UNIDROIT Principles in particular, social acceptance does not convey legal validity [674]. Widespread acceptance does not render a non-binding instrument binding on everybody, as is sometimes suggested [675].

500. I have described the source of the notion of "soft law" in public international law and explained how the transfer of the notion to international commercial arbitration did not pass without a "lost in translation" issue [676]. Even in public international law, the "law" part in soft law is highly disputed. To the extent that some normativity is accepted, it is generally grounded in the general principle of good faith. In arbitration, there is no good faith requirement of the community as a whole to observe anything some members or associations have drafted. Some instruments are more influential than others, but influence does not connote normativity. Texts may be influential, but still remain just texts, not law. To take an example from Dutch legal history: Hugo Grotius surely wrote a very influential book, *De iure belli ac pacis*, in 1625, but is it soft law? I suggest not.

501. "Soft law" instruments might convince, but cannot bind. I do not remember having ever read in an award something along these lines: "This rule of the XYZ Guideline is really not appropriate under the circumstances of this case but I still need to apply it because it is soft law." To be applied against the grain of the adjudicator – is this not the real test for an aspiring rule of law?

502. Instruments may have persuasive authority, some more some less. As has been noted by an ICSID Tribunal in the context of the IBA Rules of Evidence:

673. A. Mourre, "Soft Law as a Condition for the Development of Trust", p. 91, referencing Gabrielle Kaufmann-Kohler.

674. R. Michaels, "Privatautonomie und Privatkodifikation", p. 611.

675. See, e.g., C. R. Reetz, "How Should Para-regulatory Texts Be Drafted?", p. 88: "the normative force of a non-binding para-regulatory text is derived from its widespread acceptance".

676. *Supra*, Chapter III.D.

> "Precedents and informal documents, such as the IBA Rules, reflect the experience of recognized professionals in the field and draw their strength from their intrinsic merit and persuasive value rather than from their binding character." [677]

It is indisputable that the best-known "soft law" instruments exercise "a significant influence over the way arbitration proceedings are conducted" [678].

503. Persuasion can be gradual. Law is digital. Relative normativity is difficult to conceive in theory and even more difficult to apply in practice. What is the effect of 0.5 per cent relative normativity? What about 42 per cent, 50.1 per cent, 92.7 per cent? And how shall the grade be calculated in the first place?

504. Using the term "soft law" opens the pitfall of purported normativity. There is consensus that "soft law" instruments are non-binding. The misnomer keeps, however, misleading scholars into assuming and asserting some normativity, albeit some "soft" normativity. There is no such thing as a soft normativity and, what is more important and maybe less controversial, there is *no need* for soft normativity, persuasive authority is good enough. A provision of the IBA Rules of Evidence should be applied because it is generally accepted and it makes sense under the circumstances, not because there is some intrinsic normativity that somehow binds the arbitrator to a somehow limited extent.

505. There are two conclusions to be drawn from this.

506. First, we should wean ourselves from using the term "soft law". As you may gather from the title of this course, this is easier said than done. The Swiss Arbitration Association once proposed the term "para-regulatory texts" [679]. No wonder it did not catch on. It is quite difficult to avoid the term "soft law" in a discussion. Then again, do we really need a "catch-all category" [680] for such diverse instruments as the UNCITRAL Model Law, the ICC Arbitration Rules, various IBA Guidelines, the INCOTERMS, the *lex mercatoria*, and best practices?

---

677. *Railroad Development Corporation* v. *Republic of Guatemala*, ICSID Case No. ARB/07/23, Decision on Provisional Measures (October 2008), para. 32.

678. G. Kaufmann-Kohler, "Soft Law in International Arbitration", p. 298.

679. See D. Favalli (ed.), *Sense and Non-sense,* mostly containing the contributions to an ASA conference of 2010.

680. A description of "soft law" used by Janet Levit for instruments in international trade and finance law, J. K. Levit, "A Bottom-Up Approach to International Lawmaking: The Tale of Three Trade Finance Instruments", *Yale Journal of International Law*, Vol. 30 (4), 2005, p. 127.

A common term suggests similarity in nature, whereas reality suggests that there is very little, if any, similarity between these instruments.

507. Second, just because someone labels a text "soft law" does not mean that it should be treated as something special. "Soft law" is a label that can be stuck by anybody on any instrument. There is neither a validating authority nor an authoritative threshold. The labelling may simply have been a matter of promotion [681] or reflect an aspiration rather than fact. The concept of soft law in international commercial arbitration may owe a lot to the growing desperation about the continuing fragmentation of the legal rules applicable to international trade. We may all wish to have a global law for a global village. So far, it has not worked out in that fashion. And maybe it is better that way. Competition should be welcome, also when it comes to legal orders.

508. Decades ago there was a dream about a global *lex mercatoria*, first as a substantive law, then also as procedural law, a *lex mercatoria arbitralis* [682]. This dream is still just that, a beautiful dream for some and a nightmare for others, but in any case just a dream.

---

681. W. M. Reisman, "Soft Law and Law Jobs", pp. 25-26.
682. *Supra* para. 224.

CHAPTER IX

WHITHER HENCE?

A. Too Much or Still Not Enough Guidelines and Other "Soft Law" by Now?

509. A question that exercises the arbitration community is whether there is too much soft law, just about enough or not merely enough.

510. It is not a new discussion. At a conference of the International Council for Commercial Arbitration in 2012, Toby Landau famously diagnosed a "highly contagious" medical condition called "legislitis" [683]. In 2004, Serge Lazareff had already turned to the medical profession by diagnosing a "regulatory pruritus" [684]. A GAR Live event took the medical metaphor even a step further by holding a debate on the motion: "This house believes that the proliferation of guidelines is slowly killing IA." [685] There seems to be general consensus that there is a proliferation of "soft law" instruments [686].

511. The question *is* whether there is too much. Critical voices are getting louder, noting an "explosion of soft law" [687], "over-regulation by soft law-provisions" and an "enormous over-supply of guidelines

683. T. Landau and J. R. Weeramantry, "A Pause for Thought", p. 497 ("Regulation has increasingly given way to micromanagement. The practice of arbitration is now encumbered with protocols, codes, norms and guidelines on every conceivable topic . . . We are witnessing the pandemic spread of the previously recognized and highly contagious condition 'legislitis' – a virulent affliction that manifests itself in an involuntary urge to publish A6 booklets of rules, guidelines or principles. Each victim will insist: 'if it moves, codify it'").

684. S. Lazareff, "De l'excès de réglementation". *Gazette du Palais. Les Cahiers de l'Arbitrage*, Vol. 124 (3) (No. 338/339, 3 and 4 December 2004): "le prurit réglementaire actuel semble dangereux".

685. T. Jones, "'Killing Me Softly': Is International Arbitration Being Stifled by Soft Law?", *Global Arbitration Review*, 1 March 2018, reporting on a GAR Live debate in Dubai. In the end, the motion was overwhelmingly although not unanimously opposed, but apparently mostly because of its extreme terms.

686. See, e.g., P. Hodges, "The Proliferation of 'Soft Laws'"; D. G. Henriques, "The Prague Rules: Competitor, Alternative or Addition to the IBA Rules on the Taking of Evidence in International Arbitration?", *ASA Bulletin*, Vol. 36 (2), 2018, p. 362: "unquestionable profusion of rules, regulations and instruments". See also *supra* para. 34.

687. Panel contribution at a conference, J. Grothaus, "DIS Autumn Conference 2014: 'Global Pond or Single Playing Field: How International Should International Arbitration Really Be?'", *German Arbitration Journal*, Vol. 13 (1), 2015, pp. 32 *et seq.*

and soft law and a corresponding fragmentation of the matter" [688], wondering about a "new international frenzy" and "harmonizing craze" [689], and perceiving a "threat of major bureaucratization" [690]. At a conference in 2014, Klaus Peter Berger considered that the number of rules had reached "a critical mark" [691].

512. Such criticism is not a new phenomenon. Already in 1994, Pierre Lalive denounced regulatory fury and regulatory mania that, in his view, leads to increased judicialization [692]. The catalyst for this outbreak of criticism was UNCITRAL's project to issue guidelines for preparatory conferences in arbitration. Others, including Philippe Fouchard, chimed in [693]. At the time it made the community pause and rethink. UNCITRAL scaled down the project to less objectionable "Notes" [694]. However, this hiatus was short lived. The number of instruments that jostle for space and attention is growing inexorably.

513. In the 2018 survey by Queen Mary University, 77 per cent of respondents said that existing arbitration rules offer about the right level of prescription and guidance concerning how to conduct proceedings. Only 18 per cent wished more guidance, while 5 per cent deemed existing arbitration rules already too prescriptive [695]. Similarly, in another Queen Mary survey, of 2015, 70 per cent responded that there was an "adequate amount" of soft law instruments, with only 10 per cent calling for more regulation, while 17 per cent thought that there were already too many guidelines and other "soft law" instruments [696].

---

688. G. Schima and B. Sesser, *op. cit.*, footnote 561, pp. 66, 67, concerning instruments on ethics in particular.

689. C. A. Carmona, "Consideration on the IBA Guidelines on Party Representation in Internatonal Arbitration: A Brazilian Point of View", *Les Cahiers de l'Arbitrage*, 2014 (1), pp. 29, 30.

690. U. Draetta, "The Transnational Procedural Rules for Arbitration and the Risks of Overregulation and Bureaucratization", *ASA Bulletin*, Vol. 33 (2), 2015, p. 341.

691. J. Grothaus, *op. cit.*, footnote 687, p. 39.

692. P. Lalive, "De la fureur réglementaire", p. 217:

> "La manie règlementaire qui sévit tout particulièrement dans certains pays ou certaines organisations, comme on l'a vu à propos des 'codes of ethics' ou de déontologie, peut être la source – l'observation est banale – d'une 'processualisation' ou 'juridicisation' fâcheuses, et fournier le prétexte à de nouveaux incidents et objections de procédure. L'accumulation de règlements, directives ou guides inutiles sert peut-être les intérêts de leurs auteurs ou de certains cabinets de 'litigators'. Il est douteux qu'elle serve vraiment ceux des utilisateurs de l'arbitrage."

693. *Supra* footnote 202.

694. See *supra* paras. 116 *et seq.*

695. Queen Mary, *2018 Survey*, p. 34.

696. Queen Mary, *2015 Survey*, pp. 33-34.

514. When asked, in the 2018 survey, whether arbitration rules should include provisions with regard to specific issues, however, considerably more respondents than the 18 per cent that wished more guidance in general said "yes". On some issues up to 80 per cent also said "yes", such as with regard to standards of independence and impartiality for arbitrators, consequences for delay by arbitrators, deadlines for issuing awards, consequences for delay by the parties and/or their legal representatives, conduct of parties and/or their counsel, and use of tribunal secretaries, to name just the ones that drew 70 per cent support or more [697]. So the community is decidedly sending mixed signals. Even though most people say that there is enough in general, many and sometimes even the same people are calling for more regulation on specific issues [698]. Or maybe these contradictions merely exemplify that even carefully structured surveys always have to be taken with a large pinch of salt as suggested above [699].

515. Complaints about regulatory fury and "legislitis" did not stop the issuance of new guidelines in the past and will not do so in the future. When Pierre Lalive and Philippe Fouchard decried the regulatory mania in the mid-1990s [700], the detailed and popular IBA Rules of Evidence and Conflicts of Interest Guidelines had not even been contemplated yet. When it comes to the urge to regulate, the arbitration community is no different from State legislators. Arbitration soft law is just following the inexorable growth of State hard law. In ten years we will very likely have many more guidelines and other texts that purport to have persuasive authority and to earn the label "soft law" or at least to have soft law potential. With regard to procedural instruments, there is a lot of space between the poles of unfettered arbitrator discretion and "one size fits all". The delicate balance between standardization and flexibility in arbitration [701] is constantly being recalibrated in favour of the former [702].

697. Queen Mary, *2018 Survey*, p. 34.

698. E.g., M. Escher, "Die Dissenting Opinion im deutschen Handelsschiedsverfahren – Fear of the Unknown", *German Arbitration Journal*, Vol. 16 (4), 2018, pp. 225 *et seq.*, calling for soft law instruments on dissenting opinions, e.g., by an "international actor".

699. *Supra* paras. 483 *et seq.*

700. See *supra* footnote 202.

701. See I. Hanefeld and J. Hombeck, "Client's Perspective", pp. 20 *et seq.*

702. See also G. Kaufmann-Kohler, "When Arbitrators Facilitate Settlement: Towards a Transnational Standard", *Arbitration International*, Vol. 25 (2), 2009, p. 203, noting that the "human search for predictability . . . generates more and more rules" until the process becomes too burdensome and "the users turn to other methods of disputes resolution that are less formal and the cycle starts anew".

516. This is not necessarily a deplorable development. It is answering to a need. As William W. Park once observed, "the devil [is] in the details", however, the "goal [being] to give the arbitrators the tools to find out what happened in an efficient manner, while giving litigants the impression (and the reality) of fair and equal treatment" [703]. Increasing rule-making entails an increasing risk of conflicts of guidelines and thus [704] uncertainty. An example is Guideline 12 of the IBA Party Representation Guidelines effectively imposing a legal hold, which clashes with the IBA Rules of Evidence and an ICC instrument on e-document production [705]. Even within the same organization as the IBA, one hand (or one task force) might not know what the other is doing.

517. There is also increasing risk of conflicts between international guidelines and local laws. Exhibit A for this proposition are again the IBA Guidelines on Party Representation, which note in Guideline 3 the precedence of national mandatory laws on counsel conduct, but then run roughshod over deontological rules in many civil law countries. The official comments to the very liberal guidelines on witness preparation acknowledge the potential for conflicts by suggesting that

> "[i]f a Party Representative determines that he or she is subject to a higher standard than the standard prescribed in these Guidelines, he or she may address the situation with the other Party and/or the Arbitral Tribunal".

As one of the main reasons for the elaboration of this instrument was, however, the very lack of clarity on the applicable deontological rules [706] in international commercial arbitration, this suggestion does little to solve the risk of conflicts.

B. The Return of the Wizard of Oz?

518. The hype about soft law reminds me of the wizard in the legendary 1939 movie *The Wizard of Oz* [707]. The wizard impressed with grand projections, noise and steam, but was only hiding the fact that he

---

703. W. W. Park, "Arbitration's Protean Nature", pp. 297 *et seq*.
704. T. Landau and J. R. Weeramantry, "A Pause for Thought", p. 513.
705. *Supra* para. 412.
706. *Supra* paras. 396 *et seq*.
707. "The Wizard of Oz", a 1939 Metro-Goldwyn-Mayer movie directed by V. Fleming, memorably starring Judy Garland as Dorothy.

could not do magic. There was no magic in the wizard, just as there is no law in the "soft law".

519. This does not mean that rules and guidelines are not useful. Once exposed as the lonely man in a midlife crisis that he was, the Wizard of Oz proved very helpful to Dorothy and her motley crew, not with magic tricks, but with sound advice. The same applies to "soft law" instruments. They can provide sound advice even if they are not imbued with the magic of law [708]. They can and should be taken into account to prevent people from making avoidable mistakes. Rules that can be taken off the peg are handy and easier to agree on at the outset of proceedings than tailored directives that are then picked apart by counsel. The more carefully they are drafted the better.

520. There can be competing rules and guidelines on the same topic, if only to show that there are various approaches on how to conduct proceedings or decide on the merits. The PECL (Lando Principles) compete against the UNIDROIT Principles, the Prague Rules against the IBA Rules of Evidence, the ICC Notes to arbitrators against the UNCITRAL Notes, and so forth.

521. To the extent that there are few rules on one topic and their content is at least partly similar, they do help to harmonize the global practice of ICA. Care should be taken, however, not to oversell an instrument. There is more than enough diligent promotion by drafters of instruments or inventors of concepts. In a free market of ideas and products, promotion is not objectionable. Arbitration users should, however, be aware of the Wizard-of-Oz pitfall. In case of doubt, look behind the curtain: read the instrument; think about it; do not take its superiority for granted; but do not loftily dismiss it either.

C. Instruments as Tool, Competing Tool

522. What are the take-aways?

523. A good starting point is to stop talking about "best practices". "Soft law" instruments usually rely on a pretension of codifying best practice. "Best practice" is, however, often just a fancy word for one's own practice and prejudice. In today's globalized world, it is also often somewhat condescending. Experienced arbitrators steeped in the European tradition dictate what they consider the right way to arbitrate,

---

708. Similarly, M. Stacher, "The Authority of Para-Regulatory Texts", in D. Favalli (ed.), *Sense and Non-sense*, p. 126.

often with very little, if any, exposure or regard to other approaches even within Europe, let alone in other jurisdictions outside Europe.

524. The alternative to a best practice approach is the toolbox concept. In 2014 the ICC issued a guide for in-house counsel on effective management of arbitration [709]. The ICC guide is not prescriptive, but rather serves as a checklist with questions to be asked and options to be considered. It has been labelled as "soft law" [710], but is really just a checklist.

525. In a similar vein, the Swiss Arbitration Association is currently drafting an electronic online toolbox [711] that will guide practitioners through the various steps of an arbitration procedure. At each step the tool explains the various options and also the consequences that choosing one option rather than another might have on other procedural steps further down the road. It is less of a guideline than of a street map and as such definitely not "soft law" by any meaningful definition, although sooner or later somebody will label it as such.

526. Further, an ICCA-ASIL Task Force on Damages is currently developing a "guide to damages in international arbitration" [712]. It is a web-based application designed to assist with regard to damages, leading the users through the various steps and issues involved in claiming damages. It is, thus, again not a set of rules but a navigation tool.

527. This more recent, and still weak tendency to eschew prescription of rules in favour of information about options might mirror an increasing disenchantment with "soft law" among some arbitration specialists. This time it is not the pushback by "Grand Old Men" against novel approaches by "Technocrats" as was the case in the 1990s [713]. This time it is the realization that soft law instruments cannot work magic. They are tools, tools that can be used by the parties and the arbitrators if they so wish and deem it appropriate under the specific circumstances of a case [714]. They should, thus, be set up as tools and should not be dressed up as "law" or a codification of best practice.

709. *Supra* paras. 131 *et seq*.
710. See Queen Mary, *2015 Survey*, p. 35.
711. *Supra* para. 143.
712. Joint task force by the International Council for Commercial Arbitration and the American Society of International Law, see http://be70fba0-b423-11e7-8e4b-5ffd5fa57640.cosmicapp.co/ (last visited 20 April 2019); https://www.arbitration-icca.org/projects/ICCA-ASIL-Task-Force-on-Damages.html (last visited 20 April 2019).
713. See *supra* paras. 79 and 512.
714. N. Blackaby and C. Partasides, *Redfern and Hunter on International Arbitration*, p. 228, n. 3.231; P. Karrer, "Predictability or Fureur Reglementaire?", p. 299.

528. This does not diminish the practical relevance of such tools. As any builder will typically grasp a hammer to fix a nail, an arbitrator will typically grasp the IBA Conflicts of Interest Guidelines to check a potential duty to disclose. There is no legal duty to do either (unless the parties have specifically agreed on the applicability of the Guidelines by exercising their party autonomy). Nails can be fixed otherwise, disclosure duties can be checked otherwise, maybe even better under the circumstances, although hammers really are useful and so are the Guidelines.

529. In essence, dealing with guidelines and the like is a matter of informed choice. "[C]lients, counsel and arbitrators must pick and choose what is appropriate and best in a given case. Boiler-plate structuring of the proceedings, in contrast, is rather perceived as a deterrent." [715]

530. Guidelines and the like should continue to be used, but used wisely, not obediently. As has aptly been said, "[t]hey do, by no means, replace the good judgment of arbitrators" [716].

531. There is also room for additional guidelines, principles, or other sets of rules and advice, but the formulating agencies should apply prudence and restraint. Today, it often transpires that a formulating authority sponsors a task force merely because one person or a small group of individuals, for whatever reason, perceive the need for another instrument. As a consequence, too many instruments of varying quality are already jostling for a place under the "soft law" sun and threaten predictability of outcomes.

532. Too few competing instruments, in turn, suggest normativity [717] and monopolies of thought and hence foster stagnation. We do not need to let the proverbial thousand flowers bloom, but a few competing tools or even toolkits keep arbitrators aware of the need to search for the most appropriate solution under the specific circumstances and preserve international arbitration as a flexible, innovative dispute resolution mechanism for international commerce. Arbitrators should not end up in a straitjacket, but rather be supported in their search for a just and efficient procedure.

---

715. I. Hanefeld and J. Hombeck, "Client's Perspective", pp. 24 *et seq*.

716. D. Favalli, "An Overview of Existing Para-regulatory Texts", p. 15.

717. The fear of overkill by competing instruments is justified, mainly if such instruments are afforded normativity and thus force arbitrators to choose among different (soft) laws, each of which has some entitlement to be applied (see, e.g., L. A. DiMatteo, "Soft Law and the Principle of Fair and Equitable Decision", p. 10). Tools, in turn, do not have entitlements.

533. In any case, however, let there be transparency. Let us be clear what we are talking about. "Soft law" is a black box that lacks transparency. While there is at least some consensus on what the term meant in the context of public international law [718], its use in international commercial arbitration has grown way beyond. The UNCITRAL Model Law is a model law that States may adopt, in whole or in part, or decide to ignore. The ICC Arbitration Rules are procedural rules that parties can adopt or ignore. The IBA Rules of Evidence are (i) rules that the parties or the arbitral tribunal can adopt or ignore and also (ii) guidelines that the parties and the arbitrators can take into consideration and derive inspiration from without being bound by them. The UNIDROIT Principles are (i) a set of substantive rules that the parties or, in the absence of party agreement, the arbitrators can choose as applicable law and also (ii) a *ratio scripta* that allows counsel and arbitrators to justify a certain interpretation or application of a rule of the applicable substantive law. Best practices are probably not much at all except an approach that may have worked well in the past under similar circumstances.

534. So let us talk about model laws, about arbitration rules, and about guidelines and then we have at least an idea what we are talking about. In international commercial arbitration, the term "soft law" has lost the core power of language: to transport a recognizable message.

535. To the extent that currently the message is primarily about increasing predictability of outcomes, strengthening legitimacy, or reducing time and cost of arbitration, we are essentially talking about the tools that parties, arbitrators, institutions, and also third parties should have at their disposal, tools that provide the right empowerment without being straitjackets.

536. The aim is not soft *law*, but soft *empowerment*.

718. Although also in public international law, the term may mean "too many different things to different people" to be of any use for scholars, see J. Ellis, "Shades of Grey", p. 333; *contra*: M. Goldmann, "Soft Law and Other Forms International Public Authority – The View from Discourse Theory: A Reply to Jaye Ellis", *Leiden Journal of International Law*, Vol. 25 (2), 2012, p. 373.

BIBLIOGRAPHY

Abi-Saab, G., "Eloge du 'droit assourdi': Quelques réflexions sur le rôle de la soft law en droit international contemporain", in *Nouveaux itinéraires en droit. Hommage à François Rigaux*, Brussels, Bruylant, 1993, pp. 59-68.

Appelbaum, R. P., W. L. F. Felstiner and V. Gessner (eds.), *Rules and Networks. The Legal Culture of Global Business Transactions*, Oxford, Hart Publ., 2001.

Arias, D., "Soft Law Rules in International Arbitration: Positive Effects and Legitimation of the IBA Rule-Maker", *Indian Journal of Arbitration Law*, Vol. 6 (2), 2018, pp. 29-42.

Arroyo, M. (ed.), *Arbitration in Switzerland. The Practitioner's Guide*, 2nd ed., Wolters Kluwer, 2018.

Ashford P., *The IBA Guidelines on Party Representation in International Arbitration – A Guide*, Cambridge, Cambridge University Press, 2016.

Aust, A., "The Theory and Practice of Informal International Instruments", *International and Comparative Law Quarterly*, Vol. 34 (4), 1986, pp. 787-812.

Baizeau, D., "The IBA Guidelines on Party Representation in International Arbitration: A Plea for Caution", *BCDR International Arbitration Review*, Vol. 2 (2), 2015, pp. 343-356.

Baxter, R. R., "International Law in 'Her Infinite Variety'", *International Comparative Law Quarterly*, Vol. 29 (4), 1980, pp. 549-566.

Beale, N., J. Lancaster and S. Geesink, "Removing an Arbitrator: Recent Decisions of the English Court on Apparent Bias in International Arbitration", *ASA Bulletin*, Vol. 34 (2), 2016, pp. 322-341.

Benson, C., "Can Professional Ethics Wait? The Need for Transparency in International Arbitration", *Dispute Resolution International,* Vol. 3 (1), 2009, pp. 78-94.

–, "The IBA Guidelines on Party Representation: An Important Step in Overcoming the Taboo of Ethics in International Arbitration", *Les Cahiers de l'Arbitrage*, Vol. 2014 (1), pp. 47-57.

Berger, K. P., *The Creeping Codification of the New Lex Mercatoria*, 2nd ed., Wolters Kluwer, 2010.

–, *The Lex Mercatoria (Old and New) and the TransLex-Principles*, https://www.trans-lex.org/the-lex-mercatoria-and-the-translex-principles_ID8 (last visited 20 April 2019).

–, *The New Merchant and the Global Market Place – A 21st Century View of Transnational Commercial Law*, http://www.trans-lex.org/000002 (last visited 20 April 2019).

Bergsten, E., "Americanization of International Arbitration", *Pace International Law Review*, Vol. 18 (1), 2006, pp. 289-301.

Bermann, G. A., "International Arbitration and Private International Law, General Course on Private International Law", *Recueil des cours*, Vol. 381, Leiden, Martinus Nijhoff, 2016, pp. 41 *et seq*.

–, "'International Standards' as a Choice of Law Option in International Commercial Arbitration", *American Review of International Arbitration*, Vol. 27 (4), 2016, pp. 423-435.

Bishop, D., "Advocacy and Ethics in International Arbitration: Ethics in International Arbitration", in van den Berg (ed.), *Arbitration Advocacy in Changing Times*, ICCA Congress Series, Vol. XV, Alphen aan den Rijn, Kluwer Law International, 2011, pp. 383-390.

Bishop, D., and M. Stevens, "Advocacy and Ethics in International Arbitration: The Compelling Need for a Code of Ethics in International Arbitration: Transparency, Integrity and Legitimacy", in van den Berg (ed.), *Arbitration Advocacy in*

Changing Times, ICCA Congress Series, Vol. XV, Alphen aan den Rijn, Kluwer Law International, 2011, pp. 391-407.

Bishop, D., and I. Fernàndez de la Cuesta, "A Defense of the IBA Guidelines on Party Representation", in Arthur W. Rovine (ed.), *Contemporary Issues in International Arbitration and Mediation: The Fordham Papers 2014*, Leiden, Martinus Nijhoff, 2014, pp. 106-127.

Blackaby, N., C. Partasides, A. Redfern and M. Hunter, *Redfern and Hunter on International Arbitration*, 6th ed., Oxford, Oxford University Press, 2015.

Bonell, M. J., "Soft Law and Party Autonomy: The Case of the Unidroit Principles", *Loyola Law Review*, Vol. 51 (2), 2005, pp. 229-252.

–, *An International Restatement of Contract Law*, 3rd ed., Transnational Publishers, 2005.

–, "Towards a Legislative Codification of the UNIDROIT Principles?", *Uniform Law Review*, Vol. 12 (2), 2007, pp. 233-245.

–, "The Law Governing International Commercial Contracts: Hard Law versus Soft Law", *Recueil des cours*, Vol. 388, Leiden, Martinus Nijhoff, 2016.

Born, G. B., *International Commercial Arbitration*, 2nd ed., Kluwer Law International, 2014.

Bothe, M., "Legal and Non-Legal Norms – A Meaningful Distinction in International Relations?", *Netherlands Yearbook of International Law*, Vol. 11, 1980, pp. 65-95.

Brower, Ch. N., "Keynote Address: The Ethics of Arbitration: Perspectives from a Practicing International Arbitrator", *Berkeley Journal of International Law Publicist*, Vol. 5, 2010, pp. 1-31.

Cárdenas Castañeda, F. A., "A Call for Rethinking the Sources of International Law: Soft Law and the Other Side of the Coin", *Anuario Mexicano de Derecho Internacional*, Vol. XIII, 2013, pp. 355-403.

Cordero-Moss, G., "Soft Law Codifications in the Area of Commercial Law", in A. K. Bjorklund and A. Reinisch (eds.), *International Investment Law and Soft Law*, Cheltenham, Edward Elgar, 2012, pp. 109-147.

Crawford-Lichstenstein, C., "Hard Law v. Soft Law: Unnecessary Dichotomy?", *The International Lawyer*, Vol. 35 (4), 2001, pp. 1433-1441.

Cummins, T., "The IBA Guidelines on Party Representation in International Arbitration – Levelling the Playing Field?", *Arbitration International*, Vol. 30 (3), 2014, pp. 429-456.

D'Amato, A., "Softness in International Law: A Self-Serving Quest for New Legal Materials: A Reply to Jean d'Aspremont", *The European Journal of International Law*, Vol. 20 (3), 2009, pp. 897-910.

d'Aspremont, J., "Softness in International Law: A Self-Serving Quest for New Legal Materials", *The European Journal of International Law*, Vol. 19 (5), 2008, pp. 1075-1093.

Dasser, F, *Internationale Schiedsgerichte und lex mercatoria. Rechtsvergleichender Beitrag zur Diskussion über ein nicht-staatliches Handelsrecht*, Schulthess, Zurich, 1989.

–, "Vertragsrecht ohne Vertragstypenrecht?", in H. Honsell *et al.* (eds.), *Aktuelle Aspekte des Schuld- und Sachenrechts, Festschrift Heinz Rey zum 60. Geburtstag*, Schulthess, 2003, pp. 207 *et seq.*

–, "Mouse or Monster? Some Facts and Figures on the *Lex Mercatoria*", in R. Zimmermann (ed.), *Globalisierung und Entstaatlichung des Rechts, Teilband II Nichtstaatliches Privatrecht, Geltung und Genese*, Tübingen, Mohr Siebeck, 2008, pp. 129 *et seq.*

–, "A Critical Analysis of the IBA Guidelines on Party Representation", in D. Favalli (ed.), *Sense and Non-sense*, pp. 33-62.

–, "Equality of Arms in International Arbitration: Do Rules and Guidelines Level the Playing Field and Properly Regulate Conduct? – Can They? Will They? Should They? Example of the IBA Guidelines on Party Representation", in A. Menaker (ed.), *International Arbitration and the Rule of Law: Contribution*

and Conformity, ICCA Congress Series No. 19, Wolters Kluwer, 2017, pp. 634-672.
–, "Soft Law in International Commercial Arbitration – A Critical Approach (6th Bergsten Lecture)", in Chr. Klausegger *et al.*, *Austrian Yearbook on International Arbitration 2019*, Vienna, Manz, 2019, pp. 111-127.
De Boisséson, M., "La 'Soft Law' dans l'arbitrage", *Les Cahiers de l'arbitrage*, Vol. 2014 (3), 519-523.
De Witt Wijnen, O. L. O., N. Voser and N. Rao, "Background Information on the IBA Guidelines on Conflicts of Interest in International Arbitration", *Business Law International*, Vol. 5 (3), 2004, pp. 433-458.
Dessemontet, F., "Emerging Issues in International Arbitration: The Application of Soft Law, Halakha and Sharia by International Arbitral Tribunals", *American Review of International Arbitration*, Vol. 23, 2012, pp. 545-566.
Dezalay, Y., and B. G. Garth, *Dealing in Virtue. International Commercial Arbitration and the Construction of a Transnational Legal Order*, Chicago, University of Chicago Press, 1996.
Di Robilant, A., "Genealogies of Soft Law", *American Journal of Comparative Law*, Vol. 54 (3), 2006, pp. 499-554.
DiMatteo, L. A., "Soft Law and the Principle of Fair and Equitable Decision Making in International Contract Arbitration", *Chinese Journal of Comparative Law*, Vol. 1 (2), 2013, pp. 1-35.
Draetta U., "The Transnational Procedural Rules for Arbitration Rules and the Risks of Overregulation and Bureaucratization", *ASA Bulletin*, Vol. 33 (2), 2015, pp. 327-342.
–, *The Dark Side of Arbitration*, JURIS, 2018.
Drobnig, U., "Vereinheitlichung von Zivilrecht durch soft law: neuere Erfahrungen und Einsichten", in J. Basedow *et al.* (eds.), *Aufbruch nach Europa. 75 Jahre Max-Planck-Institut für Privatrecht*, Mohr Siebeck 2001, pp. 745-755.
Druzin, B. H., "Why Does Soft Law Have Any Power Anyway?", *Asian Journal of International Law*, Vol. 7 (2), 2017, pp. 362-363.
Dupuy, P.-M., "Soft Law and International Law of the Environment", *Michigan Journal of International Law*, Vol. 12 (2), 1990, pp. 420-435.
Dupuy, R.-J., "Declaratory Law and Programmatory Law: From Revolutionary Custom to 'Soft Law'", in in R. J. Akkerman, P. J. van Krieken and Ch. O. Pennenborg (eds.), *Declarations on Principles: A Quest for Universal Peace*, Leyden, Sijthoff, 1977, pp. 247-257.
Ehricke, U., "'Soft law' – Aspekte einer neuen Rechtsquelle", *Neue Juristische Wochenschrift*, 1989, pp. 1906-1908.
ElBaradei, M., "International Arbitration: The Big Picture", in A. Menaker (ed.), *International Arbitration and the Rule of Law: Contribution and Conformity*, ICCA Congress Series No. 19, Wolters Kluwer, 2017.
Elias, O., and C. Lim, "General Principles of Law, 'Soft' Law and the Identification of International Law", *Netherlands Yearbook of International Law*, Vol. 28, (1997), pp. 3-49.
Ellis, J., "Shades of Grey: Soft Law and the Validity of Public International Law", *Leiden Journal of International Law*, Vol. 25 (2), 2012, pp. 313-334.
Favalli, D., "An Overview of Existing Para-regulatory Texts ('PRTs'): Analysis, Facts and Figures", in D. Favalli (ed.), *Sense and Non-sense*, pp. 1-15.
– (ed.), *The Sense and Non-sense of Guidelines, Rules and Other Para-regulatory Texts in International Arbitration*, ASA Special Series No. 37.
Fernandez Rozas, J. C., "Clearer Ethics Guidelines and Comparative Standards for Arbitrators", in M. A. Fernandez-Ballesteros and D. Arias (eds.), *Liber Amicorum Bernardo Cremades*, Madrid, La Ley, 2010, pp. 413-449.
Fitzmaurice, M., "International Protection of the Environment", *Recueil des cours*, Vol. 293, Leiden, Martinus Nijhoff, 2001.
Fitzmaurice, M., and O. Elias, *Contemporary Issues in the Law of Treaties*, Utrecht, Eleven International Publishing, 2005.

Fouchard, Ph., E. Gaillard and B. Goldman, *Traité de l'arbitrage commercial international*, Paris, Litec, 1996.
Friedland, P., "Soft Law and Power", in S. Brekoulakis, J. D. M. Lew and L. Mistelis (eds.), *The Evolution and Future of International Arbitration*, Kluwer Law International, 2016, pp. 341-344.
Friedrich, J., *International Environmental "Soft Law" – The Functions and Limits of Nonbinding Instruments in International Environmental Governance and Law*, Heidelberg, Springer, 2013.
Gabriel, H. D., "The Advantages of Soft Law in International Commercial Law: The Role of UNIDROIT, UNCITRAL, and the Hague Conference", *Brooklyn Journal of International Law*, Vol. 34 (3), 2009, pp. 655-672.
Gaillard, E., and J. Savage (eds.), *Fouchard Gaillard Goldman on International Commercial Arbitration*, The Hague, Kluwer Law International, 1999.
Geisinger, E., "'Soft Law' and Hard Questions: ASA's Initiative in the Debate on Counsel Ethics in International Arbitration", in. D. Favalli (ed.), *Sense and Non-sense*, pp. 17-32.
–, "President's Message: Counsel Ethics in International Arbitration – Could One Take Things a Step Further?", *ASA Bulletin*, Vol. 32 (3), 2014, pp. 453-457.
Giersch, C., *Das internationale Soft Law – Eine völkerrechtsdogmatische und völkerrechtssoziologische Bestandsaufnahme*, Berlin, LIT, 2015.
Goldman, B., "Frontières du droit et 'lex mercatoria'", *Archives de Philosophie du Droit*, Vol. 9, 1964, pp. 177-195.
–, "La lex mercatoria dans les contrats l'arbitrage internationaux: réalite et perspectives", *Journal du Droit International*, Vol. 106 (3), 1979, pp. 475-505.
Goldmann, M., "We Need to Cut off the Head of the King: Past, Present, and Future Approaches to International Soft Law", *Leiden Journal of International Law*, Vol. 25 (2), 2012, pp. 335-368.
–, "Soft Law and Other Forms International Public Authority – The View from Discourse Theory: A Reply to Jaye Ellis", *Leiden Journal of International Law*, Vol. 25 (2), 2012, pp. 373-378.
Goldstajn, A., "The New Law Merchant", *Journal of Business Law*, 1961, pp. 12-17.
Goode, R., "Rule, Practice, and Pragmatism in Transnational Commercial Law", *International and Comparative Law Quarterly*, Vol. 54 (3), 2005, pp. 539-562.
Gottlieb, B., "Authority of Para-Regulatory Texts in International Arbitration", in D. Favalli *et al.* (eds.), *Selected Papers on International Arbitration*, Bern, Stämpfli, 2012, pp. 35-69.
Greenberg, S., and J. R. Feris, "References to the IBA Guidelines on Conflicts of Interest in International Arbitration ('IBA Guidelines') when Deciding on Arbitrator Independence in ICC Cases", *ICC International Court of Arbitration Bulletin*, Vol. 20 (2), 2009, pp. 33-40.
Greineder, D., "The Limitations of Soft Law Instruments and Good Practice Protocols in International Commercial Arbitration", *ASA Bulletin*, Vol. 36 (4), 2018, pp. 907-912.
Gunter, P.-Y., "Transnational Rules on the Taking of Evidence", in A.-V. Schlaepfer *et al.* (eds.), *Towards a Uniform International Arbitration Law?*, Juris Publ., 2005.
Guzman, A. T., and T. L. Meyer, "International Soft Law", *Journal of Legal Analysis*, Vol. 2 (1), 2010, pp. 171-223.
Hanefeld, I., and J. Hombeck, "International Arbitration between Standardization and Flexibility – Predictability and Flexibility Seen from a Client's Perspective", *German Arbitration Journal*, Vol. 13 (1), 2015, pp. 20-25.
Hanotiau, B., "Document Production in International Arbitration: A Tentative Definition of 'Best Practices'", *ICC International Court of Arbitration Bulletin, Special Supplement 2006: Document Production in International Arbitration*, pp. 113-119.

Hillgenberg, H., "A Fresh Look at Soft Law", *European Journal of International Law*, Vol. 10 (3), 1999, pp. 499-515.

Hodges, P., "Equality of Arms in International Arbitration: Who Is the Best Arbiter of Fairness in the Conduct of Proceedings?, in A. Menaker (ed.), *International Arbitration and the Rule of Law: Contribution and Conformity*, ICCA Congress Series No. 19, Wolters Kluwer, 2017, pp. 599-633.

–, "The Proliferation of 'Soft Laws' in International Arbitration: Time to Draw the Line?", in C. Klausegger *et al.* (eds.), *Austrian Yearbook on International Arbitration*, Vienna, Manz, 2015, pp. 205-229.

Horn, N., "Die Entwicklung des internationalen Wirtschaftsrechts durch Verhaltensrichtlinien: Neue Elemente eines internationalen ordre public", *The Rabel Journal of Comparative and International Private Law*, Vol. 44 (3), 1980, pp. 423-454.

Horn, N., and C. M. Schmitthoff (eds.), *The Transnational Law of International Commercial Transactions"*, Deventer, Kluwer, 1982.

Horvath, G. J., "The Judicialization of International Arbitration: Does the Increasing Introduction of Litigation-Style Practices, Regulations, Norm and Structures into International Arbitration Risk a Denial of Justice in International Business Disputes?", in St. Kroll and L. Mistelis *et al.* (eds.), *International Arbitration and International Commercial Law: Synergy, Convergence and Evolution*, Kluwer Law International, 2011, pp. 251-271.

–, "The Arbitrator and the Arbitration Procedure, Subtle Ways of Addressing Guerrilla Tactics", in Chr. Klausegger *et al.* (eds.), *Austrian Yearbook on International Arbitration 2014*, Vienna, Manz, 2014, pp. 223-239.

Horvath, G. J., and St. Wilske, "The 'Bag and Baggage' of National Systems and Its Impact on International Arbitration", in G. J. Horvath and St. Wilske (eds.), *Guerrilla Tactics in International Arbitration*, pp. 117-134.

Horvath, G. J., and St. Wilske (eds.), *Guerrilla Tactics in International Arbitration*, The Netherlands, Wolters Kluwer, 2013.

Hwang, M., and J. Hon, "A New Approach to Regulating Counsel Conduct in International Arbitration", *ASA Bulletin*, Vol. 33 (3), 2015, pp. 658-673.

IBA Arbitration Guidelines and Rules Subcommittee, *Report on the Reception of the IBA Arbitration Soft Law Products*, September 2016 (https://www.ibanet.org/LPD/Dispute_Resolution_Section/Arbitration/Default.aspx, last visited 20 April 2019).

IBA Rules of Evidence Review Subcommittee, *Commentary on the Revised Text of the 2010 IBA Rules on the Taking of Evidence in International Arbitration*, undated (https://www.ibanet.org/Document/Default.aspx?DocumentUid=DD240932-0E08-40D4-9866-309A635487C0, last visited 20 April 2019).

Jacob, M., and S. W. Schill, "Going Soft: Towards a New Age of Soft Law in International Investment Arbitration", *World Arbitration & Mediation Review*, Vol. 8 (1), 2014, pp. 1-48.

Karrer, P., "Law, Para-Regulatory Texts and People in International Arbitration: Predictability or Fureur Reglementaire?", in S. Kröll and L. A. Mistelis, (eds.), *International Arbitration and International Commercial Law: Synergy, Convergence and Evolution, Liber Amicorum Eric Bergsten*, Kluwer International, 2011, pp. 291-299.

Kaufmann-Kohler, G., "Soft Law in International Arbitration: Codification and Normativity", *Journal of International Dispute Settlement*, Vol. 1 (2), 2010, pp. 283-299.

Kirton, J. J., and M. J. Trebilcock (eds.), *Hard Choices, Soft Law*, New York, Ashgate Publ., 2004 (reprint by Routledge, 2016).

Klabbers, J., "The Redundancy of Soft Law", *Nordic Journal of International Law*, Vol. 65 (2), 1996, pp. 167-182.

–, "The Undesirability of Soft Law", *Nordic Journal of International Law*, Vol. 67 (4), 1998, pp. 381-391.

Lalive, J.-F., "Contrats entre Etats ou entreprises étatiques et personnes privées:

développements récents", *Recueil des cours*, Vol. 181, Leiden, Martinus Nijhoff, 1983.
Lalive, P., "De la fureur réglementaire", *ASA Bulletin*, Vol. 12 (2), 1994, pp. 213-219.
Landau, T., and J. R. Weeramantry, "A Pause for Thought", in van den Berg (ed.), *International Arbitration: The Coming of a New Age?*, ICCA Congress Series No. 17, 2013, pp. 496-537.
Landolt, Ph., "What Remains to Be Done? Future Para-Regulatory Text Projects", in D. Favalli (ed.), *Sense and Non-sense*, pp. 139-167.
Lau, Chr., "Do Rules and Guidelines Level the Playing Field and Properly Regulate Conduct? An Arbitrator's Perspective", in A. Menaker (ed.), *International Arbitration and the Rule of Law: Contribution and Conformity*, ICCA Congress Series No. 19, Wolters Kluwer, 2017, pp. 559-598.
Lillich, R., and Ch. Brower (eds.), *International Arbitration in the 21st Century: Towards "Judicialization" and Uniformity?*, New York, Transnational Publishers 1994.
Lüth, F., and Ph. K. Wagner, "Soft Law in International Arbitration", *Studentische Zeitschrift für Rechtswissenschaft Heidelberg*, Vol. 2, 2012, pp. 409-422.
Marghitola, R., *Document Production in International Arbitration*, Kluwer, 2014.
Menon, S., "Keynote Address", in van den Berg (ed.), *International Arbitration: The Coming of a New Age?*, ICCA Congress Series No. 17, Wolters Kluwer, 2013, pp. 6-27.
Michaels, R., "Privatautonomie und Privatkodifikation: Zur Anwendbarkeit und Geltung allgemeiner Vertragsrechtsprinzipien", *The Rabel Journal of Comparative and International Private Law,* Vol. 62 (4) 1998, pp. 596-598.
Mourre, A., "Soft Law as a Condition for the Development of Trust in International Arbitration", *Revista Brasileira de Arbitragem*, Vol. 13 (51), 2016, pp. 82-98.
–, "About Procedural Soft Law, the IBA Guidelines on Party Representation and the Future of Arbitration", in P. Shaughnessy and S. Tung (eds.), *The Powers and Duties of an Arbitrator: Liber Amicorum Pierre A. Karrer*, Kluwer Arbitration International, 2017, 239-250.
Mourre, A., and E. Zuleta Jaramillo, "The IBA Guidelines on Party Representation in International Arbitration", in N. G. Ziadé (ed.), *Festschrift Ahmed Sadek El-Kosheri*, Kluwer Law International, 2015, pp. 109-120. Earlier versions of this article were published as A. Mourre and E. Zuleta, "The IBA Guidelines on Party Representation in International Arbitration", *Dispute Resolution International*, Vol. 7 (2), 2013, pp. 135-145; A. Mourre and E. Zuleta, "The IBA Guidelines on Party Representation in International Arbitration", *Revista Brasileira de Arbitragem*, Vol. 10 (39), 2013, pp. 105-114.
Müller, Chr., "Importance and Impact of the First PRT, the IBA Evidence Rules", in D. Favalli (ed.), *Sense and Non-sense*, pp. 63-85.
Newman, L. W., and M. J. Radine (eds.), *Soft Law in International Arbitration*, Huntington, New York, Juris, 2014.
Park, W. W., "The 2002 Freshfields Lecture – Arbitration's Protean Nature: The Value of Rules and the Risks of Discretion", *Arbitration International*, Vol. 19 (3), 2002, pp. 279-301.
–, "The Procedural Soft Law in International Arbitration: Non-Governmental Instrument", in L. Mistelis and J. Lew (eds.), *Pervasive Problems in International Arbitration*, Alphen aan den Rijn, Kluwer Law International, 2006, pp. 141-154.
–, "A Fair Fight: Professional Guidelines in International Arbitration", *Arbitration International*, Vol. 30 (3), 2014, pp. 409-428.
–, "Equality of Arms in Arbitration: Cost and Benefits", in V. Heuzé *et al.* (eds.), *Mélanges en l'honneur de Pierre Mayer*, LGDJ, 2015, pp. 643-662.
Paulsson, J., *The Idea of Arbitration*, New York, Oxford University Press, 2013.
Picanyol, E., "Due Process and Soft Law International Arbitration", *Spain Arbitration Review*, 2015, Issue 24, pp. 29-62.

Poudret, J.-F., and S. Besson, *Comparative Law of International Arbitration*, 2nd ed., Zurich, Schulthess, 2007.

Queen Mary University of London, School of International Arbitration, *2010 International Arbitration Survey: Choices in International Arbitration*, http://www.arbitration.qmul.ac.uk/research/2010/ (last visited 20 April 2019).

–, *2013 International Arbitration Survey: Corporate Choices in International Arbitration: Industry Perspectives*, http://www.arbitration.qmul.ac.uk/research/2013/ (last visited 20 April 2019).

–, *2015 International Arbitration Survey: Improvements and Innovations in International Arbitration*, http://www.arbitration.qmul.ac.uk/research/2015/ (last visited 20 April 2019).

–, *2018 International Arbitration Survey: The Evolution of International Arbitration*, http://www.arbitration.qmul.ac.uk/research/2018/ (last visited 20 April 2019).

Reetz, C. R., "How Should Para-regulatory Texts be Drafted?", in D. Favalli (ed.), *Sense and Non-sense*, pp. 87-105.

Reisman, W. M., "A Hard Look at Soft Law", *Proceedings of the Annual Meeting, American Society of International Law Proceedings*, Vol. 82, pp. 373-377.

–, "Soft Law and Law Jobs", *Journal of International Dispute Settlement*, Vol. 2 (1), 2011, pp. 25-30.

Rogers, C. A., "Fit and Function in Legal Ethics: Developing a Code of Conduct for International Arbitration", *Michigan Journal of International Law*, Vol. 23 (2), 2002, pp. 341-423.

–, *Ethics in International Arbitration*, Oxford University Press, 2012.

Scherer, M., "The IBA Guidelines on Conflicts of Interest in International Arbitration: The First Five Years 2004-2009", *Dispute Resolution International*, Vol. 4 (1), 2010, pp. 5-53.

Schmitthoff, C. M., "Das neue Recht des Welthandels", *The Rabel Journal of Comparative and International Private Law*, Vol. 28 (1), 1964, pp. 47-77.

–, "International Business Law: A New Law Merchant", *Current Law and Social Problems*, Vol. 2, 1961, pp. 129-153.

Schneider, M., "President's Message: Yet Another Opportunity to Waste Time and Money on Procedural Skirmishes: The IBA Guidelines on Party Representation", *ASA Bulletin*, Vol. 31 (3), 2013, pp. 497-501.

–, "The Essential Guidelines for the Preparation of Guidelines, Directives, Notes, Protocols and Other Methods Intended to Help International Arbitration Practitioners to Avoid the Need for Independent Thinking and to Promote the Transformation of Errors into 'Best Practices'", in L. Lévy and Y. Derains (eds.), *Liber amicorum en l'honneur de Serge Lazareff*, Paris, Pedone, 2011, pp. 563-567.

Seidl-Hohenveldern, I., "International Economic 'Soft Law'", *Recueil des cours*, Vol. 163, Leiden, Martinus Nijhoff, 1979.

Shaffer, G. C., and M. A. Pollack, "Hard vs. Soft Law: Alternatives, Complements, and Antagonists in International Governance", *Minnesota Law Review*, Vol. 94, 2010, pp. 706-799.

Shelton, D. (ed.), *Commitment and Compliance: The Role of Non-binding Norms in the International Legal System*, Oxford 2003.

Stacher, M., "The Authority of Para-Regulatory Texts", in D. Favalli (ed.), *Sense and Non-sense*, pp. 107-126.

Sussman, E., "Ethics in International Arbitration: Soft Law Guidance for Arbitrators and Party Representatives", in L. W. Newman and M. J. Radine (eds.), *Soft Law in International Arbitration*, pp. 239-303.

Sussman, E., and S. Ebere, "All's Fair in Love and War – or Is It? Reflections on Ethical Standards for Counsel in International Arbitration", *American Review of International Arbitration*, Vol. 22 (4), 2011, pp. 611-624.

Teubner, G., "Global Bukowina: Legal Pluralism in the World-Society", in G. Teubner (ed.), *Global Law without a State*, Dartmouth Publishing, 1996, pp. 3-28. Originally published in German as "Globale Bukowina. Zur Emergenz eines transnationalen Rechtspluralismus", *Rechtshistorisches Journal*, Vol. 15, 1996, pp. 255-290.

Thürer, D., "Grauzonen zwischen rechtlicher und ausserrechtlicher Normierung im Bereich der internationalen Beziehungen: die rechtlich unverbindlichen zwischen-staatlichen Abkommen als Beispiel", *Annuaire suisse de science politique*, Vol. 24, 1984, pp. 265-266.

–, " 'Soft Law" – eine neue Form von Völkerrecht?", *Zeitschrift für Schweizerisches Recht*, 1985, pp. 428-453.

–, "Soft Law", *Max Planck Encyclopedia of Public International Law [MPEPIL]* (http://opil.ouplaw.com), 2009.

–, "Soft Law – Norms in the Twilight between Law and Politics", in D. Thürer, *Völkerrecht als Fortschritt und Chance. International Law as Progress and Prospect*, Nomos/Dike, Zurich, 2009, pp. 159-178 (also published in *Max Planck Encyclopedia of Public International Law*, http://opil.ouplaw.com).

Toth, O., *The Lex Mercatoria in Theory and Practice*, Oxford University Press, 2017.

Van Houtte, H., "Arbitration Guidelines: Straitjacket or Compass?", in K. Hobér *et al.* (eds.), *Between East And West: Essays in Honour of Ulf Franke*, New York 2010, pp. 515-528.

Veeder, V. V., "The 2001 Goff Lecture – The Lawyer's Duty to Arbitrate in Good Faith", *Arbitration International*, Vol. 18 (4), 2002, pp. 431-451.

Veneziano, A., "The Soft Law Approach to Unification of International Commercial Contract Law: Future Perspectives in Light of Unidroit's Experience", *Villanova Law Review*, Vol. 58 (4), 2014, p. 522.

Vogenauer, S., "The UNIDROIT Principles of International Commercial Contracts at Twenty: Experiences to Date, the 2010 Edition, and Future Prospects", *Uniform Law Review*, Vol. 19, 2014, pp. 481-518.

Vogenauer, S. (ed.), *Commentary on the UNIDROIT Principles of International Commercial Contract (PICC)*, Oxford, 2015.

Wälde, W., "International Standards in Transnational Investment & Commercial Disputes: The Role of International Standards, Soft Law, Guidelines, Voluntary and Self-regulation in International Arbitration, Negotiation and Other Forms of Dispute Management", *Transnational Dispute Management*, Vol. 1, 2004, pp. 1-30.

Wang, H., "Multidimensional Thinking about the 'Soft Laws' Phenomena in International Commercial Arbitration: A Chinese Perspective", *ASA Bulletin*, Vol. 36 (3), 2018, pp. 615-626.

Weil, P., "Towards Relative Normativity in International Law?", *American Journal of International Law*, Vol. 77 (3), 1983, pp. 413-442.

Wilske, St., "Arbitration Guerrillas at the Gate: Preserving the Civility of Arbitral Proceedings when the Going Gets (Extremely) Tough", in Chr. Klausegger *et al.* (eds.), *Austrian Yearbook on International Arbitration 2011*, Vienna, Manz, 2011, pp. 315-334.

–, "International Arbitration and the Infamous 'Ethical No Man's Land'", in Chr. Klausegger *et al.* (eds.), *Austrian Yearbook on International Arbitration 2019*, Vienna, Manz, 2019, pp. 191-213.

PUBLICATIONS DE L'ACADÉMIE
DE DROIT INTERNATIONAL
DE LA HAYE

PUBLICATIONS OF THE
HAGUE ACADEMY OF INTERNATIONAL
LAW

RECUEIL DES COURS

Depuis 1923, les plus grands noms du droit international ont professé à l'Académie de droit international de La Haye. Tous les tomes du *Recueil* qui ont été publiés depuis cette date sont disponibles, chaque tome étant, depuis les tout premiers, régulièrement réimprimé sous sa forme originale.

Depuis 2008, certains cours font l'objet d'une édition en livres de poche.

En outre, toute la collection existe en version électronique. Tous les ouvrages parus à ce jour ont été mis en ligne et peuvent être consultés moyennant un des abonnements proposés, qui offrent un éventail de tarifs et de possibilités.

INDEX

A ce jour, il a paru sept index généraux. Ils couvrent les tomes suivants:

1 à 101	(1923-1960)	379 pages	ISBN 978-90-218-9948-0
102 à 125	(1961-1968)	204 pages	ISBN 978-90-286-0643-2
126 à 151	(1969-1976)	280 pages	ISBN 978-90-286-0630-2
152 à 178	(1976-1982)	416 pages	ISBN 978-0-7923-2955-8
179 à 200	(1983-1986)	260 pages	ISBN 978-90-411-0110-5
201 à 250	(1987-1994)	448 pages	ISBN 978-90-04-13700-4
251 à 300	(1995-2002)	580 pages	ISBN 978-90-04-15387-7

A partir du tome 210 il a été décidé de publier un index complet qui couvrira chaque fois dix tomes du *Recueil des cours*. Le dernier index paru couvre les tomes suivants:

311 à 320 (2004-2006) 392 pages Tome 320A ISBN 978-90-04-19695-7

COLLOQUES

L'Académie organise également des colloques dont les débats sont publiés. Les derniers volumes parus de ces colloques portent les titres suivants: *Le règlement pacifique des différends internationaux en Europe: perspectives d'avenir* (1990); *Le développement du rôle du Conseil de sécurité* (1992); *La Convention sur l'interdiction et l'élimination des armes chimiques: une percée dans l'entreprise multilatérale du désarmement* (1994); *Actualité de la Conférence de La Haye de 1907, Deuxième Conférence de la Paix* (2007).

CENTRE D'ÉTUDE ET DE RECHERCHE

Les travaux scientifiques du Centre d'étude et de recherche de droit international et de relations internationales de l'Académie de droit international de La Haye, dont les sujets sont choisis par le Curatorium de l'Académie, faisaient l'objet, depuis la session de 1985, d'une publication dans laquelle les directeurs d'études dressaient le bilan des recherches du Centre qu'ils avaient dirigé. Cette série a été arrêtée et la dernière brochure parue porte le titre suivant: *Les règles et les institutions du droit international humanitaire à l'épreuve des conflits armés récents*. Néanmoins, lorsque les travaux du Centre se révèlent particulièrement intéressants et originaux, les rapports des directeurs et les articles rédigés par les chercheurs font l'objet d'un ouvrage collectif.

Les demandes de renseignements ou de catalogues et les commandes doivent être adressées à

MARTINUS NIJHOFF PUBLISHERS

B.P. 9000, 2300 PA Leyde Pays-Bas **http://www.brill.nl**

COLLECTED COURSES

Since 1923 the top names in international law have taught at The Hague Academy of International Law. All the volumes of the *Collected Courses* which have been published since 1923 are available, as, since the very first volume, they are reprinted regularly in their original format.

Since 2008, certain courses have been the subject of a pocketbook edition.

In addition, the total collection now exists in electronic form. All works already published have been put "on line" and can be consulted under one of the proposed subscription methods, which offer a range of tariffs and possibilities.

INDEXES

Up till now seven General Indexes have been published. They cover the following volumes:

1 to 101	(1923-1960)	379 pages	ISBN 978-90-218-9948-0
102 to 125	(1961-1968)	204 pages	ISBN 978-90-286-0643-2
126 to 151	(1969-1976)	280 pages	ISBN 978-90-286-0630-2
152 to 178	(1976-1982)	416 pages	ISBN 978-0-7923-2955-8
179 to 200	(1983-1986)	260 pages	ISBN 978-90-411-0110-5
201 to 250	(1987-1994)	448 pages	ISBN 978-90-04-13700-4
251 to 300	(1995-2002)	580 pages	ISBN 978-90-04-15387-7

From Volume 210 onwards it has been decided to publish a full index covering, each time, ten volumes of the *Collected Courses*. The latest Index published covers the following volumes:

311 to 320 (2004-2006) 392 pages Volume 320A ISBN 978-90-04-19695-7

WORKSHOPS

The Academy publishes the discussions from the Workshops which it organizes. The latest titles of the Workshops already published are as follows: *The Peaceful Settlement of International Disputes in Europe: Future Prospects* (1990) ; *The Development of the Role of the Security Council* (1992); *The Convention on the Prohibition and Elimination of Chemical Weapons: A Breakthrough in Multilateral Disarmament* (1994); *Topicality of the 1907 Hague Conference, the Second Peace Conference* (2007).

CENTRE FOR STUDIES AND RESEARCH

The scientific works of the Centre for Studies and Research in International Law and International Relations of The Hague Academy of International Law, the subjects of which are chosen by the Curatorium of the Academy, have been published, since the Centre's 1985 session, in a publication in which the Directors of Studies reported on the state of research of the Centre under their direction. This series has been discontinued and the title of the latest booklet published is as follows: *Rules and Institutions of International Humanitarian Law Put to the Test of Recent Armed Conflicts.* Nevertheless, when the work of the Centre has been of particular interest and originality, the reports of the Directors of Studies together with the articles by the researchers form the subject of a collection published by the Academy.

Requests for information, catalogues and orders for publications must be addressed to

MARTINUS NIJHOFF PUBLISHERS

P.O. Box 9000, 2300 PA Leiden The Netherlands **http://www.brill.nl**

TABLE PAR TOME DES COURS PUBLIÉS CES DERNIÈRES ANNÉES

INDEX BY VOLUME OF THE COURSES PUBLISHED THESE LAST YEARS

Tome/Volume 368 (2013)

Caflisch, L: Frontières nationales, limites et délimitations. – Quelle importance aujourd'hui ? (conférence inaugurale), 9-46.
Benvenisti, E. : The International Law of Global Governance, 47-280.
Park, K. G. : La protection des personnes en cas de catastrophes, 281-456.
(ISBN 978-90-04-26795-4)

Tome/Volume 369 (2013)

Kronke, H. : Transnational Commercial Law and Conflict of Laws : Institutional Co-operation and Substantive Complementarity (Opening Lecture), 9-42.
Ortiz Ahlf, L. : The Human Rights of Undocumented Migrants, 43-160.
Yusuf, A. A. : Pan-Africanism and International Law, 161-360.
Kono, T. : Efficiency in Private International Law, 361-512.
(ISBN 978-90-04-26797-8)

Tome/Volume 370 (2013)

Dominicé, Ch. : La société internationale à la recherche de son équilibre. Cours général de droit international privé (2006), 9-392.
(ISBN 978-90-04-26799-2)

Tome/Volume 371 (2014)

Lagarde, P. : La méthode de la reconnaissance est-elle l'avenir du droit international privé ?, 9-42.
Charlesworth, H. : Democracy and International Law, 43-152.
de Vareilles-Sommières, P. : L'exception d'ordre public et la régularité substantielle internationale de la loi étrangère, 153-272.
Yanagihara, M. : Significance of the History of the Law of Nations in Europe and East Asia, 273-435.
(ISBN 978-90-04-28936-9)

Tome/Volume 372 (2014)

Bucher, A. : La compétence universelle civile, 9-128.
Cordero-Moss, G. : Limitations on Party Autonomy in International Commercial Arbitration, 129-326.
Sinjela, M. : Intellectual Property : Cross-Border Recognition of Rights and National Development, 327-394.
Dolzer, R. : International Co-operation in Energy Affairs, 395-504.
(ISBN 978-90-04-28937-6)

Tome/Volume 373 (2014)

Cachard, O.: Le transport international aérien de passagers, 9-216.
Audit, M.: Bioéthique et droit international privé, 217-447.
(ISBN 978-90-04-28938-3)

Tome/Volume 374 (2014)

Struycken, A. V. M.: Arbitration and State Contract, 9-52.
Corten, O., La rébellion et le droit international: le principe de neutralité en tension, 53-312.
Parra, A.: The Convention and Centre for Settlement of Investment Disputes, 313-410. (ISBN 978-90-04-29764-7)

Tome/Volume 375 (2014)

Jayme, E.: Narrative Norms in Private International Law – The Example of Art Law, 9-52.
De Boer, Th. M.: Choice of Law in Arbitration Proceedings, 53-88.
Frigo, M.: Circulation des biens culturels, détermination de la loi applicable et méthodes de règlement des litiges, 89-474. (ISBN 978-90-04-29766-1)

Tome/Volume 376 (2014)

Cançado Trindade, A. A.: The Contribution of Latin American Legal Doctrine to the Progressive Development of International Law, 9-92.
Gray, C.: The Limits of Force, 93-198.
Najurieta, M. S.: L'adoption internationale des mineurs et les droits de l'enfant, 199-494. (ISBN 978-90-04-29768-5)

Tome/Volume 377 (2015)

Kassir, W. J.: Le renvoi en droit international privé – technique de dialogue entre les cultures juridiques, 9-120.
Noodt Taquela, M. B.: Applying the Most Favourable Treaty or Domestic Rules to Facilitate Private International Law Co-operation, 121-318.
Tuzmukhamedov, B.: Legal Dimensions of Arms Control Agreements, An Introductory Overview, 319-468. (ISBN 978-90-04-29770-8)

Tome/Volume 378 (2015)

Iwasawa, Y.: Domestic Application of International Law, 9-262.
Carrascosa Gonzalez, J.: The Internet – Privacy and Rights relating to Personality, 263-486. (ISBN 978-90-04-32125-0)

Tome/Volume 379 (2015)

Lowe, V.: The Limits of the Law.
Boele-Woelki, K.: Party Autonomy in Litigation and Arbitration in View of The Hague Principles on Choice of Law in International Commercial Contracts.
Fresnedo de Aguirre, C.: Public Policy: Common Principles in the American States.
Ben Achour, R.: Changements anticonstitutionnels de gouvernement et droit international.
(ISBN 978-90-04-32127-4)

Tome/Volume 380 (2015)

Van Loon, J. H. A.: The Global Horizon of Private International Law.
Pougoué, P.-G.: L'arbitrage dans l'espace OHADA.
Kruger, T.: The Quest for Legal Certainty in International Civil Cases.

(ISBN 978-90-04-32131-1)

Tome/Volume 381 (2015)

Jayme, E.: Les langues et le droit international privé, 11-39.
Bermann, G.: Arbitrage and Private International Law. General Course on Private International Law (2015), 41-484.

(ISBN 978-90-04-33828-9)

Tome/Volume 382 (2015)

Cooper, D., and C. Kuner: Data Protection Law and International Dispute Resolution, 9-174.
Jia, B. B.: International Case Law in the Development of International Law, 175-397.

(ISBN 978-90-04-33830-2)

Tome/Volume 383 (2016)

Bennouna, M.: Le droit international entre la lettre et l'esprit, 9-231.
Iovane, M.: L'influence de la multiplication des juridictions internationales sur l'application du droit international, 233-446.

(ISBN 978-90-04-34648-2)

Tome/Volume 384 (2016)

Symeonides, S. C.: Private International Law Idealism, Pragmatism, Eclecticism, 9-385.

(ISBN 978-90-04-35131-8)

Tome/Volume 385 (2016)

Berman, Sir F.: Why Do we Need a Law of Treaties?, 9-31.
Marrella, F.: Protection internationale des droits de l'homme et activités des sociétés transnationales, 33-435.

(ISBN 978-90-04-35132-5)

Tome/Volume 386 (2016)

Murphy, S. D.: International Law relating to Islands, 9-266.
Cataldi, G.: La mise en œuvre des décisions des tribunaux internationaux dans l'ordre interne, 267-428.

(ISBN 978-90-04-35133-2)

Tome/Volume 387 (2016)

Lequette, Y.: Les mutations du droit international privé: vers un changement de paradigme?, 9-644.

(ISBN 978-90-04-36118-8)

Tome/Volume 388 (2016)

Bonell, M. J.: The Law Governing International Commercial Contracts: Hard Law versus Soft Law, 9-48.
Hess, B.: The Private-Public Divide in International Dispute Resolution, 49-266. (ISBN 978-90-04-36120-1)

Tome/Volume 389 (2017)

Muir Watt, H.: Discours sur les méthodes du droit international privé (des formes juridiques de l'inter-altérité). Cours général de droit international privé, 9-410. (ISBN 978-90-04-36122-5)

Tome/Volume 390 (2017)

Rau, A. S.: The Allocation of Power between Arbitral Tribunals and State Courts, 9-396. (ISBN 978-90-04-36475-2)

Tome/Volume 391 (2017)

Cançado Trindade, A. A.: Les tribunaux internationaux et leur mission commune de réalisation de la justice : développements, état actuel et perspectives, Conférence spéciale (2017), 9-101.
Mariño Menéndez, F. M. : The Prohibition of Torture in Public International Law, 103-185.
Swinarski, C.: Effets pour l'individu des régimes de protection de droit international, 187-369.
Cot, J.-P.: L'éthique du procès international (leçon inaugurale), 371-384.
(ISBN 978-90-04-37781-3)

Tome/Volume 392 (2017)

Novak, F.: The System of Reparations in the Jurisprudence of the Inter-American Court of Human Rights, 9-203.
Nolte, G.: Treaties and their Practice – Symptoms of their Rise or Decline, 205-397.
(ISBN 978-90-04-39273-1)

Tome/Volume 393 (2017)

Tiburcio, C.: The Current Practice of International Co-Operation in Civil Matters, 9-310.
Ruiz De Santiago, J.: Aspects juridiques des mouvements forcés de personnes, 311-468.
(ISBN 978-90-04-39274-8)

Tome/Volume 394 (2017)

Kostin, A. A.: International Commercial Arbitration, with Special Focus on Russia, 9-86.
Cuniberti, G.: Le fondement de l'effet des jugements étrangers, 87-283.
(ISBN 978-90-04-39275-5)

Tome/Volume 395 (2018)

Salerno, F.: The Identity and Continuity of Personal Status in Contemporary Private International Law, 9-198.
Chinkin, C. M.: United Nations Accountability for Violations of International Human Rights Law, 199-320.

(ISBN 978-90-04-40710-7)

Tome/Volume 396 (2018)

Jacquet, J.-M.: Droit international privé et arbitrage commercial international, 9-36.
Brown Weiss, E.: Establishing Norms in a Kaleidoscopic World. General Course on Public International Law, 37-415.

(ISBN 978-90-04-41002-2)

Tome/Volume 397 (2018)

D'Avout, L.: L'entreprise et les conflits internationaux de lois, 9-612.

(ISBN 978-90-04-41221-7)

Tome/Volume 398 (2018)

Treves, T.: The Expansion of International Law, General Course on Public International Law (2015), 9-398.

(ISBN 978-90-04-41224-8)

Tome/Volume 399 (2018)

Kanehara, A.: Reassessment of the Acts of the State in the Law of State Responsibility, 9-266.
Buxbaum, H. L.: Public Regulation and Private Enforcement in a Global Economy: Strategies for Managing Conflict, 267-442.

(ISBN 978-90-04-41670-3)

Tome/Volume 400 (2018)

Chedly, L.: L'efficacité de l'arbitrage commercial international, 9-624.

(ISBN 978-90-04-42388-6)

Tome/Volume 401 (2019)

Wood, P.: Extraterritorial Enforcement of Regulatory Laws, 9-126.
Nishitani, Yuko: Identité culturelle en droit international privé de la famille, 127-450.

(ISBN 978-90-04-42389-3)

LES LIVRES DE POCHE DE L'ACADÉMIE

POCKETBOOKS OF THE ACADEMY

(Par ordre chronologique de parution) (By chronological order of publication)

Gaillard, E. : Aspects philosophiques du droit de l'arbitrage international, 2008, 252 pages.
(ISBN 978-90-04-17148-0)

Schrijver, N. : The Evolution of Sustainable Development in International Law : Inception, Meaning and Status, 2008, 276 pages.
(ISBN 978-90-04-17407-8)

Moura Vicente, D. : La propriété intellectuelle en droit international privé, 2009, 516 pages.
(ISBN 978-90-04-17907-3)

Decaux, E. : Les formes contemporaines de l'esclavage, 2009, 272 pages.
(ISBN 978-90-04-17908-0)

McLachlan, C. : Lis Pendens in International Litigation, 2009, 492 pages.
(ISBN 978-90-04-17909-7)

Carbone, S. M. : Conflits de lois en droit maritime, 2010, 312 pages.
(ISBN 978-90-04-18688-0)

Boele-Woelki, K. : Unifying and Harmonizing Substantive Law and the Role of Conflict of Laws, 2010, 288 pages.
(ISBN 978-90-04-18683-5)

Onuma, Y. : A Transcivilizational Perspective in International Law, 2010, 492 pages.
(ISBN 978-90-04-18689-7)

Bucher, A. : La dimension sociale du droit international privé. Cours général, 2011, 552 pages.
(ISBN 978-90-04-20917-6)

Thürer, D. : International Humanitarian Law : Theory, Practice, Context, 2011, 504 pages.
(ISBN 978-90-04-17910-3)

Alvarez, J. E. : The Public International Law Regime Governing International Investment, 2011, 504 pages.
(ISBN 978-90-04-18682-8)

Wang, G. : Radiating Impact of WTO on Its Members' Legal System : The Chinese Perspective, 2011, 384 pages.
(ISBN 978-90-04-21854-3)

Bogdan, M. : Private International Law as Component of the Law of the Forum, 2012, 360 pages.
(ISBN 978-90-04-22634-0)

Davey, W. J. : Non-discrimination in the World Trade Organization : The Rules and Exceptions, 2012, 360 pages.
(ISBN 978-90-04-23314-0)

Xue Hanqin : Chinese Contemporary Perspectives on International Law — History, Culture and International Law, 2012, 288 pages.
(ISBN 978-90-04-23613-4)

Reisman, W. M. : The Quest for World Order and Human Dignity in the Twenty-first Century : Constitutive Process and Individual Commitment. General Course on Public International Law, 2012, 504 pages.
(ISBN 978-90-04-23615-8)

Dugard, J. : The Secession of States and Their Recognition in the Wake of Kosovo, 2013, 312 pages.
(ISBN 978-90-04-25748-1)

Gannagé, L. : Les méthodes du droit international privé à l'épreuve des conflits de cultures, 2013, 372 pages.
(ISBN 978-90-04-25750-4)

Kohler, Ch. : L'autonomie de la volonté en droit international privé : un principe universel entre libéralisme et étatisme, 2013, 288 pages.
(ISBN 978-90-04-25752-8)

Kreindler, R. : Competence-Competence in the Face of Illegality in Contracts and Arbitration Agreements, 2013, 504 pages.
(ISBN 978-90-04-25754-2)

Crawford, J. : Chance, Order, Change : The Course of International Law. General Course on Public International Law, 2014, 540 pages.
(ISBN 978-90-04-26808-1)

Brand, R. A. : Transaction Planning Using Rules on Jurisdiction and the Recognition and Enforcement of Judgments, 2014, 360 pages.
(ISBN 978-90-04-26810-4)

Kolb, R. : L'article 103 de la Charte des Nations Unies, 2014, 416 pages.
(ISBN 978-90-04-27836-3)

Benvenisti, E. : The Law of Global Governance, 2014, 336 pages.
(ISBN 978-90-04-27911-7)

Yusuf, A. A. : Pan-Africanism and International Law, 2014, 288 pages.
(ISBN 978-90-04-28504-0)

Kono, T. : Efficiency in Private International Law, 2014, 216 pages.
(ISBN 978-90-04-28506-4)

Cachard, O., Le transport international aérien de passagers, 2015, 292 pages.
(ISBN 978-90-04-29773-9)

Corten, O. : La rébellion et le droit international, 2015, 376 pages.
(ISBN 978-90-04-29775-3)

Frigo, M., Circulation des biens culturels, détermination de la loi applicable et méthodes de règlement des litiges, 2016, 552 pages.
(ISBN 978-90-04-32129-8)

Bermann, G. A., International Arbitration and Private International Law, 2017, 648 pages.
(ISBN 978-90-04-34825-7)

Bennouna, M., Le droit international entre la lettre et l'esprit, 2017, 304 pages.
(ISBN 978-90-04-34846-2)

Murphy, S. D., International Law relating to Islands, 2017, 376 pages.
(ISBN 978-90-04-36153-9)

Hess, B, The Private-Public Divide in International Dispute Resolution, 2018, 328 pages. (ISBN 978-90-04-38488-0)

Rau, A. : The Allocation of Power between Arbitral Tribunals and State Courts, 2018, 608 pages. (ISBN 978-90-04-38891-8)

Nolte, G. : Treaties and Their Practice – Symptoms of Their Rise or Decline, 2018, 288 pages.
(ISBN 978-90-04-39456-8)

Muir Watt, H. : Discours sur les méthodes du droit international privé (des formes juridiques de l'inter-altérité, 2019, 608 pages.
(ISBN 978-90-04-39558-9)

Cuniberti, G. : Le fondement de l'effet des jugements étrangers, 2019, 288 pages.
(ISBN 978-90-04-41180-7)

D'Avout, L. : L'entreprise et les conflits internationaux de lois, 2019, 876 pages.
(ISBN 978-90-04-41668-0)

[A paraître/forthcoming]

Brown Weiss, E. : Establishing Norms in a Kaleidoscopic World.

402 - 19 (II)/11-19